# 일본군 '위안부' 관계 연합군 자료

# Ⅱ

서울시 여성가족정책실 기획

서울대학교 사회발전연구소 정진성 연구팀 편

# 발간사

안녕하세요. 서울특별시장 박원순입니다.

8월 14일은 故 김학순 여사가 처음으로 일본군 '위안부' 피해 사실을 증언한 날입니다. 1991년 피해 사실을 증언하신지 약 30년이 되어가고 있는 지금, 전국에는 총 20명의 피해자만이 생존해 계십니다. 그러나 일본군 '위안부' 피해자 문제는 아직 해결되지 않았고, 우리는 '위안부' 역사를 계속해서 올바르게 알릴 책임이 있습니다.

서울시는 약 4년에 걸쳐 서울대학교 사회발전연구소 정진성 연구팀과 함께 일본군 '위안부' 기록물 관리사업을 추진하였습니다. 미국의 국립문서기록관리청에서 70년 넘게 잠자고 있던 영상이 세상에 공개되었고, 중부 태평양 축섬에도 '위안부'가 있었다는 사실이 입증되었습니다. 또한, 2019년 2월 '위안부'의 모습을 담은 3장의 실물 사진이 전시 《기록 기억: 일본군 '위안부' 이야기, 다 듣지 못한 말들》에서 공개되기도 했습니다.

2019년 8월 14일 '기림의 날'에는 샌프란시스코 교민들의 모금으로 제작된 기림비를 기증받아, 서울시 교육청 · 정의기억연대와 함께 남산에 건립하는 의미 있는 행사도 개최하였습니다.

이러한 기록물, 조형물 등은 피해자들의 증언과 함께 명백한 역사적 기록으로 남아 일본의 진정한 사죄를 이끌어내는 데 밑거름이 될 것입니다. 나아가 전 세계 여성에 대한 전시 폭력이 중단되는 계기가 되기를 바랍니다.

그간 서울시와 서울대 연구팀이 제작에 힘써온 『일본군 '위안부' 관계 연합군 자료 Ⅰ, Ⅱ』가 시민들과 함께 널리 공유될 수 있기를 희망합니다.

역사를 잊은 민족에게 미래는 없습니다. 앞으로도 서울시는 '위안부' 피해에 대한 기록과 기억의 역사를 만들어 가는데 최선의 노력을 다할 것입니다.

2019년 12월

서울특별시장 박원순

# 책을 펴내며

2019년이 다 가기 전에 우리는 또다시 일본군 '위안부' 자료집 두 권을 출판하게 되었습니다. 작년에 자료집 세 권을 출판한 지 1년 반 만입니다. 1990년 한국정신대문제대책협의회가 설립된 후 출판된 다양한 자료집, 증언집, 논문집 등과 비교한다면, 우리 연구팀의 이 자료집은 일본군 '위안부' 피해가 일어난 당시의 상황을 보여주는 1차 자료를 한 자리에 모았다는 특징이 있습니다. 책에는 아시아 · 태평양 전쟁 말기에 아시아의 일본군 주둔지를 점령한 연합군의 기록, 그리고 그 기록들에 대한 연구팀의 해제가 실려 있습니다. 이는 일본군 '위안부'와 일본군 성노예제라는 역사적 사실을 보여주는 증거물이고, 연구를 위한 기초 자료이며, 피해자 인권회복을 위한 운동의 디딤돌입니다. 일본군 '위안부' 문제가 사회적으로 공론화된지 30년이 지난 지금에야 이러한 자료집이 출판된 것은 뒤늦은 일이지만, 그간 찾아보기 힘들었던 연구 성과라는 점에서 의미를 가집니다.

1990년대 초 역사학과 여성학, 사회과학 연구자들은 사회적 의제로 떠오른 일본군 '위안부' 문제를 어떻게 연구해야 하는지 허둥댔습니다. 왜 그 같은 문제가 발생했는지, 왜 이렇게 오랫동안 묻혀 있었는지, 위안소의 운영과 피해자의 경험을 비롯한 구체적인 역사적 사실은 어떻게 밝혀야 하는지 등 답할 문제가 너무도 많았기 때문입니다. 그 답을 찾는 과정에서 점차 우리는 이 문제가 아시아의 정치외교사, 그리고 뿌리 깊은 가부장제와 관련이 있으며, 연구가 다각적으로 이루어져야 한다는 점을 알게 되었습니다. 연구실의 개인으로서는 도저히 감당하기 힘든 작업이었습니다. 운동이 빠르게 앞길을 개척해갔던 반면 연구가 더뎠던 것은 어찌 보면 연구팀을 이루지 못했기 때문이기도 합니다.

연구팀이 절실히 필요했던 이유는 역사 자료 발굴의 필요성 때문이었습니다. 우리 연구팀이 만들어진 2015년은 특히 역사 자료가 어느 때보다도 긴급히 요청되던 때였습니다. 그간의 많은 피해자 증언이 역사적 사실을 상당히 구축해 놓은 상태였지만, 해결이 지연되는 과정에서 일본 정부의 역사왜곡이 점차 심각해지고 있었습니다. 문서와 같이 피해자들의 목소리에 힘을 실어줄 수 있는 자료가 요청되었습니다. 산발적으로 이루어져 왔던 자료 발굴을 체계화하고 새로운 발굴로 그 부피를 더할 수 있는 것은 공동 작업으로만 가능한 것이었습니다. 그러한 때에 우리 팀이 기적과 같이 만들어졌습니다.

사회학, 외교학, 역사학, 여성학을 전공한 '젊은' 학자들 7-8명이 모였습니다. 이와 함께 미국의 국립문서기록관리청(NARA)에서 연합군이 작성한 일본군 '위안부' 관련 문서를 찾는 작업이 본격적으로 시작되었습니다. 요동치는 한일관계 속에서 얼마나 갈까 했던 연구팀은 서울시의 믿음과 지원 속에 5년째 작업을 계속하고 있습니다. 처음 서울대학교 인권센터에서 시작했던 연구팀은 올해 초부터 서울대학교 사회발전연구소로 연구실을 옮겼고, 팀원도 다소 바뀌었습니다. 초창기 이 작업을 주도했던 이정은, 강성현, 김득중, 박정애, 김한상, 전갑생 연구원은 각기 학교와 연구 기관에 자리를 잡고 '위안부' 연구를 계속하고 있습니다. 석사논문을 쓰며 연구원으로 일한 백재예와 이민정 또한 대학과 연구 기관에서 '위안부' 연구를 확산하고 있습니다. 현재는 그 동안 선배들의 연구를 도우며 공부해 온 공준환과 곽귀병 연구원이 연구팀을 주도하게 되었고, 여기에 김소라 박사가 합류하여 연구팀의 대표 역할을 지난 2년간 잘 수행하고 있습니다. 사회학과 석사과정을 졸업한 박혜조, 채민진 연구원과 여성학협동과정 석사과정에 재학 중인 이재임 연구원도 연구팀에서 함께하고 있습니다. 올해 초 연구팀이 개최했던 전시 《기록 기억: 일본군 '위안부' 이야기, 다 듣지 못한 말들》을 기획하면서 문호경 전문 큐레이터가 합류해 연구의 대중화에 기여하고 있습니다.

팀원의 소개가 장황했습니다. 외로웠던 연구 작업이 점점 더 젊어지는 연구팀으로 확장되고 있는 것은 다른 어떤 것보다도 가장 자랑스럽고 희망찬 일이기 때문입니다. 그동안 우리 연구팀이 수행해온 새로운 문서, 사진, 영상의 발굴, 이 발굴 자료들과 증언을 교차시켜 구성한 책 『끌려가다, 버려지다, 우리 앞에 서다 1, 2』의 발간, 올해 2월 그간 발굴한 자료를 중심으로 개최한 전시 《기록 기억: 일본군 '위안부' 이야기, 다 듣지 못한 말들》, 전시와 함께 출판한 도록은 모두 일본군 '위안부' 연구의 잠재력을 유감없이 드러냈다는 평가를 받았습니다. 이 모두 젊은 연구자들의 상상력과 창의력이 만들어낸 결과입니다.

새로운 시도들이 펼쳐지는 가운데 연구의 기본을 이루는 자료 발굴은 계속되고 있습니다. 그 결과가 이 두 권의 자료집입니다. 우리 연구팀은 지난 세 권에 비해 더 쉽게 연구자들, 그리고 이 문제에 관심을 가진 시민들이 자료에 접근할 수 있도록 해제를 작성하는데 정성을 기울였습니다. 또한 일본군 '위안부' 관계 연합군 자료의 원문과 해제를 온라인으로도 찾아볼 수 있도록 서울기록원과 함께 디지털 아카이브를 만들고 있습니다.

일본군 '위안부' 문제 해결 운동 속에서 연구가 방향을 잡아간 것과 마찬가지로, 연구팀의 연구 성과가 운동에 큰 힘이 되고 있다는 사실은 참으로 벅찬 일이 아닐 수 없습니다. 올해 정의기억연대에서 김학순상을 우리 연구팀에 수여한 것은 연구팀원 모두에게 감동적인 일이었습니다. 연구팀원 15명의 이름이 새겨진 상패는 다시금 책임감을 느끼게 해주었습니다.

우리 연구팀이 겪은 가장 큰 시련은 일관성 없는 정부의 정책이었습니다. 제자들과의 행복한 연구는 2015년 12월 28일 이루어진 한일외교장관합의로 무산 직전까지 갔습니다. 그때 손을 내밀어 준 곳이 서울시입니다. 그 후 4년이 넘도록 서울시는 무한한 신뢰를 보이며 연구팀을 지원해 주고 있습니다. 그러나 한일관계에 따라 요동치는 정책에 상관 없이 일본군 '위안부' 자료 발굴이 계속되고, 흩어져 있는 자료들을 체계화하여 아카이브를 만드는 일이 꾸준히 진행될 수 있는 여건이 절실합니다. 이 자리를 빌려 정세 변화에 흔들림 없이 안정된 연구 여건을 만들 기관이 설립되면 좋겠다는 소망을 피력해봅니다.

정진성
서울대학교 명예교수

# 일러두기

1. 이 자료집에 수록된 자료는 미국 국립문서기록관리청 2관(NARA II)에서 수집한 것들이다. 자료의 순서는 원 소장처의 자료 분류방식을 바탕으로 연구팀이 재구성하였다.

2. 이 자료집에 수록된 자료는 2015년 서울대학교 인권센터의 "강제동원과 인권 : 일본군 '위안부' 관계 미국자료 조사 및 해제"와 2016-2018년 서울시의 "일본군 '위안부' 기록물 관리사업"으로 조사·수집한 자료이다.

3. 이 자료집은 '위안부'와 위안소로 간주될 수 있는 영어 단어들을 번역할 때, 맥락에 따라 '위안부'와 위안소로 번역하고 모두 영어 원문을 병기하였다. 번역문에서는 원문에 따라 작은따옴표('') 없이 위안부 등으로 표기하였다.

4. 이 자료집에서는 번역에 있어 다음과 같은 원칙을 우선하였다. 인명과 지명은 현지 발음에 가깝게 표기하고 원문을 괄호로 병기하였다. Korea, Korean은 당시 명칭을 고려하여 조선, 조선인으로 각각 번역하였다.

5. 이 자료집에 수록된 모든 자료는 '위안부' 혹은 위안소 관련 내용들을 중심으로 선별 번역하였고, 일부 문서의 경우 전문을 번역하였다. 번역된 내용 중 '위안부' 혹은 위안소 관련 내용은 굵은 글씨로 강조 표시하였다.

6. 이 자료집에서는 원문 자료의 문서 형식을 따라 번역문을 편집하였다.

## 약어표

| 약어 | 원어 | 번역어 |
|---|---|---|
| ATIS | Allied Translator and Interpreter Section | 연합군번역통역부 |
| CBI | China-Burma-India | 중국·버마·인도 |
| CIC | Combat Intelligence Center | 전투첩보센터 |
| CINCPAC | Commander in Chief Pacific Fleet | 태평양함대사령관 |
| CINCPOA | Commander in Chief Pacific Ocean Area | 태평양지역사령관 |
| CSDIC | Combined Services Detailed Interrogation Centre | 합동심문센터 |
| JICA | Joint Intelligence Collection Agency | 합동첩보수집기관 |
| JICPOA | Joint Intelligence Center Pacific Ocean Area | 태평양지역 합동첩보센터 |
| MID | Military Intelligence Division | 군사정보부 |
| MIS | Military Intelligence Service | 군사정보국 |
| NEFIS | Netherlands East Indies Forces Intelligence Service | 네덜란드령 동인도군 정보국 |
| NEI | Netherlands East Indies | 네덜란드령 동인도 |
| ONI | Office of Naval Intelligence | 해군첩보국 |
| OSS | Office of Strategic Services | 전략첩보국 |
| OWI | Office of War Information | 전시정보국 |
| PWB | Psychological Warfare Branch | 심리전부 |
| RNN | Royal Netherlands Naval | 왕립 네덜란드 해군 |
| SACO | Sino-American Cooperative Organization | 중미협력기구 |
| SEATIC | South East Asia Translation and Interrogation Center | 동남아시아번역심문센터 |
| SINTIC | Sino Translation and Interrogation Center | 중국번역심문센터 |
| SOPAC | South Pacific Command | 남태평양군 |
| SWPA | South West Pacific Area | 남서태평양지역 |
| USAFFE | United States Army Forces in the Far East | 미극동육군 |

# 목차


| | | |
|---|---|---|
| | 발간사 | 3 |
| | 책을 펴내며 | 5 |
| | 일러두기 | 9 |
| | 약어표 | 11 |
| | 목차 | 13 |
| | 자료집 해제<br>— 일본군 '위안부' 관계 연합군 자료 이해를 위한 길라잡이 | 19 |
| | Ⅱ권 해제<br>— 연합군과 연합군 정보기관 문서 속의 일본군 '위안부' 문제 | 27 |
| | 1부 (RG 226) | 37 |
| 1 | Korean and Japanese prisoners of war in Kunming | 38 |
| 2 | Report on Conditions in Canton submitted by Mr. Charles C. Wong, formerly employed at the Consulate General at Canton | 58 |
| 3 | Sumatra-General Conditions | 72 |
| 4 | General Condition in the Netherlands Indies | 81 |
| 5 | Weekly Intelligence Summary No. 93 | 95 |

6 Interrogation - General Conditions in Singapore 127

7 Interrogation Military and Naval Information 134

8 General Conditions in Sumatra(Vicinity of Belawan) Report No. M-428 142

9 ATIS Enemy Publications No. 9 151

10 Korean Organization 204

11 SEATIC Interrogation Bulletin No. 20(Air Intelligence) 210

12 SEATIC Translation Report No. 105 244

13 Japanese Occupation of the SHWEBO Valley in Burma 283

14 Health Maintenance of Japanese Army in Burma No. 1230 292

15 Conditions in Japanese Occupied Burma 306

16 Interrogation – General Conditions 318

17 Monthly Report of SACO/MO Branch 329

18 Outline of Korean Implementation Study 339

19 MO Potentialities in Korea 352

20 Implementation Study for the Over-All and Special Programs for Strategic Services Activities Based in China 374

21 OSS Notice leaflet 454

22 MO Targets in Burma 471

23 Where is Colonel Maruyama? 488

2부 (RG 127, 313, 457, 496) 495

24 Item 1053: Record of Punishment 496

25 Prisoner of War Interrogation Report #182 509

26 Prisoner of War Interrogation Report #224 523

27 The 2nd Co. 6th Ind. Engineers' Report 574

28 Interrogations of Japanese Prisoners of War 607

29 Truk Occupation Force War Diary, 1 January, 1946 to 31 January, 1946 642

30 Roster of Japanese Personnel Evacuated From Truk, abroad Japanese IKINO 662

31 Official War Diary of Task Unit 94.5.3, Headquarters, Island Command Peleliu 672

32 USAFFE Interrogation Report No. 110 695

33 USAFFE Interrogation Report No. 116 721

34 USAFFE Interrogation Report No. 128 735

35 USAFFE Interrogation Report No. 131 745

36 USAFFE Interrogation Report No. 158 759

37 S-11414 786

38 S-12382 789

39 S-14807 792

# 일본군 '위안부' 관계 연합군 자료 이해를 위한 길라잡이

곽귀병

## 1. 들어가며: 『일본군 '위안부' 관계 연합군 자료 Ⅰ, Ⅱ』의 배경

교과서나 언론 매체 등을 통해 우리 사회는 대부분 일본군 '위안부' 제도가 전쟁 과정에서 식민지 여성의 존엄을 파괴한 잔학행위라는 사실을 인지하고 있다. 또한, 우리 사회는 일본군 '위안부' 피해자들이 수용할 수 있는 수준으로 일본 정부가 '위안부' 문제에 대한 책임을 인정하지 않고 있다는 점도 알고 있다. 그러나 우리 사회가 이러한 인식을 광범위하게 공유하기까지는 많은 사람의 노력이 필요했다. 1991년 故 김학순의 공개 증언 전까지 우리 사회는 일본군 '위안부'의 존재 자체를 오랜 기간 망각하고 있었다고 해도 과언은 아니다. 세계 각국 피해자들의 증언이 이어지고, 일본군 '위안부'와 관련된 각종 정부 문서들이 발굴됨에 따라 일본 정부는 법적 책임을 여전히 부인하면서도 일본군 '위안부'의 존재를 인정할 수밖에 없었다. 그 이후에도 관련 증언과 자료들은 축적되어왔고, 이를 바탕으로 다양한 학술적 연구와 소설, 영화, 전시 등도 이어져 왔다.

그러나 최근 들어 일본군 '위안부' 문제의 진실을 왜곡하는 움직임들이 가시화되고 있다. 일부 학자들은 '위안부' 피해자들의 증언이나 자료들을 해석자의 편의에 맞춰 단편적으로 해석하며 일본군 '위안부' 제도가 성노예제였다는 역사적 사실을 전면적으로 부정하기도 한다. 이러한 움직임은 학술적 영역 안에서 한정되어 있지 않다. 최근 들어 유튜브(Youtube) 등의 SNS를 통해 이러한 역사부정론을 확산하려는 시도가 활발히 이루어지고 있기 때문이다. 이러한 문제 상황에 맞서 자료 축적 및 활발한 연구를 통해 일본군 '위안부'와 관련된 총체적 사실을 규명하고 활발한 논의와 토론을 통해 그 성과를 확산해나가는 작업의 중요성이 대두되고 있다.

『일본군 '위안부' 관계 연합군 자료 Ⅰ, Ⅱ』(이하 "자료집")은 피해자들의 증언뿐만 아니라 다양한 '위안부' 관계 자료들의 공공적 이용을 확대하는 것이 필요하다는 문제의식 아래에 출판되었다. 서울대학교 사회발전연구소 정진성 연구팀(이하 "연구팀")

은 전문가들뿐만 아니라 일본군 '위안부' 문제에 관심을 가진 시민들이 일본군 '위안부' 관계 자료들에 접근하여 이 문제에 대한 이해를 높일 때 일본군 '위안부' 문제를 왜곡하는 목소리들에 맞설 수 있는 사회적 토대를 굳건히 구축할 수 있다고 생각한다.

## 2. 서울대 사회발전연구소 정진성 연구팀의 활동과 자료집 출간의 과정

연구팀이 이번 자료집을 통해 제공하고 있는 일본군 '위안부' 관계 자료들은 연합군이 생산한 자료들이다. 흔히 일본군 '위안부'의 진실을 드러내는 증거로 피해자들의 증언이나 제도를 운영했던 일본군 혹은 일본 정부가 생산한 기록만을 떠올리기 쉽다. 그러나 2차세계대전 당시 일본군에 맞서 싸웠던 연합군도 일본군 '위안부'에 대한 자료를 다수 생산했다. 전쟁 상황에서 적에 대한 정보를 다양한 경로를 통해 끌어모으는 과정에서 '위안부'들의 존재를 확인하고 '위안부' 제도의 운영 실태 및 효과 등을 분석하여 기록으로 남기게 된 것이다.

연구팀은 2015년 서울대학교 인권센터, 2016~2018년 서울시의 지원으로 미국 국립문서기록관리청(NARA), 영국 국립공문서관(TNA) 등 해외의 자료보관소들을 방문해 연합군이 생산한 일본군 '위안부' 관련 자료들을 발굴·수집해왔다. 이는 일본 정부가 추가적인 공개를 막고 있는 것으로 보이는 일본 자료와 비교하면 연합군 자료에 대한 추가 발굴 가능성이 클 뿐만 아니라 당시까지 수집된 연합군 자료에 대한 체계적인 수집 · 발굴 및 축적 · 정리가 부족했다고 판단했기 때문이다.

연구팀이 2015년 자료 조사를 시작했을 때에는 한국에서 '위안부' 관계 연합군 자료를 체계적으로 정리한 자료집은 출판되어 있지 않았다. 요시미 요시아키, 하야시 히로후미, 방선주, 정진성 등의 노력으로 '위안부' 관계 연합군 자료가 이미 언론과 대중에 소개되었지만, 이 자료들의 원문 전체를 쉽게 찾기는 어려웠다. 일본군 '위안부' 관련 일본의 시민운동단체인 액티브 뮤지엄〈여성들의 전쟁과 평화 자료관〉(WAM)에서 그간 일본의 연구자들이 찾은 '위안부' 자료를 정리했지만, 자료 활용의 관점에서는 한계를 가지고 있었다. '위안부' 및 위안소가 언급된 부분만을 수록하고 있다는 점과 제공되는 파일의 해상도도 높지 않다는 점 등 때문에 연구 및 콘텐츠 제작에 '위안부' 관계 자료를 활용하는 것에는 많은 어려움이 따랐다.[1]

연구팀은 자료발굴을 통해 기존에 알려진 자료를 포함하여 연합군이 생산한 문

1) http://wam-peace.org/ianfu-koubunsho/에서 확인할 수 있다.

서, 사진, 영상 등 총 400건이 넘는 자료를 수집했다. 이 중 몇몇 자료는 언론의 관심을 받기도 했다. 중국 윈난성 송산에서 연합군의 포로가 된 조선인 '위안부' 영상 발굴, 트럭섬(현재의 지명은 축섬)에 있던 조선인 '위안부'의 신원을 연구팀이 발굴한 자료와 피해자 증언의 교차를 통해 확인하는 과정 등은 언론에 대대적으로 보도되며 일본군 '위안부' 문제에 대한 대중적 관심을 환기하기도 했다.

이러한 새로운 자료 한두 건의 발굴이 곧바로 일본 정부의 법적 책임 인정, 공식적 사과와 배상으로 이어질 수 있는 것은 물론 아니다. 소위 '위안부'의 동원, 위안소 운영, 동원 과정 및 위안소에서 발생한 인권침해, 패전 과정에서 일본군이 벌인 '위안부'에 대한 학대, 유기, 살해 등은 연구팀의 자료발굴 작업 이전에 이미 실체적 진실이 상당 부분 드러나 있었다. 사실상 일본 정부의 태도 변화는 한국 등 피해국 정부들의 외교적 노력, '위안부' 피해자들을 중심으로 한 평화운동 및 시민운동의 연대 및 역량 강화 등으로 끌어낼 수 있는 것이며, 새로운 자료의 발견을 통해 즉각적으로 달성될 수 있는 것이 아니다.

따라서 자료발굴 및 축적은 일본군 '위안부' 문제와 관련된 역사적 사실들을 더 촘촘히 규명해나가는 차원에서 접근할 필요가 있다. '위안부' 문제의 실체적 진실이 상당 부분 드러나기는 했지만, '위안부' 제도와 그 피해와 관련된 모든 것이 드러난 것은 아니다. 예를 들어 일본군 '위안부' 제도는 광범위한 지역에서 운영되었기 때문에 몇몇 지역에서는 '위안부' 제도가 실질적으로 어떻게 운영되었는지, 피해자의 규모가 어느 정도인지 등을 정확히 파악할 수는 없다. 따라서 새로운 자료의 발굴 노력이 계속되어야 하며, 이렇게 발굴된 자료를 체계적으로 축적해나가야 한다. 이러한 작업은 일본군 '위안부' 문제를 잘 몰랐던 사람들, 특히 새로운 세대의 사람들이 '위안부' 문제의 다층적 차원을 인식하며 기억을 계승해가는 중요한 기반이 될 것이다.

연구팀은 이를 위해 다양한 자료와 피해자 증언의 교차를 통해 일본군 '위안부' 문제에 대한 이해를 돕는 콘텐츠를 제작해왔다. 문서와 사진, 영상 등 연구팀이 수집한 자료와 당시의 사회상 등을 일본군 '위안부' 피해자들의 증언과 연결하고 교차하여 일본군 '위안부' 문제의 진실을 드러내고, 정의로운 문제 해결을 촉구하며, 피해자의 명예회복 및 인권 향상을 도모하고자 했다. 그 같은 시도의 결과물이 각각 2016년과 2018년에 발간된 『문서와 사진, 증언으로 보는 일본군 '위안부' 이야기』(서울시), 『끌려가다, 버려지다, 우리 앞에 서다 1, 2』(푸른역사), 그리고 2019년 2-3월에 개최된 전시 《기록 기억: 일본군 '위안부' 이야기, 다 듣지 못한 말들》이다.

이러한 노력과 더불어 연구팀이 발굴하고 수집한 자료들을 체계적으로 정리하여 공공적 접근이 가능하도록 만드는 작업을 지속해왔다. 연구팀은 자료와 증언을 교차한

2차 생산물뿐만 아니라 자료 그 자체에 대한 접근이 연구자 집단에게만 한정되어서는 안 된다고 생각했다. 연구팀이 수집한 문서, 사진, 영상들이 향후 연구를 위한 기초 자료 및 다양한 문화콘텐츠에 활용되기를 기대하며 세 권의 자료집(『일본군 '위안부' 관계 미국 자료 Ⅰ, Ⅱ, Ⅲ』, 선인, 2018)을 발간했다. 또한 서울기록원 디지털 아카이브를 통해 수집된 자료와 이에 대한 해제를 공공적으로 제공하고 있다. 이 자료집 또한 이러한 노력의 연장선에 있다.

### 3. 일본군 '위안부' 관계 연합군 자료의 특성과 자료집의 구성

이번에 출간하는 두 권의 자료집에는 연구팀이 미국 국립문서기록관리청 2관(NARA Ⅱ)에서 수집한 '위안부' 관계 자료 중 RG 319(Ⅰ권)와 RG 127, 226, 313, 457, 496(Ⅱ권)의 자료들이 수록되어 있다. 이 문장을 이해하기 위해서는 미국 국립문서기록관리청에서의 자료 발굴 및 수집 방식을 먼저 이해할 필요가 있다. 미국 국립문서기록관리청(The U.S. National Archives and Records Administration, NARA)은 생산된 지 30년이 지나 기밀이 해제된 문서들을 방문자가 국적에 상관없이 직접 열람하고, 스캔 및 복사가 가능한 서비스를 제공하고 있다. 도서관에서 도서분류체계에 따라 도서를 찾는 것처럼 미국 국립문서기록관리청에서는 문서 분류 체계인 RG, Entry, Box 정보를 통해 방문자가 찾는 문서 위치를 특정하며, Box 단위로 문서 열람을 신청할 수 있다. RG(Record Group)는 가장 포괄적인 문서 분류 체계로 보통 정부의 국 또는 독립 기관에 따라 번호가 매겨져 있다. Entry는 보통 Series에 따라 번호를 부여하는데, Series는 동일 활동, 특정한 업무의 부서, 특정 주제 및 기능을 중심으로 묶여 있다. Box는 이 Series 내에 문서를 분류한 상자들을 지칭하며 일관된 방식으로 분류되어 있지는 않다.

연합군 자료의 가장 큰 특징 중 하나는 '위안부' 및 위안소를 주제로 문서가 모여 있지 않다는 점이다. 예를 들어 자료집 Ⅰ권의 문서들이 속한 RG 319 Entry UD 82-A를 보면, RG 319는 육군참모부(Army Staff)의 문서들을 모은 것이고, 이 중 Entry UD 82-A는 첩보와 관련하여 여러 연합군 기관들의 보고서를 모아서 정리한 Series에 부여한 명칭이다. 이 Entry는 총 3,819개의 Box로 구성되어 있다. 자료집은 이 중 네덜란드령 동인도군 정보국(Netherlands East Indies Intelligence Service, NEFIS)에서 생산한 문서 중 '위안부' 관계 내용을 포함한 문서들만을 수집한 것으로 Entry에 포함된 방대한 문서 중 극히 일부에 지나지 않으며, 일본군 '위안부' 주제로 문서들을 정리한 것이 아님을 확인할 수 있다.

이는 '위안부' 문제와 관련된 연합군의 인식과 밀접히 관련되어 있기도 하다. 몇

몇 '위안부'들의 증언에서 연합군은 고통스러운 위안소 생활에서 자신을 해방하거나 자신의 고향으로 돌아가는 것을 도운 구원자로 나타나기도 한다. 연합군 또한 '위안부' 문제를 일본의 도덕적 타락을 보여주는 소재로 생각하기도 했고, 자신들이 이 여성들을 구원한 주체임을 의식적으로 드러내기도 했다. 개별 군인들이 남긴 수기나 기록에서도 군인들이 '위안부'들을 동정하고, 이들에게 호의를 베푸는 모습 등을 볼 수 있다.

그러나 연합군을 '위안부'에 대하여 조건 없이 은혜를 베푸는 시혜자로 보기는 어렵다. 연합군은 '위안부'에 대해 다면적인 태도를 취했다. 적군 정보 파악이나 전쟁범죄의 관점 모두에서 연합군에게 일본군 '위안부' 문제는 연합군 포로에 대한 학대, 불법적 화학무기 사용 등의 주제와 비교했을 때는 우선순위가 낮은 문제였다. 전반적으로 봤을 때 전시 연합군에서 '위안부' 문제는 일본군이 운영했던 낯설고 이해하기 어려운 제도였고, 일본군 사기 진작의 기반이나 군내 성병 통제 및 점령지 주민에 대한 성폭력 방지를 위해 도입된 제도로 보는 시선이 압도적이었다. 일부 기관들은 '위안부' 문제가 일본군의 잔학함을 드러내고, 일본과 점령지 주민, 일본과 식민지 주민 간의 관계를 악화시키는 잠재적 요소가 될 수 있다고 생각하기도 했지만 이를 연합군의 일반적 인식이라고 평가하기는 어렵다. 소수의 사례를 제외하면 심각한 인권침해 문제로 받아들이거나, 반드시 다루어야 할 전쟁범죄의 문제로 생각한 경우는 찾아보기 어렵다.

전투가 끝난 이후에 연합군은 '위안부'들을 대부분 포로 혹은 민간인 억류자로 대우하여 수용소에 가뒀다. 일본군에 포로로 잡혔던 연합군 국민이나 군인들은 즉각적으로 해방됨과 동시에 일본군의 전쟁범죄를 증언할 주요한 증인으로 대우받았던 것에 비교하면, 일본 식민지 출신의 '위안부'들은 바로 해방되지도 못했고, 전쟁범죄를 입증할 주요한 증인으로 인정받지도 못했다. 특히 연합군에게 오키나와나 중부 태평양 섬에 있던 조선인 '위안부'들은 서둘러 조선으로 돌려보내야 하는 대상으로 고려되었다. 이러한 고려의 주된 이유 중 하나는 '위안부'들이 안전상의 위협요소이자 미군에게 성병을 옮길 수 있는 위험인자로 인식되었기 때문이다. 그나마 동남아시아 등지에서는 정책적으로는 우선적인 귀환 대상을 조선인으로 정했음에도 불구하고 선박 및 물자 부족과 현지의 불안정한 정치 상황 때문에 귀환이 늦어지는 경우도 많았다. 따라서 전후 생산된 연합군 자료에서 '위안부'들의 존재는 주로 전쟁범죄와 관련된 보고서가 아니라 의료상황이나 인구 이동을 다루는 보고서에 나타난다.

연합군의 이러한 태도는 일본군이 생산한 자료에서는 찾아보기 어려운 태도라는 점에서 우리의 흥미를 끈다. 특히 이번 자료집에도 수록된 연합군이 심문한 보고서들은 당시 일본군 점령지의 현지인들, 일본군에 붙잡혔다 해방된 연합국 시민들, 일본군 포로들이 '위안부'를 어떻게 인식하고 접했는지를 생생하게 드러내면서 일본군 '위안부'를 둘러싼 지금의 국제적 풍경을 돌아볼 수 있게 해준다. 또한, 이러한 다양한 목격과 이야기들 속에서도 왜 '위안부' 문제가 중요한 문제로 부상할 수 없었는지, 피해자들의 목소리는 반세기를 지난 이후에야 비로소 우리에게 들리게 되었는지를 성찰하게 한다.

연구팀은 연합군 자료에 담긴 이러한 다양한 시각과 의미를 일본군 '위안부' 문제에 관심을 가진 일반 시민들도 충분히 이해하고 생각해볼 수 있도록 여러 가지 노력을 기울였다. 자료집 권별로 자료 전체를 전반적으로 설명하는 해제를 수록하였고, 자료 건별로 자료의 내용을 설명하고 이해를 도울 수 있는 해제를 작성하여 첨부하였다. 책을 살펴보면 알겠지만 연합군 관계 '위안부' 문서들은 문서 전체가 '위안부' 및 위안소와 관련된 내용을 다루는 것이 아니라 짧으면 한 문장이나 한두 문단 정도로 '위안부' 및 위안소 관계 내용을 다루고 있다. 이러한 특성을 고려하여 원문 전체를 수록하면서도 '위안부' 및 위안소 관계 내용을 중심으로 일부만 선별하여 번역하였고, 당시의 역사적 정황을 이해하는데 도움을 주는 몇몇 문서들의 경우에는 전문을 번역했다.

#### 4. 연구팀 자료 수집의 향후 과제

이번 자료집을 통해 연구팀은 총 5권의 자료집을 출간하게 되었다. 그렇다면 지금까지 연구팀은 전체 '위안부' 자료 중 얼마만큼 '위안부' 자료를 찾은 것일까? 얼마나 더 새로운 '위안부' 자료가 발굴될 수 있을까? '위안부' 자료에 대해 가장 쉽게 제기되는 질문들이기도 하지만, 동시에 이는 답변하기 가장 어려운 질문이기도 하다. '위안부' 자료의 총량은 누구도 확정적으로 말할 수 없다. 가장 큰 원인 중 하나는 앞에서 언급했듯이 연합군이 생산한 대부분의 '위안부' 자료가 '위안부' 자료로 생산되지 않았기 때문이다. 따라서 기존에는 미처 생각하지 못했던 자료 범위에서 '위안부' 자료가 발굴될 가능성은 여전히 있다.

우선 현재까지 수집된 연합군 자료의 주요한 특성을 고려하면 향후 자료 수집의 구체적인 방향을 생각해볼 수 있다. 국내에서 '위안부' 관계 연합군 자료를 체계적으로 수집하여 전문을 확보하고 있는 기관은 우리 연구팀과 국사편찬위원회이다. 국사편찬위원회는 『일본군 '위안부' · 전쟁범죄 자료집』 시리즈로 1-5권을 출간했다. 1-3권은 남서태평양 연합군번역통역부(ATIS) 문서, 4권은 동남아시아사령부(SEAC) 문서, 5권은 동남아시아번역심문센터(SEATIC) 문서를 수록하고 있다.[2] 한편, 동북아역사재단이 펴

---

2) 국사편찬위원회 한국사데이터베이스에서도 해당 자료집 전체를 제공하고 있다. 원문 및 원문 전체에 대한 번역을 확인할 수 있다(http://db.history.go.kr/introduction/intro_wj.html).

낸『일본군'위안부' 자료 목록집 Ⅰ, Ⅱ, Ⅲ, Ⅳ』는 원문을 수록한 자료집은 아니지만 주요 일본군 '위안부' 관계 자료들의 소장처 및 주요 내용들이 요약정리되어 현재까지의 '위안부' 관계 자료 동향을 파악하기 용이하다. 연구팀의 성과와 이 두 기관의 성과를 바탕으로 연합군 중 미군이 생산한 자료를 중심으로 살펴보면 상대적으로 미 육군이 생산한 자료에 비해 미 해군이나 해병대가 생산한 자료가 드물다는 것을 확인할 수 있다. 따라서 상대적으로는 관심도가 낮았던, 해군이 담당한 태평양 도서 지역의 '위안부' 관련 자료들을 발굴하려는 노력에 집중할 필요가 있다. 이 지역은 '위안부' 피해자나 전직 군인들의 증언이 일부 존재할 뿐, 일본군 및 연합군 자료 기록이 지금까지는 잘 수집되지 않았던 곳이다.

이와 더불어 연합군이 입수하여 해독한 일본군의 암호문에 대한 탐색작업을 추가로 더 진행할 필요성도 있어 보인다. 암호문은 여타 다른 보고서와 비교하여 맥락을 파악하기 훨씬 더 어렵고 구체적인 탐색 범위를 특정하기 어려워서 상대적으로 많은 발굴이 이루어지지 않았다. 그러나 자료집 Ⅱ권에 실린 조선총독부와 칼간(현재의 중국 장자커우)에 주둔하고 있던 일본군이 주고받은 암호가 패전 직전까지도 조선총독부가 '위안부' 동원에 적극적으로 가담하고 있음을 보여주듯이, 암호문은 우리가 증언이나 기존 연구로 파악하기 어려웠던 내용을 드러내기도 한다.[3] 실제로 일본군은 종전이 다가오자 주요 자료들을 의도적으로 폐기했기 때문에 이러한 암호 자료들은 일본이 생산한 자료이지만 연합군 자료에서만 발굴될 가능성이 높다.

마지막으로 새로운 자료의 발굴만큼이나 중요한 것은 이미 수집한 자료를 체계적으로 정리하고 쉽게 접근할 수 있는 형태로 제공하는 것이다. 이미 밝힌대로 연구팀은 서울기록원 디지털 아카이브를 통해 일본군 '위안부' 관계 영상, 사진, 문서 원문을 해제와 함께 제공하고 있으며, 누구나 다운로드하여 사용할 수 있도록 하고 있다. 연구팀의 작업이 국사편찬위원회 한국사데이터베이스[4], 국사편찬위원회 전자사료관[5], 동북아역사재단 위안소 지도[6] 등과 함께 일본군 '위안부' 관계 자료의 활용 가능성을 높여 일본군 '위안부' 문제에 관심을 가진 시민들의 인권감수성을 증진하고, 일본군 '위안부'를 주제로 한 다양한 문화콘텐츠 제작을 활성화하며, 일본군 '위안부' 문제와 관련된 심층적 연구들을 촉진시킬 수 있기를 기대한다.

---

3) 자세한 내용은 이 자료집Ⅱ권을 참조하길 바란다.
4) http://db.history.go.kr/introduction/intro_wj.html
5) http://archive.history.go.kr/
6) http://contents.nahf.or.kr/item/item.do?itemId=iswm

# 연합군과 연합군 정보기관 문서 속의 일본군 '위안부' 문제

공준환

『일본군 '위안부' 관계 연합군 자료 Ⅱ』는 여러 연합군 정보기관과 연합군 부대들이 생산한 문서들을 수록하고 있다. 연구팀이 지금까지 수집하였지만 공개하지 않은 자료 중에서도 특히 중요하다고 생각되는 문서들을 중심으로 자료집을 구성하였다. 자료집은 1부와 2부로 나뉘어 있는데, 각 부의 구분은 수집된 자료의 문서군(RG)을 기준으로 하였다. 1부에서 다루고 있는 것은 전략첩보국(OSS) 기록들로 23건의 문서들이 지역 구분에 따라 순서대로 배치되어 있다. 배치 순서는 중국, 동남아시아, 태국, 버마 그리고 심리전 관련 문서들로 되어있는데, 원 자료기관의 문서 배치 순서와 무관하게 연구팀이 재배열한 것이다. 2부에서 다루고 있는 것은 네 개의 문서군(RG)에서 수집된 자료들로 각각 해군(RG 313), 해병대(RG 127), 국가안보국(RG 457), 남서태평양 총사령부(RG 496)이다. 이 자료들은 각 문서군에 따라 배치되어 있는데, 단 RG 127 문서의 경우 RG 313과 다루는 지역이 유사하기 때문에 통합되어 있다. 원 문서 소장처의 분류방식을 이용하면서도 문서 접근이 용이하도록 유사한 지역을 묶어 제공하고자 하였다.

『일본군 '위안부' 관계 연합군 자료 Ⅱ』 해제는 문서가 수집된 각 문서군을 중심으로 작성되어 있다. 각 해제에서는 자료집에서 수록하고 있는 문서를 직접적으로 소개하기보다는 문서를 이해하는데 도움이 될 수 있는 보조적인 정보들을 제공하고자 하였다. 이 정보들은 연구팀이 문서를 수집하는 과정에서 참조한 것이기도 하고, 미국 국립문서기록관리청(NARA)에서 일본군 '위안부' 자료를 찾기 위한 하나의 접근방법이기도 하다. 문서군을 생산한 주요 기구들과 자료들이 발견된 문서철(Entry)에 대한 설명을 통해 문서가 작성된 맥락을 이해하고, 앞으로도 관련 문서들이 발굴되는데 도움이 될 수 있도록 하였다.

## RG 226 전략첩보국 기록(Records of the Office of Strategic Services)

RG 226은 전략첩보국(OSS) 문서를 다룬다. OSS는 1942년 6월 13일 루즈벨트 대통령의 명령에 의해 창설되었다. OSS에 선행했던 조직은 1941년 7월 창설된 정보조정국(COI, Coordinator of Information)으로 유사한 기능을 수행했으나, 아시아 · 태평양 전쟁 발발 이후 활동 범위를 확대하면서 개편하게 되었다. OSS와 COI 모두 수장은 도노반(William B. Donovan) 대령이었다. OSS는 합동참모본부(JSC)의 관할 아래 추축국과의 전쟁 수행을 위한 정보(intelligence)를 수집하고 평가, 분석하는 것을 주요 기능으로 하였고, 정보를 입수하고 확산시키기 위한 각종 작전을 계획하고 수행하였다.

OSS는 워싱턴을 본부로 하였고 내부에 여러 부서들을 두었다. 크게 첩보(Intelligence), 작전(Operations), 교육(Schools and Training), 인사(Personnel)로 역할이 구분되었다. 먼저 COI로부터 계승된 첩보 부서로는 SI(Secret Intelligence), R&A(Research and Analysis), FNB(Foreign Nationalities Branch)가 있다. SI는 스파이를 통해 첩보 수집 업무를 담당하였고 R&A는 수집된 정보들의 분석과 조사를 담당하였으며 FNB는 미국 내 외국인 네트워크를 통해 정보를 수집하였다. 1943년 말 방첩을 담당하는 X-2(Counter Espionage Branch)와 정보를 검열하고 정리하는 CD(Censorship and Documents)가 신설되었다. OSS는 단독으로 정보를 수집하기도 했지만 수집된 정보를 전쟁부나 해군부와 공유하였고 또 다른 정보조직이 입수한 정보들을 받아 활용하기도 했다. 작전 부서에는 게릴라 작전과 파괴(sabotage) 활동을 담당한 SO(Special Operations)와 심리전 및 흑색선전을 담당한 MO(Morale Operation) 그리고 특수 작전을 담당한 OG(Operational Group Command) 등이 있었다.

OSS는 1944년 조직이 급격히 확대되어 해외에는 40곳이 넘는 지부를 두었고, 해외에서 작전에 참여하고 있는 인원만 하더라도 군인 5,500명, 민간인 2,000명에 달했다. 미국 내에도 약 5,000명의 직원이 있었다. 아시아의 주요 지부로는 인도의 뉴델리(New Delhi), 캘커타(Calcutta)와 실론(Ceylon), 스리랑카의 칸디(Kandy), 버마(Burma), 중국의 충칭(Chungking)과 쿤밍(Kunming)이 있었고 상하이와 싱가포르에도 지부가 설치되었다. 하지만 전쟁이 1945년 8월 끝나면서 OSS는 본격적인 활동들을 실시하지 못한 상태로 활동을 마무리하게 된다. 또 루즈벨트 사후 트루먼 대통령이 OSS의 활동을 부정적으로 보면서 1945년 10월 1일부로 해체되었다. 이후 OSS의 기능은 1947년 설립된 CIA로 계승되었다.

OSS의 조직 중 일본군 '위안부' 문제와 관련하여 주목할 만한 것은 R&A 부서가 수집한 다양한 첩보 문서 및 중국과 인도 지역의 OSS 지부(Field Station)가 생산한 문서들이다. 이 자료집에 수록된 문서 중 15건은 R&A 부서가 수집 혹은 생산한 것이고,

나머지 8건은 중국과 인도 지부 및 워싱턴 본부에서 생산된 문서들이다.

R&A의 문서들은 모두 첩보 문서(Intelligence Reports)로 분류된 것들로 되어 있는데 OSS의 구분에 따르면 크게 R시리즈("Regular" Series)와 XL시리즈로 나뉜다. R시리즈는 자유롭게 열람이 가능한 일본 정보들이고, XL시리즈는 OSS 직원들에게만 제공되는 보다 선별된 문서들이다. 이 첩보 문서들 가운데에는 OSS가 작성한 것도 있지만 다른 정보기관에서 제공한 것도 다수가 포함되어 있다. 이 자료집에 수록된 RG 226 문서들에도 JICA, SEATIC, MID, OWI와 같은 다른 정보기관이 작성한 문서들이 있다.

OSS 문서의 상당부분을 차지하는 R시리즈(Entry NM54-16) 문서의 경우 그 양이 145,317건으로, 문서에는 자료의 생산기관이나 생산시기와 무관하게 OSS가 접수한 시간 순으로 번호가 부여되어 있다. 그렇기 때문에 R시리즈의 문서들을 체계적으로 검토하기는 쉽지 않다. 이 자료집에 수록된 일본군 '위안부' 관계 문서들은 R시리즈 문서를 개괄하기 위해 제공된 검색 공구(Finding Aids)를 참고하여 키워드 검색 방법을 통해 관련 내용이 있을법한 위치를 추적하고, 그것을 바탕으로 해당 문서 주변에 있는 문서들을 모두 검토하는 방법을 통해 수집되었다. 그렇게 때문에 OSS가 관할하였던 여러 지역에 대한 다양한 유형의 문서들이 있다.

XL시리즈(Entry NM54-19A)의 경우에는 51,494건으로 양이 비교적 적고 생산기관에 따라 문서들이 분류되어 있다. 그렇기 때문에 다른 생산기관의 문서들을 이곳에서 검색할 수도 있다. 예를 들어 ATIS 보고서의 경우 대부분의 문서들이 보고서 생산 번호에 따라 정렬되어 수집되어 있다. 다만 해당 생산기관의 모든 문서가 있는 것은 아니고, ATIS를 제외한 대부분의 문서들이 시기나 일련번호에 따라 정렬되어 있지는 않다는 단점도 존재한다.

OSS 지부 및 본부에서 생산된 문서들은 각 지부에 따라 문서들이 분류되어 있다. NARA의 Finding Aids에는 거의 대부분의 문서 제목이 지역별 분류에 따라 제공되고 있기 때문에 원하는 자료를 추적하기가 비교적 용이한 편이다. 이곳의 문서들은 각 OSS 지부에서 작전을 수행하기 위해 수집하거나 생산한 문서들로 되어 있는데, 일본군 '위안부' 문제와 관련하여 주목되는 것은 심리전 및 흑색선전(MO) 관련 내용이다. OSS가 일본군 및 조선인을 대상으로 심리전을 수행하기 위해 준비한 작전 계획 및 제안, 각 지부가 생산한 '위안부' 관련 전단(leaflet)이 발견된다.

OSS 문서는 다른 정보기관이 생산한 문서들에 비해 체계가 없고 내용과 형식도 제각각이다. 일본군 '위안부'와 관련한 내용도 일관성 있게 나타나고 있지는 않다. 그러나 OSS 문서들 사이에는 주목할 만한 중요한 문서도 있다. 예를 들어 OSS가 쿤밍의 포로수용소를 조사하고 작성한 보고서 "쿤밍의 조선인과 일본인 전쟁포로"는 조선인 '위안부'에 관한 구체적인 내용을 담고 있을 뿐만 아니라 이들의 나이, 이름, 동원 일자, 출신지까지 모두 상세하게 기록하고 있다.

심리전에 관한 내용도 매우 중요하다. 미군을 비롯한 연합군의 거의 모든 정보기관들은 일본군 '위안부' 문제를 인지하고 있었으나 이것을 군사 작전이나 심리전에서 활용하려는 시도는 하지 않았다. 대부분의 군부대들에게 '위안부' 문제는 일본군의 주민 통치나 사기(morale)에 관한 것으로 인식되었다. 그러나 OSS의 경우 일본군 '위안부' 문제를 심리전의 수단으로 활용하고자 했다. 이들은 일본군과 일본 정부의 '위안부' 동원이 강제적으로 이루어지고 있다는 사실을 분명히 인지하고 있었고, 나아가 '위안부' 동원이 일본군 점령지 주민들에게 있어 분노를 일으킬만한 사안이라고 생각했다. 그렇기 때문에 중국, 조선 그리고 일본에 '위안부'에 관한 사실과 소문을 퍼뜨리고 주민들을 동요시킬 작전을 구상하였다. 이런 계획을 바탕으로 중국에서는 일본군이 여성을 '위안부'로 동원하고 있다는 사실 그리고 주민들이 '위안부'를 일본군에 제공하지 않으면 안 된다는 사실을 담은 전단이 제작되어 살포되었다. 조선에서도 비슷한 계획이 준비되었다. OSS의 조선에서의 심리전에 대한 여러 문서들은 조선인 여성들이 강제로 '위안부'로 동원되고 있다는 사실을 조선인들에게 퍼뜨려야 한다고 명시하고 있다. 동원 과정에서의 강제성에 대한 분명한 인식, 조선인들이 이 문제를 알게 된다면 분노할 것이라는 인식이 OSS에게는 분명히 있었던 것이다. 비록 전쟁이 급격히 종결되면서 이 작전들은 실행에 옮겨지지는 못했지만, 미국의 일본군 '위안부' 문제 인식의 한 단면을 보여주는 중요한 사례라고 할 수 있겠다.

### RG 313 해군 작전 기록(Records of Naval Operating Forces)

RG 313은 해군 작전 기록과 관계된 문서들을 수록하고 있다. 미 해군은 태평양의 여러 섬들을 관할 구역으로 두었고, 이들 지역에서 작전을 수행하며 필요한 정보들을 수집하였다. 이 자료집에서 수록하고 있는 문서들은 해군에서 수집한 첩보 문서(Entry P 90-D, Intelligence Files) 문서철에서 수집된 것들이다. 해당 문서철은 남태평양군(SOPAC, South Pacific Command)이 뉴브리튼, 솔로몬 제도, 뉴칼레도니아 등 남태평양 지역에서 얻은 정보를 바탕으로 작성한 비망록, 보고서, 지도 등을 포함하고 있다.

자료집에서 다루고 있는 문서들은 이 중에서도 남태평양군 전투첩보센터(CIC, Combat Intelligence Center)가 작성한 것으로 일본군 포로의 심문보고서와 일본군 노획 문서로 구성되어 있다. 노획 문서에는 일본군의 재판기록 가운데 위안소에서의 군인 사이의 폭력행위와 관련된 것이 있고, 일본군 부대의 위생 관리에 관한 것도 있다. 또 일본군 병사들에 대한 심문보고서에는 위안소의 운영과 관련된 내용들이 등장한다.

RG 313에는 조선인의 귀환과 관련된 문서도 다수 있다. 특히 일본인 귀환 기록(Entry A1 296, Japanese Repatriation Records)에는 다수의 조선인 승선명부들이 남아있다. 총 68개의 박스로 구성되어 있는 이 기록 속에는 트럭(Truk), 팔라우(Palau), 티니안(Tinian), 사이판(Saipan) 등지에서 출발하여 일본, 오키나와, 조선으로 도착한 귀환자들의 명부들이 있다. 각 문서의 폴더들은 현지에서의 출발 일자, 수송선의 이름 혹은 고유번호, 출발지와 도착지를 명시하고 있고 승선명부에는 이름, 나이, 국적, 계급, 도착지 주소 등 개인정보를 포함하고 있기 때문에 조선인을 쉽게 구분할 수 있다. 특히 이곳에 있었던 조선인 병사나 노무자뿐만 아니라 다수의 여성 명단도 확인되고 있다. 이 여성들 속에는 일본군 '위안부' 피해자들이 있었음이 분명하다. 하지만 승선명부 자체는 직업을 표시하지 않거나 표시한다 하더라도 노동자 혹은 무직 등 '위안부' 여부를 알 수 있는 내용은 전혀 없다. 그렇기 때문에 위 지역들로 동원되었던 피해자들의 정보를 역추적해야만 동원 여부를 확인할 수 있다는 한계가 존재한다.

연구팀은 이 문서철의 승선명부 중 트럭 제도의 여성 명부를 수집하였고, 이 명부 가운데에서 트럭섬으로 동원되었던 일본군 '위안부' 피해자 이복순의 이름을 확인하였다. 이 명부에 적힌 이름(창씨명 히토가와 후쿠준)과 주소는 이복순의 제적 등본과 일치하는 것이었다. 명부에 적힌 직업은 노동자(Labourer)였기 때문에 이 문서만으로는 이들의 피해 여부를 확인할 수 없었으나 여러 자료의 교차 분석을 통해 피해 사실을 밝혀낼 수 있었다.

이후에도 남태평양 지역으로 동원되었던 피해자를 승선명부 추적을 통해 확인할 가능성이 남아있다. 앞으로도 이 자료들에 대한 면밀한 검토가 필요할 것으로 보인다.

### RG 127 미해병대 기록(Records of the United States Marine Corps)

RG 127에는 미국 해병대가 생산한 문서들이 있다. 해병대는 오키나와를 비롯하여 태평양의 여러 섬 지역을 공격하고 점령하는 주요 부대였기 때문에 태평양 지역에서의 미군의 활동을 파악하기 위해서는 해병대 문서를 검토하는 것이 중요하다. 해병대는 섬들을 점령하고 통치하면서 일본군 포로들을 관리하였을 뿐만 아니라 이들을 본국으로 귀환시키는 것에도 관여했는데, 그 과정에서 일본군 '위안부'의 존재가 포착되는 경우가 종종 있다. 해병대의 작전 사진들 가운데에는 오키나와의 일본군 '위안부'를 촬영한 것들이 발견되기도 하였다.

이 자료집에 수록된 두 개의 해병대 문서는 모두 각 해병대 부대의 사령부 문서철(Entry A1 46B, Records of Ground Combat Units, Support Units and Other Commands)에서 발견된 것이다. 이 문서철은 태평양에 있었던 여러 해병대 부대들의 작전 일지, 보고서, 부대 활동 기록, 부대 역사, 작전 기록들이 집약되어 있는 곳이다. 일본군 '위안부' 문제와 관련해서는 두 가지로 접근이 가능한데 하나는 일본군과 전투를 치르며 발견되는 여성들을 추적하는 것이고, 다른 하나는 섬에서 일본인과 조선인 포로를 귀환시키는 과정에서 여성들을 확인하는 것이다. 연구팀은 이 과정을 통해 트럭(Truk)과 팔라우(Palau)에서 귀환한 조선인 여성들에 대한 기록을 확인할 수 있었다.

트럭의 경우 조선인 귀환에 관한 상세한 보고서가 다수의 사진과 함께 발견되었는데, 이 사진 가운데에는 조선인 '위안부' 피해자들의 것도 있었다. RG 313에서 다룬 트럭의 승선명부 속 인물들이 이 보고서에 등장하고 있었던 것이다. 트럭에서 호위함 이키노(Ikino) 호는 1946년 1월 17일에 조선인 368명을 태우고 출발했는데, 이 배에 탄 여성들 대부분은 위 명부에서 확인되는 '위안부' 피해자였다. 비록 트럭섬의 귀환 보고서에는 이 여성들을 '위안부'로 명시하고 있지는 않지만 여러 자료의 비교 속에서 이들의 피해 사실을 확인할 수 있었다.

팔라우에서도 비슷한 내용이 확인되는데, 팔라우 바벨투아프(Babelthuap)섬에서 1946년 1월 귀환한 조선인 여성들이 '위안부'였다고 보고서는 적고 있다. 트럭뿐만 아니라 일본군의 중요한 기지였던 태평양의 여러 지역에 다수의 '위안부' 피해자들이 점령 당시에도 남아있었음을 확인할 수 있다. 일본군 '위안부' 피해가 확인되는 다른 여러 지역에 비해 아직까지 태평양 섬 지역에 대한 기록은 많지 않고 확인이 어렵다는 한계가 있다. 해병대의 문서들은 앞으로도 이들 지역에서의 피해 상황에 대한 추가적인 정보를 제공할 가능성이 있다.

### RG 457 국가안보국/중앙보안국 기록(Records of National Security Agency/Central Security Service)

미국 국가안보국(NSA)은 1952년에 만들어졌지만 이 문서군에는 그보다 앞서 생산된 다양한 문서들이 있다. 특히 일본과 관련한 중요 문서들이 많이 남아 있는데, 대부분 일본의 암호 전보를 감청하여 해독한 것들이다. 일본의 외교 관련 암호문은 물론이고 일본군 사이에서 주고받은 암호문도 있다. 또 암호문을 해독할 때 사용한 문서들이나 관련 내용을 요약 정리한 보고서들도 있다.

암호문은 민감한 군사 정보로부터 외교적 입장과 문제점, 재정 관련 문제 등 다양한 내용을 포함하고 있다. 일본군과 일본 정부 최고위층에서 주고받은 것도 다수가 있기 때문에 매우 중요한 사안이 담겨 있는 경우도 있다. 일본이 종전 이후 자신들이 주고받은 암호문과 같은 민감한 정보 대부분을 폐기하였기 때문에 일본측 자료로는 알 수 없으나 미국이 감청했기 때문에 남아있는 내용들도 있다.

자료집에 수록된 암호문은 2차세계대전 중 만들어진 여러 지역의 암호문들이 모아져있는 문서철(Entry A1 9032, Historic Cryptographic Records)에서 수집된 것이다. 이 암호문들은 방선주 선생님께서 발견하여 1992년과 1997년 논문에서 발표했던 것으로 1992년에는 두 건의 암호문을, 1997년에는 이와 관련된 한 건의 암호문이 알려진 바 있다. 이 암호문들은 칼간(Kalgan, 현재의 장자커우)의 일본군과 조선총독부 사이에 오간 것으로 조선에서의 '위안부' 동원과 관련한 자금 문제를 논의하고 있다. 이 암호문들은 조선인 '위안부' 동원에 있어 일본군과 일본 정부 혹은 조선총독부가 자금을 조달하고 있고, 조달된 자금을 지출하고 송금하는데 있어 깊게 관여하고 있다는 사실을 보여준다. 이는 조선인 '위안부' 동원 과정에 일본군과 조선총독부의 개입 사실을 보여주는 중요한 자료이며, 이와 같은 자료들은 일본이 제시하고 있는 자료들 속에서는 나타나고 있지 않기 때문에 더욱 의미가 있다.

방선주 선생님이 암호를 발굴하여 발표한 이후 미국이 감청한 암호에 대한 추가적인 수집이나 발표는 없었다. 이것은 검토해야 할 암호의 양이 너무 많은 것에 비해 일본군 '위안부' 관련 자료를 수집할 가능성이 크지는 않다는 한계 때문이었다. 위 암호문이 나온 문서철만 하더라도 1,479박스나 되는 분량이고, 한 박스를 검토하는 것만으로도 많은 시간이 소요되어 이 가운데서 '위안부' 관련 자료를 찾아내기는 쉽지 않다. 하지만 암호문 가운데에서 새로운 자료가 발견된다면 위 암호문과 같이 매우 중요한 내용을 담고 있을 가능성이 크다. 일본군 상층부나 조선총독부의 관여를 보여줄 수 있는 내용일 가능성이 있기 때문이다. 앞으로 추가적인 자료 발굴을 기대할만 하다.

### RG 496 남서태평양지역 총사령부 기록(Records of General Headquarters, Southwest Pacific Area and United States Army Forces, Pacific)

RG 496에는 연합군 남서태평양지역 총사령부 문서들이 있다. 남서태평양지역

(SWPA) 총사령부는 맥아더를 연합군 최고사령관으로 하는 조직으로 미군의 뉴브리튼 섬과 뉴기니를 비롯하여 필리핀에 이르는 주요 작전지역을 모두 담당하고 있었다. 남서태평양지역 총사령부는 이들 지역에서의 육해공군 작전을 모두 지휘하였을 뿐만 아니라 작전을 위한 각종 정보를 수집하고 제공하는 역할도 하였다. 당시 일본군에 관한 중요한 정보들은 모두 남서태평양지역 총사령부로 전달되었다고 하겠다.

남서태평양지역 총사령부 산하에는 여러 중요한 정보조직들이 있었는데 대표적인 기구로는 연합군번역통역부(ATIS)가 있다. ATIS는 일본군 포로를 심문하고 일본군의 노획 문서를 번역하는 임무를 맡은 조직으로 다수의 보고서들을 생산했는데, 단순히 정보를 수집하는데 그치지 않고 조사 연구하여 정리하여 맥아더를 비롯한 지휘계통에 보고하였다. 일본군 '위안부' 문제를 다룬 연합군의 조직 중에서는 가장 중요하다고 볼 수 있다. ATIS의 보고서들은 연구팀의 『일본군 '위안부' 관계 미국 자료 Ⅰ』과 국사편찬위원회 자료집에서 살펴볼 수 있다.

ATIS 이외에 주목할 만한 기구로는 남서태평양지역 총사령부의 심리전 부서(Entry UD-UP 441, Records of the Psychological Warfare Branch General Files)가 있다. 심리전 부서는 일본군에 대한 심리전을 수행하기 위해 일본군에 관한 다양한 정보들을 수집하였고 이를 바탕으로 전단 등을 제작하였다. 그렇기 때문에 심리전부가 수집한 문서들에는 일본군 심문보고서를 비롯하여 일본군에 관한 각종 기초 기록들이 남아 있다.

이 자료집에서 수록하고 있는 문서들은 심리전 부서가 수집한 문서 중 미극동육군(USAFFE)이 생산한 심문보고서들이다. 미극동육군은 전쟁 이전부터 필리핀을 관할하고 있던 부대로 맥아더를 사령관으로 한 그의 직속 부대였다. 이 부대는 전쟁 초기 필리핀에서 후퇴하였지만, 필리핀을 다시 재점령하는 과정에서 중요한 역할을 하였다. 때문에 미극동육군의 심문보고서들은 모두 필리핀에 관한 내용을 다루고 있다. 이 보고서들의 특이한 점은 미극동육군이 심문한 대상이 일본군 포로가 아니라 모두 일본군에게 붙잡혔던 미군 혹은 필리핀의 미국 국적 민간인이라는 점이다. 이들은 일본군이 필리핀을 점령한 기간 동안 필리핀에 있었던 이들로 자신이 보고 들은 각종 정보를 미군에게 적극적으로 제공하였다. 그리고 이 정보들 속에 일본군 '위안부'나 위안소에 관한 내용도 포함되어 있다.

위에서 소개한 바와 같이 『일본군 '위안부' 관계 연합군 자료 Ⅱ』에서 다루고 있는 연합군 자료의 형식과 내용은 매우 상이하다. 정보를 얻은 대상을 중심으로 보면 일본군 포로는 물론 '위안부' 피해자나 포로가 되었다 해방된 연합군 병사들, 일본군 점령지에 살고 있던 민간인들이 모두 일본군 '위안부' 문제에 관한 이야기들을 하고 있다. 더 나아가 일본군 노획 문서나 일본군과 일본 정부 사이의 암호문까지 모든 영역에 걸쳐 이 문제가 논의되었다. 연합군이 관심을 가졌던 주제를 중심으로 보면 일본군의 사기, 일본군의 점령지 통치, 위생과 의료, 심리전과 선전전, 포로의 귀환과 송환 등 여러 분야에 걸쳐 일본군 '위안부' 문제가 다루어지고 있음을 확인할 수 있다.

이 자료집에 수록된 연합군 자료들은 일본군 '위안부' 문제를 일관성 있게 다루거나 자세하게 다루고 있지 않은 것이 대부분이다. 자료집에 수록된 문서들을 모두 검토한다고 했을 때 '위안부' 문제가 차지하고 있는 비중은 그리 크지 않을지도 모른다. 이것은 연합군 자료의 한계이기도 하지만 현실을 반영하는 것이기도 하다. 자료 속에 나타난 작은 조각들을 연결할 수 있는 다양한 연구와 관심이 없다면 자료들은 그저 파편적인 문장들에 지나지 않게 될 것이다. 이 자료집이 일본군 '위안부' 문제에 대한 진실을 규명하고 실체를 밝혀내는데 작은 도움이 되고 나아가 추가적인 자료 발굴과 후속 연구에 밑바탕이 되기를 희망한다.

# 1부

## RG 226

# 1

## Korean and Japanese prisoners of war in Kunming

## RG 226 Entry A1 154 Box 185

이 문서는 전략첩보국(Office of Strategic Services, OSS)이 1944년 5월에 생산한 것으로, 쿤밍(Kunming) 포로수용소에 수용된 조선인 포로들에 관한 내용을 담고 있다. 25명의 조선인 포로 중 23명이 여성이며 이들은 "명백하게 강요와 사기를 통해 '위안부'가 되었다"고 명시되어 있다. 예를 들어 그 중 15명은 조선어로 된 신문에서 싱가포르의 일본 공장에서 일할 여성을 구한다는 광고를 통해 모집되었다는 것이다. 그들이 속해있던 남방으로 보내진 파견대에는 그들처럼 사기당한 여성이 적어도 300명 있었다는 진술이 함께 들어있다. 포로 명단에 이름이 표기되어 있는 여성들 중 한 명인 박영심은 2000년 12월 도쿄에서 열린 '2000년 일본군 성노예전범 여성국제법정'에서 송산(Sungshan)에서 촬영된 '위안부' 사진 속의 만삭 여성이 본인임을 증언한 바 있다. 또 다른 한 명인 윤경애 역시 중국 윈난성 지역에서 '위안부' 생활을 한 것으로 보이며, 북한에 생존해 있다는 사실이 2003년에 확인되었다.

Prisoners of War

CONFIDENTIAL Registry # YBB -196

Headquarters
OFFICE OF STRATEGIC SERVICES
CHINA THEATER - APO 627

6 May, 1945

Subject: Attached memorandum, "Korean and Japanese prisoners of war in Kunming"

To: Staff members concerned

1. The accompanying description of Korean and Japanese prisoners of war who were being held by Chinese authorities in Kunming as of 28 April, is based on two preliminary interrogations held last week.

2. Participating with me in one or both of the interviews were Captain Robert C. Matthews, Jr. and PFC John McCole, of SI; Mr. Burton Crane of MO; T/Sgt. Susumu E. Kazahaya of R & A; and the following Korean guests of OSS: Dr. S. . Choi, Mr. Yi Pyŏng-san (Li Ping-shan), Mr. Kim Wu-chŏn (Adjutant to General Kim Hak-kyu) and Mr. Chŏng Yun-sŏng (former lieutenant in the Chinese Army, recruited for OSS by Major Thomas West at Ju-ch'eng).

3. It is understood that some or all of the prisoners concerned will be transferred to Chungking at an early date and will be available there for further questioning.

Clarence N. Weems, Jr. Capt. AC
for
Joseph E. Spencer
Major, AUS
Acting Chief
Research and Analysis
Branch

Distribution:
1 - Deputy SSO / APO 879
1 - Lt. Col. Paul E. Helliwell, Jr. /APO 627
1 - Mr. Roland Dulin / APO 627
1 - Registry / APO 627

CONFIDENTIAL

CONFIDENTIAL

KOREAN AND JAPANESE PRISONERS OF WAR IN KUNMING

28 April, 1945

1. General. The Kunming Headquarters of the Chinese Army is now holding, at the Yunnan K'un Hwa Middle School compound, 25 Koreans (23 women and 2 men), 1 Formosan (man), and 81 Japanese (4 women and 77 men) as prisoners of war.

The brief descriptions which follow are prepared for the use of all interested OSS branches, as an index to the character of intelligence obtainable from these prisoners.

The content of the data obtained on the Koreans differs in some respects from that covering the Japanese because of the varying composition and attitutes of the two groups. The following items are, however, given for each individual regardless of nationality: name, unit, place and date of capture. The rank of each man is also stated.

2. The 25 Koreans. None of the Koreans was captured; all of them escaped from Japanese units and gave themselves up to Chinese forces.

Their Korean nationalism is spontaneous and unmistakable, and their willingness to supply information is wholehearted.

With the exception of Mrs. Hwang Nam-suk, all of the 23 women became "comfort girls", apparently under compulsion and misrepresentation. The fifteen who left Korea in July, 1943, for example, were recruited through advertisements in Korean newspapers offering employment for girls in Japanese factories in Singapore. The contingent with which they were sent southward included at least 300 girls who were similarly misled.

Mr. Ho Pyŏng-ch'ŏl was a civilian interpreter and liaison representative, with the simulated grade of captain.

Hwang Pyŏng-ŭn, the son of Mrs. Hwang Nam-suk, was with his mother and was not a member of the Japanese Army; he is only 13 years of age by the calendar.

All of these Koreans escaped to Chinese units in September, 1944. At the time of their surrender, thirteen of the women and the boy were attached to the 148th Regiment, 56th Division, at T'eng-ch'ung (98-29 E, 25-01 N), Yunnan, and the remaining ten women were with the 146th Regiment of the same division at a nearby point reported to be Sung-shan (松山). Ho Pyŏng-ch'ŏl was a member of the 114th Regiment, 18th Division, at T'eng-ch'ung.

The list which follows identifies each of the Koreans.

CONFIDENTIAL

CONFIDENTIAL

2.

# PERSONAL DATA ON 25 KOREAN PRISONERS OF WAR

| Date left Korea | Native province | Name | Age | Native city |
|---|---|---|---|---|
| **a. Women.** | | | | |
| Sept. 1943 | Chŏlla Pukto (Zenra-hokudō) | Sin Chang-yŏ | 25 | Chŏnju (Zenshū) |
| | Kyŏnggi Do (Keiki-dō) | Han Suk | 19 | Seoul (or Kyŏngsŏng) (Keijō) |
| | | Kim Tae-suk | 22 | Kaesŏng (Kaijō) |
| | P'yŏngan Namdo (Heian-nandō) | Choe San-ok | 25 | P'yŏngyang (Heijō) |
| - - | - - - | - - - | - | - - - - |
| July 1942 | Chŏlla Namdo (Zenra-nandō) | Pak Kŭm-sun | 22 | Not stated |
| | | Sin Pong-sŏn | 27 | Not stated |
| | Ch'ungch'ŏng Namdo (Chūsei-nandō) | Kim Yang-kŭm | 20 | Inmae |
| | | Yi Tu-re | 28 | Nonsan (Ronzan) |
| | Hwanghae Do (Kōkaidō) | Yun Kyŏng-I | 26 | Not stated |
| | Kyŏnggi Do | Chŏng Kui-sun | 24 | Seoul |
| | | Yi Hong-ye | 20 | Seoul |
| | | Yun Pu-sun | 25 | Seoul |
| | Kyŏngsang Do* (Keishodō) | Chŏn Wŏn-pun | 26 | Not stated |
| | | Pak Pong-sun | 26 | I-chŏn |
| | | Yi Pong-sŏn | 20 | Pongsan |
| | | Yi Pong-yŏng | 24 | Not stated |
| | | Yun In-chu | 30 | Not stated |
| | P'yŏngan Namdo | Kim Ch'il-wŏn | 28 | P'yŏngyang |
| | P'yŏngan Pukto | Choe Hŭm-chu | 23 | Sinuiju |
| - - | - - - | - - - | - | - - - |
| Nov. 1941 | P'yŏngan Namdo | Hwang Nam-suk | 36 | P'yŏngyang |
| - - | - - - | - - - | - | - - - |
| March 1940 | Kyŏnggi Do | Sŏ San-ok | 30 | Seoul |
| - - | - - - | - - - | - | - - - |
| Aug. 1939 | P'yŏngan Namdo | Pak Yŏng-sim | 23 | P'yŏngyang |
| - - | - - - | - - - | - | - - - |
| 1938 | P'yŏngan Namdo | Kim Ok-chu | 26 | P'yŏngyang |
| **b. Men.** | | | | |
| Nov. 1941 | P'yŏngan Namdo | Hwang Pyŏng-ŭn | 16 | P'yŏngyang |
| c. 1930 | Kyŏnggi Do | No Pyŏng-chŏl | 31 | Seoul |

CONFIDENTIAL

3. Formosan. HAYASHITA Kiyoshi, a Formosan who served as interpreter because of his knowledge of both Japanese and Chinese, was attached to the 113th Regiment Headquarters (56th Division) at Sung-shan, and was captured on 3 September 1944. He has little in common with the Japanese soldiers, and associates almost entirely with the Koreans - especially No Pyŏng-ch'ŏl. He is thoroughly cooperative, and appears to have a fair amount of information.

4. Japanese. Of the 77 Japanese soldiers, 67 were present at the camp and gave the data requested. It was not practicable to interview the four Japanese women.

Four of these soldiers escaped about 9 September 1944, under the leadership of the Korean technical representative, Mr. No Pyŏng-ch'ŏl, and surrendered to Chinese forces. Of the four, two declare themselves to be opposed to the present Japanese system and in favor of a "people's Japan". Neither of them has any unusual educational foundation, however, and neither seems to have outstanding information or abilities. The two are Lance Corporals AKIYOSHI Daizo and TAKADA Eiji of the 18th Division.

All of the remaining soldiers were captured, and it is reported by No Pyŏng-ch'ŏl that these men of the 56th Division fought desperately. Their Japanese nationalism is strong, and official Japanese thinking still appears dominant in their minds.

MIYAZAKI Yoshimatsu, NAKAMURA Taro, OTSUKA Hisashi, who claim to hold the grades of Captain, 1st Lieutenant and 2nd Lieutenant, respectively, have neither the education nor the general manner usually associated with a Japanese officer, and the accuracy of their grades, as quoted below from their statements, seems questionable.

Enlisted grades as used in this list are related as follows to the respective Japanese titles:

| | |
|---|---|
| Sergeant-major | - Sōchō |
| Sergeant | - Gunsō |
| Corporal | - Gochō |
| Lance Corporal | - Heichō |
| Superior Private | - Jōtōhei |
| 1st Cl. Private | - Ittōhei |
| 2nd Cl. Private | - Nitōhei |

CONFIDENTIAL

4.

| Division | Rgt. or Det. | Name | Grade | Place of capture* | Date of capture | Education** |
|---|---|---|---|---|---|---|
| 18 | 114 | AKIYOSHI Daizo | L. Cpl. | T'eng-ch'ung 98-29, 25-01 | 9.9.44 | HP |
| | | TAKATA Eiji | L. Cpl. | T'eng-ch'ung | 8.9.44 | HP |
| | | TANIGUCHI Hiromi | L. Cpl. | T'eng-ch'ung | 8.9.44 | HP |
| 56 | HQ. S.C. | HIDE Fumiaki | Cpl. | Mang-mang-chieh (忙忙街) | 15.9.44 | HS |
| | 113 | HAYAMI Masonori | Sup. Pvt. | Sung-shan (松山) | 22.9.44 | HP |
| | | HAYASHI Michio | Sup. Pvt. | Meng-ch'ang-chieh (猛昌街) | 12.6.44 | P |
| | | INOUE Mannosuke | Sup. Pvt. | Chen-an-so 98-50, 24-42 | 11.6.44 | P |
| | | IWASAKI Takaki | Sup. Pvt. | Lung-ling 98-42, 24-34 | 14.10.44 | P |
| | | IKEDA Tasahiko | L. Cpl. | T'eng-ch'ung 98-29, 25-01 | 15.8.44 | P |
| | | INUGAWA Daisaburo | 2/cl. Pvt. | Wan-ting (畹町) | 29.1.45 | P |
| | | KAWANO Sakunoshin | 1/cl. Pvt. | P'in-ka (98-57,24-21) | 15.7.44. | HP |
| | | KITAJIMA Iwao | Sup. Pvt. | Meng-ch'ang-chieh | 21.6.44 | P |
| | | KOBAYASHI Hiroto | Sup. Pvt. | Sung-shan | 22.9.44 | HS |
| | | KUBO Satakichi | 1/cl. Pvt. | Sung-shan | 4.9.44 | None |
| | | MATSUMOTO Kiyoshi | L. Cpl. | Sung-shan | 8.9.44 | HS |

*Characters are given for places which have not been located and for which coordinates are not known.

**P - Primary school; HP - Higher Primary; HS - High School (Japanese Middle School); C - College; G - Graduate or professional School.

CONFIDENTIAL

CONFIDENTIAL

3.

| Division | Rgt. or Det. | Name | Grade | Place of Capture* | Date of capture | Educations** |
|---|---|---|---|---|---|---|
| 56 | 113 | MATSUTANI Shidzuka | Sgt. Mjr. | Lung-ling | 29.9.44 | HP |
| | | MIKI Torao | Sup. Pvt. | La-meng 98-56, 24-43 | 20.8.44 | P |
| | | MIYAZAKI Yoshimatsu | Capt. | Sung-shan | 12.9.44 | HS |
| | | NAGAHIRO Hideo | 1/cl. Pvt. | Mang-shih 98-35, 24-27 | 8.11.44 | P |
| | | NAKAHARA Sakae | Sgt. | Sung-shan | 22.9.44 | ? |
| | | NAKAMURA Shosuke | Sup. Pvt. | Chen-an-so | 8.6.44 | P |
| | | NOMIYAMA Masaichi | Cpl. | Lung-ling | 30.9.44 | HS |
| | | OTSUKA Hisashi | 2nd. Lt. | Wan-ting | 28.1.45 | HS |
| | | SADAMURA Hito shi | 1/cl. Pvt. | Wan-ting | 6.12.44 | C |
| | | SHIMIDZU Kazuo | L. Cpl. | Sung-shan | 6.9.44 | HP |
| | | TAKAO Sakura | 1/cl. Pvt. | Sung-shan | 8.9.44 | None |
| | | TAMEHIRO Hideichi | L. Cpl. | La-meng | 20.8.44 | P |
| | | WATANABE Masao | Sup. Pvt. | Lung-ling | 9.6.44 | HS |
| | | YAMAZAKI Sadao | L. Cpl. | Meng-ch'ang-chieh | 9.6.44 | P |
| | | YANASE Kenji | L. Cpl. | Meng-ch'ang-chieh | 22.6.44 | HS |
| | | YOKOO Zinryu | L. Cpl. | Meng-ch'ang-chieh | 9.6.44 | C |
| 56 | 146 | RIO Nagaudo | 1/cl. Pvt. | Wan-ting | 6.1.45 | HP |
| | | YAMAKAWA Tomeichi | Sup. Pvt. | T'eng-ch'ung | 15.8.44 | P |
| | | YAMAMOTO Kiyoshi | L. Cpl. | Wan-ting | 9.1.44 | HS |
| 56 | 148 | BABA Matsuo | 1/cl. Pvt. | Wan-ting | 30.1.45 | HP |
| | | FUJITA Isao | Cpl. | T'eng-ch'ung | 13.9.44 | HS |
| | | FUKUCHI Hatsuichi | Sup. Pvt. | Ming-kun ( 明昆 ) | 23.6.44 | HS |

CONFIDENTIAL

CONFIDENTIAL

6.

| Division | Rgt. or Det. | Name | Grade | Place of captures | Date of capture | Educations |
|---|---|---|---|---|---|---|
| 56 | 148 | GONDO Akira | Sup. Pvt. | T'eng-ch'ung | 2.6.44 | HS |
| | | HIRASHIMA Mitsuo | L. Cpl. | Ta-t'ang (98-40, 25-35) | 15.6.44 | HS |
| | | IMAFUKU Seiji | L. Cpl. | T'eng-ch'ung | 7.10.44 | P |
| | | KAMADA Taito | Sgt. | T'eng-ch'ung | 14.9.44 | HS |
| | | KAMIDO Tsuneo | Sgt. | Ko-ling-kung (高嶺貢) | --.6.44 | C |
| | | KATO Shukei | 1/cl. Pvt. | T'eng-ch'ung | 13.9.44 | HP |
| | | MAEDA Saburo | L. Cpl. | T'eng-ch'ung | 14.9.44 | HP |
| | | NAGATOMI Katsuhiro | L. Cpl. | T'eng-ch'ung | 26.10.44 | P |
| | | NAKAGAWA Yoshio | Sup. Pvt. | T'eng-ch'ung | 7.7.44 | P |
| | | NAKAMURA Genda | L. Cpl. | T'eng-ch'ung | 14.9.44 | HP |
| | | NAKAMURA Masao | Cpl. | T'eng-ch'ung | 26.9.44 | HS |
| | | NAKASHIMA Masanobu | Sgt. | T'eng-ch'ung | 29.9.44 | HP |
| | | NAKATSUJI Toshiaki | Sup. Pvt. | T'eng-ch'ung | 20.9.44 | HS |
| | | NISHIYAMA Ichiro | 1/cl. Pvt. | T'eng-ch'ung | 14.9.44 | HS |
| | | NOMURA Hideo | Sgt. | T'eng-ch'ung | 6.10.44 | P |
| | | TAKADA Hideshi | 1/cl. Pvt. | T'eng-ch'ung | 18.9.44 | HP |
| | | TAKENO Katsumi | Sup. Pvt. | T'eng-ch'ung | 18.6.44 | P |
| | | TANAKA Tadashi | L. Cpl. | Ch'iao-t'ou-chieh (橋頭街) | 15.6.44 | P |
| | | TOJIMA Takao | Cpl. | T'eng-ch'ung | 15.10.44 | HP |
| | | IWANAGA Kyokichi | L. Cpl. | Ta-t'ang | 15.5.44 | C |
| | | YAMAGUCHI Gentaro | Sup. Pvt. | Ch'ing-shui-ch'ing (清水鄉) | 14.9.44 | C |

CONFIDENTIAL

CONFIDENTIAL



| Division | Rgt. or Det. | Name | Grade | Place of capture* | Date of capture | Education** |
|---|---|---|---|---|---|---|
| 56 | 148 | YAMADA Yoshio | Sup. Pvt. | T'eng-ch'ung | 6.10.44 | P |
| | | YAMAMOTO Shimpei | L. Cpl. | T'eng-ch'ung | 18.6.44 | HS |
| | | YOSHIMOTO Etsuichi | Sup. Pvt. | T'eng-ch'ung | 28.9.44 | HP |
| 56 | 56 F.A. | MATSUMOTO Tsutomu | Cpl. | Sung-shan | 14.9.44 | G |
| | | NAGAMINE Jiro | L. Cpl. | Sung-shan | 12.9.44 | P |
| | | NAKAMURA Taro | 1st Lt. | Sung-shan | 4.9.44 | HP |
| | | NAKAYAMA Seiji | Cpl. | Sung-shan | 18.9.44 | HP |
| | | TANAKA Ichiro | L. Cpl. | Sung-shan | 12.9.44 | HP |
| 56 | Unassigned | IIDA Kichiji | 1/cl. Pvt. | Wan-ting | 15.12.44 | HP |

CONFIDENTIAL

3급 비밀

전쟁포로
등록번호 YBB-196

본부
전략첩보국
중국 전구 – APO 627

1945년 5월 6일

주제: 첨부된 비망록, "쿤밍의 조선인과 일본인 전쟁포로"
수신: 관련 직원

1. 동봉되어 있는 조선인과 일본인 전쟁포로에 관한 내용은 4월 28일 부로 중국 당국에 의해 쿤밍에 구금되어 있는 자들에 관한 것이며, 지난주에 진행된 두 번의 예비 심문을 바탕으로 작성되었다.

2. 본인과 함께 한 번 또는 두 번의 심문에 참여한 인물은 로버트 C. 매튜 주니어(Robert C. Matthews, Jr.) 대위, 비밀첩보부(SI)의 존 맥콜(John McCole) 일등병; 사기공작부(MO)의 버튼 크래인(Burton Crane); 조사분석부의 스스무 E. 카자하야(Susumu E. Kazahaya) 기술하사관; 그리고 전략첩보국에 객원으로 있는 조선인 최 S. W. 박사(S. W. Choi), 이평산(Yi Pyong-san) (Li Ping-shan), 김우전(Kim Wu-chon) (김학규 대장의 부관), 정윤성(Chong Yun-song) (전직 중국군 중위, 전략첩보국의 토마스 웨스트(Thomas West) 소령에 의해 주청(Ju-ch'eng)에서 발탁)이다.

3. 일부 또는 모든 포로들은 충칭으로 곧 이송될 것이며, 그곳에서 추가 심문이 가능할 것이다.

조셉 E. 스펜서 (Joseph E. Spencer)
미 육군 소령
부장대리
조사분석부

배포:

1 – Deputy SSO / APO 879

1 – 폴 E. 헬리웰 주니어 (Paul E. Helliwell, Jr.) 중령 / APO 627

1 – 롤랜드 둘린 (Roland Dulin) / APO 627

→ 1 – 기록보관용 / APO 627

쿤밍의 조선인과 일본인 전쟁포로

1945년 4월 28일

1. 일반. 중국군 쿤밍 사령부는 현재 윈난 군화중학교 수용소 내에 25명의 조선인 (여성 23명, 남성 2명), 1명의 대만인 (남성), 81명의 일본인 (여성 4명, 남성 77명)을 전쟁포로로 구금하고 있다.

아래의 간략한 서술은 전략첩보국 내 관련 부서에서 사용할 수 있도록 준비한 것이며, 해당 포로들한테서 얻을 수 있는 정보의 특징을 정리한 지표이다.

조선인에 관해 입수한 정보는 일본인에 대해 얻은 내용과 몇몇 대목에서 차이가 있으며, 이는 두 그룹 간 구성인원과 태도가 다르기 때문이다. 그러나 국적에 관계없이 개인별로 아래 항목들을 작성한다: 이름, 소속, 포획 장소와 일자. 각 인물의 계급도 명시한다.

2. 25명의 조선인. 포획된 사람들은 아무도 없었으며, 모두 일본군에서 탈출하여 중국군에 투항한 자들이다.

조선인들의 민족의식은 자발적이고 분명했으며, 정보를 제공하고자 하는 의지도 적극적이었다.

**황남숙을 제외한 23명의 여성은 명백하게 강요와 사기를 통해 "위안부(comfort girls)"가 되었다. 예를 들어 그 중 15명은 조선어 신문에 실린 싱가포르의 일본 공장에서 일할 여성을 구한다는 광고를 통해 모집되었고, 1943년 7월에 조선을 떠났다고 한다. 그들이 속해있던 남방으로 보내진 파견대에는 그들처럼 사기당한 여성이 적어도 300명 있었다고 한다.**

노병철은 민간 통역사이자 연락 담당자이며, 대위에 준하는 지위를 가지고 있다.

황병운은 황남숙의 아들이며, 어머니와 함께 있었으나 일본군이 아니었다. 그는 16살에 불과하다.

1944년 9월에 모든 조선인은 탈출하여 중국군에게 갔다. 투항 당시, 여성 13명과 남자아이는 윈난 텅충(98-29 E, 25-01 N) 56사단 148연대와 함께 있었으며, 여성 10명은 같은 사단 내 146연대와 함께 텅충 근처 송산(松山)이라는 곳에 있었다. 노병철은 텅충 18사단 114연대에 소속되어 있었다.

아래 명단은 각각의 조선인을 명시한 것이다.

조선인 전쟁포로 25명에 대한 개인정보

| 조선 출발일 | 출신 지역 | 이름 | 나이 | 출신 도시 |
|---|---|---|---|---|
| a. 여성 | | | | |
| 1943년 9월 | 전라북도 | 신창요 (Sin Chang-yo) | 23 | 전주 |
| | 경기도 | 한숙 (Han Suk) | 19 | 서울 (또는 경성) |
| | | 김태숙 (Kim Tae-suk) | 22 | 개성 |
| | 평안남도 | 최산옥 (Choe San-ok) | 25 | 평양 |
| 1942년 7월 | 전라남도 | 박금순 (Pak Kum-sun) | 22 | 기록 없음 |
| | | 신봉선 (Sin Pong-son) | 27 | 기록 없음 |
| | 충청남도 | 김양금 (Kim Yang-kum) | 20 | Imnao |
| | | 이두레 (Yi Tu-re) | 28 | 논산 |
| | 황해도 | 윤경애 (Yun Kyong-I) | 26 | 기록 없음 |
| | 경기도 | 정귀순 (Chong Kui-sun) | 24 | 서울 |
| | | 이홍예 (Yi Hong-ye) | 20 | 서울 |
| | | 윤부순 (Yun Pu-sun) | 25 | 서울 |
| | 경상도 | 전원분 (Chon Won-pun) | 26 | 기록 없음 |
| | | 박봉순 (Pak Pong-sun) | 26 | 예천 |
| | | 이봉선 (Yi Pong-son) | 20 | 봉산 |
| | | 이봉영 (Yi Pong-yong) | 24 | 기록 없음 |
| | | 윤인주 (Yun In-chu) | 30 | 기록 없음 |
| | 평안남도 | 김질원 (Kim Ch'il-won) | 28 | 평양 |
| | 평안북도 | 최금주 (Choe Kum-chu) | 23 | 신의주 |
| 1941년 11월 | 평안남도 | 황남숙 (Hwang Nam-suk) | 36 | 평양 |
| 1940년 3월 | 경기도 | 소산옥 (So San-ok) | 30 | 서울 |
| 1939년 8월 | 평안남도 | 박영심 (Pak Yong-sim) | 23 | 평양 |
| 1938년 | 평안남도 | 김옥주 (Kim Ok-chu) | 25 | 평양 |
| b. 남성 | | | | |
| 1941년 11월 | 평안남도 | 황병운 (Hwang Pyong-un) | 16 | 평양 |
| 1930년 경 | 경기도 | 노병철 (No Pyong-chol) | 31 | 서울 |

3. 대만인. 하야시타 키요시(HAYASHITA Kiyoshi)는 일본어와 중국어 능력을 갖고 있어 통역사로 송산의 113연대 사령부(56사단)에 소속되어 있던 대만인이다. 그리고 1944년 9월 3일에 포획되었다. 그는 일본 병사들과 거의 함께하지 않았고, 주로 조선인들과 – 특히 노병철 – 어울렸다. 그는 전적으로 협조적이며, 상당한 양의 정보를 가지고 있는 것으로 보인다.

4. 일본인. 77명의 일본 군인들 중 67명은 수용소에 있으면서 요청한 정보를 제공했다. 일본인 여성 4명을 심문할 수 없었다.

이들 중 4명의 군인은 1944년 9월 9일 경에 조선인 기술자 노병철의 지휘 아래 탈출하여 중국군에 투항하였다. 이들 네 명 중 두 명은 현재의 일본 제도에 반대하고, '인민의 일본(people's Japan)'을 찬성한다고 밝혔다. 이들 모두 특별한 교육을 받은 적은 없고, 갖고 있는 정보나 능력이 탁월해 보이지도 않는다. 이들 두 명은 18사단의 아키요시 다이조(AKIYOSHI Daizo) 병장과 타카다 에이지(TAKADA Eiji) 병장이다.

나머지 군인들은 모두 포획되었으며, 노병철의 보고에 따르면 56사단의 군인들은 필사적으로 싸웠다고 한다. 일본에 대한 그들의 민족의식은 강렬하며, 그들의 마음에는 여전히 전형적인 일본식 사고가 현저하게 보인다.

미야자키 요시마츠(MIYAZAKI Yoshimatsu), 나카무라 타로(NAKAMURA Taro), 오츠카 히사시(OTSUKA Hisashi)는 각자 대위, 중위, 소위의 계급에 해당한다고 주장하지만, 대부분의 일본군 장교가 받는 교육이나 기본예절을 갖추고 있지 않다. 따라서 아래에 명시되어 있듯이 이들이 진술한 계급의 정확도는 의심스럽다.

아래 목록에 사용된 계급명은 명시되어 있는 일본어 직위에 각각 해당한다:

| | |
|---|---|
| Sergeant-major | – 조장 |
| Sergeant | – 군조 |
| Corporal | – 오장 |
| Lance Corporal | – 병장 |
| Superior Private | – 상등병 |
| 1st Cl. Private | – 일등병 |
| 2nd Cl. Private | – 이등병 |

| 사단 | 연대 또는 파견대 | 이름 | 계급 | 포획 장소 | 포획 일자 | 교육 |
|---|---|---|---|---|---|---|
| 18 | 114 | 아키요시 다이조 | 병장 | 텅충(T'eung-ch'ung) 98-29, 25-01 | 44년 9월 9일 | 고급초등 |
| | | 타카다 에이지 | 병장 | 텅충 | 44년 9월 8일 | 고급초등 |
| | | 타니구치 히로미 | 병장 | 텅충 | 44년 9월 8일 | 고급초등 |
| 56 | 사령부 위생대(S.C.) | 히데 후미아키 | 오장 | 망망치에 (Mang-mang-chieh, 忙忙街) | 44년 9월 15일 | 고등 |
| | 113 | 하야미 마소노리 | 상등병 | 송산(Sung-shan, 松山) | 44년 9월 22일 | 고급초등 |
| | | 하야시 미치오 | 상등병 | 맹창치에 (Meng-ch'ang-chieh, 猛昌街) | 44년 6월 12일 | 초등 |
| | | 이노우에 만노스케 | 상등병 | 챈안소(Chen-an-so) 98-50, 24-42 | 44년 6월 11일 | 초등 |
| | | 이와사키 타카키 | 상등병 | 룽링(Lung-ling) 98-42, 24-34 | 44년 10일 14일 | 초등 |
| | | 이케다 타마히코 | 병장 | 텅충 98-29, 25-01 | 44년 8월 15일 | 초등 |
| | | 이누가와 다이사부로 | 이등병 | 완팅 (Wan-ting, 畹町) | 45년 1월 29일 | 초등 |
| | | 카와노 사쿠노신 | 일등병 | 핀카(P'in-ka) 98-57, 24-21 | 44년 7월 15일 | 고급초등 |
| | | 키타지마 이와오 | 상등병 | 맹창치에 | 44년 6월 21일 | 초등 |
| | | 코바야시 히로토 | 상등병 | 송산 | 44년 9월 22일 | 고등 |
| | | 쿠보 사타키치 | 일등병 | 송산 | 44년 9월 4일 | 없음 |
| | | 마츠모토 키요시 | 병장 | 송산 | 44년 9월 8일 | 고등 |

* 한자는 특정되지 않은 장소와 알려지지 않은 좌표에 기재.

** P – 초등교육; HP – 고급초등교육; HS – 고등교육 (일본 중학교); C – 대학; G – 대학원 또는 전문학교.

| 사단 | 연대 또는 파견대 | 이름 | 계급 | 포획 장소 | 포획 일자 | 교육 |
|---|---|---|---|---|---|---|
| 56 | 113 | 마츠타니 시즈카 | 조장 | 룽링 | 44년 9월 29일 | 고급초등 |
| | | 미키 토라오 | 상등병 | 라멍(La-meng) 98-56, 24-43 | 44년 8월 20일 | 초등 |
| | | 미야자키 요시마츠 | 대위 | 송산 | 44년 9월 12일 | 고등 |
| | | 나가히로 히데오 | 일등병 | 망시(Mang-shih) 98-35, 24-27 | 44년 11월 8일 | 초등 |
| | | 나카하라 사카에 | 군조 | 송산 | 44년 9월 22일 | ? |
| | | 나카무라 쇼스케 | 상등병 | 챈안소 | 44년 6월 8일 | 초등 |
| | | 노미야나 마사이치 | 오장 | 룽링 | 44년 9월 30일 | 고등 |
| | | 오츠카 히사시 | 소위 | 완팅 | 45년 1월 28일 | 고등 |
| | | 사다무라 히토시 | 일등병 | 완팅 | 44년 12월 6일 | 대학 |
| | | 시미즈 카스오 | 병장 | 송산 | 44년 9월 6일 | 고급초등 |
| | | 타카오 사쿠라 | 일등병 | 송산 | 44년 9월 8일 | 없음 |
| | | 타메히로 히데이치 | 병장 | 라멍 | 44년 8월 20일 | 초등 |
| | | 와타나베 마사오 | 상등병 | 룽링 | 44년 6월 9일 | 고등 |
| | | 야마자키 사다오 | 병장 | 맹창치에 | 44년 6월 9일 | 초등 |
| | | 야나세 켄지 | 병장 | 맹창치에 | 44년 6월 22일 | 고등 |
| | | 유쿠 진류 | 병장 | 맹창치에 | 44년 6월 9일 | 대학 |
| 56 | 146 | 리오 나가우도 | 일등병 | 완팅 | 45년 1월 6일 | 고급초등 |
| | | 야마카와 토메이치 | 상등병 | 텅충 | 44년 8월 15일 | 초등 |
| | | 야마모토 키요시 | 병장 | 완팅 | 44년 1월 8일 | 고등 |
| 56 | 148 | 바바 마츠오 | 일등병 | 완팅 | 45년 1월 30일 | 고급초등 |
| | | 후지타 이사오 | 오장 | 텅충 | 44년 9월 13일 | 고등 |
| | | 후쿠치 하츠이치 | 상등병 | 밍쿤 (Ming-Kun, 明昆) | 44년 6월 23일 | 고등 |

| 사단 | 연대 또는 파견대 | 이름 | 계급 | 포획 장소 | 포획 일자 | 교육 |
|---|---|---|---|---|---|---|
| 56 | 148 | 곤도 아키라 | 상등병 | 텅충 | 44년 6월 2일 | 고등 |
| | | 히라시마 미츠오 | 병장 | 타탕(Ta-t'ang) (98-40, 25-35) | 44년 6월 15일 | 고등 |
| | | 이마후쿠 세이지 | 병장 | 텅충 | 44년 10월 7일 | 초등 |
| | | 카마다 타이토 | 군조 | 텅충 | 44년 9월 14일 | 고등 |
| | | 카미도 츠네오 | 군조 | 코링쿵 (Ko-ling-kung, 高嶺貢) | 44년 6월 | 대학 |
| | | 카토 슈케이 | 일등병 | 텅충 | 44년 9월 13일 | 고급초등 |
| | | 마에다 사부로 | 병장 | 텅충 | 44년 9월 14일 | 고급초등 |
| | | 나가토미 카츠히로 | 병장 | 텅충 | 44년 10월 26일 | 초등 |
| | | 나카가와 요시오 | 상등병 | 텅충 | 44년 7월 7일 | 초등 |
| | | 나카무라 겐다 | 병장 | 텅충 | 44년 9월 14일 | 고급초등 |
| | | 나카무라 마사오 | 오장 | 텅충 | 44년 9월 26일 | 고등 |
| | | 나카시마 마사노부 | 군조 | 텅충 | 44년 9월 29일 | 고급초등 |
| | | 나카츠지 토시아키 | 상등병 | 텅충 | 44년 9월 20일 | 고등 |
| | | 니시야마 이치로 | 일등병 | 텅충 | 44년 9월 14일 | 고등 |
| | | 노무라 히데오 | 군조 | 텅충 | 44년 10월 6일 | 초등 |
| | | 타카다 히데시 | 일등병 | 텅충 | 44년 9월 18일 | 고급초등 |
| | | 타케노 카츠미 | 상등병 | 텅충 | 44년 6월 18일 | 초등 |
| | | 타나카 타다시 | 병장 | 치아우투치에 (Ch'iao-t'ou-chieh, 橋頭街) | 44년 6월 15일 | 초등 |
| | | 토지마 타카오 | 오장 | 텅충 | 44년 10월 15일 | 고급초등 |
| | | 이와나가 쿄키치 | 병장 | 타탕 | 44년 5월 15일 | 대학 |
| | | 야마구치 겐타로 | 상등병 | 칭수이칭 (Ch'ing-shui-ch'ing, 清水鄉) | 44년 9월 14일 | 대학 |

| 사단 | 연대 또는 파견대 | 이름 | 계급 | 포획 장소 | 포획 일자 | 교육 |
|---|---|---|---|---|---|---|
| 56 | 148 | 야마다 요시오 | 상등병 | 텅충 | 44년 10월 6일 | 초등 |
| | | 야마모토 심페이 | 병장 | 텅충 | 44년 6월 18일 | 고등 |
| | | 요시모토 에츠이치 | 상등병 | 텅충 | 44년 9월 28일 | 고급초등 |
| 56 | 56 야포병(F.A.) | 마츠모토 츠토무 | 오장 | 송산 | 44년 9월 14일 | 대학원 |
| | | 나가미네 지로 | 병장 | 송산 | 44년 9월 12일 | 초등 |
| | | 나카무라 타로 | 중위 | 송산 | 44년 9월 4일 | 고급초등 |
| | | 나카야마 세이지 | 오장 | 송산 | 44년 9월 18일 | 고급초등 |
| | | 타나카 이치로 | 병장 | 송산 | 44년 9월 12일 | 고급초등 |
| 56 | 미 배속 | 이이다 키치지 | 일등병 | 완팅 | 44년 12월 15일 | 고급초등 |

# 2

**Report on Conditions in Canton submitted by Mr. Charles C. Wong, formerly employed at the Consulate General at Canton**

**RG 226 Entry NM-54 16 Box 805**

이 문서는 14년 이상 중국 광둥 총영사관 속기사로 일했던 찰스 웡(Mr. Charles C. Wong)이 작성한 광둥(Canton) 지역 상황에 관한 보고서다. 중국 광둥의 정치적이고 경제적인 상황, 일본군 실태 등을 전하는 이 보고서의 마지막 부분 성매매(prostitution) 항목에서 일본군의 위안소 운영에 관한 사실들이 나타난다. 일본군 부대를 위한 위안소는 웨이푹길(Wai Fook Road)의 테후치(Tei Fu Chi)에 위치하고 있었다. 보고서에서는 일본군의 점령 이후 군으로부터 허가받은 위안소뿐 아니라 허가받지 않은 위안소가 광둥의 전역에서 발견되었고, 만연한 성매매와 높은 의료비로 인해 성병이 확산되고 있다는 사실 역시 지적되고 있다. 이 같은 내용을 통해 일본군이 점령지인 광둥에서 위안소를 운영했다는 사실을 알 수 있다.

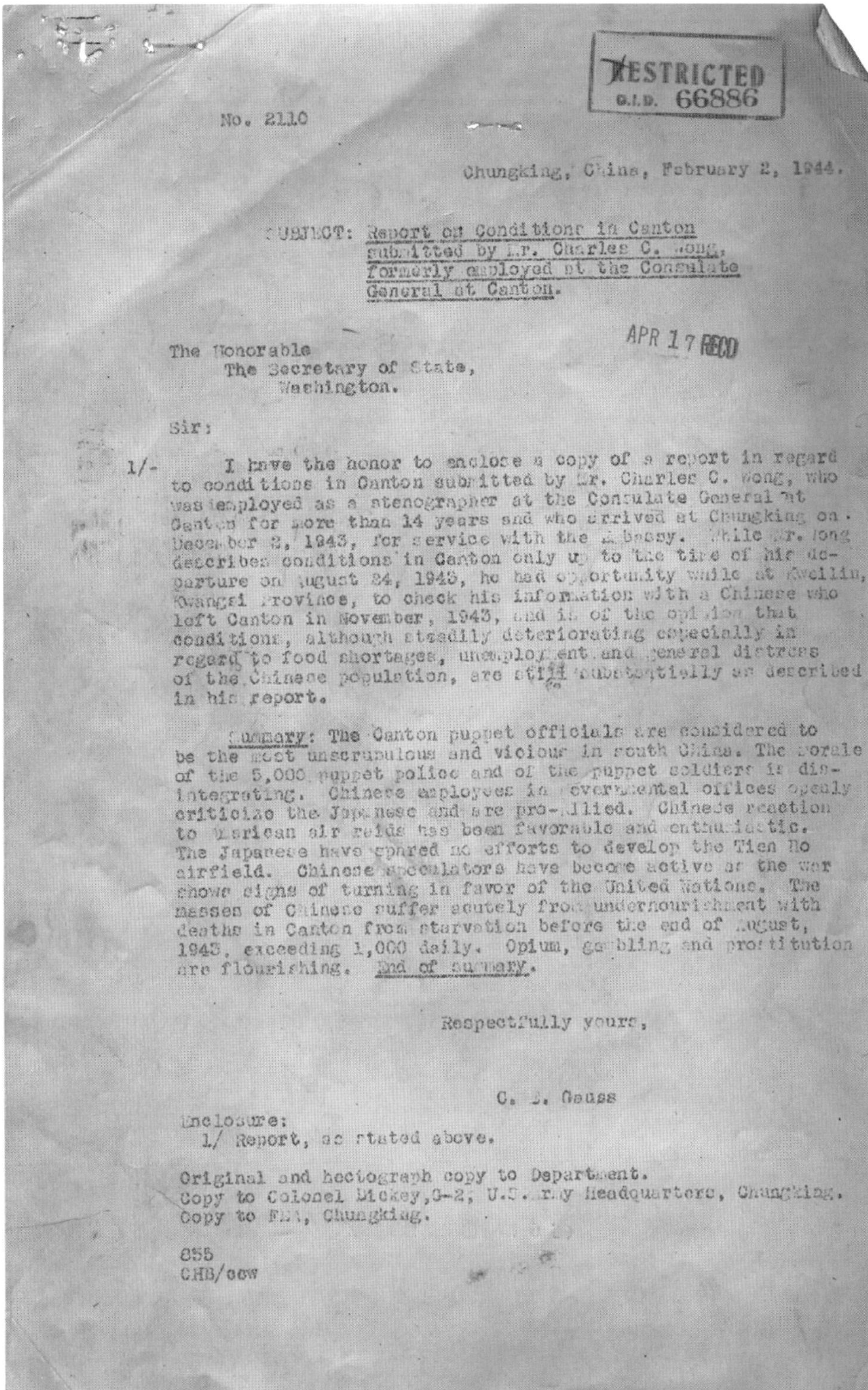

RESTRICTED
G.I.D. 66886

No. 2110

Chungking, China, February 2, 1944.

SUBJECT: Report on Conditions in Canton submitted by Mr. Charles C. Wong, formerly employed at the Consulate General at Canton.

APR 17 RECD

The Honorable
The Secretary of State,
Washington.

Sir:

1/- I have the honor to enclose a copy of a report in regard to conditions in Canton submitted by Mr. Charles C. Wong, who was employed as a stenographer at the Consulate General at Canton for more than 14 years and who arrived at Chungking on December 2, 1943, for service with the Embassy. While Mr. Wong describes conditions in Canton only up to the time of his departure on August 24, 1943, he had opportunity while at Kweilin, Kwangsi Province, to check his information with a Chinese who left Canton in November, 1943, and is of the opinion that conditions, although steadily deteriorating especially in regard to food shortages, unemployment and general distress of the Chinese population, are still substantially as described in his report.

Summary: The Canton puppet officials are considered to be the most unscrupulous and vicious in south China. The morale of the 5,000 puppet police and of the puppet soldiers is disintegrating. Chinese employees in governmental offices openly criticize the Japanese and are pro-Allied. Chinese reaction to American air raids has been favorable and enthusiastic. The Japanese have spared no efforts to develop the Tien Ho airfield. Chinese speculators have become active as the war shows signs of turning in favor of the United Nations. The masses of Chinese suffer acutely from undernourishment with deaths in Canton from starvation before the end of August, 1943, exceeding 1,000 daily. Opium, gambling and prostitution are flourishing. End of summary.

Respectfully yours,

C. E. Gauss

Enclosure:
1/ Report, as stated above.

Original and hectograph copy to Department.
Copy to Colonel Dickey, G-2, U.S. Army Headquarters, Chungking.
Copy to FEA, Chungking.

855
CHB/ccw

59 — Report on Conditions in Canton submitted by Mr. Charles C. Wong, formerly employed at the Consulate General at Canton

ENCLOSURE NO. 1 TO DESPATCH NO. 2110 DATED FEBRUARY 2, 1944
FROM AMERICAN EMBASSY, CHUNGKING, TO DEPARTMENT OF STATE,
WASHINGTON.

## CONDITIONS AT CANTON PRIOR TO AUGUST 24, 1943

### Political and Military

Puppet Officials: The Canton puppet government is run by Wang Ching-wei or rather by his wife, Chen Pik-kwun, and her relatives and intimate friends. People in the street call the regime the "Wang and Chen Empire". Wang's wife stays in Canton most of the time to look after her personal interests and receives bribes from those who aspire to high and lucrative positions. She has things her own way in defiance of her husband's orders.

The higher puppet officials attempt to obtain funds by "squeeze" and more than ten of these officials have become millionaires after one term of office. They ask: "Is it better to gain fame or to make money in this troubled world?" By cooperating with the enemy they know that no fame can be realized and that if they do not make money now they will probably have no chance to do so at a later date because of their uncertain position--uncertain because they know that the days of the Japanese are numbered. Corruption is rife and the Canton puppet officials are considered to be the most unscrupulous and vicious in south China.

These officials dream sweet dreams and hope for the best for themselves at all times. They console themselves by believing that Wang Ching-wei and Chiang Kai-shek are cooperating with each other, the first having the welfare of the people at heart and the second saving the nation. They even go so far as to think that Wang and Chiang are playing both ends against the middle at the expense of their respective allies and that both Japan and the United Nations are backing the wrong horse.

The most significant civilian head of the Kwangtung puppet government is Chen Yao-tso ([illegible]), chairman of the provincial government. The finance director is Wang Tsung-tsun ([illegible]), a nephew of Wang Ching-wei, who maintains three families and three sets of children. These two puppets work closely together to divide the revenues and to allocate a share to Wang's wife who is reportedly becoming more and more greedy. They have held their present positions since shortly after the abolition of the Peace Preservation Council ([illegible]) and the establishment of the provincial government and they naturally have the backing of Wang Ching-wei and his wife.

The most influential Chinese military puppet in Canton is General Lee Fu-kwan ([illegible]), a former bandit chief. Although he has turned over active command of the troops to another Chinese puppet, his subordinates occupy all lucrative posts in the garrison command. Szkiu ([illegible]), approximately 22 miles southeast of Canton and the most important business center in Kwangtung Province since the fall of Canton in 1938, is under his control. Most of his troops numbering about 10,000 are stationed at Szkiu and nearby points. General Lee permits gambling at Szkiu and the tax derived therefrom is said to be sufficient to support at least half of his troops. This former

bandit

bandit has become interested in many businesses, including a sugar mill at Szkiu and another at Yungki, about 25 miles south-east of Canton, and the Fook Man Tong Opium Syndicate, which monopolizes the opium traffic in Canton. He has also bought up more than 100 acres of rice fields from peasants in Szkiu at very low prices under threat of confiscation and has hoarded large quantities of rice and other foodstuffs. He smokes opium during the greater part of the day and night and his consumption is said to exceed one tael every 24 hours. It is rumored that he has accumulated more than one billion dollars in Chinese national currency (fapi) which he is said to keep in steel oil drums for safekeeping. General Lee has become the object of public censure because Chinese in Canton hold him responsible for the shortage of rice owing to his hoarding activities. Several unsuccessful attempts were made to kill him during 1943. In order to divert the people's hatred he has recently establishe a few charitable schools with private funds.

Puppet River Defense Force: In view of the fact that the puppet river defense force is backed by the Japanese, the headquarters thereof take no orders from Chen Yao-tso, chairman of the Kwangtung Provincial Government, although the force is under nominal control of the provincial government. It has a strength of about 1,000 men and most of them are marines. Their equipment was purchased from the Japanese and is considered to be quite up-to-date About a year ago the river defense force had only a few patrol launches but the Japanese have since donated one or two obsolete mosquito gunboats to it.

Police: The police in Canton has a strength of more than 5,000, including 80 percent men and 20 percent women. Only officers who can afford to buy a revolver with personal funds are armed. Aside from those on sentry duty, who are armed with rifles and bayonets the only weapon commonly carried by policemen is a baton about 2½ feet long. The police bear grudges against the marines of the river defense force and they often quarrel and come to blows in the streets. It is said that the police are envious of the bette pay given to the marines and their better uniforms.

As the policemen are very much underpaid, drawing only about ¥ 50 a month, they resort to "squeezing" hawkers on a large scal From time to time one hears about a policeman committing suicide after enjoying a good meal in a restaurant because he is unable to pay the bill. What is true of the police is also true of the puppet soldiers. Their morale is rapidly disintegrating.

Morale of Puppet Employees: Most of the Chinese employees in various governmental organs are working only for their "bowl of rice". Even those who work for the Japanese are loyal to their mother country with the exception of a very few who profit from favors accorded them by their Japanese masters. These employees do very little work and are often seen taking a nap. When asked why they work half-heartedly, they say, "Our pay is not enough to enable us to feed ourselves and our families". Their income is comparatively low and their chances of making money on the outsid to make ends meet are remote. The majority of these workers are

undernourishe

Canton Report

61 — Report on Conditions in Canton submitted by Mr. Charles C. Wong, formerly employed at the Consulate General at Canton

undernourished as may be seen by their faces. The first grade of government employees receive M¥200 a month, second grade employees from M¥100 to M¥150 and the third grade from M¥50 to M¥100. Their periodic appeals for better treatment are rejected. These employees place their hope in an early return to the old days. They discuss politics, talk about the war news and criticize the Japanese in their offices. They are happy when they hear news that is favorable for the United Nations and attempt to buy Chinese newspapers smuggled in from Macao. (All Macao papers are banned because of their pro-Chinese attitude). These employees are anxious to leave Canton but they cannot find means for transportation to free China. This desire is prompted more by pure patriotism than by their own sorrowful plight.

<u>Japanese Attitude Toward Chinese</u>: With the exception of the few Japanese who need Chinese cooperation in order to advance their businesses or to squeeze the people, the Japanese as a whole are anti-Chinese and regard the Chinese as slaves or inferior beings. Japanese soldiers occasionally slap Chinese in the face or assault them by <u>jujitsu</u> methods in public streets. If a Chinese is suspected to be involved in matters detrimental to Japanese prestige or interests, he is taken to gendarmerie headquarters. In cases of minor offenses he is detained without trial in a cell for a number of days and during his detention is given only one bowl of rice mixed with salt or sand a day. The object of detaining him is to get money for his early release. His relatives are allowed to visit him in order that he may arrange to have them raise the necessary funds. But in the case of offenses deemed by the Japanese to be serious, the prisoner is subjected to torture and manhandling. Members of his family are brought in for questioning or share his fate. High Chinese officials are often humiliated openly and deliberately and when grievances are reported to the higher Japanese authorities the victims receive only a "so sorry" statement or some sort of apology. Now and then women are searched and this practice causes them to have great hatred for the Japanese. When Japanese soldiers are under the influence of liquor, Chinese in the streets take refuge for often the drunkards pull out their swords and chase people in the streets.

<u>Chinese Attitude Toward the Japanese</u>: The Chinese hate the Japanese more than they fear them. The Chinese hate the Japanese for their barbarous acts and fear their cruelty. When they see the Japanese strike one of their countrymen in the streets, they are filled with anger which they are forced to conceal. The Chinese sympathize with the victim and curse the Japanese in their thoughts. Even a boy of six or an ignorant woman knows how to hate the Japanese. The general impression prevails that the Japanese have blundered by not knowing how to win the respect of the Chinese. The Chinese are fatalists and feel satisfied if they are not oppressed too much. Had the Japanese taken a different attitude toward the Chinese at the start, more Chinese would have come to their aid and the war of resistance would be more difficult. Even though the Japanese change their attitude toward the Chinese now, the Cantonese would continue to hate them for their hatred of the enemy is deep-rooted.

CID # 66886
Feb 44 - Embassy Report

<u>Chinese</u>

Chinese Reaction to American Air Raids: After more than three years of Japanese rule the populace of Canton was deeply moved when the first American air raids occurred in the early part of 1943. They are by no means panicky when bombings take place and they do not care if they are killed. They would rather die a quick death than suffer indefinitely. Thus they welcome the American planes and are despondent if they see any American planes shot down in air combats or as a result of anti-aircraft fire. Chinese who are wounded never complain while being carried to hospitals and if any of their family members are killed they take a philosophical view and say that their fate was predetermined. When they go home and find their homes devastated by bombing, they sadly turn away without showing any signs of anger. On the whole, the morale of the Chinese population of Canton is good.

On the other hand, the puppet officials and agents of the Japanese are panic-stricken when bombings take place and they rush to shelters. The puppets have mixed feelings about the air raids, they being fearful either for their lives or for their property and money.

The Japanese as a whole are very much scared by the American air raids and they rush about looking for places of safety. Their morale is definitely running low.

Construction Activities: No road construction or repair has been undertaken since the outbreak of the Pacific War. Many blocks of damaged houses in the western and northern parts of Canton were pulled down by the Chinese and rebuilt for business and residential purposes. Most of the buildings on the Bund and in the business centers of the city were reopened for business after being repaired and painted.

The Japanese are sparing no efforts to develop the Tien Ho airfield, about five miles north of Canton. More than 500 persons are taken there by trucks from the city every morning. These workers state that under Japanese supervision they are building additional runways and dumps for storing gasoline and explosives and digging trenches and dugouts. These laborers work from morning to dusk and their wages range from M¥0.50 to M¥1.00 a day.

In Canton dugouts were built in large numbers by the puppet government and also by Chinese citizens. Spaces between stone or brick pillars supporting verandahs were walled up in certain places in busy streets with stones and bricks. Baskets containing dry mud and refuse were piled up on street corners. Sandbags were placed at the entrances of residences of puppet officials or well-to-do Chinese. Most of the high-ranking officials built dugouts in their own compounds. The brick and stone walls erected in front of shops were built with personal funds and the shelters at the street intersections were built jointly by nearby shopkeepers. The government provided the baskets used to contain mud and refuse. The construction of dugouts is proceeding with great zeal.

## Public Utilities and Fuels

Electricity Supply: Because of the shortage of coal and the increased price thereof, the electric power company revised its

rate

63 — Report on Conditions in Canton submitted by Mr. Charles C. Wong, formerly employed at the Consulate General at Canton

rate for electricity at the beginning of July, 1943, adding 30% to the original charge of MY$0.20 per meter of current. Those who exceed the limit allowed, usually 10 meters of current a month for an ordinary household, are required to pay 15% or more as a fine, additional to the regular charge. Some people try to obtain electricity by tapping the street wires in order to save fuel for cooking meals and boiling water.

Telephone Service: Before July 1, 1943, the Telephone Administration charged a rental fee of MY$8.00 a month. Since then the charge has been made in accordance with the number of calls, at the rate of CRB$3.00 per call. No new telephone apparatus is furnished to applicants owing to the shortage of equipment. Applicants in urgent need of a telephone are required to buy one on the black market, with prices ranging from MY$1,000 and up.

Water Supply: Charges for water supply have been increased slightly since July 1, 1943. Those who fail to call at the Water Administration office to settle accounts before expiration of the five day period of grace are liable to a fine of MY$0.50. Although the fine is negligible, repeated failure to settle accounts on time may result in the water supply being cut off.

Charcoal and Other Fuels: Charcoal was sold late in August, 1943, at approximately MY$30.00 per picul and firewood at MY$35.00 per picul. The poor cook their meals by burning anything they can lay their hands on. Woodcutters from the rural areas carrying firewood into the city are frequently intercepted by Japanese soldiers who seize their wood and pay a few military yen per picul.

## Economic Affairs

Commodity Prices: Prices for imported commodities in Canton during the first seven months of 1943 advanced steadily but toward the end of August they declined somewhat owing to unfavorable news for the Axis. Although the Chinese in Canton are isolated, they pick up news regarding the progress of the world war on all fronts from those who are bold enough to operate short-wave receiving sets and from friends who visit Canton from free China. Hoarders of imported goods tend to sell stocks at reduced prices whenever they hear of German or Japanese reverses.

Prices for foodstuffs advanced daily during the first eight months of 1943 and this tendency was not affected or halted by receipt of news unfavorable for the Axis.

Income of Government Employees: Most of the governmental organs in Canton were short of funds and the employees were forced to take a 10% cut in income. The salaries of many of them in August, 1943, were two or three months in arrears.

Speculation and Exchange Rates: Chinese speculators in Canton have become more active as the war shows signs of turning in favor of the United Nations. They are eager to pay high prices

for

for Hong Kong and Shanghai stocks and shares, including those of American and British companies whose properties have been taken over by the Japanese.

Foreign currencies are in good demand. An American dollar in August, 1943, was worth MY6.50, MY7.00 and MY7.50 for $1.00, $10.00 and $100.00 denominations respectively. Canadian dollar notes and the notes of Australian, Philippine, Indian, Burmese, Hong Kong, Straits Settlements, Indochinese and Thailand currencies were abundant. The public appeared to have great confidence in British pound sterling notes and the great demand for them caused a scarcity. Deals in foreign currencies are conducted in exchange shops only if buyers and sellers are known to the proprietors. Foreign notes found in the possession of any Chinese are immediately taken up by Japanese soldiers or Chinese policemen as they are regarded as "enemy money".

Chinese national currency (fapi) in July, 1943, was valued as high as CN$1.00 equal to MY0.16 but this rate declined slightly in August, 1943. The fixed rate between military yen and CRB notes continued unchanged at CRB$100 equal to MY18. The price for gold increased from MY600 to MY700 per tael in April and May, 1943, to a peak of MY1,100 per tael in mid-August, 1943, but declined to a little less than MY1,000 by mid-September, 1943. Cantonese speculators generally believe that the military yen and CRB notes are worthless and that if they hold gold they will not be bankdrupt when the war is over.

## Foodstuffs Situation

General Remarks: As the Japanese imposed no fixed price ceilings on foodstuffs the Chinese officials did nothing and foodstuffs dealers took advantage of the situation to exploit the public. As a result of the high prices charged for foods, many people were under-nourished and many died from starvation. Before the end of August, 1943, more than 1,000 corpses were picked up in the streets each day. The numbers were so great that many corpses were left exposed in the open for more than 48 hours before being carted away. The death rate rose when autumn set in. The sight of starving children was terrible and pathetic; they cried in the streets for food and many simply fell down and died.

The rich had plenty to eat and frequently ate at restaurants, the entrances of which were always blocked by starving beggars. Restaurants and tea houses did a prosperous business, being patronized mostly by Japanese military and civilians as well as Chinese detectives, hoarders and speculators. Now and then farmers could be seen eating in the large restaurants, as they were able to make good money because of the high prices for rice.

Rationing of Foodstuffs: Although ration tickets for foodstuffs were issued by the Food Control Bureau, the people were unable to get enough rice and were forced to buy on the black market to make up the deficiency. The poor had to give up a day's work to wait for their rationed rice, and because of their illiteracy

(some

65 — Report on Conditions in Canton submitted by Mr. Charles C. Wong, formerly employed at the Consulate General at Canton

(some cannot even read or keep track of the due date) they left the quantity allowed them under the ration system to the rice dealers, who took full advantage of the situation by selling on the black market any amounts they could thus obtain. The majority of the poor people had to go hungry for an entire day if they could not obtain their ration of rice or were forced to subsist on other foodstuffs. The more fortunate among them were sometimes able to have one meal of rice and one meal of congee (rice gruel) a day.

Chinese working in puppet governmental offices received a daily allotment of 8 taels of rice per capita for adults and 6 taels for children with the exception of Mondays which were called "riceless" days. Non-governmental citizens were allotted only 6 taels of rice a day for adults and 4 taels for children. While the governmental employees were allowed to obtain their ration for five or ten days at one time, other Chinese had to apply for it daily or every three days, which required them to stand in long lines to await their turn. Very often those at the end of the line were told to go home as the stock for the day was exhausted. The black market price for rice was M¥2.20 per catty (one catty equals 16 taels or 1-1/3 pounds) compared with M¥1.25 per catty for rationed rice.

Looting of Foodstuffs: Looting of all kinds of edibles has become very common in Canton. It began shortly after the fall of Canton in 1938 and was at first restricted to prepared edibles only. As time passed, the looting was extended to raw foodstuffs vegetables, et cetera. Beggars and undesirables were found everywhere and crowds of them loitered about the entrances of shops or near stalls of hawkers to witness people making purchases and were especially common in market areas. They would follow the persons who had bought foodstuffs and seize the foodstuffs, which commonly were eaten on the spot or given to accomplices so that the robbers could escape. When caught red-handed they were beaten up by their victims or by bystanders. Prior to the early part of 1942 when rice was freely sold to the populace and the price was comparatively low these looters chose women as their victims, but when the price of rice skyrocketed and the rationing system was introduced they robbed from men as well. The police appeared to be lenient in their treatment of these looters and in most instances released them after inflicting slight physical punishment.

Salt: A per capita ration of 12 taels of salt a month at a price of CRB$3.00 a catty was put into force some time ago. Ration tickets were issued by the Salt Gabelle office to be distributed by police precinct stations to households registered in the precincts. Shops engaged in the sauces and salt-fish businesses were forced to buy additional amounts from the black market, paying more than twice the fixed price for rationed salt. Salt merchants in various districts receive a quota of from 1,000 to 10,000 piculs a month, depending on the size of the district.

These

66886



These merchants must have military or political backing and be prepared to pay a good sum before they secure the agency. The fact that they smuggle salt into the unoccupied areas is an open secret. It was rumored that the former director of the Salt Gabelle office at Canton, who relinquished his post at the end of July, 1943, made more than M¥1,000,000 during his tenure of office lasting little over one year.

Peanut and Other Vegetable Oils: The price of peanut oil in August, 1943, was approximately M¥15.00 per catty. Other vegetable oils were seldom obtainable. It was frequently reported that vegetable oil dealers mixed tung oil with peanut oil in order to make greater profit, for tung oil was only about one-third the price of peanut oil. This adulterated peanut oil caused many people to suffer from stomach trouble.

Fish and Vegetables: During August, 1943, fish was sold at about M¥0.80 per tael and vegetables at an average of M¥0.50 per catty. The price for sweet potatoes increased during 1943 to a greater extent than prices for other foodstuffs, reaching about M¥1.20 per catty in August, 1943, because sweet potatoes were a popular substitute for rice.

Pork and Beef: Pork was sold at M¥15.00 per catty and beef at M¥9.50 per catty in August, 1943. Only the rich could afford to eat pork.

## Social Affairs

Opium: Opium dens are scattered all over Canton. Smokers are charged at least M¥0.20 for one smoke. One tael of opium smuggled into the city from Kwangchowwan or Hong Kong in August, 1943, was sold at more than M¥100 per tael. Hoarders of opium stocks bide their time in order to sell when prices are higher.

Gambling: The puppet authorities have not permitted public gambling in Canton although a large gambling house located in the northern outskirts of the city was opened to the public in June, 1943. It provides taxi service free of charge to prospective gamblers. Another large house for gambling is located in Nam Tuen, on the outskirts of Honam, which lies across the Pearl River from Canton. Both of these houses engage male and female employees, both operate large restaurants and the one near Honam has a hotel to accommodate 100 persons. The puppet government exacts about M¥500,000 a year from each of these houses, announcedly for reconstruction work but actually for the private account of certain puppet officials.

Prostitution: The high prices for foodstuffs and lack of employment has caused prostitution to become rampant in Canton. Brothels for Japanese troops are located at Tai Fu Chi (大佛寺) on Wai Fook Road. Licensed and unlicensed brothels and houses are found in every part of the city. Unlicensed prostitutes stroll about the streets or visit hotels in search of customers. Venereal diseases in Canton are common and said to be spreading, owing to the large numbers of prostitutes and the high fees charged for medical treatment.

Charles C. Wong.

67 — Report on Conditions in Canton submitted by Mr. Charles C. Wong, formerly employed at the Consulate General at Canton

2110호.

충칭(Chungking), 중국, 1944년 2월 2일

제목: 과거에 광둥(Canton)의 총영사관의 근무자였던 찰스 C. 웡(Mr.Charles C. Wong)이 제출한 광둥의 상황에 대한 보고서.

워싱턴의,
존경하는,
국무장관님께,

장관님;

1/- 저는 광둥의 총영사관에서 14년 넘게 속기사로 근무하였고 1943년 12월 2일에 영사관 일로 충칭에 도착한 찰스 C. 웡씨가 제출한 광둥의 현재 상황에 대한 보고서의 복사본을 영광스럽게 동봉합니다. 비록 그는 광둥의 상황을 그가 떠나기 전까지인 1943년 8월 24일의 시점까지만 설명하고 있지만, 그가 광시성(Kwangsi)의 구이린(Kweilin)에 있을 당시 1943년 11월에 광둥을 떠난 한 중국인에게 그의 정보를 확인받을 수 있었고, 광둥 상황에 대해 그곳의 상태가 비록 식량난, 실업난과 중국인 인구의 전반적인 고충으로 인해 지속적으로 악화되고 있지만 그는 상당한 부분이 본인의 보고서 속 묘사 그대로라고 생각합니다.

요약: 광둥의 괴뢰 관료들은 중국 남부에서 가장 부도덕하고 포악하다고 여겨집니다. 5,000명의 괴뢰 경찰과 괴뢰 병사들의 사기는 와해되었습니다. 정부 관청의 중국인 직원들은 일본군을 공공연하게 비판하며 연합군에 우호적입니다. 미국의 공습에 호의적이었고 열광적이었습니다. 일본군은 티엔 호(Tien Ho) 비행장을 개발하는데 노력을 아끼지 않습니다. 중국 투기꾼들은 전쟁이 연합군에게 유리한 조짐을 보이자 활발히 행동하였습니다. 중국 인구는 영양 결핍으로 크게 고통 받고 있으며 1945년 8월 말까지 식량부족으로 인한 사망이 매일 1000건을 넘

었습니다. **아편, 도박과 성매매(prostitution)가 횡행했습니다.** 요약 마침.

경의를 표하며,

C.E.가우스(C.E.Gauss)

첨부:

1/ 보고서, 위에 언급.

원본과 젤라틴판 복사본은 국무부.

복사본은 디키(Dickey) 대령, G-2, 미군 사령부, 충칭.

복사본은 해외경제관리국, 충칭.

855

CHB/ccw

2110호 전보 첨부 1호. 날짜 1944년 2월 2일

발신 미국영사관, 충칭,

수신 국무부, 워싱턴.

## 1943년 8월 24일 이전 광둥의 상황

(중략)

## 사회 일반

아편: 아편굴이 광둥 전지역에 흩어져있다. 흡연자들은 한 번의 흡연에 최소 0.20엔의 요금을 낸다. 1945년 8월에 장시성의 도시나 홍콩으로부터 밀수입된 아편 작물은 하나당 100엔 이상의 가격에 팔렸다. 아편 비축 소유자는 더 높은 가격에 판매하기 위해 때를 기다린다.

도박: 비록 북쪽 도시 외곽의 큰 도박장이 1943년 6월에 대중에게 개방되었지만 괴뢰 관료들은 공공 도박을 허용하지 않았다. 도박장에서는 잠재적 도박꾼들에게 공짜로 택시를 제공한다. 다른 큰 도박장 하나는 광둥에서 주장강(Pearl River)을 가로질러 호남(Honam)의 외곽 지역인 남츠엔(Nam Tsuen)에 위치한다. 두 도박장 모두 남성과 여성 직원을 고용하며 큰 식당을 운영하고, 호남 근처의 도박장에는 100명을 수용하는 호텔이 있다. 괴뢰정부는 매년 각 도박장마다 500,000엔를 받아내는데 명목상은 복구 작업을 위한 것이지만, 실제로는 특정 괴뢰 관료들이 잇속을 챙기기 위해서다.

**성매매(Prostitution): 식료품의 높은 가격과 실업난은 광둥에서 성매매(prostitution)가 횡행하도록 만들었다. 일본군을 위한 위안소(brothels)가 와이푹(Wai Fook)길의 태후치(Tai Fu Chi)에 위치하였다. 도시의 모든 구역에서 허가받은 위안소(brothels and houses)와 허가받지 않은 위안소들을 볼 수 있다. 등록되지 않은 성판매여성(prostitutes)들은 고객을 찾아 거리를 떠돌거나 호텔에 방문했다. 광둥에서 성병은 높은 의학 진**

료비와 많은 수의 성판매여성(prostitutes) 때문에 흔했고 널리 퍼져나가는 중이었다.

찰스 C. 웡(Mr.Charles C. Wong)

# 3

## Sumatra-General Conditions

## RG 226 Entry NM-54 16 Box 1180

이 문서는 전략첩보국(Office of Strategic Services, OSS)이 작성한 심문보고서이다. 이 보고서는 이미 심문한 대상에 대한 재심문 내용을 담고 있어 추가적인 일부 내용만이 나타나 있다. 보고서에는 1944년 5-6월 사이의 수마트라에 관한 정보가 있다. 보고서에 따르면 수마트라 파당(Padang)의 야마토 호텔은 일본군 위안소로 사용되고 있고, 이곳의 '위안부'는 주로 싱가포르에서 온 중국인들과 소수의 현지인 여성들이었다. 야마토 호텔 이외에도 파당의 캄퐁 올로와 캄퐁 치노 지역에 일본군 위안소가 있었다.

SECRET

OSS SECRET O.I.D. 104612

JOINT INTELLIGENCE COLLECTION AGENCY
SOUTH EAST ASIA
INTELLIGENCE REPORT

GHT/rdb

Pouch No.________________

SN 7132

From JICA/SEA, Naval Section, at Colombo, Ceylon. Date 4 November 1944

Reference JICA/SEA Report No. 7127, (O.S.S. Report No. K-308) 12 Oct. 1944

Source O.S.S. Advanced Hqtrs., SEAC. Evaluation F-0

Subject: SUMATRA - General Conditions.

Brief:

This report, containing information dated May - June 1944, deals with the following subjects in regards SUMATRA: Currency Regulations; Military; Religion; Treatment of Native Population; Propaganda - Radio; Education; Communications; General Conditions; Personalities; Bribery.

GOULD H. THOMAS,
Acting Officer-in-Charge,
Naval Section, JICA/SEA.

(Space below this line to be filled in by JIAEC)

JIAEC NO________________
A________________
B________________
AAF________________
OSS________________
SIGNATURE________________

DISTRIBUTION BY ORIGINATOR:

JIAEC,
G-2, FE, USAF/CBI, APO 885. (without enclosure)
JICA/CBI, APO 885, File. (without enclosure)
File. (without enclosure)



SECRET

OSS

JICA/CBI
SHPT. NO. 475
SN. 7132
A. 5 OSS 1
N. 3 FEA 1
AAF. 2 SIGN

(12)

SECRET

OFFICE OF STRATEGIC SERVICES
ADVANCED HDQTRS., SEAC
A.P.O. # 432

COUNTRY: Sumatra
SUBJECT: General conditions
SOURCE: Z
DATE OF INFO: May-June 1944 and as indicated.
PLACE OF ORIGIN: Ceylon

REPORT NUMBER: M-319/M-308 (supplement)
DATE OF REPORT: 30 October 1944
EVALUATION: See report M-308
NUMBER OF PAGES: 4
THEATER DIS: D of I/SEAC; ISLD 'P' Div.; Force 136; JICA/SEAC; Rear Echelon Hq. CBI; CBI Liais SEA; EIS; ISTD; SEATIC; COIS, E.F.; RNN Intelligence Officer.

This is a report of a further interrogation of T-73, the Subject of report # M-308. The same individual was interrogated at length by the RNN, and the present report is intended to be supplemental only.

A. CURRENCY REGULATIONS

1. The use of metallic money in Sumatra is strictly prohibited. Either Dutch or Japanese paper money may be used, and are of equal value. However, Indonesians prefer the Dutch money and frequently hoard it.

2. Persons who are found in possession of metallic money are severely punished. About four months ago a Chinese owner of a junk, named AU YONG PO, was arrested at Kampong Djawa, Padang. The Japs had learned that he had hoarded silver at his house. Source thinks that this information was given to the Japs by a spy, but he does not know his identity. AU is still in jail. He was arrested by the Kempei (M.P.s). Three other Chinese were arrested at the same time and place, including one named TJIA SON ENG.

B. MILITARY

3. Source states that the Kempei are mostly Japanese, but there are some Indonesians among them.

4. Heiho (semi-military labor battalions) are kept up by conscription of natives. Source escaped conscription because he was continually moving from one place to another. The morale of these battalions is very low. The men wear dirty uniforms. There are frequen desertions. Dissatisfaction is caused principally by inadequate food and clothing. In the villages the men stay in houses. In the larger towns, they are kept in barracks. They are taught the use of fire arms, and carry a gun when on guard duty. Most of the officers are Japs, but a few officers are Indonesian.

5. All members of the Kempei wear brass knuckles.

6. In Padang, the Yamato Hotel is operated as a brothel for Japanese soldiers. The inmates are mostly Chinese girls from Singapore, but there are a few girls from Sumatra and Java. Brothels are also operated for Japanese soldiers at Kampong Olo and Kampong Chino.

7. Some Japanese officers have brought their wives to Padang. There are also many Japanese girls working in the military offices and in the hotels. Indonesian women do not associate with them, except during working hours, and Indonesian men are strictly prohibited from associating with them.

SECRET

8. All bridges in the Padang area are guarded by native police who carry small guns with bayonets. All docks and jetties are guarded by Japanese soldiers.

9. Source has heard that a British pilot was forced down by engine trouble about 25 miles north of Benkoulen about a year ago. He was caught by the Japs, and is now in a prison camp at Benkoulen. Source has never heard of any Allied POW escaping from the Japs.

10. No Indonesian is allowed to have a gun, and Source states that permits are never issued.

11. The Japs have organized a semi-espionage organization of Indonesian boys 15 years of age and up, called Djodangs. They are civilians and do not wear uniforms. They are under Jap leadership. Their duties consist primarily in patrolling the streets at night in search of suspicious activity.

C. RELIGION

12. The Japanese have not interfered in any manner with Indonesian religious practices. The native priests (Gurus and Sjehs) dislike the Japs, but do not talk against them, because they are afraid of Jap spies. The Japs do not mistreat the priests and they do no proselyting. Japs hold their own religious exercises in houses and barracks in the vicinity of their military establishments.

13. The Mohammadija still exist, but it does not have as many members as formerly.

D. TREATMENT OF NATIVE POPULATION

14. Source says that he has frequently seen Japanese soldiers beating Indonesian coolies in Padang and elsewhere. He also saw a beating administered to one, HABIB, the headman of Sasak village. This was about a year after the Japanese occupation. HABIB had been slow in providing coolie labor for the Japs. Two Japanese soldiers, one an officer, came to his office, knocked him down, beat and kicked him. Source was in a shop across the street and saw the incident. HABIB was in bed for a week as a result of the beating. However, he is still headman, as the Japs refuse to let him resign.

15. In Padang, about six months ago, Source was walking in the streets about 9 P.M. A native man and his woman companion were returning from the movies. As they passed the Japanese barracks, a Japanese soldier stopped them, threatened the man with his bayonet, and led the woman away to the barracks.

16. Source has never seen or heard of any regular system of searches of either persons or premises by the Japs.

17. There is an official curfew at midnight throughout Sumatra. This rule is sometimes violated, but when the police catch anyone out after midnight, they first beat him up in the streets, and then arrest him.

18. The Japs pay forced labor from twenty five cents to forty five cents a day. Because of the universal higher prices, it is almost impossible to live on this amount.

SECRET

- 2 -

E. PROPAGANDA - RADIO

19. Source does not know of any very concentrated Japanese propaganda effort. He has never heard a Japanese propaganda speech, and had never heard of the Greater East Asia theory. No town or village meetings are held at which this or similar Japanese propaganda schemes are advocated. Practically all radio broadcasts are in Japanese, and, as a result, they are not listened to very much by the natives. The programs which Source states originate in Padang, Bonkoelen and Sibolga, consist principally of Indonesian music with Japanese announcements.

20. So far as Source knows, there is very little listening to Allied broadcasts in Sumatra. He heard of people being arrested for listening to such broadcasts, one man in particular, who is still in jail, being arrested in Taroetoeng about a year after Jap occupation

21. Source states that a daily newspaper is published at Padang under the title of "Padang Nippo".

F. EDUCATION

22. All schools are required to teach the Japanese language. Each child must start to study Japanese at the age of ten. The language is now taught by Indonesians who had themselves been taught by Japs.

23. Indonesian boys from Sumatra are allowed to go to the navigation school (Sekolah Pelajaran) in Semarang, Java. The course lasts for three months, and after graduation the boys go into the navy or merchant marine.

G. COMMUNICATIONS

24. Mail boxes are still in use. Anyone can send a letter, and the Source does not know whether mail is censored. However, the name and address of the sender must appear on the outside of the envelope.

25. The entire telephone service is reserved exclusively for Japanese official business.

26. Civilians are allowed to send telegrams, but they are censored by an Indonesian official working under a Japanese supervisor.

H GENERAL CONDITIONS

27. There are serious shortages throughout Sumatra, of clothing particularly shoes, rice, medicine, soap and sarongs.

28. Clothing is rationed, but it generally is not available, even when permission to buy is granted.

29. Rice is rationed. The office of the Konseibu issues a ticket calling for a certain amount which can be purchased at the same office if and when it is available. Rationed rice costs 55¢ per tin. The same amount costs one guilder on the black market.

30. There is much dysentery in Padang and the surrounding areas. This is believed to be caused by the inadequate diet of the population, and the Japs are blamed for this. No medicine is available. Before the war the people were given regular innoculations, but Source states that this is not done at all since the Jap occupation.

31. No liquor of any kind can be procured by Indonesians, except the native Chinese liquors, sansu and sopi. These have to be bought on the black market, as their sale is forbidden. The price is much higher, and the quality much lower than before the war.

32. The Japanese have abolished the celebration of the birthdays of the members of the Royal Dutch Family. The Japs celebrate the Emperor's birthday at a festival at which all of the Jap soldiers get drunk. Indonesians do not participate in this celebration.

I. PERSONALITIES

33. SOEKARNO, a Javanese engineer, worked closely with the Japanese after occupation. Source states that he does not work with them any more, and has not for more than a year because he was indignant at the way they treated the native population. Source does not know anything else about SOEKARNO's sentiments at the present time. He is still admired and respected by the Indonesians.

34. HADJI OESMAN, an Indonesian from Padang, was made resident in Padang by the Japs, according to Source. He is a short, fat man, about 30 years old. About a year ago he went to Tokyo to study, and while there he married a Japanese girl. He has not returned.

35. HABIB -- (see paragraph 14 above).

J. BRIBERY

36. The Indonesian people universally believe that official corruption is prevalent among all office holders. Customs officials and police expect and demand bribes for permitting violations of the law, and even, in many cases, for doing their ordinary duty, such as issuing permits, etc.

37. The importation of rice and cloth into Padang is not permitted, except under government auspices. However, there is a regular illicit commerce in these commodities. The Padang merchants hire junk captains to bribe the customs officials to let such material be landed. The captain of Source's junk, one DARWIS, has done this many times. The Indonesian Customs officials come out to the junk in a boat as it enters the harbor. There is a regular scale of bribery fees. The fee for smuggling one picul of rice is ten guilder, and Source has frequently seen his captain pay off the Customs officials. The head of the Customs Service is a Jap, and Source has never heard of his being bribed.

합동첩보수집기관

동남아시아

첩보 보고서

봉투 번호. 일련번호: 7132

실론, 콜롬보(Colombo, Ceylon)의 합동첩보수집기관/동남아시아, 해군 부서로부터

일자 1944년 11월 4일

참조: 합동첩보수집기관/동남아시아(JICA/SEA) 보고서 7127번.
(전략첩보국 보고서 12-308번) 1944년 10월 12일

출처: 전략첩보국 전진사령부, 동남아시아사령부(SEAC) 평가 F-O

주제: 수마트라(Sumatra) - 일반 상황

개요:

본 보고서는 1944년 5월 – 6월, 수마트라와 관련된 다음과 같은 주제들에 대한 정보를 담고 있음: 통화 규제; 군사; 종교; 현지 주민에 대한 처우; 프로파간다 – 라디오; 교육; 통신; 일반 상황들; 인물; 뇌물수수.

굴드 H. 토마스(GOULD. H. THOMAS)
책임 장교 대리,
해군 부서, 합동정보수집기관/동남아시아.

(중략)

전략첩보국

전진사령부, 동남아시아사령부

A.P.O. # 432

| | | | |
|---|---|---|---|
| 국가: | 수마트라 | 보고서 번호 | M-319/M-380(보충) |
| 주제: | 일반 상황 | 보고일자: | 1944년 10월 30일 |
| 출처: | Z | 평가: | 보고서 M-308 참조 |
| 정보의 일자: | 1944년의 5월-6월 및 표기된 시기 | 페이지 수: | 4 |
| | | 배포 전구: | D of I/SEAC; ISLD 'P' Div.; Force 136; JICA/SEAC; Rear Echelon Hq. CBI; CBI Liaison SEA; EIS; ISTD; SEATIC; COIS, E.F; RNN Intelligence Officer. |
| 출생지: | 실론 | | |

이 보고서는 M-308번 보고서의 대상인 T-73에 대한 추가적인 심문을 다룬다. 해당 인물은 왕립 네덜란드 해군(RNN)에 의해 상세히 심문받았으며, 이 보고서는 보완하기 위해 만들어졌다.

(중략)

B. 군사

(중략)

**6. 파당(Padang)의 야마토(Yamato) 호텔은 일본군들을 위한 위안소(brothel)로 운영되었다. 이곳의 여성들은 주로 싱가포르에서 온 중국인 여성들이지만, 수마트라와 자바에서 온 여성들도 조금 있다. 일본인 병사를 위한 위안소들은 캄퐁 올로(Kampong Olo)와 캄퐁 치노(Kampong Chino)에서도 운영된다.**

7. 일부 일본군 장교들은 그들의 부인을 파당에 데려왔다. 또한 그곳에는 군 사무실과 호텔에서 일하는 많은 일본인 여성들이 있다. 인도네시아인 여성들은 일하는 시간 외에는 그들과 어울리지 않으며, 인도네시아인 남성들은 그들과 함께 있는 것이 엄격하게 금지되어 있다.

(하략)

# 4

## General Condition in the Netherlands Indies

### RG 226 Entry NM-54 16 Box 772

이 문서는 찰스 반 데 플라스가 작성한 네덜란드령 동인도 지역의 일반 상황에 관한 보고서이다. 그는 네덜란드령 동인도의 행정관으로 1941년까지 자바 동부의 주지사였다. 보고서는 자바에서 탈출한 9명의 남성에 대한 심문 결과와 일본의 라디오 방송 등을 토대로 작성되었다. 1944년 2월 19일에 작성되었고 1944년 1월까지의 상황을 담고 있다. 이 보고서는 작성 후 기밀로 취급되어 미국 총영사에 의해 워싱턴의 미 국무장관에게 보내졌다는 점에서 중요하게 평가할 수 있다. 보고서에는 경제 상황, 일본의 통치, 사람들의 반응, 일본인의 사기 등 군사 상황보다는 민간의 정보를 담고 있다. 이 중 D항 '일본인 통치의 특징'에는 여성 동원에 관한 내용이 있다. 보고서에 따르면 일본군은 뉴기니와 여타 지역에서 여성들을 강간했다. 자바에서 일본군의 성폭력은 비교적 통제되었지만, 일본군을 위해 모든 미혼 여성들을 등록하라는 명령이 내려졌고 이 명령은 주민들의 공포와 반발을 불러왔다. 그러자 적어도 마을마다 한 명의 여성을 제공하도록 하는 명령이 내려졌고, 마을에서 평판이 나쁜 여성이 선택되어 보내졌다. 자바에서 일본군 '위안부'의 동원은 현지 민간 행정관들과 지방 행정 조직을 통해 조직적으로 이루어졌음을 확인할 수 있고, 이 과정은 강제적인 것이었다.

Despatch no. 58.

STRICTLY SECRET



Consul General at Batavia, Java,
C/o American Legation,
Canberra, A. C. T., Australia,
February 26, 1944.

SUBJECT: GENERAL SITUATION IN THE NETHERLANDS INDIES.

The Honorable,
The Secretary of State,
Washington.

Sir:

I have the honor to transmit attached a copy of a report written recently by Mr. Ch. O. van der Plas, Chief Commissioner of the Netherlands Indies, on the general situation in the Indies.

Mr. van der Plas has based the report partly on Japanese broadcasts from Tokyo and Batavia and chiefly on the verbal statements of nine (9) men who recently escaped from Java and who were questioned by both the American Army officials and the authorities of the Netherlands Indies Commission at Melbourne.

In my desire to get the report off to the Department at the earliest possible moment, I am reserving my comments on it. If possible, I desire to see the actual testimony of the nine persons above mentioned before endeavoring to estimate its value.

The Department's attention is invited to the fact that the report has been distributed to eleven different offices, including "G-2" of General Headquarters, Southwest Pacific Area.

Respectfully yours,

Walter A. Foote,
American Consul General.

File no. 820.02/800/850

Enclosure: Secret report as stated above.

SECRET No.G.E. 10/59

Situation in the Netherlands Indies

Recent data up to January 4th 1944 for Java; and of January for some parts in the East.

A. Economic situation
Food Situation.

Serious. Even in Java which had before an export surplus of rice between 150.000 and 240.000 tons, there is a great shortage of food, especially rice.

The Japanese are buying up the rice crop leaving 3 months food for the farmers. Even in the remotest villages 3 months after the main harvest, rice is distributed on coupons. No other rice is available. Ration for grown-ups is 250 grams a day, consisting of 1/3 rice, 1/3 dried cassava root (gaplek), 1/3 soya beans, price 30 cents per kilogram, being 5 times the average price of the component foodstuffs.

All trade in foodstuffs between such small areas as a sub-district is severely forbidden, causing shortages in many sub-districts and surpluses in others, vast differences in prices, many arrests for contravention and restricting Indonesian commerce.

Calling up of all boys between 8 and 24 for training in Seinendan and Kaibodan has disrupted agricultural production and grazing in many villages.

It appears that in the fall of 1942 all food cultivation in the gardens belonging to the village houses, important in Indonesian economy to tide over the lean months, before the harvest, has been uprooted in order to plant these gardens with cotton which failed completely and with djarak (for castor oil). Since, cultivation of cotton and djarak has been further enlarged to the detriment of maize production.

The natives are convinced that the Japanese are shipping large quantities of rice from Java for military purposes; they think (evidently erroneously) to Tokyo.

Prices have been soaring. Lamp oil ration is 5 centiliter per week per house for 3 cents, making f.10.80 per tin against f.1.781/2 pre invasion. Black market price is f.18.- a tin upward.

Whereas coconut prices in the interior, as the result of the Japanese impeding traffic and trade, have fallen to a guilder per 100, which is below pre-invasion, in Sourabaya even at the canteen of the police one has to pay f.0.50 for the small ration of 500 grams of coconut oil per month, making 18 guilders per tin, against f.2.25 pre-invasion.

Cigarettes.......

Cigarettes are available only for Japanese civilians, as well as military, not even for Indonesian officials. These are supposed to smoke native maize leaf cigarettes, costing 2 cents per package of three against 1 cent per package of six before.

The rice and soya beans bought for the Japanese Government by their organizations (Koemiai) after the peasants surplus has been assessed and taken over, are not paid cash but against receipt which is never redeemed. Only immediately after the harvest before the assessments take place, one can sell one's rice to the Kumiai against cash.

The general opinion is that the enormous margin between prices paid for food to the peasants and prices made in distribution are pocketed by the Japanese. It is remarkable that the price of maize which is not distributed, but according to informants, is exported, is kept low, often dropping to f.0.60 per picol.

Whereas in Java, though the food situation is serious and deteriorating rapidly, no general famine exists, reports from Sumatra, especially the Palembang and Djambi areas, speak of straight out famine. A complete breakdown of the administration and great lawlessness has led to very great numbers of Javanese settlers in Southern Sumatra, who were already producing a surplus of rice, to return to Java, thereby further endangering the Java situation, whereas their rice fields are abandoned.

From other islands even more distressing information has come, except from those parts, not occupied by Japanese, where local fishing and sago palm exploitation provide sufficient food.

Very important native fisheries in East Java, carried out up to a 150 miles from the coast of Java and Madoera, have been limited by the Japanese to the immediate coastal waters. Fishing outside has become a Japanese monopoly. The product of Japanese fishing is reserved for the Japanese forces and civilians. The products of the most important salt water fish ponds of East Java have been completely monopolised by the Government to be used as bait for their fishing vessels which use from 2000 kilogram of bait a day. All these measures, added to a total stoppage of importation of salted fish from Sumatra and Siam have cut out almost all the animal protein from the food of the people.

Especially in the first six months after the invasion inept and contradictory Japanese orders led to complete economic chaos. For that period agricultural products had no value.

Conclusion

Conclusion: the food situation in the Netherlands Indies is worse than had been expected and will cause the Allies grave difficulties.

B. The clothing situation is almost desperate.

Most stories and broadcasts of distribution of clothes are straight out lies. There is on the market some free batik, however at a minimum cost of 25 guilders per sarong against f.1.50 pre-invasion and therefore beyond the means of almost everybody.

The results of cotton cultivation are improving but still poor. The only people obtaining clothes are Government officials, people working for the forces and the Kaibodan and Seinendan who get green uniforms.

C. Other commodities.

Other commodities are in great shortage too, especially soap which is practically unobtainable in the interior, the Government prescribing washing and bathing with extracts of ashes.

D. Character of Japanese rule.

Orders must be executed at once and with great diligence. Otherwise dire punishment, especially beating in the face, promptly ensues. When called by a Japanese, one should approach at a run.

The order to collect all metal for the Government which reached a certain district at 2 a.m. had to be executed by the Indonesian government and village officials <u>at that moment</u> in the pitch dark. A request to be allowed to wait till the morning would have been promptly punished with beating. The broadcasts of course spoke of voluntary collecting and enthusiasm.

One says: "Formerly an order or regulation was properly explained and discussed and if one had objections one had the right to bring these to the knowledge of even the highest authorities. Nowadays even a question about an order is considered as disobedience to the wishes of the emperor and is direly punished."

All pensions have been abolished, ex-pensioners being allowed to distribute lamp oil for a living.

Salaries of the native civil officers have been diminished, except for the lowest ranks which have been raised though not at the same rate as prices, wages also, except for iron workers and such like whose wages have ben raised, when working for the forces.
Forced labour has been introduced everywhere and the police, sometimes the forces, hunt up the required number of young men who often disappear, nobody knows where to.

All......

All Indonesian organizations have been disbanded, except Moehammadijah, which has been reinstalled. Whether the Japanese assertions that the Nahdatoel Oelama has been reinstalled, are true, still seems doubtful. All existing cooperative associations in the villages, including those of the nationalist parties which were so helpful to counteract Japanese economic penetration in 1936 and later have gone. What the Japanese call "cooperative societies" are simply organizations established and controlled by the administration to serve the Nippon masters.

The leaders repeatedly mentioned by the Japanese as collaborators have partly been ordered with their families to Batavia, especially Kijahi Mansoer and Dewantara (confirmed by a local broadcast) and are not allowed to leave that city or contact the people. There is every reason to believe that only a very few are real Quislings and to reject as mere propaganda what the Japanese pretend they said. The disbanding of the all-Indonesian supreme court, the dismissal of the Indonesian Attorney-General of that court and Kyahi Mansoers retiring as chairman of the Japanese-made all Indonesian Islam organization Masjoemi are further indications that all is not well with the "cooperation" of prominent Indonesians. All people came out of the Indies, emphasize the utter impossibility of re-resistance and also the absolute lack of knowledge of what really happens in the world.

The real cooperators are not or very rarely mentioned in Japanese broadcasts. So for instance the propagandists for the Voluntary Defence Corps; in East Java Reksodipoetro and Martodihardjo (Central-Javanese as well as the, unknown, leader of the Youth movement Soerijono); the ex-editor of the Japanese owned Sinar Selatan for Central Java, the Youth movement leader for Central Java Wali Alfattah.

Though later the Japanese forces have been isolated from the population at first there was much looting. When in a village the people resisted with hatchets four marauders, Japanese troops were dispatched against them. All the inhabitants fled except the village chief. He and four older men caught were told to dig their grave and bayoneted. Till now the village is empty and the inhabitants have found refuge in other villages, all efforts of the Japanese to unearth them having failed through the passive resistance of the Indonesians.

Justice by Indonesian courts in the Indonesian sphere has been maintained. However, a proclamation has announced that, the Kempei, being so intelligent and learned, evidence and advice of the Kempei shall be followed without discussion.

The landtax......

The landtax (principal tax for the rural population) used before to be collected in the second half of the year, so as not to press sale of agricultural products and not to disrupt prices. Now the whole of the tax must be paid by July with the object of forcing the sale of such products.

Rumors that the landtax would be raised by 50% have not yet been confirmed.

In the islands outside Java and Madoera the crudest and most barberous measures are applied. So in Ambon eight Indonesians have been flogged to death, many other flogged, for passing food to the starving Dutch internees. The herding of ablt-bodied men to unknown places for military work fills the people with terror and hatred.

Esepcially in New Guinea, and also in other places the Japanese soldiery rapes women and girls indiscriminately and on the point of the bayonet. In Java they are better under control, but a great scare went through the country when the Japanese ordered all unmarried women to be registered for the purpose of being used by the Japanese troops. The result was an avalanche of child marriages and the village officials sabotaged the order. Thereupon the Indonesian civil officers were ordered to see to it that all villages provided at least one women and the ill-famed ones were selected by the people and handed over.

The only favourable comments on the much hated Japanese are, that they are very kind to children and that, though during work they do not hesitate to strike one in the face for the smallest offence (and the head is sacred with the Indonesians), outside of work, high classed Japanese too, talk quite friendly also to the lower placed Indonesians.

## E. Attitude of the population towards the Japanese.

The mass feels the deepest hatred for the Japanese and daily makes comparisons between the happy days gone by and the present misery. With characteristic Javanese humour, little jokes are made against the Japanese, like saying instead of "Ohayo gozaimas(u)", the greeting when saluting a sentry or a high official in the morning hours: "Hajo gasak mas", meaning: "Come on, let us cut their throats". One has to be extremely careful, the country being full of Japanese paid spies, who have to produce results to receive their pay. Even speaking about the village or district chief with the old Javanese terms is an offence which is severely punished. Moreover the Kaibodan are trained by the Japanese to act as police whereby they are especially

instructed

instructed in the sacredness of their task and their duty to even betray or arrest their own parents. In very serious matters, as the hunting up of a whole village and the procurement of women, however, there is no traitor.

Coupled with hatred is great fear.

The more war-like populations of the Moluccas have been begging for arms, which in my opinion should only be provided, after due investigation, when an allied offensive is pending.

In Java the people seek refuge in the profound conviction, that so evil a rule must end one day. The old Djojobojo prophesy, a fake of the first Modjopait emperor (1292) who owned his accession to the 3 months Mongol expedition to East Java, promised the expected "Perfect Kingdom" after a maize plant life (90 days) of oppression by a yellow race. The maize plant period is long past, but the Javanese believe more than ever firmly in the prophesy, changing the word "djagoeng", maize into other words, like "djago" (cock) and extending the period variably from 3 to 5 years. This belief has been strengthened by the Japanese propaganda that during a period of 3 to 5 years the people would have to suffer privations because of the war. Though the propaganda intends to lay the blame on the allies, the people put it all on the Japanese. From Java it does not seem likely that the whole population would actively fight the Japanese, but it is expected, that, in the case of an allied invasion, everybody, except a very few too compromised Quislings, would help the allied forces, even the Kaibodan.

In Java, the Seinendan and Kaibodan training of all boys is considered by the people as the only danger for the allied cause. Well-dressed, taught to exert power, having Japanese ideas drilled into them daily, these children in the end must feel superior to everybody else and become Japanese pawns. However, at present such is not yet the case.

Whereas the Javanese are usually rather placid, in the outer islands anti Japanese feelings have taken a form of passionate devotion to the old Dutch colour.

Though no complete data of the reaction of the Muslim community are available, it is certain that the pressure exerted on the highly venerated religious teachers (kyahi or goeroe), who are repeatedly called together and admonished by the Japanese authorities, and sent to Japanese organized courses to teach them what to say, will cause deep resentment with themselves and with the population. The disbanding of their own organizations, the forcing of Orthodox and

Reformists

Reformists to work together, the entrusting of control and administration of religious teachers to Moehammadijah, reformist party organization, must antagonize the Muslim leaders against the Japanese. Kyahi Mas Mansoer, ex-chairman of Moehammadijah, retiring from the presidency of the Japanese made association Masjoemi, seems an indication that in reformist circles too the limit of obedience to the conquerer's wishes has been reached.

In the islands outside Java, where the Muslim population is in small minority, there was at first a tendency to expect favourable developments under the Japanese occupation. Now, however, Muslims and Christians are united in antagonism to the Japanese. It is known that the ritual for the sun and the imperial palace being enforced in the schools and the Seinendan and Kaibodan is causing grave concern and anger with the Muslims.

Perhaps the most gratifying information which is corroborated from all sides, is the attitude of the Indonesian civil officers. Though, of course, they are obliged to execute the orders of the Japanese, they try to protect the people as much as they can and work against the Japanese as far as they dare. There are examples of civil officers obediently handing in all leaflets found in their district, but circulating to the population the contents of these leaflets. Others are known to encourage the people to believe in an allied victory and to start direct action against the Japanese "when the Dutch come back".

F. <u>Morale of the Japanese</u>.

The impression of all informants who came out of the Moluccas, is that the Japanese morale is low, and that every Japanese, who is capable at all of thinking, is convinced that they will not be able to hold these islands. One informant heard a Japanese say to a rich Chinese (name and identity established): "Have I not been good to you? When the enemy comes back here, will you not forget me?"

The spy-scare of the Japanese, which all informants remark on, is perhaps another sign of feeling insecure.

The policy of squeezing Java dry with disastrous results for the economic situation can only be explained by the Japanese realising that they are not going to stay there.

I expect however, that, when an evacuation approaches, they will suddenly grant complete independence to some sort of Government of Quislings, hoping thereby to prepare a come-back in the future.

<u>G. Special</u>......

G. Special Subjects.

These are treated in separate memoranda.

Here I mention that postal communication is limited to post-cards in Japanese, Malay and Javanese languages and written in Japanese, Roman or Javanese characters. Arabic script, before regularly used in ordinary letters when quoting the Qor'an or other religious texts, is not permitted.

(Sgd) Ch. O. van der Plas,
Netherlands Indies
Chief Commissioner.

MELBOURNE,
19th February, 1944.

copies sent to:

1. General Lavarack.
2. G.H.Q. G-2
3. Dr. Van Mock
4. The Netherlands Minister.
5. Admiral Helfrich.
6. General van Oyen.
7. Dr. Foote
8 Col. Sandberg.
9. Director NEFIS
10. Director Felo.
11. The Netherlands Indies Commission.

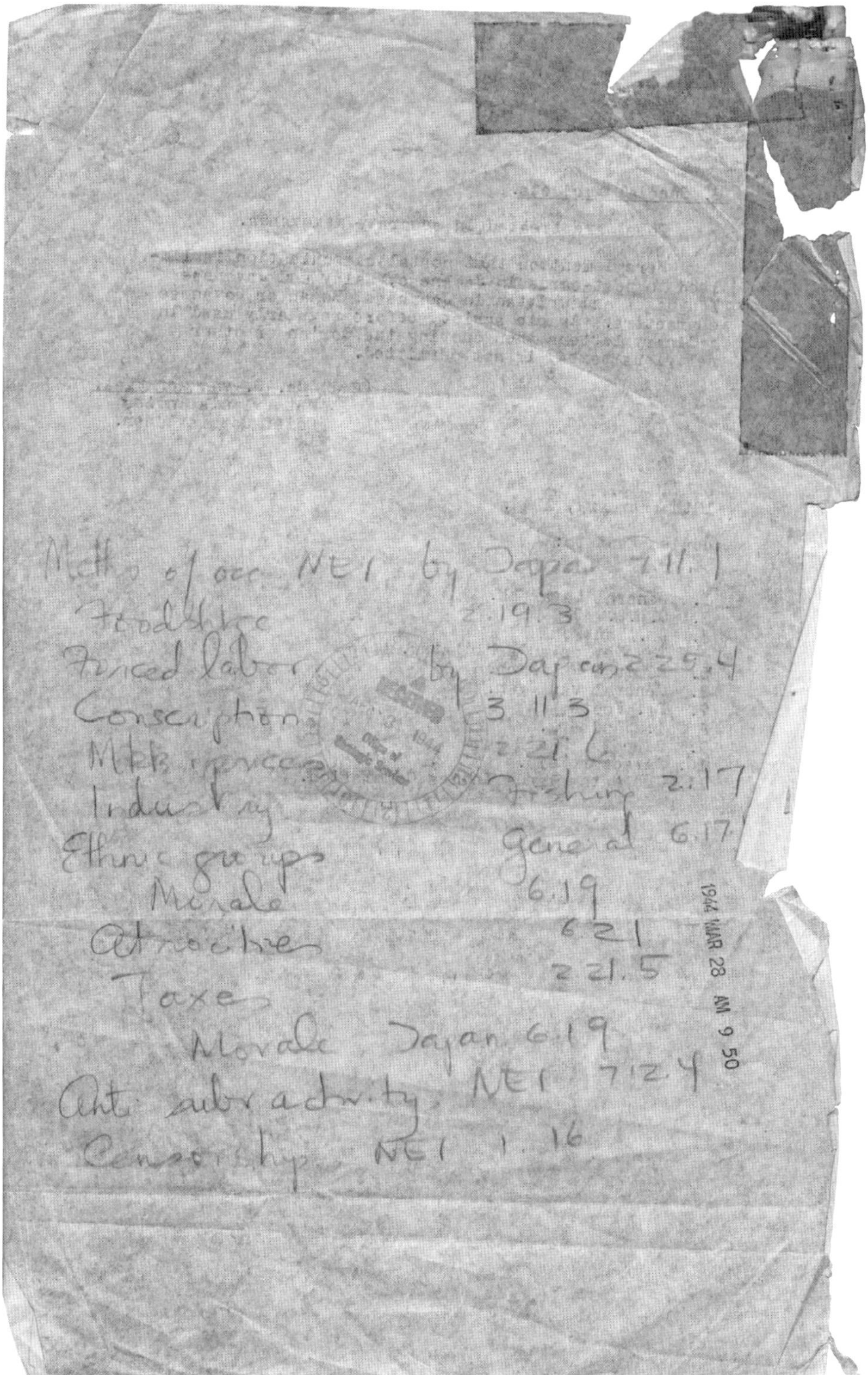
Meth. of occ. NEI by Japan 7.11.1
Food short 2.19.3
Forced labor by Japanese 2.25.4
Conscription 3.11.3
MKB services 2.21.6
Industry Fishing 2.17
General 6.17
Ethnic groups
Morale 6.19
Atrocities 6.21
Taxes 2.21.5
Morale Japan 6.19
Anti sub. activity NEI 7.12.4
Censorship NEI 1.16

1944 MAR 28 AM 9 50

발송번호. 58호.

엄격한 비밀엄수

자바, 바타비아(Batavia)의 총영사

미국 공사관에,

오스트레일리아, 오스트레일리아 수도주, 캔버라

1944년 2월 26일

주제: 네덜란드령 인도의 일반 상황

워싱턴의,

존경하는,

국무장관님께,

장관님:

저는 네덜란드령 인도의 수석행정관인 찰스 올케 반 데 플라스(Ch. O. van der Plas)씨가 네덜란드령 인도의 일반 상황에 대해 최근 작성한 보고서의 복사본을 전달하는 영예를 얻었습니다.

반 데 플라스씨의 보고서는 도쿄와 바타비아의 일본 방송을 부분적으로 참고하고 있으며, 최근 자바를 탈출하여 미국 육군 장교와 멜버른의 네덜란드령 인도 위원회 당국의 심문을 받은 아홉 명의 구두 진술에 주로 기반하고 있습니다.

보고서를 최대한 빠른 시일 내에 부처에 발송하기 위해, 저는 논평을 삼가려 합니다. 만일 가능하다면, 저는 보고서의 가치를 평가하려 시도하기 전에 상술된 아홉 사람의 실제 진술을 보고 싶습니다.

부처는 보고서가 동서태평양 지역 총사령부의 "G-2"를 포함한 열 한 개의 부처에 전달되었다는 것에 관심을 가지고 있습니다.

존경을 담아,

월터 A. 푸트(Walter A. Foote),

미국 총영사.

파일 번호. 820.02/800/850

첨부: 상기 비밀 보고서

(중략)

D. 일본 통치의 특징

(중략)

지세가 50% 오를 것이라는 소문은 아직 확인되지 않음.

자바와 마도라(Madoera)섬의 바깥에는 매우 투박하고 원시적인 형태의 법령이 적용된다. 암본(Ambon)에서는 굶고 있는 네덜란드인 억류자에게 음식을 건네주었다는 이유로, 많은 인도네시아인이 태형에 처해졌고, 그 중 여덟 명은 죽음에 이르렀다. 활동가능한 사람들을 알 수 없는 장소에 군역으로 끌고 가는 것은 사람들을 공포와 증오로 가득 차게 한다.

**특히 뉴기니와 다른 곳에서는 일본군들이 여자와 소녀들에게 총검을 겨눈 채로 무분별하게 강간한다. 자바에서 그들은 잘 통제되는 편이지만, 일본군들이 군대를 위해 사용할 목적으로 모든 미혼 여성들을 등록하도록 명령했을 때 나라 전체는 거대한 공포에 휩싸였다. 그 결과는 조혼과 마을 관료들의 명령 거부였다. 그러자 곧 인도네시아인 민간 관료들에게 모든 마을에서 적어도 한 명의 여자를 제공하도록 하는 명령이 내려졌고, 사람들은 평판이 나빴던 여성들을 선택하여 넘겼다.**

일본인들은 일하는 동안에 아주 작은 위반에도 얼굴을 때리는 것(심지어 머리는 인도네시아인들에게 신성하다)을 전혀 망설이지 않았다는 점에서 몹시 미움을 받았다. 일본인들에 대한 유일한 우호적인 언급은, 그들이 어린이들에게 매우 친절하며, 일하지 않을 때에는 높은 계급의 일본인이라도 낮은 계급의 인도네시아인들에게 꽤 친절하게 말을 한다는 점이었다.

(하략)

# 5

## Weekly Intelligence Summary No. 93

### RG 226 Entry NM-54 16 Box 1554

이 문서는 콜롬보의 왕립 네덜란드 해군 본부에서 작성한 주간 첩보 요약 93호 보고서이다. 1944년 10월 23일 작성된 이 보고서에는 사사크 출신의 한 인도네시아인에 대한 상세한 심문이 있다. 그는 배의 선원으로 수마트라의 여러 지역을 다녔고, 이를 바탕으로 수마트라 서부 지역에 관한 상세한 정보를 제공하고 있다. 그는 점령 초반에는 일본인들이 여성들에게 과격하게 대하고 끌고 가는 일도 있었고 일본군이 작은 반항에도 총검을 사용하여 진압했다고 말했다. 이후 몇 개의 일본군 위안소가 설치되고 중국인 여성들이 싱가포르로부터 동원되었다. 위안소가 설치된 이후에는 현지 여성은 원하는 사람만 데리고 가게 되었다. 그는 위안소의 위치를 말하지는 않았지만, 다른 정보에서 제공한 것처럼 파당(Padang) 혹은 인근 지역에 관한 내용으로 보인다.

MOST SECRET

# WEEKLY INTELLIGENCE SUMMARY

No.93

ROYAL NETHERLANDS NAVAL HEADQUARTERS COLOMBO

23rd October, 1944

CONTENTS

SUMATRA

Interrogation Report
of T.73

--------

APPENDIX A = Jap Badges & Flags.

APPENDIX B = List of Headings.

--------

MOST SECRET

MOST SECRET

WEEKLY INTELLIGENCE SUMMARY No.93
ROYAL NETHERLANDS NAVAL HEADQUARTERS COLOMBO

23rd Oct. 1944

# SUMATRA

## INTERROGATION REPORT OF T.73

### INTRODUCTION:

Personal Data:

| | |
|---|---|
| NAME | : |
| AGE | : 20 |
| SEX | : M. |
| RACE | : MENANGKABAU |
| CITIZENSHIP | : DUTCH |
| BIRTHDATE & PLACE | : - Place: SASAK (W.SUMATRA) |
| EDUCATION | : $4\frac{1}{2}$ years Dessa School at SASAK |
| RELIGION | : MUSLIM |
| STATUS | : P.W. |
| OCCUPATION | : PRAHU COOLIE |
| STATE OF HEALTH | : GOOD |
| MEANS OF IDENTITY | : - |

Fairly intelligent and willing to give information (D.3 - E.F.)

Chronology:

| | |
|---|---|
| SASAK (Near MANDI-ANGIN) | Oct. - Nov. 1943 |
| (PARIAMAN | March - April 1944 |
| (AIRBANGIS | May '44 |
| (SIBOLGA | June '44 |
| PADANG | June - July '44 |
| BENKOELEN | August '44 |
| PADANG - INDAROENG | August '44 |

Further Details:

Born in SASAK, went to the Inlandsche School (Native school) when he was 10, after $4\frac{1}{2}$ years he left school and went with his father to MEDAN. He returned to Sasak and remained there for a year. Afterwards he went to SIBOLGA and did a job as resin collector for $1\frac{1}{2}$ years, he then came back again to Sasak and worked on a tongkang. He married when he was 18 but divorced his wife after $1\frac{1}{2}$ years. Approximately between March and May 1944 he went to PARIAMAN, AIRBANGIS and SIBOLGA. He then went to PADANG, where he was unemployed for three months before joining the prahu "SINAR BOELAN", as a member of the crew.

The first trip was to BENKOELEN, carrying gambir & resin; the second trip was from PADANG to BENKOELEN carrying cement; this was when the prahu was sunk by the submarine and source was brought to Colombo.

(Note: The rest of the information is compiled under the headings as used in previous R.N.N. Weekly Intelligence Summaries. Another copy of these headings is attached - Appendix B. )

- 2 -

MOST SECRET

1. HEADQUARTERS:

Padang:

Source could not identify the Japanese H.Q. and does not know exactly where they are situated.

2. DISPOSITION FLEET:

Sea-patrol on West Coast:

The patrolling craft used by the Japs in this area are called "Manggais". They resemble landing barges and are armed with one machinegun. These craft were seen at OEDJOENG TANDJOENG, OEDJOENG SIBOENGOEH and to the South as far as BENKOELEN.

Patrol in the vicinity of Padang:

The craft used for this purpose are also of the Manggai type. They were not in EMMAHAVEN but at MOEARA-PADANG, on the river approx. 2 km. from the sea,(marked X on the attached sketch, this place was identified by source on the Aerial Photograph of Padang). There is good shelter here for these craft as there are many overhanging trees along the bank. Source once saw six of these craft at the same time. Only cargo ships were seen in EMMA-HAVEN.

Manggai - appearance and approximate size:

Colour of paint is bluish green.

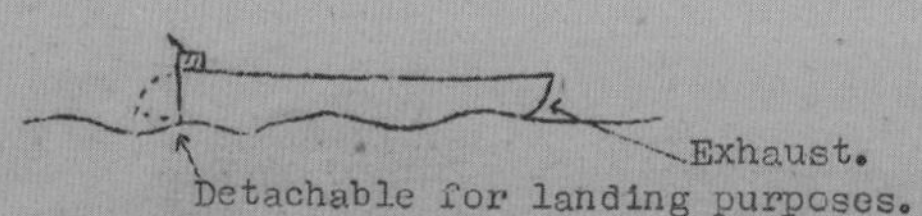


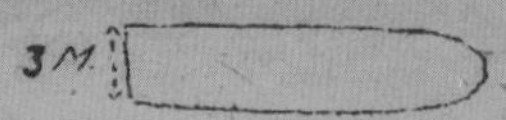


Each is manned by 6 Japs.

Sibolga:

Source once saw 4 Japanese vessels in AEK HABIL (See sketch of Sibolga), each had 12 trucks on board destined for Singapore.

Along the jetty there were 12 Manggais and one wooden ship. These manggais were entirely manned by Japs.

No submarines were seen.

3. DISPOSITION AIRFORCE:

Padang: There are 2 a/c at Padang which carry out shore patrols every day. They take off and land on TEBING airfield (Padang), though he, himself, never saw any planes there. TEBING airfield is being enlarged, from the train one could see coolies working there. While in Padang, source sometimes saw four to five a/c flying from the South, most probably from PALEMBANG, as there is no airfield at BENKOELEN as far as source knows. These a/c were single-engined types.

Sibolga: In about October 1943, source saw one seaplane landing on the Sibolga alighting area, but it did not stay and must have been only in transit - destination unknown. After this he never saw any more a/c here and the buoys were removed from the sea-plane anchorage.

- 3 -

4. DISPOSITION ARMY:

(Note: It would seem that Source finds it difficult to estimate figures of over 200. Therefore all figures of over 200 (e.g. Padang & Benkoelen) should be treated with the greatest reserve.)

Sibolga:

There are more Japanese troops in Sibolga than in Padang. The Soekarella troops consist mainly of Toba-Bataks. There are less Soekarellas than Japanese troops. Source said that there were 2000 troops in Sibolga (Japs). - See Note above.

All the big shops near the shore and the Escompto and Borsumij buildings were occupied by the Japanese.

Taloe: (See sketch of SASAK AREA)

Source said that there are 500 Japs in Taloe. The old army barracks are used, other houses are also occupied by the Japanese. There is no particular work for them to do. It seems to be a Transit camp for men awaiting posting to other places.

Taloe is also a training centre for Laskars (like Kaibodans) where there are more than 500. They are trained by Japanese officers.

Padang: (See sketch)

Halfway along the indicated coastline there is a Catholic Church (E), and in the area from this point to O.PANDAN, barracks for troops are situated, not only for Japanese, but also Indonesian Marines (?), Heihos, Soekarellas and Laskars.

The Indonesians are drilled in the Plein van Rome (F), situated near Kampong Djawa. They are drilled by Indonesian officers, supervised by Japs.

The barracks of the Japanese troops are situated in the area a,b,c,d, in all available houses, shops, hotels and offices. Some of these buildings are also occupied by civilian office workers.

The Indonesian soldiers were stationed along the road leading to the Plein van Rome (G).

There are also barracks on the bank of the Padang-river near TELOEK NIPAH (D). These are occupied by the Japanese only.

Practically the whole town of Padang is packed with Japanese soldiers. They were to be seen in all parts of the town, but source does not know the exact number of Japanese troops. As mentioned above, the area a,b,c,d, which is a built up area, is entirely occupied by the Japs - houses, shops, offices etc. The Japs have not got a special open space for drilling and exercising.

Jap Civilians in Padang: Apart from soldiers, there are also Japanese civilians working in several offices. Their number is unknown to source, but he estimates that there are as many as 50 working in the former K.P.M. offices. They live in the European houses, all the hotels are also occupied by the Japs.

Emmahaven: No other godowns have been built near the tanks since the Jap occupation. Everything remains approximately the same as prewar, except that some Japanese troops are stationed there to guard the compound - number unknown.

- 4 -

Pariaman:

Source only stayed at Pariaman for a week. There were many Japanese soldiers there. Approx. 300 in all. (Source was very vague about this number) Their barracks were situated on the sea-side and the best houses were occupied by the officers.

There are approximately 200 Soekarellas here also. Source saw many of them in the streets, but never together with the Japanese soldiers.

Benkoelen:

The barracks for the Japanese soldiers are situated near the godowns.

P.TIKOES is occupied by the Japs, also the PAGAI Islands (all four).

List of Places along the W. Coast garrisoned by the Japs:

| | | |
|---|---|---|
| Pasarsorkam | - | number troops unknown |
| Batoemoendam | - | 20 Heiho & 8 Japanese |
| Singkoeang | - | 20 Heiho & 8 Japanese |
| Taboejoeng | - | 20 Heiho and 5 Japanese |
| Natal | - | 400 Japanese |
| Batahan | - | 20 Heiho & 8 Japanese |
| Airbangis | - | 100 Heiho & 300 Japanese |
| Sasak | - | 100 Heiho & 200 Japanese |
| Mandiangin | - | only 16 Laskars+ |
| Moeara Poetoes | - | guarded by 4 policemen |
| Tikoe & P.Tikoe | - | 100 Heiho & 300 Japs |
| Soengailiman | - | 100 Heiho & 200 Japs |
| Tiram | - | 20 Heiho & 8 Japs |
| Padang | - | 25000 (Soekarellas, Japs & Heihos - He does not know the exact number of Japs) |
| Taroesan | - | 100 Japanese |
| Painan | - | 400 Japanese |
| Serantih | - | 20 Heiho & 8 Japanese |
| Kambang | - | 200 Japs. |
| Balai Silasa | - | 100 Heiho & 200 Japs. |
| Air Hadji | - | 20 Heiho & 8 Japs |
| Pasin Ganting | - | 20 Heiho & 8 Japs |
| Moeko-Moeko | - | 400 Japanese |
| Airdikit | - | 20 Heiho & 8 Japanese |
| /Ipoch | - | Approx. 20 Heihos & 8 Japs at each place (/= Pasar bantal - approx. 8 Japs and 20 Heihos.) |
| Seblat | - | |
| Ketaoen | - | |
| Lais | - | |
| Kotaägoeng | - | |
| Pal Delapan | - | |
| Benkoelen | - | Approx 25,000 (Soekarellas, Japs, and Heihos - hearsay - he does not know the exact number of Japs) |

+ Laskar = The name given to persons who do the same job as the Kaibodan in Java.

5. NEW AIRFIELDS:

Source has never been to Kroë, but he heard that the Japanese were building a new airfield near there. Almost everybody was forced to work on this aerodrome, these labourers being taken from all classes of the population, both rich and poor. They received f.0.55 a day (Source remarked "How can these people live, because 1 litre of rice costs f.4.50?" ) These labourers were forced to work for at least three months.

- 5 -

6. NEWS ROADS & RAILWAYS:

New roads: A new road has been built from AEK HABIL to SIBOLGA, a distance of approx. 5 km. No asphalt was used.

Railways: The railroad from RANTAU PRAPAT is being extended to PAKANBAROE through swampy areas, the rails being laid on embankments. Source heard this from a coolie who worked there for three months. His pay was f.0.55 a day, too little to be able to buy food, clothing or other comforts many coolies died of hunger and disease.

Source said that the railway track from PARIAMAN to NARAS(?) had been broken up by the Japs. He had to carry the rails to trucks for further transportation but he does not know where to. (Used for railway extension from RANTAUPRAPAT to PAKANBAROE ?)

8. ARMY TRAINING & NEW ORGANISATIONS:

Soekarellas:

Pariaman: At Pariaman the Soekarellas paraded every day and did drill. Their uniform resembles the former Dutch police uniform; three out of every ten is armed with rifle and bayonet. Source said that these troops give a very poor show, not only in their bearing but also in their uniforms which look ragged. They are really little more than coolies.

Tjikeidans:

The main job of these "DJEGEDANGS" is to observe the activities of enemy spies and discover who they are. They also do the usual village patrol duty at night. They do not wear uniform, but on their left chest the following badge is to be seen, it is made of cardboard:

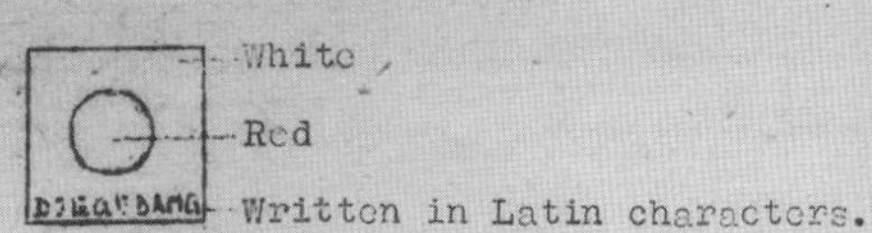


Some of them only have an identity card with them, stating that they are "Djegedangs".

Laskars:

This is the name given to persons who do the same job as the Kaibodan in Java.

9. AIR RAID PRECAUTIONS:

Padang:

Blackout: The blackout before the Allied attack was not very good, exercises were only held on certain days of the week. But after the Allied attack the blackout was enforced fromsunset to sunrise. Prahus were allowed to use lights but they had to be covered so that they threw no beam.

10. DEFENCES:

Sibolga:

Trenches were being dug all along the coast. Barbed wire was being erected and holes were dug with barbed wire in front of them in several of the main approaches to the town.

- 6 -

# PADANG

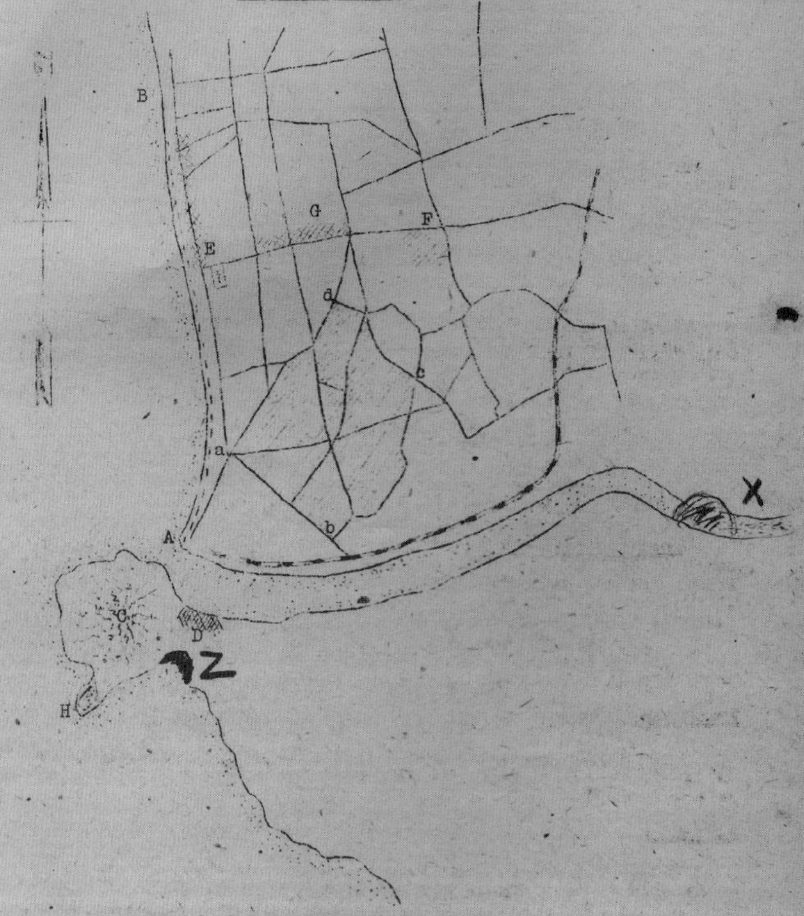


Road

Railway

Fortification

Barracks Troops

~~Drilling & Games Place~~ Area where houses are occupied by Japs.

Church

Wall

X : Manggais.

Padang: (See attached sketch)

All along the coast from the mouth of the PADANG river (A), northwards as far as OEDJOENG PANDAN (B), a distance of approx. 2 km., a cement wall, 1.5 metres high, has been built by the Japs. No guns, however, were observed.

The Japs have built fortifications at Z. There was also a gun at H, guarded by Japanese and Indonesian soldiers, the number of Japs was approx. 10.

Source is unable to identify the white strip of land which, is visible on the Aerial Photograph of Padang, FAA/LK/3 -24-8-44, approx. 1 km. north of the mouth of the Padang river. He has never seen anything like it there.

The buildings seen along the Padang river are the same as pre-war.

He never saw any searchlights in the Padang area. Nor did he see any tank obstacles or roadblocks on the roads or near bridges. Only "Friesche Ruiters" (movable barbed wire obstacles like below) were seen.

Fortifications at APENBERG: The Japs are building a fortification south of APENBERG, on a promontory on the coast. (He heard this from a friend, also from Sasak, working for the Japs at Apenberg). There were approximately 500 coolies. Here again, the Japs used forced labour, people being taken from all classes of the population. Stones were brought from GANTING (a place approx. 3 kms. from the coast up the Padang river). The Japs were using all available transport. Cement was carried by trucks, also wood and rails.

Emmahaven:

Some Japanese are stationed there to guard the compound. No guns, however, have been observed near their barracks, behind the B.P.M. go-downs.

Pariaman:

Trenches had been dug along the coast and there were also machinegun nests guarding several of the approaches to the town from the sea. Source, however, did not see any machineguns. Concrete fortifications were not under construction. He never saw any tanks, but motor transport is extensively used by the Japanese.

Benkoelen:

Source never saw any A/A guns in BENKOELEN, but there was a gun near the entrance to the harbour, it was known to the population as "benting" (fort). It was a coastal battery built by the Japs 5 months after the occupation.

11. GUERILLAS:

When source was getting ready to leave PADANG for BENKOELEN (first trip - approx. July 1944), he saw a train near where his prahu was moored, i.e. 500 m. from the coast on the Padang river bank. This train was loaded with guerillas taken prisoner by the Japanese. He heard that they were caught at POELAU MOESANG (in the

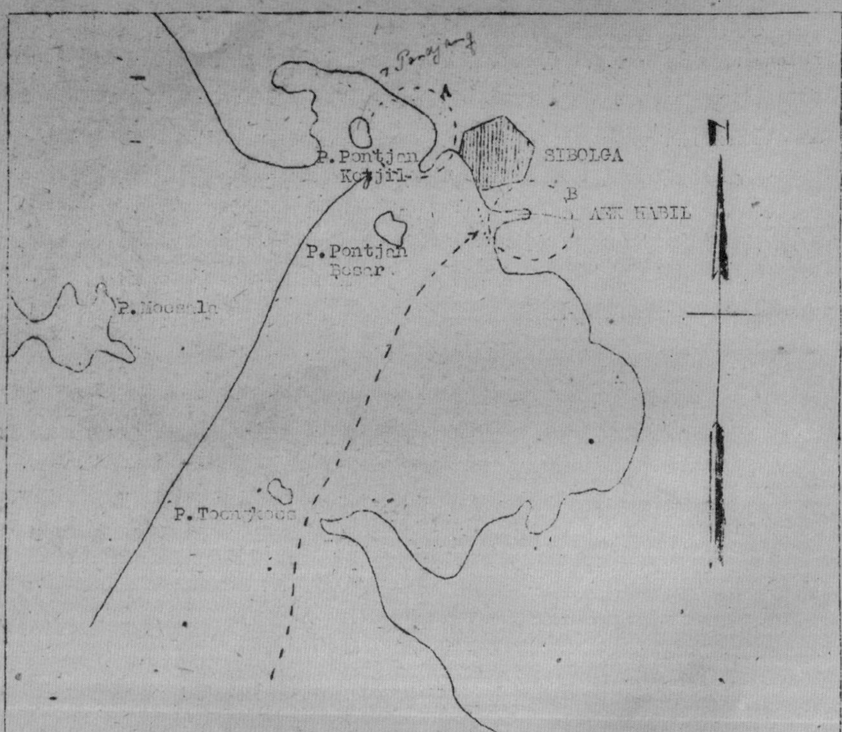


Ships & perahu route before Jap. occupation.

Perahu route after Jap occupation.
Approches to A & B from Sibolga were also well guarded by the Japanese.

in the Djambi area) and first taken to the Military barracks at Padang, then, in the evening, they were taken to the train on the Padang river bank. Source was unable to see how many waggons there were, but he could clearly hear the prisoners talking Dutch. The next morning the train left and people said that the Japanese were taking them to KOETATJANE. Source tried to get close to the train but was unable to because it was so well guarded.

Before their capture these guerillas had not carried out any activities against the Japanese. They had been hiding in caves further inland and the Japs had had great difficulty in capturing them. Source does not know how they were eventually caught.

Approximately six months after the Japanese occupation, source heard from others that the guerilla forces in Atjeh (or rather soldiers belonging to the K.N.I.L. who hid themselves) had been captured by the Japs. Since then no activity of any kind has been heard of in connection with the guerillas.

12. ALLIED AIR ACTIVITY:

Indaroeng: The cement factory was entirely destroyed. He saw smoke rising from the area, but afterwards the fire was entirely extinguished by rain which lasted for three days and nights. From others he heard that at least 100 Japanese had been killed, but he does not know the number of Indonesians. The godowns near the factory were also destroyed. He does not know anything about the powerstation.

12a. ALLIED SEA AND LAND ACTIVITY:

Emmahaven:

When source was at Pariaman he heard two big explosions coming from the PADANG area. Later he heard that two oiltanks in EMMAHAVEN had been hit by a submarine (Source indicated on picture ONI (P-3) # 339-646, the two outer tanks on the coast near the point).

Sibolga:

Oil Tanks: At the beginning of 1944, source was at P.Pontjan Besar in his prahu, waiting for a favourable wind; while there he heard from a friend off another prahu which had just come from Sibolga, that one oil tank had been hit by an Allied Submarine. A month later he went to Padang again and heard there, from people just arrived from Sibolga, that another oil-tank had been hit by a submarine.

Benkoelen:

Never heard of any Allied activity except for one ship which was sunk in the vicinity.- (hearsay).

13. TOPOGRAPHICAL:

Sibolga:

Terrain: The country round Sibolga is very hilly and mountainous; the sea shelves gradually from the coast, and along the shore the depths vary from 3 to 5 metres. The coastline is very irregular.

The river: the river south of AEK HABIL (See sketch) is not more than 8 metres wide. No new bridges have been built, source only saw those that were there pre-war. In the W. monsoon, the rainfall is heavy, but no floods occur.

14. HARBOURS:

Sibolga: (See attached sketch).

A. Prohibited area. Neither ships or prahus are allowed to go within indicated circle. Source only once saw a flying boat landing on the water, it took off again soon after.

B. The place for all prahus. Before entering AIK HABIL, prahus had to sail between the 6 iron bars which have been erected there, they stick out of the water about ½ metre.

Benkoelen:

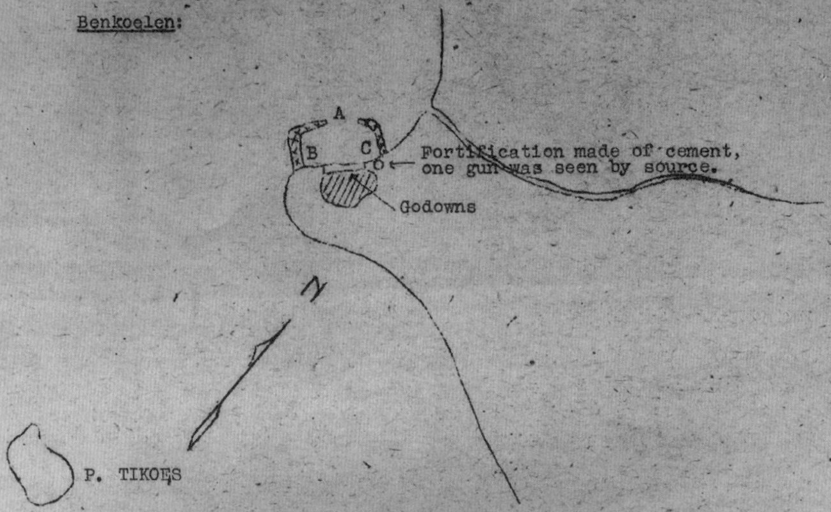


A. - Harbour entrance. No lights to be seen
B. - Special place for prahus when the rest of the harbour is full of ships.
C. - Place meant for merchant ships.

Source once saw 8 Manggais between B and C. No warships have been seen.

Pariaman:

There is no harbour in Pariaman and source saw no prahus or ships there. Although one did very occasionally see one or two prahus sheltering there, just waiting for the end of a storm or because the headwind was too strong.

15. SHIPPING:

Harbour activity Padang:

The activity along the Padang river has decreased considerably since the Japanese occupation. There is, however, still a certain amount of activity and prahus were to be seen all along the river up to 1 km. inland.

Source once saw 8 prahus carrying screws, iron plates & bars, and lorries to SIBOLGA. Each prahu could carry 4 lorries on the upper deck and inside the prahus were loaded with cement from INDAROENG. Source knows this, because his prahu was lying alongside one which was carrying cement to Sibolga.

Boat Services:

There is a daily service between Padang - Benkoelen and Padang- Sibolga. These ships are approximately 120 tons and carry freight and passengers, usually only Japanese but Indonesians were also occasionally allowed to travel on them. The name of the company is unknown to source and the ships themselves were only distinguished by numbers. These ships use petrol, not coal. They can carry 50 - 100 passengers at a time.

Shipbuilding:

Sibolga: Source heard that the Japanese are building wooden prahus. The wood was obtained from various towns and villages, amongst them SASAK. The kinds of wood were Katoeko, Meranti, Merbau, and Birah-birah.

Emmahaven: He also heard that the Japs are building wooden ships near the harbour. Position not located as the area is out of bounds.

Ships Sunk:

Source heard from others that three ships had been sunk by Allied activity one in the vicinity of PADANG, 1 in the vicinity of SIBOLGA and one in the vicinity of BENKOELEN.

Prahu symbols:

A.

This symbol is painted on the prahu bow or stem, seen by source in GOENOENG SITOLI (P.Nias) not in other places.
Note; The character in the centre reads TA, but does not mean anything, it must be an abbreviation or a part of a name e.g. TANAKA (Probably T for Tapanoeli?)

B.

This kind of symbol was seen on prahus from Sibolga.
(Here the "TA" appears again).

C.

The symbol on all prahus from PADANG (painted on the stem of the prahu).
Source's prahu had this mark.

16, NAVIGATION:

Padang River:

It is now prohibited to enter the river during the night. There were no lights along the river or at the entrance. Any ship or prahu entering at night will be shot at by the Japanese.

Pariaman:

All lights along the shore had been removed by the Japs. There are no harbour lights either.

- 10 -

17. COMMUNICATIONS:

Telephone & Telegraph:

Telephone and telegraph services were still in existence.

Mail:

The delivery of mail was very poor. The Japanese usually did not bother very much about difficult addresses, they just threw the letters away.

Radio:

PADANG-NIPO (?) (SHONAN SHIN BOEN KAI which means Singapore Newspaper Coy.) has a radio station situated 1 mile NE of APENBERG.

Source has never heard of a Met. Station near SIBOLGA, but he learned from others that there was a Radio Station in Sibolga, although he does not know the exact location.

Cars:

All private cars have been commandeered by the Japanese. Not a single car is running.

18. ECONOMIC:

Currency:

Banknotes: A. Issued by the Japs varying from 1 cent to 10 guilders. People hesitated to accept these, as they are not certain of the exchange value.
B. Former Dutch Banknotes. People like to have them and prefer them to the Japanese notes.

Coins: All available coins were collected by the Japanese If one is discovered to be in possession of silver coins one is beaten in the Kempei quarters. Nevertheless the population carefully hide these coins.

Dollars (Malay): are not in circulation in Sumatra.

Coupons:

Source has never used coupons for buying food or other articles; only office personnel and those connected with other Japanese concerns use them. In the Kampongs and villages coupons are not issued.

Rice:

Only office workers in PADANG got a ration card for rice (0.55 a catty), other people had to pay high prices to obtain rice (1 milk-tin costs f.0.60). People now eat rice mixed with maize, manioc and bananas.

Rubber:

The rubber estate, newly opened by the Dutch approx. 2 km. north of MOEARA KIAWAI, is still in existence. The trees had not been cut down, they were just left in very bad condition. The Japs do not seem to be interested in this estate, probably because the trees cannot be tapped for another year. He has not heard what is being done to the other estates in Sumatra.

Cement:

As mentioned earlier in the report, when the prahu was sunk it was carrying cement from PADANG to BENKOELEN. The cement was taken by train from the factory to a place on the Padang river bank approx. ½ km from the coast. There the cement was unloaded into the prahus. There were two of them, one going to ATJEH and the other to BENKOELEN. The cement was to be delivered to a certain "Kumiai" (Japanese for Association), but source does not know the name of it. He is quite certain that the cement was meant for the army in BENKOELEN although the official papers stated that it was for a "Kaigun", which means Navy.

Clothing:

Clothing is very hard to obtain and one has to pay high prices for it.

Sarong...............f.300.-
Pair of trousers ....f.300.-
1 complete suit......f.500.-

Most of the population therefore wear "geklopte boombast" (beaten treebark). Source said that people also made clothes out of old curtains.

Miscellaneous commodities:

Source had never heard of Carbide being used after the Japanese occupation, its use is now prohibited. It is also forbidden to use torch batteries. Petroleum is unobtainable.

He has not heard for a long time of people buying sulphur. Source does not know whether the Japanese are interested in this article. (Note: The Japs claimed in a broadcast that sulphur has been found in Sumatra).

Gambir:(Betel) This was taken to Benkoelen by prahus and then transported by trucks to Palembang and from there by ship to Java. It was used in the manufacture of Sarongs as a dye.

Paper: At the beginning of the occupation the Japanese collected all kinds of papers, magazines, office files and photographs, and after examining them, those that were of no interest were repulped.

Shortages:

As far as source knows there are no articles which are in particular demand by the Japanese. He does know, however, that they collected an incredible number of banana stems for their spinning factory.

Industries:

In Poelau Karam the Japs have built a spinning factory for spinning banana fibre. The products were sent to another place (source does not know where), where he heard they were made into clothing materials. There were approx. 100 workers in the factory. Behind this factory another factory could be seen, but source does not know what it manufactured. Not far from these factories another factory had been built where buttons are made out of "soedaro" (a kind of circular shell-fish).

Labour:

Source has heard that a new airfield is being built at KROË. Almost everybody in the district was forced to work here, these labourers being taken from all classes of the Population, both rich and poor. They received f.0.55 a day (Source remarked "How can these people live, because 1 litre of rice costs f.4.50?"). These labourers were forced to work for at least three months.

Source also met a coolie who was working on the railway extension from RANTAU PRAPAT to PAKANBAROE. This coolie was also paid f.0.55 a day, too little to buy food or clothing with. Many coolies died of hunger and disease.

## SKETCH OF SASAK AREA (W. SUMATRA)

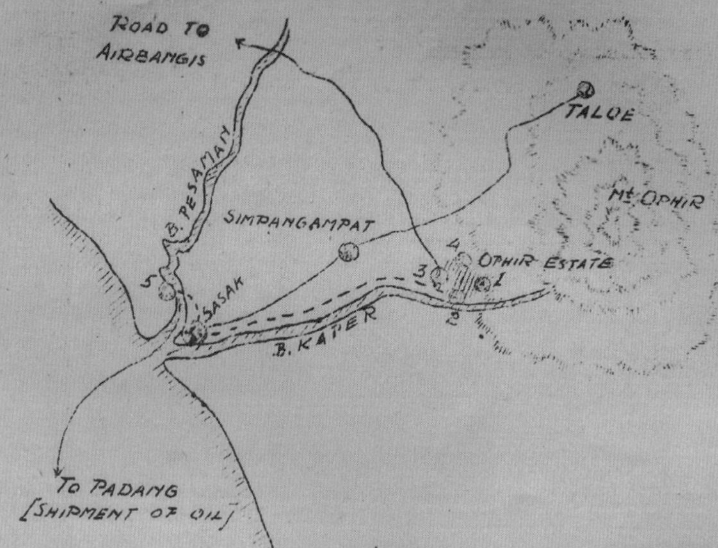


———— = Road

- - - - - - = Lorry Track

////// = Water

OPHIR Estate consists of 4 parts:-

| | | | Approximate size of tanks: 3 x 4½ m. Those at Airdingin are bigger than the rest. |
|---|---|---|---|
| 1. | Airdingin | 5 oil tanks | |
| 2. | Djambak | 3 " " | |
| 3. | Soongaibetoeng | 3 " " | |
| 4. | Lampoengpinang | 3 " " | |

5. Tank where oil is stored before export.

Prahu trade for the Japs in PADANG:

Most of the prahus along the Padang river were used for Japanese Military purposes and food supply for troops. The articles carried were as follows:-

Rice: Collected from all the kampongs in the Padang area and shipped from Padang to other places where Japanese troops are stationed. e.g. Airbangis.
Maize: Mostly from Sasak. This is for consumption in Padang itself.
Gambir (Betel): Conveyed to Padang and from there taken to Java.
Resin: Ditto.
Cinnamon: Ditto.
Manioc: Also collected from all the Kampongs round Padang.
Tapioca flour: Called "Oebi Kajoe"flour, gathered from the kampongs in the Padang area. Further shipment unknown.
Cement: Shipped to any place where it is needed for military purposes.

Prices of Articles in Padang:

Sugar......................1 kg f.5.00
Coffee.....................1 catty f.2.25
Tea.(former Goalpara)......1 packet f.8.50
Salt (kampong made)........1 litre - f.4.00
Chillies...................1 kg. - f.8.00
Green Gram.................1 picul - f.300.-
Coconut....................one - f.0.30
Coconut oil................1 bottle - f.25.-
Petrol.....................unobtainable
Manioc.....................1 bag f.50.-
Tapioca....................1 kg - f.1.-
Pepper.....................1 picul f.300.- at least. Brought from Benkoelen via Padang to Sibolga.
Tamarinda..................f.0.15 each.
Soya.......................unobtainable.
Meat (beef)................1 kg. - f.3.50
Handkerchiefs..............f.1.- each
Plate (glass) small........f.2.- each.
Cup and Saucer.............f.3.-
Watch......................f.500.-
Hoe........................f.25.-
Sythe......................f.12.-
Coal.......................---
Cigarette lighters.........unobtainable.
Matches....................f.2.-
Cigarettes (Jap made)......f.12.50
1 pair of shoes............f.45.-
1 pair of sandals..........f.25.-
1 velvet kopiah (native cap) f.35.-

19. ECONOMIC - OIL:

Padang: Source saw 4 medium sized oiltanks along the road.

Sasak Area: (See attached sketch)

The former Dutch coconut estate, OPHIR, approx. 10 km. East of SIMPANGAMPAT, has been taken over by the Japanese and is still producing coconut oil. Only Japanese and Indonesians are employed. No Europeans.

All the oil from 1,2,3 and 4 is conveyed to 5 and from there shipped to PADANG in prahus and small vessels. There are 400 Japs on the OPHIR estate, comprising factory personnel and guards. The tank at 5 is guarded by Indonesian Police.

The oil is shipped in drums (former oil drums), approx. size: height 1 m., diameter 0.4 m. Source does not know what the oil is used for.

20. INTERNMENT:

Source heard that women were interned in a camp in GOEROEN KETJIL (Padang), in the former Roman Catholic Church. Source has never seen any Dutch women since the Japanese occupation.

Eurasians: Eurasian women in PADANG were often seen by source in the streets. They are, however, not entirely free, their movements are restricted to going from their house to work and to the market to buy food. These women live together but are not guarded by the Japanese. The house is situated approx. 250 m. from the coast, on the right bank of the Padang river, behind the Forestry Office (Kantoor Boschwegen).

21. PRISONERS OF WAR:

Source heard of P.O.W. camps at KOETATJANE and BATOESANGKAR.

22. CONDITIONS P.O.W. CAMPS:

Padang:

Before the prisoners were taken from PADANG to KOTATJANE, they were put into a camp (barracks?) approx. 1 km north of the mouth of the Padang river and approx. 150 metres from the coast. It was the former Padang jail. British, Dutch and Australians were herded together and the Japanese treated them appallingly. They were seen working in the streets, doing hard and filthy work such as street-cleaning. They were kicked, beaten and ill treated by any Japanese who happened to be in the vicinity. They were forced to work in the sun all day, naked to the waist.

Each prisoner received only a handful of maize and rice a week. They looked weak, thin and lacking in energy. Many died - seen by source when they were taken away from the prison.

Source estimated the number of P.O.Ws who were in Padang, to be about 1,000. He once saw a file of 20 prisoners, they looked weak, undernourished and gloomy. A Japanese guard kicked and beat them, some fainted and fell to the ground, not being able to stand much maltreatment through lack of food.

23. REGISTRATION:

Passes:

Only those required for his prahu are known to source, he had no personal pass and does not know if others have them as he has never travelled overland during the Japanese occupation.

He has heard, however, that to go to another dess within the same residency one has to obtain a "soerat keterangan" (permit) from the village chief. This pass is written in Malay and no particular form is used, however, it always carries the stamp of the village where the traveller comes from.

To travel overland from one Residency to another (e.g. from Tapanoeli to Benkoelen) one has to obtain a pass from the Japanese Administration office. This pass has a specified form with a photo of the bearer and has to be stamped with the stamp of the office of issue. (Source has never seen one of these passes but was told about the procedure).

x Inspection of papers:

The Tjikeidans patrol the villages at night and papers are often inspected by them.

Official papers carried by Prahu:

Every prahu has to carry several official papers:

(a) A book concerning details about:
   i. Last port of call
   ii. Next port of call
   iii. The number of "Soerat Moeatan" (notes stating amount and type of freight) carried.
   iv. Members of the crew
   v. Number of passengers.

On the front page of this book is to be seen the following statement: (Name of Prahu): SINAR BOELAN
(Registered Tonnage): 23.50 tons.
(Owner): AN GING PO
(Home port): PADANG.

(b) Separate sheet stating the customs duties to be paid according to the amount of freight carried.

(c) Separate sheet called the "Soerat Izin".

(d) Separate List of members of crew.

(e) Separate sheet "Soerat Moeat".

(f) Another permanent "Soerat Izin".

(g) Separate chit from the Military Authorities stating that the Prahu is ordered to carry.....(certain goods)..... for the Military Authorities.

The old "Gezondheids Register" (Register of Health) is still used by the Japanese, all details written in Malay, but with Japanese stamps.

24. CUSTOMS:

Padang river: Before entering the Padang river, the freight was examined, first by the customs officers and then the P.I.D. (Politieke Inlichtingen Dienst = Political Intelligence Service) came on board.

25. POLICE & KEMPEI:

Padang:

Before entering the Padang river, as stated above, the freight was examined first by the customs officers and then the P.I.D. came on board to inspect the prahu papers, crew and cargo. The prahu was not allowed to go any further before the doctor had been on board.

Benkoelen:

Inspection of papers and cargo was only carried out in the harbour, not before entering between the piers. Here again the prahu was examined by the P.I.D. who were all Indonesians. These policemen also have the habit of beating people for making the slightest mistakes. In some cases they are even worse than their Japanese colleagues.

27. ADMINISTRATION:

Indonesian Civil officials are retained by the Japs, but they are not satisfied under the Japanese rule. They do not enjoy the same liberty as previously and they have to work, together with the coolies, on certain days of the week. The women folk are not even free from this forced labour.

- 15-

28. CULTURE:

Education at Padang: The schools are still open in Padang and everything seems to be the same as formerly except that European teachers have been replaced by Indonesians and in some cases by Japanese. Since the occupation, the Japanese language has been introduced. Source can not say whether the population is enthusiastic about this new scheme.

Teaching of the Japanese language: The native teachers receive lectures in the Japanese language and they in return teach it to the school children. Malay is, however, the language most used.

29. MORALE:

The population has no particular grievance, but the consider the stealing or commandeering of property and the Japanese treatment of women to be the worst offences. In general the people do not like the Japanese behaviour, they say that the Japs are "rough" and behave like "uneducated boors".

Source said that the population is to be compared with an Aroe tree, if the wind is west, then it leans to the east, if the wind is east then it leans to the west; and so it is with the people of Sumatra, their attitude ( at least their outward attitude ) thus depends on who is actually in power.

Source very much doubts if there are any really reliable persons in Sumatra, the country is packed with Japanese spies and one is very likely to be betrayed.

There is no particular part of Sumatra that is pronouncedly anti-Japanese. In general all the people in Sumatra are anti-Japanese. He is unable to mention any specific persons or village-chiefs that could be considered reliable.

The people really believe that the Allies will easily beat the Japanese, and they are waiting eagerly for their liberation. When the Allied planes came over PADANG to bomb the INDAROENG cement factory, the people shouted and clapped, encouraging the planes overhead to bomb the Japs, and expressing their hatred and discontent. Some Indonesians were killed during this raid, but source does not know the people's reaction to this. He, however, was delighted that many Japanese were also killed in the factory.

During the conscription (or selection) of Indonesians for Soekarella forces, many young men left their villages to avoid being selected. Source was one of them. He said that the Japs could only make him join the army at the point of the bayonet!

Jap Morale: The morale of the Japanese troops seemed to be good.

30. PROPAGANDA:

Enemy Propaganda:

The newspapers were written in Malay, but under Japanese control. They were very unreliable and the people did not like reading them because they contained nothing but news of Japanese victories on all fronts and the pages were full of propaganda against America and England. There were also articles to encourage the Indonesian forces; source used to hear the Soekarellas saying: "Now we are free and we do not want to be under European rule any more - Away with the British and Americans!". The Japanese propaganda must therefore have had a certain effect on the Indonesian soldiers, although source was unable to make sure whether they meant what they were saying or only said it for effect.

- 16 -

When one of the Allied aircraft was shot down over EMMAHAVEN, parts of the plane were exhibited for propaganda purposes. They were displayed in front of the Shin Boen Kai office in PADANG, and posters on the wall said; "Even when thousands of the aeroplanes come over here, the Japs will beat them, because they are made of wood." (Confirmed by Jap broadcast.)

The people laughed at this propaganda, because they knew that the Japanese were lying and the exhibition only encouraged the population. Source, for instance is quite sure that behind their boasting, the Japanese are actually afraid.

Source has never heard of Indonesians being used to make propaganda. But the Japanese themselves frequently visited Mosques and talked to the congregation in praise of the Japanese administration. Although the Japs performed the necessary minor ablutions before entering the Mosques, the Moslems felt disgusted at this interference in the religion.

The Japanese sometimes requisition big houses for meeting places.

Parades were often held for propaganda purposes and military displays were frequent. They had no effect on the population, however.

The cinemas are still working but all films shown are Japanese and full of propaganda. The cost of seats varies from 10 cents - 70 cents.

Films were also shown in the "pasar Malam" (native fair), the performances being free. Here again, however, there was nothing but propaganda about cooperation between the Japs and the Indonesians and scenes of Japanese victories on all fronts.

The Japanese organisation in the N.E.I. for film distribution is called EIGA HAIKYU SHA, which means: Cinematograph Distributing Company.

DAI TOA KAN, which means "Great East Asia Building" is to be seen on every big building occupied by the Japs.

Allied propaganda:

Leaflets: The leaflets thrown over the town were read by the population. They quite believe in the Allies and are hoping that they will return soon. The people talked a lot about the leaflets but if they were caught they were beaten. The leaflets were not thrown away but were kept. The Japanese, however, did not try to collect them.

The population would greatly appreciate it if the Allies could drop some more of their news bulletins, because they are eager to read the real news about the war. They dislike being kept in ignorance.

31. GENERAL CONDITIONS:

Hospitals:

Generally speaking it is not difficult to go to hospital for treatment. There is, however, a severe shortage of medicines, especially quinine (red tablets) which are in great demand by the population. Source, however, said that malaria is not very prevalent.

Dr HAKIM is still active in the hospital in PADANG. Most of the European doctors have been replaced by Japanese.

Medicines:

Quinine and other medicines would be more appreciated by the population than money as a reward. High prices were paid for quinine: 1 tablet - f.2.50

Public works - PADANG:

The water supply is quite good and the waterworks are still in use.
The electrical supply remains the same.

Japanese behaviour:

To start with the Japanese were rough with the women, they frequently compelled them to go with them. The menfolk were helpless as they were unarmed and the Japs used their bayonets at the slightest provocation. But now there are several brothels specially set up for the troops, the women being brought from Singapore, most of them are Chinese. In the villages, the Japs only took women if they were also willing.

When meeting a Japanese, the usual bow or military salute is made, with or without saying good morning, good day or good evening. (OHAJO - KHOITJIWAH - KOMBANGWAK). This rule applies all over Sumatra. When you shake hands with a Japanese, you must say "BANZAI".

Walking with ones hands in one's pockets or with a cigarette in one's mouth is not forbidden.

32. MISCELLANEOUS:

Dutch Activity against the Japanese when they occupied Sumatra:

P.Moesang: According to hearsay there was fierce fighting between the Dutch and the Japanese at P.Moesang, which is the name given to a place by a bridge over the river near DJAMBI. The bridge was destroyed and many Japanese were killed in trying to cross the river.

Taroetoeng: (Approx. 45 km. N.E. of Sibolga) During the early days of the Japanese occupation, the Dutch put up stubborn resistance at this place. Many Japs were killed.

Germans:

There were approximately 30 Germans and 20 German women in Padang, they wore a swastika symbol on their left chest. The badge seems to have been mostly red, white and black, the swastika itself being black.

Suitable landing places:

Source mentioned two places, which he thinks suitable for landing infiltration parties or spies:

1. Swampy coastal region, almost never visited by people, in position about 00°07'N 99°35'E. He would consider this suitable for landing if he had to do it himself.

2. The bay south of O.BATOEKOEDOENG in position 00°15'N. 099°10'E, called TELOEK ILALANG. To approach and land in this bay should be quite safe according to source.

Source also recommends TELOEK ILALANG for seaplanes to land, as the rest of the coastline between SIBOLGA and BENKOELEN is too well guarded by the Japs.

- 18 -

Evasion & Escape:

Source cannot mention any place which he would consider safe for airmen who have had to make a false landing or bale out, because white people are very conspicuous and news of this sort spreads quickly through the villages, source would consider it very lucky if no Japanese (warned by spies) appeared on the scene.

It should be left to the airmen themselves how and where to hide, they should be very careful in approaching a village or in addressing people. The airmen must supply themselves with food and shelter to start with and then have a good look round before approaching anyone to ask for assistance.

34. POLITICAL:

Sjech Moehammad Djambek is the chief leader of all Moslem organisations in Minangkabau. He lives in BUKIT TINGGI. He belongs to the Moehammadyah Association, a branch of the Java Moehammadyah Assocition.

Source has never heard of conferences being held with the Japanese Authorities in order to achieve cooperation. He belives, however, that S.M.Djambek is a person of importance and influence. Source has had very little to do with the Moehammadyah as he himself belongs to the Conservative Party (called "Perti").

Source has also heard of Sjafei but does not know anything.

Colombo, 23rd October, 1944

S.O.(I).R.N.N.

Enclosures:

Appendix A
" B
Sketch of PADANG
" " SIBOLGA
" " SASAK AREA.

C.J.Wingender
Lt. Cdr. R.N.N.

Distribution:
B.D.Z.
MIN KOL
B.S.O.
O.B.S.O.
N.E.F.I.S.
M.A.W. (Also Members C.O.S.C.)
Amb. Chungking
N.E.M.A.T.
Neth. Staff Section S.E.A.C.
S.O.N.I.C.A.
C.O.Force 136
G.3 (I) Force 136
C.K.INS.
B.S. van Deinse.
S.O.(I).E.I.
O.S.S.
Lt.Cdr. Brotchie
Lt. Cdr. Brouwer.
I.S.L.D.
11th ARMY GROUP.

# APPENDIX A.

Shoulder tabs as worn by Jap officers:

A. 

Source is uncertain about the colour of the background.

B. 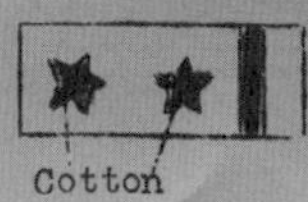


Ditto

C. 

Ditto

D. 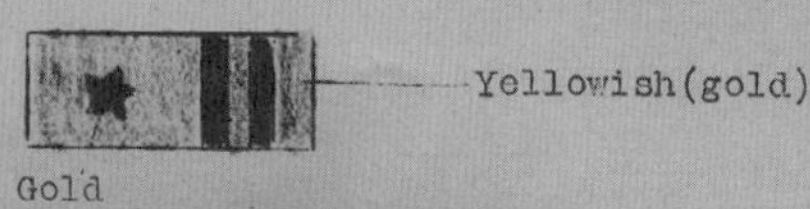


E. 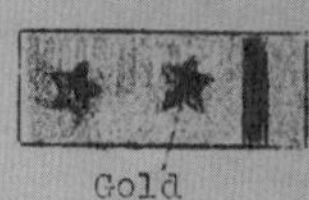


Ditto

F. 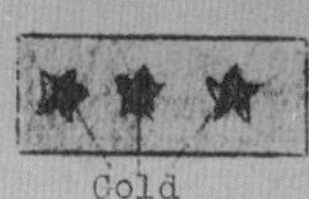


Ditto

Source is uncertain whether these shoulder tabs are worn by Civilian or military personnel. He called A. SHONTJO and D. HANCHO.

---

Source once saw a military car carrying the following flag & emblem:-

A. 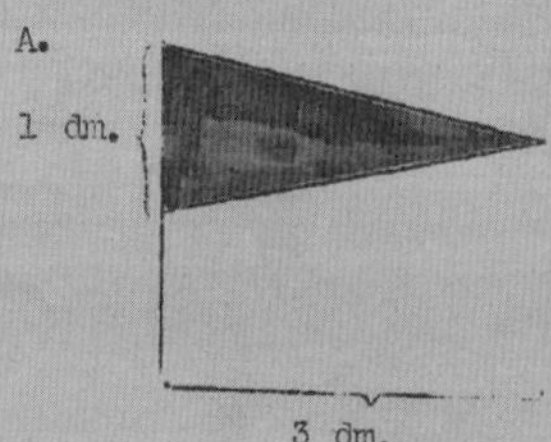


Seen on the radiator of car.

APPENDIX A. (cont.)

B.

This is to be seen at the front and back of the car.

C.

This star is to be seen on every truck and any other type of motor transport. Same size as B.

---

BADGES SEEN BY SOURCE IN PADANG:

(True size)

A.

Worn on left chest by all Naval office clerks and customs officials.

B.

Worn on left chest by military personnel.

C.

Worn on left chest by all factory workers.

D.

Worn on left chest by Indonesian hands of Japanese vessels.

Note: In the previous report (W.I.S. 87 Most Secret page 26) C is supposed to be circular and the badge for office workers (See A) is circular with the colours white (outside), green (second circle) and red (ir[illegible]circle). It might be possible that every residency has its [illegible] symbols.

C1. 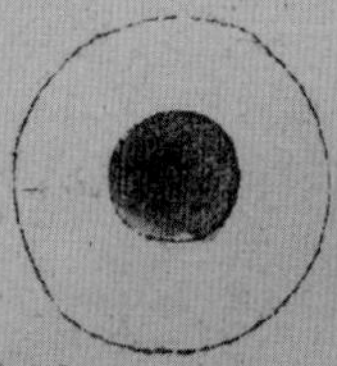

This kind of badge was worn shortly after the Japanese occupation but was afterwards replaced by a red band, worn round the left uppor arm.

APPENDIX E

List of Headings under which R.N.N. Interrogation Reports are compiled.

1. HEADQUARTERS - (Location Jap H.Q.)
2. DISPOSITION JAP FLEET (All information concerning Jap Navy)
3. " JAP AIRFORCE (All information concerning Jap airforce)
4. " JAP ARMY (All information concerning disposition and strengths of Jap army)
5. NEW AIRFIELDS
6. NEW ROADS & RAILWAYS
7. ARMAMENT & EQUIPMENT (All information about Arms, ammunition, dumps, uniforms etc.)
8. ARMY TRAINING & NEW ORGANISATIONS (Sockarellas, Kaibodans etc.)
9. A.R.P.
10. DEFENCES.
11. GUERILLAS.
12. ALLIED AIR ACTIVITY
12a. ALLIED SEA & LAND ACTIVITY.
13. TOPOGRAPHICAL INFORMATION
14. HARBOURS
15. SHIPPING
16. NAVIGATION
17. COMMUNICATIONS (Rail, road, telephone, radio, mail, etc)
18. ECONOMIC (Finance, Industries, Prices, Rents, Labour, Wages etc.)
19. ECONOMIC - OIL.
20. INTERNMENT (Civilians)
21. PRISONERS OF WAR (Location of camps etc.)
22. CONDITIONS P.O.W. CAMPS.
23. REGISTRATION (All information about Passes, Permits, Prahu papers, etc.)
24. CUSTOMS.
25. POLICE & KEMPEI
26. ROBBERY (& Looting)
27. ADMINISTRATION (Civil & Military Government, Laws, etc.)
28. CULTURE (Education & Religion)
29. MORALE
30. PROPAGANDA
31. GENERAL CONDITIONS (Health, Japanese Behaviour etc.)
32. MISCELLANEOUS
33. CHINESE (All information concerning the Chinese)
34. POLITICAL INFORMATION.
35. SECRET ORGANISATIONS.

(The information in brackets is in explanation of those headings that are rather general)

---

## BADGES WORN BY HEI-HO (AUXILIARY TROOPS)

Black badges worn on collar
stars and stripe yellow.

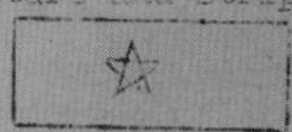

Nitohoiho - Private 2nd class

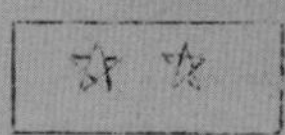

Itohoiho - Private 1st class

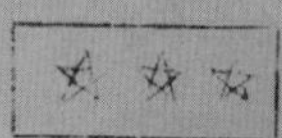

Djotoheiho - Superior Private

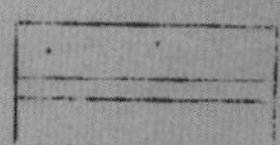

Komitjo - Lance-Corporal

## BADGES WORN BY ALL MEMBERS OF HEI-HO

White patch with
name of member in
Katakana (in Black)

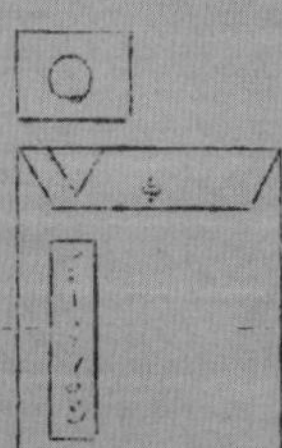

Left hand top pocket

Interrogation Report No. 201
Sketch No. 1

NEFIS No. MY.5304.

OSS
SECRET
C.I.D. 134921

RECEIVED CID
1945 JUN 23 PM 2 05

극비

주간 첩보 요약 93호

왕립 네덜란드 해군 콜롬보(Colombo) 본부

1944년 10월 23일

수마트라

T.73 심문보고서

서문:

인적 사항.

| | | |
|---|---|---|
| 이름 | : | |
| 나이 | : | 20세 |
| 성별 | : | 남. |
| 인종 | : | 메낭카바우(MENANGKABAU) |
| 시민권 | : | 네덜란드 |
| 출생년도/출생지 | : | - 장소: 사사크(SASAK) (수마트라 서부) |
| 교육 | : | 사사크에 있는 뎃사(Dessa) 학교 4 1/2년 |
| 종교 | : | 무슬림 |
| 신분 | : | 포로 |
| 직업 | : | 선박 막노동꾼 |
| 건강 상태 | : | 좋음 |
| 신원 확인 방법 | : | - |

지적 수준이 상당히 높고 협조적으로 정보를 제공한다.(D.3-E.F)

시기순 기록:

사사크(만디-앙긴(MANDI-ANGIN) 근처) 1943년 10월 – 11월

| | |
|---|---|
| 파리아만(PARIAMAN) | 1944년 4월 - 3월 |
| 에어반기스(AIRBANGIS) | 44년 5월 |
| 시볼가(SIBOLGA) | 44년 6월 |
| 파당(PADANG) | 44년 6월 - 7월 |
| 벵코렌(BENKOELEN) | 44년 8월 |
| 파당 – 인다롱(INDAROENG) | 44년 8월 |

(중략)

31. 일반 상황:

병원:

일반적으로 말하자면 치료를 위해 병원에 가는 것은 어렵지 않다. 그러나 약품이 극도로 부족하고, 특히 사람들에게 많이 필요한 퀴닌(빨간색 알약)이 굉장히 부족하다. 그러나 정보원은 말라리아가 그렇게 유행하지는 않는다고 말했다.

의사 하킴(HAKIM)은 아직 파당의 병원에서 활동하고 있다. 거의 대부분의 유럽인 의사들은 일본군에 의해 교체되었다.

약품:

퀴닌과 다른 약품은 사람들에게 돈보다 더 고마운 보상으로 받아들여질 것이다. 퀴닌은 높은 가격에 제공되었다 : 1 알약 – f.2.50

공공 자원 – 파당:

수자원 공급은 꽤 좋은 상태이고 급수 시설이 지속적으로 활용되고 있다.

전기 공급은 변함없다.

**일본군의 행태:**

**처음에 일본군은 여성에 대해 굉장히 과격했으며, 자주 그들과 함께 갈 것을 강요했다. 남자들은 무기가 없어 무력했고 일본군은 아주 작은 반항에도 총검을 사용했다. 하지만 현재는 군부대 전용의 위안소(brothels)가 몇 개 생겼고, 대부분 중국인인 여성들이 싱가포르에서 동원되고 있다. 현지 마을에서 일본군은 여성이 가고자 할 경우에만 데려갔다.**

일본군과 만나면 보통 고개를 숙이는 인사나 군대식 거수를 하며, 좋은 아침, 좋은 낮, 좋은 저녁라는 말은 할 때도 안할 때도 있다(오하요(OHAJO) – 곤니치와(KHOITJIWAH) – 곰방와(KOMBANGWAK)). 이 규율은 수마트라 전체에 적용된다. 일본군과 악수할 때 사람들은 반드시 "만세(BANZAI)"라고 말해야 한다.

손을 주머니에 넣거나 담배를 입에 문 채로 걷는 것은 금지되지 않았다.

(하략)

# 6

## Interrogation - General Conditions in Singapore

### RG 226 Entry NM-54 16 Box 1197

이 문서는 전략첩보국(Office of Strategic Services, OSS)이 싱가포르에서 태어난 말레이인의 정보에 근거해 작성한 싱가포르 지역의 일반 상황에 관한 보고서다. 1943년 5-6월의 상황을 다루고 있으며, 1944년 11월 17일 작성되었다. 정보제공자는 1939년 왕립 해군 자원 예비군(Royal Navy Volunteer Reserve)에 입대했고, 1942년 일본군의 포로가 되어 자바의 포로수용소에 구금되었다가 같은 해 6월 수용소를 탈출했다. 1943년 5월부터는 일본군의 배에서 선원으로 일했다. 이런 이력 때문에 일본군 관련 정보를 제공할 수 있었던 것으로 보인다. 이어지는 7번 문서 역시 이 정보원의 심문을 바탕으로 한 것이다. 문서에서 '위안부'와 위안소 정보가 언급되는 부분은 보고서의 12번과 24번 항목이다. 이에 따르면 싱가포르에는 많은 위안소가 있었는데, 여기에는 일본에서 데려온 것이 아니라 이전부터 싱가포르에 거주했던 것으로 보이는 일본 여성들이 있었다. 일본 여성뿐 아니라 말레이인, 중국인 여성들도 있었는데, 이들 역시 강제로 동원된 것으로 보이지는 않았다고 한다. 이어서 일본군과 민간인 모두 예방책을 사용함으로써 성병 발생률이 낮게 유지되었을 것으로 추측된다고 보고하고 있다. 또한 위안소 운영 및 '위안부' 동원과 직접적인 관련은 없지만 싱가포르를 점령한 일본군이 싱가포르 여성을 나쁘게 대하거나 이들에게 폭력을 행사한 것으로 추측되는 상황도 함께 보고되었다.

CONFIDENTIAL

OFFICE OF STRATEGIC SERVICES
WASHINGTON, D. C.

CONFIDENTIAL
O.I.D. 106346

| | | | |
|---|---|---|---|
| DISTRIBUTED | 15 December 1944 | DISSEMINATION NO. | A-45805 |
| COUNTRY | Malaya | ORIGINAL REPORT NO. | M-341 |
| SUBJECT | Interrogation @ General Conditions in Singapore | DATE OF REPORT | 17 November 1944 |
| | | EVALUATION | F-3 |
| | | CONFIRMATION / SUPPLEMENT / CORRECTION | |
| SOURCE | Z | | |
| SUB SOURCE | Malay seaman | | |
| | | NUMBER OF PAGES | 4 |
| DATE OF INFORMATION | May-June 1943 | ATTACHMENTS | |
| PLACE OF ORIGIN | Kandy | THEATRE | SEAC |

1. Informant is a 23-year old Singapore-born Malay, who left school and 1933 and shifted from job to job until 1939, when he joined the Royal Navy Volunteer Reserve in 1939. He was captured and imprisoned by the Japanese after his ship was sunk in 1942, but escaped in June of that year. From May 1943 he worked for the Japanese as a sailor until his last ship was sunk. He is considered above the average in intelligence and observation, but overly eager in his responses about the attitudes of large groups. 106346

CULTURE

2. News was disseminated in Singapore by newspaper and by word of mouth. There were two Malay papers as well as Japanese newspaper, about which the informant knew nothing. They were the UTUSAN MALAYA and the SUMBAGA MALAYA, and under the Japanese shifted from being morning papers to the evening. They were printed in Arabic script in conformity with Japanese regulations requiring its exclusive use.

3. Radios had been confiscated and the informant knew of no one who had a clandestine radio, and there was no information that anyone had ever listened to broadcasts from Australia.

4. From the age of eight children are forced to attend school until two years have been successfully completed. The terms last for only three or four months out of the year, and the curriculum consists almost exclusively of Japanese-language instruction. After the language is mastered, other subjects are taught. By this time the student is usually in secondary school.

CONFIDENTIAL
CLASSIFICATION

| ✓ | ✓ | ✓ | ✓ | | | ✓ | | | | | ✓ | | |
|---|---|---|---|---|---|---|---|---|---|---|---|---|---|
| MID | ONI | A-2 | STATE | TREAS. | OWI | FEA | AMS | MC | FCC | JICA | L | | |

CONFIDENTIAL
OFFICE OF STRATEGIC SERVICES

A-45805

-2-

5. Regular adult classes were held in the schools, with Japanese language instruction sessions from 1300 to 1600 hours each day. Attendance is not compulsory. Most of the teachers were Japanese residents of Singapore before the outbreak of war.

6. The Japanese made extensive use of highly colored posters in their publicity campaigns. Attempts were made to ridicule the Allies leaders, and the weakness of Allied weapons in constrast to Japanese armed might.

7. One poster depicted Churchill with the body of a pig, his face lightly covered by the Union Jack. In the same poster Roosevelt is shown with a dog's body. Ropes around their necks are held by a Japanese soldier, armed with a rifle with bayonet fixed. The legend was "English and Americans eat only potatoes and sago." The informant did not know what effect this poster had had.

8. Another poster, extolling the might of the Japanese Army, showed a Japanese soldier slashing through eight planes with a sword.

9. The Japanese told the people that the chief opponents were England and Australia, and many people believed that the United States was not really fighting, but was the production center for war materiel. As late as June, 1943, most people did not know that American forces were actually fighting. As a result of the loss of Sumatra, Java and the Netherlands, the Dutch were believed by most persons to have ceased fighting, and the informant was very surprised to find them engaged.

10. The Japanese appear to have made extensive use of Malays to speak in public on frequent occasions.

11. The informant was sure that the people of Singapore eagerly await the return of the Allies, and that the Chinese and Malays will cooperate in attempting to expel the Japanese when Allied landings occur.

12. There are many houses of prostitution and the Japanese girls in them are believed to be former residents of Singapore, and not to have been brought from Japan. There are also Malay and Chinese prostitutes, who apparently were not compelled to enter the houses. Venereal rates are supposed to have been kept down by the use of prophylaxis by Japanese soldiers and civilians both.

COMMUNICATIONS

13. All letters must be addressed in Arabic script or in Japanese.

CONFIDENTIAL

CONFIDENTIAL
OFFICE OF STRATEGIC SERVICES
A-45805

-3-

Stamps were issued by the "Republic of Malaya" with Japanese characters. Severe punishment was meted out for using "Singapore" in addresses instead of "Shonanto," culprits being tied facing the sun all day.

14. Moving from house to house in a village was forbidden until permission had been secured from the headman.

15. Each person in Singapore who was over the age of twelve years had to carry a pass.

ECONOMIC

16. The food supply was very scant in May and June of 1943, and the informant had heard of cases of starvation, although he had seen none himself. Tapioca was the main food item, and the rice ration was one-half gantang of rice per month, or about 3 3/4 lbs. (1 gantang = 6 catties; 1 catty = 1¼ lbs.)

17. Soap was scarce and of inferior quality. None was obtainable on the black market.

18. Cigarettes sold for SS$15 per package of fifty. They could be bought from Japanese soldiers for SS$12 and then resold on the black market. Small boys were usually used to make contact with the Japanese soldiers.

19. Japanese paper money was the only legal tender for purchases, and the smallest note in circulation was five cents.

MILITARY

20. There were many types of troops in the Hei-ho Camp, which was the training base for the troops of Bose's Army. These troops were sent for the most part to Thailand and Burma for duty.

21. A close friend of the informant was a captain in the Hei-ho Volunteers, and his name was used as designation for the company, and as the mailing address for the men of the company. The informant knew of no other identification for the unit.

POLITICAL

22. The headman of each village kept a book listing all inhabitants of each house in his village. The police performed this task in the cities.

CONFIDENTIAL

CONFIDENTIAL
OFFICE OF STRATEGIC SERVICES

A-45805

-4-

23. Persons going to and from Johore had their passes scrutinized. Passes of persons on the streets between midnight and dawn were also scrutinized.

24. The Japanese behaved very badly to the women in Singapore, although the informant had not witnessed the early days of the occupation himself. The informant's sister was dragged away into the woods by the Japanese and has never been heard of since, which was stated to have happened to many other girls.

25. The use of English expressions is stricly forbidden. The informant had known of people being punished for saying "very good" in English. People were ordered to say nothing good of the British or the Americans, and the punishment for doing so was supposed to be very severe,

26. The informant had heard that in nearly every house at least one large knife was concealed, for use in assisting an Allied landings. Many people are also supposed to have concealed blow guns and poison arrows.

27. The informant stated that his brother and uncle had said they would take positive action when the Allies land. Three Chinese friends had said the same thing. He asserted that most people would fight, but had no evidence to support this.

28. The informant also stated that former leading officials in the villages state to each other that they must be ready to assist an Allied landing, and he is convinced the Allies would have a friendly reception.

RELIGION

29. The informant stated that Muslims are forbidden to say their prayers, and the Japanese deliberately violated their sacred customs, among other ways, by regularly entering mosques with their shoes on.

CONFIDENTIAL

3급 비밀

전략첩보국

워싱턴 D.C

| | | | |
|---|---|---|---|
| 배포 | 1944년 12월 15일 | 배포번호 | A-45805 |
| 국가 | 말레이반도 | 원본 보고서 번호 | M-341 |
| 주제 | 심문 – 싱가포르의 일반 상황 | 보고 일자 | 1944년 11월 17일 |
| | | 평가 | F-3 |
| | | 확인 | |
| 출처 | Z | 보충 | |
| 보조 출처 | 말레이인 선원 | 수정 | |
| 정보의 일자 | 1943년 5월-6월 | 페이지 수 | 4 |
| 출생지 | 캔디(Kandy) | 첨부 | |
| | | 전구 | 동남아시아 사령부 |

1. 정보원은 23살의 싱가포르 태생 말레이인이며, 1933년 학교를 떠나 여러 직업을 전전하다 1939년 왕립 해군 자원 예비군(Royal Navy Volunteer Reserve)에 입대하였다. 그는 1942년 선박이 침몰한 후 일본군에 포획되어 수감되었다가 그해 6월 탈출하였으며, 1943년 5월부터 그가 탔던 마지막 선박이 침몰할 때까지 일본군 밑에서 선원으로 일하였다. 지적 수준과 주의력 모두 평균 이상이지만, 대중의 태도에 관한 응답에서는 과도하게 열을 올렸다.

(중략)

문화(Culture)

(중략)

12. 위안소(houses of prostitution)가 많으며, 그곳에 있는 일본인 여성들은 일본에서 데려온 것이 아니라 싱가포르에 살던 이들인 것으로 보인다. 그곳에는 또한 말레이인과 중국인 위안부(prostitutes)가 있었는데, 명백히 강제로 데려온 것으로 보이지는 않았다. 일본 군인과 민간인 모두 예방책을 사용함으로써 성병 발병률은 낮게 유지되었을 것으로 추측된다.

정치(Political)

(중략)

24. 정보원이 점령 초기 상황을 직접 목격하지는 않았지만, 일본군은 싱가포르 여성에게 매우 나쁘게 행동했다. 정보원의 여자형제는 일본군에 의해 숲으로 끌려갔고, 그 후로는 소식을 들을 수 없었다. 이런 일은 다른 많은 여성들에게도 발생했다고 한다.

# 7

## Interrogation Military and Naval Information

## RG 226 Entry NM-54 16 Box 1201

이 문서는 전략첩보국(Office of Strategic Services, OSS)이 싱가포르에서 태어난 말레이시아인의 정보에 근거해 작성한 싱가포르 지역 일본군에 관한 보고서로, 앞선 6번 문서와 동일한 정보원의 심문을 바탕으로 한 것이다. 1944년 8월 이전 상황을 다루고 있으며, 1944년 11월 9일에 작성되었다. '위안부'와 위안소 정보가 언급되는 부분은 보고서의 27번 항목으로, 군위안소(Military Brothel)라는 제목하에 위안소가 있었던 장소와 이를 목격한 정보원의 경험을 보고하고 있다. 이에 따르면 일본군 점령 이후 싱가포르 파시르판장(Pasir Panjang) 마을의 주민들은 섬의 다른 지역으로 대부분 옮겨졌고, 마을은 대만인과 일본인 여성들로 이루어진 군위안소가 되었다. 정보제공자는 1945년 5월에 이 위안소("Amenities" center)에서 몇몇 생생한 광경을 목격했다고 했다. 이는 싱가포르 파시르판장에서 일본군 위안소가 운영되었을 가능성을 시사한다.

SECRET

OFFICE OF STRATEGIC SERVICES
WASHINGTON, D. C.

SECRET
O.I.B. 106681

| | | | |
|---|---|---|---|
| DISTRIBUTED | 21 December 1944 | DISSEMINATION NO. | A-46462a |
| COUNTRY | Malaya | ORIGINAL REPORT NO. | M-009-1205 |
| SUBJECT | Interrogation Military and Naval Information | DATE OF REPORT | 9 November 1944 |
| | | EVALUATION | F-3 |
| | | CONFIRMATION SUPPLEMENT CORRECTION | |
| SOURCE | Z | | |
| SUB SOURCE | Malay Seaman, S-22 | | |
| DATE OF INFORMATION | Prior to August, 1944 | NUMBER OF PAGES | 5 |
| PLACE OF ORIGIN | Kandy | ATTACHMENTS | |
| | | THEATRE | SEAC |

1. Informant is a 23-year old Singapore-born Malay, who left school in 1933 and shifted from job to job until 1939, when he joined the Royal Navy Volunteer Reserve. He was captured and imprisoned by the Japanese after his ship was sunk in 1942, but escaped from a prison camp in Java in June of that year. From May 1943 until his last ship was sunk he worked for the Japanese as a sailor. He is considered above the average in intelligence and observation. Other information from this source is given in A-45805.

AIR

2. Muntok - The airfield at Muntok has been enlarged.

3. Singapore - In January 1944 the informant saw many planes in the air, but cannot say definitely whether they were on patrol or doing training exercises.

4. The Civil Airport has been greatly enlarged, and takes in the Happy World. Krangi remains as before.

5. Penang - The informant saw a Fubuki-class destroyer escorting a vessel with a large number of troops aboard. This he identified from a photograph of the KAMIKAWA MARU as a seaplane carrier, 6853 tons gross. The vessel carried one "Pete"-type plane. The ships were entering the Penang North Channel.

6. The informant has seen "Jake" type planes over Penang Channel but does not know how many are stationed there.

COASTAL DEFENSES

7. Prai, Butterworth, Penang - The informant has seen many

SECRET
CLASSIFICATION

| MID | ONI | A-2 | STATE | TREAS | OWI | FEA | AMG | MC | FCC | JICA | L |
|---|---|---|---|---|---|---|---|---|---|---|---|
| ✓ | ✓ | ✓ | ✓ | | | | | | | | ✓ |

searchlights operating at Prai, Butterworth and Penang.

8. Pisang Island - In January 1944 the informant's ship passed within a mile of Pisang Island, off the coast of Johore. On nearing the island the informant saw the flash and heard the explosion of what he thinks must be a fairly large caliber coastal defense gun. He also saw the splash of the shell as it fell into the sea about three miles off, the gun must have been pointing north-west. He does not know whether there are other guns on the island.

NAVAL

9. Aids to Navigation - The northernmost light on Sultan Shoal was in use in January 1944. At the mouth of the Perak River the lamp which was placed a little to the north of Tg. Kupang has been moved over to Tg. Bras Basah and is in use. The south channel into Penang is closed to shipping, the informant believes because of minefields.

10. Naval Craft - In January 1944 the informant saw one very large German submarine and three Japanese submarines, four large transports and two large destroyers in Penang Harbor.

11. In July 1943 the informant saw one large aircraft carrier, three Japanese destroyers, four German patrol boats ( two in drydock) and two large German submarines in Singapore, at Seletar Naval Base.

12. The informant saw eight MTB's at Singapore in January 1944. Two were seen on patrol halfway between Karimoen and Pisang Islands.

13. 2 FUBUKI-class destroyers were seen on patrol out of Seletar in January, 1944.

14. MTB's are built at T. Pagar, then taken to T. Rhu to be engined, according to informant's observations in January 1944. There are four slipways in use at T. Pagar and the construction time is about five months. There are six slipways where MTB's are being built at Seletar. These craft are given twin engines at Seletar. One type carries two torpedoes, four depth charges and one heavy machine gun mounted in the bow. Another type carries eight depth charges and has a 2-pounder mounted on the bow, and a machine gun mounted on the bridge.

15. Seamen's Training - HMS LABURNAM before the war was a training ship, and lay at No. 2 godown, Telok Ayer Basin. She was bombed and sunk at her moorings, but was raised early in 1943 and now lies at No. 4 godown, and is used as a training ship once more. Pupils are Malays, Chinese and Indians. They are given minesweeping and depth-charging drill. There is also a signals section, embracing lamp, flags and radio.

SECRET
OFFICE OF STRATEGIC SERVICES

A-46462a

-3-

## MILITARY

16. Defences - Singapore Island - In May 1943 the informant visited Changi, making the trip by truck. He had to detour at Tanjong Katong road and join the East Coast Road, and came out on the Changi Road again via Bedok Road. The truck was stopped and searched before reaching Changi Road, and matches, cigarettes and tobacco were taken over by the guards, who handed them to one of the Japanese soldiers in the truck. No smoking was permitted until Changi was reached. The same procedure and route were followed on the return trip. The whole length of Changi Road, from Haig Road to Changi is lined on both sides with barbed wire on wooden supports. The informant was told by friends that Bedok Village and Simpang Bedok village, both on Changi Road, had been cleared of inhabitants, the houses razed and attap barracks erected on the village sites as well as the roads between. There are many Japanese troops here. The guards on duty at Bedok Road were two Kempei and two Japanese soldiers, and there were many more in a guard room close by. The guard house at the Singapore end of Changi road is in the vicinity of Jalan Eunos. The informant saw no wire defences where the East Coast Road skirts the beach.

17. The Johore Causeway apparently is mined from the Singapore end to within 150 yards of Bascule Bridge, on the Johore end. There are drums, resembling depth charges, spaced about 1 ft. apart along both sides of the causeway, almost at the water's edge. They are protected by barbed wire spaced closely from the top of the causeway down over them to the water's edge. There are no longitudinal strands. The drums are painted grey, much the same color as the causeway stone. The informant did not notice whether the drums had been linked by cables to explode them. The Bascule Bridge is permanently down, the lifting gear was destroyed by the British and has not been repaired.

18. At the Singapore end of the Causeway four Malay police, 2 Chinese and 1 Malay customs officer and 2 Kempei are stationed. At the Johore end there are five Malay police, 3 Kempei and an unknown number of Customs officials. All travellers to and from Johore are thoroughly searched, persons, baggage, passes and permits. The informant went through this in April, 1943.

19. The Bukit Timah race course is now a military camp. Many Formosans were encamped there in April, 1943, and there were also Indian and Japanese troops, but the informant could make no estimate of the numbers.

20. Buildings occupied by the Japanese - Raffles College is now a Japanese Radio Communications Center. It is heavily guarded and a military pass is necessary for entry. There are many Japanese women operators employed here. The buildings and the surrounding area up to Bukit Timah Road are enclosed in a 6 ft. zinc barricade.

SECRET

 106681

A-46462a



21. Farrer Park is an Indian motor transport depot.

22. Tyersall Palace is the residence of high-ranking Japanese Army officers.

23. The British Club is used by Japanese officers, and the German Club by Germans.

24. Motor Transport Parks - There are large motor parks, crowded with transport at the 5th and 7th miles.

25. Supply dumps - In Singapore, the Tanjong Pagar wharf sheds, Nos. 20, 38 and 40 contain, as far as informant knows, field guns of Japanese make, thought to be 70 mm. light howitzers; rubber in 3-ply cases (pre-war stock); resin (damar); motor cycles with sidecars; motor tires; shovels; spades, airplane jigs and spare parts; sago, starch (edible); rice; canned crackers; canned sardines; Japanese military clothing. The informant does not know the contents of the other sheds. Bombs and mines are kept in deep storage in a hill at Woodlands, not far from Seletar, this storage was constructed early in 1943. The former British mine store on the Johore Strait, near Woodland, is still being used by the Japanese for some purpose. A few hundred yards past 7th mile (Batu Tuju), on the right is a road leading to Chia Eng Say's quarries. The Japanese have extended this road for about half a mile back, and almost parallel with the main road, they have tunnelled into the hillside, constructing storage room for ammuni tion. A branch railroad line had also been laid down alongside the main line to facilitate transport of ammunition. Electric light has been installed. The informant did not see this place himself, but heard of it from a Tamil who had worked on the job. At Batu Dua, Thompson Road, the informant saw about 30 medium tanks, 97 (cruiser.)

26. Fort Canning - The following flags fly from the signal mast at Fort Canning: top - senior Naval officer's pennant; left, 2nd row - Navy; right, 2nd row - Army; left, 3rd row - Swastika; right, 3rd row - Chandra Bose's flag.

27. Military Brothel - The villagers of Pasir Panjang Village have been moved to other parts of the island, and the village is now a military brothel, with Formosan and Japanese women. The informant saw some lively scenes when he passed through this "Amenities" center in May 1943.

28. Prisoners of War - The prisoners of war on Singapore Island where still at Changi in December, 1943.

29. Jikeidan - In Singapore the Jikeidan perform their duties quite strictly, and are assisted by senior scouts who are armed with a spear and a spring clasp knife. Patrol leaders carry a pistol. (Source comment: This would seem to indicate the the scouts are

SECRET
OFFICE OF STRATEGIC SERVICES
A-46462a

-5-

actively cooperating with the Japanese.) The Jikeidan carry only a light pole. Both groups are composed of Chinese, Malays and Indians. The scouts receive $25 per month from the Japanese.

ADMINISTRATION

30. The informant stated that General Yamashita, elder brother of the Governor of Singapore, died in August, 1942 and is buried on a hill at the 7th mile, above the Ford workshops, where the negotiations for the surrender of Singapore took place.
(OSS Comment: The informant seems to have confused this general with another Japanese general.)

31. The Governor of Singapore lives in the Governor's House, together with Chandra Bose.

32. Sultan Ibrahim of Johore lives a comparatively secluded life at Pasir Plangi. He has only one car, an Austin 7, and is accompanied everywhere by a Kempei officer.

33. Singapore is well supplied with air raid shelters, and in the suburbs people had to dig their own trenches. Most houses have a stirrup pump, a bucket of water and a bucket of sand. ARP personnel are paid $20 per month by the Japanese.

34. Persons in the employ of the Nanpo Unko Kaisha, who wore Japanese caps with a star in front saluted sentries, officers of patrols, or officers passing on foot or in a car. After dark they stopp short of the sentry or pedestrian officer, salute and say "Kon Ban Wa" (good evening) and then pass on. This salutation was usually returned. In daylight civilians approach sentries, turn and face them, bow their heads and pass on. After dark they stop short, say "Kon Ban Wa", bow their heads and pass on. These regulations are not enforced as strictly now as at afirst.

35. In Singapore the informant saw a propaganda film in which archery by Japanese soldiers was featured. A forest scene was shown, depicting Japanese archers in trees, perched on camouflaged platforms. Supposed Chinese troops were then shown moving toward the Japanese, and on a signal the archers mowed them down. After this, Chinese tanks were seen moving up. An archer shot the driver of one through the driver's observation slot. Complete films records of the entire Malayan campaign were shown, including the sinking of the PRINCE OF WALES and REPULSE. The films were seen by crowded houses. Comments among the audience were of amazement and admiration, such as "Oh! The Japanese are very clever"; "The British have nothing like that "(referring to the bows and arrows). The Germans used the Alhambra Theater for projection of their propaganda films.

SECRET

2급 비밀

전략첩보국

워싱턴 D.C

| | | | |
|---|---|---|---|
| 배포 | 1944년 12월 21일 | 배포번호 | A-46462a |
| 국가 | 말레이반도 | 원본 보고서 번호 | M-009-1205 |
| 주제 | 심문 | 보고 일자 | 1944년 11월 9일 |
| | 육군과 해군 정보 | 평가 | F-3 |
| | | 확인 | |
| | | 보충 | |
| 출처 | Z | 수정 | |
| 보조 출처 | 말레이인 선원, 5-22 | 페이지 수 | 5 |
| 정보의 일자 | 1944년 8월 이전 | 첨부 | |
| 출생지 | 캔디(Kandy) | 전구 | 동남아시아 사령부 |

1. 정보원은 23살의 싱가포르 태생 말레이인이며, 1933년 학교를 떠나 여러 직업을 전전하다 1939년 왕립 해군 자원 예비군(Royal Navy Volunteer Reserve)에 입대하였다. 그는 1942년 선박이 침몰한 후 일본군에 포획되어 수감되었다가 그해 6월 탈출하였으며, 1943년 5월부터 그가 탔던 마지막 선박이 침몰할 때까지 일본군 밑에서 선원으로 일하였다. 지적 수준과 주의력 모두 평균 이상이며, 이 정보원으로부터 얻은 또 다른 정보는 보고서 A-45805에 서술되어 있다.

(중략)

군

(중략)

26. 캐닝 요새(Fort Canning) - 다음과 같은 깃발들이 캐닝 진지의 신호 깃대에 달려있다: 꼭대기-고참 해군 장교의 사령관기; 왼쪽, 2번째 열 – 해군; 오른쪽, 2번째 열 – 육군; 왼쪽, 3번째 열 – 만자(Swastika, 卍字); 오른쪽, 3번째 열 – 찬드라 보스(Chandra Bose)의 깃발.

27. **군위안소(Military Brothel) - 파시르판장 마을(Pasir Panjang Village)의 주민들은 섬의 다른 지역으로 옮겨졌고, 마을은 현재 대만인과 일본인 여성들로 이루어진 군위안소가 되었다. 정보원은 1943년 5월에 이 "편의" 시설을 지나가며 몇몇 생생한 광경을 목격했다.**

28. 전쟁 포로 – 싱가포르섬의 전쟁 포로들은 1943년 12월 아직 창이(Changi)에 있었다.

29. 자경단(Jikeidan) - 싱가포르에서 자경단은 그들의 의무를 꽤 엄격히 수행하고, 창과 접는 칼로 무장한 고참 정찰병들의 지원을 받는다. 정찰 대장은 권총을 소지한다. (정보원: 이는 정찰병들이 적극적으로 일본군에게 협조 중임을 나타낸다.) 자경단은 가벼운 몽둥이만을 들고 다닌다. 두 집단 모두는 중국인, 말레이인, 인도인으로 구성되어 있다. 정찰병은 일본군으로부터 한 달에 25달러를 받는다.

# 8

## General Conditions in Sumatra (Vicinity of Belawan) Report No. M-428

**RG 226 Entry NM-54 16 Box 1279**

이 문서는 전략첩보국(Office of Strategic Services, OSS)이 농부와 선원으로 일했던 젊은 말레이인으로부터 얻은 정보에 근거해 작성한 수마트라섬 벨라완 근처 지역의 일반 상황에 관한 보고서로, 1945년 1월 12일 작성되었다. '위안부'와 위안소 정보가 언급되는 부분은 보고서의 14번 항목으로, 정보원이 들은 일본군에 의한 전시 성폭력 사건을 보고하고 있다. 이에 따르면 일본군이 수마트라 지역에 주둔한 이후 현지 여성에 대한 전시 성폭력이 발생했던 것으로 보인다. 또한 정보원 자신이 폭행당하고 자전거를 빼앗긴 일, 현지 주민이 일본군의 구타로 인해 사망한 일 역시 보고하고 있는데, 이를 통해 수마트라 지역을 점령한 일본군이 현지 주민에게 가혹행위를 했음을 짐작할 수 있다.

SECRET



INTERROGATION REPORT

Report No. M-428 12 January 1945

# GENERAL CONDITIONS
# IN
# SUMATRA (VICINITY OF BELAWAN)

OFFICE OF STRATEGIC SERVICES ADVANCED HEADQUARTERS, SEAC
APO #432

SECRET

SECRET

OFFICE OF STRATEGIC SERVICES
ADVANCED HEADQUARTERS, SEAC
APO #432

| | | | |
|---|---|---|---|
| COUNTRY: | Sumatra (Vicinity of Belawan | REPORT NUMBER: | M-428 |
| | | DATE OF REPORT: | 12 Jan. 1945 |
| SUBJECT: | General Conditions | EVALUATION: | F-0 |
| SOURCE: | 2 | NO. OF PAGES: | 5 |
| SUB-SOURCE | T/76/1 | THEATER DIS'N: | D of I/SEAC; ISLD; "P" DIV.; FORCE 136; JICA/SEAC; Rear Ech.Hq. CBI; CBI Liaison/SEAC; EIS; Seatic; C~~OIS,~~ E. INDIES ~~STA.~~; EAC; RNN; SIPS; HQ.CIO,ACSEA; ALFSEA; Chief, Ops. Div. |
| DATE OF INFO.: | As indicated | | |
| PLACE OF ORIGIN: | Ceylon | | |

Source is a young Malayan who worked as a farmer and sailor. He has had no education, and is not too intelligent or observant, though he is cooperative.

REPORT OF INTERROGATION

A. JAPANESE ADMINISTRATION

1. Recruiting for the army and for labor is going on everywhere in Sumatra. There is a permanent recruiting station at Belawan, and an office in Source's village which is used by the recruiting officers and soldiers from Belawan when they make their occasional visits to the village. On orders from the Japanese, the Belawan police headquarters always send a police messenger to the village several days in advance of the recruiting officer's trip to inform the headman to be prepared for his arrival. Thus the headman is given ample notice to warn the villagers in time for them to take cover or get to work. When the recruiting officer arrives he sees the village headman and asks whether there are any idle men or any unmarried, idle women about. The headman replies there are none. On one occasion the officer, after having been informed by the headman that all the people were working, strolled about the village to see for himself that all the villagers in sight were busily at work.

2. Quite a number of men and women have been conscripted in Belawan to work for the Japanese. They take loiterers from the streets and put them to work. Some of these people are skilled laborers, but most of them are coolies. Many of them are sent to the shipyards to work. The women who are picked up in this way are usually of the fruit vendor type. Source saw Sumatran women cooking and performing menial services for the Japanese army in Medan. Women and men conscripted in Belawan to work for the Japanese return to their homes every evening.

3. Source says that the Japanese tried to confiscate about one third of his paddy crop, but, at the advice of the village headman, he succeeded in concealing portions of his crops from them.

B. ECONOMIC SITUATION

4. There was a shortage of food after the village was occupied by the Japanese. Source, who owns a sampan, a vegetable garden and a paddy field about 240 x 120 yards, increased his planting of vegetables, particularly of manioc. Manioc is the main substitute and supplement for rice. Source sells it in the vicinity of his village.

SECRET

5. There are still many chickens, but the Japanese took all the cattle in the village.

6. About March, 1944, Source attempted to buy some second-hand clothing in Medan which he wanted to sell in his village. There was none to be had.

7. In Medan, Belawan, and Source's village (about 10 miles from Belawan) prices fluctuate rapidly, and black market conditions are rife. Bananas cost twenty cents each; a five-gallon tin of rice is 130 guilders on the black market.

C. MILITARY

8. The Japanese recruited some men from Source's village for the armed forces. These men wore the same uniforms as the regular Japanese soldiers.

D. NAVAL

9. In May, 1943, Source's friend went to Penang. Upon his return he told Source and a few others that he was passing Swettenham pier in a junk, within 200 yards of a green-colored submarine. He saw the submarine come to the surface, close to the pier, escorted by about eight motor launches armed with guns. A number of Europeans, tied and blindfolded with black cloth, were led ashore.

E. AIR ACTIVITIES

10. Source saw twenty 3-engined airplanes on the field at Polonia. (Comment: Previous reports have pointed to the fact that there were dummy planes here. Patrols are carried out by 2-engined planes. Three-engined planes would indicate they are bombers. The bomber strength of Medan is reported to be low - about 25).

11. In October, 1944, Source heard rumors that Pangkalan Brandan had been bombed. (Comment: The 20th Bomber Command bombed this area at that time). Source also heard of a bombing in the north of Sumatra during which the Japanese barracks in Sabang were hit.

12. Source has never seen any Allied planes.

F. SHIPYARDS

13. It is reported there is a shipyard at the bend of the Belawan River on the peninsula. Source believes that only junks are built at this yard. He has seen two completed junks there. The area of the yard is restricted.

G. TREATMENT OF NATIVE POPULATION

14. Japanese soldiers frequently grab Malay women in the streets and forcibly kiss them. Source knows of only two cases of rape, and the facts in one case are extenuating. About a month after the arrival of the Japanese, a married woman was raped by a Japanese in the streets. In the other case, a young unmarried girl, found to be in her sixth month of pregnancy, explained that a Japanese soldier came to her father's

home one night when she was there alone, and raped her four times. The girl's story was apparently given credence by her parents as well as by the other villagers.

15. Source was riding along a village path when he was waylaid by two Japanese soldiers, who hit him and took his bicycle. Source did not dare report this to the Japanese officials, because they would have beaten him and not returned the bicycle in any event.

16. One of the villagers had a family comprised of his wife, three young children, and an elderly mother. The rice ration of the family was very small, and for 48 hours they had had no rice. The father had gone from door to door in the village, trying to buy rice from his friends. He had finally obtained two five-gallon tins of rice and was returning home when he was seized by two Japanese who slugged him several times in the street before they took him to the police station, where Source saw the Japanese tie him up and beat him with a rubber truncheon. He was beaten for about two hours and Source heard that he died during the beating. All this took place in view of a large crowd of villagers who gathered around the police station.

## H. LOCAL CONDITIONS

17. Festival days occur once a week or oftener. At regular festival days all the Muslims gather at the Mosque. Occasionally the headman addresses them. It was at such assemblies that he advised his people to bury their coins so that the Japanese could not confiscate them (see para. 26); he told the paddy cultivators to hoard their rice so that the Japanese could not take so large a share of the crop (see para. 3); he notified the villagers that the Japanese recruiting officer was coming, and that they should therefore avoid loitering or idling on the streets (see para. 1). Japanese soldiers rarely attend these festival day meetings. Even when they do they cannot understand what is said. (Comment: Source supplied this information grudgingly, and although the general idea given may be correct, there is considerable doubt about the authenticity of the details, e.g., that the headman gave the warnings rather than one of the priests).

## I. PSYCHOLOGICAL ATTITUDES

18. Malays in the Source's village hate the Japanese and are appalled and stunned by the brutality of the treatment meted out to them by the Japanese.

19. In September, 1944, a Japanese soldier approached Source and asked him to join the Japanese army, primarily to help fight the Allies; secondarily to make more money than he does from selling manioc on the road. The Japanese army would pay him 60 guilders a month. Source told the Japanese soldier that the Allies have more money and power than the Japanese. The villagers feel that the Americans and British have so much power that the Japanese cannot possibly win. They told Source he was wise not to have entered the Japanese army because had he done so he would not be "in a jam when the Americans and British come."

20. About a year ago Source asked a friend why he had enlisted in the Japanese army when he knew that this might cause trouble after the British and Americans returned. The friend replied that he and a group of Malays in the Japanese army were prepared to "turn their guns against the Japanese" at the proper moment.

21. About 24 Japanese soldiers had been in the village one day. They were not provided with transportation to go back to Belawan and found it necessary to sleep in the village. They used the Mosque for this purpose. The villagers complained of this to the headman, but he was afraid to go to the Japanese officials to tell them about this incident.

J. PROPAGANDA

22. Newspapers are published by the Japanese in Japanese and Dutch only. The papers are about 10" x $18\frac{1}{2}$" and have only a few pages.

K. CONTROLS

23. Japanese patrols in the Belawan Deli River prevent people from fishing there.

24. Persons wishing to leave the village to go to other stations are required to obtain permits at the Belawan Police Station in order to travel. Source went to Medan (about 20 miles from Belawan) four times since the Japanese occupation. Each time he obtained a pass from the headman, and had it counter-signed at the Belawan Police Station.

25. Although Japanese regulations call for a blackout in the village, the villagers make no effort to comply with such regulations.

L. CURRENCY

26. Eight months after the occupation, the Japanese police issued instructions to all villagers that within one month all Dutch coins, silver or gold, were to be turned in to the Japanese authorities. Failure to do so would result in confiscation, followed by punishment. No Japanese currency or scrip was given in exchange for the coins which were turned in, but receipts were issued. Nothing was stated about what redemption would be made for the receipts, or when, if ever, the receipts might be redeemed. At a festival day assembly the headman advised the villagers to bury their coins because he knew the Japanese were coming to collect them. Source himself buried 200 guilders in silver coins. (See para. 17).

M. HEALTH

27. The death rate is increasing, probably due to the following factors:

a. No medicines are available; villagers rely entirely on native medicines.

b. No innoculations are given.

c. There is no hospital in the village.

28. All deaths are registered at the Mosque.

N. EDUCATION

29. Before the Japanese occupation, Dutch and Malay languages were taught in the schools. These schools are now closed.

30. Only one school is open, and the Japanese language is being taught there. Source heard, but does not know for a fact, that a few Chinese and Batak children attend this school.

O. PERSONALITIES

31. The headman is the brother of Source's father. He held this position prior to the Japanese occupation.

2급 비밀

전략첩보국

전진사령부, 동남아시아사령부

| | | | |
|---|---|---|---|
| 국가: | 수마트라섬(Sumatra) | 보고서 번호: | M-428 |
| | 벨라완(Belawan) 근처 | 보고 알저: | 1945년 1월 12일 |
| 주제: | 일반 상황 | 평가: | F-0 |
| 출처: | Z | 페이지 수: | 5 |
| 보조 출처: | T/76/1 | 배포 전구: | D of I/SEAC; ISLD; "P" DIV.; FORCE 136; JICA/SEAC; Rear Ech.Hq. CBI; CBI Liaison/SEAC; EIS; Seatic; COIS,E. INDIES STA.; EAC; RNN; SIPS; HQ.CIO,ACSEA; ALFSEA; Chief Ops. Div |
| 정보의 일자: | 표시된 바와 같음 | | |
| 출신 지역: | 실론섬(Ceylon) | | |

정보의 출처는 농부와 선원으로 일했던 젊은 말레이인이다.
그는 협조적이긴 하나, 교육을
받은 적이 없다. 또한 지적이거나 주의력이 높지 않다.

(중략)

G. 현지인들에 관한 대우

14. **일본 군인들은 자주 거리에서 말레이인 여성을 붙잡고 강제로 키스했다. 정보원은 두 차례의 강간 사례만 알고 있는데, 이 중 한 사건의 사실 관계는 정상 참작의 여지가 있다. 일본군이 도착하고 한 달 후, 기혼 여성이 길거리에서 일본군에 의해 강간당했다. 또 다른 사례는 다음과 같다. 한 어린 미혼 소녀가 임신**

**6개월임을 알게 되었는데, 설명하기로는 일본 군인 한 명이 그녀가 혼자 있을 때 여성의 아버지 집에 찾아와 네 차례 강간했다고 한다. 그녀의 부모와 마을 사람들은 그녀의 이야기를 믿었다.**

15. 정보원이 마을의 길을 따라 자전거를 타고 갈 때, 두 명의 일본군이 그를 불러 세워 폭행하고 자전거를 빼앗아 갔다. 정보원은 이를 일본군 장교들에게 감히 보고하지 못하였는데, 이는 그들이 어떤 경우로든 그를 폭행하고 그의 자전거를 돌려주지는 않을 것이기 때문이었다.

16. 부인, 세 명의 어린 자녀, 노모를 가족으로 둔 사람이 마을에 있었다. 그 가족의 쌀 배급량은 굉장히 적어 그들은 48시간 동안 밥을 먹지 못했다. 가족의 아버지는 집집마다 찾아가 친구들로부터 쌀을 구매하고자 하였다. 마침내 두 개의 5갤런 통에 쌀을 얻어 집으로 돌아가던 중 두 명의 일본군에게 붙잡혔는데, 일본군은 그를 거리에서 몇 차례 가격하고 경찰서로 데려갔다. 정보원은 일본군이 그를 묶어놓고 고무 경찰봉으로 폭행하는 것을 경찰서에서 목격했다. 그는 약 두 시간 동안 폭행당했고, 정보원은 그가 구타 도중 사망하였다고 들었다. 다수의 마을 사람들이 경찰서를 둘러싸고 지켜보는 가운데 이 모든 일이 일어났다.

(하략)

# 9

## ATIS Enemy Publications No. 9

## RG 226 Entry NM-54 19-A Box 42

이 문서는 1943년 4월 10일자 보고서이며, 일본이 필리핀 작전 중에, 혹은 싱가포르에서 공표한 명령과 공고들을 연합군번역통역부(Allied Translator and Interpreter Section, ATIS)가 입수하여 번역한 내용을 수록하고 있다. 위안소의 명칭 및 위치가 표시된 지도, 그리고 부대별 이용규정을 확인할 수 있다. 이 위안소는 싱가포르에 위치했으며, 이름은 치부네("CHIBUNE") 위안소였다. 본문에 첨부된 지도를 통해 구체적인 위치를 확인할 수 있다. 이 문서에 따르면 부대별로 위안소를 이용할 수 있는 요일이 정해져 있었고, 병사와 부사관별로 이용요금 및 이용시간도 다르게 규정되어 있었다. 위안소가 닫는 수요일에는 '위안부'들에 대한 성병검사가 진행되었다.

CONFIDENTIAL – BRITISH SECRET 

ALLIED TRANSLATOR AND INTERPRETER SECTION
SOUTH WEST PACIFIC AREA

**ENEMY PUBLICATIONS**

No.: 9 DATE: 10 Apr '43

# MISCELLANEOUS RECORDS OF THE SOUTHERN EXPEDITIONARY FORCE (TOMI 8125 BUTAI) IN MALAYA AND THE PHILIPPINES



CONFIDENTIAL – BRITISH SECRET

Encl No. 4

CONFIDENTIAL—BRITISH SECRET

OB-PAC LOAN

ALLIED TRANSLATOR AND INTERPRETER SECTION

SOUTH WEST PACIFIC AREA

# ENEMY PUBLICATIONS

No.: 9 DATE: 10 Apr 43



9

## CONTENTS

MISCELLANEOUS RECORDS OF THE SOUTHERN EXPEDITIONARY FORCE

(TOMI 8125 BUTAI)

IN MALAYA AND THE PHILIPPINES

1331A Orders and Bulletins issued at SINGAPORE and during the PHILIPPINES CAMPAIGN containing, inter alia, references to (1) treatment of Prisoners of War in SINGAPORE; (2) native terrorists in MALAYA; (3) conduct of Japanese troops in the PHILIPPINES. (Adv Ech ATIS, 14 Jan '43)

1307A File of receipts for rations issued to PsW in MALAYA, April-May '42. (Adv Ech ATIS, 14 Jan '43)

SIDNEY F. MASHBIR,
Colonel, S.C.,
Co-ordinator.

CONFIDENTIAL—BRITISH SECRET

Page 3 MATTERS RELATING TO PROHIBITED ARTICLES, LUXURY GOODS ETC.

I. PROHIBITED IMPORTS:-

(1) Opium and opium pipes.
(2) Counterfeit or falsified paper currency, bank notes or securities.
(3) Books, pictures, carvings or other articles detrimental to public order or morals.
(4) Articles which infringe patents or utility model rights, registered designs, trademarks or copyrights.
(5) Phosphorus matches.
Pages 4, 5 & 6 (6) Firearms, powder and explosives.

The above are determined by the Customs Law, Proportional Duty Law, Law for the Prohibition of the Manufacture of Phosphorus Matches, Law for the Control of Firearms and Powder, the Regulations for the Control of Explosives, etc.

II. LUXURY GOODS:-

Furs, time-pieces, photographic cameras, carpets, mahjongg sets, playing cards, spectacles, other metal articles, perfumes, wines and liquors, etc.

The above articles are governed by the clause relating to the importation of luxury goods and the law relating to the emergency disposal of import and export goods and the like. In accordance with Article 12 of the Regulations for the Enforcement of the Trade Control Decree, these articles, when not intended for personal use, or are of the value of YEN 50 or over, require a permit from the Minister for Commerce and Industry.

Such articles, even of a value of YEN 50 or less, are liable to a duty of 100%.

III. PERSONAL EFFECTS TO BE TAKEN INTO JAPAN PROPER:-

(1) Prohibited imports and dutiable goods:-

Prohibited imports and dutiable goods are not permitted to be taken. (This does not apply to articles within the prescribed limitations, or to articles on which duty is to be paid).

(2) Articles purchased:-

In the case of articles purchased, for which a receipt for payment has been obtained at the time of purchase and whose origin is clear, as well as those for which this could not be done, their source will be investigated by the commander of the regiment or independent force (独立部隊 ), or an officer of higher status. The said officer will then authorize the taking (T.N. into JAPAN) of such articles as are legitimately purchased articles. He will order other articles to be disposed of by the holder, or, according to circumstances, may confiscate them, and will not allow them to be taken into JAPAN.

Page 7 (3) Presents:-

The commander of the regt or independent force (独立隊) or an officer of higher status, will investiage the source of such articles, and if they are legitimate presents, will authorize their being taken (T.N. into JAPAN). He will order other articles to be disposed of by the holder or, according to circumstances, he may confiscate them, and will not allow them to be taken into JAPAN.

1331 A (Continued) GWG/DPK

Pages 8, 9 and 10 (4) War souvenirs:-

The commander of the regt or independent force, or an officer of higher status, will investigate the source of such articles, and will authorize the taking (T.N. into JAPAN) of such as he may deem suitable to be kept by individuals as genuine souvenirs. The said officer will confiscate all other articles and will not permit them to be taken into JAPAN. When articles not authorized for taking to JAPAN are ordered to be disposed of by the holder in accordance with the foregoing clauses, but cannot be returned or otherwise dealt with, they will be handed over to the officer mentioned, who will confiscate them. It is important that no unfavourable reaction be caused externally.

IV. ARTICLES TO BE TAKEN (T.N. INTO JAPAN) BY BUTAI (excluding equipment for military use):-

These conform to the same rules as personal effects.

It is provided, however, that in this case authority will be granted by OC independent brigade (独立旅団長) or OC bn, or officer of higher status.

V. OTHER MATTERS:-

Military articles from the enemy forces or our own, which have been received as gifts, or purchased, or otherwise acquired, by ordinary visitors or observers, will be investigated by the expeditionary force (派遣軍). The latter will certify such of the articles as are not liable to be harmful from a military standpoint, or dangerous and may therefore be taken (T.N. into JAPAN). The expeditionary force will give appropriate instructions to prevent articles which cannot be so certified being taken away.

The above paragraphs III, IV, and V are contained in a notification, "RIKU SHI MITSU No. 483" (陸支密第四八三 : presumably Army China Secret 483")dated 10 Feb '38, from the Vice Minister for the Army to the Army.

Page 11 (COPY)

MOST SECRET

MILITARY SPECIAL URGENT BULLETIN

The prohibited areas of SHONAN SHI (City of SINGAPORE) will be abolished on and after 1200 hrs on 5 Apr.

Details will be indicated by the Chief of Staff.

3 Apr '42
YAMASHITA, Hobun
Army Commander.

Pages 12) & 13) In conformity with Military Special Urgent Bulletin.

INSTRUCTIONS OF THE ARMY CHIEF OF STAFF

A start having at last been made in the restoration of SHONAN (SINGAPORE), the Army, in view of the present situation, has abolished the prohibited areas (T.N. i.e. these areas are no longer out of bounds). This does not mean, however, that there has been any change in the motives which caused these areas to be placed out of bounds.

Not only are traces still evident of the looting and violence which has taken place, many BUTAI which pass through SHONAN or are billeted there do not adhere to the regulations, or make improper use of official certificates.

- 3 -

Now, not only does every single act of an officer or soldier in the Island of SHONAN reflect on the military discipline and morals of the whole Army, but it often makes a profound impression on the natives of the occupied territory.

Pages 13 and 14 Every BUTAI therefore, as it is transferred to the old barracks, etc., and proceeds with it's main duties and concentrates on the importance of education and training, must also promote military discipline and morals, determined to make of itself a model for the entire Army.

Regulations relating to the abolishing of the prohibited areas have been established as shown in the separate sheets.

Pages 15) & 16) Separate sheets

REGULATIONS RELATING TO THE ABOLITION OF THE PROHIBITED AREAS IN SHONAN SHI

1. NCOs and men (including civilian personnel) will make purchases, or eat and drink, in the shops specified by the Army.

   Officers in general will also conform to the above.

   Shops specified by the Army are indicated in the sketch on separate sheet.

2. As far as possible, leaves for each BUTAI should correspond with days assigned at the club. Advise the garrison HQ beforehand. (Leave for this TAI will be notified separately).

   Those granted leave will carry leave passes issued by the OC of the inf bn to which they are attached or an officer of higher status, or by the OC of an independent TAI. (In the case of regts, they should be issued by the regimental commander).

   However, BUTAI stationed in JOHORE State will not be granted leave to go to SHONAN Island except on official business.

Pages 17) & 18) 3. When any BUTAI (including BUTAI in billets) is granted leave, necessary patrol officers (NCOs) will be sent out, and they will promptly submit a report to the SHONAN Garrison.

   For the present, military police will patrol and observe shops specified by the Army and will submit a report to the SHONAN Garrison.

4. BUTAI passing through or billeted in SHONAN City will report promptly to the SHONAN Garrison, and will endeavour to make their stay in the city as short as possible.

   The embarkation office will therefore maintain liaison with the SHONAN Garrison regarding BUTAI which land (including crews) and will give them due notice.

5. The garrison commander and the 2nd Field Military Police Force (隊) will detain in the detention camp those who break the regulations, and will report them to the OC of the BUTAI to which they belong and to the Army commander.

Page 19 ORDER 3 Apr

(T.N. Identifications only extracted where extracts only are given, document contains no other information of value).

2nd Lieut NARAMOTO, Kiichi (奈良本喜一) } Withdrawn from No. 2 Coy and attached to regimental HQ.

ANNEX A (Continued)

Page 20 2nd Lieut OGINO (荻野) } Attached to regimental HQ
" " TERADA (寺田)
Lieut MORI (森)
2nd Lieut MIYAZAKI (宮崎)

Pages 21) & 22) DAILY ORDER 5 May

(T.N. Identifications only)

Lieut MORI, Toshio (森俊雄) Appointed Actg/Adjutant during sickness of 2nd Lieut KADOYA (門谷).

Pages 23) & 24) "YOKO" - "SAKU" (横作) ORDER "KO" (甲 = "A") NO.114

(T.N. This order is issued by the 15th Independent Engineer Regt, and dated "W. side of Racecourse, 9 April, 1700 hrs" and signed Regt Comdr Col YOKOYAMA (横山). It relates to the construction of a SHONAN JINJA - SHINTO Shrine, and a memorial tower to the war dead for which purpose 80 motor trucks of the 57th Independent Automobile Bn were to be used. No other information of value).

Pages 25) & 26) BULLETIN 9 Apr

(T.N. Extracts only).

GARRISON BULLETIN:-

2. According to reports from the military police there are still traces of anti-Japanese elements. Taking advantage of the relaxing of military control following the restoration of public peace and order, they are showing signs of activity. The following are some of the resolutions adopted at a conference of the terrorist group (テロ団) recently rounded up:-

   1. To murder Japanese soldiers when seen in ones and twos.

   2. Women to display a liking for Japanese soldiers, and murder them when off guard.

   The said terrorist group is being closely investigated by the police. Every TAI should take strict precautions when employing Chinese.

Page 27 ORDER 10 Apr

(T.N. Extracts only).

Army Lieut NAKAMURA, Keishiro (中村敬四郎).
" " TADA, Atsushi (多田敦士)

Granted 1st class rank (賜一等級) (as of 31 Jan).

- 5 -

Page 28

Sketch showing situation of Field Post Office

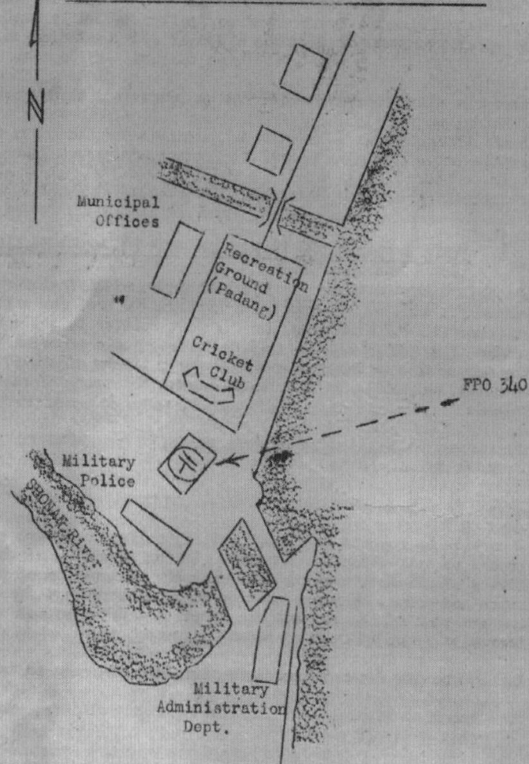


Page 29

GARRISON BULLETIN

12 Apr

(T.N. Extracts only)

1. The saluting, bearing and behaviour, as well as conditions of military discipline, morals and sanitation of troops coming ashore from transports touching at SHONAN Island are extremely bad, and in consequence, no landing will hereafter be permitted.
(昭南島寄港部隊上陸者ノ敬礼態度行動等軍紀風紀及衛生狀態極メテ不良ナルヲ以ツテ自今上陸ヲ一切嚴禁ス).

In cases where landing is absolutely unavoidable, for purposes of exercise for the preservation of health, authority must be obtained from the Army Chief of Staff and troops must come ashore under an officer. They are prohibited from entering busy sections of the City. Patrols from each TAI will order anyone breaking this regulation to report to the garrison HQ.

Page 30

GARRISON BULLETIN

13 Apr

(T.N. Extracts)

1. On 1 Apr, 2 armed anti-Japanese communist bandits in the jungle near the town of BROGA (between KUALA LUMPUR and SEREMBAN) in

SELANGOR State fired on a garrison patrol, killing one man and wounding another. Guards immediately set out and engaged a force of bandits, who were armed with machine guns and rifles.

Lately, with the shortage of food and the rigidity of control, there is a great tendency for the population to turn to banditry.

Each TAI must again make sure that the clearing up of former battle areas near their quarters is complete. Arms that have been scattered about must be properly collected and means taken to prevent weapons getting into the hands of the population.

4. Methods of directing the work of prisoners of war must be made still more strict. It is necessary that subordinates be trained so that in the future they will be capable of dominating (壓倒)スル (T.N ATTŌ SURU - "bearing down on") white men and putting them to work. At every turn we see men displaying an attitude of diffidence in directing prisoners (遠慮気味ノ指揮振リ), as though the latter were on an equal footing with themselves - these men do not know themselves.

You must have sufficient self-respect to place yourselves on a higher level (一段高キ位置 ) and use them like Canton coolies. In giving orders, use bugles, whistles, or Japanese words of command and make them move smartly 厳正 - GENSEI NI "rigidly"). Those who do not comply must be dealt with rigorously (厳重 - GENJŪ NI) and such like measures taken to make them do exactly as the Japanese Army wishes.

5. There are some BUTAI which, out of a feeling of compassion (愛惜 AISEKI) for the prisoners, give them too much rest, or start late for the place of work. Why should we waste compassion on a crafty enemy, who has killed and wounded thousands of our comrades? Such cases are a manifestation of the mistaken ideas of those who direct and supervise the prisoners and a weakness of will which shirks trouble. These men should be made to remember the sacrifice of their dead comrades and reflect seriously on themselves.

age 31

GARRISON BULLETIN 14 Apr

(T.N. Extracts)

1. Army HQ will be moved to the site of the former MALAYAN Far Eastern Army HQ (FORT CANNING Hill) as from 16 Apr.

BULLETIN 16 Apr

(T.N. Extracts)

3. There are some who are lax in their control over prisoners in their work and let them do as they like. In particular, there are a large number of prisoners who take rests on their own initiative, work half-heartedly and talk, or who waste time waiting for other work because of improper allotment of earth-working tools, straw baskets, etc. Sometimes too many men are assembled and the work done by an extremely small number, while in other cases, out of thousands of men allotted for a job, only a few are actually sent out to work. All this is due to insufficient attention to matters of detail, and results in extreme dilatoriness out of proportion to the number of personnel. Such ways are not the ways of our unit (隊 TAI). The enemy who watches the progress of such work, must be sneering in his heart at the slackness of the Japanese Army Engineers.

By lucid and appropriate leadership, the staff, with the feeling that they are training themselves to fit the present situation, must learn to command as at the head of an army, and so avoid bringing disgrace upon the Japanese Army Engineers.

- 7 -

4. Looking at the contents of each company's barracks, it is noted that arms are not properly guarded and in some cases there is danger of arms being stolen by prisoners or natives. Stricter precautionary measures are necessary so that there will be no neglect. Again, electric fans are running where there is nobody present. Control is lax over prisoners of war driving cars, some prisoners have too many personal effects, there are many cases of this kind, calling for staff supervision. Officers of the day should make special efforts in this direction.

Page 32 **ORDER** 18 Apr

(T.N. Extracts)

Army 2nd Lieut TERADA, Tokushige (寺田德重) (T.N. identification only. Presumably the same "2nd Lieut TERADA" mentioned in Order of 3 Apr).

2. Recently anti-Japanese bandits have been making their appearance in a certain area in the MALAY Peninsula and attacking vehicles of the military police transporting rations and fodder. Every TAI will in future see that troops going out for liaison with outlying districts are adequately armed so as not to be taken unawares.

**INSTRUCTIONS from Sgt AKUTAGO, Sakuma (芥子作馬)** 19 Apr

(T.N. Extracts)

1. Trucks driven by prisoners of war will be under the command of Japanese soldiers and will not be used by a PW alone. Vehicles will therefore be assembled in groups and Japanese troops will ride in the leading vehicle.

Page 33 **ORDER** 21 Apr

(T.N. Identifications only extracted)

Army 2nd Lieut KADOYA, Osamu (門谷 修) Appointed Lieutenants as of 10 Mar.
" " " MARUTANI, Takao (圓谷曹男)

(T.N. Following are identifications only)
Capt TAKATA (高田)
Lieut NAKAMURA (中村)

Page 34 **BULLETIN** 23 Apr

(T.N. Extracts)

1. On 20 Apr, 4 hand grenades were discovered placed on the railway line near the bridge to the N of the Ford Motor Co on BUKIT TIMAH Road. No. 2 Coy immediately removed these grenades and reported the matter to the Western Garrison (西部警備隊).

Pages 35, 36 & 37 **GARRISON BULLETIN** 20 Apr
(Annexed sheet and supplement)

(T.N. Extracts)

2. On the MALAYA western line, one train will be run each way daily in accordance with the time table given on separate sheet.

| South bound | STATIONS | North bound |
|---|---|---|
| Train No. 11 | | Train No. 12 |
| 1100 | PADANG BESAR | 1255 |
| 1415<br>1500 | ALOR STAR | 930<br>852 |
| 1940<br>2000 | PRAI | 402<br>342 |
| 2354<br>125 | TAIPING | 006<br>2240 |
| 521<br>600 | IPOH | 1820<br>1750 |
| 1130<br>1200 | SLIM RIVER | 1205<br>1158 |
| 1729<br>1805 | KUALA LUMPUR | 700<br>640 |
| 2145<br>2213 | SEREMBAN | 320<br>244 |
| 009<br>42 | TAMPIN | 40<br>003 |
| 239<br>300 | GEMAS | 2200<br>2118 |
| 510<br>26 | LABIS | 58<br>1843 |
| 740<br>832 | KLUANG | 35<br>1613 |
| 1223<br>32 | JOHORE BAHRU | 26<br>1213 |
| 1350 | SHONAN | 1100 |

3. In future troops on leave will make use of the relaxation house (慰安所 brothel) as indicated on the separate sheet.

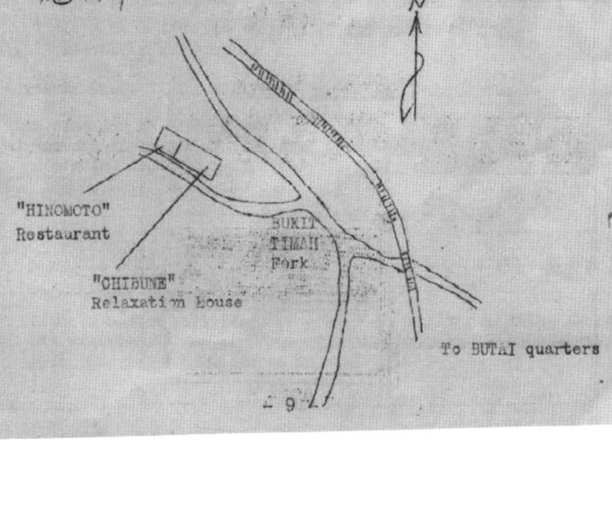

(i) Days allotted to BUTAI which will make use of the relaxation house:-

| | |
|---|---|
| TAKAYA BUTAI (高屋部隊)<br>27 Field Automobile Force<br>(27 野戰自動車隊 ) | Sunday, Monday, Tuesday |
| YOKOYAMA BUTAI (横山部隊) | Thursday, Friday |
| WESTERN Garrison Force<br>(西部警備隊 ) | Saturday |

Wednesday will be medical examination day. (T.N. Medical examination of inmates for V.D.)
(T.N. Last line crossed out in original).

(ii) Charges and hours of use of house:-

| | Charge | Hours of use |
|---|---|---|
| Privates | YEN 1 | 1200 - 1730 hrs |
| NCOs | " 1.50 | 1200 - 2100 " |

The "CHIBUNE" Relaxation House will be closed on the first Wednesday of every month.

GARRISON BULLETIN 25 Apr .

Page 38 (T.N. Extracts)

3. Recently there have been a large number of cases of dysentery and diarrhoea all over SHONAN City. Cases now number nearly 500.

Each TAI will see to it that the prohibition against troops on leave entering any restaurant other than those specially indicated by the Army, or buying food or drink from street stalls, is strictly observed.

6. Each TAI will look for scrap iron around its camp and work places and collect it in a manner similar to last year when scrap iron was collected in TAMSUI (T.N. FORMOSA). Use a part of the PsW for this purpose and designate someone to take charge. Collect them in one place and leave the name of the unit.

Page 39 BULLETIN 29 Apr

(T.N. Identification only)

Lieut SAITA (斉田 )

GARRISON BULLETIN 2 May

Page 40 Some NCOs and men of BUTAI under Army command do not halt and salute the Army Commander. Take special note that the car in which the Commander rides carries a flag as shown below:-

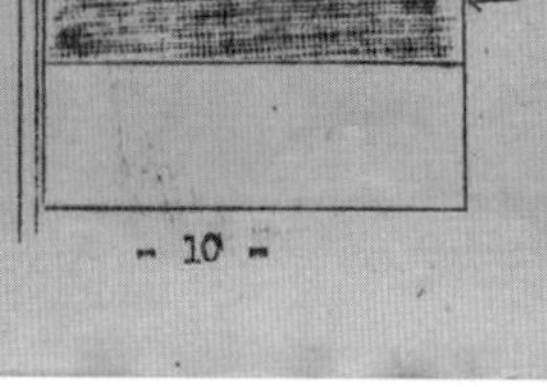


- 10 -

Page 41 MOST SECRET

"YOKO" "SAKU" ORDER "KO" No. 115
(横作命甲一一五号 YOKOYAMA TAI Operational Order "A" 115)

W. side of Racecourse,
2 May, 1500 hrs.

(T.N. Extracts)

1. The regiment is to be provided with 6,000 additional prisoners of war and will construct an automobile road in the jungle area on the heights behind the SHONAN JINJA (SHONAN SHRINE).

2. 2nd Lieut HAGINO (萩野 ) will take charge of the prisoners of war held by all coys, receive approximately 6,000 more, allot prisoners equally among coys, and arrange quarters for them.

3. Each coy will receive PsW at the PW supervision office under the command of 2nd Lieut HAGINO. The centre-line of the road will be based on 1st Lieut TADA's examination report and will be given separately. He will take charge of the area and begin the work of cutting down trees.

4. A section of the road will be completed as shown in the attached sketch.

Regt Commander Col YOKOYAMA
(横山 ).

Copy of this order to the 25th Army.

Attached sketch

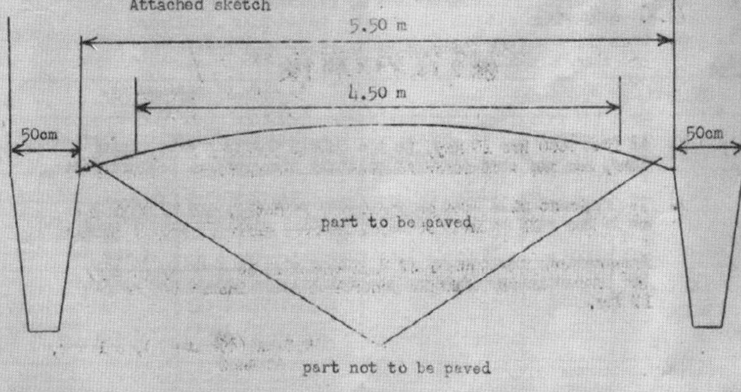


Page 42 ORDER 4 May

(T.N. Identifications only)

(a) Army Lieut SAITA, Minoru (斉田 稔 ) appointed to regimental HQ.

(b) 4th Engineer Regt Reserve TAI (工兵第四聯隊補充隊 )

(c) RAKKYŌ MARU (楽京丸 )

Page 43 ORDER 6 May

(T.N. Extracts)

1. OC No. 2 Coy - Lieut NAKAMURA, Keishiro (中村敬四郎 ) attached to 17th Army HQ (第十七軍司令部付 ) (as of May).

Lieut NAKAMURA will leave by plane from KALLANG airfield by 0830 hrs tomorrow, 7 May, and report to the Eastern Army HQ (東部軍司令部 ) by 1300 hrs on 12 May.

- 11 -

Page 44 BULLETIN 6 May

(T.N. Extracts)

2. The Army has repeatedly urged us to reduce the consumption of petrol. This TAI has devised various plans, but they cannot yet be said to be satisfactory. HQ and each TAI should study and intensify measures for petrol economy, and endeavour to attain efficient reduced consumption.

(i) Cars will always be driven at an economical speed (the Army regulations governing speed have been laid down in consideration of petrol economy and conservation of cars).

(ii) In filling petrol tanks a funnel will always be used.

(iii) Always examine petrol tins before returning, and use up any residue of petrol, however small.

Page 45 (iv) The gifts issued today will be distributed to individuals after the ceremony tomorrow (T.N. purification ceremony of the site for the Memorial Tower to the war dead) and will on no account be distributed today. Gifts for prisoners of war will be distributed at the place of the ceremony if possible, and the distribution will be made during their rest period during the ceremony.

Page 46 MOST SECRET

"YOKO" "KEI" ORDER No. 1

(T.N. 横警命第一号 Presumably YOKOYAMA BUTAI Guard Order No. 1)

(T.N. Extracts)

15th Independent Engineer Regt Order
(独立工兵第十五聯隊)
W. side of Racecourse,
9 May 1500 hrs.

1. As from 0000 hrs 10 May, in the SHONAN Garrison Area, initial land, sea and anti-aircraft military preparations are ordered.

2. The regiment will make preparations promptly, and by 0000 hrs on 10 May will be in a state of initial military preparedness.

Preparations for control of lighting will be made by 12 May, and precautionary lighting control will be instituted as from 13 May.

YOKOYAMA (横山), Colonel,
OC Regt

Page 48 Verbal notification re "YOKO" "KEI" Order No. 1

15th Independent Engineer
Regt Order.

(T.N. Extracts)

Initial military preparations are divided into land, air and AA.

On land, continual guard is necessary against the activities of seditious elements. The BUTAI's duty is to carry out self-defensive precautionary measures.

Each TAI will carry out strict self-defensive precautionary guard over the vicinity of its own barracks, and will particularly ensure absolute safety in the handling of white prisoners of war.

As rounds of inspection will be made on and after the 13th, full care should be taken.

Page 49                BULLETIN                10 May

(T.N. Extracts)

1. The entire personnel of the BUTAI will be examined for malarial bacteria.

BULLETIN                12 May

Page 50    1. For repairing bicycles, each Coy will supply 5 prisoners having experience in bicycle repairs. to the materiel department from 13 May until further notice.

The materiel department will be responsible for providing quarters and rations for these repair men.

Pages 51 & 52    MOST SECRET
"YOKO" "KEI" Order No. 2

15 INDEPENDENT ENGINEER REGT ORDER

W side of Racecourse,
13 May. 1500 hrs.

1. In accordance with the SHONAN Garrison regulations, the regt is to be in charge of guarding some of the important installations situated on SHONAN Island.

2. Each coy will proceed to take up secondary operational preparations, each being responsible for the areas shown in the table below:

| POINTS TO BE GUARDED | | | GUARDS TO BE SUPPLIED | |
|---|---|---|---|---|
| Place | Installation | Under Control of | Strength | Coy Responsible |
| 101st Naval Engr Dept, 1st Shipbuilding yd (Western side) | Marine cable factory | Military administration | 1 Sec | No. 3 Coy |
| Vicinity of Marine cable factory | Marine cable loading wharf (shipments for PENANG Area) | Army Signal TAI | 1 " | No. 3 Coy |
| | N Water reservoirs | SHONAN City | 1 " | No. 2 Coy |
| | S " " | " " | 1 " | No. 1 Coy |
| | SHONAN JINJA (Shrine) | TOMI Group (富集団) HQ | 1 " | No. 1 Coy |
| PASIR PANJANG AYER RAJAH ROAD | Crude oil tanks | 46th Embarkation Office | 1 " | No. 2 Coy |
| REMARKS | The strength of 1 section will be 15 including NCO in command | | | |

3. 2nd Lieut HAGINO will give instructions regarding details.

YOKOYAMA, Colonel
OC Regt

Method of communication: Print and distribute.

Distribution: - (Report): SHONAN Garrison HQ
(Information): TOMI Group, Army Administration, Army Signals, SHONAN City, 46th Embarkation Office.
(Order): HQ, Coys, Materiel Dept.

Page 53 **ORDER** 14 May
(T.N. Identification only)

Instructor for 1st year conscripts: 2nd Lieut ITO, Genichi (伊藤源一)

Page 54 **BULLETIN** 15 May
(T.N. Extracts)

2. The car in which the Army Commander is riding will carry a flag as shown in sketch. Each TAI will take note of this and salute in the proper manner.

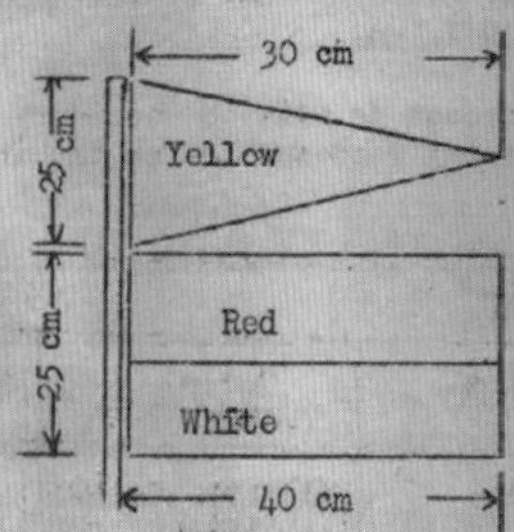


Page 55 **GARRISON BULLETIN** 15 May
(T.N. Extracts)

1. A large number of troops and army civilian personnel are using cars when visiting relaxation houses (T.N. Army brothels). For reasons of petrol saving, this practice must be completely stopped.

2. A restaurant, DAIMARU KAIKAN (大丸会館), has been opened as from 14 May at the location shown below:-

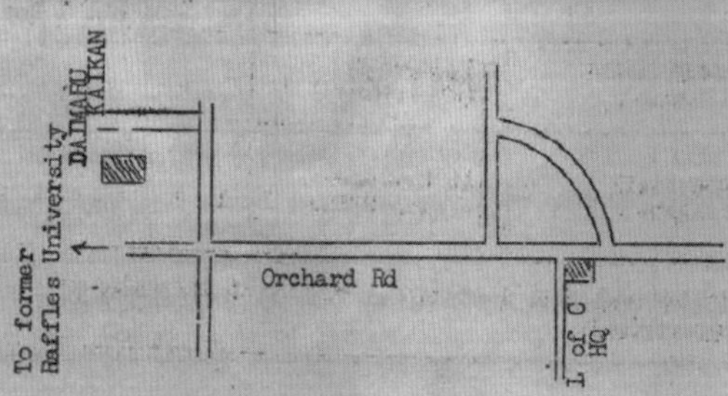

1331 A (Continued) GWG/DPK

Page 56 **MOST SECRET**
**"YOKO" "SAKU" ORDER "KO" NO. 117**
( YOKOYAMA BUTAI Work Order A No. 117)

**15th INDEPENDENT ENGR REGT ORDER**

W side of Racecourse,
18 May. 1500 hrs.

1. In accordance with TOMI Group (富集) operational order "KO" (甲 = "A") No. 304, the regt comes under the direct control of the C in C of the Southern Army.

2. The regt will commence loading of goods and embarkation of personnel on the TAIAN MARU (大安丸) on 19 May at 0900 hrs.

Page 57 **"YOKO" Operational Order "KO" (甲 ="A") NO. 118**

**ORDER BY OC TROOPS IN TRANSIT ON BOARD TAIAN MARU**

On board TAIAN MARU,
19 May. 2100 hrs.

(T.N. Extracts)

1. The TAIAN MARU will sail from SHONAN Port on 20 May at 0900 hrs and will proceed via BATAVIA to DAVAO.

(T.N. Identifications)

Officers on guard duty on TAIAN MARU -

| | | | | | |
|---|---|---|---|---|---|
| Capt | TAKATA | (高田) | 2nd Lt | MORIMOTO | (森本) |
| Lieut | TADA | (多田) | " | ITO, (Gen) | (伊藤(源)) |
| " | SAITA | (斉田) | (T.N. the 2nd Lt ITO, Genichi mentioned in Order of 14 May) | | |
| " | MARUTANI | (圓谷) | 2nd Lt | AKAMATSU | (赤松) |
| 2nd Lt | TSUTSUI | (筒井) | " | KAGIDA | (鍵田) |
| " | KAWARA | (河原) | " | MIYAZAKI | (宮崎) |
| " | TSUDA | (津田) | " | NARAMOTO | (奈良本) |
| " | HAGINO | (萩野) | " | ITO, (Tetsu) | (伊藤(哲)) |
| " | IKUSHIMA | (生島) | | | |

(SEAL)
KIMURA, Toshio
(木村 俊雄)

Page 59 **MOST SECRET**

**REGULATIONS ON BOARD TAIAN MARU**

19 May '42
Col YOKOYAMA (横山)
OC Troops in transit.

Page 60
Chapter I. General provisions
" II. Safety precautions
" III. Duties
" IV. Routine, behaviour
" V. Guards
" VI. Fire prevention
" VII. Orders, bulletins
" VIII. Hygiene, sanitation

Page 61 **REGULATIONS ON BOARD TAIAN MARU**

**Chapter I.- General Provisions**
1. During the present voyage, duties on board ship will be governed by these Regulations, Operational Duties Order, Memorandum of Army Internal Duties and Instructions for Landing Operations.

- 15 -

1331 A (Continued) GWG/DPK

Chapter II. - Safety Precautions.

2. AA, anti-submarine, and sentry organization, as well as allotment of personnel, will be in accordance with the attached table No. 1

Chapter III. - Duties

3. The system of duties will be as follows:-

Pages 62 & 63

- OC Troops in transit (also Adjutant)
  - OC precautionary guard (also Adjutant)
    - AA lookout
    - Anti-sub lookout
    - AA and anti-sub BUTAI
  - Officer-of-the-day
    - Sentries
    - Fire-fighting TAI
    - Water damage prevention TAI
  - Rescue squad

4. For defence against aircraft and submarines, each coy will mount 2 MGs each at all times in the positions indicated below, and will also designate gunners:-

| | |
|---|---|
| No. 1 Coy | Aft |
| No. 2 Coy | Amidships |
| No. 3 Coy | Forward |

5. In case of an emergency or of fire, bugle calls and steam whistles will be sounded.

For this purpose, the coy on duty for the day will always have a bugler in readiness.

Chapter IV. - Routine; behaviour

6. Daily routine will be as follows:-

| | | |
|---|---|---|
| Reveille | 0830 hrs | |
| Morning roll-call | 0835 | |
| Breakfast | 0900 | |
| Medical inspection | 0930 | |
| Dinner | 1300 | |
| Routine meeting | 1600 | |
| Duty reliefs | 1900 ) | (sic) |
| Tea | 1800 ) | |
| Evening roll-call | 2100 | |
| Lights out | 2200 | |

Time limit for drawing meals: 30 minutes before hour stated.

7. It is forbidden to enter the wheel-house, engine-room, galley, crew's quarters or other dangerous places, or to stand about in passage ways or on stairways.

Pages 65 & 66 8. Use of fresh water:-

(i) Quantity allowed per man: sufficient to wash face only. Baths, etc. require a special order.

(ii) No fresh water will be used except in the place provided.

9. Men may divest themselves of equipment when this does not interfere with their duties or training. They may remain without clothing while in their cabins; on deck they may remain stripped to the waist and remove their caps. Life jackets must be kept close at hand at all times.

10. Roll-call will be held by each TAI, and the result reported to the officer of the day. Roll-call will be held in front of the guard-house.

Chapter V. - Guards

11. Guards will maintain military discipline on board ship, prevent fires, watch sanitation, and pay strict attention to the use of fresh water and smoking against regulations.

Page 67 12. Location of the guard-house, AA and anti-submarine lookouts are as follows:-

| | |
|---|---|
| Guard-house | Port-side |
| AA lookout | Boat-deck |
| Anti-sub lookout | Bridge |

13. Sentries will be changed every hour. Between evening roll-call and reveille, 1/3 are permitted to sleep.

14. Duties of the OC sentries are as follows:-

(i) Under orders from the officer-of-the-day, he will maintain military discipline and morals on board ship, prevent fires and pay attention to hygiene.

Page 68 (ii) In connection with precautionary guard duties, he will receive instructions regarding distribution direct from the comdr of the guard.

(iii) In cases of emergency, he will have the warning signal sounded.

(iv) He will make a round every hour, and also have his subordinates make their rounds at appropriate times.

(v) At night he will see that no lights are visible outside.

15. Regulations for sentries are as follows:-

(i) Their station will be the forward boat-deck, and they will patrol the forecastle and quarter-decks, particularly near the water tanks.

(ii) If any trouble is detected, the sentry will promptly warn those in the vicinity in a loud voice, and report the matter to the officer-of-the-day.

(iii) He will watch the quantity of water taken from the water tanks by troops and see that thorough economy is maintained.

Chapter VI. - Fire Prevention

16. Smoking will only be indulged in, in places where ash-trays are provided. Smoking in other places, particularly near inflammable material, is strictly prohibited.

Pages 70 & 71 17. The use of unshielded lights is forbidden.

Chapter VII. - Orders; bulletins

18. For transmission of orders and bulletins, no bugle calls will be sounded. Those who are to receive orders and bulletins will assemble every day in the lobby adjacent to the saloon at 1700 hrs.

Chapter VIII. - Hygiene; sanitation

19. The drinking of unboiled water is strictly forbidden.

20. Each TAI will do physical exercises immediately after morning roll-call, or whenever an opportunity offers.

Pages 72 & 73

BULLETIN 4 Jun

1. Either today or tomorrow morning, during the physical exercise period, each coy comdr will give spiritually instructive talks to his men. It is desired that he prepare them thoroughly, so that upon the commencement of operations, no unfortunate occurrences may take place in landing areas. Compared to other operational areas, cases of rape are very frequent in the Philippines. It is earnestly desired that troops will have proper self-respect so that they may not be led astray into unexpected crimes under the influence of their environment, and that they will achieve a glorious conclusion to their task through the exercise of strict military discipline.

2. Venereal disease appears to be extremely prevalent. After landing, troops must not enter relaxation houses other than those indicated, and men should warn their comrades and take special precautions not to contract a terrible infection. Medical personnel will make troops going on leave thoroughly understand the orders given at SHONAN (SINGAPORE) regarding prevention of venereal infection.

3. It would be a misfortune if troops, under the influence of liquor, were to commit crimes of violence even before they had a chance to fight against the enemy. It is expected of the men that they will admonish their comrades, so that they may have self-respect and fight bravely, and in this campaign, perform the most meritorious deeds of the whole Army.

Page 74 MOST SECRET
"YOKO" Operational Order "KO" (甲 :"A") NO. 119

15th INDEPENDENT ENGINEER REGT
ORDER

DARIAON,
5 Jun, 1400 hrs.

(T.N. Identification only)

Intendance 2nd Lieut MAENO ( 前野 )

1321 A (Continued)

Appendix to YOKOYAMA BUTAI Work Order No.119
Sketch map showing allotment of quarters at TALOMO (タロモ ). Scale: 1/X

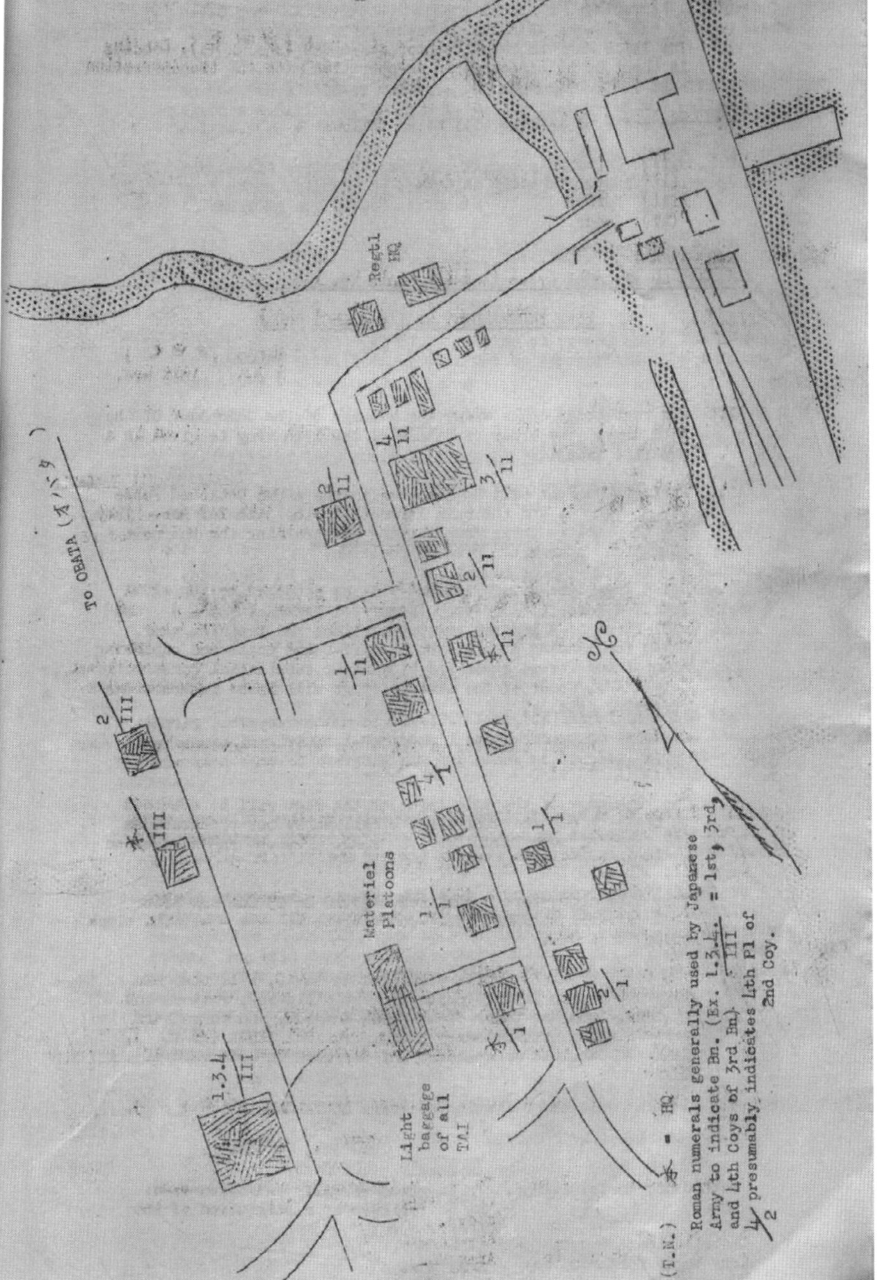

1331 A (Continued) GWG/DPK

Page 76 ORDER 5 Jun

(T.N. Extracts)

1. The TAIAN MARU is about to moor at TALOMO (タロモ). Landing is about to be effected, in co-operation with the transportation regt (船舶聯隊).

2. The order of landing will be as follows: -

(i) Personnel
(ii) Motor vehicles on deck
(iii) Horses
(iv) Goods

Page 77 MOST SECRET
"YOKO" Operational Order "KO" (甲 :"A") NO. 120

15th INDEPENDENT ENGINEER REGT ORDER

TALOMO (タロモ)
5 Jun. 1815 hrs.

1. The regt today comes under the command of the Commander of the 17th Army. The order of battle of the 17th Army is given in a separate issue.

2. Part of the regt will be attached to the AZUMA Detached Force (東支隊), and the main strength to the 35th Inf Bde. They are to complete their preparations and training for the next operation near their present position.

3. No. 3 Coy (less No. 2 Platoon) will be attached to the AZUMA Detached Force (東支隊) Comdr Col YAZAWA (矢沢) and will first of all carry out preparations and training near DAVAO for landing at night on a cliff-bound coast and capturing mountainous forest areas and blowing up substantial constructions. Col YAZAWA, Comdr of the 41st Inf Regt will issue instructions regarding details.

The time for the transfer of No. 3 Coy will be advised in a separate order.

4. The remainder of the main force of the regt will be attached to the 35th Bde and will first of all carry out preparations and training near DAVAO for long range movement and navigation of ships and boats at night among reefs.

They (the above force) will leave DAVAO on 23 Jun and after their arrival at PALAU, will concentrate at - - - - (T.N. blank space) on 4 Jul.

Page 79 5. 2nd Lieut MIYAZAKI, while stationed at DAVAO, will take his instructions on matters pertaining to billeting, rations and hygiene, from the Comdr of the 35th Inf Bde, and on matters pertaining to precautionary guard, from Col IKUTA (生田), Comdr of the 10th Independent Inf Garrison Bn stationed at DAVAO.

6. I will be in the billeting quarters at TALOMO (タロモ).

YOKOYAMA, Colonel
OC Regt.

Method of communication: To be given verbally and taken down; to be followed by distribution of the above.

Distribution: As before.

Copy to be forwarded to: Army HQ.

1331 A (Continued) GWG/DPK

Pages 80 & 81 BULLETIN 6 Jun

(T.N. Extracts)

3. DAVAO and its environs, being a Japanese type town, built with blood and sweat of Japanese, particular precautions will be taken against outrages and looting.

On the 5th a soldier belonging to a certain BUTAI committed rape against a Filipino, and now is in the custody of the military police.

4. Automobile accidents are very frequent in DAVAO of late. Drivers must abide strictly by the rules given below and be careful not to cause injury to pedestrians:-

(i) Speed limit in native villages 30 km per hr
(ii) " " outside native villages 50 " " "
(iii) Sound warning signal when entering or leaving villages, and when passing crossroads.

5. Coconuts, papayas, etc (T.N. growing on trees) being the property of Japanese or Filipinos, must not be appropriated for personal use . . . . . . .

Page 82 BULLETIN 6 Jun

3. The title of this BUTAI will henceforth be as follows:-

OKI 8125 BUTAI (沖才八一二五部隊 )

SUPPLEMENTARY BULLETIN

The personnel of the nursing TAI formed as a result of the monthly examination held on board the TAIAN MARU on 28 May (including squad leaders of each TAI) will, together with all those suffering from venereal disease, assemble at the Aid Post by 0900 hrs on 9 Jun.

Pages 83 & 84 SECRET MESSAGE

Having assumed command of the 17th Army, in accordance with the orders of His Imperial Majesty, I am now about to undertake the important duty of carrying out one phase of the War of Greater East Asia.

His Imperial Majesty, the Field-Marshal Commander in Chief, realizing the momentous nature of this Army's mission, recently summoned me to the Imperial Palace and was pleased to grant me a gracious Rescript.

Deeply impressed, like myself, with this honour, you will put to practical use the experience you have gained in your many battles and repeated victories, gird up your loins, and renew your determination. You will increasingly promote military discipline, perfect your training, with outstanding initiative overcome all difficulties and, displaying the true worth of god-inspired soldiers of a god-sent Army, carry out your mission to completion.

This is my message.

HYAKUTAKE, Harukichi
Commander of the 17th Army.
May '42

Page 85 BULLETIN 11 Jun

(T.N. Identification only)

Field P O 323 - DAVAO

- 21 -

Page 86 **BULLETIN** 13 Jun

(T.N. Extracts)

2. Hereafter, the secret designation of the BUTAI (秘匿部隊名) will be used as follows:

For public use - NAMPO (南方 "Southern")

Page 87 **BULLETIN** 14 Jun

(T.N. Extracts)

| | |
|---|---|
| Commander of the 15th Independent Engr Regt | Col YOKOYAMA (横山) |
| " " " 6th " " " | Lt Col WAKITANI (脇谷) |
| " " " 4th " " Coy | Maj NAKAJIMA (中島) |

Paragraph 2 of Bulletin of 13 Jun is amended as follows:-

For official documents : Southern Expeditionary Force OKI 8125 BUTAI (南方派遣沖第八一二五部隊)

For official and private postal matter: PHILIPPINE Expeditionary Force TOMI 8125 BUTAI (比島派遣富第八一二五部隊)

Page 88 **BULLETIN** 15 Jun

(T.N. Extracts)

2. His Imperial Highness, Staff Officer Prince MIYATA (alias) [宮田参謀(秘匿名)宮殿下] will arrive here on 17 Jun at about 1320 hrs to inspect the area.

Pages 89 & 90 **BULLETIN** 18 Jun

(T.N. Extracts)

2. Although general regulations pertaining to the use of relaxation houses have been drawn up and distributed to each TAI, these regulations are still not strictly adhered to. In particular, users are not to exceed the time limit, or emit boisterous sounds which may disturb others.

**BULLETIN** 19 Jun

(T.N. Extracts)

1. Since landing at TALOMO (タロモ) military discipline and morals have been extremely well maintained, thanks to the guidance of the staff and the self-respect of the troops. However, discipline and morals tend to slacken during a long period of idleness. At the present time, following the disturbed conditions arising out of the operations in BATAAN, many cases of rape and looting take place. A case occurred in which a soldier of a certain BUTAI here forced his way into the house of a Japanese resident (the master being out, and the rest of the household consisting of women and children only) with intent to commit some act. Upon the household raising an alarm, the man made his escape.

Page 91 **BULLETIN** 20 Jun

(T.N. Extracts)

| | |
|---|---|
| Maj TAKAMATSU (鷹松) | KAWAGUCHI (川口) Bde OC, 11/124 乙 (T.N. unintelligible) |
| Capt MAEDA (前田) | of 1/2 PK ( " " ) |
| Lt Col RYUZU (龍頭) | of 42nd Embarkation Office. |

Page 92 **BULLETIN** 21 Jun

(T.N. Extracts)

2. 2nd Lieut AKAMATSU (赤松昇平)
This officer is to give instruction in the use of the "95" type Boat Operating Machine (操舟機) (T.N. presumably outboard motor) to 7 officers and OR'S of the (岡部隊) (OKA BUTAI or OKABE TAI) for a period of about 3 days commencing 22 Jun.

He will confer with Lieut KOJIMA (小島) of the OKA BUTAI (or OKABE TAI) concerning details.

**BULLETIN** 23 May (T.N. believe should be Jun).

It is expected that in the next operation the enemy will use large incendiaries as well as explosive bombs. Each TAI will therefore receive instruction concerning incendiary bombs.

Page 93 **BULLETIN** 24 Jun

(T.N. Extracts)

Supplementary Bulletin:

2. The Comdr of the 124th Regt will give a lecture on Jungle Fighting at the OKI Group (沖集団) HQ on 26 Jun at 1000 hrs. All coy comdrs will assemble in front of the regt HQ by 0920 hrs.

Page 94 MOST SECRET
"YOKO" Operational Order "HEI" (丙 = "C") NO.2

15th INDEPENDENT ENGINEER REGT ORDER

TALOMO (タロモ),
19 Jun. 1700 hrs.

This regt having been withdrawn from the 35th Inf Bde, will cease assisting the 44th Embarkation Office in the landing and collecting of munitions.

YOKOYAMA (横山), Col
OC Regt.

(T.N. Method of distribution of copies etc. not translated).

Pages 95 & 96 "YOKO" Operational Order "KO" (甲 = "A") NO. 121

15th INDEPENDENT ENGINEER REGT ORDER

TALOMO (タロモ)
20 Jun. 1200 hrs.

1. The military operations of the Army have been postponed, this regt is released from the 35th Inf Bde and its main strength will be transferred to the AOBA Detachment (青葉支隊) in accordance with "KAWA" Bde, (川旅) Operational Order "KO" (甲 = "A") No. 8.

2. No. 3 Coy (less No. 2 Platoon), attached to the AZUMA Detachment (東支隊) will continue its present duties. The main strength of the regt will carry out preparations and training for operations, in accordance with its new appointment.

3. Each TAI will complete approximately by 27 Jun the instruction, training and preparations laid down in a separate communication.

4. 2nd Lieut HAGINO (萩野), as instructed separately, will take measures to sort materiel and supplies at TALOMO (タロモ) and MANILA.

5. Intendance 2nd Lieut MAENO (前野) will investigate the kinds of rations and methods of carrying which will permit of carrying rations of minimum weight sufficient for the longest period. He will then complete preparations by 27 Jun.

6. Medical Lieut YANAGIZAWA (柳沢) will leave for MANILA in a plane leaving DAVAO on 21 Jun, to contact Lieut MORI (森) in connection with the disposal of first-year-soldier patients and the transportation of sorted goods. He will afterwards return to DAVAO with all possible speed.

YOKOYAMA (横山), Col
OC Regt.

(T.N. Distribution, etc. not translated).

End.

1307 A (Continued)

File of Receipts belonging to TOMI 8125 BUTAI
for rations issued to Prisoners of War at
SERANGOR, (T.N. probably SELANGOR) - N G F -
14 Jan '43.

(1)

12 Apr '42 — PW Provision and Forage — From 14th To 23rd — For 4,900 men No. required No. delivered — Statement of Items Total of each Coy

| List of Articles | No. 1 Coy | | No. 2 Coy | | No. 3 Coy | | No. 4 Coy | |
|---|---|---|---|---|---|---|---|---|
| | No. required | No. delivered | No. required | No. delivered | No. required | No. delivered | No. required | No. delivered |
| Polished rice | 90.0 | 90.0 | 40.0 | 40.0 | 115.0 | 115.0 | 245.0 | HYO 245.0 |
| Additional food | 27.0 | 27.0 | 12.0 | 12.0 | 34.5 | 34.0 | 73.5 | HYO 73.0 |
| Total | 117.0 | 117.0 | 52.0 | 52.0 | 149.5 | 149.0 | 318.5 | HYO 318.0 |
| Wheat, flour | 40.0 | 40.0 | 17.7 | 17.0 | 51.0 | 51.0 | 108.7 | HYO 108.0 |
| Canned vegetables | 16.6 | 17.0 | 7.4 | 8.0 | 21.3 | 23.0 | 45.3 | KORI * 48.0 |
| Milk | 25.0 | 25.0 | 11.1 | 11.0 | 31.0 | 33.0 | 67.1 | KORI 69.0 |
| Sugar | 3.6 | 3.5 | 1.6 | 1.5 | 4.6 | 5.0 | 9.8 | HYO 10. |
| Tea | 3.6 | 3.5 | 1.6 | 1.5 | 4.6 | 5.0 | 9.8 | KORI 10. |
| Table oil | 3.0 | 3.0 | 1.3 | 1.0 | 3.8 | 4.0 | 8.1 | KORI 8.0 |
| Table salt | 0.9 | 1.0 | 0.4 | 0.5 | 1.1 | 1.0 | 2.4 | HYO 2.5 |
| Tobacco | 18.000 | 18.000 | 8.000 | 8.000 | 23.000 | 23.000 | 49.000 | KORI 49.000 |
| Toilet paper | | 1.0 | | .5 | | 1.5 | | KORI 3.0 |
| Frozen meat | 3.7 | 3.5 | 1.6 | 1.5 | 4.7 | 5.0 | 10.0 | KORI 10.0 |
| | | | | | | | | |

* [T.N. HYO = Bag, bale, sack.
KORI = Bale, pack, package, box]

(E.N. The apparent irregular punctuation of figures is an exact copy of original. It is based on Japanese system of counting by ten-thousands).

1307 A (Continued)
(2)

O/K/DPK

PW Provision and Forage From 14th To 23rd For 4,900 men STATEMENT of ITEMS Total of each Coy

| List of Articles | 1 Person 1 Day Fixed am't | 10 Day Grand Total Personnel | 10 Day Period Gross Weight | Contents of 1 Pkge | No. of Pkges | No. Pkges delivered | Summary |
|---|---|---|---|---|---|---|---|
| Polished rice | 500g | 49,000 | 24500,000 | 100.0 K | HYO 245.0 | HYO 245.0 | |
| Additional food | 150g | " | 7350,000 | " | HYO 73.5 | HYO 73.0 | |
| Total | 650g | " | 31850,000 | | HYO 318.5 | HYO 318.0 | |
| Wheat, flour | 50g | 49,000 | 2450,000 | 22.5 K | HYO 108.8 | HYO 108.0 | |
| Canned vegetables | 10g | " | 490,000 | 10.8 K | KORI 45.3 | KORI 48.0 | 1 ea. 225g 1 KORI 48 [illegible] |
| Milk | 15g | " | 735,000 | 10.8 K | KORI 68.0 | KORI 69.0 | 1 ea. 225g 1 KORI 48 [illegible] |
| Sugar | 20g | " | 980,000 | 100.0 K | HYO 9.8 | HYO 10.0 | |
| Tea | 5g | " | 245,000 | 25.0 K | KORI 9.8 | KORI 10.0 | |
| Table oil | 5g | " | 245,000 | 30.0 K | KORI 8.1 | KORI 8.0 | |
| Table salt | 5g | " | 245,000 | 100.0 K | HYO 2.4 | HYO 2.5 | |
| Tobacco | 1 cigarette | " | 49,000 | 25,000 cigarettes | | 49,000 cigarettes | |
| Toilet paper | | | " | | | KORI 3.0 | |
| Frozen meats | 40g | 14,700 | 588,000 | 58.0 K | KORI 10.1 | KORI 10.0 | |

(3) PW Provision and Forage From 14th To 23rd For 1,800 persons STATEMENT of ITEMS Total of No.1 Coy

| List of Articles | 1 Person 1 Day Fixed am't | 10 Day Grand Total Personnel | 10 Day Period Gross Weight | Contents of 1 Pkge | No. of Pkges | No. Pkges delivered | Summary |
|---|---|---|---|---|---|---|---|
| Polished rice | 500g | 18,000 | K 9,000,000 | K 100.0 | HYO 90.0 | HYO 90.0 | |
| Additional food | 150g | " | K 2,700,000 | " | HYO 27.0 | HYO 27.0 | |
| Total | 650g | | 11,700,000 | | HYO 117.0 | HYO 117.0 | |
| Wheat, flour | 50g | 18,000 | K 900,000 | K 22.5 | HYO 40.0 | HYO 40.0 | 1 ea 225g 1KORI 48ea |
| Canned vegetables | 10g | " | K 180,000 | K 10.8 | KORI 16.6 | KORI 17.0 | 1 ea 225g 1KORI 48ea |
| Milk | 15g | " | K 270,000 | K 10.8 | KORI 25.0 | KORI 25.0 | |
| Sugar | 20g | " | K 360,000 | K 100.0 | HYO 3.6 | HYO 3.5 | |
| Tea | 5g | " | K 90,000 | K 25.0 | KORI 3.6 | KORI 3.5 | |
| Table oil | 5g | " | K 90,000 | K 30.0 | KORI 3.0 | KORI 3.0 | |
| Table salt | 5g | " | K 90,000 | K 100.0 | HYO 0.9 | HYO 1.0 | |
| Tobacco | 1 cigarette | " | 18,000 cigarettes | 25,000 cigarettes | | 18,000 cigarettes | |
| Toilet paper | | " | | | | KORI 1.0 | |
| Frozen meats | 40g | 3 day grand total personnel 5,400 | 3 day period K 216,000 | K 58.0 | KORI 3.7 | KORI 3.5 | |

1307 A (Continued) O/K/DPK

(4)
PW Provision and Forage From 14th To 23rd For 800 persons STATEMENT of ITEMS No.2 Coy

| List of Articles | 1 Person 1 Day Fixed Am't | 10 Day Grand Total | 10 Day Period Gross Weight | Contents of 1 Pkge | No. of Pkges | No. Pkges delivered | Summary |
|---|---|---|---|---|---|---|---|
| Polished rice | 500g | 8,000 | K 4,000,000 | K 100.0 | HYO 40.0 | HYO 40.0 | |
| Additional food | 150g | " | K 1,200,000 | " | HYO 12.0 | HYO 12.0 | |
| Total | 650g | | K 5,200,000 | | HYO 52.0 | HYO 52.0 | |
| Wheat, flour | 50g | 8,000 | K 400,000 | K 22.5 | HYO 17.7 | HYO 17.0 | |
| Canned vegetables | 10g | " | K 80,000 | K 10.8 | KORI 7.4 | KORI 8.0 | 1 ea 225g 1 KORI 48 ea |
| Milk | 15g | " | K 120,000 | K 10.8 | KORI 11.1 | KORI 11.0 | 1 ea 225g 1 KORI 48 ea |
| Sugar | 20g | " | 160,000 | K 100.0 | HYO 1.6 | HYO 1.5 | |
| Tea | 5g | " | K 40,000 | K 25.0 | KORI 1.6 | KORI 1.5 | |
| Table oil | 5g | " | K 40,000 | K 30.0 | KORI 1.3 | KORI 1.0 | |
| Table salt | 5g | " | K 40,000 | K 100.0 | HYO 0.4 | HYO 0.5 | |
| Tobacco | 1 cigarette | " | 8,000 cigarettes | 25,000 cigarettes | | 8,000 cigarettes | |
| Toilet paper | | " | | | | KORI 0.5 | |
| Frozen meats | 40g | 3 day grand total 2,400 | 3 day period K 96,000 | K 58.0 | KORI 1.6 | KORI 1.5 | |

(5) PW Provision and Forage From 14th To 23rd For 2,300 men STATEMENT of ITEMS No. 3 Coy

| List of Articles | 1 Person 1 Day Fixed Am't | 10 Day Grand Total Personnel | 10 Day Period Gross Weight | Contents of 1 Pkge | No. of Pkges | No. Pkges delivered | Summary |
|---|---|---|---|---|---|---|---|
| Polished rice | 500g | 23,000 | K 11,500,000 | K 100 | HYO 115 | HYO 115.0 | |
| Additional food | 150g | " | K 3,450,000 | " | HYO 34.5 | HYO 34.0 | |
| Total | 650g | | K 14,950,000 | | HYO 149.5 | HYO 149.0 | |
| Wheat, flour | 50g | 23,000 | K 1,150,000 | K 22.5 | HYO 51.0 | HYO 51.0 | |
| Canned vegetables | 10g | " | K 230,000 | K 10.8 | KORI 21.3 | KORI 23.0 | 1 ea 225g 1 KORI 48 ea |
| Milk | 15g | " | K 345,000 | K 10.8 | KORI 31.0 | KORI 33.0 | 1 ea 225g 1 KORI 48 ea |
| Sugar | 20g | " | K 460,000 | K 100 | HYO 4.6 | HYO 5.0 | |
| Tea | 5g | " | K 115,000g | K 25 | KORI 4.6 | KORI 5.0 | |
| Table oil | 5g | " | K 115,000g | K 30 | KORI 3.8 | KORI 4.0 | |
| Table salt | 5g | " | K 115,000g | K 100 | HYO 1.1 | HYO 1.0 | |
| Tobacco | 1 cigarette | " | 23,000 cigarettes | 25,000 cigarettes | | 23,000 cigarettes | |
| Toilet paper | | | | | | KORI 1.5 | |
| Frozen meat | 40g | 3 day grand total personnel 6,900 | 3 day period K 276,000 | K 58 | KORI 4.7 | KORI 5.0 | |

(14)

2000 6000

No. 1 Coy

| List of Articles | 1 Person 1 Day Fixed Am't | 10 Day Grand Total Personnel | 10 Day Period Gross Weight | Contents of 1 Pkge | No. of Pkges | No. Pkges delivered | Summary | |
|---|---|---|---|---|---|---|---|---|
| Polished rice | 500 | 16,000<br>~~20,000~~ | 20000<br>10,000,000 | 100.0 | 100 | | | |
| Additional food | ~~150~~ | " | 3,000,000 | " | 30 | | | |
| Total | 750<br>650 | " | 12,000,000<br>13,000,000 | | 120<br>~~130~~ | | 360 | 360 |
| Wheat, flour | 50 | " | 800,000<br>1,000,000 | 65.0 | 12.3<br>~~15.4~~ | | 37.0 | 36 |
| Canned vegetables | 50<br>~~20~~ | " | 800,000<br>~~320,000~~<br>~~400,000~~ | 10.8 | 74.0<br>~~37.0~~ | | 222 | 222.0 |
| Sugar | 20 | " | 320,000<br>400,000 | 100.0<br>~~10.8~~ | 3.2<br>~~4.0~~ | | 10.0 | 9.6 |
| Tea | 5 | " | 80,000<br>~~100,000~~ | 50.0<br>~~100.0~~ | 1.6 | | 5.0 | 4.8 |
| Table oil | 5 | " | 80,000<br>~~100,000~~ | 30.0 | 2.6<br>~~3.3~~ | | 8.0 | 7.[illegible] |
| Table salt | 5 | " | 80,000<br>100,000 | 100.0 | 0.8<br>1.0 | | 2.40 K | 2.4 |
| Tobacco | 1 | " | 1,6000<br>20000 | | | | 8.5.000 | |
| Toilet paper | | | | | | | 4.0 | |
| Frozen meat | 150g<br>~~40~~ | " | 2400,000<br>~~800,000~~ | 80 | 30.0<br>~~10.0~~ | | | 7.200 K |
| Soap | 200g | | | | | | 46.0 | 90.0 |

25 days

(15)

No. 2 Coy

| List of Articles | 1 Person 1 Day Fixed Am't | 10 Day Grand Total Personnel | 10 Day Period Gross Weight | Contents of 1 Pkge | No. of Pkges | No. Pkges delivered | Summary |
|---|---|---|---|---|---|---|---|
| Polished rice | 500 | 20000 | 10,000,000 | 100.0 | 100.0 | | |
| Additional food | 150 | | 3,000,000 | | 30.0 | | |
| Total | 650 | | 13,000,000 | | 130.0 | | |
| Wheat, flour | 50 | | 1,000,000 | 65.0 | 15.4 | | |
| Canned vegetables | 20 | | 400,000 | 10.8 | 37.0 | | |
| Sugar | 20 | | 400,000 | 100.0 | 4.0 | | |
| Tea | 5 | | 100,000 | | | | |
| Table oil | 5 | | 100,000 | 30.0 | 3.3 | | |
| Table salt | 5 | | 1.00,000 | 100.0 | 1.0 | | |
| Tobacco | 1 | | 20,000 | | | | |
| Toilet paper | | | | | | | |
| Frozen meat | 40 | | 800,000 | 80.0 | 10.0 | | |

1307 A (Continued) O/K/DPK

(8) From 16th to 23rd 8 day period

PW Provision and Forage

STATEMENT of ITEM CHART for 1,000 men No.1 Coy

| List of Articles | 1 Person 1 Day Fixed Am't | 8 Day Grand Total Personnel | 8 Day Period Gross Weight | Contents of 1 Pkge | No. of Pkges | No. Pkges delivered | Summary |
|---|---|---|---|---|---|---|---|
| Polished rice | 500 | 8,000 | 4,000,000 | K 100.0 | 40.0 | Sacks 40.0 | |
| Additional food | 150 | " | 1,200,000 | " | 12.0 | Sacks 12.0 | |
| Total | 650 | | 5,200,000 | | 52.0 | Sacks 52.0 | |
| Wheat, flour | 50 | 8,000 | 400,000 | K 65.0 | 6.1 | Sacks 6.0 | |
| Canned vegetables | 10 | " | 80,000 | 8.1 ~~36.0~~ | 9.8 | Box 10.0 | 1 ea 225 [illegible] 1 pkge 36 [illegible] |
| Milk | 15 | " | 120,000 | 10.8 | 11.1 | Box 11.0 | 1 ea 225 [illegible] 1 pkg 48 [illegible] |
| Sugar | 20 | " | 160,000 | 100.0 | 1.6 | Sacks 1.5 | |
| Tea | 5 | " | 40,000 | 25.0 | 1.6 | Box 1.5 | |
| Table oil | 5 | " | 40,000 | 30.0 | 1.3 | Box 1.5 | |
| Table salt | 5 | " | 40,000 | 100.0 | 0.4 | Sacks 0.4 | |

(9) From 17th to 23rd, 7 day period

PW Provision and Forage

STATEMENT of ITEM CHART for 2,000 men No. 2 Coy

| List of Articles | 1 Person 1 Day Fixed Am't | 7 Day Grand Total Personnel | 7 Day Period Gross Weight | Contents of 1 Pkge | No. of Pkges | No. Pkges delivered | Summary |
|---|---|---|---|---|---|---|---|
| Polished rice | 500 | 14,000 | 7,000,000 | K 100.0 | 70.0 | Sacks 70.0 | |
| Additional food | 150 | " | 2,100,000 | " | 21.0 | Sacks 21.0 | |
| Total | 650 | | 9,100,000 | | 91.0 | Sacks 91.0 | |
| Wheat, flour | 50 | 14,000 | 700,000 | K 65.0 | 10.7 | Sacks 10.0 | |
| Canned vegetables | 10 | " | 140,000 | K 8.1 | 17.2 | Box 19.0 | 1 ea 225g 1 pkge 36 ea |
| Milk | 15 | " | 210,000 | K 10.8 | 19.4 | Box 20.0 | 1 ea 225g 1 pkge 48 ea |
| Sugar | 20 | " | 280,000 | K 100.0 | 2.8 | Sacks 2.5 | |
| Tea | 5 | " | 70,000 | K 25.0 | 2.8 | Box 2.5 | |
| Table oil | 5 | " | 70,000 | K 30.0 | 2.3 | Box 2.5 | |
| Table salt | 5 | " | 70,000 | K 100.0 | 0.7 | Sack 0.6 | |

(10)

Attached Comdr. TADA (多田)

| No. 4 | Requisition | 2 Apr '42 | |
|---|---|---|---|
| List of Articles | Quantity | List of Articles | Quantity |
| Local rice | 100 sacks | | |
| Wheat, flour | 44 bags | | |
| Table oil | 2½ box | | |
| Tea | 2 box | | |
| Table salt | 1½ bags | | |
| Sugar | 4 sacks | | |
| Milk (contains 48 per box) | 28 box | | |
| Canned goods | 26 box | | |
| SUMMARY | PW 2,000 men Ration for 10 day period | Rec'd Articles 2 Apr | NAKAIDE (seal) |
| | Person in charge of Stores | No. 1 Coy Sgt NAKAIDE (seal) | |

(11) Received 3 Apr STATEMENT of ITEM CHART for 2,800 men
From 4th to 13th day Coy Total

PW Provision and Forage

| List of Articles | 1 Person 1 Day Fixed Am't | 10 Day Grand Total Personnel | 10 Day Period Gross Weight | Contents of 1 Pkge | No. of Pkges | No. Pkges required | Summary |
|---|---|---|---|---|---|---|---|
| Polished rice | 500 | 28,000 | 14,000,000 | 100.0 | 140.0 | 140.0 | |
| Wheat, flour | 50 | " | 1,400,000 | 22.5 | 62.1 | 62.0 | |
| Canned vegetables and meat | 10 | " | 280,000 | 8.1 | 34.5 | 37.0 | |
| Milk | 15 | " | 420,000 | 10.8 | 38.8 | 39.0 | |
| Sugar | 20 | " | 560,000 | 100.0 | 5.6 | 6.0 | |
| Table salt | 5 | " | 140,000 | 100.0 | 1.4 | 2.0 | |
| Table oil | 5 | " | 140,000 | 30.0 | 4.6 | 5.0 | |
| Tea | 5 | " | 140,000 | 75.0 | 1.8 | 3.0 | |

ADDITIONAL FOOD. From 10th to 13th

STATEMENT of ITEM CHART for 2,800 men

Received 10 Apr

| List of Articles | 1 Person 1 Day Fixed Am't | 4 Day Grand Total Personnel | 4 Day Period Gross Weight | Contents of 1 Pkge | No. of Pkges | No. Pkges required | Summary |
|---|---|---|---|---|---|---|---|
| Additional food | 150 | 11,200 | 1,680,000 | 100.0 | 16.8 | 17.0 | |
| Fresh meat | 40 | " | 448,000 | 58.0 | 7.7 | 10.0 | |

1307 A(Continued) O/K/DPK

(12) PW Provision and Forage — STATEMENT of ITEM CHART for 2,000 men From 4th to 13th — No.1 Coy

Received 3 Apr

| List of Articles | 1 Person 1 Day Fixed Am't | 10 Day Grand Total Personnel | 10 Day Period Gross Weight | Contents of 1 Pkge | No. of Pkges | No.Pkges delivered | Summary | |
|---|---|---|---|---|---|---|---|---|
| Polished rice | 500 | 20,000 | 10,000,000 | 100.0 | 100.0 | 100.0 | | |
| Wheat, flour | 50 | " | 1,000,000 | 22.5 | 44.4 | 44.0 | | |
| Canned vegetables and meat | 10 | " | 200,000 | 8.1 | 24.6 | 26.0 | 1 ea 225g 1 KORI 6ea | 8,100 |
| Milk | 15 | " | 300,000 | 10.8 | 27.7 | 28.0 | 1 ea 225g 1KORI 48ea | 10,800 |
| Sugar | 20 | " | 400,000 | 100.0 | 4.0 | 4.0 | | |
| Table salt | 5 | " | 100,000 | 100.0 | 1.0 | 1.5 | | |
| Table oil | 5 | " | 100,000 | 30.0 | 3.3 | 3.5 | | |
| Tea | 5 | " | 100,000 | 75.0 ~~25.0~~ | 1.3 ~~4.0~~ | 2.0 | | |

ADDITIONAL FOOD From 10th To 13th For 2,000 men STATEMENT of ITEM CHART

Received 10 Apr

| List of Articles | 1 Person 1 Day Fixed Am't | 4 Day Grand Total Personnel | 4 Day Period Gross Weight | Contents of 1 Pkge | No. of Pkges | No. Pkges delivered | Summary |
|---|---|---|---|---|---|---|---|
| Additional food | 150 | 8,000 | 1,200,000 | 100.0 | 12.0 | 12.0 | |
| Fresh meat | 40 | " | 320,000 | 58.0 | 5.5 | 7.0 | |

(13) PW Provision and Forage From 4th To 13th For 800 men STATEMENT of ITEM CHART No.2 Coy

| List of Articles | 1 Person 1 Day Fixed Am't | 10 Day Grand Total Personnel | 10 Day Period Gross Weight | Contents of 1 Pkge | No. of Pkges | No. Pkges delivered | Summary | |
|---|---|---|---|---|---|---|---|---|
| Polished rice | 500 | 8,000 | 4,000,000 | 100.0 | 40.0 | 40.0 | | |
| Wheat,flour | 50 | " | 400,000 | 22.5 | 17.7 | 18.0 | | |
| Canned vegetables and meat | 10 | " | 80,000 | 8.1 | 9.8 | 11.0 | 1 ea 225g 1 KORI 36ea | 8,100 |
| Milk | 15 | " | 120,000 | 10.8 | 11.1 | 11.0 | 1 ea 225g 1 KORI 48ea | 10800 |
| Sugar | 20 | " | 160,000 | 100.0 | 1.6 | 2.0 | | |
| Table salt | 5 | " | 40,000 | 100.0 | 0.4 | 0.5 | | |
| Table oil | 5 | " | 40,000 | 30.0 | 1.3 | 1.5 | | |
| Tea | 5 | " | 40,000 | 75.0 ~~25.0~~ | 0.5 ~~1.6~~ | 1.0 | | |

ADDITIONAL FOOD From 10th To 13th For 800 men STATEMENT of ITEM CHART

Received 10 Apr

| List of Articles | 1 Person 1 Day Fixed Am't | 4 Day Grand Total Personnel | 4 Day Period Gross Weight | Contents of 1 Pkge | No.of Pkges | No. Pkges delivered | Summary |
|---|---|---|---|---|---|---|---|
| Additional food | 150 | 3,200 | 480,000 | 100.0 | 4.8 ~~480,000~~ | 5.0 | |
| Fresh meat | 40 | " | 128,000 | 58.0 | 2.2 ~~128,000~~ | 3.0 | |

(14)

2000  6000

No. 1 Coy

| List of Articles | 1 Person 1 Day Fixed Am't | 10 Day Grand Total Personnel | 10 Day Period Gross Weight | Contents of 1 Pkge | No. of Pkges | No. Pkges delivered | Summary | |
|---|---|---|---|---|---|---|---|---|
| Polished rice | 500 | 16,000 ~~20,000~~ | 20000 ~~10,000,000~~ | 100.0 | 100 | | | |
| Additional food | ~~150~~ | " | 3,000,000 | " | 30 | | | |
| Total | 750 ~~650~~ | " | 12,000,000 ~~13,000,000~~ | | 120 ~~130~~ | | 360 | 360 |
| Wheat, flour | 50 | " | 800,000 1,000,000 | 65.0 | 12.3 ~~15.4~~ | | 37.0 | 36.[illegible] |
| Canned vegetables | 50 ~~20~~ | " | 800,000 ~~320,000~~ ~~400,000~~ | 10.8 | 74.0 ~~37.0~~ | | 222 | 222.0 |
| Sugar | 20 | " | 320,000 400,000 | 100.0 ~~10.8~~ | 3.2 ~~4.0~~ | | 10.0 | 9.6 |
| Tea | 5 | " | 80,000 ~~100,000~~ | 50.0 ~~100.0~~ | ~~1.6~~ | | 5.0 | 4.8 |
| Table oil | 5 | " | 80,000 ~~100,000~~ | 30.0 | 2.6 ~~3.3~~ | | 8.0 | 7.8 |
| Table salt | 5 | " | 80,000 100,000 | 100.0 | 0.8 1.0 | | 2.40 K | 2.4 |
| Tobacco | 1 | " | 1,6000 20000 | | | | 8.5.000 | |
| Toilet paper | | | | | | | 4.0 | |
| Frozen meat | 150g ~~40~~ | " | 2400,000 ~~800,000~~ | 80 | 30.0 ~~10.0~~ | | | 7.200 K |
| Soap | 200g | | | | | | 46.0 | 90.0 |
| | 25 days | | | | | | | |

(15)

No. 2 Coy

| List of Articles | 1 Person 1 Day Fixed Am't | 10 Day Grand Total Personnel | 10 Day Period Gross Weight | Contents of 1 Pkge | No. of Pkges | No. Pkges delivered | Summary |
|---|---|---|---|---|---|---|---|
| Polished rice | 500 | 20000 | 10,000,000 | 100.0 | 100.0 | | |
| Additional food | 150 | | 3,000,000 | | 30.0 | | |
| Total | 650 | | 13,000,000 | | 130.0 | | |
| Wheat, flour | 50 | | 1,000,000 | 65.0 | 15.4 | | |
| Canned vegetables | 20 | | 400,000 | 10.8 | 37.0 | | |
| Sugar | 20 | | 400,000 | 100.0 | 4.0 | | |
| Tea | 5 | | 100,000 | | | | |
| Table oil | 5 | | 100,000 | 30.0 | 3.3 | | |
| Table salt | 5 | | 1.00,000 | 100.0 | 1.0 | | |
| Tobacco | 1 | | 20,000 | | | | |
| Toilet paper | | | | | | | |
| Frozen meat | 40 | | 800,000 | 80.0 | 10.0 | | |

(16)

No. 3 Coy

| List of Articles | 1 Person 1 Day Fixed Am't | 10 Day Grand Total Personnel | 10 Day Period Gross Weight | Contents of 1 Pkge | No. of Pkges | No. Pkges delivered | Summary |
|---|---|---|---|---|---|---|---|
| Polished rice | 500 | 20000 | 10000,000 | 100.0 | 100.0 | | |
| Additional food | 150 | | 3000,000 | | 30.0 | | |
| Total | 650 | | 13000,000 | | 130.0 | | |
| Wheat, flour | 50 | | 1,000,000 | 65.0 | 15.4 | | |
| Canned vegetables | 20 | | 400,000 | 10.8 | 37.0 | | |
| Sugar | 20 | | 400,000 | 100.0 | 4.0 | | |
| Tea | 5 | | 100,000 | | | | |
| Table oil | 5 | | 100,000 | 30.0 | 3.3 | | |
| Table salt | 5 | | 100,000 | 100.0 | 1.0 | | |
| Tobacco | 1 | | 20,000 | | | | |
| Toilet paper | | | | | | | |
| Frozen meat | 40 | | 800,000 | 80.0 | 10.0 | | |

(17)

Total of each Coy

| List of Articles | No. 1 Coy No. required | No. 1 Coy No. delivered | No. 2 Coy No. required | No. 2 Coy No. delivered | No. 3 Coy No. required | No. 3 Coy No. delivered | Total No. delivered | Total No. delivered | |
|---|---|---|---|---|---|---|---|---|---|
| Polished rice | 150.7 | 152 | 141.7 | 143 | 103.2 | 105 | 395.6 | 400 | |
| ~~Additional food~~ | ~~20.6~~ ~~45.2~~ | | ~~28.3~~ ~~42.5~~ | | ~~30.1~~ ~~30.9~~ | | ~~79~~ ~~118.6~~ | | |
| Total | 17 195.9 | | 184.2 | | 134.1 | | 514.2 | | 20 |
| Wheat, flour | 67.0 | 44 | 63.0 | 42 | 45.8 | 29 | 175.8 | 115 | 1 |
| Canned vegetables | 37.0 | 39 | 35.0 | 37 | 25.4 | 27 | 97.4 | 103 | 1 |
| Milk | 41.8 | 42 | 39.3 | 40 | 28.6 | 29 | 109.7 | 111 | 1 |
| Sugar | 6.0 | 6.0 | 5.6 | 6.0 | 4.1 | 4.0 | 15.7 ~~15.8~~ | 16.0 | } |
| Tea | 6.0 | 4.0 | 5.6 | 4 | 4.1 | 2 | 15.7 | 10.0 | } 1 |
| Table oil | 5.0 | 5.0 | 4.7 | 5.0 | 3.4 | 3.0 | 13.1 | 13.0 | } |
| Table salt | 1.5 | 1.5 | 1.4 | 1.5 | 1.0 | 1.0 | 3.9 | 4.0 | } |
| Toilet paper | | | | | | | | | |
| Tobacco | 30150 | 30100 | 28350 | 28300 | 20650 | 2.0.600 | 79150 | 79000 | |
| Frozen meat | 6.2 | 80K 4.0 80K 1.0 | 5.8 | 80K 4.0 | 4.2 | K 30 | 16.2 | 80K 11 60K 1 | 1 |

(18) PW Provision, and Forage From 24th To 3rd For 7915 persons STATEMENT of ITEMS Totals of each Coy

| List of Articles | 1 Person 1 Day Fixed Am't | 10 Day Grand Total Personnel | 10 Day Period Gross Weight | Contents of 1 Pkge | No. of Pkges | No. Pkges required | Summary |
|---|---|---|---|---|---|---|---|
| Polished rice | 500 | 79150 | 39,575,000 | 100.0 | 395.7 | | |
| Additional food | 150 | | 11,872,500 | " | 118.7 | | |
| Total | 650 | | 51,447,500 | | 514.4 | | |
| Wheat, flour | 50 | 79150 | 3,957,500 | 22.5 | 175.8 | | |
| Canned vegetables | 10 | " | 791,500 | 8.1 | 97.7 | | |
| Milk | 15 | " | 1,187,250 | 10.8 | 109.9 | | |
| Sugar | 20 | " | 1,583,000 | 100.0 | 15.8 | | |
| Tea | 5 | " | 395,750 | 25.0 | 15.8 | | |
| Table oil | 5 | " | 395,750 | 30.0 | 13.1 | | |
| Toilet paper | | " | | | | | |
| Tobacco | 1 | " | | | 79150 | | |
| Frozen meat | 408 | 3 day 23745 | 949,800 | K 58.0 | 16.3 | | |

(19) 3,054 ~~3,215~~ No. 1 Coy

| List of Articles | 1 Person 1 Day Fixed Am't | 10 Day Grand Total Personnel | 10 Day Period Gross Weight | Contents of 1 Pkge | No. of Pkges | No.Pkges delivered | Summary |
|---|---|---|---|---|---|---|---|
| Polished rice | 500g | 30150 | 15,075,000 | 100.0 | 150.7 | | |
| Additional food | 150g | " | 4522,5,00 | " | 30.1 45.2 | | |
| Total | 650 | " | 19597,500 | | 195.9 | | |
| Wheat, flour | 50 | 30150 | 150,7,500 | 22.5 | 67.0 | | |
| Canned vegetables | 10 | " | 301,5,00 | 8.1 | 37.0 | | |
| Milk | 15 | " | 452,250 | 10.8 | 41.8 | | |
| Sugar | 20 | " | 603,000 | 100.0 | 6.0 | | |
| Tea | 5 | " | 150,750 | 25.0 | 6.0 | | |
| Table oil | 5 | " | 150,750 | 30.0 | 5.0 | | |
| Table salt | 5 | " | 150,750 | 100.0 | 1.5 | | |
| Tobacco | 1 | " | 30150 | | | | |
| Toilet paper | | | | | 30150 | | |
| Frozen meat | 40g | 3 day grand total personnal 9045 | 361,800 | 58.0 | 6.2 | | |

1307 A (Continued) O/K/DPK

(20) 2834 ~~2835~~ No. 2 Coy

| List of Articles | 1 Person 1 Day Fixed Am't | 10 Day Grand Total Personnel | 10 Day Period Gross Weight | Contents of 1 Pkge | No. of Pkges | No. Pkges delivered | Summary |
|---|---|---|---|---|---|---|---|
| Polished rice | 500 | 28350 | 14175,000 | 100.0 | 141.7 | | |
| Additional food | 150 | | 4252,500 | " | 28.3<br>42.5 | | |
| Total | 650 | | 18427,500 | | 184.2 | | |
| Wheat, flour | 50 | 28350 | 1417,500 | 22.5 | 63.0<br>62.9 | | |
| Canned vegetables | 10 | " | 283,500 | 8.1 | 35.0 | | |
| Milk | 15 | " | 425,250 | 10.8 | 39.3 | | |
| Sugar | 20 | " | 567,000 | 100.0 | 5.6 | | |
| Tea | 5 | " | 141,750 | 25.0 | 5.6 | | |
| Table oil | 5 | " | 141,750 | 30.0 | 4.7 | | |
| Table salt | 5 | " | 141.750 | 100.0 | 1.4 | | |
| Toilet paper | | " | | | | | |
| Tobacco | 1 cigarette | " | | | 28350 | | |
| Frozen meat | 40g | 2 days 8505 | 3 days 340,200 | K 58.0 | 5.8 | | |

(21) 2027 ~~2068~~ persons No. 3 Coy

| List of Articles | 1 Person 1 Day Fixed Am't | 10 Day Grand Total Personnel | 10 Day Period Gross Weight | Contents of 1 Pkge | No. of Pkges | No. Pkges delivered | Summary |
|---|---|---|---|---|---|---|---|
| Polished rice | 500 | 20,650 | 10325,000 | 100.0 | 103.2 | | |
| Additional food | 150 | | 3097,500 | " | 20.6<br>30.9 | | |
| Total | 650 | 20,650 | 13422,500 | " | 134.1 | | |
| Wheat, flour | 50 | " | 1032,500 | 22.5 | 45.8 | | |
| Canned vegetables | 10 | | 206,500 | 8.1 | 25.4 | | |
| Milk | 15 | " | 309,750 | 10.8 | 28.6 | | |
| Sugar | 20 | " | 413,000 | 100.0 | 4.1 | | |
| Tea | 5 | " | 103,250 | 25.0 | 4.1 | | |
| Table oil | 5 | " | 103,250 | 30.0 | 3.4 | | |
| Table salt | 5 | " | 103,250 | 100.0 | 1.0 | | |
| Toilet paper | | | | | | | |
| Tobacco | 1 | | | | 20650 | | |
| Frozen meat | 40 | 3 day grand total personal 6195 | 3 day period gross weight 247,800 | 58.0 | 4.2 | | |

(22)

| B Number | Proof of Sending | Receiving BUTAI |
|---|---|---|
| | | 15th Independent Engineers Regiment |
| Date when Goods sent | Date when Goods rec'd | Sending BUTAI |
| 16 May '42 | 16 May '42 | No.23 Field Warehouse |

| List of Articles | Unit Title | Quantity | Contents of 1 Pkge | No. of Pkges | Statement |
|---|---|---|---|---|---|
| Frozen meat (beef) | | 4.170 | | | For use by PsW |
| | | | | | |
| | | | | | |
| | | | | | |

Have sent the above goods.
Person in chage of Military goods; Army Paymaster
(Stamped) 2nd Lt NAKAYAMA, Tsuyoshi
(中山 印 )

(23)

| B Number | Proof of Sending | Receiving BUTAI |
|---|---|---|
| 78 | | 15th Independent Engineers Regiment |
| Date when Goods sent | Date when Goods rec'd | Sending BUTAI |
| 5 May '42 | 5 May '42 | BUN ( 分 ) SELANGON (セランゴン ) Place of Delivery |

| List of Articles | Unit Title | Quantity | Contents of 1 Pkge | No. of Pkges | Statement |
|---|---|---|---|---|---|
| Old newspapers | KOHI | | 100 K | 4 | For 6,000 white PsW from 5 May to the 25th |
| Soap | " | | large | 46 | |
| | | | | | |
| | | | | | |
| | | | | | |
| | | | | | |

Have sent the above goods.
Person in charge of Military goods; Army Paymaster
Cpl YONEGAWA, Yoshio
(米川 榮夫)

1307 A (Continued) O/K/DPK

(24)

| B Number | Proof of Sending | Receiving BUTAI |
|---|---|---|
| 78 | | 15th Independent Engineers Regiment |
| **Date of Goods sent** | **Date when Goods rec'd** | **Sending BUTAI** |
| 5 May '42 | 5 May '42 | BUN ( 分 ) SELANGOON (セランゴン)<br>Place of Delivery |

| List of Articles | Unit Title | Quantity | Contents of 1 Pkge | No. of Pkges | Statement |
|---|---|---|---|---|---|
| Polished rice | Bag | | 100 K | 360 | For 6,000 white PsW, from 6 May to 8th. Additional food for heavy workers. |
| ATA (アタ) Flour | " | | 65 K | ~~370~~ 37 | |
| Fresh meat | " | 7,200 K | | | |
| Canned vegetables | KORI | | 10.8 K | 222 | |
| Sugar | Bag | | 100 K | 10 | |
| Table salt | " | 240 K | | | |
| GI (ギ) | KORI | | 30 K | 8 | |
| Tobacco | ea | 85,000 cigarettes | | | |
| Tea | " | | 50 K | 5 | |
| | | | | | |
| | | | | | |
| | | | | | |

Have sent the above goods.
Person in charge of Military goods: Army Paymaster
Cpl YONEGAWA, Yoshio
(米川.榮夫)

(25)

(1) 5100 Persons

| List of Articles | 1 Person 1 Day Fixed Am't | 10 Day Grand Total Personnel | 10 Day Period Gross Weight | Contents of 1 Pkge | No. of Pkges | No.Pkges delivered | Summary |
|---|---|---|---|---|---|---|---|
| Polished rice | 750 | 51000 | 38,250,000 | 100.0 | 382.5 | 383 ✓ | |
| Wheat, flour | 50 | " | 2550,000 | 22.5<br>~~45.0~~ | 113.3<br>39.2 | 113 ✓ | |
| Canned vegetables | 100 | " | 5100,000 | 10.8 | 472.2 | | |
| Sugar | 20 | " | 1020,000 | 100.0 | 10.2 | 10.0 | |
| Tea | 5 | " | 255,000 | 30.0<br>~~50.0~~ | 8.5<br>~~5.1~~ | 8.5 ✓ | |
| Table oil | 5 | " | 255,000 | 30.0 | 8.5 | 8.5 ✓ | |
| Table salt | 5 | " | 255,000 | 100.0 | 2.5 | 2.5 ✓ | |
| Tobacco | 1 | " | 51,000 | | | 68,000 | |
| Toilet paper | | " | | | | | |
| Frozen meat | 150 | " | 7650,000 | 80.0 | 95.6 | | |

(2) 4800

| List of Articles | 1 Person 1 Day Fixed Am't | 10 Day Grand Total Personnel | 10 Day Period Gross Weight | Contents of 1 Pkge | No. of Pkges | No.Pkges delivered | Summary |
|---|---|---|---|---|---|---|---|
| Polished rice | 750 | 48000 | 36000,000 | 100.0 | 360.0 | 360 ✓ | |
| Wheat, flour | 50 | " | 2400,000 | 22.5<br>~~65.0~~ | 106.6<br>36.9 | 107<br>~~106~~ ✓ | |
| Canned vegetables | 100 | " | 4800,000 | 10.8 | 444.4 | | |
| Sugar | 20 | " | 960,000 | 100.0 | 9.6 | 10.0 | |
| Tea | 5 | " | 240,000 | 30.0<br>~~50.0~~ | 8.0<br>~~4.8~~ | 8.0 | |
| Table oil | 5 | " | 240,000 | 30.0 | 8.0 | 8.0 ✓ | |
| Table salt | 5 | " | 240,000 | 100.0 | 2.4 | 2.5 ✓ | |
| Tobacco | 1 | " | 48,000 | | | 64.000 | 18 |
| Toilet paper | | " | | | | | |
| Frozen meat | 150 | " | 7200,000 | 80.0 | 90.0 | | |

XL3142

1307 A (Continued) O/K/DPK

(26)

4,000

| List of Articles | 1 Person 1 Day Fixed Am't | 10 Day Grand Total Personnel | 10 Day Period Gross Weight | Contents of 1 Pkge | No. of Pkges | No. Pkges delivered | Summary |
|---|---|---|---|---|---|---|---|
| Polished rice | 750 | 40000 | 30000,000 | 100.0 | 300.0 | 300 ✓ | |
| Wheat, flour | 50 | " | 2000,000 | 22.5 ~~65.0~~ | 88.8 ~~30.7~~ | 89 ✓ | |
| Canned vegetables | 100 | " | 4000,000 | 10.8 | 370.3 | | |
| Sugar | 20 | " | 800,000 | 100.0 | 8.0 | 8 ✓ | |
| Tea | 5 | " | 200,000 | 30.0 ~~50.0~~ | 6.6 ~~4.0~~ | 6.5 ✓ | |
| Table oil | 5 | " | 200,000 | 30.0 | 6.6 | 6.5 ✓ | |
| Table salt | 5 | " | 200,000 | 100.0 | 2.0 | 2 ✓ | |
| Tobacco | 1 | " | 40,000 | | | 53,000 | |
| Toilet paper | | | | | | | |
| Frozen meat | 150 | " | 6000,000 | 80.0 | 75.0 | | |

13,900 14th - 23rd

| List of Articles | 1 Person 1 Day Fixed Am't | 10 Day Grand Total Personnel | 10 Day Period Gross Weight | Contents of 1 Pkge | No. of Pkges | No. Pkges delivered | Summary |
|---|---|---|---|---|---|---|---|
| Polished rice | 750 | 139000 | 1042,50,000 | 100.0 | 1042.5 | | 0 1043.0 |
| Wheat, flour | 50 | " | 6950,000 | 22.5 ~~65.0~~ | 308.8 ~~106.9~~ | | 0 309.0 |
| Canned vegetables | 100 | " | 13900,000 | 10.8 | 1287.0 | | |
| Sugar | 20 | " | 2780,000 | 100.0 | 27.8 | | 0 28.0 |
| Tea | 5 | " | 695,000 | 30.0 ~~50.0~~ | 23.1 ~~13.9~~ | | 0 23.0 |
| Table oil | 5 | " | 695,000 | 30.0 | 23.1 | | 0 23.0 |
| Table salt | 5 | " | 695,000 | 100.0 | 6.9 | | 0 7.0 |
| Tobacco | 1 | " | | | | | 185,000 |
| Toilet paper | | | | | | | |
| Frozen meat | 150 | " | 20850,000 | 80.0 | 260.6 | | |
| Fresh vegetables | 500 | ~~69500000~~ | 69500,000 | | | | |

- 39 -

1307 A (Continued)

O/K/DPK

(27)

| B Number | Proof of Sending | | Receiving BUTAI |
|---|---|---|---|
| 64 | | | 15th Independent Engineers Regiment |

| Date when Goods sent | Date when Goods rec'd | Sending BUTAI |
|---|---|---|
| 1 May '42 | 1 May '42 | BUN (分) SELANGON (セランゴン ) Place of Delivery |

| List of Articles | Unit Title | Quantity | Contents of 1 Pkge | No. of Pkges | Statement |
|---|---|---|---|---|---|
| Polished rice | bag | | 100 K | 514 | For 7915 white PsW for 10 days (including additional food) |
| Wheat, flour | " | | 65 K | 61 | |
| Fresh meat | K | 3200 K | | | |
| Canned vegetables | KORI | | 10.8 K | 146 | |
| Sugar | bag | | 100 K | 16 | |
| Table salt | " | | " | 4 | |
| GI (ギ) | KORI | | 30 K | 13 | |
| Tea | " | | 50 K | 8 | |
| Tobacco | ea | 79100 ~~cigarettes~~ | | | |
| | | | | | |
| | | | | | |
| | | | | | |
| | | | | | |

Have sent the above goods.
Person in charge of Military goods: Army Paymaster
Cpl YONEGAWA, Yoshio
(米川 芳夫)

(28)

| B Number | Proof of Sending | Sending BUTAI |
|---|---|---|
| 65 | | 15th Independent Engineers Regiment |
| Date when Goods sent | Date when Goods rec'd | Receiving BUTAI |
| 1 May '42 | 1 May '42 | BUN (分) SELANGON (セランゴン) Place of Delivery |

| List of Articles | Unit Title | Quantity | Contents of 1 Pkge | No. of Pkges | Statement |
|---|---|---|---|---|---|
| Toilet paper (old newspaper) | KORI | | 100 K | 3 | For 7915 white PsW for one month |
| Soap | " | | Small | 113 | |
| | | | | | |
| | | | | | |
| | | | | | |
| | | | | | |
| | | | | | |
| | | | | | |
| | | | | | |

Have sent the above goods.

Person in charge of Military goods: Army Paymaster
Cpl YONEGAWA, Yoshio
(米川榮夫)

(29)

| List of Articles | No. 1 Coy<br>No. required | <br>No. delivered | No. 2 Coy<br>No. required | <br>No. delivered | No. 3 Coy<br>No. required | <br>No. delivered | Total<br>No. required | <br>No. delivered | |
|---|---|---|---|---|---|---|---|---|---|
| Polished rice | 152.7 | 1 | 141.5 | | 101.0 | | 395.2 | | |
| Additional food | 45.8 | | 42.4 | | 30.3 | | 118.5 | | |
| Total | 198.5 | 199<br>~~198~~ | 183.9 | 184 | 131.3 | 131 | 513.7 | 514 | 5140 |
| Wheat, flour | 23.4<br>67.8 | 24.0 | ~~15.5~~<br>62.8 | 22.0<br>~~15.0~~ | 21.7<br>44.8 | 15.0 | 60.6<br>175.4 | 61 | 610 |
| Canned vegetables | 28.2<br>37.7 | 57 | 26.2<br>34.9 | 52 | 13.7<br>24.9 | 37 | 73.1<br>107.5 | 146 | 146 |
| ~~Milk~~ | ~~42.4~~ | | ~~39.3~~ | | ~~28.0~~ | | ~~109.7~~<br>~~108.7~~ | | |
| Sugar | 6.1 | 6 | 5.6 | 6 | 4.0 | 4 | 15.7 | 16 | 16.0 |
| Tea | 6.1 | 3<br>~~12.3~~ | 5.6 | 3 | 4.0 | 2<br>~~8.2~~ | 15.7 | | 8.0 |
| Table oil | 5.0 | 5 | 4.6 | 5 | 3.3 | 3 | 12.9 | | 13.0 |
| Table salt | 1.5 | 1.5 | 1.4 | 1.5 | 1.0 | 1 | 3.9 | | 4.0 |
| Toilet paper | | | | | | | ~~3~~ | | 3 |
| Tobacco | 30500 | 30560<br>~~30490~~ | 28,300 | 28320<br>~~28280~~ | 20200 | 20220<br>~~20180~~ | 79150 | | 79100 |
| Frozen meat | 20.3<br>~~6.1~~ | | 18.8<br>~~5.6~~ | | 13.4<br>4.0 | | 52.5<br>~~15.7~~ | | 320.0 |
| Soap | 43.5 | 86 | 40.4 | 40 | 28.8 | 29 | 112.7 | | 113 |

(30) 3050 No. 1 Coy

| List of Articles | 1 Person 1 Day Fixed Am't | 10 Day Grand Total Personnel | 10 Day Period Gross Weight | Contents of 1 Pkge | No. of Pkges | No. Pkges delivered | Summary |
|---|---|---|---|---|---|---|---|
| Polished rice | 500 | 30500 | 15270,000 | 100.0 | 152.7 | | |
| Additional food | 150 | " | 4581,000 | " | 45.8 | | |
| Total | 650 | " | 1985,1,000 | | 198.5 | | |
| Wheat, flour | 50 | " | 1527,000 | 65.0<br>22.5 | 23.4<br>67.8 | | |
| Canned vegetables | 10 | " | 305,400 | 10.8<br>8.1 | 28.2<br>37.7 | | |
| Milk | 15 | " | 458,100 | 10.8 | 42.4 | | |
| Sugar | 20 | " | 610,800 | 100.0 | 6.1 | | |
| Tea | 5 | " | 152,700 | 25.0 | 6.1 | | |
| Table oil | 5 | " | 152,700 | 30.0 | 5.0 | | |
| Table salt | 5 | " | 152,700 | 100.0 | 1.5 | | |
| Toilet paper | | | | | | | |
| Tobacco | 1 | | 30540 | | | | |
| Frozen meat | 40g | 3 day grand total personnel 9150 | 1220,000<br>~~366,000~~ | ~~20.300~~<br>60.0 | 20.3<br>~~6.1~~ | | |
| Soap | | | | For 70 persons | 43.5 | | |

1307 A (Continued) O/K/DPK

(31)

2830 No. 2 Coy

| List of Articles | 1 Person 1 Day Fixed Am't | 10 Day Grand Total Personnel | 10 Day Period Gross Weight | Contents of 1 Pkge | No. of Pkges | No. Pkges delivered | Summary |
|---|---|---|---|---|---|---|---|
| Polished rice | 500 | 28300 ~~1415,000~~ | 1415,0,000 | 100.0 | 141.5 | | |
| Additional food | 150 | ~~424,500~~ | 424,5,000 | | 42.4 | | |
| Total | 650 | ~~1839,500~~ | 1839,5,000 | | 183.9 | | |
| Wheat, flour | 50 | " | 141,5,000 | 65.7<br>22.5 | 21.7<br>62.8 | | |
| Canned vegetables | 10 | " | 283,000 | 10.8<br>8.1 | 26.2<br>34.9 | | |
| Milk | 15 | " | 424,500 | 10.8 | 39.3 | | |
| Sugar | 20 | " | 566,000 | 100.0 | 5.6 | | |
| Tea | 5 | " | 141,500 | 25.0 | 5.6 | | |
| Table oil | 5 | " | 141,500 | 30.0 | 4.6 | | |
| Table salt | 5 | " | 141,500 | 100.0 | 1.4 | | |
| Toilet paper | | " | | | | | |
| Tobacco | 1 | | | | | | |
| Frozen meat | 40 | 3 day grand total personnel 849.0 | 1132.000 ~~339,600~~ | 60.0 | 18.8 ~~5.6~~ | | |
| Soap | | | | For 70 persons | 40.4 | | |

(32)

2020 No. 3 Coy

| List of Articles | | | | | | | |
|---|---|---|---|---|---|---|---|
| Polished rice | 500 | 20200 | 10100,000 | 100.0 | 101.0 | | |
| Additional food | 150 | " | 3030,000 | " | 30.3 | | |
| Total | 650 | | 13130,000 | | 131.3 | | |
| Wheat, flour | 50 | | 1010,000 | 65.0<br>22.5 | 15.5<br>44.8 | | |
| Canned vegetables | 10 | | 202,000 | 10.8<br>8.1 | 18.7<br>24.9 | | |
| Milk | 15 | | 303,000 | 10.8 | 28.0 | | |
| Sugar | 20 | | 404,000 | 100.0 | 4.0 | | |
| Tea | 5 | | 101,000 | 25.0 | 4.0 | | |
| Table oil | 5 | | 101,000 | 30.0 | 3.3 | | |
| Table salt | 5 | | 101,000 | 100.0 | 1.0 | | |
| Toilet paper | | | | | | | |
| Tobacco | | 1 | | | | | |
| Frozen meat | 40 | | 808,000 ~~242,400~~ | 60.0 | 13.4 ~~4.0~~ | | |
| Soap | | | | For 75 persons | 26.8 | | |

(34)

| B Number | Proof of Sending | Receiving BUTAI |
|---|---|---|
| | | 15th Independent Engineers Regiment |
| Date when Goods sent | Date when Goods rec'd | Sending BUTAI |
| 12 May '42 | 12 May '42 | Branch Factory |

| List of Articles | Unit Title | Quantity | Contents of 1 Pkge | No. of Pkgos | Statement |
|---|---|---|---|---|---|
| Frozen beef | KORI | 4,170 | | | (Heavy workers) 13,900 white PsW for two days. |
| Fresh vegetables | " | 13,900 | | | |
| | | | | | |
| | | | | | |
| | | | | | |
| | | | | | |
| | | | | | |
| | | | | | |
| | | | | | |
| | | | | | |

The above has been sent.
Person in charge of Military goods: Army Paymaster
(stamped) 2nd Lt NAKAYAMA, Tsuyoshi

(T.N. Page 33 missing in original document)

1307 A (Continued) O/K/DPK

(35)

| B Number | Proof of Sending | Receiving BUTAI |
|---|---|---|
| 34 | | 15th Independent Engineers Regiment |
| **Date when Goods sent** | **Date when Goods rec'd** | **Sending BUTAI** |
| 12 May '42 | 12 May '42 | BUN (分) SELANGON<br>Place of delivery |

| List of Articles | Unit Title | Quantity | Contents of 1 Pkgo | No.of Pkges | Statement |
|---|---|---|---|---|---|
| Polished rice | bag | 1042,500 K | 100 K | 1.043 | For 13900 PW for 10 days.<br>Heavy worker, additional food.<br>Rice delivered directly in front of Station. |
| Wheat, flour | " | 6952,5 " | 22.5 " | 309 | |
| Sugar | " | 2,800 " | 100 " | 28 | |
| Table salt | " | 700 " | " | " | |
| Table oil | Kori | 690 " | 30 " | 23 | |
| Tea | " | 690 " | " | 23 | |
| Tobacco | ea | 185,000 | | | |
| | | | | | |
| | | | | | |
| | | | | | |
| | | | | | |
| | | | | | |
| | | | | | |
| | | | | | |

Have sent the above goods.
Person in charge of Military goods: Army Paymaster
Sgt GOTO, Zenichi
(張[illegible]善一)

/IS

| DISTRIBUTION | COPY NO. | NO. OF COPIES |
|---|---|---|
| GHQ SWPA | 1 | 1 |
| COMDR SEVENTH FLEET | 2 | 1 |
| ADV LHQ SWPA | 3 | 1 |
| AAF HQ SWPA | 4 | 1 |
| CO-ORDINATOR ATIS SWPA | 5 | 1 |
| AG GHQ SWPA | 6 | 1 |
| G-2 GHQ SWPA | 7- 10 | 4 |
| G-3 GHQ SWPA | 11- 12 | 2 |
| COMDR SEVENTH FLEET | 13- 21 | 9 |
| RAAF HQ SWPA | 22 | 1 |
| COIC S O ARMY | 23 | 1 |
| COIC S O NAVY | 24 | 1 |
| COIC S O AIR | 25 | 1 |
| ADV LHQ SWPA | 26 | 1 |
| CENTRAL BUREAU | 27- 28 | 2 |
| AAF HQ SWPA | 29- 34 | 6 |
| ADV LHQ SWPA | 35- 64 | 30 |
| US MIL ATTACHE | 65- 67 | 3 |
| A C OF S G-2 USAFFE | 68 | 1 |
| ATIS ARMY | 69 | 1 |
| ATIS NAVY | 70 | 1 |
| ATIS INFORMATION | 71- 75 | 5 |
| ATIS TRANSLATORS | 76 | 1 |
| ATIS GHQ SECTION | 77 | 1 |
| ADV LHQ | 78- 80 | 3 |
| ATIS FILE | 81 | 1 |
| AAF HQ SWPA | 82- 94 | 13 |
| ATIS AAF | 95 | 1 |
| EDITOR | 96 | 1 |
| G-2 GHQ SWPA | 97 | 1 |
| ADV LHQ SWPA | 98 | 1 |
| OCE GHQ SWPA | 99 | 1 |
| IO HQ USASOS | 100 | 1 |
| EXAM RM | 101 | 1 |
| COMDR SEVENTH FLEET | 102-104 | 3 |
| USAFISPA | 105-107 | 3 |
| COMDR SEVENTH FLEET | 108-112 | 5 |
| ADV ECH ATIS | 113 | 1 |

- - - - - -

3급 비밀 – 영국 2급 비밀

연합군번역통역부

남서태평양 전구

# 적군 출판물

9호 날짜: 43년 4월 10일

첩보는 노획 문서들과 포로들을 통해 획득되었다. 이들을 통해 신뢰할 수 있을 만한 정보들이 획득된다는 것을 알게 된다면 적군은 규율과 지령을 통해 정보에 대한 접근을 차단할 수 있다. 따라서 본 문서의 비밀유지를 위한 특별한 주의가 필요하다. 문서가 사용되지 않을 때는 자물쇠와 열쇠를 사용하여 보호해야 한다. 복사본 소지자는 안전유지의 책임이 있다. 복사본 소지자 휘하 직원들은 복사본의 공개와 유통에 신중함을 기해야 할 것이다.
본 보고서는 첩보 담당관의 허락 없이 어떤 부분도 재생산할 수 없다.

내용

## 말레이반도와 필리핀에서
## (토미(TOMI) 8125 부대(BUTAI))
## 남부 원정군의 잡다한 기록들

1331A 필리핀 작전 도중, 그리고 싱가포르에서 공포된 명령과 공지, 그 중에서도 (1) 싱가포르에서 포로의 대우; (2) 말레이 반도에서 현지인 테러범; (3) 필리핀에서 일본 군부대의 활동 참고. (전방연합군번역통역부, 43년 1월 14일)

1307A 말레이반도에서 포로에게 발행된 식량배급 수령증 파일, 42년 4월 – 5월.

(전방연합군번역통역부대, 43년 1월 14일)

시드니 F. 마시비르(SIDNEY F. MASHBIR),

S.C. 대령

조정관.

(중략)

## 경비대 회보

4월 20일

## (추가 문서와 부록)

(번역 발췌)

2. 말레이반도의 서부 전선에서 기차 한 대가 다음 장에 있는 시간표에 따라 매일 각 방향으로 운행될 것이다.

| 남행 | 정거장 | 북행 |
|---|---|---|
| 열차 11번 | | 열차 12번 |
| 1100 | 파당베사르(PADANG BESAR) | 1255 |
| 1415<br>1500 | 알로르스타(ALOR STAR) | 930<br>852 |
| 1940<br>2000 | 프라이(PRAI) | 402<br>342 |
| 2354<br>125 | 타이핑(TAIPING) | 006<br>2240 |
| 521<br>600 | 이포(IPOH) | 1820<br>1750 |
| 1130<br>1200 | 스림강(SLIM RIVER) | 1205<br>1158 |
| 1729<br>1805 | 쿠알라룸푸르(KUALA LUMPUR) | 700<br>640 |
| 2145<br>2213 | 세렘방(SEREMBAN) | 320<br>244 |
| 009<br>42 | 탐핀(TAMPIN) | 40<br>003 |
| 239<br>300 | 게마스(GEMAS) | 2200<br>2118 |

| | | |
|---|---|---|
| 510<br>26 | 라비스(LABIS) | 58<br>1843 |
| 740<br>832 | 클루앙(KLUANG) | 35<br>1613 |
| 1223<br>32 | 조호르바루(JOHORE BHARU) | 26<br>1213 |
| 1350 | 쇼난(SHONAN) | 1100 |

3. 나중에 휴가를 떠나는 부대는 다음 장에 표시된 대로 위안소(relaxation house (慰安所 brothel))를 사용할 것이다.

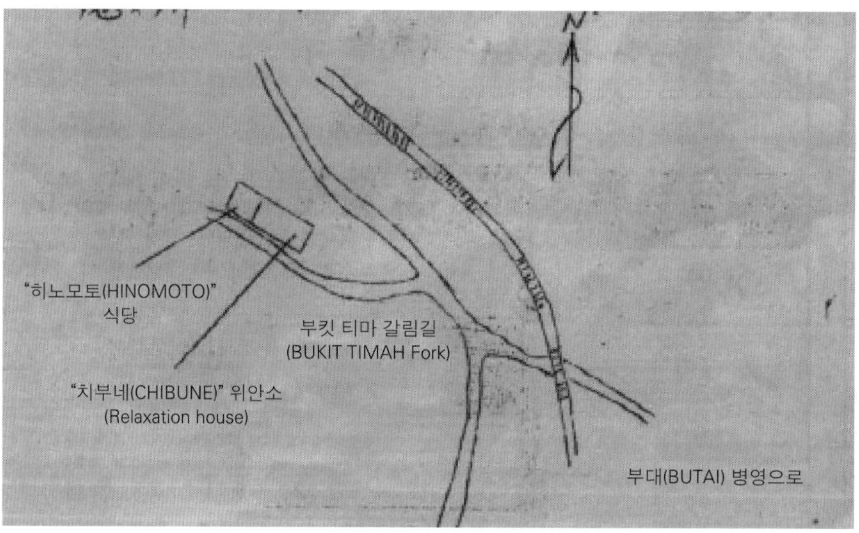


(i) 부대(BUTAI)에게 할당된 위안소(relaxation house)를 사용할 수 있는 날짜: -

| | |
|---|---|
| 타카야부대(TAKAYA BUTAI (高屋部隊) | |
| 27야전자동차부대<br>(27 野戰自動車部隊) | 일요일,월요일,화요일 |
| 요코야마부대(YOKOYAMA BUTAI) ( 山部隊) | 화요일, 금요일 |

서부경비대 토요일

(西部警備隊)

수요일은 의료검사가 있는 날. (역주. 성병 환자를 위한 의료검사)

(역주. 원본에는 마지막 줄이 지워져 있었음).

(ii) 위안소(house)의 요금과 이용시간

| | 요금 | 이용 시간 |
|---|---|---|
| 사병 | 1 엔 | 1200-1730 |
| 하사관 | 1.5 〃 | 1200-2100 |

"치부네(CHIBUNE)" 위안소(Relaxation house)는 매달 첫 번째 수요일에는 문을 닫는다.

(하략)

# 10

## Korean Organization

## RG 226 Entry NM-54 19-A Box 296

1941년 진주만 기습으로 연합군과 전쟁을 시작한 일본은 버마를 비롯해 태국, 말레이시아, 싱가포르 등 연합군의 동남아시아 식민지를 차례로 점령하고 포로수용소를 설치하였다. 일본은 포로감시원으로 조선인들을 다수 동원하였는데 이 과정에서 해리 문실 짐(Harry Moon Sil Jim) 역시 시암(Siam, 현재의 태국)으로 동원되었다. 심문보고서에 따르면 그는 한국에서 태어나 1925년 하와이 호놀룰루(Honolulu)로 갔고, 1933년 다시 한국으로 돌아왔다가 포로감시원이 되었다. 전쟁이 끝난 후 포로감시원들을 비롯한 태국의 조선인들은 '대한국민회'(Korean National Association)를 만들고 연합군에 협조하고자 했는데, 해리 문실 짐은 협회의 대표였다. 그는 수천 명의 포로감시원이 태국으로 왔으며, 이들이 버마와 태국을 잇는 철로를 따라 있었던 포로수용소에 배치되었다고 했다. 포로감시원뿐 아니라 조선인 '위안부' 역시 태국에 존재했음을 밝히고 있다. 보고서에 따르면 1945년 9월 현재 태국 지역에 있었던 조선인은 총 7,400명 정도였는데, 방콕에 전(前) 포로감시원이 900명 있었고, 정규 일본군 부대에 소속되었던 병사가 5,000명, '위안부'가 1,500명이었다.

CONFIDENTIAL

STRATEGIC SERVICES UNIT, WAR DEPARTMENT
formerly
OFFICE OF STRATEGIC SERVICES
WASHINGTON, D. C.
INTELLIGENCE DISSEMINATION

OSS CONFIDENTIAL
S.I.D. XL 20581

| | | | |
|---|---|---|---|
| COUNTRY | Siam | NUMBER | A-61983 |
| | | ORIGINAL RPT. | ZM 192 |
| SUBJECT | Korean Organization | DATE OF INFO. | 6 September 1945 |
| | | DATE OF RPT. | 7 September 1945 |
| | | DISTRIBUTED | 15 October 1945 |
| ORIGIN | Bangkok | CONFIRMATION | |
| THEATRE | IB | SUPPLEMENT | |
| SOURCE | Z - X-2 | NO. OF PAGES | 2 |
| SUB SOURCE | as stated | ATTACHMENTS | |
| EVALUATION | F-3 | | |

20581

1. Informant is Harry Moon Sil Jim (Japanese name OKAMOTO) who claims to be Korean by birth, and to have gone to Honolulu in 1925, where he was educated at Iolani School. He returned to Korea in 1933. He is the elected president of the Korean National Association described below.

2. When Japan declared war she mobilized Koreans and utilized some as guards of prisoners of war. Korean guards were not in the Army, but attached as civilian employees. Their pay was Siamese baht 120 per month, of which only Baht 20 was received by them, the balance being withheld by the Japanese. During the latter part of August 1945 Korean guards were dismissed by the Japanese, and are now endeavoring to gain favor with the Allies and have formed the "Korean National Association," which is intended to cooperate with the Allies. This Association hopes to become the National Korean Army, which the leaders say, wishes to ally itself with the other Allied armies.

3. A thousand or more guards were sent to Siam, and located in the prisoner of war camps scattered along the line of the Burma-Siam Railway. The guards were considered as inferior to the lowest Japanese soldier, and were severely handled by the Japanese and frequently beaten. Living condition were difficult and the guards were very unhappy, some thirty escaped during the last six months of the war.

4. All guards did not receive the same pay, as a particularly satisfactory guard's pay was raised. Of the Baht 120 average pay, 80 was withheld and sent to the man's family in Korea and 20 deposited in the Japanese Field Army Post Office. At the time of discharge the guards were given Baht 200 and on 4 September Baht 150 of the money deposited in the Field Post Office was given each man.

5. As they were stranded with little money and no transportation back to Korea they endeavored to gain Allied favor, in order to obtain food and transport, and so organized the Korean National Association. Two Korean representatives from each camp were sent to Bangkok, where on 4 September they elected officers and formally organized the Association. The list of elected officials follows:

CONFIDENTIAL
CLASSIFICATION

| MID | DNI | A-2 | STATE | TREAS. | OWI | FEA | ANS | MC | FCC | JICA | L | JANAC | | | | |
|---|---|---|---|---|---|---|---|---|---|---|---|---|---|---|---|---|
| ✓ | ✓ | | ✓ | | | | | | | | | | | | | |

20581

STRATEGIC SERVICES UNIT, WAR DEPARTMENT

A-61983

-2-

6. President — Harry Moon Jim
Vice President — Ikhyim Lee
Department of Interior — Chongmyung Lee
Department of Foreign Affairs — Yongchin Kim
Department of Finance — Yongkee Paik
Department of Communications — Yongkap Lee
Department of Declarations — Youngchan Kho
Department of Welfare — Pumsung Whong
Department of Superintendance — Zeikee Park
Department of Education — Chongtai Kim

7. Each camp contributed a sum of money to finance the Association; and each was to organize it self and be under a Commander and Assistant Commander. It is hoped by the Association that they could shortly transform themselves into a National Korean Army.

8. The Koreans upcountry were concentrated by the Siamese Police in certain areas, while at date of report those in Bangkok were still dispersed about the city, although plans had been made to concentrate the one hundred and fifty Korean Guards in the city in a single place.

9. Many of the Koreans are guilty of serious war crimes, and on the whole they mistreated and unnecessarily tormented the prisoners of war.

10. At the date of report the Koreans in Siam numbered as follows:

| | |
|---|---|
| ex-prisoner of war guards, 150 in Bangkok | 900 |
| soldiers in the regular Japanese Army | 5,000 |
| prostitutes with the Japanese troops in Siam | 1,500 |
| | 7,400 |

~~CONFIDENTIAL~~

워싱턴 D.C

첩보 배포

| | | | |
|---|---|---|---|
| 발급 | 1944년 11월 17일 | 배포번호 | A-61983 |
| 국가 | 시암(Siam) | 원본 보고서 번호 | ZM-192 |
| 주제 | 조선인 조직 | 정보 날짜 | 1945년 9월 6일 |
| | | 보고서 날짜 | 1945년 9월 7일 |
| | | 배포 날짜 | 1945년 10월 15일 |
| 생산지 | 방콕 | | |
| 부처 | IB | 승인 | |
| 출처 | Z-X-2 | 보충 | |
| 보조 출처 | 명시된 바와 같음 | 첨부 페이지 수 | |
| 평가 | F-3 | | 2 |

---

1. 정보원은 해리 문실 짐(Harry Moon Sil Jim)(일본 이름 오카마토(OKAMOTO))으로, 자신이 조선에서 태어났고, 1925년에 호놀룰루에 가서 이올라니(Iolani) 학교를 다녔다고 하였다. 그는 1933년에 다시 조선으로 돌아왔다. 그는 아래 설명된 대한국민회(Korean National Association)에서 대통령으로 선출되었다.

2. 일본이 전쟁을 선포했을 때 일본은 조선인들을 전쟁에 동원하였고 몇몇을 포로감시원으로 활용하였다. 조선인 포로감시원들은 육군은 아니었지만, 고용된 민간인으로 육군에 배속되었다. 그들의 급여는 시암 돈으로 매달 120바트였지만, 조선인들에게는 오직 20바트만 돌아갔고, 나머지는 일본인들이 지급하지 않았다. 1945년 8월 말에 조선인 감시원들은 일본인들에 의해 면직되었다. 조선인 감시원들은 연합군의 호의를 얻기 위해 매우 노력했고 연합군들과 협력하기 위해 "대한국민회"를 설립하였다. 이 단체는 광복군(National Korean Army)이 되고자 하였고, 다른 연합군들과 동맹 관계를 맺기를 바란다고 지도자들이 말하였다.

3. 천 명 이상의 감시원들은 시암으로 보내져 버마-시암 철도 노선을 따라 흩어져있던 포로수용소에 배치되었다. 감시원들은 가장 낮은 계급의 일본인 군인보다 낮은 직급으로 간주되었고, 일본인들은 이들을 엄격하게 대우하고 자주 폭행했다. 거주 환경은 좋지 않았고 감시원들은 이에 매우 불만족스러워했다. 전쟁이 끝나기 6개월 전쯤에는 30명 정도의 감시원이 수용소를 탈출했다.

4. 감시원들 모두가 동일한 급여를 받은 것은 아니다. 일본인의 마음에 든 감시원들은 더 많은 돈을 받았다. 평균 120 바트의 월급 중에서 80바트는 지급되는 대신 조선에 있는 감시원의 가족에게 송금되었고 20바트는 일본 육군 야전우편국에 입금되었다. 소집이 해제되었을 때 감시원들은 200바트를 받았고 9월 4일에는 야전우편국에 맡겼던 150바트를 각각 돌려받았다.

5. 감시원들은 돈도 거의 없고 조선으로 돌아갈 이동 수단도 없었으므로 연합군의 지원으로 음식과 이동 수단을 얻기 위해 대한국민회를 설립하였다. 각 수용소에서 나온 두 명의 대표들은 방콕으로 파견되어 9월 4일 장관으로 임명되었고, 공식적으로 단체를 설립하였다. 선출된 장관들의 이름들은 다음과 같다:

6.
| | |
|---|---|
| 대통령 | 해리 문 짐(Harry Moon Jim) |
| 부통령 | 이익힘(Ikhyim Lee) |
| 내무부 | 이총명(Chongmyung Lee) |
| 외무부 | 김용진(Yongchin Kim) |
| 재무부 | 백용기(Yongkee Paik) |
| 통신부 | 이용갑(Yongkap Lee) |
| 선전부 | 고영찬(Youngchan Kho) |
| 복지부 | 홍품성(Pumsung Whong) |
| 감찰부 | 박재기(Zeikee Park) |
| 교육부 | 김종태(Chongtai Kim) |

7. 각 수용소는 대한국민회를 후원하기 위해 돈을 기부했고, 자체적으로 조직화하고 사령관과 부사령관의 지휘를 받았다. 대한국민회는 신속히 광복군으로 탈바꿈하고자 하였다.

8. 시암 경찰은 산간벽지의 조선인들을 여러 특정 구역에 집결시켰다. 도시의 한 장소에 150명의 조선인 감시원을 집결시키려는 계획이 만들어졌지만, 방콕에 있는 조선인들은 보고서가 작성된 날짜를 기준으로 여전히 도시 곳곳에 흩어져있다.

9. 많은 조선인은 심각한 전쟁 범죄를 저질렀고, 대체로 그들은 전쟁 포로들을 학대하고 불필요하게 괴롭혔다.

**10. 본 보고서가 작성된 날짜에 시암에 있는 조선인의 수는 다음과 같다.**

| | |
|---|---|
| **기존 포로감시원, 150명은 방콕에 있음** | **900** |
| **정규 일본 육군 병사** | **5,000** |
| **시암에 있는 일본군 위안부(prostitutes)** | **1,500** |
| | ---------- |
| | **7,400** |

# 11

## SEATIC Interrogation Bulletin No. 20 (Air Intelligence)

### RG 226 Entry NM-54 19-A Box 95

이 문서는 1942년 4월부터 1945년 1월까지 버마(지금의 미얀마) 랑군에 거주했던 조선인을 심문한 보고서다. 정보원은 버마 랑군에 대한 정보를 제공하고 있고, 이와 함께 1944년 2월과 3월에 태국 방콕 출장을 다녀온 경험을 바탕으로 방콕 지역의 폭격 가능한 지점에 대한 정보도 제공하고 있다. 보고서에 첨부된 랑군의 약도와 방콕의 약도에 위안소의 위치가 표시되어 있다. 랑군 약도는 1944년 12월 기준으로 작성되었고, 장교용 위안소의 위치가 186번으로 표시되어 있다. 방콕 약도는 1944년 3월 기준으로 작성되었고, 장교용 위안소의 위치가 25번으로 표시되어 있다. 정보원에 따르면 방콕의 위안소에는 일본인 '위안부' 200명이 있었다.

J. I. C. A.
(Joint Intelligence Collection Agency)

JIARC (5)

OSS (H)

CONFIDENTIAL

OSS
CONFIDENTIAL
O.I.D. XL6906

# SOUTH-EAST ASIA TRANSLATION AND INTERROGATION CENTER

JOINT INTELLIGENCE COLLECTION AGENCY C.B.I.
MAR 1945

## Air Intelligence

# INTERROGATION BULLETIN No 20

JICA/418
SHPT. NO. 575
SN. R-1048-D-45
A.......... OSS..........
N.......... FEA ........
AAF...... SIGN ........

S.E.A.T.I.C.

辭達而已矣

G. F. BLUNDA
COLONEL, CAC, U.S. ARMY
SUPERINTENDENT

XL6906

AIR INTELLIGENCE

S.E.A.T.I.C. INTERROGATION BULLETIN No. 20

dated 9 March 1945.

---

The information contained in this Bulletin is obtained by interrogation. Although every effort is made to ensure accuracy, it should be treated with reserve until confirmed from other sources.

The reference numbers shown against each item denote the informants. A record of the original material on which this information is based is kept for reference. Any enquiries should state the number and paragraph, and should be sent direct to the Officer Commanding, C.S.D.I.C.(I), Red Fort, Delhi.

---

This is the last Interrogation Bulletin to be issued in this form. Future intelligence gained from interrogation will be issued in a new series of S.E.A.T.I.C. Publications, which will be forwarded on a similar distribution as heretofore.

---

LIST OF CONTENTS.


Para.

1. Targets, Rangoon, etc.
   with appended sketch-maps.
2. Sundry Information: Burma.
3. A.R.P. Procedure in Rangoon.
4. New Airfield: Jbhore.
5. Dumps: Khao Fa Chi.
6. Roads and Bridges.
7. Communications, etc.: Magwe and Prome areas.
8. Air Attacks: Taungup, Kywegu.
9. Effects of Air Attacks: Burma Railways.
10. Air Attacks.
11. New Airfield at Okubo, Japan.
12. Targets in Chengchow, China.
13. Burmans on Aircraft Spotting duty.
14. Translation of document re Headman of Pauk village.


---

B.769 1. TARGETS - RANGOON, etc.

B.769 is a Korean who emigrated from Korea in February 1940, and after a period in Saigon and travels through Malaya, was arrested by the Japanese in Singapore. He escaped from the police station, where he had been interrogated as a spy-suspect, and entered Burma on 8 April 1942. He remained there until January 1945, except for a business trip to Bangkok during February and March 1944.

Most of his time in Burma was spent in Rangoon, where he stayed for 2½ years, becoming conversant with its geography, and with the numerous military and economic features. Eventually the continual Allied air-raids, and the fear that his alias had become suspect, caused him to leave Rangoon, where his wife and child are still living, and to make his way to the British lines.

In pin-pointing over 350 possible targets in Rangoon, other parts of Burma and Bangkok, he has shown proof of a remarkable memory and unusual facility in handling maps. While the degree of reliability is difficult to assess, checking and rechecking of the positions given have elicited consistent replies, and much of his information agrees with data from other sources.

Key to positions marked on sketch-map of Rangoon; December 1944.

1-2 Brick barracks: 100 Japanese and 100 I.N.A.

3 Bungalow occupied by Dr. BA HAN (Dr. BA MAW's brother)

4-8 Extensive petrol and bomb dumps

9-16 Wooden buildings occupied by 2,000 B.P.A. and 1[illegible] Japanese troops

17 Military warehouse

18 Shirt factory

19 Japanese bungalows

20 Large food and clothing dumps

21 TOYO SHOKAI office (a Japanese firm, Oriental Trading Co.)

22 Japanese Ambassador's bungalow

23-25 Railway H.Q. (Military)

26 Aircraft salvage materials dump

27 Japanese hospital

28 Important civilian contractors

29 Bungalow of Burmese Government official, U BA YI

30-32 Three bungalows occupied by a Japanese General and important Staff officers. (B.769 gives the General's name as SUZUKI Seiichi - not identified in the Order of Battle - and thinks the rank was Lt. Gen.)

33-35 Air Transport Company's offices

36 Buildings occupied by Japanese troops and Head of Rangoon Police

37 S.C. BOSE's bungalow

38 2-storeyed red-brick building occupied by 100 - 200 Japanese troops

39 Ten spare trams kept here

40 DOMEI News office with wireless station

41 I.N.A. Barracks

42-45 Wireless Stations

46 HAYAKAWA Hospital for Japanese and Burmese

47 Dumps of 500 x 42-gall. petrol drums

48 Residence of THAKIN MYA, Burmese Propaganda Minister

49 Japanese military offices

50 Broadcasting station in CHIN TSONG's palace

51 Ammunition factory

52 Japanese Ambassador's office

53-56 Japanese Burma Area Army H.Q.

57 Searchlight and A.A. guns here

58 B.P.A. H.Q.

59 B.P.A. Workshops

60 District Magistrate's City Court for civil and criminal cases

61 ATAKA Co's office (Japanese Shipping Co.)

62 Burmese Municipal Official's bungalow

63 Bungalow occupied by journalists of YOMIURI Newspaper

64 Office and warehouse of a Formosan civilian contractor to the Japanese

65 Office of MITSUBISHI SHOJI KAISHA

66 Rangoon High Court

67 TAMOKU KENCHIKU Co. (Japanese civilian building firm)

68 I.N.A. Propaganda printing house.

69 KEMPEI H.Q. for Rangoon

70-72 Burmese Govt. employees' bungalows

73 Dr. BA MAW's house

74 Dr. BA MAW's office

75 3 searchlights, 3 A.A. guns and wireless station

76-77 Brick buildings occupied by 50 KEIBITAI (Guard troops)

78 Wooden buildings occupied by 150 Indian women, Rani of Jhansi Regt., trained as propagandists.

79 New main passenger and goods railway station

80 Military stores: 150 - 200 Japanese and 500 Indian coolies employed

81 Large wireless station, east of Reclining Buddha Pagoda

82 Wireless Station

83 Burmese language newspaper printers' offices

84 New Light of Burma (Burmese language newspaper) printing office

85 Main telegraph office

86 HIKARI KIKAN H.Q.

87 Japanese firms' bungalows. KANEBO Cloth Co. and ATAKA Shipping Co.

88 Wooden buildings occupied by the Association of Japanese Residents, also the latter's two-storey brick and wooden hospital

89-90 Large M.T. workshops: Civilians working for military

91 Large I.N.A. M.T. workshops

92 Large M.T. workshops

93 Burmese language newspaper printing office

94 Yokohama Specie Bank

95 General Post Office

96 YOMIURI Newspaper Office - with wireless station

97 MITSUBISHI Co's bungalow

98 KANEBO Co's bungalow

99 MARUEI Co's bungalow (motors and factory equipment firm)

| | |
|---|---|
| 100 | Burmese Youth Organisation's propaganda H.Q. |
| 101 | DAIMARU Co's bungalow |
| 102 | ATAKA Co's bungalow |
| 103 | YOMIURU Newspaper offices |
| 104 | Govt. Tax office. 2-storeyed wooden building |
| 105 | Indian National Bank. 2-storeyed brick and wooden building |
| 106-107 | SANKO Co's bungalow. (Japanese firm producing caustic soda, etc.) |
| 108 | KANEBO Cloth factory. Brick building |
| 109 | DAIMARU Co's rope factory. 2-storeyed wooden building. |
| 110-112 | MITSUI BUSSAN Co's bungalows |
| 113 | TONAN SANGYO Tea Co's offices |
| 114 | Bungalow occupied by sailors |
| 115 | Large Japanese military supply company's offices |
| 116 | YAMASHITA KISEN Shipping Co's offices |
| 117 | DAIMARU Co's rope factory |
| 118 | S.C. BOSE's Indian H.Q. 2-storeyed building |
| 119 | Offices of NICHIMEN SHOJI K.K. (cotton firm) |
| 120 | SENDA Co's offices (shipbuilding firm) |
| 121 | Offices of KINTO SHOKAI (Japanese food firm |
| 122 | Burmese Public Distribution Co's offices |
| 123 | Rangoon Waterworks plant |
| 124 | Naval H.Q. in two brick buildings. Deep trenches |
| 125 | Offices of BANDOOLA U SEIN, Burmese Minister, also DOBAMA (We Burmese) Propaganda Office |
| 126 | Burma State Bank |
| 127 | Burmese Propaganda Office |
| 128 | Military Police general's bungalow |
| 129 | Church |
| 130 | Searchlight |
| 131-132 | A.A. guns |
| 133 | Commodity distribution H.Q. and warehouse |
| 134 | Pro-British District Magistrate's house |

135 Japanese cake bakery: MORINAGA Co.

136 Offices of Indian contractor supplying metal to Army

137-138 Petrol dumps

139 Barracks: 500 B.P.A. troops in new wooden and bamboo huts

140 New barracks in jungle: 300 B.P.A. troops in wooden and bamboo huts

141-144 Cinemas where propaganda films are shown

145 Petrol dumps in brick building

146 Orient Club, still frequented by important people

147 New Burma Opera house for propaganda performances

148 Boat Club, where propaganda films are shown between 1700 and 1900 hours for Japanese only

149 Petrol supplies, pumps

150 A.R.P. barracks

151 A.R.P. H.Q. for all Rangoon

152-154 A.R.P. barracks

155-156 Searchlights and A.A. guns

157-158 Barracks: 300 Japanese in many long wooden buildings

159 Underground petrol stores for NIPPON TSU-UN Transport (Bus) Co. Starting place for Prome, Pegu and other long-distance bus services

160 Small arms ammunition factory in new wooden building

161 Cinema

162-163 B.P.A. barracks: 1,000 troops in wooden and bamboo buildings

165 Nippon Typewriter Co's offices: 40 Japanese employed

166 3-storeyed brick barracks: 50 Japanese

167 Government House, now almost completely vacated through fear of bombing

168 Japanese barracks: new wooden buildings

169 Japanese military offices: wooden building

170 Ammunition and general dumps: wooden warehouse

171 Large ammunition dumps: wooden warehouse

172 Ordnance supply office: brick building

173 Military warehouse: wooden building

174 SHOWA TSU-UN Motor Transport Co.

175 NAMPO KAIHASSU Bank (Military)

176 SHOWA TSU-UN Motor Transport Co's offices: brick building

177 KAIKOSHA - swords, field-glasses, etc. supplied to Officers

178 Offices of Indian contractor to the Japanese.

179 Military officers' bungalow

180 Burmese Government Transport Office: 2-storeyed wooden building

181 Japanese hospital

182 A.A. guns and searchlight manned by Japanese

183 M.P. school for Burmans: 2-storeyed brick building

184 M.P. H.Q. for West Rangoon

185 Main telephone exchange

186 Pegu Club, now a brothel for officers

187 "NIHON-SAN" Temple, where Japanese funeral services are held

188 I.N.A. barracks: 2,000 troops

189 10 - 15 A.A. guns on Old Race Course

190 Japanese Military and civil hospital under civilian control

191 Military Rest Camp: large 3-storeyed building

192 DOMEI News Offices

193 Military hostel for Japanese officers

194 ESAKI Hospital Branch

195 Japanese Hotel: one-storeyed wooden building

196 IWAKURO KIKAN: single-storeyed brick building

197 ESAKI Hospital, civil and military

198 Hotel used by Japanese: 3-storeyed brick building

199 Searchlights and A.A. guns manned by Japanese

200 Three bungalows occupied by SUISAN SANGYO Co, Japanese fishing firm

201 J.A.A.F. captain's bungalow

(H) CHUBU HAIDEN, electric supply company for all Rangoon: offices in wooden building

(I) I.N.A. barracks: wooden building

(J) HEITAN (L. of C.) Hospital

(K-N) HEITAN Rest Camp: barracks and offices

(O) Offices of Formosan liquor firm supplying whisky, sake, etc.

(P) Japanese liquor firm's offices

(Q) Indian-owned propaganda cinema

(R) Marine barracks. 4-storeyed brick building: 300 men

(S) Formosan liquor firm's offices

(T-V) M.T. parts, trucks, cars supplied here. (Military)

(W-X) Bungalows occupied by Japanese Marines

(Y) Burmese Government propaganda office: wooden building

(Z) Indian officers' bungalow

(X1) Mortar factory employing 100 men, including 20 Japanese.

(X2) MITSUI BUSSAN Co's offices: 2-storeyed brick building

(X3) SHIONOGI Co's offices in wooden building. Medicinal supplies

(X4) Korean contractor's offices. Military supplies

(X5) HEITAN (L. of C.) H.Q., 50 Japanese officers: brick building

(X6) KUN LAK Hotel Chinese), frequented by many Japanese officers: brick building

(X7) TSU-UN transport Co's workshops

(X8) TSU-UN Co's main offices

(X9) Japanese printing offices, controlled by Nippon Typewriter Co.

(X10) TSU-UN Co's bungalow

(X11) Residence of Lt.Gen AUNG SAN, B.P.A. Commander

(X12-X14) Japanese M.T. Workshops

(X15-X16) New wooden bamboo huts, occupied by 200 B.P.A. troops

(X17-X19) New wooden and bamboo huts, occupied by 200 Japanese troops

(X20) Large dumps of petrol, bombs, M/G ammunition, etc.

**KEY TO POSITIONS MARKED ON SKETCH-MAP OF BANGKOK: MARCH 1944.**

1. Considerable Japanese forces in rest-camp here
2. Japanese barracks
3. Warehouses
4. Bangkok Railway H.Q. and large warehouses
5. Five cinemas, where propaganda films are shown
6. Centre of large burnt-out area
7. Japanese embassy, Association of Japanese Residents and KYODO HAIKYU KUMIAI offices
8. Japanese air transport offices
9. MITSUBISHI SHOJI KAISHA and MITSUBISHI BUSSAN KAISHA offices
10. Hotel occupied by about 100 Japanese
11. Yokohama Specie Bank
12. Trocadero Hotel, party burnt-out in an air raid. Still occupied by many Japanese officers
13. Building occupied by 30 - 40 KEIBITAI troops
14. Japanese air transport bungalow
15. DOMEI news office
16. Warehouse
17. Menam Hotel, occupied by Japanese
18. ASAHI Newspaper office
19. KAIKOSHA (Japanese officers' club and military shop)
20. Burnt-out area
21. Japanese hospital
22. Expensive club frequented by Japanese and Siamese officers and wealthy civilians

23-24 A.A. guns manned by large Japanese forces

25. Brothel (for Japanese officers only). 200 Japanese prostitutes
26. Military Police H.Q.
27. Large Japanese firm's offices
28. Burnt-out area
29. Thailand Hotel. Occupied by over 100 Japanese, including many pilots

30. Japanese Air Headquarters

31. Black building occupied by a few hundred Japanese and Siamese troops

KEY TO POSITIONS MARKED ON SKETCH-MAP OF PEGU - LAKE HIAWGA AREA; Oct. 1944.

1. There were many Japanese in large rest camp just N. of the bridge over the Pegu River.

2-3 Defensive positions, pill-boxes, M.T. and ammunition dumps were located on both sides of the road 3 miles south of Pegu.

4-7 There were about 200 Japanese in bamboo huts along the roadsides.

8. About 5 wooden huts containing aircraft stores.

9. About 10 wooden huts occupied by B.P.A. troops.

KEY TO POSITIONS MARKED ON SKETCH-MAP OF TOUNGOO AREA Oct. 1944.

1. New wooden barracks occupied by about 100 Japanese.

2. Air H.Q. with R/T Station.

3-4 On both sides of the Mandalay Road were large supply dumps extending about 2-3 furlongs between Air H.Q. (2) and positions 3 & 4. Most of the petrol was dumped to the east of the road, while M.T. and aircraft parts were stored on the west side, in the jungle. About 150 Japanese were working here.

5-6 About 2 miles still further north, on both sides of the same road, just past the airfield, there was considerable activity among a number of pill-boxes and trenches.

RANGOON.
SCALE. 3 INCHES = 1 MILE.
INSET No. 1
SCALE. 1·5 INCHES TO 1 MILE.
JACOB BARRACKS
INSET No. 2
SCALE. 1·5 INCHES = 1 MILE.
INSEIN
INSET No. 3.
MINGALADON AIRFIELD
SCALE. 3 INCHES = 1 MILE.
THAMAING LINK ROAD
PAZUNDAUNG CREEK
VICTORIA LAKE
RANGOON UNIVERSITY
RACE COURSE
THINGAN GYUN ROAD
WINDERMERE PARK
BAGAYA PONGY ROAD
SHWEDAGON PAGODA
ROYAL LAKE
CAMPBELL ROAD
LAKE ROAD
PAGODA ROAD
AHLOME ROAD
LOWER KEMMENDINE ROAD
PEGU CLUB
OLD RACE COURSE
ST. JOHNS ROAD
STRAND ROAD
LOWER PAZUNDAUNG ROAD
MONKEY POINT ROAD
RANGOON RIVER

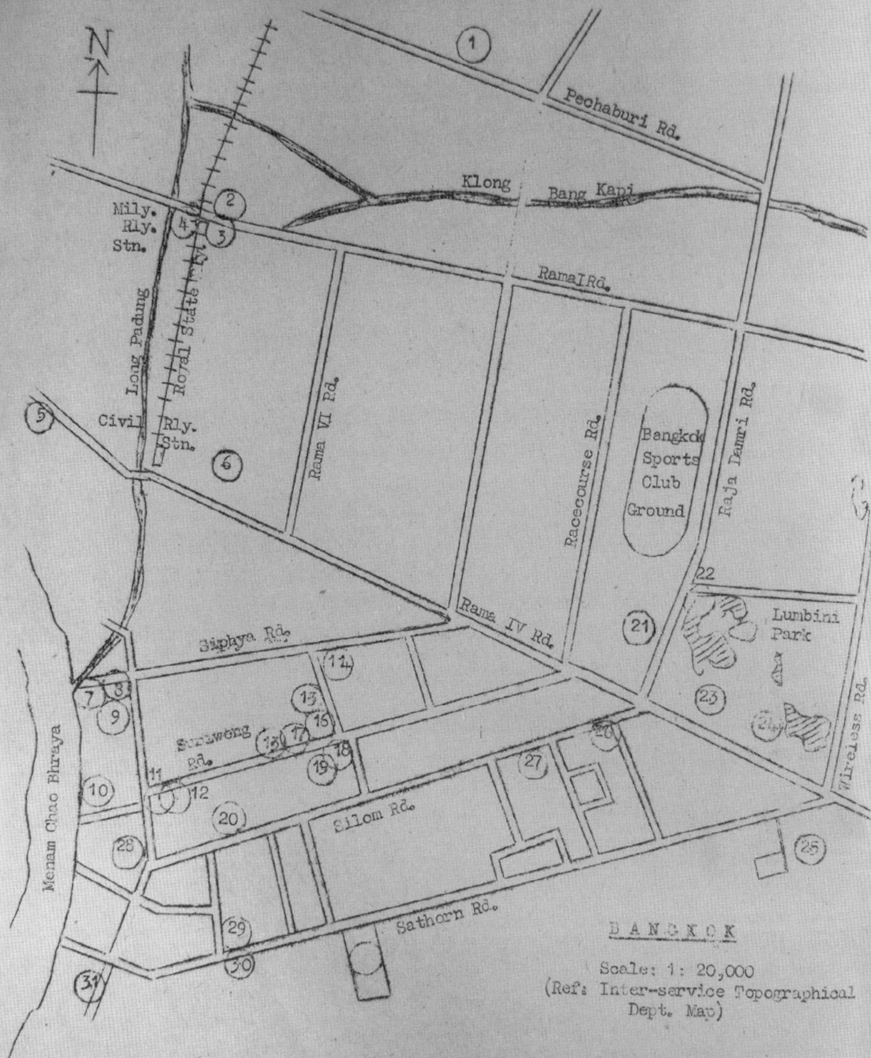
N
Pechaburi Rd.
Klong Bang Kapi
Mily. Rly. Stn.
Long Padung
Royal State Rly.
Rama I Rd.
Rama VI Rd.
Civil Rly. Stn.
Racecourse Rd.
Bangkok Sports Club Ground
Raja Damri Rd.
Rama IV Rd.
Lumbini Park
Siphya Rd.
Surawong Rd.
Wireless Rd.
Menam Chao Bhraya
Silom Rd.
Sathorn Rd.
BANGKOK
Scale: 1: 20,000
(Ref: Inter-service Topographical Dept. Map)

- Page 14 -

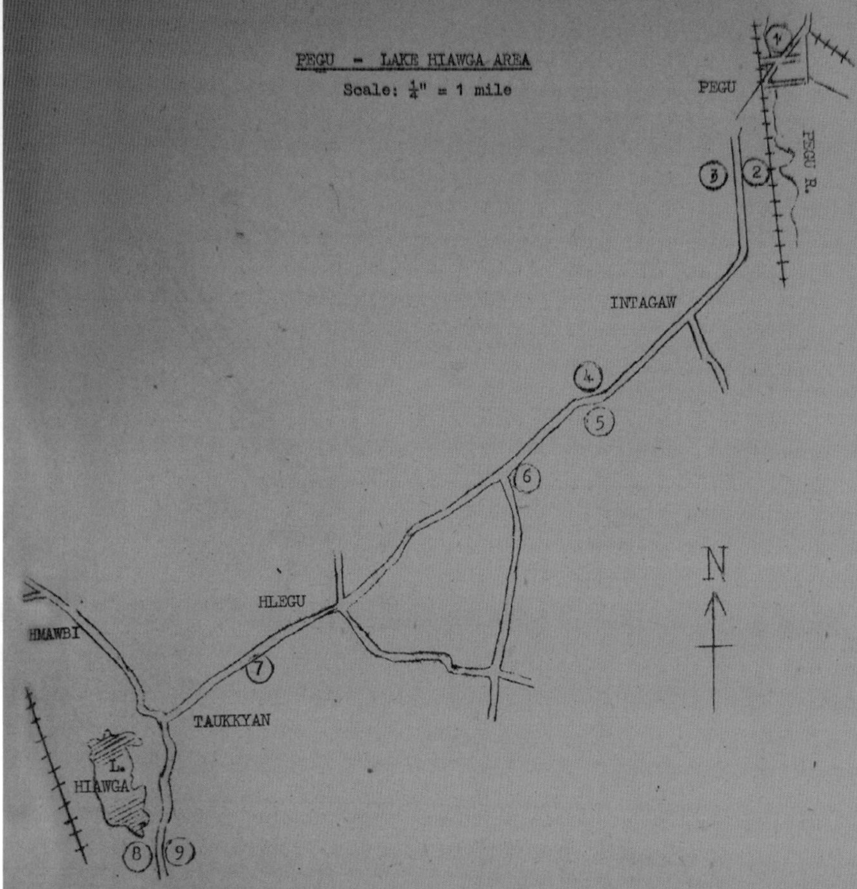
PEGU - LAKE HIAWGA AREA
Scale: ¼" = 1 mile
PEGU
PEGU R.
INTAGAW
HLEGU
HMAWBI
TAUKKYAN
L. HIAWGA
N
1
2
3
4
5
6
7
8
9

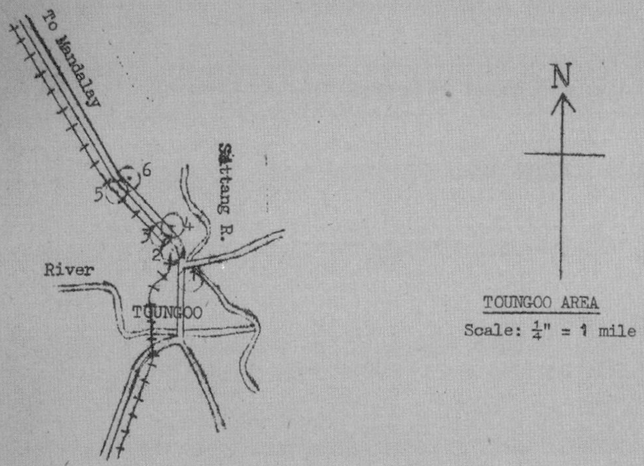
To Mandalay
Sittang R.
River
TOUNGOO
N
TOUNGOO AREA
Scale: 1/4" = 1 mile

- Page 16 -

B.769 2. SUNDRY INFORMATION: BURMA

(a) B.769 said that there were 3,000 Japanese in the town area of Shwedaung in November 1944.

(b) There were 500 Japanese in 2-storeyed wooden barracks three-quarters of a mile N.W. of the bridge over the lake at Meiktila. January 1945.

(c) There were four or five 2-storeyed buildings containing aircraft spare parts 3 furlongs N. of Meiktila, on the right hand side of the road to Mandalay. On the opposite side there were a few buildings, containing miscellaneous stores, January, 1945.

(d) B.769 saw 25 trucks parked 10 miles East of Kyaukpadaung, near the S. side of the road close to a small village. 4 January 1945.

(e) He saw only two aircraft on Nyaunglebin airfield in October 1944.

(f) While in Siam he heard that a new airfield had been constructed near Mesoht, close to the frontier. September 1944.

(g) While travelling along the Prome-Rangoon road he passed a factory situated in jungle to the west of the road and 50 miles from Prome, where, according to rumour, flares were being made. November 1944.

(h) It was rumoured that ammunition stores were being moved westwards across Rangoon river to positions between 16 48' and 16 49', near the west bank. December 1944.

(i) The extensive camouflage which used to cover the Prome-Tiger Alley road in Rangoon was removed before December 1944.

(j) He heard that no aviation spirit was being produced in Burma, but that the entire supply for Burma was imported from Sumatra, via Moulmein and Pegu, in 42-gallon drums. December 1944.

(k) The large bomb-dumps South of the Mental Hospital and Kokine Road, Rangoon were completely destroyed by bombing in November 1944. After the raid the bombs could still be heard exploding throughout the night.

(l) The Mental Hospital is now used only for contagious diseases.

(m) Marshalling-yards behind upper Pazundaung Rd. were rumoured as no longer used, owing to bombing.

(n) There was a Timber-mill located a few yards S.W. of corner of Strand Road and West St., Rangoon.

(o) The main Power Station, S.W. of Strand Rd., was still being used.

(p) A Match factory was located at corner of Rosebank Rd. and Lower Kemmendine Rd., Rangoon.

B.769 3. A.R.P. PROCEDURE IN RANGOON.

Instruction of civilians in trench-digging and general Air Raid Precautions was undertaken by the military under BŌKŪ SHIREIBU (A.R.P. H.Q.) After air raids the latter would canvass the civil areas, demanding charity for victims and disseminating propaganda.

The chain of procedure after a bombing incident was as follows :-

(1) Nearest KEIBITAI guard phones BŌKŪ SHIREIBU.

(2) BŌKŪ SHIREIBU personnel arrive on scene of incident, write report, contact HEITAN (L. of C.) H.Q., phone for ambulance and, if necessary, summon Fire Brigade.

(3) HEITAN personnel join KEIBITAI and, with the help of neighbouring civilians, clear debris, rescue injured and place them in the ambulance.

C.990 4. NEW AIRFIELD - JOHORE.

In February 1944, source saw about 1,000 coolies cutting away hills and levelling ground at a place about 2 miles North of Batu Anam, along the Kota Tinggi road. He afterwards learned that this was the site of a new airfield. Source cannot give any details, as he had been to the site only once, when he was on a field exercise.

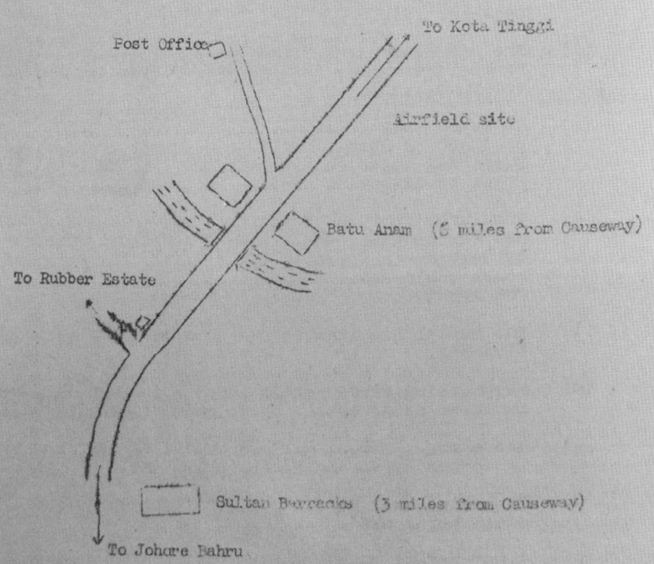

C.990 5. DUMPS - KHAO FA CHI.

Source was in Khao Fa Chi on 15 March 1944, and saw numerous petrol drums stacked on both sides of the railway line, as well as an ammunition dump, and rice stored in a warehouse.

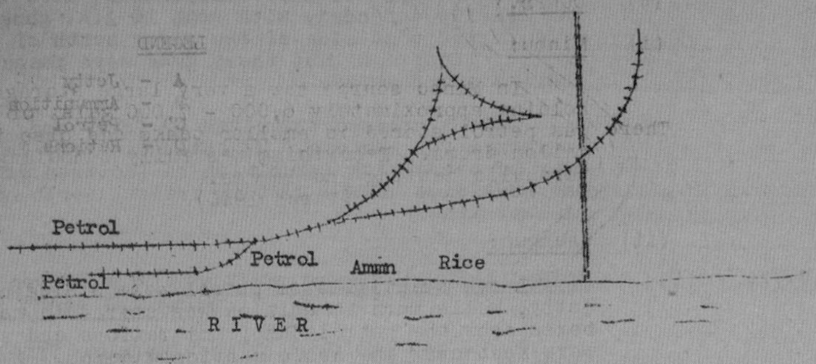


Source can give no details of the quantities, and is vague as to the exact location of these dumps.

C.990 6. ROADS and BRIDGES.

(i) Tamok - Palaw - Tavoy.

Source left Tamok on 25 March 1944 at 1000 hours by lorry, and reached Pa_aw at 1700 hours on the same day; he left Palaw at 0800 hours on 5 April and arrived at Tavoy 1700 hours. The road was only wide enough for one lorry, but the surface, though dusty, was even. The route was interspersed with numerous small wooden bridges, the longest of which was about 30 ft. All the bridges were camouflaged with dry branches. Three bridges had been broken, and no attempt at repairs had been made, so that the trucks had to negotiate the gaps by running across the river-bed. All traffic and transportation was controlled by the Japanese.

(ii) Tavoy - Ye.

Source was taken by lorry from Tavoy to a point 45 miles along the Tavoy - Ye road, where there was a steel bridge about 100 yards long, well camouflaged with grass, ang guarded by Japanese. There is a very high hill on the Ye side of the bridge. From there source and his conpanions had to walk to Ye, 55 miles away by road, while the Japanese-driven lorries turned and returned to Tavoy.

(iii) Sittang Bridge.

Source arrived at Sittang on about 15 April 1944, having come from Martaban by train. This train put into a siding for the night, all the passengers remaining aboard for the night. From a friend source heard that the Sittang bridge had been bombed and damaged a couple of days before this; that the bridge was heavily defended, with some 10 A.A. guns on the hill on the east side of the river north of the railway line; and that these guns were manned by Indians and Japanese.

Source crossed the river by ferry and entrained for Rangoon. He noticed a very large dump of petrol and ammunition on the open ground to the west side of the Sittang bridge, north of the railway line.

B.724 7. COMMUNICATIONS, PETROL TRANSPORTATION, DUMPS, ETC. MAGWE and PROME AREAS.

B.724 was employed by the Japanese from April 44 until he was recovered by the Allied troops on 11 December 44. He is fairly intelligent and appears reliable.

(a) DUMPS.

(i) Minbu:

In Minbu source saw a very large storage tank holding approximately 6,000 - 7,000 gals. of petrol. There was petrol stored in smaller tanks and also in 20 gallon drums. Everything was fully camouflaged with tarpaulin netting and leaves.

(March 1944)

(ii) Taungup:

Large quantities of petrol were stored near the jetty, while much ammunition was stored in wooden boxes near the petrol dump, and rations and stores were kept near the above mentioned dumps. (Ref. : Taungup Town BN/80 3.1.44).

(October 1944)

DUMPS IN TAUNGUP TOWN
(BN/80 3-1-44)

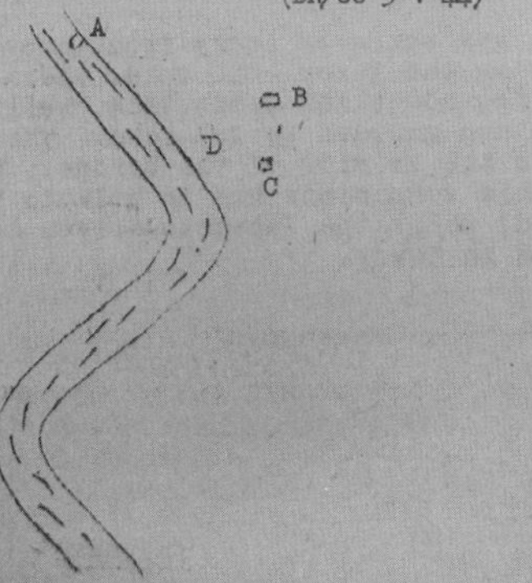


LEGEND

A - Jetty
B - Ammunition
C - Petrol
D - Rations

(iii) Alechaung:

There were over 100 25-gallon drums of petrol stacked under the trees near the landing place along the stream, guarded by Japanese sentries.
(October 1944)

(iv) Pandaung:

All the oil brought down from Yenangyaung and Yathaya oilfields was stored in large drums camouflaged with branches.
(October 1944)

(v) Paletwa:

There were camps on either side of the Kaladan where considerable numbers of rifles, hand-grenades and ammunition were stored.
(November 1944)

(b) TRANSPORTATION OF OIL AND PETROL.

(i) Minbu - Magwe:

Source said that oil and petrol were taken to the airfield in Magwe every alternate day, across the Irrawaddy. 4 canoes were used per trip; each carried 25 12-gallon drums, and had 8 men rowing and a large cloth sail. With a fair wind the journey took 1½ hours, otherwise it might take anything upto 3 - 3½ hours. From Magwe the drums were transported to the airfield in bullock carts. All these operations were carried out under cover of darkness.
(March 1944)

(ii) Yenangyaung - Prome/Rangoon:

The oil was taken in drums down the Irrawaddy all the way to Rangoon. 3 flat, square containers, each holding 60 gallons, were tied with strong rope under wooden rafts, so as to submerge them in water completely, and were thus floated all the way to Rangoon. Source said that the alternate route of transporting oil to Rangoon was by road, and had seen large convoys of trucks that left for Rangoon. Both these operations were carried out at night only. On arrival at Prome or Rangoon the rafts were abandoned, and the men sent back to bring fresh supplies.
(March 1944)

(iii) Yathaya - Rangoon:

Considerable quantities of oil were also sent down the Irrawaddy to Rangoon in canoes.
( 1943/44).

(c) BOATS:

Approximately 30 - 35 wooden canoes were kept at Taukshabin, two miles south of Minbu. These were moored in the open along the river banks, and manned by Burmese personnel.
(March 1943)

(d) MAGWE AIRFIELD:

(i) Runways:

Source heard from the labourers employed on the airfield that the Japanese were extending the ground and that 6 new cement runways had been constructed.

(ii) Aircraft:

B.724 saw 5 - 6 aircraft of different types stationed permanently at Magwe, while 50 - 60 aircraft, mixed bombers and fighters, landed every 2 - 3 days, apparently in order to refuel.

(March 1943)

(e) A/A GUNS:

(i) Alegyaung:

2 anti-aircraft guns were installed on the river bank near the landing place.

(March 1943)

(ii) Magwe:

There were about 10 - 15 anti-aircraft guns sited near the temporary jetty, which were manned only by Burmans.

(April 1943)

(f) AIR RAIDS:

(i) Minbu:

Minbu was bombed on the morning of 16 April and 1700 civilians were killed, including Burmese, Indians and Chinese.

(April 1943)

(ii) Magwe:

A petrol dump was destroyed in an air raid on 17 April.

(April 1943)

(iii) Yenangyaung:

In the air raid of 18 April a petrol dump was destroyed and some damage done to the oil installations.

(April 1943)

(g) MOTOR TRANSPORT:

Source saw approximately 20 - 25 lorries in the neighbourhood of Minbu and Magwe. Both Japanese and Burmese personnel drove the cars.

(h) PADAUNG:

There was a large transit camp situated 5 miles west of Prome along the Prome-Taungup road. All the oil which had been brought from the Yenangyaung and other oilfields was stored in drums and then sent to Taungup by road. Quite a number of Japanese officers,

including the majors and captains in charge, lived there. There was a big motor transport section with about 100 lorries.
(October 1944)

(i) ROAD JOURNEY PADAUNG - TAUNGUP:

Source left Padaung in a convoy of 15 trucks, which carried petrol and rations, and reached Taungup on the morning of the 24th. The Prome-Taungup road was in a bad and pot-holed condition over its whole length, with the result that there were frequent breakdowns which held up the traffic. The convoy travelled by night only.
(19 Oct. - 24 Oct. 1944)

(j) JOURNEY MINBU - RANGOON:

(i) Minbu - Prome:

Source left Minbu on April 1944 by road to go to Rangoon via Prome, from where he went by rail. From Minbu he went in a horse cart via Pwinbyu to Thangaing, at which point he crossed the Irrawaddy to Yenangyaung. There he got into a truck and went to Prome. The roads were all weather, metalled and motorable - except for the Minbu - Thangaing stretch which was ordinary mud track only wide enough for horse carts, and which would create difficulties in the monsoon.

(ii) Prome - Rangoon:

B.724 left in a train of 20 mixed passenger and goods carriages. Large numbers of Japanese wounded, including officers and men, were being evacuated to Rangoon.
(April 1944)

BA.203 8. AIR ATTACKS. - TAUNGUP, KYWEGU.

P.W. stated that bombing and ground strafing were almost daily occurrences, the heaviest he experienced being a highlevel attack by some 12-14 B.29s on Taungup in Nov. 44. The attack came just as the morning mists were lifting, and casualties were heavy, 50 men being killed and about an equal number wounded. The ground was wet at the time, and most defences were flattened. Some of the store dumps were hit, and stocks of clothing etc. were destroyed.

On 12 February 45, some 5 or 6 bombs which looked like large drums were dropped on the pontoon bridge at Kywegu PS 0781. P.W. heard from troops in the vicinity that these were dropped by fighters. On basha, housing the troops guarding the bridge, and two pontoons were burnt.

The only intimation of impending air attacks was the sounding of a bell, whereupon all troops took to the nearest slit trenches.

The stores in P.W's charge were distributed over a wide area of thick jungle, in small, well-camouflaged dumps. Some stores were kept in dugouts, but these were more for concealment than for protection against bombing.

In common with other P.W., he considers low level bombing to be the most terrifying of all air attacks.

P.W. was disinclined to give an opinion of the effect of air attacks on morale. Interrogators are of the opinion however, that his reticence is very likely due to the fact that morale has been badly shaken by these constant air strikes.

M.993 9. EFFECTS OF AIR ATTACKS: BURMA RAILWAYS.

(a) On the railway line between Pegu and Mandalay, M.993 saw a great many badly damaged and abandoned goods wagons and passenger coaches.
(Sept. 1944)

(b) Between Saigaing and Shwepo, M.993 saw very large numbers of badly damaged and abandoned railway wagons all along this stretch of the line.
(Oct. 1944)

(c) M.993 saw the Martaban Railway bridge (North of Moulmein which was badly damaged by bombs. The bridge appeared to have been abandoned by the Japanese and all troops and supplies were being ferried across by boats - mostly small craft.
(20 Sept. 1944)

(d) M.993 saw an iron bridge, about 200 metres in length, which had been hit in the centre by bombs. Passengers only were permitted to cross over wooden planks placed across the gap! M.993 does not know the exact location of this bridge, but stated that it was about 40 miles North of Pyu on the Rangoon - Mandalay line.
(1 Oct. 1944)

(e) M.993 stated that Allied bombing had a very demoralizing effect on Japanese soldiers in Burma. Strafing was particularly terrifying, especially in view of the fact that Japanese planes were so conspicuous by their absence.

BA.183 10. AIR ATTACKS.

P.W. has experienced several Allied air-attacks, one of these being sometime in April near Taungup (prior to the move to Ramree.) Some 15 twin-engined aircraft bombed and strafed the area in which P.W. was hiding. He alleges that damage was slight, only 2 of his formation being killed. No Japanese aircraft appeared nor were the Allied planes engaged by A.A. fire.

P.W. states that he personally is more afraid of low-level bombing (SUIHEI BAKUGEKI) than of any other, as 'We can then see the bombs coming down' He claims that ground strafing has little morale effect on the troops as they are well-protected in their bunker-positions and only a chance shot can get through.

No system of visual or other warning was given; the troops went 'to earth' whenever any aircraft was heard and stayed there until they either saw them or until the sound could no longer be heard. As very few Japanese aircraft were ever seen, all aircraft were taken to be enemy.

P.W. was unable to give any information regarding time-bombs (JIKEN BAKUDAN), other than to mention that he had seen some unexploded bombs which he believed were left 'in situ' for two or three days; the troops giving them a wide berth when having to pass.

Some two days before capture, during a violent artillery battle with aircraft support, P.W. saw a burst followed by a tall column of black smoke 'sprouting up like a bamboo, with a top like a mushroom' rising to over 150 metres. The troops thought this to be a direct hit on a petrol dump, but under further questioning, P.W. stated that he thought there was no petrol dump in that particular area; about 800 m. SOUTH of PS507512. A subsequent fire burned for about 40 minutes but P.W. does not know the extent of the damage caused as he did not meet anyone from this spot. As the general noise of the battle was so intense P.W. does not know whether the pillar of smoke was preceded by any loud explosion or not.

On being shown a copy of an aerial oblique photograph (sortie 2/213 29 Jan. 45) showing the pillars of smoke from a 'NEPALM' bomb, P.W. stated this to be similar to what he had seen during the action mentioned.

P.W. admitted that Allied bombing was very terrifying but that it affected the troops intestines rather than giving them headaches. He personally saw very little of the actual bombing as he believed strongly in 'keeping his head well-down'.

M.976 11. NEW AIRFIELD AT OKUBO, JAPAN.

In Jan. 1943 when P.W. was stationed in Kyoto he heard that a new A/F was being built at Okubo (between Kyoto and Nara on the Nara Denki Tetsudo line). This A/F, it was rumoured, would be used by an Army Flying Training School.

P.W. also heard that Ikoma Yama, highest mountain between Kyoto and Nara, - the surrounding country being very flat - was being used for glider practice.

C.996 12. TARGETS IN CHENGCHOW. CHINA.

Source left Chengchow in April 1944, after some six years residence there, as engineer in the YUE CHUNG Press Packing Co. On his journey out of China source did not see anything of J.A.A.F. activity, other than occasional formations of aircraft flying in the direction of Hankow, but he drew the following sketch of the Chengchow area and gave the information appended. The sketch is very rough and is not to scale, and is only intended to indicate the general whereabouts of the places named.

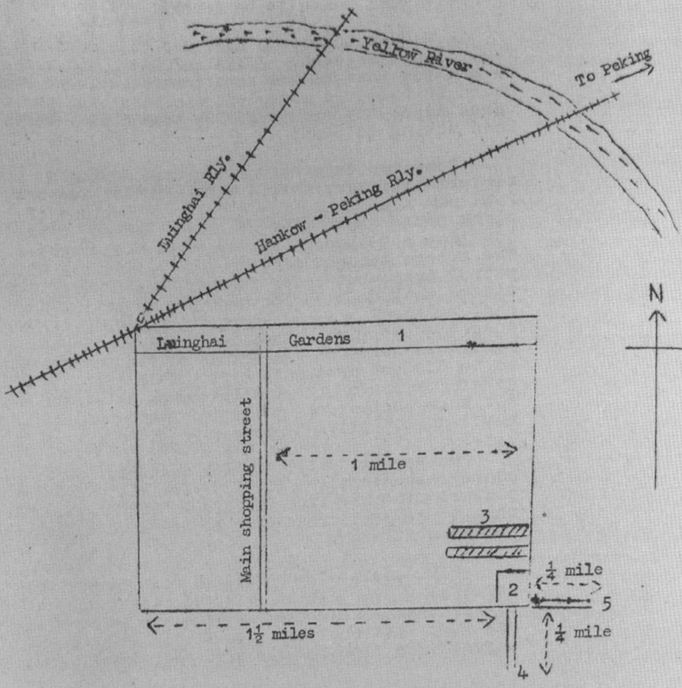


CHENGCHOW, HONAN, CHINA

KEY TO PLAN.

1. Luinghai Gardens. Full of Puppet (Occupied China) troops under Japanese Officers.

2. Main Offices of YUE CHUNG Press Packing Co. Living quarters occupied by Senior Japanese Officers. These buildings have the largest chimney in Chengchow, 120' high, painted green.

3. 2-storeyed warehouses. 10" reinforced concrete between 1st and 2nd storeys. 500 Chinese Puppet troops were billeted there. Tanks, M/T., etc. also kept there.

4. Italian Hospital. Full of Chinese Puppet and Japanese troops. Guns also there.

5. Small village. Crowded with troops at night.

NOTE: Total number of Japanese and Puppet troops in Chengchow :- 5000

13. BURMANS ON A/C SPOTTING DUTY.

The following are translations of two letters from the Township officer, Salingyi (PK.4467) to Headman Kyadet Village (PK.2853) on the subject of aircraft observation.

Translation No.1.

"Urgent - Inportant.

By order of the Township Officer, Salingyi.
8 Dec. 1944.

To the Headman Kyadet. In accordance with instructions from Recruiting Officer U THAUNG SEIN, immediately on receipt of this letter, please detail two Scouts of the BAMA WUNDAN in a suitable place near your village to watch for aircraft both by day and by night. Their pay will be Rs.75/- per month.

Any important information must be sent immediately to the T.O. in charge of BAMA WUNDAN, to the nearest Japanese military police, and to the Japanese police at Monywa.

The following are the details to be reported by the aircraft observers :-

(1) Date and Time.
(2) Number of aircraft.
(3) Types of aircraft.
(4) Height at which they are flying.
(5) Direction from which they come.
(6) Anything they have done.

Translation No.2.

"By order of the Township Officer, Salingyi
14 Dec 44.

To the Headman Kyadet. I have been speaking to the Recruiting Officer U THAUNG SEIN about the aircraft observers. In addition to their other duties they must watch out for lights being shown (to direct aircraft.) Any improper light must be reported immediately to the Headman concerned and by him to the Office of the Association. Suitable towers are to be built from which to observe."

(Extract from No.3 F.I.C. Report dated 2.2.45).

14. DOCUMENT CAPTURED IN PAUK, 29 JAN. 45.

Translation as follows :

"COMMENDATION

U MA TEN, Headman of Pauk
Village, Pakokku District.

The above-named has, from the time of the occupation of these territories by the Japanese Army, at the beginning of the Great East Asia War, zealously co-operated with the Japanese Army, in his capacity of "peace-keeping" officer, and local president of the Nippon-Burma Co-operation Society, and has done much in keeping the populace contented.

In particular, when an enemy (American) aircraft made a forced landing in this district, the occupant(s) escaping, on 6 June 1944, he did not fail, once he was in possession of the details, to report the matter to the Japanese Army.

Acting on Army instructions, he went to the place, and, in addition to providing a guard for the aircraft, organized the villagers in a hunt for its occupant(s). In this, he co-operated with a party which was under the leadership of the Chief Police Officer, Pauk, and spared himself no effort, going without food and sleep. Finally, on the 9 July, an American officer was captured, and an important contribution made to the conduct of operations.

By his conduct, co-operation, unfailing effort - his guidance of the villagers, in pursuance of the instructions of the authorities, he has manifested the true character of a Burmese Government Official.

Certified by me, on 10 June 1944
Lt. AKANO Yukio, Station Cmdr,
Pakokku.

(Counter-stamped "NAMITANI"(?)
Garrison Unit Cmdr.)"

---

Prepared for S.E.A.T.I.C. at C.S.D.I.C.(I) on
12 March 1945 for usual distribution.

---

공군 첩보

동남아시아번역심문센터 심문회보 20호.

1945년 3월 9일자.

---

본 회보의 정보는 심문을 통해 확보되었다. 비록 정확성을 담보하고자 노력하였지만, 다른 출처로부터 확인될 때까지 조건부로 다뤄져야 할 것이다.

각 항목마다 붙어있는 참고 번호는 정보원을 가리킨다. 이 정보의 기반이 되는 원본 문서의 기록은 참고용으로 보관 중이다. 모든 질문은 번호와 문단을 밝히고 델리의 레드포트(Red Fort)에 있는 합동군사정보심문센터(C.S.D.I.C) 사령관에게 전달되어야 한다.

---

본 회보는 이 형식으로 발행되는 가장 마지막 심문회보이다. 다음 심문을 통해 획득한 정보는 새로운 동남아시아번역심문센터 연속 간행물로 발행되어 기존과 같이 배포될 것이다.

---

목차.

단락.

1. 표적, 랑군(Rangoon) 등.

   약도 첨부.

2. 기타 정보 : 버마.

3. 랑군에서의 공습경계(A.R.P) 절차.

4. 새 비행장; 조호르(Johore).

5. 창고: 카오파치(Khao Fa Chi)
6. 도로와 다리.
7. 통신 등: 마그웨(Magwe)와 프롬(Prome) 지역.
8. 공습: 타웅업(Taungup), 키웨구(Kywegu)
9. 공습의 영향: 버마 철도.
10. 공습.
11. 일본 오쿠보(Okubo)의 새 비행장.
12. 중국 정저우(Chengchow)의 표적들.
13. 버마인의 항공기 정찰 임무.
14. 파우크(Pauk) 마을 촌장과 관련된 문서 번역.

1. 랑군 등 – 표적

B.769는 조선인으로 1940년 2월 조선에서 이주하여 사이공에 얼마간 머무른 이후 말레이 반도를 거쳐 여행하던 중 싱가포르에서 일본군에 체포되었다. 그는 스파이로 의심받아 경찰서에서 심문을 받다가 탈출했고, 1942년 4월 8일 버마로 들어왔다. 그는 방콕을 사업차 방문한 1944년 2월에서 3월을 제외하면 1945년 1월까지 버마에 머물렀다.

그는 버마에 머무르는 대부분의 시간을 랑군에서 보냈고, 그 기간인 2년 반 동안 수많은 군사 시설과 경제 시설들을 비롯하여 랑군의 지리에 익숙해졌다. 결국 계속된 연합군의 공습과 자신의 정체가 탄로날 것이라는 공포 때문에 아내와 아이들이 여전히 머무르고 있는 랑군을 떠나 영국군 쪽으로 이동했다.

랑군, 버마의 다른 지역, 방콕의 350개가 넘는 표적이 될만한 곳을 정확히 지적하면서 그는 놀라운 기억력과 지도를 다루는 뛰어난 재능을 보여주었다. 신뢰도를 평가하기는 어렵지만, 제시한 위치를 확인하고 재확인하는 과정에서 일관된 답변을 얻었고, 그가 제공한 정보의 상당수는 다른 출처의 자료들과 일치한다.

랑군의 약도에 표시된 위치에 대한 안내: 1944년 12월

1-2 벽돌로 지은 병영; 일본군 100명과 인도국민군(I.N.A) 100명

(중략)

185 전화교환소

**186 페구(Pegu) 클럽, 현재는 장교들을 위한 위안소(brothel)**

187 일본식 장례가 진행되는 "니혼산(NIHON-SAN)" 신사

188 인도국민군 병영; 병력 2,000명

189 올드레이스(Old Race) 도로에 대공포 10-15대

190 민간이 운영하는 일본군 및 일본인 민간인을 위한 병원

191 군 휴식시설; 큰 3층 건물

192 도메이(DOMEI) 신문 사무소

193 일본군 장교용 호스텔

194 에사키(ESAKI) 병원 지부

195 일본 호텔: 1층 목조 건물

196 이와쿠로 키칸(IWAKURO KIKAN): 단층 벽돌 건물

197 에사키 병원, 민간인 및 군인용

198 일본인이 이용하는 호텔: 3층 벽돌 건물

199 일본군이 관리하는 탐조등 및 대공포

200 일본 수산기업인 수이산상요(SUISAN SANGYO)가 관리하는 방갈로 3채

(중략)

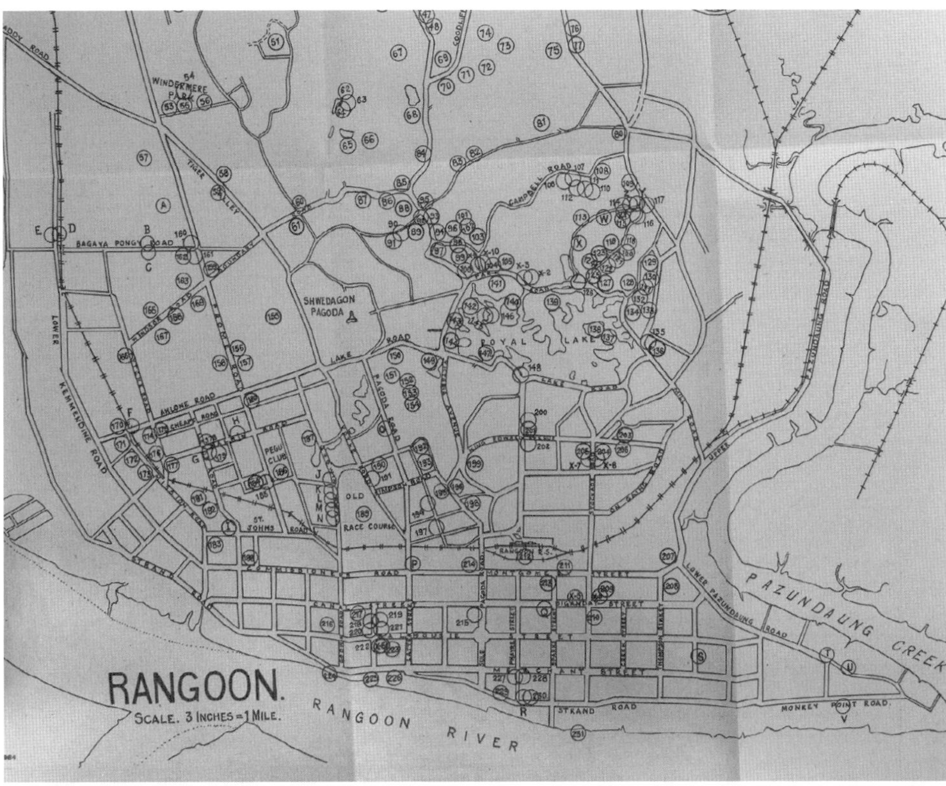

방콕의 약도에 표시된 위치에 대한 안내: 1944년 3월

1. 여기 휴식시설에 상당한 수의 일본군이 있음
2. 일본 병영
3. 창고
4. 방콕 철도 본부와 큰 창고
5. 선전용 영화를 상영하는 다섯 개의 영화관
6. 크게 불탄 지역의 중앙
7. 일본 영사관, 일본주민협회, 교도(KYODO) 하이쿠 쿠미아이(HAIKU KUMIAI) 사무실
8. 일본 항공 운송 사무실
9. 미쓰비시 상사회사(MITSUBISHI SHOJI KAISHA)와 미쓰비시 물산회사(BUSSAN KAISHA) 사무실
10. 100명 가량의 일본인들이 머무는 호텔
11. 요코하마 정금은행(Yokohama Special Bank)
12. 트로카데로 호텔(Trocadero Hotel), 공습으로 인해 일부분은 불탐. 아직까지 많은 일본군 장교들이 이용함.
13. 30-40명의 경비대(KEIBITAI) 부대가 머무는 건물
14. 일본 공군 운송 방갈로.
15. 도메이(Domei) 신문 사무소
16. 창고
17. 메남 호텔(Menam Hotel), 일본군 이용.
18. 아사히(ASAHI) 신문 사무소
19. 개공사(KAIKOSHA)(일본군 장교들의 클럽과 군대 상점)
20. 불에 탄 지역
21. 일본 병원
22. 일본군 장교, 태국군 장교, 부자인 민간인들이 자주 찾는 값비싼 클럽

23-24. 일본군이 운용하는 대공포

25. **위안소(Brothel) (일본군 장교 전용). 200명의 일본인 위안부들(prostitutes)**

26. 헌병대 사령부

27. 일본 대기업 사무실

28. 불에 탄 지역

29. 태국 호텔(Thailand Hotel). 비행기 조종사를 포함한 100명이 넘는 일본군이 머문다.

(하략)

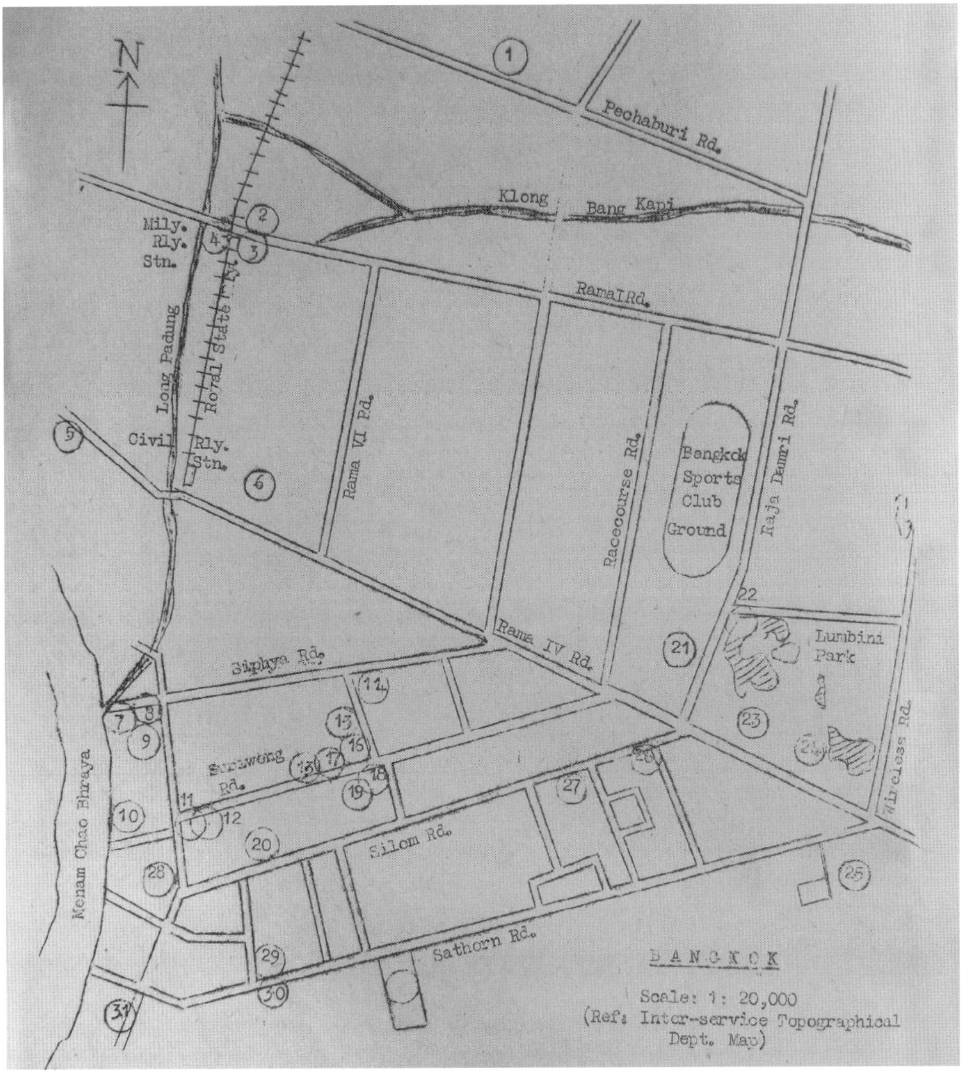

# 12

**SEATIC Translation Report No.105**

**RG 226 Entry NM-54 19-A Box 94**

이 문서는 버마(지금의 미얀마) 모울메인(Moulmein)에서 노획한 신원이 확인되지 않는 일본군 장교의 일기를 번역한 것이다. '위안소'에 가는 것이 양심에 걸리기도 하지만 자연스러운 것이자 성적인 즐거움은 필요한 것이라는 언급이 담겨있다. 당시 일본군이 위안소 이용을 일종의 권리로서 당연하게 받아들였던 맥락이 드러난다.

CONFIDENTIAL



# SOUTH-EAST ASIA TRANSLATION AND INTERROGATION CENTER





# TRANSLATION REPORT Nº 105

S.E.A.T.I.C.

辭達而已矣

G. F. BLUNDA
COLONEL, CAC, U.S. ARMY
SUPERINTENDENT

16 MAR 1945

CONFIDENTIAL

CONFIDENTIAL

S. E. A. T. I. C.

SOUTH - EAST ASIA TRANSLATION AND INTERROGATION CENTER

# TRANSLATION REPORT NO. 105

| ITEM | CONTENTS | PAGE |
|---|---|---|
| 1271 | Op Orders etc - MATSU Detached Force............. | 1 |
| 1272 | Organization of 54 Recce Regt and 54 Div......... | 4 |
| 1273 | Diary of KAWAMORI, an Officer.................... | 10 |
| 1274 | Diary of Officer - MOULMEIN - YE-U............... | 17 |
| 1275 | Diary of Pte of SUZUKI Tai - Journey JAPAN to BURMA 1944...................... | 23 |
| 1276 | Diary of 2/Lt YAMAMOTO Shoichi................... | 26 |
| 1277 | Details of two illuminating devices.............. | 31 |

CONFIDENTIAL

REPORT NO. 105 Page 1

ITEM 1271

Captured at PS 2497 on 25 Jan 45.

Various orders relating to MATSU Detached Force.

I. MATSU ( 松 ) Detached Force Op Order A/35.
30 Dec at 'MIIKE' ( 三池 ):-

1. In order to strengthen 'MIIKE' Garrison, men at present in this sector will be organized into a temporary composite unit (per appendix).

2. OC Garrison will command this Composite Unit. He will employ it in cooperation with the garrison and munition transport units.

3. OC Field Post Office will take over custody of kit and important documents of units in 'MIIKE' sector. Separate order for this will be issued later.

Signed:- Maj Gen KOBA ( 木庭 )

Appendix:-

KATSURA ( 桂 ) Composite Coy (Leader: Sgt Maj KATSURA).

KOMURA ( 幸村 ) Tai

ISHIDA ( 石田 ) Tai

YOKOTA ( 横田 ) Tai

YAMAMOTO ( 山本 ) Tai

IWAMOTO ( 岩本 ) Tai

MARUYAMA ( 丸山 )Composite Pl (Comdr: Sgt Maj MARUYAMA).

YAGI ( 矢木 ) Butai HQ

SUGIMOTO ( 杉本 ) Butai

KONDO ( 近藤 ) Butai

TAMINO ( 民野 ) Tai

KAWANO ( 河野 ) Tai

TANI ( 谷 ) Tai

NISHIGUCHI ( 西口 ) Tai

II. MATSU Detached Force Op Order C/6.
2 Jan 2215 hrs at 'MIIKE':-

(Contd.

ITEM 1271. (Contd)

1. After 3 Jan, because of operations on left bank of LEMRO River, Intend Capt KAMIZUKI/KOZUKI ( 上月 ) and Intend Lt AKIYAMA ( 秋山 ) will establish ration distribution depots at PAYAGI (at bend on right bank of LEMRO River), BRUKCHAUNG (left bank of LEMRO River), and PANMYAUNG (left bank of LEMRO River).

Signed:- Maj Gen KOBA
OC MATSU Det Force

III. Handwritten Circular Concerning River Transportation issued 17 Dec 44 by OC MATSU ( 松山 ) Det Force:-

(This has been published already as Item 1007, but without the following ending - Tr).

3. The standard procedure for receiving and forwarding of official documents and despatch cases is by means of the liaison post(s) or the documents section(s).

Distribution:

100, 12, 14, 8418, YAMAMOTO ( 山本 ) Butai, SUGIMOTO ( 杉本 ) Tai, TSUNEFUKA ( 常深 ) Tai, KOMURA ( 幸村 ) Tai, KUWAHARA ( 桑原 ) Tai, NOMA ( 野間 ) Tai, YAMAMOTO ( 山本 ) Tai, DEBA ( 出羽 ) Tai, ARATAKE ( 荒武 ) Tai, SUGIURA ( 杉浦 ) Tai. Liaison centers at TSUYAMA ( 津山 ), YAMAGUCHI ( 山口 ) 'SEISHIN' and 'FUSAN'.
Field Post Office and Field Stores.

IV. Notes (undated - Tr) made by Capt ISHIDA ( 石田 ).

(a) 2/Lt TANAKA ( 田中 ) will see that baggage is packed securely.

(b) Incidents of native rebellion (killing, violence) have occured recently.

Units must be careful not to operate alone. They will also take direct precautionary measures.

V. Detachment Orders (manuscript) - Jan:-

"MORI 10100 (54 Div HQ - Tr) present position is secret. It will be referred to in code as TAKARAYAMA( 高良山 )

(Contd.

ITEM 1271. (Contd)

Hospital. This should be made known to everyone. The term Divisional HQ is still being used carelessly."

VI. MATSU Op Order A/20 19 Dec at 'HOTEN' ( 奉天 ):-

"1. Since enemy shows signs of moving South, our column will strengthen sector South of YAN Creek.

2. Capt DEBA will hand over present duties to Lt ANDO ( 安藤 ). He will take the main body of the unit (with 2/Lt TORII ( 鳥井 ) and party attached) and advance to 'SANDA' sector in upper YAN Creek. There his task will be to reconnoitre situation and check enemy movement South.

3. One No 5 wireless set (personnel included) will be attached from Detached Force HQ.

4. Lt ANDO will carry on former duties of Capt DEBA.

Signed:- Maj Gen KOBA"

VII. MATSU Op Order A/26, 1100 hrs 25 Dec.

"1. To meet the situation in the 'NAREU' sector, Lt YONEHARA ( 米原 ), of YAMAMOTO Tai, and 19 men will be attached to IMOHARA ( 芋原 ) Bn of SHIRO 12 Butai.

2. Lt YONEHARA will remain in 'NAREU' sector and come under command of OC IMOHARA Bn.

Signed:- Maj Gen KOBA"

VIII. SHIRO 19 NOMA ( 野間 ) Garrison Op Order 8, 31 Dec 2400 hrs at MIIKE.

"1. Enemy activity along coastal sector is increasing following withdrawal of SAKURA ( 櫻 ) Det Force.

2. A/Tk Pl attached to garrison will be used to check the movement of enemy boats on 'IEDEN' River.

3. TANI ( 谷 ) Pl (A/Tk), which is at 'TENNOJI' ( 天王寺谷小隊 - Tr), will occupy area near 'NARIDON' so as to block 'IEDEN' River.

Signed:- Lt NOMA
OC Garrison Unit"

IX. SHIRO 19 NOMA Garrison Op Order No 9, 4 Jan 0300 hrs at MIIKE:-

"1. It appears that the enemy will attempt to prevent YAMAMOTO Bn crossing the river in the 'BEPPU' area

(Contd.

ITEM 1271. (Contd)

and is also planning to operate along the KALADAN and HINKARA Rivers.

2. In accordance with MATSU Detached Force Op Order A/43 the Garrison will change its defence plans so as to guard against enemy forces advancing from area SW of 'MIIKE'.

3. HARANO ( 原野 ) Pl will make preparations for firing on the area NW of 'MIIKE'. It will also despatch a patrol of one leader and four men (with MG) along TENYO road to the place ordered on this side of the road. Its main task will be to guard the road and the plain NW of 'MIIKE'.

4. KOBAYASHI ( 小林 ) Pl will occupy positions in vicinity of area formerly held by TANI ( 谷 ) Tai. It will prepare for action against the area SW of it and will despatch a raiding patrol of a commander and two men to hill 3 Km NW of 'MIIKE' to guard the Northern part of that area.

5. 2/Lt HARANO will command the composite companies and platoons and will establish positions in the vicinity of 'RAKUMAPANIDA'. He will despatch a patrol as ordered to the posts in the vicinity of KALAGA River junction and PAZUNBE, mainly to guard the area West of 'MIIKE'.

Signed:- Lt NOMA
OC Garrison Unit"

X. Jottings:

1. 19 Jan 2230 hrs, what appeared to be a pocket torch was flashed eight times in the sky and a candle-like light was flashed twice."

XI. Odd Jotting:

IWAMOTO ( 岩本 ) Tai

CT-NK/EV/AB

---

ITEM 1272

Captured in 14 Army area during Feb 45.

Nature of the Document:- File of tactical exercises belonging to Lt/Col NAKAMURA of 54 Recce Regt. Contains organisation of 54 Recce Regt and 54 Div.

(Contd.

ITEM 1272. (Contd)

54 Recce Regt Organization

| REGT HQ | Offrs | OR's | Total |
|---|---|---|---|
| Unit comdr | 1 | | |
| Adjutant | 1 | | |
| Offr i/c Ordnance and Cipher | 1 | | |
| Admin (one combining duty with that of quartermaster) | 3 | | |
| Offr i/c Cipher | 1 | | |
| Offr i/c Ordn & Gas | 1 | | |
| OR's:- Code Operators | | 8 | |
| Drivers | | 6 | |
| i/c Pyrotechnics | | 2 | |
| Orderlies | | 2 | |
| Anti-aircraft personnel | | 5 | |
| Total | | | 31 |
| OR's (baggage personnel and drivers) | | 11 | |
| Technical NCO's | | 6 | |
| Pay clerks | | 1 | |
| Intend NCO's | | 1 | |
| Intend Tech NCO | | 1 | |
| MO (Capt) | 1 | | |
| Med Lt's or 2/Lt's | 1 | | |
| Medical NCO's | | 3 | |
| Total | | | 25 |
| GRAND TOTAL: | | | 56 |

| Mobile Coy | Offrs/WO's | OR's | Total |
|---|---|---|---|
| OC | 1 | | |
| Lt's and 2/Lt's | 4 | | |
| WO | 1 | | |
| Sgt Maj | | 1 | |
| Liaison NCO | | 1 | |
| Armourer | | 1 | |
| Quartermaster Sgt | | 1 | |
| Sgts and Cpls | | 12 | |
| Ptes | | 105 | |
| Total | | | 127 |
| Med Orderlies | | 2 | |
| Grand Total | | | 129 |

| Armoured Car Coy | | | |
|---|---|---|---|
| OC | 1 | | |
| Lt's and 2/Lt's | 2 | | |

(Contd.

ITEM 1272. (Contd)

| | Offrs/WO's | OR's | Total |
|---|---|---|---|
| WO | 1 | | |
| Armourer (Sgt Maj) | | 1 | |
| Wireless operator | | 1 | |
| Liaison NCO | | 1 | |
| Quartermaster Sgt | | 1 | |
| Sgts and Cpls | | 4 | |
| Ptes | | 25 | |
| Total | | | 37 |
| Med Orderlies | | 1 | |
| Grand Total | | | 38 |
| **Signals Platoon** | | | |
| Pl Comdr | 1 | | |
| Sgt Maj | | 1 | |
| Armourer | | 1 | |
| Quartermaster Sgt | | 1 | |
| Sgts and Cpls | | 5 | |
| Ptes | | 39 | |
| Total | | | 48 |
| Med Orderly | | 1 | |
| Total | | | 49 |
| Sum Total | | | 439 |

Standard Organisation of Mobile Coy

| | Offrs/WO's | OR's | Total |
|---|---|---|---|
| **Command Section:** | | | |
| OC (WO) | 1 | | |
| Sgt Maj | | 1 | |
| Liaison NCO | | 1 | |
| Armourer | | 1 | |
| Quartermaster Sgt | | 1 | |
| Ptes - 8 | | | |
| Drivers | | 3 | |
| Buglers | | 2 | |
| Runners | | 3 | |
| Med orderlies | | 2 | |
| Total | | | 15 |
| **1 Pl:** | | | |
| OC | 1 | | |
| 1 Sec: comdr | | 1 | |
| Ptes - 9 | | | |
| Riflemen | | 4 | |
| LMG gunners (1 LMG, 2 rifles) | | 3 | |
| Drivers | | 2 | |

(Contd.

ITEM 1272. (Contd)

| | Offrs/WO's | OR's | Total |
|---|---|---|---|
| 2 Sec same as above | | 11 | |
| 3 Sec:- | | | |
| Grenadiers (6 rifles) | | 6 | |
| Total | | | 28 |
| 2 Pl | | | 28 |
| 3 Pl | | | 28 |
| MG Pl: | | | |
| OC | 1 | | |
| 1 Sec comdr | | 1 | |
| Machine gunners | | 6 | |
| Drivers | | 2 | |
| Total | | | 9 |
| 2 Sec comdr | | 1 | |
| Machine gunners | | 6 | |
| Grand Total | | | 17 |
| A/Tk gun sec comdr | | 1 | |
| A/Tk gunners (incl 1 artificer) | | 9 | |
| Drivers | | 2 | |
| Total | | | 12 |
| Armoured Car Coy: | | | |
| OC | 1 | | |
| Command sec comdr (WO) | 1 | | |
| Armourer (Sgt Maj) | | 1 | |
| Wireless operator | | 1 | |
| Liaison NCO | | 1 | |
| Quartermaster Sgt | | 1 | |
| Ptes - 13 | | | |
| Tank men | | 4 | |
| Drivers | | 9 | |
| Med orderly | | 1 | |
| Total | | | 19 |
| 1 Pl comdr | 1 | | |
| Att'd Pl (incl wireless operators) | | 2 | |
| 1 Sec comdr | | 1 | |
| Ptes | | 2 | |
| 2 Sec comdr | | 1 | |
| Ptes | | 2 | |

(Contd.

ITEM 1272. (Contd)

| | Offrs/WO's | OR's | Total |
|---|---|---|---|
| Total | | | 9 |
| 2 Pl | | | 9 |
| Grand Total | | | 38 |
| Pl comdr | 1 | | |
| Sgt Maj | | 1 | |
| Armourer | | 1 | |
| Quartermaster | | 1 | |
| Drivers | | 1 | |
| Med orderly | | 1 | |
| Total | | | 5 |
| 1 Sec comdr (Mk 5 W/T Sets) | | 1 | |
| Wireless operators | | 5 | |
| Drivers | | 2 | |
| Total | | | 8 |
| 2 Sec (Mk 5 W/T Sets) | | | 8 |
| 3 Sec " " " " | | | 8 |
| 4 Sec " " " " | | | 8 |
| 5 Sec | | 1 | |
| Wireless operators (Type 3A wireless) | | 8 | |
| Drivers | | 2 | |
| Total | | | 11 |
| Grand Total | | | 49 |

Distribution of vehicles in 54 Recce Regt.

| | Regt HQ | Mobile Coy | Armoured Coy | Signals Pl | Total for Regt |
|---|---|---|---|---|---|
| Light Armed Cars | | | 8 | | 16 |
| Staff cars | 1 | | | | 1 |
| Motor cycles with sidecars | 1 | 1 | 2 | 1 | 8 |
| MT for:- | | | | | |
| Personnel | 2 | 6 | 1 | | 16 |
| MG, amn. | | | | | |
| MG, tool boxes | | | | | |
| Tool boxes | | | | | |
| A/Tk amn | | 2 | | | 9 |
| Signals equipment | | | | 5 | |
| Explosives, demolition equipment | | | | | |

(Contd.

ITEM 1272. (Contd)

| | Regt HQ | Mobile Coy | Armoured Coy | Signals Pl | Total for Regt |
|---|---|---|---|---|---|
| Baggage | | | 1 | | |
| Med supplies entrenchment tools | 3 | | | | 7 |
| QM stores and equipment | | | | | |
| Water filtering apparatus | | | | | |
| Reserve vehicles | | 1 | | | |
| Fuel | 2 | | | | 2 |
| **Total** | 9 | 10 (20) | 12 (24) | 6 | 59 |

Composition of 54 Div.

| Unit | Number |
|---|---|
| 54 Div HQ (236) | 10109 |
| 54 Inf Heidan:- 54 Inf Heidan HQ (HIMEJI) | 10111 |
| 111 Inf Regt | 10112 |
| 121 Inf Regt (TOTTORI) | 10113 |
| 154 Inf Regt (OKAYAMA) | 10114 |

Inf Regt. (2846)374

- 3 bns (each)
  - 3 coys (each
    - 3 pls (each)
      - 4 Secs, 3 Rifle Sections, 1 Grenade Discharger Section.
  - 1 MG coy (8 MG's)
  - 1 Inf gun pl (2 guns)
- 1 Inf gun coy (4 guns)
- 1 A/Tk gun coy (4 guns)
- 1 Signals coy

| Unit | Number |
|---|---|
| 54 Recce Regt:- (439) 2 mobile coys, 2 armoured coys, 1 signals pl | 10115 |
| 54 Fd Arty Regt:- 1 & 2 Bns, field guns ) each of 3 Bns, 10 cm howitzers) 3 Coys | 10117 |
| 54 Engineer Regt:- (898) 119 (3 coys......... each (4 Pls (1 Materials Pl. (1 Materials Sec. | 10118 |
| 54 Div Signals Unit:- (239) 44 2 line pls, 1 wireless pl | 10119 |

(Contd.

ITEM 1272. (Contd)

| Unit | Number |
|---|---|
| 54 Coy Regt:- I pack horse coy......................... (749) 296 | 10120 |
| 2 MT coys | |
| Ordnance Unit (81)................................. | 10121 |
| 54 Div Med Unit (699) 100.......................... | 10122 |
| 54 Div Fd Hospitals 1, 2 and 4 (242)........... | 10123,4 & 6 |
| 54 Div Vet Hospital (52) 10......................... | 10127 |
| 54 Div Water Purifying Unit (196).................. | 10128 |

(No indication is given of significance of the foregoing figs. Those in brackets probably refer to number of personnel, those outside brackets, perhaps to number of horses & MT - Tr).

AB/HS/AB

---

ITEM 1273

Captured at THITYABIN on 25 Dec. 44.

Diary of KAWAMORI ? ( 川森 ), an officer.

(1944 - Tr)

27 May - Left SEKI and joined up.

29 May - Lt OCHIAI ( 落合 ), Lt TACHI (or TATE)( ) and ARASHI ( 嵐 ) left in charge of transport.

31 May - 2/Lt SHIMIZU ( 清水 ) was sent to OITSU to instruct men in establishment of air base.

1 Jun - Section combat training against U.S. positions.

Training..............Lt NAKAMURA ( 中村 )

Section combat training ...Capt TSUTSUMI ( 堤 )

4 Jun - Unit Comdrs of ONISHI ( 大西 ) Butai gathered for conference.

5 Jun - Div Comdr Lt Gen AKIYAMA Yoshitaka ( 秋山義隆 ) will arrive for inspection.

20 Jun - Left station at 1700 hrs.

21 Jun - Detrained at SHIMONOSEKI at 1630 hrs. Sailed 1700 hrs. Arrived MOJI 1730 hrs.

(Contd.

ITEM 1273. (Contd)

22 Jun - Sailed at 1800 hrs, with 25 transports and 4 Escort ships.

29 Jun - Arrived TAKAO, 1200 hrs.

30 Jun - Left TAKAO at 1300 hrs.

3 Jul - Arrived MANILA, at 2000 hrs.

5 Jul - Waited in the harbour until 1600 hrs. We now consist of 12 transports and 4 escorts.

7 Jul - Passed CORREGIDOR 0500 hrs.

8 Jul - Anchored in the shadow of a small island of PALAWAN Is.

10 Jul - Anchored off shore of MIRI, BORNEO.

15 Jul - Sailed from MIRI at 1900 hrs. (5 transports, 2 escorts).

19 Jul - Arrived SINGAPORE at 1900 hrs.

2 Aug - Left barracks at 2300 hrs.

3 Aug - Left SINGAPORE for BANGKOK at 0410 hrs. Arrived KUALA LUMPUR at 1120 hrs.

4 Aug - Arrived IPOH at 0900 hrs.

7 Aug - Arrived BANPONG via HNOHMPLADUK.

9 Aug - Left BANPONG barracks.

11 Aug - PRANGKAZI shunting station.
It is reported that Lt SHIMIZU is with Regt HQ at KANCHANBURI, and that Lt KAWAKATSU ( 川勝 ) is in MORINAGA ( 森永 ) Butai (Bn) HQ near KANCHANBURI.

13 Aug - Met 2/Lt YAMAUE ( 山上 ) of TSUNEMOTO( 須本 ) Tai of ISHIDA ( 石田 ) Butai, and 2/Lt YAMAGATA ( 山縣 ) at 'KONKOITA'.
2/Lt ISHIMOTO ( 石本 ) is at KUALA LUMPUR.

14 Aug - Arrived MOULMEIN and entered No. 1 barracks at 1230 hrs. Took walk with 2/Lt ANDO ( 安藤 ).

15 Aug - Left MOULMEIN barracks at 0800 hrs. Arrived pier at 1000 hrs and embarked. Arrived MARTABAN at 1100 hrs, and left at 2300 hrs.

16 Aug - Arrived MOKPALIN, & left at 1400 hrs. Arrived PEGU L of C Barracks at 1800 hrs.

(Contd.

ITEM 1273. (Contd)

19 Aug - Left L of C barrack at 2000 hrs.

20 Aug - Left PEGU at 0100 hrs. Arrived THAUNGDAINGGON at 1600 hrs and TOUNGOO at 2000 hrs.

21 Aug - Arrived MYOHLA at 0900 hrs.

22 Aug - Arrived PYINMANA at 0900 hrs, YWADAW at 1000 hrs, and left at 2300 hrs.

23 Aug - Arrived 'EYANYON', & left at 1920 hrs.

24 Aug - Arrived 'MINGE' at 0900 hrs, & left at 1915 hrs. Arrived MANDALAY at 2200 hrs.

30 Aug - Left barracks at 0600 hrs. Arrived IRRAWADDY River-crossing by MT at 0830 hrs. 2/Lt TORII ( 鳥居 ) and 10 men. Arrived YWATAUNG at 1900 hrs. SAGAING bridge demolished by bombs. Left YWATAUNG at 2300 hrs.

31 Aug - Arrived SHWEBO at 0200 hrs, KANBALU at 0720 hrs, and left at 2230 hrs.

1 Sep - Arrived WINTHO L of C barracks at 0300 hrs. Interviewed by Lt KOBAYASHI ( 小林 ), i/c L of C barracks.
(HEI/TSUWAMONO ( 兵 )) Lt KOBAYASHI and 2/Lt AKESAKA ( 明坂 ) TSUKASA ( 司 ) 2/Lt MORI ( 森 ) and W/O IIDA ( 飯田 ).

3 Sep - TORII and MURATA ( 村田 ) went out for 'CHIDAI' barrack inspection. Went to L of C Supply Depot.

4 Sep - Left L of C barracks at 0200 hrs; HQ is located at 'UI'. 3 and 4 Coy arrived, and 5 Coy went to 'CHIDAI' barracks. Remaining men went to 'AMAGAN' barracks. Arrived 'AMAGAN' at 0800 hrs. The number of 3 Coy personnel is 46.

9 Sep - 2/Lt YAMAMOTO ( 山本 ) didn't return.

11 Sep - I was sent on liaison to SAIGAING. Left WINTHO at 2140 hrs.

12 Sep - Arrived KIN U at 0800 hrs, & left at 2200 hrs.

13 Sep - Arrived SAGAING Barracks via YWATAUNG. Talked to Lt TANABE ( 田辺 ) and decided to stay for three or four days.

15 Sep - Lt TANABE, 2/Lt KISHIMOTO ( 岸本 ) and I received clothing at Supply Depot.

(Contd.

ITEM 1273. (Contd)

16 Sep - If RETSU ( 烈 ) assemble between WINTHO and SAGAING, I am immediately to contact Lt TANABE at SAGAING. Left L of C barracks at 1700 hrs. Rations were loaded on trucks at supply depot, thence on to freight car, and transferred to MATSURI ( 祭 ) Field Depot at SAGAING.
Left by car at 1930 hrs, via YWATAUNG & KANBALU.

17 Sep - Arrived KAWLIN at 0500 hrs. Left with 5 bullock carts loaded with rations at 1900 hrs. Arrived WINTHO Barracks on the 18th at 0200 hrs.

24 Sep - NAGAOKA ( 長岡 ) Transport Comdr and officers of troops who arrived later were ordered to report to Regt HQ.

28 Sep - Welcomed Div Comdr.

29 Sep - Acting OC 1 Bn - - - - - - - - - - Capt SATO( 佐藤 )

1 Coy KUWANA ( 桑名 ) MATSUDA( 松田 )
ITO ( 伊藤 )

2 Coy TAKAHASHI ( 高橋 ) MIZUTANI( 水谷 )
INOUE ( 井上 )

3 Coy IKEDA Ichinao ( 池田一直 ) KAWAMORI( 川森 )
YAMANAKA ( 山中 )

4 Coy KURIYAMA ( 栗山 ) SAGA ( 嵯峨 )
SUZUKI ( 鈴木 )

1 Oct - C in C TERAUCHI Hisaichi ( 寺内寿一 )

BURMA KIMURA Hyotaro ( 木村兵太郎 ) Lt Gen

15 Army KATAMURA Shihachi ( 片村四八 ) Lt Gen

MATSURI SHIBATA Sotoichi ( 柴田卯一 )(21) 57 Lt Gen

51 OMOTO Kimio ( 尾本喜三雄 ) 31

3 Oct - Butai Comdr arrived at 1030 hrs and spoke on combat experiences stressing the following points:

1. Sneak in through a gap and cause disturbance.

2. Lie in ambush and attack unexpectedly. Don't support the main unit all the time.

3. Don't give them time and baffle them from the start. Avoid an encounter.

(Contd.

ITEM 1273. (Contd)

4. Take advantage of darkness and make quick night attacks against one sector.

5. BRITISH and INDIAN Patrols.

a. Minimum - less than 10
Leader - NCO (Seldom commanded by officer)
INDIAN Troops (One LMG, One automatic rifle, several rifles). Don't communicate with the rear.

b. 15 to 20 men. Leader - officer. Equipment - one LMG, one automatic rifle, rifles. Communicate with rear by Morse code. Enemy uses a trench mortar and carries plenty of ammunition.

c. Up to 30 men. Leader - officer. Equipment - one LMG, one automatic rifle, one trench mortar. Communicate with rear by telephone. Enemy considers telephone line expendable material.

6. Destroy the communication net.

7. A/Tk measures:-

Light tanks - - - - - One hand grenade
Heavy tanks - - - - - Five hand grenades

6 Oct - 2/Lt YAMANAKA ( 山中 ), and I went to see new barracks.

7 Oct - We sank 25 aircraft carriers and 4 battle ships at OGASAWARA. We lost 45 aircraft.

News ! We have recaptured WAKE Is and GUAM Is and bombed U.S. mainland. It is reported that orders were issued to OC SATO ( 佐藤 ) Butai to be attached to Indep Bn on 19 Aug.
2/Lt SAGA ( 嵯峨 ) went to Regt HQ.

9 Oct - Met 2/Lt TAKIMOTO ( 滝本 ), 2 Bn. Lt ODANAKA ( 小田中 ) came to receive equipment from YOSHIOKA ( 吉岡 ) Butai. Met Lt NISHIYAMA ( 西山 ).

11 Oct - 2/Lt IKEDA, returned from the front.

13 Oct - All officers in the Coy ordered to assemble at HQ.

17 Oct - Held a send-off party for OMCTO ( 尾本 ) at 'AMAGAN'.

18 Oct - 2/Lt MATSUDA left for 'UINGI' Supply Depot.

(Contd.

REPORT NO. 105

Page 15

ITEM 1273. (Contd)

24 Oct - 2/Lt HIRAOKA ( 平岡 ) and I went to fuel station and L of C.

30 Oct - Received orders to rejoin the unit at the front.

31 Oct - Left for the front.

1 Nov - Sent to the front: one cypherman from Div, one clerk from Regt, one Pte from raiding party.

One man from 1 Coy, 3 Coy and 4 Coy will receive orders from 2/Lt KOJIMA ( 小島 ), 2 Coy.

3 Nov - Capt KATAOKA ( 片岡 ) met Regt Comdr.

On the 28th we sank:

| | |
|---|---|
| Aircraft carriers - - - - - - - - - - - - - | 12 |
| Battle ships- - - - - - - - - - - - - - - - | 2 |
| Cruisers- - - - - - - - - - - - - - - - - - | 9 |
| Destroyers- - - - - - - - - - - - - - - - - | 3 |
| Transports- - - - - - - - - - - - - - - - - | 1 |
| Coastal craft (FUYŌ ( 不洋 )-Tr)- - - - | 10 |
| Tanker- - - - - - - - - - - - - - - - - - - | 1 |
| Landing craft - - - - - - - - - - - - - - - | 17 |
| Aircraft- - - - - - - - - - - - - - - - - - | 670 |

And we damaged:

| | |
|---|---|
| Aircraft carriers - - - - - - - - - - - - - | 12 |
| Battle ships- - - - - - - - - - - - - - - - | 6 |
| Cruisers- - - - - - - - - - - - - - - - - - | 10 |
| Destroyers- - - - - - - - - - - - - - - - - | 14 |
| Transports- - - - - - - - - - - - - - - - - | 52 |
| Aircraft- - - - - - - - - - - - - - - - - - | 170 |

On the 30th we sank:

| | |
|---|---|
| Aircraft carriers - - - - - - - - - - - - - | 20 |
| Battle ships- - - - - - - - - - - - - - - - | 2 |

And damaged:

| | |
|---|---|
| Aircraft carriers - - - - - - - - - - - - - | 16 |
| Battle ships- - - - - - - - - - - - - - - - | 4 |

13 Nov - Received orders to leave 'KAUNKASHI'. 2/Lt SEKI ( 世木 ), 2/Lt YAMANAKA and I went to 'KANRO' village.

15 Nov - 2/Lt YAMANAKA and 2 Ptes of 3 Coy, left 'KAUNKASHI' at 1430 hrs to join the unit. Lt NISHIYAMA is Comdr of 1 Coy. 2/Lt SEKI and 8 men left.

16 Nov - MATSUO ( 松尾 ) and his men left for SAGAING.

(Contd.

ITEM 1273. (Contd)

20 Nov - Our Bn Comdr met OC NARAOKA ( 奈良岡 ) Butai for the first time.

22-23 Nov - Enemy aircraft attacked at night.

26 Nov - 2/Lt HIRAOKA ( 平岡 ) went to transport section.

27 Nov - Bombed several times.

28 Nov - 2/Lt HIGASHIBATA ( 東畑 ) went to motor depot to make a request for trucks.

2 Dec - Enemy bombed WUNTHO and 'PAGODA'.

4 Dec - 2/Lt YOKOYAMA of 9 Coy visited us.

6 Dec - Bn will leave on the 8th at 2000 hrs. Lt IKEDA will be in charge.

8 Dec - Left WUNTHO at 2100 hrs. Since bullock cart of 3 Coy was broken, left 4 men behind. Arrived 'TANBOU' on the 19th (sic-Tr) at 0400 hrs.

9 Dec - 2/Lt SEKI and 2/Lt UMEDA ( 梅田 ) didn't arrive. We were ordered to capture the position on the hill South of 'TANBOU'. Immediately advanced toward positions.

10 Dec - In order to get materials for barracks, we demolished NISHI KIKAN's old barracks.

13 Dec - Bn Comdr relieved NARAOKA Butai and KUMANO ( 熊野 ) Butai. Enemy aircraft attacked several times. It is reported that the village where Bn gun Unit is located was bombed.

16 Dec - Five men came as field arty observation unit. Constructed positions.

17 Dec - 4 positions were completed by noon.

20 Dec - Camouflaged barracks.

22 Dec - Enemy was in vicinity of 'CHIYOPENNA'. Found a lot of discarded enemy equipment. Left for 'YOGON' at 1300 hrs.

24 Dec - Started at 1030 hrs.

(Diary ends - Tr)

KO/CC/AB

ITEM 1274

Captured at YWAMONDAUNG (SQ 599578) on 29 Dec 44.

Diary of an officer, name unknown.

1944

20 Jun - MOULMEIN. Reported at RANGOON. I met Prob Offr WASHIMI's ( 鷲見 ) brother, a gendarme sergeant. RETSU ( 烈 ) Butai (HAYASHI( 林 ) 15 Army) moved out. We are going to the front. Stopped at PRAY. Although we are hurried to the front, the condition of the roads is very poor. Met Prob Offr OUMI ( 大海 ). We are heading to the North of IMPHAL where the famous Combat Butai has encircled the enemy. This is a matter of life and death. I feel all right, I am a man blessed with a stout heart. Prices are high, but there are commodities to be had.

21 Jun - It has been raining ever since we entered BURMA. I prefer a woman who is gentle; I don't think I would like the domineering type. Burmese women appear quarrelsome, and mixed breeds have no morals. My conscience bothers me when I have a night's pleasure at the comfort house; the act is only natural, but it is difficult to determine right from wrong. Still I feel that I must have that sexual pleasure. Women and wine: pleasing to look at, a pleasure to touch, and they bring happiness. The important thing is to know what you are doing and to indulge moderately.

24 Jun - Arrived at MANDALAY at 0500 hrs. From tomorrow we shall be entering the danger zone. The front line is still quite some distance away.

25 Jun - Arrived at SAGAING, & went to billeting area late at night.

26 Jun - We expect to leave tomorrow. Received 20 days' rations. It was a quite a large amount. There are no means of transporting rations and supplies except by ox carts.

30 Jun - Back of my head has been aching. My eyes were bloodshot, and later I had dizzy spells. All have left except Prob Offr IWASAKI of KURUME, JAPAN, and I was sent to the hospital at YE-U. I believe IMPHAL has fallen into our hands.

4 Jul - Discharged from the hospital. Fever not quite gone. The hospital is one in name only; accommodation and facilities are very poor. I met Prob Offrs OHARA ( 大原 ) and KAWAI ( 河合 ); they were well. At YE-U Prob Offr KAWAI was ordered to return to

(Contd.

ITEM 1274. (Contd)

RANGOON HQ. He left today. I drew a pistol. It was a Vickers.

5 Jul - Commodities are very scarce and prices high.

6 Jul - Made inquiry at the Truck Unit of 45 Bn for transport tomorrow. I spent the day playing cards.

7 Jul - Stayed at L of C for eighteen hours; then went to the Freight Depot to get a lift.

8 Jul - I bivouacked in the jungle.

9 Jul - Detrucked in front of 'SHEJUN'. Bivouacked in tents Although I was afraid of having fever again, I didn't use the medicine.

10 Jul - While awaiting the boat, I spent the day at the supply depot.

11 Jul - CHINDWIN River boat came at 0900 hrs. Arrived KALEWA at 1230 hrs. All the small temples nearby were destroyed.

12 Jul - In the morning I arrived at the L of C riding a truck in the rain. The road was bad. Officers' quarters and men's barracks were full.

13 Jul - This is the only supply route in the L of C zone for four or five divisions. Along the river bank every thing is rotting. There was nothing in the KALEWA warehouse. 20 tons a day is the maximum amount that can be moved by river transport. Under favourable conditions 5 truck.loads can be transported by river boats, but when it rains and the river rises, this is not possible. It is a fact that the defeat of Japan will be caused by the inefficiency of the L of C. Two meals a day were supposed to be given, but barely one meal could be provided from rations. We could not cook for ourselves because of the continuous rain. The L of C is holding back the fighting strength. Although reserves were sent to strengthen the troops, two thirds of them were sent back with malaria, dysentery, or beri-beri; this scene is really heart-breaking. The L of C spent days with empty stomachs.

14 Jul - Left the L of C barracks. I had one night's shelter in the guards' quarters of the Ordnance Depot at Milestone 6.

15 Jul - After going 0.7 mile we had to stop owing to poor roads; we got a lift on the captain's truck from the Supply Depot. We arrived at MS 12.

16 Jul - We entered mountainous regions and took a short cut.

(Contd.

ITEM 1274. (Contd)

Reached the AA OP, and we were treated to tea and rice. At 2300 hrs we slept in the huts for the supply guards of the 3 Butai. My stomach was really bad, and I thought I had dysentery. At 1600 hrs I decided to stay at 'ENTAN KAREI' village to cure my illness. Arranged for quarter at a native's house.

17 Jul - It is a hard life. INOUE came to talk; conditions at the front were miserable, and his experiences were bitter.

18 Jul - Today I was determined not to take food. However, I ate about 20 dumplings. The malaria patients who have been here about a week looked terrible. They were just skin and bone. According to the liaison station, any one who wants to go to TAMU has to have one month's ration; also to get there they have to march. All casualties should be sent to KALEWA, and then evacuated by boat. Probably they will have a hard time to get seats in the boat. In any case they could try even if they are reprimanded. HQ knows the circumstances and reasons of our delay. Sickness on the trip is the worst thing a man can have. Hardships will be increasing more and more, the nearer we get to the front.

19 Jul - Today I took a little food. My stomach is a bit better, but I don't feel completely well. Raining every day; very depressing. No malaria, but my stomach still doesn't feel right.

20 Jul - In high spirits.

21 Jul - Feel better.

23 Jul - Went to MOHLAIK Village. Unexpectedly had some fruit and bananas. It was a long time since we had any.

24 Jul - 2/Lt HARADA ( 原田 ) informed us that it was impossible to catch up with the unit. Heard the news of the fall of the TOJO cabinet, and of KOISO Kuniaki ( 小磯國昭 ) becoming Premier. The general situation does not permit us to relax, but just now I must recover my health. The Country's future is dark; yet a soldier has something to hope for, depending on how you look at it! I don't care even to think about it.

25 Jul - After staying two days at the home of the village chief, I disliked the place.

27 Jul - Today I bravely tackled a detail. I came here with the MT unit from MOHLAIK. I am happy because there is a mosquito net and I shall have a good sleep tonight. There was a rifle attack on the village

(Contd.

ITEM 1274. (Contd)

ahead. Could do nothing. I went back to KIMURA Tai ( 木村 ), the MT unit. We stayed west of 'ENTAN KAREI' and had a meal.

28 Jul - SATO and YOSHIDA of KURUME came back. It was reported that YAMAGUCHI, OUMI, WASHIMI and OMURA were at a village in forward area down with malaria. Established liaison with 5 Transport HQ. Talked with 2/Lt SATO ( 佐藤 ). The situation at the front is getting worse.

29 Jul - I left with OHARA to arrange accommodation for friends from TOYOHASHI, JAPAN. On the way we met OC KIMURA Unit and talked of the situation. Later we met WASHIMI and OMURA. They said that they were staying in 'ENTAN KAREI'. We had a meal at the home of 'NAHANNOE' Village Chief. We arranged accommodation for YAMAGUCHI, & sympathized with him.

30 Jul - We wanted to bring YAMAGUCHI with us, but he was sick and it was raining, so we returned alone.

31 Jul - I had sufficient rest today.

1 Aug - Weather was good but OHARA had fever. Departure postponed. YAMAGUCHI is well again.

2 Aug - Weather was fine, so we left. Sickening stench from the many dead bodies. We arrived at 'ENTAN KAREI', where everyone had accommodation.

3 Aug - Bombing is getting more intense day by day. Their plan is to cut off our line to the rear, and I am scared.

4 Aug - Enemy aircraft are beyond endurance. There were seven men all told: AOKI, OHARA, SUMI, INOUE, OMURA, YAMAGUCHI and YAMANO. OHARA and I were the only two who could move about.

5 Aug - No change in number of men. No food nor water. Enemy aircraft are very active.

6 Aug - There were more and more sick men. As usual, at night we could not get any sleep. Enemy aircraft came now.

7 Aug - During the day we were in hiding; we could not eat; at night we could not sleep.

9 Aug - Fear of enemy aircraft is mounting as days go by. I have fever.

10 Aug - KAMIYA came from KALEWA to evacuate the sick.

(Contd.

ITEM 1274. (Contd)

11 Aug - KAMIYA returned taking YAMAGUCHI and YAMANO.

13 Aug - All men left 'ENTAN KAREI'. Road was destroyed. We pulled into a native house. One man was left with SUMI who had fallen down on the way. Arrived at 'KIGON' at night.

14 Aug - Rain leaked through; mosquitoes swarmed; and I had fever.

15 Aug - We left. Bivouacked on top of logs at 'NACHIGON'.

16 Aug - Arrived at KALEWA. I met AOKI of 3 Sector Unit. He was on the way to YUMI Butai at TIDDIM.

17 Aug - The unfailing enemy aircraft came over again.

18 Aug - I had a physical examination and received a certificate. Arrived at 'SHENRE'.

19 Aug - From 'SHENRE' I arrived at the MT pool of 'MUTAI' Sector. I met Lt FUJITANI/FUJIYA ( 藤谷 ). Everything was all right.

20 Aug - Came to YE-U L of C by automobile. I was tired out by the jolting ride, as the road was frightful. I went to 0.6 Barracks.

21 Aug - Met NAKAJIMA. Had fever at night.

22 Aug - Even going to the latrine required a great effort. I could not move at all.

23 Aug - Didn't take any food because of acute diarrhoea. I was exhausted.

24 Aug - Fever had gone. I felt a little better but had no appetite. I had noodles at a Burmese house. The only food we had was dried plums and potatoes. NAKAJIMA got his pay, 340 Yen, the first pay he had received for a long time. It was said that all the sick would be evacuated to MANDALAY. OHARA, INOUE and OMURA had fever. They said the railway service had been stopped for three days.

25 Aug - Made inquiries about 2/Lt WASHIMI Tamotsu at the Gendarmerie Unit. I could not find what had happened to him; but the Gendarmerie said that they would send a written inquiry about him to the KALEWA Gendarmerie Unit.

26 Aug - Left YE-U. All cars were destroyed, so we could not get a ride. I had fever.

28 Aug - Arrived at SAGAING at 0600 hrs. I felt safe, but tired even when doing nothing, and my head was heavy.

(Contd.

ITEM 1274. (Contd)

29 Aug - I met OUMI. He was quite well but pale, and said he had been convalescing. Although I am to be evacuated, I am gradually getting well, & my appetite is increasing.

30 Aug - Received boots, pants and underwear from the Supply Depot.

31 Aug - Arrived at MANDALAY in the evening.

1 Sep - How good it is to walk the streets of MANDALAY! I ate many things: Chinese food, ice-cream, coffee, etc. I got some medicine from the medical supply depot. Spent most of the money I had.

2 Sep - Left MANDALAY for MAYMYO. Had a talk with the chief liaison officer, 2/Lt FUJIKURA ( 藤倉 ).

3 Sep - Arrived at MAYMYO at 0200 hrs. Slept on the sidewalk the rest of the night. I went to the L of C Hotel in the morning. I had breakfast at the Officers' Club dining room. I had some liquor too.

4 Sep - For breakfast I had only coffee and fruit.

5 Sep - OMURA was admitted in MAYMYO Hospital. INOUE remained. I had a big meal at the Officers' Club.

6 Sep - Returned to MANDALAY. More delicious food.

7 Sep - Contacted liaison office. I learned that INOUE has gone back and OMURA is doing quite well. I read the 15 Army Orders.

8 Sep - Feasted on Chinese food; spending all my money.

9 Sep - Reached SAGAING by L of C shuttle bus at 0700 hrs for investigation. I could not accomplish anything because the place was so scattered. I must get in touch with OC MANDALAY Liaison Office again.

10 Sep - Made a report on the conditions in SAGAING. Had fever.

11 Sep - Malaria. I decided to wait for OC KINU Liaison Office to arrive.

12 Sep - Had injection for malaria.

14 Sep - Left for SHWEBO. I was hard up for money.

15 Sep - Reported at SHWEBO. While the adjutant and staff were in conference, I left for KINU.

16 Sep - Reached YE-U Liaison Office, & went to the unit bil-

(Contd.

ITEM 1274. (Contd)

leting area. I met NAKAJIMA. KAWAHARA and OMAE were in KINU.

17 Sep - Stayed in the Unit Billeting area. Met MIYAZAKI.

18 Sep - RETSU Butai casualty records at YE-U Receiving Station showed 124 & 40 (probably a total of 164 men - Tr) men. The number was less than expected.

19 Sep - Left for TABAYIN, 15 Km from YE-U for reconnaissance, accompanying Lt NAKAJIMA of the Liaison Office. We had been waiting for the bus since 2100 hrs. We caught it at last at 0600 hrs (20 Sep). We stayed in the house of TABAYIN Sub-divisional officer. After breakfast, I went on a liaison mission for Lt IKENO ( 池野 ), commanding a coy of 45 Bn. In the afternoon, I reconnoitered all villages with the help of the village headman.

20 Sep - With Lt NAKAJIMA's encouragement I managed to complete my reconnaissance tour.

21 Sep - Lt NAKAJIMA under Staff Officer YAMAMOTO went to 'KADOMA' to establish communication; I went to YE-U Liaison Office.

29 Sep - Evacuated to 'MEJIRO' Village. Swam in MU River for the first time. 2/Lt SUZUKI ( 鈴木 ) of Medical Corps left for 'KUN-O' to join his Butai.

30 Sep - OYA ( 大谷 ), OC of the Liaison Office instructed me to get in touch with 124 Infantry Regt.

(Diary ends - Tr)

SDC/KMY/AB

---

ITEM 1275

Captured at SR 3223 on 8 Jan 45.

Diary belonging to TANIGASHIRO ( 谷ヶ城 ), a private of 8 Section, IWA ZAKI ( 岩崎 ) Tai, SUZUKI ( 鈴木 ) Tai referring to his journey from JAPAN to BURMA, Jun-Oct 44.

1944

23 Jun - Called up with the reservists; today I joined 9 Coy, East 24 Butai at 0800 hrs. The same day transferred to East 6 Butai, Regt of Foot Guards.

26 Jun - Section made up. Ready to move.

(Contd.

ITEM 1275. (Contd)

30 Jun - Marched to SHINAGAWA Station. Left by special train at 1700 hrs, and passed through YOKOHAMA, YOKOSUKA, ODAWARA, NAGOYA, and KUSATSU.

1 Jul - Had breakfast at KYOTO.

2 Jul - Passed through OSAKA, HIROSHIMA, FUKUOKA to SHIMONOSEKI. Arrived MOJI at 1100 hrs. AKATSUKI ( 暁 ) L of C left at 1700 hrs. Stayed on board in harbour until 13 Jul.

13 Jul - Sailed for FORMOSA in a convoy of twenty-one ships.

17 Jul - Heard the sad news that those fighting on SAIPAN had made the supreme sacrifice.

21 Jul - Arrived safely at a FORMOSAN port. On the voyage water had been insufficient - a great inconvenience. We were attacked by enemy submarines on the way.

22 Jul - Arrived at TAKAO. Water sufficient.

23 Jul - Heard the news about the Cabinet changes.

27 Jul - Left TAKAO Harbour, but remained outside all night.

28 Jul - Weighed anchor at 0300 hrs. Twenty-seven ships in all.

30 Jul - All day yesterday and up to tonight we have been attacked with torpedoes by submarines. Two ships were sunk. The sea was very rough.

31 Jul - Bombarded by the enemy. Four ships were sunk, and again the sea was rough. Although we were up against great danger we were not harmed. I'm sure it was due to the mercy of God. Tonight there were many casualties. 1800 saved; 1000 soldiers and 600 nurses were lost.

1 Aug - Arrived at MANILA. Could not visit the wharf (KAMPEKI:? CORREGIDOR - Tr). There was no sugar and everything else was hard to get. Prices were high.

7 Aug - On account of the shortage of food and water our rations were again cut to 500 gms, half the normal, and emergency rations were reduced to 100 gms for lunch.

10 Aug - Outbreak of epidemic among MIZUKOSHI ( 水越 ) Tai.

13 Aug - Started from MANILA and headed straight for SAIGON. On the second night of the voyage after receiving a radio message we turned back because of the situation, and stayed outside the harbour.

(Contd.

ITEM 1275. (Contd)

14 Aug - Because of the air raid I didn't sleep a wink last night.

18 Aug - About 1100 hrs enemy submarines appeared suddenly. One of them was sunk by our escort and the others made off. We must take extra precautions tonight.

21 Aug - Clear day. We expect to arrive at SAIGON after another day and night. About 1000 hrs an enemy submarine appeared. It fired a torpedo which missed our ship by about thirty yards, hitting the one behind and damaging it badly. We were lucky, thanks to Providence. Returned to the harbour where we spent last night, and took aboard a supply of water from another ship.

22 Aug - Had two meals. Dropped anchor in CAMRANH Bay for one day. It is exactly two months since I left home.

25 Aug - Fine day. Left CAMRANH Bay at noon.

26 Aug - Clear day. Arrived at the estuary of the SAIGON River at 1430 hrs. Saw two ships sunk at the mouth of the river. Had three meals today.

1 Sep - Ready to move. Div Comdr inspected us.

2 Sep - Left SAIGON at 0800 hrs by ship. Sailed up the MEKONG River towards PNOM PENH.

5 Sep - Arrived PNOM PENH and left at 2100 hrs for BANGKOK.

7 Sep - Arrived BANGKOK at 1700 hrs. Marched to L of C about $2\frac{1}{2}$ miles away. There was an air raid alarm last night.

15 Sep - Today the Div Comdr of SAIGON Field Replacements HQ came to inspect us. He instructed us further regarding conditions on the BURMA-INDO-CHINA border.

20 Sep - Left BANGKOK at 0300 hrs.

23 Sep - Now three months since I joined up. Left 'ZUNTAO' at 1500 hrs.

24 Oct - Stayed at TOUNGOO for one night. Left early in the morning as the representative of the unit.

26 Oct - Instructions given by Lt Col INAGE ( 稲毛 ), OC.

On the last page of the Diary the following two names are mentioned:-

2/Lt TAYODA ( 豐田 ) Section Comdr.

Lt YAMAKAMI Hiroshi ( 山上廣 ) OC Coy.

CYY/ERH/AB

ITEM 1276

Captured in ARAKAN during early Jan 45.

Diary of 2/Lt YAMAMOTO Shoichi ( 山本正一 ).

1943

19 Jun - No 1 Coy, HQ and Signals left AOGAHARA.

27 Jun - No 2 Coy left AOGAHARA.

28 Jun - Left HIMEJI.

29 Jun - Left in convoy aboard the DAIAN MARU ( 大安丸 ).

1 Jul - Left MOJI. Sailed via KAGOSHIMA, OKINAWA, TAKAO, MAKO.

24 Jul - Arrived SAIGON. Changed to TEIKO MARU ( 帝興丸 ).

25 Jul - Left SAIGON.

29 Jul - Arrived SINGAPORE and went to South Barracks.

24 Aug - Loaded the 'CELEBES' MARU and the NICHIREN MARU ( 日蓮丸 ).

25 Aug - Boarded the NICHIREN MARU.

31 Aug - Left SINGAPORE.

2 Sep - Entered PRAI Harbour.

6 Sep - Left PRAI.

11 Sep - Reached RANGOON and went to the barracks.

15 Sep - Arrived at the THARAWADDI barracks.

27 Sep - Probationary Officer SHIBATA ( 芝田 ) and 6 of us went to join the detached unit at THARRAWAW. Started for LETPADAN Station, but the bombing of the day before had made the roads impassable. Contacted the Gendarmerie, hired two coolies, and marched. Arrived the following day at 1100 hrs, having covered a distance of about 35 miles.

6 Oct - Garrison at ZIGON changed.

9 Oct - HATANO ( 波多野 ) went to join 101 Construction Coy at RANGOON.
Eight of us were placed under the command of Lt TABUCHI Tatsuma ( 田淵龍間 ) to take over guard of the field depot.

3 Nov - Celebrated Emperor Meiji's anniversary at HQ.

(Contd.

ITEM 1276. (Contd)

23 Nov - Prob Offr WAKUDA ( 涌田 ) and 9 others reported to 54 Tpt Regt HQ with four vehicles.

8 Dec - SHIBATA Mantei, YAMAMOTO and WAKUDA Kameichi were promoted to the rank of 2/Lt.

9 Dec - OC YAMANE ( 山根 ) Coy, YAMAMOTO and two others concluded a survey of the Southern IRRAWADDY.

10 Dec - WASHIMI went to PROME to attend a class in the prevention of diseases.

21 Dec - 2/Lt SHIBATA and 14 others went to THARRAWAW and THONZE to provide protection and take security measures for the proposed inspection by GOC HEIDAN, Lt Gen KATAMURA Shihachi ( 片村四八 ).

1944

29 Jan - SAKAI, NAKAMURA and AOKI were transferred to SAKU ( 策 ) 9401 Butai.

31 Jan - Left for SANDOWAY at 0330 hrs. Farewell to 'SARRAWAGYI'. Reached No 1 Coy at SCHWEDAUNG at 0900 hrs.

1 Feb - Arrived PADAUNG.

2 Feb - Arrived YEBAWGYI half-way across the ARAKAN hills.

3 Feb - Arrived TAUNGUP. Rested over-night, then set out for SANDOWAY on foot. That night arrived 'YANNGON'.

4 Feb - Arrived THETKEBYIN.

5 Feb - Arrived SHWEHLE.

6 Feb - Met W/O OKANO ( 岡野 ) and his men who had set out on the 26th. Received information concerning march and work. Met other friends. Separated from WAKUDA Pl (NYAUNGCHIDAUK).

7 Feb - Arrived HONBAUK.

8 Feb - Arrived SANDOWAY.

9 Feb - Got in touch with WAKUDA Pl at NYAUNGCHIDAUK and had a party.

11 Feb - YAMANE Tai ordered to take over the defence of the 'MENUKIPPU' area.
At 'NAUNGGYO' Village met an old friend attached to IWASAKI ( 岩崎 ) Bn.

13 Feb - Left SANDOWAY. Arrived 'MENUKIPPU'.

(Contd.

ITEM 1276. (Contd)

14 Feb - 8 of the natives were captured by the British while fishing. 2 of them returned. Advanced toward 'CHAUNGME'.

15 Feb - Arrived, and were detailed to collect information, organize civilian defence and construct positions.

17 Feb - Set out with 3 others to secure the beaches and capture spies.
SHIBATA, OC Pl at 'CHIANGAE', left with 4 men on the same mission.

25 Feb - Ordered to return to 'MENUKIPPU' to construct barracks and positions. Met OKANO Pl at SHWEHLE.

26 Feb - Heard from home for the second time - received letters and cards from friends.
L/Cpl KISHIMOTO and 4 men were left at 'CHAUNGME' to collect information and guard the beach.

14 Mar - Orders to move to TAUNGUP and MYEBON for same reason. Left 'MENUGUANG' and headed for SANDOWAY.

15 Mar - Arrived 'KIMMO' and crossed the river during the night.

16 Mar - Arrived HONBAUK.

17 Mar - Arrived BAYE.

18 Mar - Arrived 'YAUNGGO', 4 Km South of TAUNGUP, and made preparations for the fighting to come.

20 Mar - At 'YAUNGGO' received orders to move to KANTHA.

21 Mar - Arrived KINDAUNGGYI; forced to halt by the damage done to the bridge.

22 Mar - Arrived SABYIN.

23 Mar - Arrived DATTAW 4 Km South of KYWEGU.

25 Mar - Arrived TAMANDU and made preparations for marching.

28 Mar - Left TAMANDU and headed towards KANTHA.

29 Mar - Arrived SANYIN.

30 Mar - Arrived OKKAN.

31 Mar - Arrived TAUNGMAW, 3 Km West of KANGAW. Proceeded by boat.

1 Apr - Arrived KANTHA and made preparations for the fighting to come.

3 Apr - Went to MYEBON for the defence of that area.

(Contd.

ITEM 1276. (Contd)

9 Apr - OKANO Pl went to NAKA CHAUNG to investigate and collect information about air-borne troops in that area. Sgt NAKAYA and 2 men went to the hills near the shore West of MYEBON to guard against possible enemy air-borne troops and landing craft.

10 Apr - L/Cpl KISHIMOTO and 3 men were stationed at the mouth of the small stream to guard against possible enemy air-borne troops and landing craft.

11 Apr - NARITA ( 成田 ) promoted to Med 2/Lt. 3 men attached to HIRAOKA ( 平岡 ) wireless unit on 1 Apr, were sent to BURMA Area Army.

28 Apr - 2/Lt SHIBATA with 10 men and L/Cpl MATSUDA with two men were ordered to establish sentry posts at ZIBINGYI and 'NABYINSHAUNG' respectively.

1 May - Three men attached to KON 7901 Butai (33 Army - Tr). Received news of Lt YOSHIDA's return to his unit.

21 May - OC Pl and his men returned from sentry duty at ZIBINGYI.

31 May - Sgt DAIFUKU admitted to PEGAUK Field Hospital.

4 Jun - Three men went to look over the spies held at DAGON by the Gendarmerie unit. Lt FUJITA ( 藤田 ) and 2 men with the aid of the 'ROON' Leader and four of his men captured the [illegible] on the BORONGA Islands.

25 Jun - Capt SHIRAI ( 白井 ) arrived from RAMREE on liaison duty.

3 Jul - OC SHIBATA Pl and four men went to 'GINBAZAL' to establish a naval L of C.

6 Jul - L/Cpl MATSUDA and three men came back from the 'NABYINSHAUNG' Liaison Office.

15 Jul - Sgt DAIFUKU returned from PEGAUK Convalescent Centre.

21 Jul - 2/Lt AKIYAMA ( 秋山 ) and his men joined the Mortar Coy.

5 Aug - 2/Lt WAKUDA and two men went to KANI to reconnoitre roads.

18 Aug - 2/Lt SHIBATA and 4 men returned from 'KENTO'.

13 Aug - According to Op Orders there will be slight changes in dispositions and one unit will move to KANTHA.

19 Aug - KAWAMOTO Heiichi, who had been attached to 109 Butai returned to his own unit.

(Contd.

ITEM 1276. (Contd)

21 Aug - Minor changes in the organization of the Coy:

Officer Cadet KUSAKA ( 草下 ) became OC No 2 Squad.

Officer Cadet KOBAYASHI ( 小林 ) became OC A/Tk Section.

28 Aug - OC Pl and 2 others went on a tour of duty to Liaison Office at PEGAUK.

3 Sep - GOC Area Army - Lt Gen KIMURA Hyotaro ( 木村兵太郎 )

GOC Heidan - Lt Gen KATAMURA Shihachi ( 中村四八 )

Present GOC Heidan - Maj Gen MIYAZAKI Shigesaburo ( 宮崎繁三郎 ).

4 Sep - Picket established at 'KYAUKKAW'.

20 Sep - Prob Offr MURAKAMI ( 村上 ) and Pte SHIMA of 4 Coy were engaged in certain work at KANTHA and stayed at the village headman's house.

21 Sep - Sgt WAKABAYASHI went to the M.T. unit - YAUMA ( ? HACHIUMA, 八馬 ) Tai.
The Coy celebrated the first anniversary of its entry into BURMA.

5 Oct - Sgt ODA and NISHIKAWA left to join the HIKARI KIKAN Commando unit.

17 Oct - Inspection carried out by the Chief of Staff - Lt Col KOBAYASHI ( 小林 ).

23 Oct - To commemorate the YASUKUNI Shrine Celebration, a guerrilla attack was made on 'NATAKE'.

30 Oct - Inspection of positions by OC NAKAMURA ( 中村 ) Butai and manoeuvres in preparation for setting out for the front.

3 Nov - The Coy paid its respects to the Emperor's Residence at the MYEBON Pagoda in the hills.

11 Nov - KISHIMOTO Sadao left for KANTHA to look after supplies.

19 Nov - Inspection by GOC Div - MIYAZAKI Shigesaburo.

23 Nov - 2/Lt YAMAMOTO was transferred to No 3 Coy.

26 Nov - SHIMIZU Daisaku and YUBA joined No 4 Coy.

(Contd.

ITEM 1276. (Contd)

5 Dec - Emperor's Decree announced. Carried out B Schedule manoeuvres.

17 Dec - FUJIMOTO admitted to PEGAUK Hospital.

15 Dec - SAWADA took over PEGAUK Ordnance Depot from HARADA.

19 Dec - 2/Lt SHIBATA and Pte KOBAYASHI left for MINBYA to study the lay of the land.

20 Dec - Lt SHIMIZU ( 清水 ) arrived from Div.

1945

1 Jan - We, the members of the Reconnaissance Unit, have done our best up to this point, but the results have not been gratifying. Nevertheless, we plan to keep on doing our best, always with the hope that the war will come to an end this year. We hope too that our families in the homeland are faring well.

2 Jan - Went to MINBYA to convert 'ALOTMA' (to our cause - Tr). During our absence many changes occured.

7 Jan - KITAHATA and WASHIMI went to the Military Observation Post at TAUNGMAW.

(Diary ceases - Tr).

EK/HS/AB

---

ITEM 1277

Captured at PX 5665 (RAMREE) on 26 Jan 45.

Two sheets of rice-paper, containing details of two illuminating devices, as follows:-

I. Device to light up the ground in front of position:

1. Materials required:

Bamboo: 1 length of 5m; 3 of 2.5m; 2 of 1m.
Wire: 60m of some type between Nos 8 and 12.

2. Assembly:

Fig 'A' - Complete lay-out (Given separately - Tr)

(Contd.

ITEM 1277. (Contd)

Fig 'B'

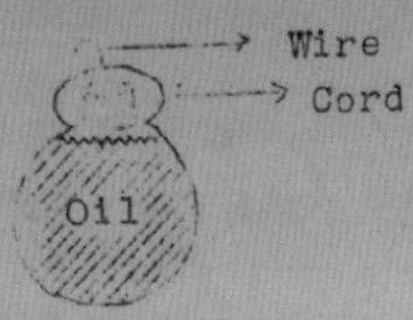


Fig 'C'

Jars and kerosene will always be kept handy at position.

3. Method of Use:

When a jar of kerosene is normally kept in readiness during the night at 'X', the other jar, fitted up as in Fig 'C', will be suspended from the wire at 'Y', and the cloth wad will be saturated with oil and ignited. As soon as the post is set upright, this second jar will slide down at great speed and collide with the first jar at 'X'. Both jars will break and the kerosene will be spilt over the straw, which will in turn be set alight by the cloth wad. This operation takes about 2 minutes.

When a jar is not kept at 'X', both jars will be slid down the wire. This method takes about 4 minutes.

Although these two methods are nearly fool-proof, to cope with any unforeseen contingency a trench is dug leading to the straw, so that it may be lit by hand.

4. Effect:

This varies in accordance with the amount of kerosene and straw used, but when 30kg of straw and 4 gallons of kerosene are ignited, the radius of illumination is 300m and the fire lasts about 15 minutes.

II. Device to light up the sea in front of position:

This apparatus is primarily for the purpose of illuminating the surface of the sea. It is an improvisation, simple in operation, and the pilot light ensures that it can be used at any time. It consists of a beacon and its supporting tower.

(Contd.

ITEM 1277. (Contd)

Fig 'A' - Complete lay-out:

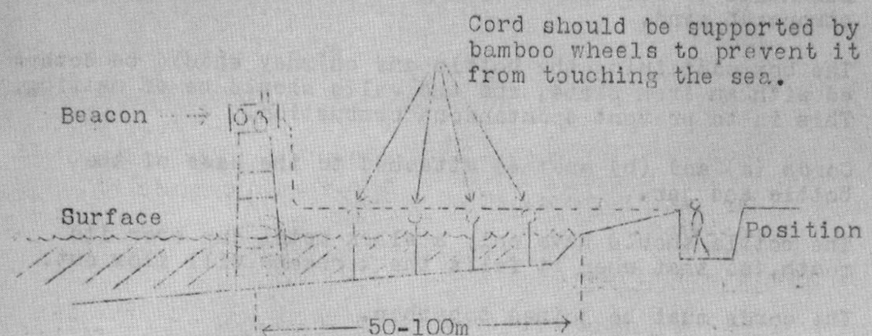


Fig 'B' - The Beacon:

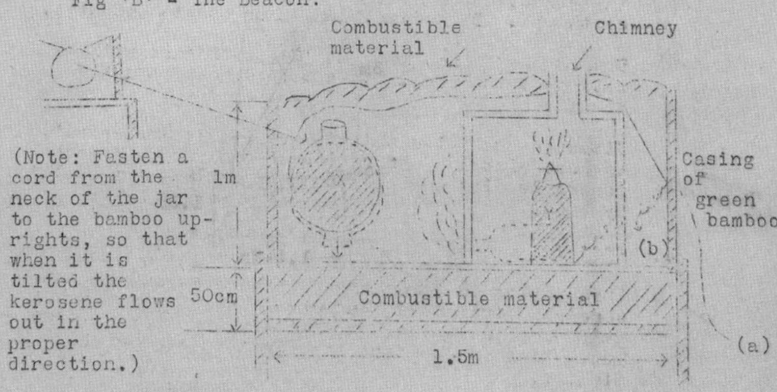


Notes on operation: When the main cord (a) is pulled, the jar 'X' upsets and the kerosene flows out. The bottle 'Y' then falls and sets the lot ablaze.

There should be some slack left in cord (b).

When cord (a) is pulled, the resulting position will be as shown by the dotted lines.

(Contd.

3급 비밀

S.E.A.T.I.C.

동남아시아번역심문센터

번역 보고서 105호.


| 항목 | 내용 | 쪽수 |
|---|---|---|
| 1271 | 작전 명령 등 – 마츠(MATSU) 별동대 | 1 |
| 1272 | 54 수색 연대와 54사단의 조직 | 4 |
| 1273 | 장교 카와모리(KAWAMORI)의 일기 | 10 |
| 1274 | 장교의 일기 – 모울멘(MOULMEIN) – 이에우(YE-U) | 17 |
| 1275 | 스즈키 타이(SUZUKI Tai) 이등병의 일기 – 여행 | |
| 1276 | 일본에서 버마로 1944 | 23 |
| 1277 | 야마모토 쇼이치(YAMAMOTO Shoichi) 소위의 일기 | 26 |
| | 두 개의 발광 장비 세부 사항 | 31 |


(중략)

보고서 105호.

항목 1274

이와몬당(YWAMONDAUNG) (SQ 599578)에서 44년 12월 29일에 노획함.

한 장교의 일기, 이름은 알 수 없음.

1944

6월 20일 - 모울메인(MOULMEIN). 랑군(RANGOON)에서 보고됨. 나는 수습 장교 와시미(WASHIMI, 鷲見)의 경찰관 남동생을 만났다. 레츠(RETSU(烈)) 부대(BUTAI) (하야시(HAYASHI, 林) 15군)는 옮겨나갔다. 우리는 전방으로 가고 있다. 프레이(PRAY)에서 멈췄다. 비록 우리는 전방으로 급하게 가고 있지만 도로 상태가 굉장히 좋지 않다. 수습장교 오우미(OUMI, 大海)를 만났다. 우리는 그 유명한 전투 부대가 적들을 포위했었던 임팔(IMPHAL)의 북쪽으로 가고 있다. 이것은 생사의 문제이다. 나는 강한 심장을 가진 사나이고 기분이 괜찮다. 물가는 높지만 보급품이 있을 예정이다.

**6월 21일 - 우리가 버마에 온 뒤로 계속해서 비가 내리고 있다. 나는 부드러운 여성이 좋다; 드세게 지배하려는 여성은 좋아하지 않을 것 같다. 버마 여성들은 시끄러워 보이고 혼혈은 도덕적이지 않다. 밤에 위안소(comfort house)에서 즐길 때 나의 양심이 나를 괴롭힌다; 행위는 자연스럽지만 옳고 그름을 판단하기가 어렵다. 그런데도 나는 성적 만족이 있어야 한다고 느낀다. 여자와 술: 보고 만지기에 좋고 행복을 가져다준다. 중요한 것은 하고 있는 것이 무엇인지 정확히 알고 적당히 즐기는 것이다.**

6월 24일 - 0500시에 만달레이(MANDALAY)에 도착. 내일부터 우리는 위험한 구간에 들어간다. 전방은 아직 조금 거리가 멀리 있다.

6월 25일 - 사가잉(SAGAING)에 도착. 그리고 밤늦게 관사에 갔다.

6월 26일 - 우리는 내일 떠날 것으로 예상한다. 20일 치 식량을 배급받았다. 꽤나 많은 양이었다. 소가 끄는 수레 이외에는 배급과 보급품을 운송할 수단이 없다.

6월 30일 - 머리 뒤쪽이 계속 아프다. 눈이 충혈되었고 나중에는 현기증이 났다. 일본 쿠루메(KURUME)의 수습장교 이와사키(IWASAKI)만이 남아있고 나머지는 떠났다. 나는 이에우(YE-U)의 병원으로 보내졌다. 내 생각에 임팔은 우리 손아귀에 떨어진 것 같다.

(하략)

# 13

## Japanese Occupation of the SHWEBO Valley in Burma

**RG 226 Entry NM-54 16 Box 1297**

이 보고서는 연합군이 버마(현재의 미얀마)의 슈웨보 지역을 탈환한 이후 영국군 장교, 버마 현지인 등으로부터 얻은 정보를 바탕으로 작성되었다. 이 보고서에 따르면 일본군의 버마 점령 초기 일본군이 버마인 여성을 학대하는 경우가 자주 있었으나 일본군 당국은 이를 실질적으로 근절하고자 했다. 그 이후 군을 위한 위안소를 설치했으며, 위안소에 버마인 여성이 있었다는 내용을 확인할 수 있다.

J. I. C. A.
(Joint Intelligence Collection Agency)

(Joint Intelligence Collection Agency)

CCS ... Jan 45.

SECRET
(Classification)

ENCLOSURES

COPY NO. ______ (For Record Section only)

GBVZ/JBZ/FWD/mmcd.

114529

# MILITARY INTELLIGENCE DIVISION W. D. G. S.

## MILITARY ATTACHE REPORT JAPAN

(Country reported on)

Subject JAPANESE Occupation of the SHWEBO Valley in BURMA - Sociological Aspects. MID I.G. No. 5500
(Brief descriptive title)

From M. A. New Delhi, India Report No. R-37-45. Date 29 January 1945.

Source and degree of reliability:

British Officers, Burma Civil Servants, Native Burmese.

B - 3

SUMMARY.—Here enter careful summary of report, containing substance succinctly stated; include important facts, names, places, dates, etc.

1. The BRITISH reoccupied the SHWEBO Valley in BURMA during the early part of this month. It has been under JAPANESE occupation since June 1942. It is one of the first heavily populated areas in BURMA recaptured by the Allies to date. Some idea of JAPANESE policies and attitudes towards Sociological problems in an occupied country may be gained from their activities in the SHWEBO Valley.

2. The attached report is based on information secured in personal interviews held over the period of 10 - 20 January 1945 with various persons in SHWEBO and vicinity. These included two (2) BRITISH BURMA Intelligence Officers, who were in BURMA before the JAPANESE occupation; two (2) ANGLO-BURMANS, who formerly were in the BURMA civil police and who remained in the SHWEBO area during the JAPANESE occupation; and also native BURMANS living in SHWEBO and surrounding towns and villages.

3. Reference is made to M.A. New Delhi Reports Nos. R-36-45 and R-38-45 covering Economic and Governmental Aspects, same subject and date.

DISTRIBUTION:

| | |
|---|---|
| JIARG | 1 |
| G-2, Hq, USF/IBT, APO 885 | 1 |
| G-2, Hq, NCAC, APO 218 | 1 |
| JICA/CIB/SEA, APO 885 | 1 |
| American Mission, New Delhi. | 1 |
| O.W.I. New Delhi. | 1 |
| O.S.S. New Delhi. | 1 |
| File | 1 |



MIS 112365

Pol 1
*Econ 2
Route 14b
Socio 1
Mil Govt 1
ONI 3
OSS 2

Distribution by originator

Routing space below for use in M. I. D. The section indicating the distribution will place a check mark in the lower part of the recipients' box in case one copy only is to go to him, or will indicate the number of copies in case more than one should be sent. The message center of the Intelligence Branch will draw a circle around the box of the recipient to which the particular copy is to go.

| AGF | AAF | ASF | AC of S G-2 | Chief I G | Eur.-Afr. | Far East | N. Amer. | Air | Dissem. | A I C | FLDR | OSS |
|---|---|---|---|---|---|---|---|---|---|---|---|---|
| | | | | | | | | | | | | |
| MA Sec. | CIG | Rec. Sec. | ONI | BEW | CWS | ENG. | OPD | ORD | Sig. | State | QMG | |
| | | | | | | | | | | | | |

Enclosures:

none

CCS ... Jan 45.

SECRET
(Classification)

WAR DEPARTMENT
G.S.-17 (2nd Rev.)

SECRET

S E C R E T
OCS MID GS 29 Jan 45.

## JAPANESE OCCUPATION OF THE SHWEBO VALLEY IN BURMA.

### 1. Introduction.

a. In the early part of January 1945 the Allied Forces recaptured the SHWEBO (22°31' - 95°40') Valley in North Central BURMA. The JAPANESE had occupied the area since June of 1942 and it has been important to the enemy as a supply base. SHWEBO is located on the MANDALAY - MYITKYINA Railroad and also is only 17 miles from the IRRAWADDY River. Roads lead from SHWEBO Northeastwards to KALEWA, thence through the CHIN HILLS to IMPHAL and INDIA proper and also to the North to MOGAUNG and MYITKYINA. The Valley is fertile and dry. A large proportion of the supplies for the JAPANESE forces attempting to invade INDIA came from the SHWEBO Valley. Being in the dry belt of BURMA transportation is possible throughout the year. For the past two years, the Allies have been engaging the enemy on the fringes of BURMA in high mountainous country where the enemy has not been able to establish himself and control the civil population as he has in inactive areas. In the SHWEBO Valley the enemy has dealt with large numbers of civilians giving some idea of his policies for the occupation of BURMA.

b. There has not been sufficient time to study in great detail the JAPANESE governmental, economic and sociological policies in the SHWEBO Valley during his occupation. However, this report contains the information gathered during the period 10 - 20 January 1945 from two British Burma Intelligence Officers who were in BURMA before the JAPANESE occupation and who now are attached to 14 Army, SEAC; from two Anglo-Burmans who were in the SHWEBO area during the JAPANESE occupation and who formerly were in the Burma Police, and finally from native Burmans living in SHWEBO and surrounding towns and villages. The information is by no means complete but will be added to as more data is obtained, in this area and also in those further South.

c. For convenience in reproduction and filing, the information has been divided into three reports covering separately (1) Governmental, (2) Economic and (3) Sociologic subjects. This report outlines the information obtained on Sociological matters.

### 2. JAPANESE Treatment of Burmese Social and Religious Systems.

a. In BURMA there has always been a sharp class distinction, not on religious or blood grounds as in INDIA, but more along the European style where government officials, professional men and the more wealthy are respected and looked up to. Also the Burmans have great respect for the elder members of their communities and most important of all for the local village priest (Hpongyi) who is the spiritual leader of the community and holds a very prominent and highly respected position. He is fed by the villagers who consider it an honor. He can have no money or possessions. He can't do any labor. He can't marry. The natives bow to him when he passes. Besides being the spiritual leader he also educates the villagers especially the younger men who act as apprentices and at some time of their lives all become hpongyis if only for a short time.

b. The JAPANESE treated all the Burmans alike and did not respect their social customs. The more prominent members of the community were often ridiculed and insulted by the JAPANESE in front of the lower class of Burmans. The Hpongyis were often treated like any other Burman. JAPANESE soldiers never respected the sanctity of the Hpongyi Kyaung which was the home of the Hpongyi in the village. The Burman always removes his shoes when he enters a Hpongyi Kyaung. The JAPANESE pilfered the Kyaungs and in some cases tore them down to use the brick on road or airstrip construction as was the case at SHWEBO. The Hpongyi Kyaung was a favorite camp site for the JAPANESE when they were traveling through a village. The Burmans were constantly angered by this treatment of things sacred to them.

SECRET

From M.A. New Delhi, India. Report No. R-37-45. Date 22 Jan 45.

G3V2/JBZ/P.D/mmcd. S E C R E T Page 2.

**SECRET**

S E C R E T
OCS MID GS 29 Jan 45.



c. The Hpongyi in Northern BURMA is a very powerful figure in the community and one who is greatly respected. It has been reported that in Southern BURMA this is not always the case as there the hpongyis have become politically minded and also the priesthood has become a harbour for many undesirable characters. (B.I.D. 5104.0600)

3. JAPANESE Treatment of BURMESE Women.

During the early part of the JAPANESE occupation, the instances of the JAPANESE mistreating the BURMESE women were numerous. In the past year the JAPANESE military authorities have practically stamped this out. Recently the JAPANESE soldiers have left the BURMESE women strictly alone except for those who were hired by the JAPANESE for their enlisted men's brothels.

4. Health.

a. In the SHWEBO Valley sickness has increased considerably during the JAPANESE occupation. Smallpox and plague have been the most serious illnesses. In recent months some of the natives have developed jungle sores which were heretofore not known in this area. It is thought that the JAPANESE soldiers, who lived in the native houses, brought this infection from the forward area near the CHINDWIN River where it is prevalent.

b. The reasons for increased sickness amongst the natives were the definite lack of medical supplies and the scarcity of doctors. The JAPANESE themselves were very short of medical supplies so quite naturally the natives went short. The civil government tried to train doctors and nurse but they were unsuccessful again due to the lack of facilities and supplies. In the SHWEBO area there was only one case of a BURMESE doctor working for the JAPANESE. This was a woman. (B.I.D. No.5301,

5. Impression of Labor.

The local military authorities placed demands on the local civil authorities for a given number of laborers to work in an unspecified locality. The civil authority then called in the headmen of surrounding village and instructed them to produce the laborers at a given time and place. The JAPANESE then took over the laborers and transported them to any locality they wished. These demands were particularly distasteful to the BURMANS because inherently they enjoy strong family ties and like to remain in their own community. There are unconfirmed reports that the burden of these demands fell on the poorer natives since the more wealthy BURMANS were able to buy off from this work by paying the headmen certain sum of money or goods. The JAPANESE, once the workers were in their hands, dealt out severe punishment for those who deserted or refused to obey them. The stories of beatings, etc. are numerous. (B.I.D.No.5205.0400)

6. General Attitude of the BURMANS Towards the JAPANESE Occupation.

a. When the JAPANESE first came to BURMA, the BURMANS in the SHWEBO Valley liked them. The JAPANESE treated them well, professed to be BUDDHISTS and promised them independence. The BURMANS, who never have liked the British occupation and who at the time of the British withdrawal thought that they had been badly let down by the British, thought that possibly they would get a better deal from the JAPANESE. A few of the more educated and prominent natives remained loyal to the British but were forced to comply with the JAPANESE demands.

b. As time went on, the JAPANESE demands for military supplies increased to such an extent that their own standard of living decreased markedly. The JAPANESE control over the civilians became greater. The incidences of JAPANESE mistreatment of BURMANS increased. The BURMANS found that they had no recourse from this mistreatment because of the fear on the part of the civil government for the military authorities. The goods that the JAPANESE had promised to bring to Nor[illegible] never

**SECRET**

From M.A. New Delhi, India. Report no. R-37-45. Date 29 Jan 45.

S E C R E T
OCS MID GS 29 Jan 45.

SECRET

arrived and the inflation in that area was rapidly increasing.

c. In general the BURMANS have welcomed the arrival of the Allied forces. However they welcome them not as long lost friends who have liberated their country such as was the case in FRANCE or the LOWLANDS but more with the hope of getting better living conditions and more goods which are so badly needed. They are doubtful of what is in store for them in the future. They are immediately confronted with the loss in value of all their JAPANESE currency with no prospect of obtaining British currency in its place. The BURMANS have for long wanted their independence. Although the Ba Maw Government was only a token independent government they did consider it their government. They want some statement from the Allies as to what is in store for them and what type of government they can expect to have. (S.I.D. 5501.0200)

1788 FRED W. DUNLEVY,
Major, F.A.,
U.S. Military Observer.

1785 JAMES B. KNOWLES,
Major, F.A.,
U.S. Military Observer.

Approved and Forwarded.

GEORGE W. VAN ZEE,
Colonel, G.S.C.,
Executive Officer.







From M.A. New Delhi, India. Report No. R-37-45. Date 29 Jan 45.

GBVZ/JBK/FWD/mmcd. Page 4.

S E C R E T
OCS MID GS 29 Jan 45.

SECRET

전쟁부 일반참모 군사정보부

무관 보고서(일본)

주제 버마 슈웨보 계곡(SHWEBO Valley) 일본군 점령 5500호

수신 M.A. 인도, 뉴델리 보고서 번호 R-37-45. 날짜: 1945년 1월 29일.

출처와 신뢰도:
영국 장교들, 버마 민간 행정관들, 버마 현지인들.
B-3

요약 – 보고서를 세심하게 요약하여 작성할 것. 중요한 사실, 이름, 장소, 날짜 등 포함.

1. 이번 달 초에 영국군은 버마의 슈웨보 계곡을 다시 점령했다. 1942년 6월부터 일본군은 그곳을 점령하였다. 그곳은 지금까지 연합군이 버마에서 탈환한 지역 중 가장 인구가 많은 곳이다. 슈웨보 계곡에서의 일본군 활동을 통해 일본군이 점령한 국가에서 시행하는 정책이나 사회학적 문제에 대해 보이는 태도에 관한 지식을 획득할 수 있을 것이다.

2. 첨부된 보고서는 슈웨보와 그 근처의 사람들을 1945년 1월 10일 – 20일 기간 동안 개인적으로 면담하여 얻은 정보에 기초하고 있다. 이는 일본군 점령 전에 버마에 있었던 영국인 버마 정보국 장교 두(2) 명; 이전 버마 민간 경찰이었고 일본군 점령 기간 동안 슈웨보 지역에 남아있었던 앵글로-버마인 두(2) 명; 그리고 슈웨보와 근처 마을에 사는 버마 현지인들을 포함한다.

3. 경제와 정부 측면을 다루는 M.O. 뉴델리 보고서 R-36-45와 R-38-45 등과 같은 주제이며 같은 날짜에 작성되었다.

| | |
|---|---|
| JIARG | 1 |
| G-2, 사령부, USI/IBT, APO 88 | 1 |
| G-2, 사령부 NCAC,    APO 218 | 1 |
| JICA/CIB/SEA,    APO 885 | 1 |
| 미국인 선교, 뉴델리. | 1 |
| 전시정보국 | 1 |
| 전략첩보국 뉴델리. | 1 |
| 보관 | 1 |

2급 비밀

OCS 군사정보부 일반참모장실 45년 1월 29일.

## 일본군의 버마 슈웨보 계곡 점령

### 1. 서문

a. 1945년 1월 초 연합군이 버마 중부의 북쪽에 있는 슈웨보(22°31' - 95°40') 계곡을 탈환했다. 일본군은 해당 지역을 1942년 6월부터 점령했고 적군에게 이 지역은 중요한 보급기지였다. 슈웨보는 만달레이(MANDALAY) - 미치나(MYITKYINA) 철로에 위치했고 이라와디(IRRAWADDY) 강에서부터 17마일밖에 떨어져 있지 않다. 도로는 슈웨보에서 북동쪽 카레와(KALEWA)로 이어지고 친(CHIN) 언덕을 통해 임팔(IMPHAL)과 인도 영토로, 또 북쪽 모카웅(MOCAUNG)과 미치나로 이어진다. 계곡은 비옥하고 건조하다. 인도를 침략하려는 일본군 보급품의 많은 부분이 슈웨보 계곡에서 왔다. 이 지역이 버마의 건조한 지역에 속해서 일년 내내 운송이 가능하였다. 지난 2년 동안 연합군은 산이 많은 버마 변두리에서 적군과 조우했다. 적군은 침체된 지역에 있었기 때문에 그 지역에서 자리를 잡을 수 없었고 민간인을 통제할 수 없었다. 슈웨보 계곡에서 적군은 버마 점령을 위한 정책을 시험할 수 있는 많은 수의 민간인들을 다뤘다.

b. 일본군 점령 기간 동안 시행되었던 일본의 정부 관련 정책 및 경제적, 사회학적 정책을 세부적으로 연구할 충분한 시간이 없었다. 그러나 이 보고서는 1945년 1월 10일-20일의 기간 동안 일본군 점령 전에 버마에 있었던 두 명의 영국인 버마 정보국 장교들, 즉 일본군 점령 기간 동안 슈웨보 지역에 있었고 전에 버마 경찰에 종사하였던 두 명의 앵글로 버마인들과 마지막으로 슈웨보와 근처 마을에 살고 있는 현지 버마인들에게서 수집한 정보를 싣고 있다. 정보는 절대 완전하다고 할 수 없지만 이 지역과 더 남쪽 지역에 대한 정보가 입수되면 추가될 예정이다.

c. 활용과 정리에 쉽게 하고자 정보는 각자 (1)정부 관련, (2)경제적 (3)사회학적 주제들을 다루는 세 개의 보고서로 나누어져 있다. 이 보고서는 사회학적 문

제에 관해 입수된 정보를 요약한다.

(중략)

3. 일본군의 버마인 여성에 대한 대우.

일본군 점령 초기에 일본군이 버마인 여성을 함부로 대하는 경우가 굉장히 많았다. 지난 해 일본군 당국은 실질적으로 이를 근절했다. 최근 일본군 병사들은 일본이 고용한 일본군 병사용 위안소(brothels)의 여성들을 제외하면 버마 여성들은 절대 건드리지 않고 있다.

(하략)

# 14

## Health Maintenance of Japanese Army in Burma No. 1230

## RG 226 Entry NM-54 16 Box 1418

이 문서는 미군이 버마(지금의 미얀마) 만달레이에서 포획한 이토 헤이하치(Ito Heihachi)에 대한 심문을 바탕으로 작성한 보고서이다. 정보원은 게이오대학 의대생 출신으로 상세한 의료적 지식을 가지고 있었고, 미군에게 적극적으로 협력하는 태도를 보였다. 이 보고서는 버마에서 일본 육군의 의료조직이나 관행에 대한 정보를 포함하고 있다. V부의 성병 통제와 관련한 부분에서 위안소 및 '위안부'에 대한 정보가 제공되고 있다. 정보원의 진술에 따르면 가능한 한 모든 사단마다 두 곳의 위안소가 제공되었고, 각 위안소에는 7-8명의 '위안부'가 있었다. 위안소의 운영은 육군이 지원하고 있고, 매주 한 번 '위안부'들에 대한 성병검사를 진행하게 되어있었지만, 정보원에 따르면 이러한 규칙이 거의 준수되지 않았다. 실제로는 한 달에 한 번 정도 검진이 진행되고, 군인들은 성병검사를 절대 받지 않았다. 성병예방도구가 '위안부'와 군인들에게 제공되었고, 성병예방을 위한 행동지침도 제공되었다.

RESTRICTED

OSS
RESTRICTED
COPY NO. C.I.D. 123877

J. I. C. A.
(Joint Intelligence Collection Agency)
LVS/mmed.

# MILITARY INTELLIGENCE DIVISION W. D. G. S.

## MILITARY ATTACHE REPORT JAPAN

(Country reported on)
B.I.D.

Subject Health Maintenance of Japanese Army in BURMA (Brief descriptive title) I.G. No. 1230

From M. A. New Delhi, India Report No. R-165-45 Date 4 April 1945

Source and degree of reliability:

F - 2

SUMMARY.—Here enter careful summary of report, containing substance succinctly stated; include important facts, names, places, dates, etc.

Report of an interview by the Observer with a commissioned Japanese Medical Officer concerning the medical aspect of the Japanese BURMA Campaign. The interview took place in MANDALAY on 19 March 1945.

Section I - Introduction
II - General Condition Among Japanese Troops
III - Diseases Among Japanese Troops
IV - Treatment of Disease
V - Control of Disease
VI - Equipment and Drugs
VII - Care of the Wounded and Methods of Evacuation
VIII - Organization of the Japanese Medical Department.
IX - Food and Supply
X - Miscellaneous Factors
XI - Summary

DISTRIBUTION:

| | |
|---|---|
| JIARC | 1 |
| G-2, Hq. USF/IBT. | 1 |
| JICA/CIB/SEA. | 1 |
| Theater Surgeon, Hq. USF/IBT. | 1 |
| File | 1 |

NOTE: This document contains information affecting the national defense of the United States within the meaning of the Espionage Act, 50 U. S. C., 31 and 32, as amended. Its transmission or the revelation of its contents in any manner to an unauthorized person is prohibited by law. It may not be reproduced in whole or in part, by other than War Dep't Agencies, except by permission of the A C of S, G-2, W. D. G. S.

MIS 140905

CPM-1
Mil-2
Route
Lib
Sci-1
Med-2
ONI-3
OSS-1
FEA-1
Int Div-1

Distribution by originator

Routing space below for use in M. I. D. The section indicating the distribution will place a check mark in the lower part of the recipients' box in case one copy only is to go to him, or will indicate the number of copies in case more than one should be sent. The message center of the Intelligence Branch will draw a circle around the box of the recipient to which the particular copy is to go.

| AGF | AAF | ASF | A C of S G-2 | Chief I G | Eur.-Afr. | Far East | N. Amer. | Air | Dissem. | AIC | FLBR | OSS |
|---|---|---|---|---|---|---|---|---|---|---|---|---|
| M A Sec. | CIG | Rec. Sec. | ONI | BEW | CWS | ENG. | OPD | ORD | Sig. | State | QMG | |

Enclosures:

RESTRICTED
RESTRICTED

WAR DEPARTMENT
O.C.S.17 (2nd Rev.)

RESTRICTED

R E S T R I C T E D

SECTION I

1. INTRODUCTION

Report of an interview, by the Observer, with a commissioned Japanese Medical Officer, concerning the medical aspects of the Japanese BURMA Campaign. The interview took place in MANDALAY on 19 March 1945.

a. INTERPRETER: Capt. MICHAEL SOSAKI, also a prisoner formerly attached to KON SHIREIBU (53 Army Hq)

b. NAME: ITO, HEIHACHI (NMI)

c. AGE: 28 years

d. UNIT: WATER SUPPLY AND PURIFICATION UNIT 15 ARMY H.Q.

e. PLACE/DATE OF CAPTURE: MANDALAY (CATHEDRAL) 560369. 14 March by R. BERKS.

f. The prisoner was characteristically JAPANESE in appearance, short in stature with eyes and skin colouring typical of race. He gave evidence of superior intelligence exclusively interested in his chosen profession of medicine. In addition he was most affable, eager to cooperate and to all purposes a man of peace, indifferent to war except for the medical problems involved. He vigorously asserted his aversion to killing. In all respects he was a "typical" doctor.

g. EDUCATION/SERVICE: University student at KEIO, TOKYO, for 3 yrs. Medical student Institute of Infectious Diseases. Has had previous military experience: called up 6 Oct 1941 and on above was given rank of Sgt (at end of a month). He served the TACHIKAWA aerodrome in the small military hospital of the same name from 21 Oct until the end of the month; Cpl ITO studied the military side of medicine at middle school and 3 yrs preparatory training. He speaks a little English, particularly medical and technical terms. All education was in TOKYO.

2. He was called up again in April 1943 and left for F.I.C. in May 1943. He was in F.I.C. until 13 Jan and sent to BURMA front (by a ship via PENANG-RANGOON) and served with RETSUI (31 Div). At the end of Dec 1944 he was transferred to 15 Div Hq water supply and purification unit. He had always been with the No.1 Fd Hosp with the 31 Div throughout from KOHIMA Operations and through the HOMALIN-WUNTHO withdrawal. After joining the water purification Unit, Hqs was moved from MANDALAY to MEIKTILA. At the end of Jan the POW had been sent back to MANDALAY in a detachment which was to investigate the outbreak of Cholera in the MANDALAY Area (23 Jan 45). He has remained in MANDALAY since the time of surrender.

STRENGTH & CASUALTIES: His own detachment in MANDALAY consisted of one officer, (Lt. KOBAYASHI SHAICHI), 2 probation officers (himself and HANDA NITOKU) and 39 ORs, including 5 NCOs (and one civilian technician).

3. POW estimated the number of JAPANESE in FORT DUFFERIN at about 500, and a total JAP strength in MANDALAY towards the end of Feb 45 at about 2000. This figure included 600 hospital cases (invalid). Since the opening of the SINGU bridgehead, he thinks battle casualties have not been very heavy but stated that many may not have reached the hospital or rear areas.

From M.A. New Delhi, India. Report No. R.165-45. Date 4 April 1945.

LVS/mmcd. R E S T R I C T E D. Page 2.

RESTRICTED

RESTRICTED

123877

R E S T R I C T E D

SECTION II

4. GENERAL CONDITIONS AMONG JAPANESE TROOPS

Amongst the troops the following observations were made:

a. Food was poor and inadequate so that resistance was low with a serious outcropping of Beri-Beri among the soldiers. Although not present in degree among the officers, nevertheless food inadequacies were evident. Physical manifestations of deficiencies were accompanied by mental fatigue and short temper. This led to a cracking of morale in the men.

b. Overwork of troops was the rule. This applied to general work about camp and guard duty demanded. More important however was the lack of transportation which resulted in long forced marches often exceeding 30 miles nightly. Movement to new location either forward or in retreat was made more trying and fatiguing by virtues of the allied air superiority which forced the JAPS to hide by day and only to travel under the protection of darkness. As a consequence, sleep was limited and often impossible for long periods.

c. Clothing inadequacy. POW stated that when troops left JAPAN all were well equipped. However with L of C interrupted and possibly due partly to a slowing of production at home, materials and clothing became most scarce. This lack was especially evident during the winter months when crossing the high hills and mountains of north BURMA.

d. Camp site selection was invariably poor, both from a comfort and sanitary viewpoint. The reason was again the air superiority with the associated constant bombardment of exposed troops.

NOTE: This document contains information affecting the national defense of the United States within the meaning of the Espionage Act, 50 U. S. C., 31 and 32, as amended. Its transmission or the revelation of its contents in any manner to an unauthorized person is prohibited by law. It may not be reproduced in whole or in part, by other than War Dep't Agencies, except by permission of the A C of S, G-2, W. D. G. S.

SECTION III

5. DISEASES AMONG JAPANESE TROOPS.

List in order of importance.

a. Malaria.

This was by far the most prevalent disease. In his troops fully 60% of the sick had malaria at one time. The disease became so accepted and the exigencies of campaign so great that only the most serious cases came directly to the attention of the medical dept. In one division (RETSUI division at KOHIMA) after one battle, 80% of the troops had malaria by blood test.

b. Dysentery.

(1) Amoebic Dysentery was the most common
(2) Bacillary Dysentery next in importance

c. Beri-Beri.

About 30% of the total command victims of this deficiency disease. The figures include officers as well as soldiers. In general believed that officers fared slightly better than the men. However, he believed that perhaps due to the rapidly declining morale officers dared not go too far in expanding their diet.

From M.A. New Delhi, India. Report No. R-165-45. Date 4 April 1945.

LVS/mmcd. R E S T R I C T E D Page 3

RESTRICTED

d. Sprue-like disease.

Other than a looseness and frothiness of stool prisoner was unable to discuss bowel symptoms. In other respects the condition was characterized by a dryness of the skin, stomatitis, anorexia and eventual cachexia.

e. Skin diseases were prevalent and varied

(1) Scabies was most common due partly to an almost total absence of soap and lack of interest in personal sanitation on the part of the men.

(2) Pomphylix next in importance.
(3) Trichophytosis
(4) Eczemas of various types.

f. Paratyphoid

POW stated that cases were scattered.

g. Dengue fever.

A common debilitator

h. Pappataci fever

POW had identified only a few cases

i. Typhus

Numbers of this disease varied according to location. Actual identification of areas vague, probably due to incubation period. Prisoner stated however that it did seem to be associated with grassy areas and native village occupation.

POW felt that this disease was to be distinguished from Tsutsugamushi fever.

j. Battle Neuroses.

The prisoner said that the number of mental cases was extremely light in his experience amounting only to about 3-4 cases in his 3 years' experience. He had no explanation for this except that in his opinion the constant following up of moving columns by allied planes eventually conditioned the men to the devastation of bombing and resulted in an abandonment of the hope of ever leaving BURMA alive, a decision to which most were now reconciled. He felt that this adjustment to eventual death had removed most of the causative factors of impending mental breakdown.

Details on casualties were not known. His only statement was that disease accounted for most.

SECTION IV

6. TREATMENT OF DISEASE.

Prisoner was requested to give as near as possible the standard routine procedures of treatment of the more important diseases, as recommended in the JAPANESE army. He stated that routines were laid down but that the individual physician modified such procedure as he wished. In general the routines were as follows:

a. Malaria

(1) In the treatment of malaria the drug atabrine was given

first choice. Atabrine, however, was most difficult to obtain and where not available Quinine was to be used. With both drugs $NaHCO_3$ is given in daily dosage of 3.0 gms.

(2) Recommended Routine of Treatment (period about one month).

| DRUG | DOSAGE | PERIOD |
|---|---|---|
| Atabrine | 0.3 gms | Until temp approaches normal |
| Quinine | 0.10 gms | 5 days |
| Atabrine | 0.10 gms | 5th day |
| Quinine | 0.03 gms | 6th to 10th day |
| Atabrine | 0.10 gms) | |
| Plasmochin | 0.01 gms) | 10th day |
| Quinine | 0.03 gms | 10th to 15th day |
| Atabrine | 0.10 gms ) | |
| Plasmochin | 0.01 gms ) | 15th day |
| Quinine | 0.03 gms | Daily for remaining period except on the 20th, 25th and 30th day. On these days atabrine and plasmochin are repeated as indicated. |



(3) Captured Quinine tablets were examined and found to be irregular in shape with a thin soft coating. As far as prisoner knew all Quinine tablets were made in JAVA, the chief source of this drug.

b. Typhus.

The initial step in treatment is the lowering of temperature. This is usually attempted by the use of pyramadon, although substitute drugs may be used. If the patient is weak he is given 50 cc of 5 or 10% glucose or a like amount of Ringer's solution. This is repeated 3 to 5 times daily dependent upon condition and response of the patient. When the temperature is lowered to safety level, 10 tablets of Sulfonamide (o.3 gms each) is given orally in 3 divided doses. The medication is given with meals if possible, and continued for 5 days. No $NAHCO_3$ is given in conjunction. At the end of the 5th day, if there is no obvious improvement the drug is discontinued and the patient left to his own resources. Such procedure is justified on the basis of scarcity of the drug, and its necessity in cases of proven response. POW had never heard of any JAPANESE vaccine for this disease.

c. Cholera.

The first step was the injection of 300 cc of Ringer's solution containing 2 cc of 2 mgms each of vitamins B and C. Next a yellow tablet disinfectant called Rivanol is given orally 4 times daily. Each tablet contains 0.025 gms so the daily total dosage is .1 gms. This is continued until well. Food during this period is well limited to rice water, obtained after boiling polished rice, and fruit juice. Meat and coarse vegetables are avoided. POW reported no cases among JAP troops.

d. Plague

Initially an injection of sulfanamide. (No distinction is made between sulfa compounds). To POW only one kind is available. The dosage of sulfa was not known.

From M.A. New Delhi, India. Report No. R.165-45. Date 4 April 1945.

LVS/mmcd, R E S T R I C T E D Page 5.

RESTRICTED

e. Dysentery

Procedure the same in both Amoebic and Bacillary dysentery. First the "organs are washed clean". This is accomplished with a daily dose (15.0 gms - 20.0 gms) of MGSO4 for 2 days. Food during this period is withheld. Following this a coal powder Alsilin (containing silica) is given. Dosage not known. Next Adsorbin, a clay or compound is administered. This is combined with a Tannin compound and given daily. Also sulfanamide one gm daily is given. One Rivanol tablet is given each day. This combination is continued until the stools are normal. Diet is limited to easily digested foods. This excludes bananas, peanuts, cereals, potatoes, fibrous vegetables and milk. Meat is recommended.



## SECTION V

### CONTROL OF DISEASE.

7. Latrine Sanitation.

Prophylaxis against disease spread appeared lax throughout. Measures taken in the field included the digging of deep latrines in a semi-permanent camp. Into this was sprinkled kerosene and cigarette butt tobacco if available. In other locations the general recommendation of "removing oneself as far as possible from camp" to stool. Men were not ordered to observe sanitary principles nor to dig cat-holes etc.

In the case of Medical personnel creosote or Lysol disinfectant was used for hand washing.

8. Water Purification

Where possible men were advised to boil their water before drinking. In other situations where this was impossible chlorine tablets, one per canteen (about one pint) was advised. Chlorine tablets became extremely scarce in the latter part of the BURMA campaign so creosote tablets (one per glass of $H_2O$) were used. The latter were supposed to clear the water of bacteria and "disinfect and protect" the stomach.

9. Mosquito Control

Mosquito nets, gloves and other protective devices were available only to those in the rear areas. POW said that each man was fully equipped upon leaving JAPAN but articles were either lost or became worn out as the campaign proceeded. Few, if any, replacements were ever made, probably due to the limited transportation and difficult terrain. Mosquito cream with a camphor-menthol base was supplied but Prisoner doubted its effectiveness.

10. Mess Sanitation.

Mess equipment was limited to the large cook pots (usually earthen) and 2 small bowls per man. These were not the responsibility of the individual soldier but were given out at mess line-up and collected after. One contained rice and the other vegetables. No procedure of sterilization followed the use of these vessels.

11. Venereal Disease.

a. The POW approximated the extent of V.D. as about 3-4 per cent of the command. This was qualified however on the basis that many infected soldiers refused to report for treatment. These figures do not coincide with BRITISH experience with JAPANESE. Col LEE, DDMS of the 19th Div of 14th Army states that from examination of captured personnel at least 30-40% of NIPPON troops were infected with either G.C. or Lues.

b. Two "Comfort Homes" were provided wherever possible with each Division. Each "home" possessed 7-8 prostitutes who were to receive a percentage of the money "take". Since this practise was sponsored by the Army, rules for regular examination and supervision by the Medical Dept were laid down. This included examination of the quarters and the girls once a week. The prisoner said that this was rarely adhered to, and at best only a cursory examination was made once a month. The men visiting the home were never examined.

c. The girls were provided with condoms and certain medications were made available. Upon entering the home each man was advised to apply an ointment (probably mercuric oint) to his genitals before putting on the condom. Ointment was then applied to the rubber. After the removal of the latter the genitals were washed in a KMNO4 sol. (strength not known).

d. If gonorrhea developed sulfonamide tablets were given (one T.I.D. with meals) if available. However, the shortage was so grave for the most part that only local symptomatic treatment could be given.



SECTION VI

EQUIPMENT AND DRUGS.

12. Equipment.

a. All medical units were supplied with what the POW felt were satisfactory laboratory equipment. General hospitals were given microscopes of regulation size and of JAPANESE manufacture. Forward elements were provided with a folding type of microscope capable of a magnification of 900x.

b. Bandages, dressings and a methiolate compound was available for wound treatment. Again because of the difficulty of bringing up fresh supplies it became necessary to wash, boil and re-use the dressings.

13. Drugs.

a. Prisoner did not know of D.D.T. nor was pencillin available. He had only heard of the drug but had no knowledge of its use or dosage.

b. Serums and vaccines were limited with the exception of anti-tetanus and gas gangrene serum.

SECTION VII

CARE OF THE WOUNDED.

14. Treatment of wounded in the field.

a. As soon as possible after battle wound was sustained the casualty was given anti-tetanus and gas gangrene serum by the medical officer. POW felt that there was no shortage of either serum.

b. If fracture was present splints were improvised from locally obtained materials such as bamboo or wooden strips. No metal splints were provided his outfit.

15. Evacuation.

a. Removal of all badly wounded by stretcher was to be undertaken immediately. At the nearest road passing trucks were commandeered to carry the casualties, as ambulances were very scarce. Prisoner said that the ambulances were much inferior to the British type in design and comfort.

b. Because of limited transportation and the necessity, forced by bombing and strafing, of resorting only to night movement, wounded had to be detained in the battle area sometimes for long periods. As a consequence many died as a result of this neglect and the fact that neither equipment nor trained personnel were available for front line surgery.



SECTION VIII

ORGANIZATION OF MEDICAL DEPARTMENT.

16. The JAPANESE Army Medical Det is called Gunn (military) Ei (medical) By (Dept). The dept head is called "the Bucho". Each Division or Bn has a Bucho. He is credited with supreme medical authority for his respective unit.

a. Tai Hatai is the most forward unit which consists of one medical officer and 5-6 aid men. This unit is responsible for coverage of about 1000 men.

b. Field hospital is the next higher echelon. The staff numbers about 20 officers consisting of 15 medical officers and 5 non-medical officers for clerical and administrative work. There are no nurses. The field hospital is located about 2 to 4 miles behind the lines although in the BURMA country it was sometimes as far as 20 miles from forward units.

c. Byoin or general hospital follows next in order. The total number of staff personnel was not known. However nurses were included. These units were located at MEIKTILA, TOUNGOO and RANGOON and had a capacity ranging from 600 to 1000 patients.

SECTION IX

FOOD SOURCE AND SUPPLY

17. Food for the most part had to be obtained locally. Rice was comparatively easy to get but meat was quite scarce. All food products were supposed to be examined by the Ju-Ei-Bu dept (animal Med Dept) for quality and presence of disease. From the prisoner's observation this reduced itself to a superficial examination for anthrax and other obvious diseases. No examination of meat was made after killing.

123877

RESTRICTED R E S T R I C T E D

SECTION X

MISCELLANEOUS FACTORS.

18. Care of the dead was the responsibility of the medical unit. The Eise Hei (Asst to Med Off) was in charge of this operation. Where possible the entire body was burned and the ashes moved. If conditions prevented this, 3 fingers were cut off one hand, burned and those ashes returned to the family of the dead.

19. Stimulating medicine to ward off sleepiness were not given the soldiers. The only instance where this was done to the prisoner's knowledge was during the CHINA incident when a liquor resembling rum was given each man.

20. The prisoner knew of no use of gas in BURMA, nor had he ever seen a gas bomb. Protective equipment was given in the nature of mask, and a powder (he thought CAC/2). There was no anti-gas ointment. No special clothing was provided for protection against gas.



SECTION XI

SUMMARY

21. Conditions among JAPANESE troops are poor as indicated by this interview. Long and extremely poor overland routes of supply, the policy of JAPANESE High Command not to reinforce or supply their BURMESE Army, and the constant, effectively placed, Allied aerial bombardment have interfered with and even brought an end to shipment of supplies into BURMA. As a result there has been practically no replenishing of supplies and the evacuation of wounded has been seriously obstructed causing a high death rate. Prophylaxis of disease has been most inadequate resulting in an incidence of disease far out of proportion to battle casualties. Weak attempts have been made by higher echelon to standardize treatment, but there has been no satisfactory enforcement in lower echelon. JAPANESE methods do not seem to compare with our principles of treatment. In all JAPANESE medical organization and treatment appears inadequate and inefficient as judged by our standards.

LEONARD V. SHORT,
Captain, M.C.

Approved and Forwarded.

ROBERT G. STOUT,
Major, Inf.,
Acting Executive.

From M.A. New Delhi, India. Report No. R-165-45. Date 4 April 1945

LVS/mmcn. R E S T R I C T E D 9.

RESTRICTED

전쟁부 일반참모 군사정보부

무관 보고서(일본)

주제 버마에서 일본 육군의 건강 관리 1230호

수신 M.A. 인도, 뉴델리 보고서 번호 R-165-45. 날짜: 1945년 4월 4일.

출처와 신뢰도:

F-2

요약 – 보고서에 대한 신중한 요약을 여기에 작성할 것. 중요한 사실, 이름, 장소, 날짜 등 포함.

심문관이 일본의 버마 전역의 의학적 측면에 대해 일본군 의무 장교를 심문한 보고서다. 심문은 1945년 3월 19일 만달레이(MANDALAY)에서 이뤄졌다.

| | | |
|---|---|---|
| I부 | - | 서문 |
| II부 | - | 일본군 부대의 일반적 상태 |
| III부 | - | 일본군 부대 내의 질병 |
| IV부 | - | 질병 치료 |
| V부 | - | 질병 통제 |
| VI부 | - | 장비와 약 |
| VII부 | - | 부상자 관리와 소개 방법 |
| VIII부 | - | 일본군 의무부서의 조직 |
| IX부 | - | 식량과 보급 |
| X부 | - | 기타 요인들 |
| XI부 | - | 요약 |

배포:

| | |
|---|---|
| IARG | 1 |
| G-2, 사령부, USI/IBT | 1 |
| JICA/CIB/SEA, | 1 |
| 전구 의무대, 본부. USF/IBT | 1 |
| 보관 | 1 |

대외비

I부

1. 서문

심문관이 일본의 버마 전역의 의학적 측면에 대해 일본군 의무 장교를 심문한 보고서다. 심문은 1945년 3월 19일 만달레이에서 이뤄졌다.

a. 통역자: 마이클 소사키(MICHAEL SOSAKI) 대위, 전 콘 시레이부 (KON SHIREIBU) (53사단 사령부)의 포로

b. 이름: 이토, 헤이하치(ITO. HEIHACHI) (NMI)

c. 나이: 28세

d. 부대: 방역급수부대 15군 사령부

e. 포획된 장소/날짜: 만달레이 (성당) 560369. 3월 14일 R, 벅스(R.BERKS)가 포획

f. 포로는 전형적인 일본인의 외모로 체구가 작고 눈과 피부가 일본 인종에 보편적인 색이었다. 그는 우월한 지적 수준을 보여주었는데 특히 자신이 선택한 의학 전공에 관심이 많았다. 덧붙여 그는 굉장히 붙임성 있었고, 기꺼이 협조했고 매우 평화적인 사람이며 의학적 문제가 관여되지 않는다면 전쟁에 무관심해 보였다. 그는 살인에 대한 혐오를 적극적으로 내비쳤다. 모든 면에서 그는 "전형적인" 의사였다.

g. 교육/복무: 도쿄 게이오 대학에서 2년간 교육을 받음. 감염증학교실 의대생. 그의 이전 군대 경험: 1941년 10월 6일에 징집되어 (월말에) 병장(Sgt) 계급을 받았음. 그는 10월 21일부터 그달 말까지 타치카와(TACHIKAWA) 비행장에 있는 같은 이름의 작은 군병원에서 복무했다; 이토 상등병(Cpl)은 중학교와 3년의 준비 훈련에서 군의약품에 대해 공부했다. 특히 그는 의료와 기술 용어를 영어로 조금 말한다. 모든 교육은 도쿄에서 받았다.

(중략)

V부

<u>질병 통제.</u>

(중략)

11. <u>성병.</u>

a. 포로는 성병 감염 정도를 부대의 3-4퍼센트 정도로 추정했다. 그러나 이는 많은 수의 감염된 병사들이 치료를 위해 성병을 보고하지 않았기 때문이다. 이는 영국군이 경험한 일본군의 수치와 일치하지 않는다. 14군 19사단 의약보급부(DDMS) 리(Lee) 대령은 포로에 대한 검사를 통해 일본 부대의 적어도 30~40%는 임질이나 매독에 감염되었다고 진술했다.

**b. 가능한 한 각 사단에 두 곳의 "위안소(Comfort Homes)"가 제공되었다. 각 "위안소(home)"는 7-8명의 위안부(prostitutes)를 데리고 있었는데 이들은 "받은" 돈의 일부만 가졌다. 이 행위가 육군의 후원을 받았기 때문에 의무 부서의 주기적인 검진과 감독이 있었다. 이는 한 주에 한 번씩 병영과 여성들의 검진을 포함했다. 포로는 이것이 거의 지켜지지 않았고 그나마 형식적인 검진이 한 달에 한 번씩 있었다고 말했다. 위안소(homes)를 방문하는 병사들은 검진을 받은 적이 없다.**

**c. 여성들은 콘돔을 받았고 특정 약품을 사용할 수 있었다. 위안소(home)에 들어가기 전에 병사들은 각자 콘돔을 쓰기 전 자신의 성기에 연고(수은 연고로 추정)를 바르도록 조언받았다. 연고는 그다음 고무에 발랐다. 고무를 뺀 이후 성기를 KMN04 sol(농도는 알 수 없음)로 세척했다.**

d. 임질이 발병한 경우 설파제 알약이 가능하다면 제공되었다(하루 세 번 식사와 함께). 그러나 약이 매우 부족하여 대부분 국소적인 대증요법만 이루어졌다.

(하략)

# 15

## Conditions in Japanese Occupied Burma

## RG 226 Entry NM-54 16 Box 1459

이 문서는 1945년 4월 6일 전시정보국(Office of War Information, OWI) 뉴델리 지부에서 작성한 '일본군이 점령한 버마의 상태'라는 보고서이다. 두 명의 버마(지금의 미얀마) 민간인에 대한 심문을 바탕으로 연합군이 작성한 전단이 버마에서 효과를 발휘하고 있는지, 버마인들이 일본에 어느 정도나 협력적인지를 주로 확인하고 있다. 심문대상자 중 한 명은 전직 신문사 기자이자 보석상인 46세 남성으로 일본군의 성폭력과 함께 '위안부' 동원에 관한 정보를 제공하고 있다. 이 정보원에 따르면 일본군이 성폭력을 종종 저지르고 있고, 전쟁 전부터 활동하던 업자들을 통해 '위안부'를 관리하고 있다. 그러나 버마 슈웨보(Shewebo) 지역에서는 일본군이 직접 현지인 여성을 동원했고, '위안부'가 되지 않으면 매우 어려운 일을 시키는 방식으로 '위안부'로 만든다고 진술했다.

Joint Intelligence Collection Agency)

CONFIDENTIAL

U.S. OFFICE OF WAR INFORMATION

JICA-333 (Through JICA CBI)

CONFIDENTIAL
C.I.D. 127475

JICA SN

From OWI at New Delhi, India Date April 6 1945

Reference
(For identification with previous reports)

Source Escapees from Burma Evaluation F-3
(A-1 to F-0 etc.)

Subject Conditions in Japanese Occupied Burma.
(Nation reported on) (Main title as per index guide)
(Subtitles) (Make separate report for each title)

Brief.—(Here enter careful summary of report, containing substance succinctly stated; include important facts, names, places, dates, etc.)

1. B-793 is a former member of the BFA in which he trained at Pyinmana from January to November 1944. He was discharged for illness at that time. He saw no leaflets while at Pyinmana but did see one copy of Lay Nat Tha in Shwebo, in January 1945, accepting the news as true. The Japanese had removed all radios from outlying areas. Morale in the BFA training school was very low and slappings by Japanese officers and NCOs were frequent. Buddhist monasteries in Rangoon were taken over by the Japanese. They used them as barracks and misbehaved in the premises.

C-1026 is also a Burman, 46 years old, former newspaper man and jewel merchant. He saw many Allied leaflets while at Mogok and reports that they had taken full effect. He had a radio at Mogok but dared not use it because of close Japanese surveillance. A former editor of the official journal Bama Khit was replaced in 1943 for lack of cooperation with the Japanese. His successor also disagreed with the Japanese but accepted Japanese policy directives. A few examples are given of desecration of religion.

2. It is requested that copies of this report be transmitted to OWI, Washington.

J. RUSSELL ANDRUS
Director of Intelligence
For the General Representative in India

Distribution by Originator: JIARC (1); ...C. of ..., G-2, Hqs. USF/IBT; JICA File.

(Space above this line to be filled in by JICA)

JICA SN

Army 3

Navy 3

AAF 0.

OSS 2

FEA 0

JICA-1

Distribution

[illegible] (C. & [illegible]) ........ 1
G.S.I. (e) ........ 1
G.S.I. (q) ........ 1
'E' Group ........ 1
Admin, H.Q., Force 136, Dholpur House ........ 1
D. of I., [illegible] ........ 1
D.P.W., S.A.C. [illegible] ........ 3
Forward Base P.W. Div., S.A.C. [illegible] ........ 1
I.S.L.D. ........ 3
Int. Det. B.A.F. S.E.A., New Delhi ........ 2
C.I.O., Air Comd. S.E.A., C/o R.A.F. Ceylon ........ 1
H.Q. Eastern Air Command ........ 1
C.I.O., H.Q. Strategic Air Force ........ 1
C.O.I.S., S.I.S., Colombo ........ 1
O.S.S., Detachment 505, APO 465 ........ 1
O.S.S., Detachment 202, APO 629 ........ 1
Adv. H.Q. Allied Military Forces APO 492 ........ 1
S.O.C.M.I. (B) Secretariat, Old Delhi ........ 1
S.E.A.T.I.C. ........ 2
H.Q. F.E. Air Force APO [illegible]
(Attention A2) ........ 1
CSDIC ........ 1
OSS(B) I ........ 1
[illegible] ........ 1

From OWI, New Delhi, India. JKA-333, dated 6 April, 1945.

Page 2. Confidential

U.S. OFFICE OF WAR INFORMATION

NEW DELHI

INTERROGATION OF ESCAPEES FROM BURMA

Dated 22 March, 1945.

*****************************************

The information contained in this bulletin is obtained from interrogations by representatives of the U.S. Office of War Information, New Delhi, at CSDIC (I). The reference numbers in the margin refer to the numbers assigned at CSDIC to the interrogatees. Any inquiries should state the number and paragraph in question and should be sent direct to the Director of Intelligence, U.S. Office of War Information, New Delhi.

Although every effort is made to insure accuracy, the information in this bulletin should be treated with reserve until confirmed from other sources.

1. BACKGROUND

B-793 A Burman Buddhist, 23 years old. He has passed the seventh standard vernacular and was studying in the fifth standard anglo-vernacular. He joined the BFA at Tazo, Shwebo District in December 1943 and was training in the BFA school which occupied the former premises of the American Baptist Mission Agricultural School at Pyinmana. He was discharged in November 1944 and, after spending some time in Rangoon, returned to his home in Shwebo. He was interned in February 1945.

C-1026 A Burman Buddhist 46 years old, he is fluent in English and appears to have been self-taught. His brother was chief editor of the Sun Press in which he trained in journalism and English between 1915 and 1921. He was successively manager of a small tannery at Shwebo, newspaper reporter, motor bus association secretary, commercial traveller, ruby merchant, insurance salesman, and organizer of the Burma Chamber of Commerce. After the Japanese occupation, he went to Mogok to assist his wife in her ruby business. He was a member of the Mogok Municipal Council. He contacted British troops on 13 January, 1945.

2. PROPAGANDA AND MORALE

B-793 Morale of students in the BFA was quite low, there being many like himself who were poor and were glad to get even the Rs.7 per month plus food, lodging, and uniforms, but who lacked political conviction. He and his fellows liked Major General Aung San but disliked Dr. Ba Maw for reasons which he was unable to explain.

There were many slappings at the school. One Japanese officer slapped source three times. Other Japanese officers and NCOs slapped him when he was at the hospital in Rangoon in November and December 1943.

From OWI, New Delhi, India. JRA-333 dated April 6, 1945.

Page 3. Confidential

B-793 The Japanese removed all radios and source, therefore, had had no contact with radio propaganda.

C-1026 While staying at the home of a cabinet member near Rangoon, source heard the Rangoon station three or four times. He tried to get Delhi on his friend's medium sized H.M.V. set but was unable to do so, presumably because the Japanese had "adjusted" the receiving set in 1942. In Mogok, his wife's uncle turned over a radio set for keeping. It was a four or five battery tube set but source did not use it because of close Japanese surveillance.

B-793 Source saw no Burmese newspapers while at Pyinmana.

C-1026 Source read the Burmese Press regularly but accepted the news only as propaganda. He read it chiefly for the commercial items. He was a friend of the editor of Bama Khit, the official journal. The editor was at first sincere in his conviction that the Japanese were helping Burma, but about May 1943 he changed his mind and told source that the Japanese were "all bluff". Within a month the editor was replaced by a former editor of the Sun Press who did not agree with the Japanese but who wrote what he was told to write. Japanese censorship was very strict. Circulation was very much below pre-war levels. In connection with the attitudes of Burmese editors, etc. source states that only among Thakins did he observe signs of genuine sympathy with the Japanese. At first the feeling of the people in and around Rangoon was one of uncertainty. The people simply did not know how reliable Japanese promises were. Japanese looting and slapping, however, soon caused them to change their minds. "The Japanese will never understand how we take slapping -- they take slapping as a common practice, whereas we take it as a grave insult. Burmans care more for manners than the Japanese."

There were occasional cases of rape but ordinarily the Japanese hired pre-war procurers to put them in touch with prostitutes. At Shwebo, however, the Japanese gathered up decent girls and gave them extraordinarily difficult work to do, until many of them relaxed their moral standards in order to secure better treatment from the Japanese.

The only leaflet seen by source prior to internment was a copy of Lay-Nat-Tha at Taze in January 1945. He did not have a chance to finish reading this leaflet since too many others were competing for a chance to read it. He read about half of it, learning of British victories which he and his fellow villagers accepted as true. So far as he knows, the other villagers saw no other leaflets.

C-1026 Source saw only one leaflet while at Kamayut, a suburb of Rangoon. That was a copy of Lay Nat Tha which he saw in September 1943. He read it, memorized the general ideas, handed it over to the Japanese and told his friends of the contents. Heavy bombing at that time induced acceptance of the news as true. After going to Mogok where he was a member of the Town Council, he was frequently consulted by the Subdivisional Officer and asked for advice. The S.D.O. brought him a number of leaflets, the first of which showed a map of Germany and Japan with Allied positions. The result of this was to encourage Burmans to hope for the return of the Allies. He and the S.D.O. accepted the news as true as did a local politician, with whom they discussed it. He believed that many other people in Mogok also read this and many other leaflets but because of his semi-official position and close Japanese surveillance, he dared not discuss such matters with them. He received hints, however, that ruby merchants were similarly influenced by the leaflets.

In February 1944, he saw a copy of Lay Nat Tha at Mogok. He also saw Lay Nat Tha on two later occasions. It was both interesting and intelligible and its news was accepted as true. Burmese leaflets were dropped in Shan villages. Simple Shans would bring in the leaflets to people like himself and receive rewards for doing so. Ordinarily, however, a Burman would not discuss such matters with very many other town Burmans for fear of informers. He is sure, however, that eighteen or twenty people in Mogok read Lay Nat Tha, including other members of the Municipal Committee as well as ruby merchants. Copies were hidden in houses until read by close and trusted friends, after which they were destroyed.

One copy of the OWI news leaflet SHWE LIN YON (Golden Eagle) was seen in October 1944. It was brought to him by his young friend the S.D.O. It was well written with good pictures and cartoons and was quite intelligible. The Inspector of Police is rumored to have been seen with a copy and to have turned it over to the Japanese according to orders after reading it.

Two Japanese leaflets seen by source were the Paulownia (Kiri) Leaf, OWI, New York, dated March 9, 1944 and a leaflet dealing with the Japanese Fleet and its losses. He helped gather up many copies of the former leaflet while in Mogok in early November 1944 and send them to the Japanese who were upset and angry on reading the message. One Japanese officer threw some of the leaflets to the floor and jumped on them in a tantrum. Local Chinese, translated for source, the leaflet on Japanese Naval losses. The leaflet was then given to the Japanese who seemed to be saddened by reading it. One officer took to heavy drinking after this and source believes that reading the news was the cause of the drinking. Soon after these leaflets were dropped, many locals suspected of pro-Allied sympathy, were jailed.

From OWI, New Delhi, India. JRA-333, dated April 6, 1945.

Page 4. Confidential

127475

(The following confidential note is reproduced with permission from a confidential report by another agency, dated 16th March, 1945, and relating to the Maymyo area. Its evaluation is B-2)

EFFECT OF ALLIED PROPAGANDA LEAFLETS DROPPED IN MAYMYO DURING 1944.

The leaflets were very scarce and sometimes dropped in the jungles. Natives want more news, weekly if possible.

Packages of leaflets are sometimes dropped in such a way that they do not open and therefore cannot be distributed. They are printed in English as well as in Burmese.

Propaganda is not needed now as the public mind is sufficiently turned against the Japs. The people are quite aware that the Japanese are on the retreat. Content of the leaflets should include more news, the propaganda is in no way harmful.

Leaflets have been coming in only once in a month or two. The people have to depend on rumors which are never correct. The people do not question the accuracy of the pamphlets and depend on them for morale.

Japanese forbid the picking up of pamphlets. In spite of restrictions the public does it openly. No counter-measures are taken except to point out what is and what is not true.

More emphasis should be put on promises of foodstuff, clothing, and welfare of public when allies move in to occupy.

Recent pamphlets have contained references to provisions, bulls, buffalo and aid relating to their cultivation. This is good but there should be more of it, and it should contain promises to the Indians, who have up to now been neglected in this matter. They, the Indians, believe this to be "a bit of spit and polish" for the benefit of the Burmese, and that their welfare will be cared for, but assurance would be of great morale value.

3. RELIGION

B-793 A battalion of Japanese troops stayed in pagodas but did not disturb the monasteries. The Japanese did not worship at the pagodas but walked around the pagodas with their shoes on. In Rangoon all monasteries were taken over by the Japanese. The pongyis had to go to the jungle. Japanese troops drank liquor while in the premises and, in some cases took women into the monasteries and raped them.

C-1026 Japanese troops never removed their shoes while in monastic premises. They showed no signs of reverence to the monks and sometimes slapped them. U Pawara, a political pongyi mentioned in the "Burma List", attempted to bring about a reconcilation between U Ba Pe (important pre-war political leader who shunned the Japanese) and Iida. He was caught by the Japanese military police and slapped.

When Mogok was occupied around May 1942, everyone was forced to bow to the sentries. Monks who stood aloof from this display of respect were slapped severely. Many complaints came to the Municipal Committee because of such slapping. The first monk to be slapped was genuinely pro-Japanese at the time he was

From OWI, New Delhi, India. JRA-335, dated April 6, 1945.

Page 5. Confidential

slapped. He promptly passed out word to the monks to be more careful in dealing with the Japanese. Later he confided that he had had a change of heart regarding cooperation with the Japanese.

From O.I, New Delhi, India. JKA-333, dated April 6, 1945.

Page 6. <u>Confidential</u>

3급 비밀

미 전시정보국

JRA-333 (JICA 중국-버마-인도 전구를 통해)

발신 전시정보국 장소 인도, 뉴델리 날짜 1945년 4월 6일

참고

출처 버마의 피난민 평가 F-3

주제 일본군이 점령한 버마의 상황

1. B-793은 핀마나(Pyinmana)에서 1944년 1월부터 11월까지 훈련받은 버마반군(BTA) 전직 군인이다. 그는 당시 질병으로 면직되었다. 그는 핀마나에서는 전단을 본 적이 없지만 1945년 1월 슈웨보(Shwebo)에서 레이 낫 타(Lay Nat Tha)의 복사본을 한 부 보았고, 이를 사실로 받아들였다. 일본군은 외진 지역의 라디오를 모두 없앴다. 버마반군 훈련학교에서의 사기는 굉장히 낮았고 일본군 하사관과 장교들이 자주 뺨을 때렸다. 랑군(Rangoon)의 불교 수도원은 일본군이 점령했다. 일본군은 수도원을 막사로 사용했고 경내에서 무례하게 행동하였다.

C-1026 또한 46살의 버마인으로 전 신문사 기자이자 보석상이었다. 그는 모곡(Mogok)에서 많은 연합군 전단지를 보았으며 영향력이 컸다고 보고했다. 그는 모곡에서 라디오를 가지고 있었지만 일본군의 면밀한 감시 때문에 차마 사용해 보지 못했다고 말했다. 1943년 관영지인 바마 킷(Bama Khit)의 전 편집장은 일본군에게 협조적이지 않다는 이유로 교체되었다. 그의 후임 또한 일본군에 반대하였지만 일본군의 정책 지령을 받아들였다. 종교 모독과 관련된 몇 가지 사례들이 제시된다.

2. 본 보고서의 복사본을 전시정보국 워싱턴 본부로 송부하기를 요청한다.

J.러셀 앤드루스(J. RUSSEIL ANDRUS)

첩보담당관

인도 책임자 대리

(중략)

미 전시정보국

뉴델리

버마의 피난민 심문

1945년 3월 22일자

******************************

본 회보의 정보는 합동군사정보심문센터(I)(CSDIC(I)) 뉴델리에서 미군 전시정보국의 책임자들이 심문을 통해 확보한 것이다. 여백의 참고 번호들은 합동군사정보심문센터에서 심문대상자에게 배정한 번호이다. 모든 질문은 해당 번호와 문단을 제시해야 하며 뉴델리의 미군 전시정보국 첩보담당관 앞으로 보내져야 할 것이다.

정확성을 담보하고자 노력하였지만, 본 회보의 정보는 다른 출처로부터 확인될 때까지 조건부로 다뤄져야 할 것이다.

(중략)

2. 선전과 사기

B-793 버마반군 학생들 간에 사기는 꽤 낮았다. 자신들과 같이 가난했고 한 달에 7루피와 음식, 숙소, 제복들을 가지는 것만으로 만족했지만 정치적 확신이 부족한 사람들이 많았기 때문이다. 그와 그의 동료들은 아웅산(Aung San) 소장을 좋아했지만 설명할 수 없는 이유로 바(Baw) 박사는 좋아하지 않았다.

학교 내에서 뺨을 때리는 일이 자주 있었다. 일본군 장교 하나가 정보원의 뺨을 때린 일이 세 번 있었다. 다른 일본군 장교들과 하사관들은 그가 1943년 11월과 12월 랑군(Rangoon)의 병원에 있는 동안 그의 뺨을 때렸다.

(중략)

B-793 정보원은 핀마나에 있는 동안 버마 신문을 보지 못했다.

C-1026 정보원은 버마 출판물을 주기적으로 읽었지만, 뉴스를 선전물로만 받아들였다. 그는 그것을 주로 상품을 보는 목적으로만 읽었다. 그는 관영지인 바마 킷(Bama Khit) 편집장과 친구였다. 편집장은 처음에는 일본군이 버마를 돕고 있다고 진정으로 확신했지만, 1943년 5월 즈음 마음을 바꾸고 정보원에게 일본군이 "허세 뿐"이라고 말했다. 한 달 만에 편집장은 전 선프레스(Sun Press)의 편집장이었던 사람으로 교체되었는데, 그는 일본군에게 반대하였지만 지시된 바대로 글을 썼다. 일본군의 검열은 굉장히 엄격했다. 신문 유통은 전쟁 전의 양보다 매우 적었다. 버마인 편집장 등의 태도로 미루어 보아 정보원은 오직 타킨스(Thakins)만 일본군에게 진정으로 동조하는 신호를 확인할 수 있었다고 진술한다. 처음에 랑군 내외의 사람들은 불확실하다 느끼고 있었다. 사람들은 그야말로 일본군의 약속들을 얼마나 신뢰할 수 있는지를 알 수 없었다. 그러나 일본군의 약탈과 뺨 때리기 때문에 그들은 마음을 바꿨다. "일본군은 우리가 뺨 때리기를 어떻게 받아들이는지 절대 이해할 수 없을 것이다. 그들은 뺨 때리기를 흔한 일로 받아들이지만 우리는 굉장한 모욕이라고 받아들인다. 버마인은 일본인보다 예의에 더 신경 쓴다."

**종종 강간 사건이 있었지만 일반적으로 일본군은 전쟁 전부터 업자였던 사람들을 고용하여 이들이 위안부(prostitutes)와 접촉하게 했다. 그러나 슈웨보에서는 일본군이 적당한 여성들을 모으고 이 여성들이 일본군에게 더 나은 대우를 보장받기 위하여 도덕적 기준을 완화할 때까지 예외적으로 어려운 일들을 시켰다.**

(하략)

# 16

## Interrogation – General Conditions

## RG 226 Entry NM-54 16 Box 1161

이 문서는 전략첩보국(Office of Strategic Services, OSS)에서 작성한 버마에 관한 보고서로, 버마인 민간인들로부터 얻은 정보를 기술한 것이다. 이 버마인들은 버마 동남부 테나세림(Tennasserim) 지역에 살고 있는 몬족과 일본군들과의 관계에 대한 정보를 제공하였다. 이 지역은 태국과의 국경 근처에 있어 태면철도와 멀지 않은 곳에 위치하고 있었다. 보고서에 따르면 일본군 병사들은 특별 위안소를 이용했고, 일본군 병사들은 '위안부'는 모두 일본인이라고 주장했다. 하지만 정보원에 따르면 그곳의 여성들은 일본어를 하지 못했고, 따라서 조선이나 만주에서 온 사람들로 생각되었다. 위안소에는 버마인 여성들도 몇몇 있었다. 버마인들에게는 성병에 걸린 일본군을 조롱하고 비하하는 표현도 있었다.

CONFIDENTIAL

OFFICE OF STRATEGIC SERVICES
WASHINGTON, D. C.

CONFIDENTIAL
102378

also R

| | | | |
|---|---|---|---|
| DISTRIBUTED | 17 November 1944 | DISSEMINATION NO. | A-43537a |
| COUNTRY | Burma | ORIGINAL REPORT NO. | M-307 (supplement) |
| SUBJECT | Interrogation - General Conditions | DATE OF REPORT | 18 October 1944 |
| | | EVALUATION | F-3 |
| | | CONFIRMATION SUPPLEMENT CORRECTION | |
| SOURCE | Z | | |
| SUB SOURCE | 3 Burmese ricefarmers and traders | | |
| | | NUMBER OF PAGES | 6 |
| DATE OF INFORMATION | Prior to September 1944 | ATTACHMENTS | |
| PLACE OF ORIGIN | Kandy | THEATRE | SEAC |

The following intelligence was derived from an interrogation at which other agencies were represented. Recipients are cautioned that the same information may appear in other forms in other reports.

CULTURE
Ethnological Information

1. The Talaings live on the western slope of the Tennasserim hills. Most of the people in their villages are Talaings, although a few Burmese are also found there. There are no Karens living in these villages, but they frequently come from the eastern slopes of the hills where they have their own villages to trade with the Talaings.

2. The Talaings are principally cultivators, and the chief crop is rice. They are also traders and there are some home industries such as basket weaving, umbrella making, etc. A special industry in their area, carried on both by Talaings and Burmese is making tortoise shell combs. The Talaings own most of the land and mills in the Tennasserim area.

3. There seems to be no particular feeling either of friendship or animosity toward the Arakanese.

4. Burmese is the universal language, even among the Talaings. Talaing is only spoken when privacy is desired.

5. Talaing and Burmese villages have substantially the same form of administration, the headman system. The Japanese have made no changes in this organization.

CONFIDENTIAL
CLASSIFICATION

| ✓ | ✓ | ✓ | ✓ | | | ✓ | | | | | ✓ |
|---|---|---|---|---|---|---|---|---|---|---|---|
| MIO | OWI | A-2 | STATE | TREAS. | OWI | FEA | AMS | MC | FCC | JICA | L |

CONFIDENTIAL

OFFICE OF STRATEGIC SERVICES

A-43537a

-2-

6. Almost all Talaings, like other Burmese, are Buddhists.

Health

7. Innoculations against cholera, plague and smallpox are supposed to be required by the health authorities, but the rule is apparently not enforced.

Recreation

8. Gambling is carried on in professional houses which pay for police protection. They are not patronized by the Japanese. The principal games played are komee, apowk hnit-say (Burmese card games), Burmese dominoes, and Australian and Hollywood style (sic) poker. 5-card American poker is not played.

9. The Japanese soldiers use special Japanese brothels, and claim the women are Japanese. However, they do not speak Japanese, and the informants believe they are from Korea or Manchuria. There are some Burmese women in the brothels, mostly brought from other areas, but the Talaing informants state there are no Talaing women so employed.

10. Japanese soldiers and officers frequently attend the free open-air theaters. They do not ask for special seats or consideration but mingle with the crowd. On the other hand, they never pay at the indoor entertainments when a fee is charged, and no one dares to ask them to pay.

Propaganda

11. According to the informants virtually all Pongyás are strongly anti-Japanese, and are outspoken on this subject with their particular clients. Each Pongyi has a small group of 15 to 20 families who support him and look to him for spiritual guidance, particularly in the exposition of Buddhist doctrine. In this circle criticism of the Japanese is free and regular.

12. The Pongyis say that the Japanese cannot be Buddhists because they do not show respect for the holy places. They advise non-cooperation and especially non-intercourse with the Japanese. They say that the Bangkok-Thanbyuzayat railroad was constructed to provide an escape route for the Japanese when the time comes.

13. The belief that the Japanese will be driven out in December of this year has religious and superstitious support in a certain celestial phenomenon widely publicized by the Pongyis. According to this theory, the Friday star represents the Japanese. The star

CONFIDENTIAL

CONFIDENTIAL

OFFICE OF STRATEGIC SERVICES
A-43537a

-3-

cut across the path of the moon from east to west on the day the Japanese entered Burma, which was at the first waning of the Tazaungmon moon, 1302, Burma era. The same star re-crossed the moon from west to east on the 11th waning of the Tabung moon, 1305 Burma era (March-April 1944). The former indicated the exodus of the western people from east to west, the latter, their return from west to east in the near future. By other astrological phropecies, including one by a well-known former priest, the time of the Japanese exodus has been fixed as December of this year. These phsphecies are widely known and believed in southern Burma.

14. The Burmese have a special word for a Japanese whose health is ruined by veneraal disease contracted from a prostitute, "Ngahnanchowk", meaning the dried pencil fish, which loses its size in the drying process and shrinks to almost nothing.

COMMUNICATIONS
Postal Facilities

15. Local letter boxes are still in use in Rangoon, but not in other places in Burma visited by the informants. In these places, including Moulmein, Mudon, Tavoy, etc., all mail must be posted in a single box in front of the post office. The informants believe this is a labor-saving measure.

ECONOMIC
Finance

16. The Burmese National Lottery is still in operation on a quarterly basis, as before the occupation.

MILITARY
Troop Dispositions

17. One of the informants has frequently talked to the approximately fifty Kachin troops stationed in Mergui. They live in a single house on the outskirts of the town. They are armed with British rifles and wear a red rising sun on the left breast. These troops appear to be very unhappy and all say they want to go home. They complained about the food and clothing and say it was better in the British Army. Some are former members of the Kachin Regulars of the Burmese Rifles who were captured in battle and conscripted by the Japanese, some are new recruits. Four or five have deserted.

CONFIDENTIAL

CONFIDENTIAL
OFFICE OF STRATEGIC SERVICES
A-43537a

-4-

18. The Japanese officer of the Kachin troops does not live with them, but always accompanied any group going into town. He wears three stars over one line on his collar. (?Captain?)

19. Burmese and Talaings, but no Karens, are employed by the Japanese as laborers around Japanese military camps and installations. This is thought to be primarily because there are few Karens available in the locality.

**Terrain**

20. There are 5 or 6 very good wells with plenty of water at Malizayatselk on Tavoy Island. There are several 10' wells on King Island, where there is rock and gravel underneath the top soil. There is ample water on the small islands north of Tavoy Island. Water on the mainland here is not fit for drinking.

POLITICAL
**Enemy Administration**

21. The Japanes i south Burma make no distinction in their treatment of Burmese and Talaings. However, they leave the Karens stricly alone, as they feel them to be too wild to control.

22. One of the informants related the following incident, in which he took part, as an example of the prevalence of official corruption. During the rice season June-1943 to February-1944, he cultivated 400 acres belonging to his mother. In April, 1943, the township officer (myo-oke), under Japanese orders, called a meeting of all landowners in the moving picture theater at Mudon. The same thing is alleged to have happened in Bilugyun and Ye townships.

23. The meeting was addressed by two Japanese officers, with collar insignia of three stars over three lines (?colonels?). They spoke through a Burmese interpreter, who announded that Japan needed paddy for the prosecution of the war, and that each landowner would have to help, by each land owner selling a total of three baskets of rice per acre cultivated, to the Japanese for Rs. 2 per basket. The market price was Rs. 9 per basket.

24. One or two of the landowners present politely suggested that the quoted price was too low, but the interpreter said that when the Japanese entered Burma the price of a basket of rice was 12 to 14 annas, so the price fixed was fair. That ended the meeting.

CONFIDENTIAL

CONFIDENTIAL
OFFICE OF STRATEGIC SERVICES
A-43537a

-5-

25. Method of collection was as follows: the township officer gave the order for collection to the headmen, who passed it on to the landowners. The landowner delivered the number of baskets to a mill which milled it into rice, and put it in gunny sacks supplied by the Japanese. The mill owner had to submit a list of the amounts delivered by each landowner to the township officer and a Japanese agent (a native) collected the rice from the mill.

26. This collection would have required the informant and his mother to sell 1200 baskets, worth Rs. 10,800 for Rs. 2,400, so he decided to evade it. The township official, a Sino-Burmese, a personal friend of the informant, was approached by the informant, and told of his desire to evade the impost, and his willingness to pay for assistance. The official suggested the informant file a petition claiming crop failure, and pay him R. 1 per basket of which collection was waived. The informant delivered 600 baskets to the mill and paid the official Rs. 600, through the head clerk, with whom the official was seen to divide it. The official told the informant he had made Rs. 4-5000 in a similar manner. The informant told him he would be killed by the Japanese if he were discovered, but the official laughed and said "What do those idiots know about graft?" The informant did not appear to criticize these activities, but to admire the official's skill.

## Police

27. In September 1943 the officer commanding the Japanese Military Police Post at Thanbyuzayat was also the Intelligence officer at the post. When he toured the town on duty he wore Burmese civilian clothes, but was always recognized by the Japanese soldiers and the Burmese. He was thought to be very powerful and was greatly feared in the town. He appeared to be about 30 years of age.

28. The Burmese said that persons haled before him did not come out alive but the informant could give no specific examples. He was courteous in his handling of civilian complaints. On one occasion a drunken Japanese soldier assaulted a friend of the informant, and the friend reported the incident to the officer, was politely questioned and released, though he did not learn whether there was any action taken.

29. A friend told the informant that he had to report his arrival at Mergui to the headman, the reasons for this rule being that there were supposed to be many Allied spies at large in the Mergui area. The rule was generally respected and the informant did not know the penalties for non-compliance.

30. Japanese soldiers do not pay on street cars and busses but have been trained to say "thank-you" in Burmese or, according to the informant "sank-oo" in English.

CONFIDENTIAL

CONFIDENTIAL
OFFICE OF STRATEGIC SERVICES

A-43537a

-6-

## Atrocities

31. About six months after the Japanese occupation a Talaing-Burmese friend of the informant was arrested in Mudon by the Japanese, as it was well known he had talked freely against them. He was taken to Moulmein and kept there for about a year, during which time nothing was heared about him. At the end of the year he was released, and returned home, looking thin and sick. He was restricted to Mudon for six months, and had to report to the headman once a week. His house had been searched during his absence, but nothing was found. He would not talk until the restrictions were lifted, after which he told the informant that he had been beated and hung up by his ankles. He urged the informant not to talk publicly against the Japanese, nor to keep anti-Japanese literature.

## Resistance

32. Both Talaings and Burmese dislike the Japanese equally and intensely, and the informants have seen members of both races passing small packets of food to Allied prisoners of war.

33. The guerillas referred to in A-43537 are said to be Indians, Karens and white men. The informants have had no actual contact with them. Access for trade and other purposes to Papun is via the Salween River, although there is an overland route from Bilun. The guerillas are not bandits and people speak well of them. The informants do not believe Talaings or Burmese could join this group, but only Karen-speaking Karens. The guerillas, they said, would not trust Burmese or Talaings.

## Domestic Administration

34. All government offices were given a holiday on the Emperor's birthday. The Japanese soldiers in the vicinity got drunk, but none of the Burmese paid any attention to the day, and there was no other observance.

---

The informants were three Talaing ricefarmer-traders, A being very intelligent, observant and cooperatuve, the others less observant and intelligent, and tending to follow the lead of A in giving responses.

CONFIDENTIAL

3급 비밀

전략첩보국

워싱턴 D.C

| | | | |
|---|---|---|---|
| 배포 | 1944년 11월 17일 | 배포번호 | A-43537a |
| 국가 | 버마 (Burma) | 원본 보고서 번호 | M-307 |
| 주제 | 심문 – 일반 상황 | 보고일자 | 1944년 10월 18일 |
| | | 평가 | F-3 |
| | | 확인 | |
| 출처 | Z | 보충 | |
| 보조 출처 | 3명의 버마 농부들과 상인들 | 수정 | |
| 정보의 일자 | 1944년 9월 이전 | 페이지 수 | 6 |
| 출생지 | 캔디(Kandy) | 첨부 | |
| | | 전구 | 동남아시아 사령부 |

이하의 첩보 내용은 다른 기관들이 기술한 심문 기록으로부터 얻은 것이다. 보고서의 수령인은 이와 같은 정보가 다른 형태로 다른 보고서들에서도 나타날 수 있다는 점을 유의해야 한다.

문화

민속학적 정보

1. 몬족(Talaings)은 테나세림 언덕(Tennasserim hills)의 서쪽 경사지에 살았다. 그들의 마을에 살고 있는 사람 대부분은 몬족이고, 소수의 버마인도 살고 있었다. 이 마을들에는 카렌족(Karens)은 아무도 살고 있지 않지만 그들은 몬족과 거래하기 위해 언덕의 동쪽 비탈에 있는 자신들의 마을로부터 자주 방문했다.

2. 몬족은 주로 경작자들이었고, 주 작물은 쌀이었다. 그들은 상인이기도 했고, 바구니 짜기나 우산 만들기 등과 같은 가내 수공업자도 있었다. 그들의 지역에서 몬

족과 버마인이 함께 한 특별한 산업은 거북이 껍질로 빗을 만드는 것이었다. 테나세림 지역의 땅과 방앗간들은 주로 몬족이 소유하였다.

3. 아라칸인(Arakanese)에 대한 친밀감이나 적대감은 딱히 보이지 않는다.

4. 공용어는 버마어였고, 몬족들 사이에서도 이를 사용했다. 사적인 이야기를 할 때만 몬족어를 사용했다.

5. 몬족과 버마인 마을은 상당히 유사한 행정 체계를 가지고 있었는데, 이는 촌장 시스템이었다. 일본인들은 이 조직에 변화를 주지 않았다.

6. 다른 버마인들과 같이 대부분의 몬족들은 불교 신자였다.

## 보건

7. 보건 당국은 콜레라, 전염병, 천연두에 대한 예방접종을 실시하도록 되어 있었으나, 이 정책은 분명히 강제되지 않았다.

## 오락

8. 도박은 경찰에게 보호 비용을 지불하는 전문적인 장소에서 이루어졌다. 이것을 일본인들이 후원하지는 않았다. 도박장의 주요 게임은 콤스(komes)와 아포크 흐닛-세이(apowk hnit-say)(버마 카드 게임), 버마식 도미노, 그리고 호주와 할리우드식의 포커였다. 5장의 카드로 하는 미국식 포커는 치지 않았다.

**9. 일본군 병사들은 특별 일본군 위안소(special Japanese brothels)를 이용했으며, 일본군 병사들은 그 곳의 여성들이 모두 일본인이라고 주장하였다. 그러나 그곳의 여성들은 일본어를 하지 못했으며, 정보원들은 그들이 조선이나 만주에서 왔다고 생각했다. 위안소에는 다른 몇몇의 버마인 여성들도 있었는데 이들은 대부분 다른**

**지역에서 왔고, 몬족 정보원들은 그곳에 고용된 몬족 여성은 없다고 말했다.**

10. 일본군 병사들과 장교들은 무료 노천극장을 자주 방문했다. 그들은 따로 특별한 좌석이나 편의를 요구하지 않았고 군중 사이에 섞여있었다. 반면에 그들은 돈을 받는 실내 유흥업소에서 절대로 돈을 내지 않았고, 아무도 감히 그들에게 돈을 요구하지 못했다.

<u>선전</u>

11. 정보원들에 의하면 모든 버마인 승려(Pongyis)들은 강한 반일 감정을 가지고 있었고, 이 주제로 그들을 찾는 사람들에게 아주 솔직했다. 각각의 승려들에게는 그들을 지지하고 특히 불교 교리에 대해 신앙적으로 조언을 구하는 열다섯에서 스무 가족이 있었다. 이 집단에서 일본인에 대한 비판은 자유롭고 일상적으로 이루어졌다.

12. 승려들은 일본인들이 성스러운 장소를 존중하지 않기 때문에 불교신자가 될 수 없다고 말하였다. 그들은 사람들에게 일본군과 협력하지 말고 특히 어떤 관계도 가지지 말라고 조언하였다. 그들은 방콕-탄부자얏(Bangkok-Thanbyuzayat) 철도가 일본인들이 때가 되면 탈출하기 위한 탈출로로 지어졌다고 말했다.

13. 일본군들이 올해 12월에 쫓겨날 것이라는 믿음은 특정한 천문 현상에 의해 종교적으로도, 미신적으로도 뒷받침되고 있었고, 승려들에 의해 대중적으로 널리 퍼져 있었다. 이 이야기에 따르면 '금요일 별'은 일본군들을 상징한다. 이 별은 일본군이 버마를 침공한 날 동쪽에서 서쪽으로 달의 경로를 가로지르며 지나갔는데, 이때는 버마력 1302년 타카웅몬 달이 처음으로 줄어들기 시작한 시기였다. 버마력 1305년 타붕 달이 11번째로 질 때 (1944년 3-4월) 같은 별이 달을 서쪽에서 동쪽으로 지나갔다. 전자는 서양인들이 동쪽에서 서쪽으로 탈출하는 것을 가리키고, 후자는 그들이 가까운 미래에 서쪽에서 동쪽으로 다시 돌아오는 것을 가리킨다. 잘 알려진 한 전직 승려의 다른 점성술적 예언에 따르면 일본인의 탈출은

올해 12월로 정정되었다. 이 예언은 버마 남부에서는 널리 퍼져있고 믿어진다.

**14. 버마 사람들이 위안부(prostitute)로부터 성병에 감염된 일본인을 지칭하는 "응아난차크(Ngahnanchowk)"라는 특별한 단어가 있다. 이 단어의 뜻은 말린 펜슬 피쉬(pencil fish)인데, 이 물고기는 건조 과정에서 거의 없어질 정도로 크기가 작아진다.**

(후략)

# 17

## Monthly Report of SACO/MO Branch

## RG 226 Entry 99 Box 84

이 문서는 전략첩보국(Office of Strategic Services, OSS) 산하 중미협력기구 심리전 부서(SACO/MO Branch)의 1944년 11월 월간보고서이다. OSS를 비롯한 미국의 첩보 기관들은 전장의 군인과 민간인들로부터 일본군의 잔학 행위, '위안부' 동원, 현지 여성에 대한 폭력과 모욕 등의 사례를 수집하고, 이렇게 획득된 정보를 라디오와 전단을 통해 유포하기도 했다. 일본군의 잔혹성을 부각시키고, 현지의 반감을 자극해 일본의 통치에 균열을 일으킬 수 있다고 생각했기 때문이다. 이 보고서에서 이 같은 심리전의 사례를 발견할 수 있다. 보고서는 1944년 12월 25일 작성되었으며, 이 보고서에 첨부된 전단이 일본군 '위안부' 관련 문서로 많이 알려져 있다. 첨부된 중국어 전단은 중미협력기구 심리전 부서가 중국인들을 대상으로 1945년 11월 초 만든 것으로, "미소 짓지 말고, 일하지 말고, 당신의 여성을 숨겨라"라는 내용이다. 중국 푸저우에서 미군이 활용한 소문을 바탕으로 작성되었다. 전단의 마지막 부분인 "당신의 여성을 숨겨라"에서 일본군은 여성을 보기만 하면 '위안부'로 삼기 위해 붙잡아 가니 여성들을 숨기라는 메시지가 삽화와 글을 통해 전달되고 있다. 미국의 첩보 기관인 OSS가 일본군이 중국 여성들을 '위안부'로 동원한다는 현지의 소문을 활용해 일본군에 대한 중국인들의 반감을 불러일으키고자 했던 것이다. 이를 통해 일본군이 점령지 여성을 '위안부'로 동원했다는 소문이 중국에 있었으며, 미국의 첩보 기관 역시 이를 인지하고 활용했다는 사실을 확인할 수 있다.

BRANCH HEADQUARTERS
OSS-SU DETACHMENT 202
APO 879
25 December 1944

## MONTHLY REPORT OF SACO/MO BRANCH

I. OUTSTANDING ACHIEVEMENTS

II. GENERAL PROGRESS

1. The forward MO Base of Lieutenant Roy Squires, USNR, has continued to report progress for the month of December. Lt Squires has completed training of agents for Foochow, Shanghai, Amoy and Swatow, but owing to the stalemate position of SACO at this present time, Squires has been instructed to continue only with his present commitments and not make any new ones until the situation has been clarified. He has radioed that he will comply with this request and is accordingly delaying the departure of some of his men and using others in the Foochow area where thay will be under his direct control before they are dispatched to their permanent stations. Squires has also partially prepared plans for large scale operations from his Nanping base, but he has been instructed to hold off on this until policy for future operations has been clarified.

2. At the beginning of the month, Lt Auchincloss made a one week trip to Kunming. The primary purpose of this visit was to arrange for transportation from Kunming east to Kanchow for three agent teams who have completed their MO training. One team was already in Kunming when Auchincloss arrived -- they had alréady been held there three weeks. With Major Faxon, Auchincloss investigated the various routes being flown at this time. The Navy could offer no hope -- their own personnel was being held back for high priority equipment. Tanker planes carrying gasoline offered a slim chance only. H owever, a meeting was held with Colonel Murphy, A-2 of the 14th Air Force, and a full explanation of MO's plans, the work to be done by the two agents in question, and possible future operations was given. Colonel Murphy instructed the transport wing of the 14th to give these men a #2 priority at the conclusion of this meeting. Since then, both agents have been transported east and should report from Shanghai by radio within the next thirty days. The two other teams (for Nanking and Ning-kwo, respectively) have not yet been moved to Kunming nor will they be moved until a departure date is given by the transporting agency. The Chinese side of SACO is endeavoring to procure expedited transportation for these teams from the Navy. They will be on their way as soon as the situation permits.

19

3. The black radio team reported for training to MO during the last week in November and discussions started. A Chinese station ch ief, three Chinese language personnel, three Japanese language personnel, and one technician made up the group. Training classes were halted on December tenth owing to the fact that all Japanese language personnel had been withdrawn from the group by the Chinese side. As absenteeism during training periods had cropped up before and the Chinese informed that it must not happen again, strong representations were made. Two of the Japanese language personnel reported back on December nineteenth and training was resumed. These personnel should be ready for departure the second week in January of 1945.

4. While in Kunming, however, Auchincloss carefully investigated possibilities of transporting the personnel and equipment needed in this pilot radio operation to an East China area presently projected as the radio base. It is doubtful if this transportation can be obtained with existing facilities for eleven personnel and approximately four tons of equipment until the present acute military situation has been relieved. If this paramilitary operation is decided to be worth a high priority it can be transported. Otherwise, after the personnel have completed their training, they will face four or five months of waiting until operations can begin.

5. SACO communications branch has been asked to supply the Dixie Mission in Communist China with certain radio equipment, one item being an HT 4 B Hallicrafter radio transmitter. As the only available transmitter of this type is being held in Kunming for MO, Major Horton informed SACO that they would have to decide whether Dixe or MO should have the priority. Auchincloss advised Dow that the transportation situation at this time was very bad and prospects for immediate use were very slim. Therefore, if Colonel Dow should allocate the transmitter to Dixie for immediate operations, Auchincloss would concurr completely with his decision. Colonel Dow decided to postpone the decision until Dixie has indicated their need for this transmitter and demonstrated that they have the authority for such operations, and then decide if the MO picture warrants tying up such equipment further for possible future use as ppposed to operations by Dixie. The transmitter is still held in Kunming.

6. On November 26th, agents were requested from the Chinese side to be trained in the Valley and sent into Kweilin and Liuchow for MO work. The possibility of forward headquarters at Kweiyang reporting directly to the Valley was discussed in this connection. This request was made on an urgent basis. No agents have yet reported for training.

7. Two pamphlets were produced by SACO/MO in Chungking - they were completed early in the month. A copy of each is attached. They will be dispatched to various forward areas as soon as practicable. The "Don't Smile - Don't Work - Hide Your Women" leaflet is based on three rumors originated by Lt Squires and used by him in the Foochow area. The "Truck Driver" Leaflet is intended as the opening gun in Shanghai.

SECRET

20

8. As time goes on, one fact becomes clearer and clearer. If American MO personnel are to work successfully with Chinese in training them to MO work, qualified American interpreters must be provided. The man with the language on his side holds the power in any discussion - whether it be negotiation or training. Sergeant Morwood and Lt. Auchincloss have both discovered that they have increasing difficulty in getting across points to personnel under their direction. Especially in black radio training where the Chinese opposite number to the black radio chief is acting as interpreter for the group, there is a constant tendency for this man to try and run with the ball without understanding what he is talking about and the instructors have to work hard to hold him in check. The only request made for personnel from this unit in the last three months has been for interpreters. Privates Seely and Willmott are both qualified to undertake this work and get formal MO training at the same time, but Seely has been assigned to Kunming and Willmott is working at a secretarial job in Headquarters. It seems unfortunate that at least one of these men could not have been assigned to the Valley where the need is so obvious because of daily contact with the Chinese through hopelessly inadequate interpretation. If the Valley operation is to continue, or in any operation in China for that matter, if MO specialist personnel without knowledge of Chinese are to work with natives, American interpreters must be provided or the work is tripled and the effectiveness cut in half.

9. This has been a month of deadlock for MO in the Valley. Plans and budgets have been necessarily held up owing to uncertain conditions. Training, with the exception of black radio, has slowed down as this officer has been chary of piling up a backlog of trained agents with no way of dispatching them to their area. The morale of these men who are to go into occupied territory suffers very badly under such conditions, necessitating a refresher course. The military situation has made it impossible, however, to get transportation for these men over existing facilities so that the distribution phase of our activities may catch up with our production. It is hoped that the entire picture will be somewhat coordinated and clarified by the next month's report.

Gordon Auchincloss

GORDON AUCHINCLOSS
2nd Lt AUS
Acting MO Officer

21

EXHIBIT I

TRANSLATION OF SHANGHAI LEAFLET TEXT
(NOTE: Read captions in reverse order to an American strip - i.e., start at upper right frame and work left. Start 2nd row again at right.)

1. (Title) "TRUCK DRIVER HU AH-MOU, THE TALE OF A HERO."
(Caption below) "Truck driver Hu Ah-mou is one of the heroes of Shanghai."

2. "During the fighting of August 3rd, 1937, Jap planes bombed and wrecked his home and killed his old mother."

3. "He was seized by the Japs for hard labor and forced to drive a truck."

4. "One day Ah-mou was driving a truck filled with Jap soldiers along the bank of the Whangpoo River and he knew that the moment had come."

5. "He determined to sacrifice himself and drove the truck into the river, drowning all the Jap soldiers."

6. (Ah-mou speaking from the dead.) "Comrades, the whole world knows my story. Now Americans have come to help us. Wait for the signal. Prepare to do your share to kill the enemy."

22

司機胡阿毛
忠勇故事
一、卡車司機胡阿毛，上海的一個英雄。
二、八一三之戰，日本飛機炸死了他的母親，炸毀了他的家。
三、他被日軍拉去做苦工，還要強迫他開卡車。
四、阿毛這天開車，滿載日軍經過黃浦江邊，他想報仇的機會到了。
五、他決意犧牲自己，把卡車衝到黃浦江裏，於是日軍全部淹死。
六、同胞們！全世界都知道我的故事，現在美國來幫助我們了，你們等候信號，準備和我們一樣殺敵。

SECRET

NOTE: The Chinese text is written in a jingle form which there is no attempt to approximate in the English translation.

若要笑
1. If you laugh....

金牙拔掉休想饒
2. The Japs will yank your gold teeth....

閉嘴永不笑
3. So never smile!

若勤勞
4. If you work hard...

抓去當差骨頭拗
5. The Japs will break your back working for them.....

無事且逍遙
6. So loaf and have a gay time!

SECRET

7. If the Japs see your women....

醜女也要當慰勞
8. Even the ugliest will be taken for prostitution...

不躲便該逃
9. So hide them or send them away!

24

若要笑
金牙拔掉休想饒
閉嘴永不笑
若勤勞
抓去當差骨頭熬
無事且逍遙
若見到
醜女也要當慰勞
不躲便該逃

OSS-SU 202 파견대 지부 사령부

APO 879

1944년 12월 25일

## 중미협력기구 심리전 부서(SACO/MO)의 월간 보고서

I. 뛰어난 성과

II. 일반적 진행사항

(중략)

7. 충칭(Chungking, 重慶)의 중미협력기구 심리전 부서(SACO/MO)에서 두 개의 전단이 생산되었다. 이는 월초에 완성되었다. 각각의 복사본이 첨부되어 있다. 이는 가능한 한 빨리 전방 각 지역에 배포될 예정이다. “웃지 마라 – 일하지 마라 – 당신의 여성을 숨겨라” 전단지는 푸저우(Foochow, 福州) 지역에서 스콰이어스 중위(LT Squires)가 만들고 활용하였던 세 가지 소문에 기반을 두고 있다. “트럭 운전사” 전단지는 상하이에서 1단계 작전으로 사용하고자 만들어졌다.

(중략)

견본 I

상하이 전단지 문구 번역

(주: 미국식 만화의 반대 방향으로 글귀를 읽도록 한다 – 즉, 오른쪽 윗칸에서 시작하여 왼

쪽으로 읽는다. 두 번째 줄도 오른쪽에서 시작한다.)

1. (제목) "트럭 운전사 후 아무(HU AH-MOU), 영웅 이야기."
(아래 글귀) "트럭 운전사 후 아무는 상하이의 영웅 중 한 명."
2. "1937년 8월 3일 전투 중, 일본 비행기가 폭격을 실시해 그의 집은 파괴되었으며 그의 노모가 사망했다."
3. "그는 일본인에게 붙잡혀 중노동을 했고 트럭운전을 강요받았다."
4. "어느 날 아무는 일본 병사를 가득 태운 트럭을 운전하여 왕푸강(Whangpoo River)의 둑을 지나면서 때가 왔다는 것을 알았다."
5. "그는 자신을 희생하여 트럭을 강으로 몰았고, 모든 일본 병사가 익사하였다."
6. (아무가 죽으면서 말하길) "동지여, 모든 세상이 내 이야기를 알게 될 것이오. 이제 미국인들이 우리를 돕기 위해 오고 있소. 신호를 기다리시오. 적을 무찌를 준비를 하시오."

(중략)

주: 중국어 문서는 시 형식으로 작성되어 영어로 정확하게 번역하기 어렵다.
**1. 만약에 당신이 웃으면...**
**2. 일본인은 당신의 금니를 뽑아갈 것이다....**
**3. 그러니 절대 웃지 마라!**
**4. 만약에 당신이 열심히 일하면...**
**5. 일본인은 당신의 허리가 부서지도록 그들을 위해 일하게 시킬 것이다.**
**6. 그러니 빈둥거리고 즐거운 시간을 보내라!**
**7. 만약에 일본인들이 당신의 여성들을 본다면...**
**8. 심지어 추녀(醜女)까지도 위안부로 삼을 것이다(taken for prostitution)....**
**9. 그러니 여성들을 숨기거나 도망보내라!**

(후략)

# 18

## Outline of Korean Implementation Study

## RG 226 Entry A1 139 Box 138

전략첩보국(Office of Strategic Services, OSS)이 작성한 것으로 작성 시기는 분명하지 않다. 이 문서는 OSS가 조선에서 '위안부'를 심리전의 수단으로 활용하기 위한 정식 계획을 발전시키는 과정에서 입안한 보고서로, 심리전 대상으로서 조선과 조선인들에 대한 상세한 정보와 계획을 열거하고 있다. OSS는 심리전에 있어 조선인들의 불평과 일본 통치의 약점 모두를 이용해야 한다면서 그 항목의 하나로 "일본이 조선인 여성들을 '위안부'로 대규모로 활용하고 아편 밀매를 후원하는 것에 대한 분노"를 제시하고 있다. 이 보고서는 OSS 워싱턴 본부에까지 보고된 것으로, 이후 OSS가 조선에 대해 전개한 심리적 작전의 기본 바탕이 되었다. 이를 통해 미국의 주요 심리전 조직들이 조선인 '위안부' 문제를 인지하고, 이를 활용해 조선과 조선인에 대한 심리전을 기획하고 있었음을 알 수 있다.

SECRET

Survey Studies of Korea:

1. Preliminary Economic Survey of Korea, Far Eastern Unit, Bureau of Foreign and Domestic Commerce, 2 August 1943.
2. Survey of Korea, Military Intelligence Service, 15 June 1943.
3. Korea: Economic Survey, R&A No. 774, 5 August 1942.
4. Air Objective Folder: Korea Areas, August 12, 1944.
5. Korea, Ministry of Economic Warfare, 12.8.43.

OUTLINE OF KOREAN IMPLEMENTATION STUDY

1. INTRODUCTION

Reference to Over-All China Plan.

2. SUMMARY OF SITUATION

a. Strategic Importance

MIS Survey, page 1.
Air Objective Folder, page 4.
Ilhan New, page 2.
Commerce Survey, page iv.

b. General Geographic Description

MIS Survey of Korea, pp. 2 ff.
NEW Korea, page 1
Cressy
Dept Commerce Study, pp. 1-3.

c. Military Considerations and Battle Order

MIS Survey of Korea, p. 172
MIS Survey of the Japanese Empire, 314-316.
Handbook of Japanese Army.
REQUEST BATTLE ORDER SUMMARY FROM SERGEANT BROWN,SI

d. Government and Control Measures

MIS Survey of Korea, 91-104. 246-252,261.
Commerce: 7-8
NEW Survey, page 1.

e. Korean Independence Movement

MIS Survey of Korea, pp 104-110. 253-257
Survey of the Political Thought and Temper of Korean People (State).
Korean Independence Movement (State)
Ilhan New's Plan.

f. Korean Resistance.

Ilhan New
Possible Contribution by Koreans, 6 pp. CID 70566.

g. General Economic Description, including very brief summary of Korean economy, importance to Japanese war-economy, Japanese control and domination, and general health of economic system (prices, commodity shortages, standard of living, etc.)
MIS Survey, 111, 112, 262-263, 258-260,
R&A Survey 1-4
Commerce Survey, iv, v, 51-60
Civil Affairs Handbook, Japan, Commerce, pages 29-41.
Civil Affairs Handbook, Korea, Section 7, Agriculture.



SECRET

h. Social Conditions, Morale, Attitudes, Emigration

General Psychological Factors in the Far East, Korea Section, OSS, September 21, 1942.
Civil Affairs Handbook, Korea, Section 7, Agriculture (on tenancy, etc).
MIS Survey, 51-87.

3. PERSONNEL

Ilhan New
Possible Contributions by Koreans, 6 pp, CID 70566.
Reports on Captain Weem's plans for recruiting Koreans.

4. INTELLIGENCE DESIRED

Stilwell Directives
Could SI provide a new directive listing in order of importance intelligenc needed from Korea?

5. SABOTAGE TARGETS

a. Transportation Targets

(1) Over-All summary of importance and vulnerability of Korean Transportation

(2) Ports

MIS Survey, 154-164. 281-284
MEW Survey, 2-6, 41-42.
R&A Survey, 90-110 (Suitable for appendix).
Commerce Survey, 80-82.
Air Objective Study, 7,8.
Army Engineers Railway study, 16-24.

(3) Railways.

Army Engineers Railw ay study. 4-15 (Describes system as a whole, enumerating main and branch lines, and giving information on employees, traffic, track, crossties, terminals, yards, bridges and tunnels, motive power and rolling stock, fuel and lubricants, water supply, signals)
MEW Survey, 36-38. (Check sections on bridges) tunnels, etc.
Air Objective Study, pages 9,10. Check for up-to-date information on some more important objectives. 41,43,17,22,24,51,23,12,47.
R&A Survey, 69-79
Commerce, pages 72-80
MIS Survey, 143-150,
Dept. of Justice Study, Jan. 12, 1943.
Emmons: 4,5.

(4) Highways

Commerce, 82-84
R&A Survey, 80-90
MIS Survey, 151-154
MEW, 35-36
Engineers, 24,25.

(5) Shipping

MIS Survey, 154
R&A Survey, 90

b. Industrial Installations

(1) Over-all Analysis of contributions of Korean industry to Japan's war economy; bottlenecks, critical industry, vulnerabilities.

- 2 -

(2) Electric Power

Commerce: 26-30
Army Engineers: 15-16
Air Objective Folder: 6,7,34,37,49,55.
MIS, 138-142, 274-277
R&A: 50-64
Breger Reports (CID 21872 and 23324)

(3) Mining

Commerce: 31-36, 38-50
R&A: 12-22
MIS: 119-121. 126-134,263-268
AIR OBJECTIVE: 44,6,8
MEW: 11-19
FEA Report on Far Eastern Coal Industry (CID 72366)
BEW Survey of Japanese Magnesium Resources (CID 28147)
Breger Report on Flourspar (CID 23782)

(4) Smelting, Refining, Processing of Metals

Commerce: 36-38; 40-48
R&A: 12-22
MIS: 126-134
Air Objective Folder: 8,9,26,27,31,41,44, 48,53,54.
MEW: 11-19
Breger Reports listed above.

(5) Chemical Industry

Commerce: 62-65
R&A: 35-38,40
MIS: 132-34
MEW: 31-32, 33.
Air Objective Folder: 6,31,33,51.
Breger Reports.

(6) Oil Refineries

Commerce: 66.
R&A 39
MIS: 134
Air Objective Folder, 9,52,43,55.
JICA/CBI Report, October 9, 1944 (CID: 101982)
Emmons: 6

(7) Coal Liquefaction

Commerce: 66
R&A: 39-40
Air Objective: 43,55

(8) Munitions, Explosives.

Commerce: 60
R&A: 35-28,40
MEW: 33
Air Objective: 5,6,32,50,24
Emmons: 17

(9) Aircraft Manufacture

Commerce: 60
R&A: 38
MIS: 130
Air Objective: 5,25.
Emmons: 9.

(10) Shipbuilding and Repair

Commerce: 61
MIS: 129
Emmons: 3

(11) Cement

Commerce: 65
R&A: 40-41
MIS: 134
MEW: 32
Air Objective: 6,25,50,51.

(12) Machine and Tools

Commerce: 60-62
MIS: 129

(13) Automobiles and Vehicles.

Commerse: 61
R&A: 38,39
MIS: 128-129

(14) Railway Rolling Stock, etc.Mfgr.

Commerce: 60,61.
MIS: 128

(15) Textile Industries

Commerce: 68, 69
R&A: 41-42
MIS: 136
MEW: 32-33

(16) Alchohol

Commerce: 67
Report on Japanese Corn Products Co.
(CID 27959).

(17) Lumber, Pulp, and Paper

Commerce: 67
R&A: 41.
MIS: 134
MEW: 34

(18) Miscellaneous

Commerce: 69-71
R&A: 42-43
MIS: 136-138

(19) List of Industrial Cities together with specific industries in each.

R&A: 43-48
MIS: Appendix XV.

e. Storage Facilities

Emmons: 3,6,17.
Air Objective: 52
Commerce: 66

d. Communications

R&A: 121-125
Commerce: 85-86
MIS: 165-167, 287-299
MEW: 41.
Emmons: 10, 13

e. Airfields and Aircraft

Provisional Airfield List, China ( including Korea and Manchuria), Enemy Airfield Information Report No. 2, Assistant Chief of Air Staff, 8 July 1944, CID 87267.
MIS: 186-189
Commerce: 84-85.
Air Objective Folder: 5

6. PERSONNEL TARGETS

Who's Who material is very limited and out-of-date. COULD BIOGRAPHICAL RECORDS PREPARE A WHO'S WHO?

APPENDICES

"A" - BATTLE ORDER FROM SERGEANT BROWN.

"B" - SUMMARY OF TRANSPORTATION FACILITIES
SECTION I - PORTS
SECTION II- RAILWAYS
SECTION III-HIGHWAYS

"C" - SUMMARY OF INDUSTRIES.

"D" - WHO'S WHO.

6. PERSONNEL TARGETS IN KOREA

a. Objectives

(1) General Objectives.

(a) Parts of the Special Program No. 5 in the Over-All and Special Programs for Strategic Services Activities Based in China which are important for MO operations in Korea are as follows:

"Objective: Undermine the morale of the Japanese military and civilian personnel.

"Missions:

"a. Study the situation in ... Korea ... and prepare to attack by subversive means the morale of Japanese forces.

"b. By use of subversive means, attack the morale of Japanese forces of occupation.

"c. Exploit by subversive means the potential cleavages between the military clique of Japan and the population of Japanese-occupied ... Korea... in order to undermine the morale of the Japanese and impair the efficiency of Japanese prosecution of the war."

"d. Furnish such support to the U. S. military forces as is requested by the Commanding General, U. S. Army Forces, CBI, including the Commanding General, 14th U. S. Air Force."

(b) The following objectives are from Four Suggested Special Plans for Morale Operations Against the Japanese.

"a. To break the hold of the governing clique on the armed forces and the civilian population.

"b. To increase surrender and lower discipline and efficiency of the Japanese armed forces by morale operations directed at the specific components of these forces.

"c. To impede Japanese war economy particularly in the field of transportation and industrial, as well as agricultural, production, by campaigns directed at specific groups of war workers."

SECRET

(2) Specific Objectives.

(a) Japanese army and navy personnel. The objectives of MO operations should be to destroy the prestige of military and naval forces, to lower morale, to incite frictions among the leaders, to discredit key men by undermining their reputations in the eyes of the troops, and (in the period of military operations within Korea) to increase surrender and desertion.

(b) Japanese administrators. The objectives of MO operations should be to break the morale of government and business administrators by inducing fear of Korean resistance groups and by causing lack of faith in their own ability to handle groups of Koreans.

(c) Government Departments in Korea under Japanese Military Control.

(d) Korean administrators. The objectives of MO operations against this group should be to create friction between them and the Japanese, and to encourage half-hearted effort in Japanese affairs, and to increase acts of insubordination.

(e) Workers in transportation, mining, power plants arsenals, and other important industries. The objectives of MO operations should be to induce such workers to leave their jobs, to produce slow-downs, simple sabotage, non-cooperation; and to cause anxiety about their personal safety.



SECRET

(f) Farmers. The objectives of MO operations should be to induce farmers to keep their crops for their own use as well as for guerrilla and resistance groups and to increase non-cooperation with Japanese agricultural programs.

(g) Masses of the people. The objectives of MO operations should be to increase anti-Japanese feelings, to further hostility to and non-cooperation with government regulations regarding social customs, language restrictions, religious and political observances, labor recruiting, and conscription policies.

(h) Special groups. To convince underground gooups such as underground Communist societies, Christian groups, and possibly smugglers, prostitutes, and dope-peddlers that co-operation with OSS activities would be mutually beneficial.

b. Vulnerabilities of Groups in Korea.

(1) The Japanese

(a) Army and Navy Personnel

i. Army and Navy frictions and jealousies.

ii. Knowledge of the hatred which Koreans feel toward the Japanese.

iii. Resistance activity which may (later in the war) make them anxious regarding their personal safety.

iv. Knowledge that Koreans resisted the"Volunteer System" and now resist conscription and participation in the war.

v. News of Japanese defeats in the Pacific.

(b) Administrators, business men, etc.

i. Intra and inter-organizational jealousies.

ii. Knowledge that they are hated by the Koreans.

iii. Fear of bombing.

iv. Impatience with Korean resistance against Japanese indoctrination.

(2) The Koreans

(a) Conscripts

i. Realization that they are held in scorn by their

fellow countrymen.

ii. Discrimination in treatment of Japanese and Korean soldiers.

iii. Arrogance of the Japanese.

iv. Japanese distrust of Korean conscripts.

v. Lack of enthusiasm for the war, which the Koreans feel is Japan's war, not Korea's.

vi. Possibilities for desertion.

(b) Korean officials.

i. Arrogance of the Japanese, to which the Koreans are very sensitive.

ii. Unequal treatment of Japanese and Korean officials.

iii. Unreasonable demands of Japanese for food, lodging, buildings, and troops.

iv. Unwillingness to give real power to Korean officials. Real authority is retained by the Japanese. Korean officials feel that they are patronized.

v. Feeling that imperialist Japan is draining Korean resources for a war in which the Koreans have no interest.

vi. Graft in government.

(c) Farmers, industrial and transportation workers, and the masses.

i. Arrogance and bad behavior by Japanese in Korea.

ii. Shortages of commodities resulting from shipments to Japan and Japanese Army requirements. (Children forced to go without shoes).

iii. High prices (for which Koreans blame the Japanese).

iv. Taxes have multiplied and the Koreans regard this as robbery.

v. Discrimination in business and wage scales favoring Japanese over Koreans.

vi. Labor conscription.

vii. Large Japanese land-holdings in Korea and unfair treatment of tenant farmers.

viii. Enforced shipment of rice to Japan while Koreans have to eat millet.

ix. Conscription of men into the Japanese army.

x. Close and terroristic supervision of local daily life by the Japanese through the secret police and population control systems, unwarranted arrest and brutal treatment by Japanese police, questioning on "thought life" at police stations, and imprisonment of foreign-trained Korean men.

xi. Suppression of Korean language, customs, symbols, and newspapers, and efforts to Japanize the Korean population.

xii. Religious grievances including enforced Shinto and emperor worship, neglect of Confucian and Buddhist temples, and official regulation regarding the use of the Bible.

xiii. Discrimination favoring Japanese in educational opportunities.

xiv. Resentment against extensive use of Korean girls as "comfort troops and the Japanese sponsored opium traffic.

c. Factors relevant to the carrying on of MO operations in Korea.

(1) For biographical data on Japanese and Korean personnel in Korea, see Appendix ____.

(2) For Korean Order of Battle, see Appendix ____.

d. Media for MO in Korea

(1) Clandestine Radio. No clandestine radio sending stations are known but small 2 or 3 tube receiving sets are common. Japanese sponsored programs are heard quite generally. Rumor could spread via this method. Short wave receiving sets are banned.

(2) Rumors. Rumors can spread very quickly in Korea (e.g. among women washing their clothes along the streams.)

(3) Leaflets, Posters. Education has been so restricted that the percentage of literacy in Korea is very low, but much can be done by the use of picture leaflets and posters.

(4) Personal contact.

(5) Poison-pen letters, false documents.

조선에 관한 조사 연구:

조선 경제에 관한 예비 조사, 극동 부서, 내외통상국, 1943년 8월 2일.

조선에 관한 조사, 군사정보국, 1943년 6월 15일.

조선: 경제 조사, R&A 774번, 1942년 8월 5일.

공습 목표 문서철: 조선 지역들, 1944년 8월 12일.

조선, 경제전쟁부, 1943년 8월 12일.

조선에서 실행할 계획에 대한 연구개요

(중략)

6. 조선의 작전 대상자들

(중략)

b. 조선 내 단체들의 취약점.

(중략)

(2) 조선인 단체

(c) 농부, 산업노동자와 운송 노동자, 대중.

i. 일본인들의 조선에서의 오만함과 악행들.

ii. 일본으로의 수송과 일본 군대의 요구로 인한 물품 부족

(신발 없이 생활할 수밖에 없는 아이들).

iii. 비싼 물가 (이에 대해 조선인들은 일본을 탓한다).

iv. 세금은 배로 늘었고 조선인들은 이를 강도짓이라고 여긴다.

v. 조선인들보다 일본인들에게 호의적인 직장과 임금에서의 차별.

vi. 강제 징용(Labor conscription).

vii. 조선에서 일본인들의 대규모 토지 소유와 소작인들에 대한 불공평한 대우.

viii. 조선인들은 기장을 먹어야만 하는데 반해, 강제로 일본으로 수송되는 쌀.

ix. 일본 군대로 조선 남성의 강제 징집.

x. 비밀 경찰과 인구 통제 체제를 통해 이루어지는 일본의 철저하고 폭력적인 일상의 감시, 일본 경찰의 부당한 체포와 잔혹한 대우, 경찰서에서 이루어지는 "사상(thought life)"에 대한 심문, 외국 교육을 받은 조선 남성의 수감.

xi. 조선의 언어, 관습, 상징, 신문을 억압하고 조선인들을 일본화하고자 하는 노력

xii. 강요된 신도(Shinto)와 일왕 숭배를 포함한 종교적 참배, 유교와 불교 사찰에 대한 무시, 그리고 성경 사용에 대한 공식적 규제.

xiii. 교육 기회에 있어 일본인을 우대하는 차별.

**xiv. 조선인 여성들을 "위안부(comfort troops)"로 대규모로 활용하는 것과 일본의 아편 밀매 후원에 대한 분노.**

(하략)

# 19

## MO Potentialities in Korea

## RG 226 Entry A1 139 Box 138

이 문서는 전략첩보국(Office of Strategic Services, OSS)이 앞선 18번 보고서에 이어 작성한 것으로 조선인을 대상으로 한 본격적인 심리전 계획을 담고 있다. 1945년 4월 14일에 작성되었으며 차후 전개할 심리전 작전의 밑그림을 그리고 있다. 이 보고서에 따르면 심리전의 목표는 (1) 다수의 조선 노동자들이 일본에 대항해 저항하고 체제 전복적인 행동을 하도록 유도하는 것, (2) 조선인과 미군의 관계를 증진시키는 것, (3) 일본을 돕는 조선인 부역자들을 약화시키는 것, (4) 일본 당국이나 일본군에 조선인의 봉기와 연합군의 침공에 대한 두려움을 주는 것 등이다. 또한 조선인들의 공분을 불러일으킬 수 있는 내용 중 하나로 조선 여성들이 강제로 일본의 위안소에 배치되었다는 사실을 들고 있다. 미국의 주요 심리전 조직들이 조선인 '위안부' 문제에 대한 분명한 인식 속에서 조선인에 대한 심리전을 기획하고 있었음을 알 수 있다.

SECRET

14 April 1945

TO : Lt. Colonel H.S. Little

FROM : Helen Brown and T/5 William Corson

SUBJECT: MO Potentialities in Korea

The following memorandum is submitted for your consideration.

SECRET

# THE MO POTENTIALITIES IN KOREA

Contents

| | Page |
|---|---|
| Introduction............................. | 1 |
| MO Targets in Korea....................... | 2 |
| General Propaganda Themes.................. | 3 |
| MO Implements for use in Korea............ | 7 |
| MO Program for Korea...................... | 10 |
| Samples of Production.................... | |
| Political Angles Important to MO.......... | 12 |
| Yenan Propaganda on Korea................. | 14 |

SECRET

INTRODUCTION

The possibilities of Psychological Warfare on so strategic an objective as Korea should not be overlooked. With 97 0/0 of the population under repressive Japanese rule, the basic prerequisite for efficient morale operations is already present.

Growing realization of the critical importance of is shown in Japan by the newly formed (Dec. 29th) Committee for the Investigation of the Political Treatment of Koreans and Formosans, and by the recent granting of voting privileges to Koreans and Formosans; though the vote is ineffective, the fact that the Japanese felt it was necessary to grant it is significant.

Although there is an abundance of useful military information MO intelligence on Korea is scanty. On the basis of available reports, however, it has been possible to set down the vulnerable targets, the available implements and workable propaganda lines to Koreans with some degree of accuracy.

As further intelligence comes in, it can be used to supplement or modify the MO plan suggested in the following pages.

-1-

SECRET

MO TARGETS IN KOREA

A consideration of Korea's culture and recent history divides the population into the following possible targets:

1. The Japanese troops in Korea
2. The Korean laborer
3. The colonial Japanese
4. The Korean landed aristocracy (yangban)
5. The newly-rich Korean collaborators

Japanese Troops in Korea The vulnerable points of the Japanese occupying troops are the fears of Korean uprisings and Allied invasion. Stress on these points may make them extremely jittery. The Koreans are all potential enemies of the Japanese, and the closer the war swings toward the peninsula, the more suspect they will be. The Japanese are already so nervous that any acts of violence, if exploited by well-timed propaganda could start a vengeful circle of repression and resistance.

The Korean Laborer The Korean laborers have been kept at a low economic level by their Japanese conquerors, and have no opportunity to better themselves under the present system. They are mainly engaged in farming (16,500,000) while commerce and other business each claim 1,500,000. Their numerous grievances offer sound chances for MO exploitation.

The Colonial Japanese The small Japanese storekeepers and tradespeople are very jealous of the important military and administrative Japanese officials who have recently come to Korea, and who are scornful of the old-time residents. The middleclass Japanese are very uneasy about Japan's position in Korea, and fear being left behind by the military authorities in the event of invasion.

The Korean Landed Aristocracy Highest in the traditional social scale, the yangban had most of the country's wealth and positions of importance until Japanese occupation. They now serve as figureheads for the Japanese and the gulf dividing them from the common people has increased tremendously.

Wealthy Koreans A new urban class has been formed of Korean collaborator-profiteers; though they are more opportunist than pro-Jap, they are in real danger from the reprisals of their own people. MO has a rich opportunity to hammer on such threats to them as bombing, inflation, vengeance...

GENERAL PROPAGANDA THEMES

The following sources of irritation among Koreans may be stressed in propaganda;

Religious Violations The Japanese have tried to replace native religions with Shinto. They enforce gestures of worship toward the Imperial palace. The Koreans are especially sensitive to hints of desecration of tombs or cemeteries connected with their ancestor worship. MO can use reports of roads put through cemeteries and of tombs being fortified and used as gun emplacements and munitions-storage depots.

Broken Traditions Japs have made strenuous efforts to "Japanize" the Koreans. They have been forced to use the Jap language in all business transactions and schools, and students are required to take Japanese family names. Korean language newspapers have been suppressed. Family collections of silver and brass cutlery have been confiscated and smelted by the Japs, even though they were cherished heirlooms.

Jap Immorality Koreans are highly moral and a standing source of complaint is that the Japanese encourage prostitution. In 1929, mass fighting and strikes were provoked when a Jap student addressed "indecent" remarks to a Korean girl. MO can tie this in with present growing use of women and girls in industry such as a naval munitions plant, and with export of women and girls to Japan for labor. MO can spread reports of Korean girls forcibly placed in Jap "comfort houses" for the army overseas. Jap-sponsored drug-traffic is reported to have caused thousands of addictions in Korea.

Economic Troubles Over 75% of Koreans are in agriculture, with a generally extremely depressed standard of living. Farmers are required to turn over most of their cereal and live-stock produce to Jap warehouses, receiving book credit in exchange. This book credit can only be spent with Jap approval. Inflation and low government prices are farm troubles. There is growing hoarding and black market operation, which might be aggravated by MO lines that the Japs were preparing to stock up the homeland for the final siege by stripping Korea of all the current crop and livestock, letting the future take care of itself. Jap food-collection policy is greedy and food rations are extremely meager.

Businessmen's Woes Most Korean small businesses are making only enough for bare maintenance. Labor is scarce and employment plentiful, though the inflation has reduced net wages.

Financial Chaos The current inflation could be played up to alarm all classes. Koreans are forced to put considerable amounts of their earnings in government savings, and a report that these were to be confiscated could cause alarm. Another line might be that the Japanese were contemplating or effecting repudiation of all yen within Korean borders at some specific time, because of Korea's progressively deteriorating financial structure.

Racial Discrimination The Japs have consistently regarded and treated the Koreans as a very inferior race. They are making belated attempts to give the Koreans a feeling they "belong", but the harm is done. All work pays a higher wage to Japs in Korea than to Koreans. Japan has increased general education on primary levels, but the bulk of higher education is available only to Japanese, who also hold most teaching jobs. Only lower-bracket positions are open to Koreans in government, with rare exceptions. Skilled labor positions are largely monopolized by Japs. Jap business concerns are top-heavily favored by legal and economic restrictions. While education is compulsory for Japanese children, it is optional for Koreans, hence only about 40-50% of Korean children get even primary education. Thesefore fewer Koreans are educationally equipped for responsible jobs (on a percentage basis) even if discrimination in job awards were not practised. R & A reports indicate that Koreans educated in Japan, Europe, or America are the most influential single class among the Koreans.

Abuse of Conscripted Koreans Koreans conscripted into the Jap army complain that discrimination is severe, saying they are treated like prisoners of war and given the worst of everything, including work, food, and medical treatment. They are scattered in Jap units instead of being kept together. Koreans dislike the conscription intensely and many young men flee to the back-country or the Manchurian border region to escape. As Japan's labor shortage grows, conscription demands are growing steadily. Koreans should be vulnerable to MO lines that their conscripts are sacrificed needlessly by the Japs as "cannon fodder", chained to guns, etc. Also that Korean badly wounded or sick are given injections and dumped into ditches with Korean dead and garbage in general. Another line could be that conscription demands are to be much heavier, owing to Jap need for labor, and that women, children, and old men are to be used for manual labor in constructing fortifications, and that they work in factories where chemical fumes are considered too dangerous for Jap labor.

Police Repression The police in Korea intrude into every phase of Korean life and are widely hated for their harshness. They can levy heavy fines without recourse to courts, and are reputed to use this device to bankrupt and dispossess Koreans. Korean nationals in the police force are almost as severe, probably largely through fear of being observed by Japanese (according to one reporter).

Craving for Freedom See Appendix, "Political Angles."

MO IMPLEMENTS FOR USE IN KOREA

The following media are suggested in approaching the Korean population generally:

Radio Korea possesses 167,480 radio receivers. The Japanese on the island have 88,707 sets while the Koreans have 77,996 sets. (1940 figures). A 1941 estimate says there are 220,000 sets altogether, with 56% of Japanese households owning radios and 2% of the Korean households. Short wave radio reception is forbidden.

Rumors The great number of Korean illiterates who receive and transmit news solely by word of mouth insure a wildcat spread of any skillfully contrived stories. Realizing this, the Japanese have made propaganda efforts to counter the spread of rumors. One such attempt is the slogan now in use in Korea: "Rumors are dangerous: avoid spreading them." A particularly good opportunity for rumor spreading is afforded by the country markets where the traveling merchants exchange the latest gossip.

<u>Leaflets</u> Leaflets to Koreans must be illustrated and written in the colloquial Korean characters. Of the older Koreans, 15% understand Japanese. Of the younger (15 to 30 years), 40% understand Japanese. The literacy of Koreans generally in their own language is 40-50%...and of the Korean Christians, 90%. It is suggested that some bi-lingual leaflets be used also. Air dropping of leaflets is desirable, though there may be better methods of getting them in as the war progresses. (See agents).

<u>Posters</u> Slogan thinking is encouraged by the Japanese with such killers as "WE WANT NOTHING UNTIL VICTORY IS OURS!" and "SAVE RICE AND WIN!" Posters are used to spread these ideas; imitation of their production with appropriate changes is advisable. Once airdrops become practical, the tactic of supplying the population with defacing or transforming stencils should prove very profitable in so poster-ridden an area as Korea. An example of such a transformation is "SAVE RICE from Japan AND WIN."

<u>Newspapers</u> Exiled Korean newspapers can be printed in China and dropped on Korea or smuggled in. It is suggested that one of the suppressed newspapers be revived and midget copies purporting to come from underground Korea be planted. If the radio possibilities are good, a daily "radio review" of exiled Korean press could be transmitted by MO-subsidized radio stations.

Agents Europeans, as agents in Korea, could operate only under physical cover in isolated areas under extremely hazardous conditions. Native personnel must be recruited, therefore, and given an extensive training period, since they will know nothing about observation.

The Japanese police in Korea wield an authority even greater than in Japan. They are divided into civil and military police which function closely together. According to Japanese sources there were 20,642 members of the civil police in Korea in 1937, of which 12,161 were Japanese and 8,481 were Koreans. In 1938, the total had increased to 21,782, or approximately one policeman to every 1,150 people. In 1941, the total number of police in Korea was estimated at 60,000.

One of the significant functions of the police of Korea is control of "dangerous thoughts." Organizations and meetings are supervised by the police; every meeting must be licensed. In addition to strict censorship, there is detailed surveillance over the movements of foreign visitors and residents. It is hoped that when Allied bombings of the area become more intense, the resulting dislocation will enable agents to accomplish much more than they could at the present moment. The Japanese system of registration is thorough. Information on location, activities and history of any individual is available to the police at any time.

SECRET

MO PROGRAM FOR KOREA

Consideration of the Korean population, its customs, present attitudes, and the character of the Japanese occupation, leads to the following suggestions for an integrated plan of morale operations.

The objectives of the plan are:

1. To stimulate resistance and subversive activities by the mass of Korean workers against the Japanese.

2. To encourage and prepare Koreans in the collection of Order of Battle intelligence.

3. To promote Korean goodwill for American troops and occupying authorities.

4. To discourage Korean collaborationists from aiding the Japanese.

5. To increase the fears of the Japanese authorities and troops over the likelihood of a Korean revolt and the approach of an annihilating Allied invasion; and

6. To secure improved treatment for Allied prisoners on the peninsula.

A plan now in process includes the setting up of several mobile black radio stations with MO staffs, operating in various parts of China. It may be ultimately possible to use part of the facilities of one of these transmitters for Korean-beamed broadcasts.

SECRET

Since there is a real Korean Revolutionary newspaper, MO will have no trouble in finding a model for its "exiled Korean" paper. The newspaper can be used as a means of conveying both news and guidance to the literate part of the population.

Press and radio material will consist of news, stories, rumors, and instructions in sabotage and the collection of OB intelligence. When U.S. troops do appear, the black radio can be of invaluable aid in encouraging the Koreans to watch and note Japanese troop movements. It can be used similarly to create confusion among Japanese troops as to Allied movements.

One Korean report states that since no information except Japanese propaganda reaches the bulk of the population, there is general depression and apprehension over the apparently unbroken string of Japanese victories and the apparent weakness of the Allies. Active Korean resistance could probably be encouraged greatly by dissemination of more accurate reports.

In addition to its news coverage, radio and newspaper will stress the discrimination, the terror, the hardships, and the immorality of the occupying Japanese (see general propaganda themes).

Collaborationists will be threatened with black lists and other terroristic devices.

Rumors can be spread through the paper, the radio, and existing OWI facilities. To what extent the Korean underground may be used will have to be ascertained by MO in the field. Inasmuch as the Korean underground will object to certain parts of our propaganda for this we will have to use agents with no underground affiliations. Placing of agents in Korea will be a difficult and expensive proposition; it will probably be necessary for MO to direct its efforts toward assisting SI in the recruiting of Korean agents. The men must then assume certain MO tasks as a secondary responsibility.

POLITICAL ANGLES IMPORTANT TO MO

Korean independence is of course the primary aim. If a temporary mandate is imposed, the Koreans prefer an international commission. If a single country administers the mandate, the U.S. is favored by Koreans. Most Korean resistance groups are doing little but gather intelligence, minor sabotage, and organizing. It might be a desirable MO line to spread under a very black cover the impression that the Allies incline to regard the intensity of organized Korean "active" resistance now as a gage of Korean unity and worthiness of postwar independence. China is generally credited with imperialistic designs on Korea, and has shown no friendliness toward liberal or leftist Korean groups. Russia is favored in the northern industrial and border areas. Russia and China could be quoted as secretly feeling Korea should start cutting Jap throats now or get left at the peace table.

Both the Christian and Chondokyo religions are said to have active undergrounds. Other groups vary from the somewhat reactionary Provisional Government (established in Chungking) to the liberal Revolutionary Party which is composed of younger men. The Revolutionary Party is considerably more aggressive than the Provisional Government group, and is stated to be widely supported by the general population.

The underground groups are generally considered to be well organized and hence may be very useful to MO. They may, however, disapprove strongly of certain MO efforts such as causing riots, strikes, hoarding, etc., which would derange the Korean civilian economy almost as much as they would the Japanese war program. Therefore, extremely careful cover may be necessary at times, even with these ostensible allies.

The Korean Revolutionary Military and Political School run by the Communists in Yenan makes extensive use of Korean prisoners of war; their help in propaganda work to Koreans would probably be extremely useful to MO. (See attached sample of Yenan propaganda).

COPY SECRET Yenan Report #32

LIVING CONDITIONS IN KOREA

This report is on general living conditions in Korea since the beginning of the Pacific War and was told to me by the cadres of the Korean Revolutionary Military and Political School in Yenan. Some of the material is suitable for use in our propaganda to Korea. The rationing of food and clothing, the confiscation of metal articles, the system of farm control and forcible collection of farm products are all good material for leaflets, particularly of the demand type.

Specific information cannot be obtained from the Korean School right now, since the students have been engaged in agricultural production from April of this year when they came to Yenan from forward Eight Route Army bases, and they are busily making preparation to open the School on or about January 10th of next year.

After the School gets well underway, in a few Months I believe we would be able to get some particular or specific information about Korea and Manchuria. This, however, will depend on the battle situation of the Eighth Route Army.

Food Rationing after December, 1941.

Staples: All food is rationed according to the rationing law in Korea. The present rice quota per capita is one half the pre-World War II quota. Persons between the ages of 7 and

SECRET

25 receive 2 go 3 shaku a day; those between 25 and 50 receive 2 go 2 shaku a day; those between 1 and 7 and those over 50 receive 1 go 5 shaku.

Meat: The law limits meat rationing to 20 momme per person per month, however, the people are unable to get this amount. This is because the Japanese Army requisitions most of the meat supply.

Vegetables: The government, through the economic policies, allocates a certain portion of the farmer's property on which he is to grow vegetables for home consumption. The property space has theoretically reduced the production for home consumption to one-third that of World War II. Actually the farmers get more for they raise vegetables "illegally" in less conspicuous plots of their properties.

Shoyu, Miso (Bean Paste), and Cooking Oil: Rationed amount of these articles is one third that of pre-war. Farmers can make their own but since materials necessary, such as salt, are rationed, home production does not improve the situation.

Clothing: Clothes rationing is on point system with 100 points allotted to a person a year. An overcoat takes 70 points.

Black Market: The Economic Police Force was instituted about 1941 to control black market dealings and bootlegging of farm products which are forcibly collected by the government at set prices. Black market transactions are very popular since rationing is far from adequate.

Conscription of farm products: Agricultural lands are classified into 17 types according to fertility and productive capacity. During the spring the Economic Police supervise the planting of various products and allocate sections of farms for rice, millet, cotton, etc. During the Fall, the Economic Police make estimates of the produce and the farmers are required to turn in to the government the stipulated amount. This is the requirement and the farmers must turn in to the government surplus produce harvested over and above the estimate.

The farmers receive a portion of their produce for consumption and a small amount of money in cash payment for a part of the produce. The balance of the money is deposited in the bank for the farmers by the Japanese Government.

Confiscation of metal: After 1941, the Japanese Government passed a regulation to confiscate all metal cutleries, kitchen utensils and dinner-ware in Korea. It is an old-age custom among Koreans to use silver and brass for dinner-ware and cutlery and when the Japanese confiscated all metal, they were considerably put out. The Koreans now use pottery and other substitutes.

Taxation: Land tax is five to six times higher than pre-war days. Food and luxury taxes are exhorbitant. For a ten dollar check at a restaurant, a diner pays thirty dollars tax. A person pays about a hundred dollars for having a picture taken and an equal amount for tax.

Life insurance system: Young and old alike are forced to take out life insurance in Korea. The police, employers and government officials all act in concert to force insurance on the people in order to raise money for the war effort.

Labor mobilization: For three to four days a week, the Korean people are mobilized to make comfort kits, straw sacks for shipping rice to Japan and occupied areas, build roads and temples, and to practice air raid precaution. Most of these services must be given gratis.

Army volunteers: The official Korean government report stated that 250,000 Koreans volunteered for the army from 1938 through December, 1943. Japanese report gives less than 50,000 Korean volunteers for the same period. The Korean cadres at the school stated that the Japanese figure is more accurate.

Yenan, China T/Sgt. Koji Ariyoshi

December 27, 1944.

2급 비밀

1945년 4월 14일

수신 : 중령 H.S 리틀(H.S. Little)

발신 : 헬렌 브라운(Hellen Brown)과 5급 기술병 윌리암 코슨(William Corson)

주제 : 조선에서의 심리전 가능성

다음 보고서를 제출하니 참고해주십시오.

(중략)

## 조선에서의 심리전 가능성

목차


| | 쪽 |
|---|---|
| 서문 | 1 |
| 조선의 심리전 대상 | 2 |
| 일반 선전물 주제 | 3 |
| 조선에서의 심리전 실행 계획 | 7 |
| 조선의 심리전 프로그램 | 10 |
| 견본 | |
| 심리전에 중요한 정치적 관점들 | 12 |
| 조선에 대한 옌안(Yenan) 선전물 | 14 |


(중략)

조선의 심리전 대상

(중략)

일본의 부도덕함 조선인들은 굉장히 도덕적이며, 그들은 일본군이 성매매(prostitution)를 조장한다는 것에 항상 불만을 갖고 있었다. 1929년, 일본인 학생이 "상스러운" 발언으로 조선인 소녀를 부르자 대규모 투쟁과 시위가 일어났다. 이 시위를 현재 해군 군수 공장과 같은 산업에 점점 더 많은 여성과 소녀가 투입되는 것과, 이들이 노동자로서 일본으로 보내지는 것과 연결하여 심리전을 수행할 수 있다. 해외에 있는 일본군을 위한 "위안소(comfort houses)"에 강제 수용된 조선인 여성들에 대한 보고서를 퍼뜨리는 심리전을 시행할 수 있다. 일본이 후원하는 마약 밀매는 조선에 수천 명의 중독자를 만들어냈다고 보고된다.

(하략)

# 20

## Implementation Study for the Over-All and Special Programs for Strategic Services Activities Based in China

### RG 226 Entry UD 144 Box 29

이 문서는 전략첩보국(Office of Strategic Services, OSS)이 중국과 조선에서의 심리전을 위한 정보와 제안을 정리한 보고서이다. 1945년 4월 25일 작성되었다. 앞선 18번, 19번 보고서에 이어 작성된 이 문서는 조선에 대한 심리전 기획의 최종안 성격을 지니고 있다. 일본군 '위안부'는 두 곳에서 언급되고 있다. 먼저 일제 하 조선의 상황을 전반적으로 분석하는 부분에서 많은 조선인 여성이 유곽에 팔리거나 일본군 '위안부'가 되길 강제하는 상황에 조선인들이 분노하고 있으며, 경찰이 이를 묵인하고 있다고 서술하고 있다. 이어 조선 내의 심리전 대상을 나열하는 부분에서, 조선인 여성을 '위안부'로 데려가는 것에 대한 분개를 조선인 대상 심리전 수단으로 삼을 수 있다고 언급한다. 이 점은 조선에서 이 문제가 중요한 요소로 평가되고 있다는 미군 심리전 조직의 인식을 반영한다.

SECRET

P. G. 108

25 April 1945

COPY NO. 15

FIRST DRAFT

OFFICE OF STRATEGIC SERVICES

PLANNING GROUP

IMPLEMENTATION STUDY FOR THE OVER-ALL AND SPECIAL PROGRAMS FOR STRATEGIC SERVICES ACTIVITIES BASED IN CHINA

KOREA

Attached hereto is the Implementation Study for the Over-All and Special Programs for Strategic Services Activities Based in China - Korea, submitted by the Planning Staff to the Planning Group for consideration.

George M. Johnson,
Major, AUS
Secretary

SECRET

(69801)

OFFICE OF STRATEGIC SERVICES

Washington, D. C.

# IMPLEMENTATION STUDY FOR THE OVER-ALL AND SPECIAL PROGRAMS FOR STRATEGIC SERVICES ACTIVITIES BASED IN CHINA

## KOREA

SECRET

# IMPLEMENTATION STUDY FOR THE OVER-ALL AND SPECIAL PROGRAMS FOR STRATEGIC SERVICES ACTIVITIES BASED IN CHINA

## KOREA

TABLE OF CONTENTS


Page

1. INTRODUCTION. . . . . . . . . . . . . . . . . . . . .
2. SITUATION . . . . . . . . . . . . . . . . . . . . . .
3. PERSONNEL . . . . . . . . . . . . . . . . . . . . . .
4. INTELLIGENCE DESIRED. . . . . . . . . . . . . . . . .
5. SABOTAGE TARGETS. . . . . . . . . . . . . . . . . . .
6. PERSONNEL TARGETS IN KOREA. . . . . . . . . . . . . .


(69801) SECRET

1. INTRODUCTION

a. This study presents information and suggestions to implement the sections of the Over-All and Special Programs for Strategic Services Activities Based in China (P. G. 103/2) and the Special Program for Agent Penetration of Japan's Inner Zone for Secret Intelligence Purposes (P. G. 102/1) which are pertinent to Korea.

b. The Over-All and Special Programs for Strategic Services Activities Based in China includes the following objectives pertinent to Korea.

(1) Develop secret intelligence from Korea.

(2) Organize, support, and direct guerrilla warfare and sabotage against the enemy.

(3) Undermine the morale of the Japanese military and civilian personnel.

c. The Special Program for Agent Penetration of Japan's Inner Zone for Intelligence Purposes - For Coordination by SI/Washington has the following objective:

(1) To mobilize and employ OSS resources for furthering the penetration of Japan's Inner Zone by agents for collection of secret information of a strategic nature.

2. SITUATION

a. Strategic Importance of Korea

The geographical position of Korea gives it great strategic importance. Before its annexation to Japan in 1910, the Japanese referred to Korea as a "dagger thrust at the heart of Japan." Japanese control of Korea has facilitated Japanese aggression on the mainland since 1931. Korea has become increasingly important as a link in the transportation system between Japan and the continent and promises to become even more so as a consequence of Japan's shipping shortage and her increased dependence upon overland transportation. Korea has long been important to Japan as a source of food and minerals, and during the last fifteen years has had

SECRET

important industrial development. Korea may become important as a base for penetration of Japan proper for secret intelligence.

b. Geographic Description of Area

(1) General Description

The Korean peninsula extends southeastward from Manchuria to within 120 miles of Honshu and Kyushu. It is separated from China by the narrow Yellow Sea and from Manchuria by the Yalu and Tumen Rivers; at the extreme Northeast it borders Siberia for eleven miles (along the lower Tumen River). The peninsula has a maximum length of 660 miles and varies between 135 and 250 miles in breadth. A north-south mountain range stretches the length of the peninsula, lying closer to the eastern shore than to the western. The eastern side of the penninsula is steep and rockbound, whereas the western side slopes more gently and has some open and fertile valleys. The northern half of the peninsula is wooded and especially mountainous. Rivers are short; most of them rise in the mountains near the Japan Sea and flow into the Yalu and Tumen systems or westward into the Yellow Sea. Some of Korea's largest cities and ports are located beside these rivers or at their mouths.

(2) Economic Regions

Mineral resources and hydroelectric power make northeast and northwest Korea mining and industrial areas; agriculture is not as important as it is farther south. Central Korea is both agricultural and industrial. The densely populated South is the most important agricultural region of Korea. The east coast is important for fishing.

c. Defenses

(1) The headquarters for Japanese Army forces in Korea is at Kyongsong (Seoul). The strength of known army units in Korea totals about 86,300. Information on fortifications and defenses is very incomplete. The Pusan, Najin,

(69801)

Wonsan, and Aso-wan (Tsushima Sound) areas are fortified. There are coastal defenses at Chinnamp'o, Inch'on, and Yosu. Industrial areas are protected by light concentrations of anti-aircraft. For further information on defenses see JANIS 75, Chapter XII.

(2) Chinhae, on the South Korea coast, is an important naval base with anchorage for any size of fleet. It bases destroyers and submarines and serves as a naval air station. Najin is a naval station, with seaplane and submarine facilities. At Wonsan are a naval air station, a seaplane base, and a submarine base. Chinhae, Najin, Wonsan, Inch'on, and Chinnamp'o serve as naval coal and fuel depots. There is a minor naval base at Takeshiki on Tsushima. For further information on Naval Facilities see JANIS 75, Chapter XIII.

(3) It is assumed that the primary use of air strength based on Korea is for defense. Construction of airfields, length of their runways, and echelons of service reflect fighter rather than bomber use. The number of planes based in Korea is not believed to be large. The estimate for Korea and Manchuria combined, at the end of 1944, was only 168 aircraft, including 81 single engine fighters, 36 twin engine fighters, 45 reconnaissance planes, and 6 seaplanes. ( Estimate of Japanese Air Strength in Tactical Units, 30 November 1944, War Department, General Staff, Military Intelligence Division.) Descriptions of known airfields and installations in Korea are given in JANIS 75, Chapter XIV.

d. Government

(1) Historical Background

Before the Sino-Japanese war of 1894-1895, Korea was ruled by a monarchy of its own, though Korean rulers recognized Chinese suzerainty. By the Treaty of Shimonoseki (1895), which followed the war, China was forced to acknowledge the independence of Korea. In the

Treaty of Portsmouth (1905), following the Russo-Japanese War, Japan's political, military, and economic interests were recognized as paramount in Korea. During the five years that followed Japan assumed control of Korea's foreign affairs and established a Resident-General at Kyongsong (Seoul). In 1910 Japan annexed the peninsula outright. After that time Korea was for over thirty years held as a subject nation and ruled by a Japanese Governor-General under the supervision of the Japanese Overseas Ministry. In 1942 it was transferred to the Home Ministry, and its status became similar to that of a Japanese prefecture. Under both Overseas and Home Ministries, however, administrative policy has been largely controlled by the Army. The Governor-General has always been a high-ranking army or navy officer. The Japanese have endeavored to assimilate Korea socially, economically, and politically, and Koreans have steadily resented this effort to "Japanize" them. During the present war Koreans have been urged by the Japanese to give support against America, China, and England and to aid in the establishment of "Greater East Asia". On December 26, 1944 the Japanese government set up an Investigation Committee on Political Treatment of the Koreans and Formosans. In commenting on this step, Premier Koiso said, "It is necessary to make them (the Koreans) feel that they would be treated equally with the people of Japan proper in the future." In March 1945 it was announced that Korea would be given representation in the Japanese Diet. Japanese rule of Korea has been efficient, but harsh; it has effected considerable material progress, but this has not greatly benefited, nor won the loyalty of, the Korean people.

(2) The Government-General

Since 1942, the Government-General of Korea has been similar to that of a Japanese prefecture. It is under the Home Ministry, and its bureaus are supervised by the corresponding ministries in the Japanese government.

(a) The Governor-General

At the head of the Government-General of Korea is the Governor-General, whose appointment is recommended by the Japanese Premier on the advice of the Home Minister. The Governor-General has always been a high ranking army or navy officer. He has wide powers, including the appointment (subject to the approval of the Premier) of all officers of the Government-General, provincial governors, mayors, police chiefs, and other officials. The present Governor-General (since July 14, 1944) is General Nobuyuki Abe, former Premier of Japan.

(b) Civil Administrator and Secretariat

Under the Governor-General is the Civil Administrator, who serves as the Governor's chief administrative assistant. He is charged with the supervision of the government bureaus. A Secretariat assists the Civil Administrator.

(c) The Bureaus

The seven bureaus of the Government-General are as follows: Finance, Justice, Education, Police, Communications, Mining and Industry, and Agriculture and Commerce. Koreans have not been given a very large part in government policy-making or administration. For example, in 1941 57 out of 58 higher officials in the Department of Agriculture and Forestry (reorganized in 1942 as the Bureau of Agriculture and Commerce) were Japanese and only one was a Korean.

(d) Central Advisory Council

A Central Advisory Council, with advisory functions only, is appointed by the Governor-General, generally from the Korean aristocracy and wealthy business group. It meets several times a year to discuss measures which the Governor-General sees fit to lay before it. Subjects submitted to the Council have to do almost exclusively with the interpretation of old customs and beliefs. The Governor-General is under no obligation to follow the Council's advise.

(3) Provincial Governments

Korea is divided into thirteen provinces, which serve as administrative divisions in a system of strong Government-General control over provincial administration. The governor has general executive power within the province, subject to the veto of the Governor-General. There is a vice-governor also appointed by the Governor-General, whose duties are similar to those of the Civil Administrator in the central government. Most of the governors are Japanese; in cases where the governor is a Korean, the Japanese vice-governor is usually more powerful. Each provincial government has five administrative divisions: Local Affairs, Finance, Police, Mining and Industry, and Agriculture and Commerce. In each province there is an advisory council, one-third of whose members are appointed by the governor; while two-thirds are elected by the municipal, town, and township councils.

(4) Local Government

Within Korea there are 21 large municipalities (fu), 228 counties (gun), 104 towns (yu), and 2,229 townships (men). Mayors of municipalities, who are usually Japanese, are under the supervision of the Governor-General. The municipal council, elected by the taxpayers, has some voice in municipal affairs, but the mayor can veto its actions. Headmen of the countries (gun-shu) are appointed by the Governor-General and supervised by the provincial governor. A county advisory assembly is elected by taxpayers. Headmen of towns (yu) and townships (men) are appointed by the provincial governor; town headmen are usually Japanese, and township headmen, Koreans. Yu and men councils, elected by taxpayers, are subject to the veto of the headmen.

(5) Japanese Semi-Official Control Organizations

Just as in Japan proper, efforts have been made to organize the civilian population into government-controlled mass movements. These include:

(a) The People's Mobilization League of Chosen

The People's Mobilization League of Chosen is believed to be similar to the Imperior Rule Assistance Association. It attempts to stimulate loyalty to Japan among Koreans and mobilize the people for war purposes. Under its auspices the entire population is organized into neighborhood associations.

(b) The Chosen Financial Organization

This organization promotes Japanese financial policy. Under its auspices, the Chosen Financial Patriotic Corps encourages the Korean people to increase their savings.

(c) The Chosen Patriotic Agriculture Youth's Corps

Three hundred members of this organization have been studying agriculture in Japan; they will probably be used in Korea to increase farm production.

(d) The Chosen Anti-Communist Association

This organization, which is under police control, has organized units in factories and business firms. In 1941 it had 150,000 members.

(6) Police

The key to Japanese rule of Korea is a large, efficient, and centrally-controlled police force, civil and military, uniformed and secret. Activities of the police regulate or penetrate almost all aspects of Korean life. The police control "dangerous thoughts" (including communism and a desire for independence), supervise public gatherings, censor newspapers and books, exercise surveillance over the movements and activities of foreigners, supervise public morals, enforce sanitary laws, direct price control measures, supervise fire and flood control, and assume other responsibilities which in America are not considered police functions. The total strength of the police in 1941, both civil and military, has been estimated at 60,000

(a) Civil Police

The police system in Korea is controlled by the Governor-General through the Police Bureau. Although provincial police divisions are directed by the provincial governors, they are closely supervised by Police Bureau of the Government-General. Higher police officials are usually Japanese.

(b) Military Police

The military police (kempei) in Korea are under the commander of the Chosen Army; their headquarters is at Kyongsong ( Seoul). The military police have extensive jurisdiction over civilian as well as military personnel. A member of the military police is attached to every police station.

(7) An Estimate of the Effectiveness of Control Measures in Korea

It is generally believed that Japanese population control measures in Korea are thorough and effective. According to JANIS 75, "The Japanese police in Korea wield an authority even greater than in Japan." The system of registration is thorough. Dossiers are kept on each individual, giving his history, location, and activities. Interrogation of Korean prisoners of war (some of whom left Korea as late as 1944) confirms that the population is organized down to the household level for control purposes. It is necessary to obtain police permits before railway tickets can be purchased. In industrial areas the population is compelled to participate in periodic "spy games", the purpose of which is to give the people practice and training in detecting enemy agents. On the other hand these same prisoners of war reported that many Japanese police officers have been transferred from Korea to the newly conquered areas in the South and that as a result the Korean police system is not as efficient as it used to be. Police officials are said to be subject to bribes. These prisoners said that controls in the rural areas are not as effective as in the cities, because the village headmen are Korean, and that it is possible to travel across the country on foot without permits. They reported that fishing boats are never searched and that only the master needs to carry an identification card; that Buddhists are completely trusted by the Japanese, and their temples never searched; and that it is not very difficult to get passports for travel from Korea to Japan and Manchuria.

c. Resistance to Japanese Rule

(1) Groups within Korea and in the Manchurian Borderland

(a) The Japanese have not succeeded in winning the loyalty of the Korean masses, though they appear to have won over some of the wealthy families. Patriots within Korea and in exile have continued to resist Japanese rule and to work for independence by positive and negative methods. In 1919 there were nation-wide independence demonstrations, which the Japanese suppressed by severe methods. Numerous organizations (socialists, youth, workmen and farmers, etc.) were disbanded by the Japanese because they were furthering Korean nationalism. In 1929 there were nation-wide student strikes, which were followed by severe police repressive measures. Koreans have continued to resist passively the efforts of the government to "Japanize" their country.

(b) Guerrilla warfare in northern Korea and along the Manchurian border has been constant since the time of the Russo-Japanese war. The main guerrilla forces finally had to retreat across the Manchurian border.

The Chosen Yearbook for 1941 (Chosen Nenkan) stated that the activities of Communist groups in Manchuria had increased since 1936 and that Koreans formed a part of a northeastern anti-Japanese army. An official publication (Office of Overseas Minister, A Survey of Colonies 1939, Tokyo, 1941) reported numerous raids by "bandits" from across the Yalu River.

(c) It is believed that underground anti-Japanese groups still exist, though little is known about their strength or activities. There are probably anti-Japanese groups in the larger cities and among the students. A strong underground Communist party existed in 1928. A Japanese government report of 1935 stated that the Korean communists were still continuing organization work and propaganda. Wholesale arrests of alleged communists have been reported during the present war in Sinuiju and P'yongyang. It it hard to estimate how strong the Korean communists are at present; Korean sources claim that they have a strong patriotic movement which is carrying on resistance activities.

(d) For the masses of the people within Korea, ruthless Japanese population control measures have made open resistance impossible, though there has been passive resistance to Japanese programs and efforts to assimilate Korea. At present the masses of the people probably know little or nothing of organized resistance or independence movements. Many have reluctantly accepted the inevitability of Japanese rule. Deep resentment against Japanese rule continues, however, and when the Koreans realize that Japan can be defeated, resistance activities may grow rapidly. It would be unfortunate if large-scale resistance came prematurely.

(2) Groups in China

(a) After the failure of the Korean independence movement in 1919, a group of Korean exiles formed the Korean Provisional Government in Shanghai. This government has tried unsuccessfully to get recognition from other governments. It receives the allegiance of most Korean exile groups, though factions supporting it have had considerable difficulty in working together. While all groups are united in their desire for Korean independence, differing political views and personal antagonisms have been obstacles to close cooperation. The Korean Provisional Government is now established in Chungking. Its chairman is Kim Ku, the leader of the conservative Independence Party. Kim Kyu Sik (of the Revolutionary Party) entered the cabinet of the Provisional Government late in 1942. The Revolutionary Party has the strongest ties with the guerrilla groups in Manchuria and Koreans in the Chinese Communist area. The Provisional Government is represented in Washington by the Korean Commission headed by Dr. Syngman Rhee.

(b) Under the Provisional Government is the so-called Korean Independence Army (financed and controlled militarily by the Chinese National Military Council). Yi Ch'ong Ch'on, a veteran of guerrilla fighting in Manchuria, is the leader of the Independence Army. In 1942 the Korean Volunteer Corps, representing the Revolutionary Party and led by Kim Yak San, was absorbed into the Independence Army. Kim Yak San is now the vice-commander of the Independence Army. Total strength of the "army" is very small (probably not more than a few hundred men); it has detachments at Sian, Laohok'ou (Hupeh), and Shangyao (Kiangsi).

(c) A group of Koreans is affiliated with the Chinese Communists at Yenan. A Korean Revolutionary Military Political School was opened in Yenan early in February. The group in Yenan includes Koreans who have voluntarily come to Yenan and others who were captured by Communist forces. Koreans have served with Communist guerrilla forces.

(3) Koreans in Siberia

It is reported that there are many Koreans in the Soviet Far Eastern Army in Siberia. It is believed that Koreans in Siberia have been trained for sabotage and underground activities (JANIS 75).

(4) Groups in the United States

Koreans within the United States have actively promoted the independence movement; here as elsewhere, they are divided into a number of conflicting groups, whose only uniting bond is a common desire for Korean independence. The more important groups are:

(a) The Comrades Association (Tongjihoe) led by Dr. Syngman Rhee, is a conservative group, made up mainly of Southern Koreans now in Hawaii and the United States.

(b) The Korean National Association (Kungminhoe) is less conservative than the Comrades Association. It is made up predominantly of Koreans originally from Northern Korea, and its headquarters is in Los Angeles.

(c) The Revolutionary Party (Hyongmyongdang) has an affiliate organization in the United States under Han Kilsu (Kilsoo Haan).

(d) The Korean Independence Party (Tongniptang) also has a small organization in the United States.

(e) The United Korean Committee was formed in Los Angeles in 1941 in an effort to unite all Korean groups in the United States. There has been considerable conflict within the committee.

f. General Economic Conditions

(1) Economic Importance of Korea

Since its annexation Korea has been extremely important to Japan as a granary and a source of certain raw materials. During the war Japan has become even more dependent than before upon Korea for food, minerals, cotton, and other materials. Beginning in the early nineteen-thirties, however, there was a marked change in Korea's economic status. Transportation facilities, electric power, mining, and industry were developed on a large scale, making Korea an important part of the "Inner Zone" war-economy. Korean transportation facilities and industry, including electric power developments and mining are described in Section 5 of this study on "Sabotage Targets".

(2) Japanese Domination of Korean Economy

Recent development of Korean resources has been undertaken largely by the large family concerns which dominate Japan's economic life. Subsidies, tax-exemptions, cheap labor, and other inducements have attracted these concerns to Korea. Profits have been high. Eighty-nine percent of Korea's corporate capital and almost all of the large-scale industry are Japanese (R&A Economic Survey of Korea). Moreover, ownership of Korean farmland by Japanese landlords and Japanese controlled companies has increased rapidly. Korean export and import trade has been almost exclusively with Japan. The role of Korean people in the economic life of their own country is becoming more and more that of workers for the Japanese system.

(3) Low Standard of Living

For the masses of the Korean people (mainly farmers) the so-called "Co-Prosperity Sphere" has meant only poverty. The development of transportation and industry and the introduction of some improved agricultural methods have not brought any benefit to the Korean farmer. In the annual report of the Korean Government-General for the year 1938 it was admitted that "most of these (tenants or part-owners of the land) in spring every year have been short of food and had to maintain life by searching for edible weeds, roots and barks on the hillsides." Seizure of land by Japanese, shipment of about one-third of Korea's rice to Japan, rigid control of prices of farm products have brought about a situation in which the percapita consumption of rice has declined steadily since 1915; Koreans have to eat cheaper grains than formerly and rations have been small. Korean prisoners of war report that Korea's poverty is more acute than even before.

(4) Korean Agriculture

Seventy-five percent of the Korean population is dependent upon agriculture for a livelihood. The lot of the Korean farmer is a miserable one. The relative scarcity of cultivable land, none-too-fertile soil, small farm units, widespread tenancy, primitive farm techniques, and Japanese controls have resulted in a low standard of living for the Korean farmer. Holdings of big Korean and Japanese landlords have increased until 76% of the Korean farmers are tenants or part-tenants. In 1938 approximately two-thirds of the total acreage was held by large landlords (1,000 acres or over) who represented a little over 2% of all farm families. Before harvest, all agricultural products are checked by Japanese officials in order to force the people to bring in all of their produce. Because of rationing and high prices, the farmer cannot consume his own produce. Although the Japanese have introduced improvements in farming methods, the Korean farmer has not benefited from them.

(5) Wage Earners in Korea

In 1938 (the last year for which official figures are available) the number of wage earners in Korea was estimated at 1,173,285. Of this number 231,000 were industrial workers (including 182,000 workers in factories with five or more employees). There were about 224,000 miners, 193,000 construction workers, and perhaps 150,000 employed in transportation and communications. In addition 115,000 were classed as agricultural wage-earners, and 60,000 were fisherman working for wages. Twenty to thirty thousand were employed in commerce. Because of recent industrialization there has doubtless been a large increase in the number of miners, construction workers, and factory workers. In 1938 9% of the workers in Korean industry were under 16 years of age; 30% were women. The average daily wage was about Yen 1.00 for a Korean worker and Yen 2.00 for Japanese. The prevailing policy is to pay higher wages to Japanese than to Koreans for the same work. In 1938 the work day for most Koreans (men, women, and children) was between 10 and 11 hours. Workers generally have only two days of rest per month.

(6) Prices, Rationing, Commodity Shortages

The Korean price index stood at 312 in 1940 as compared with 191 in 1936. The Government-General has instigated price control and rationing measures. Cotton, rice, sugar and other goods have been rationed. Barley and millits are mixed with rice. Consumption of cotton goods has been severely curtailed. Poor-quality, artificial fabrics are being substituted for cotton cloth. Leather is not available for shoes.

(7) Currency

Currency circulating in Korea is the same as that of Japan except that the notes are issued by the Bank of Chosen. Bank of Japan notes also circulate in Korea.

g. Social Considerations

(1) Population

According to the official census the population of Korea in 1940 was 24,326,327. In 1941 (according to an official estimate), there were 717,011 civilian Japanese in Korea, and 73,823 of other nationalities, chiefly "Manchurians" and Chinese. Population density in 1940

SECRET

was 285.4 per square mile. Great population concentrations are in the coastal plains and valleys of the southern and southwestern parts of the peninsula. During recent years there has been considerable movement of population from rural areas to the industrial cities. The Japanese population is concentrated in the cities. Large numbers of Koreans have emigrated to Japan, Manchuria, China, and the U.S.S.R. According to official estimates for 1941 there were 1,450,000 Koreans in Japan proper, 1,475,000 in Manchuria, 100,000 in occupied China, 10,000 in unoccupied China, 250,000 in Russia, and 8,700 in the United States. The occupational distribution of the population for 1938 was as follows (in percentages):

| | |
|---|---|
| Agriculture and forestry | 75.7% |
| Fishing | 1.5 |
| Mining | 1.2 |
| Industry | 2.6 |
| Commerce | 6.5 |
| Communications | 0.9 |
| Public and Professional services | 2.9 |
| Other occupations | 7.0 |
| No occupation or unrecorded | 1.7 |

(2) The Family

Much as in China, the family unit is extremely important, and the family assumes tremendous responsibility for its members. The family organization is based on the Confucian ideas of filial piety and loyalty to the family. These involve veneration of ancestors, with the use of special rituals and care of their graves. There is traditional male supremacy in the family, though as in China the mother has control over her daughters-in-law. Several generations often live together. The clan, composed of a number of related families, is next in importance to the family in Korean social organization.

(3) Social Strata

(a) The Japanese

Japanese in Korea include the following groups: government officials, police and gendarmes, business promoters and executives, small merchants, technicians, landowners, and to a very limited extent tillers of the soil. In social relationships the

SECRET

Japanese have little to do with the Koreans whom they consider inferior.

(b) The Koreans

Social distinctions among Koreans are no longer as significant as they were before the Japanese established their superiority. Within the Korean group, however, some of the old distinctions are still recognized. The Yang-bans -- a wealthy aristocracy of landowners and a few capitalists -- are at the top of the social scale; close to the yang-bans are what is left of the songsang class, made up of old masters of Chinese characters; to some extent younger scholars, who have received a more modern type of education, are identified with the songsang group. Professional men, small landowners, small merchants are next below the yang-bans and songsangs. Next come the tenant farmers and laborers. Below them are the soldiers. At the bottom of the scale are followers of certain despised occupations, such as the butchers.

(4) Japanization of Korea

The Japanese are attempting to assimilate Korea politically, economically, and culturally. Japanese is the official language in Korea; it is a compulsory subject of study in all schools, and since 1939 it has been the only legal tongue for the transaction of official or non-official business. Attempts have been made by the Japanese to stamp out all use of the Korean language and its phonetic script called onmun, but these have been only partly successful, because of the reluctance of Koreans to comply with the regulations and the fact that 85% of the population do not understand Japanese and therefore can communicate only in Korean. Koreans are forced to participate in Shinto rituals and emperor worship. Students must adopt Japanese names. Korean newspapers have been suppressed. The educational system has been designed to make Koreans loyal subjects of the Japanese Empire. The total program of Japanization has not been very successful. Even though large numbers of Koreans have accepted Japanese rule as inevitable and have cooperated with their masters, at heart they are resentful and anti-Japanese, and feel that their own culture is superior to that of the Japanese.

(5) Education

The educational system in Korea has emphasized Japanese language, history, and nationalism. Korean language, history, nationalism, and culture are neglected or suppressed. Military training is stressed. In the educational system there is the usual discrimination in favor of the Japanese in Korea. Almost all Japanese children in Korea attend primary school, but only one out of three Korean children may do so. Whereas one-half of the Japanese boys and girls attend high school, only one out of twenty or thirty Korean children can attend. The Government spends almost three times as much on each Japanese primary student as on each Korean primary student. (A. J. Grajdanzev, Modern Korea, Institute of Pacific Relations, 1944).

(6) Discrimination Favoring Japanese

Discrimination against Koreans appears throughout the social, political, and economic life of Korea. Preferred positions are always held by Japanese; salary and allowance rates always favor Japanese; treatment in courts, business, and any other competitive situation is always less favorable to Koreans than to Japanese.

(7) Religion

Although each of the religions in Korea has its strict devotees, most Koreans do not consider that these religious cults are mutually incompatible. "As a result, the average Korean takes his religious ceremonies from ancestor worship, seeks the efficacy of Buddhist prayers, devoutly bows his head at the shrine of mountain demons, and recites Confucian classics." (Quoted by Grajdanzev from L. G. Paik, The History of Protestant Missions in Korea, 1929)

(a) <u>Buddhism</u>

Buddhism spread to Korea from China and in the past strongly influenced Korean life. According to official figures, there were only 194,800 adherents of Korean Buddhism in 1939. A number of sects of Japanese Buddhism have been brought from Japan, but they have made little headway among Koreans.

(b) <u>Confucianism</u>

Confucianism, which was introduced from China in the sixth century, has had a lasting influence on Korean life and thought. Ancestor worship and the high esteem in which learning is held are evidences of this. There are still scholars of the Confucian classics in the Korean villages.

(c) <u>Christianity</u>

Christianity has gained a strong foothold in Korea and has played an important part in keeping alive Korean nationalism. Churches are managed by the Koreans themselves. Christians have shown considerable courage in resisting the required performance of Shinto rituals. There are about half a million Christians in Korea.

(d) <u>Shamanism</u>

Korean Shamanism is a mixture of spirit cults, magic, and astrology. It holds that there are both good and bad spirits which must be appeased. Hills, paths, houses, and mountains all hāve their dieties.

(e) <u>Chondokyo</u>

Chondokyo is an indigenous religion which originated in the early 1860's. It is monotheistic, stresses the unity of man with the universe, denies the existence of sin and a life after death, and strives to realize heaven on earth. Politically it has been nationalistic, and as a result it was banned by the Japanese. It has been forced to go underground, and it is difficult to estimate its membership.

(8) Degradation under Japanese Rule

Japanese drug traffic has produced thousands of drug addicts in Korea. Koreans are used by the Japanese as dope peddlers in China and Manchuria. The Koreans resent the government-sponsored brothels and the fact that large numbers of Korean girls are sent to brothels in Manchuria and China or are used as "comfort troops". The police connive in this trade in Korean girls.

(9) Attitudes toward Other Nations

The Korean people are traditionally suspicious of the foreigner. They are strongly anti-Japanese; the long struggle among Japan, China, and Russia for control of Korea has also made the Korean people suspicious of the latter two countries. The Korean attitude toward America is more friendly than toward any other nation. Because of the Koreans' intense desire for independence, and because of the Cairo Conference pledge to grant that independence, it can be expected that pro-United Nations sentiment will grow steadily as the war progresses.

h. Intelligence Available

Information on Korea available in Washington on March 1, 1945 has been summarized in JANIS 75, which will be ready for distribution early in May; this JANIS study supersedes most other studies on Korea previously published by the Army and Navy intelligence services, OSS, and various U. S. agencies. The Engineer Corps has recently prepared two strategic engineering studies on Korea which should be useful for the planning of sabotage operations: S.E.S. No. 154, Highways of Korea, January, 1945; and S. E. S. No. 157, Electric Power of Korea, February 1945. Use should be made of the Gazetteer to Maps of Korea, prepared by the Army Map Service, September

1944; in this gazetteer Korean names are romanized according to the McCune-Reischauer system, which has been approved by the U. S. Board on Geographic Names, though romanizations of Japanese pronunciations of Korean place names are also given. Information on Korea is relatively incomplete; therefore in planning Strategic Services activities full use should be made of current photo-intelligence reports and of information which will be obtained by our own secret intelligence penetration of Korea.

3. PERSONNEL

a. American Personnel

Racial difference from the population of Korea and the thoroughness of Japanese population control measures will make it impossible for American personnel to operate within Korea. Use of American personnel will therefore be limited to base and training areas outside of Korea.

b. Agent Personnel

(1) General Requirements for Agent Personnel

Because of the anti-Japanese feeling among most Koreans, especially those outside of Korea, it should not be too difficult to find Koreans with motivation for anti-Japanese activity. The chief problem in recruiting personnel outside of Korea will be to find Koreans recently enough resident in Korea to have first-hand knowledge of conditions there (particularly population control measures) and to have connections there (relatives, friends, former business associates, anti-Japanese groups, etc.) which would help insure their success, and yet at the same time would not be so well known as to be easily recognized or apprehended or to be the subjects of Japanese police dossiers. The combination is rare. Efforts might be made to locate Koreans who have already had espionage and sabotage experience in connection with Korean resistance activities. Koreans who already have reason to be travelling between China and Korea (probably for business purposes) would have higher chances of success, since agents travelling from China to Korea will probably have to travel under cover via regular transportation channels. Personnel with first-hand knowledge of and/or connections with existing underground anti-Japanese organizations within Korea would be extremely desirable since they would be better able to contact such groups. Agents should know both the Korean and Japanese languages.

(2) Recruiting of Personnel

Personnel for the Strategic Services penetration of Korea might be recruited from:

(a) Korean Residents of the United States and Hawaii

OSS is already recruiting personnel among Korean residents of the United States and a number of these Koreans are already being trained. Some have been inducted into the American Army.

(b) Korean Prisoners of War at Camp McCoy

Careful investigation of Korean Prisoners of War at Camp McCoy, Wisconsin, by OWI personnel has shown that these prisoners are extremely anti-Japanese and anxious to participate in United Nations war activities. In the report of the OWI investigation it was recommended that a training and screening program should be instituted so that men could be prepared for "labor, combat, intelligence, propaganda, and service with Military Government." (OWI Special Report No. III, Suggestions for Employing Koreans Captured from the Japanese, March 30, 1945). Almost all these prisoners were members of civilian labor battalions conscripted for service with Japanese military units. About a third were captured in Saipan during June and July of 1944, and most of the rest were taken the following September in or near Peleliu. Most of them are under 30 years of age. Descriptions of the leaders of the group are given in the OWI report.

(c) Korean Groups in China

(1) Kuomintang China

It might be possible to recruit suitable Koreans in the Kuomintang-controlled areas of Free China, particularly from the Korean Independence Army which has detachments at Sian, Laohok'ou, and Shangyao. Some Koreans who have deserted from the Japanese armed forces are reported to be in Chungking (SI/A-52752, 14 March 1945).

(2) Communist China

A number of Koreans are now working with the Chinese Communists in North China. These Koreans are believed to have had experience in guerrilla warfare; others are now receiving political training in Yenan. It is likely that personnel recruited in this area would have the greatest chance of contacting underground groups (particularly the Communists) within Korea. Some have had espionage experience.

(3) Occupied China

According to official Japanese figures, there are 100,000 Koreans in occupied China, most of whom are in North China. The majority are believed to be engaged in commerce and small business including smuggling, dope peddling, and operation of gambling dens, opium dens, and brothels. Some serve as interpreters with the Japanese army. Some probably have reason to travel between China and Korea. Cooperation of the Chinese Communists, who have access to the cities of North China, would probably be necessary for recruiting such Koreans.

(d) Saipan and Other Pacific Areas

According to newspaper reports, there are 1350 Koreans on Saipan Island (in Camp Susupe); these Koreans are reported to be extremely anti-Japanese. It can be expected that other Koreans, chiefly laborers in conscripted civilian labor battalions serving the Japanese military, will be found on various Pacific islands conquered by American forces.

(e) Manchuria

According to official estimates, there are almost one and one-half million Koreans in Manchuria. Recruitment from this group may become possible later in the war.

(f) Within Korea

As OSS activities within Korea progress, it may become possible to recruit personnel within Korea, some of which might be brought out to bases in China to receive training and equipment.

(3) Factors Relevant to Sending Agent Personnel into Korea

(a) The main transportation routes into Korea are the railway routes from Manchuria which cross the Yalu River boundary. Obviously agents sent into Korea by railroad would need suitable cover and proper credentials.

(b) Study should be made of the possibility of obtaining the help of guerrilla forces along the Manchurian border for purposes of getting agents into Korea. These guerrillas were reported to be making raids across the Yalu River as late as 1938, and may still be active.

(c) Shipping across the Yellow Sea between Occupied China and Korea is small, and is carried on by small coastal steamers and junks. The Chinese Communists control long lengths of coastline in Shantung province, and Communist sea guerrillas are reported active on the Shantung Coast (Shantung Liberated Area report of January 27, 1945, broadcast from Yenan). Korean prisoners of war report that fishing boats off the coast of Korea are not inspected and that only the master of the boat has to have a registration card. Cooperation with the Chinese Communists might make it possible to dispatch agents to Korea by junk across the Yellow Sea.

SECRET

4. INTELLIGENCE DESIRED

a. SI/Washington and SI/China will constantly keep the field informed as to the specific types of information desired.

b. Special Program No. 3 of the Overall and Special Programs for Strategic Services Activities Based in China lists the following subjects on which information is needed:

(1) Order of Battle

(a) Air

(1) Numbers, types, dispersal, and cover (if in revetments, shelters or underground hangars) of aircraft on enemy airfields. Estimate of aircraft serviceability.

(2) Camouflage.

(3) Arrival and departure of enemy aircraft (numbers, types).

(4) Fighter patrol schedule-hours and range. Standing patrols, if at high altitude, for protection of field.

(5) Making-up of bomber missions (when loaded, when and how lined up before missions).

(6) Direction of take-off.

(b) Ground Forces

(1) Troop dispositions, strength, types and designations of units, equipment (both Japanese and puppet).

(2) Troop and supply movements.

(3) Munitions and fuel supplies.

(4) Tank, truck, and vehicle parks.

(5) Camouflage.

(c) Naval

(1) Strength of enemy naval forces in naval bases and harbors including types, numbers, tonnage, and classes of vessels.

(2) Arrival and departure of naval vessels.

(3) Movements (including make-up) of naval forces, courses followed.

(4) Escort and convoy methods and movements.

(5) Presence of naval personnel (and identification).

(2) Enemy Military Installations

(a) Air

(1) Location of enemy airfields by coordinates.

(2) Length and direction of landing strips.

(3) Type of landing strips (hard surface, gravel, bulldozed dirt, grass). If surface is grass, specify drainage and indicate usable months.

(4) Dummy aircraft (with exact location).

(5) Camouflage.

(6) Airfield installations (repair shops, hangars, fuel, bomb and ammunition dumps).

(7) Anti-aircraft batteries (size and location).

(8) Location of radar installations.

(9) DF equipment. Location of controller and ack-ack DF stations.

(10) Ground personnel. Locations of barracks, mess hall and briefing rooms. Hours for formations, mess, briefing.

(b) Land

(1) Location and extent of fortifications particularly on coasts and around cities), including artillery positions, anti-aircraft, anti-tank obstacles, entanglement.

(2) Location and size of barracks.

(3) Camouflage.

(4) Construction of new fortifications.

(c) Naval

(1) Naval bases and stations, including approaches, hydrographic information, anchorages, piers, repair facilities, drydocks, radio installations, water and fuel supply, barracks, storage, cranes, naval headquarters.

(2) Naval defenses including gun emplacements, anti-aircraft, underwater defenses.

(3) Camouflage.

(4) New construction.

(3) Economic

(a) Transportation Facilities

(1) Shipping. Volume of shipping between Korea and Japan, ships going in and out of main Korean ports, giving number, size, type, approximate tonnage, time of arrival or departure, cargo, direction of sailing, escort and convoy methods, schedules.

(2) Ports. Details not shown by photo reconnaissance on defenses, harbors, quays, piers, pontoons, shipyards, drydocks, cranes, loading facilities, water and fuel supplies, storage, water depths, and new construction at ports. Also numbers, morale, and living conditions of stevedores and dock workers.

(3) Railways. Roadbed, gauge, rails, sleepers, curvature, grade, rolling stock, shops and repair facilities, water and fuel supply, harbor rail facilities, marshalling yards, progress of new construction, exact location and construction details of vulnerable bridges and tunnels of all Korean railways, especially of the trunk lines going north into Manchuria.

(4) Highways and Traffic. Construction details, numbers of trucks and vehicles, bridges, vulnerable points, fuel supply, more important routes.

(b) Supplies of Strategic Materials

(1) Korea as a granary of Japan. Kinds and amounts of food products shipped to Japan.

(2) Minerals: Iron, coal, copper, magnesite, silver, tungsten, gold, graphite, lead, alunite, ercury, zinc, molybdenite. Descriptions of mines, volume of production, method of shipment, locations of processing plants.

(c) Important Industries, including exact location, plant layout, production methods, volume of production, supply of fuel and power, and recent expansion:

(1) Electric power, especially the big hydro-electric projects.

(2) Smelting, refining, and processing of metals.

(3) Chemical industry.

(4) Oil refineries.

(5) Coal liquification.

(6) Munitions and explosives.

(7) Aircraft manufacture.

(8) Shipbuilding and repair.

(9) Cement.

(10) Machines and tools.

(11) Automobiles and vehicles.

(12) Railway rolling stock manufacture.

(13) Textile industries.

(14) Alcohol.

(15) Lumber, pulp, and paper.

(16) Miscellaneous industries.

(d) General Economic Conditions

(1) Prices.

(2) Standard of living, food supply.

(3) Economic discrimination against Koreans.

(4) General economic programs and policies.

(5) Japanese control of Korean economy.

(e) Warehouses and Storage Facilities, including exact location, size, camouflage, and extent of use.

(1) Oil.

(2) Strategic materials.

(3) Military supplies.

(f) Communications Facilities, military and commercial.

(1) Radio.

(2) Telegraph and cable.

(3) Telephone.

(4) Polotical and Social

(a) Problems arising from Japanese control of Korea.

(b) Important personalities.

(c) Position of Koreans in the various levels of government. Evidence of discrimination in favor of Japanese officials.

(d) Population control measures.

(e) Attitudes of various population groups toward Japan and the United Nations.

(f) Progress of Japanization.

(g) Special grievances of the Koreans.

(h) Important groups of workers in transportation and industry. Labor conditions.

(5) Bomb Damage

(a) Assessment of damage to vital installations.

(b) Degree to which output is cut.

(c) Speed of repair.

(d) Casualties among workers.

(6) Actual or Potential Resistance Groups - strength, numbers, arms, exact locations, activities, leaders.

(7) Documentation and Enemy Controls - samples of all types of personal documents, such as passports, identification cards, ration cards, and any other documents of similar nature necessary or useful for residence or travel in the area covered by this special program; information regarding the characteristics, manner of issuance, and method of use of personal documents; information regarding controls, such as control of identity, control of movement, control of action, control of communications, control of publications, and control of finance (including types of currency in common use) imposed by any authority, together with the methods of their enforcement, especially detective measures, such as methods of search, surveillance, interrogation, or any other special method.

(8) Medical Information concerning the enemy and enemy-held areas, including records, scientific developments, and disease rates.

(9) Weather Conditions.

5. SABOTAGE TARGETS

a. Introduction

(1) Primary Importance of Transportation Targets

Extensive development of transportation facilities has been in progress ever since the Japanese annexation of Korea, and these will probably provide the most important sabotage targets. They are essential for the shipment of Korean food and strategic materials to Japan, and the transport of troops and supplies from Japan through Korea to Manchuria and China. It can be expected that as a result of heavy Japanese shipping losses, these facilities will assume even greater importance during the remainder of the war. Important industry, communications facilities, warehouses and storage installations, telecommunications, and aircraft and airfield installations may also provide sabotage targets.

(2) Difficulties Which Should be Anticipated

The conduct of sabotage operations will of necessity follow the secret intelligence penetration of Korea and should not be allowed to jeopardize unduly the intelligence network. In most cases our knowledge of potential targets and the conditions which will determine whether or not they are vulnerable to attack is incomplete; such information will have to be provided by the SI network and by up-to-date photo cover. It will probably be extremely difficult to send into Korea sufficient demolitions equipment for large-scale sabotage operations. Important installations are probably well guarded. Japanese population control measures will probably make organization for, and execution of, sabotage even more difficult than the secret intelligence penetration of Korea, though later in the war the impact of Allied military operations against the Inner Zone may tend to break down internal controls; at that time the

Korean population may be willing to take part in resistance activities, including sabotage.

(3) Selection of Targets

Because of lack of sufficient information it has not been possible to give a priority list of sabotage targets. Available information on more important transportation, industrial, telecommunications, storage, and airfield installations is summarized in this section of the implementation study; in many cases references are made to more detailed treatments in JANIS 75 and in other studies. Wherever possible estimates of the importance of various installations to Japan's war system (largely taken from JANIS 75) are given. In the case of transportation facilities it is possible to point to certain vulnerabilities; this can not be done to the same extent for industrial installations. Generally speaking, targets will have to be selected in the field on the basis of the following factors:

(a) Importance of the installation, as shown in this study, in JANIS 75, and in current air and ground intelligence.

(b) Vulnerability of the installation, which can be judged more exactly when further information is available on its construction and operation, enemy defenses and system of guarding, effectiveness of population and police controls in the vicinity, anti-Japanese personnel who have access to it, feasibility of getting personnel and adequate demolition equipment to the vicinity of the installation, and the extent to which it could be put out of use by the type of attack which available equipment and personnel would make possible.

b. Transportation Targets

(1) Railroads

(a) Importance and General Pattern of Korean Railroads

The Korean railroad system provides an extremely important transportation link between Japan and the

Asiatic mainland. Troops, military supplies, and Japanese processed goods are taken by rail through Korea to Manchuria and China. Agricultural products, lumber, iron ore, and industrial products come through Korea from North China and Manchuria, en route to Japan. The railway system brings Korean food, minerals, and industrial products to ports for shipment to Japan. Recent shipping shortages have made the Japanese increasingly dependent upon the Korean railroad system. Two main north-south routes along the east and west coasts (from Pusan to Sinuiju and from Wonsan to the Tumen River), some alternates to sections of the west coast route, and two trans-peninsular lines constitute the basic framework of the Korean railroad system. Numerous branch lines, which tap the principal industrial, agricultural, and mining areas, and connecting lines make up the rest of the network. For detailed descriptions of Korean railroads (including termini, length, gauge, track, grade and curves, motive power, yards, workshops, tunnels, bridges, vulnerable points, branch lines, etc.) see JANIS 75, Chapter VII.

(b) More Important Lines

The more important railroads in Korea are listed below:

(1) The Kyongui Line from Kyongsong to Sinuiju. This is the northern half of the main double-track line from southern Korea to Manchuria. It can handle 25 trains per day in each direction. The Chongju-Sup'ung and Sunch'on-Man'ojin lines are alternates for the P'yongyan-Sinuiju section. There is no satisfactory alternate to the Kyongsong-P'yongyang section, which is vulnerable because of its vital bridges and numerous tunnels. Branch lines:

(69801)

(a) From Sinuiju a standard-gauge private railroad runs 25 miles to the port of Taedasa and to Namsi-dong on the Kyongui line, making an alternate loop.

(b) At Chongju, an alternate line from Mukden, Manchuria joins the Kyongui line.

(c) From Sinanju a single-track line, 18 miles long, branches east to join the Manp'o line.

(d) From P'yongyang the P'yongnam line runs 34 miles to the port of Chinnamp'o; trains carry coal and iron.

(e) From Daido-ko Station, south of P'yongyang, the P'yongyang line runs east and north to the P'yongwon line and then north to Tokch'on; this line carries coal from three important mining areas.

(f) The Kyomip'o line runs from Kyongui line near Hwangju 8 miles to the mines and smelters around Kyomip'o.

(g) From Sariwon the Hwanghae narrow-gauge lines branch south in a network tapping rice country and coal deposits; they join the Kyongui line again at T'osong-ni.

(2) The Kyongbu Line from Pusan (Fusan) to Kyongsong. This is the southern half of the main double-track line from Fusan to Manchuria. Capacity is about 30 to 35 trains a day each way. Main branch lines:

(a) At Yongdungp'o a line branches west to Inch'on, port for Kyongsong.

(b) At Suwon the main line is crossed by a 78 mile private line from Inch'on on the west to Yoju on the east.

(c) A private line from Changhang-ni (Choko-ri) to Changhowon (Chokoin) crosses the main line at Ch'onan. The line to Changhang-ni serves munitions plants and refineries.

(d) From Choch'iwon a private line runs 60 miles east to Ch'ungju via Ch'ongju. There are reports that this line has been extended east to Samch'ok on the east coast.

(e) At Kumch'on a line branches northeast 73 miles to connect with the alternate Kyongkyong line at Andong.

(f) A second connecting line to the Kyongkyong line runs from Taegu to Yongch'on.

(g) At Samnangjin (Sanroshin) the Kyongch'on South line branches west along the southern coast.

(h) From Pusan the southern portion of the Tonghai line extends northeast to P'ohang; the entire east coast line may possibly have been completed.

(3) Kyongkyong line from Kyongsong to Kwongju (Keishu). This line is an alternate to the Pusan Kyongsong line. It is reported that this line carries only military supplies. Branch lines:

(a) From Andong a 73 mile line branches west to the Kyongbu line.

(b) From Yongch'on a second connecting line branches west to the Kyongbu line.

(4) Honam line from Taejon to Mokp'o. The south-west lines are principally alternates to the line to Pusan. They serve agricultural, mining, and textile areas and the ports of Kunsan, Mokp'o, and Yosu. Branch lines:

(a) I-ri is the junction for two lines, one going 15 miles west to the port of Kunsan, and the other 124 miles southeast to the port of Yosu.

(b) At Songjong-ni a line branches east. This is the western half of the Kyongch'on line and it may have been completed all the way to Chinju, there joining the line from Samnangjin.

(5) The Cholla line from I-ri to Yosu. This line may have become more important as a result of the development of Yosu port. Branch lines:

(a) A line under construction, and possibly completed, from just south of Nanwon to Tamyang.

(b) Such'on is the junction of the Cholla line with the Kyongch'on line along the south coast.

(6) Kyongwon line from Kyongsong to Wonsan. This is one of 2 trans-peninsular lines and is an important connection between the industrial areas of Kyongsong and the resources of northern Korea. Branch lines:

(a) From Ch'ongyang-ni the Kyongch'un line goes 40 miles northeast to Ch'unch'on.

(b) From Ch'orwon an electrified private line built chiefly for tourist traffic goes east to Nae Kumgang.

(c) The Tonghai line branches east from just south of the Anbyon Station to run south along the east coast. This line is reported to be in operation as far south as Samch'ok and it may be complete all the way down the coast.

(7) Hamkyong line from Wonsan to Susong. This northeast coast line is an important artery for mining products and other raw materials coming from Manchuria and North Korea to the cities of P'yongyang and Kyongsong. It serves the important industrial centers at Hamhung, Hungnam, Tanch'on, and Songjin. Only the Hamkyong line links these centers and north Korea with the western and central areas. Branch lines:

(a) Hamhung is the junction point for the private Sinhung lines, which run north from the industrial plants at Hungnam, through Hamhung to the Hydroelectric plants at Changjin and Pujon lakes. The line divides just north of Oro-ri, one line going to each of the two lakes. A new line from the western branch of the Sinhung lines to the Manchurian border has been reported but not confirmed.

(b) The Pukch'ong and Ch'aho lines are mining spurs; their port is at Ch'aho.

(c) From Tanch'on a 51 mile railway runs northwest to P'ungsan, serving hydroelectric plants and tapping copper deposits at P'ungsan.

(d) From Yohaejin a narrow-gauge line goes north 50 miles to the magnesite mines at Sinbokchang. Large quantities of ore are being shipped by this route.

(e) Kilchu is the junction of the Hamkyong line and the Hyosan line. The Hyosan line goes 88 miles northwest to Kyesanchin and taps timber stands and coal, gold, and mica mines. From Paegam a line has been built northeast to Yongsha, and since about 1940 it has been under construction to Musan; completion of this line will provide a second route for bringing iron ore from Musan.

(f) From Nanam a privately owned electrified railroad is said to run to Ch'ongjin.

(8) P'yongwon line from Sop'o (just north of P'yongyang) to Kowon (on the Hamkyong Line). This is one of two transpeninsular lines. Branch lines:

(a) Shinseisen Station is the junction for a line to Tokch'on 40 miles to the north and to Sungho-ri and P'yongyang 50 miles to the south.

(9) Manp'o line from Sunch'on to Manp'o. This is the principal alternate to Manchuria for the main Kyongui line. Branch lines:

SECRET

(a) From Kaech'on a line runs through the coal area to Sinanju on the Kyongui line.

(b) At Kujang-dong a line runs east about five miles and is under construction to Tok'chon, which is on the private line connecting with the P'yongwon line.

(c) From Myohyang between Kujang-dong and Huich'on, a private line runs 30 miles northwest to the mines at Pukchin.

(d) From Kanggue a standard-gauge line goes northeast 30 miles to Huch'ang.

(10) North Korean lines: The Chonghoe line from Ch'ongjin to Namyang-dong and the Tuman line from Tuman along the Tuman River to Najin. Both lines are leased to the South Manchurian Railway Company, which manages both the railways and the ports of Ch'ongjin and Najin. These lines provide one of the two main routes into Manchuria (the other being the Pusan-Sinuiju route). The Tuman line carries mainly military goods, leaving to the Ch'onghoe line such freight as iron ore, coal, lumber, soya beans, etc. The entire length of the line along the Tuman River is guarded by patrols.

Branch lines:

(a) From Komusan, on the Ch'onghoe line a 38 mile mining railway branches northwest to Musan, Korea's most important iron mining area.

(b) From Hoeryong a 7-mile line serves the coal mines on the west at Sinkyerim.

(c) From Sangsambong and from Namyang-dong are two alternate lines crossing the Tuman into Manchuria, converging west of Yen-chi and continuing west to Harbin and Hsin-ch'ing. The Namyang-dong-Tuman line has a branch north into Northeastern Manchuria as well.

(d) The line from Hunyung (Kunju) across the Tuman, has been improved and extended to

SECRET

Hunchun on the Manchurian-USSR border.

(e) Lines are reported branching north from Unggi to army concentrations just west of the Tuman line. There may also be spur lines from these camps east to the section of the Tuman line paralleling the Tuman River.

(f) Along the coast between Najin and Ch'ongjin a railroad has been under construction since before 1937, and it may have been completed.

(c) Vulnerability

In developing the Korean railway system, the Japanese appear to have anticipated danger of sabotage and air attack, and special precautions have been taken to safeguard the lines. Cuts and fills are built more strongly than the traffic normally requires. Where second bridges and second tunnels have been built they have been spaced farther apart than normal construction practice would demand. In most cases alternate routes are available, since the whole system is being operated near capacity; however, alternates could probably not adequately handle traffic diverted from main routes if the latter should be successfully attacked. The main line between Kyongsong and P'yongyang does not have very satisfactory alternates; this stretch is also made vulnerable by numerous bridges and tunnels. Successful attacks on lines running from important mines to main railway lines or to port cities might stop or curtail shipments of ore (see (b) above and descriptions of such lines in JANIS 75, Chapter VII). Rolling stock, bridges, tunnels, and possibilities of landslides at certain points provide opportunities for sabotage attack.

(1) Rolling Stock

The shortage of locomotives and freight cars constitutes a major vulnerable feature of the railroad system. The loss of locomotives particularly would be especially serious as they are more difficult to replace than freight cars. JANIS 75, Chapter VII describes the types of locomotives and cars used on Korean railways and lists more important marshalling and classification yards.

(2) Bridges

Bridges are numerous throughout the Korean railway system. According to JANIS 75 the following bridges are especially critical:

(a) The Yalu River bridge between Antung and Sinuiju. This is the longest (3,097 feet) in Korea, and its destruction would cut the main line which carries the largest volume of transit goods between Korea and Manchuria.

(b) The Taedong River bridge on the main line just south of P'yongyang. Although traffic could be routed by the Sungho-ri-Shinseisen - Sop'o alternate, this is an inadequate substitute for the main line.

(c) The bridge over the Imjin River between P'yongyang and Kaesong. A tunnel on the south side of the river is adjacent to the bridge. No alternate route is available for this section of the line.

(d) The Han River bridges at Kyongsong. These carry the main line traffic, and traffic between Kyongsong and its port, Inch'on. Kyongsong, as the hub of the railway system, is a major bottleneck.

(e) At Waegwan, between Taejon and Taegu. A railroad bridge crosses the Naktong River, and the tracks enter a tunnel on the south bank.

(f) Sup'ung dam. The Chongju-Sup'ung line to Mukden, Manchuria (an alternate to the main line) crosses the Yalu River on this dam, one of the most important sources of hydroelectric power in Korea.

(g) The third railroad bridge over the Yalu is on the Manp'o line. Destruction of this bridge would cut the most direct route from central Korea to central Manchuria.

(h) A 26-span bridge at Hamhung. Destrucion of this bridge would cut traffic on the northeast coast line where there is no alternate, disrupting the important flow of mineral products to the western industrial centers.

(i) The North Korea lines cross the Tuman River at Hoeryong and at Namyang. The destruction of either bridge would seriously impede the use of this important gateway to Manchuria.

(3) Tunnels

There are many tunnels on the Korean railway lines, though information is incomplete. JANIS 75 lists the following longer tunnels:

| Line | Tunnel Name | Location | Length |
|---|---|---|---|
| Kyongbu | Sonjong (Shoken) | 6 mi. S of Kyongsan (Koizan) | 3,988' |
| Kyongui | Paengma (Hakubo) | Between Sinuiju and Paengma | 1,781' |
| Kyongui | Opa-ri (Gyoha) | Between Sukch'on and Sunan, about 28 mi. N of P'yongyang | 1,738' |
| Tuman | -- | Between Najin and Unggi | Reported to be 12,408' (2.35 mi.) |
| P'yongwon | -- | Just east of Sinup (Shinyu) | Reported about 18,500' (3.5 mi.) |
| Chongju-Sup'ung | -- | 3 mi. S of Sup'ung (Suiho) | Reported about 19,500' (3.7 mi.) |

There are also vulnerable tunnels on the Manp'o and Kyongwon lines.

(4) Landslides

In the mountains between Yosu and Sunch'on about 20 miles north of Sunch'on, and 12 miles north of Namwon on the Cholla line, landslides are said to be frequent and easy to start. There are also possibilities for starting landslides on the P'yongwon Line and the Manp'o Line to Manchuria.

(2) Ports

Information on the importance and facilities of Korean ports is given in Chapter VI of JANIS 75.

(a) Principal Ports

The 14 ports listed below are classified by JANIS 75 as principal ports:

(1) Unggi. 35-06N, 129-02E. Unggi is an important auxiliary to Najin in handling that part of the traffic between Japan and Manchuria which is routed over the northeast railway lines. Unggi has a good natural harbor with good anchorages, though its docking facilities for large vessels are limited to one 1,500 foot quay.

(2) Najin. 42-13N, 130-18E. Najin is the most important port on the northeastern coast. It handles a large amount of military traffic bound for Manchuria. The harbor includes a large number of good anchorage berths. Its unloading facilities include three piers with 6,769 feet of deep water berthage, one main quay with 2,500 feet of berthage, two bulkhead wharves with 1,300 feet of berthage, the East Wharves Nos. 1 and 2 with 2,100 and 1,500 feet of berthage, and probably a new quay with 980 yards of quayage, which should have been completed in the Spring of 1944.

(3) Ch'ongjin. 41-46N, 129-49E. Ch'ongjin is also important for the transit traffic through northeast Korea into Manchuria. Military supplies

for Japanese troops in Korea also go through this port. It has more than 3,000 feet of quays with nine berths for vessels over 3,200 tons, five of which are suitable for 6,000-8,000 ton ships. There are a large number of good anchorage berths in the harbor.

(4) Songjin. 40-40N, 129-13E. Songjin is important as a fishing, commercial, and industrial port, though it is less important than Unggi, Najin, and Ch'ongjin. The northern part of the harbor provides a limited number of anchorage berths and almost unlimited temporary anchorage. The new main wharf provides berths for three 450 foot vessels of drafts between 30-45 feet; other facilities are only for small craft.

(5) Ch'aho. 40-12N, 128-38E. Ch'aho is a shipping point for high-grade iron ore from the mines at Iwon. It is important because of these ore exports rather than its facilities. There is a T-shaped pier with an elaborate conveyor for loading ore. The estimated capacity of this ore-loading equipment is 225 tons per hour. Ch'aho may relieve Ch'ongjin by shipping some of the Musan ore concentrates.

(6) Hungnam. 39-50N, 127-37E. The port of Hungnam serves a highly important industrial area. Docks are equipped to handle twelve ocean-going vessels over 300 feet long, drawing from 18-30 feet. One of these docks is the largest single pier in Korea. There is also a limited number of anchorage berths in the harbor. There are reports that ships often have to wait for berthing space.

(7) Wonsan. 39-10N, 127-26E. Wonsan has an excellent natural harbor and important naval installations. Its seven docking berths, however, are not available to naval fleet units. Fifty

anchorage berths within the harbor are available for minor fleet units and 40 square miles of excellent anchroage for major units in Yonghung-man. Docking facilities include the Customs Compound with one wharf and two quays, an oil dock, three small coaling piers, ten other small piers, and three other quays of varying sizes. Only the Customs wharf can take 4-6,000 ton vessels.

(8) Pusan. 35-06N, 129-02E. Pusan is reported to be the busiest and one of the most highly developed ports in Korea. This harbor is at the southern terminus of the main north-south double track railway from Pusan north to Manchuria. It has 30 docking berths, nine of which are for vessels over 3,000 tons, and 63 anchorage berths. Its docking facilities include three piers, each 1,200 feet long (a fourth of comparable size is under construction), five large quays, six wharves, an oil pier and oil basin, and a number of boat basins of varying sizes.

(9) Masan. 35-10N, 128-33E. Masan is in the Chinhae Naval District. It has no piers for ocean-going vessels or first-class anchorages in the harbor, though the channel south of the harbor could provide 15 first-class anchorage berths. It is well protected and is an important adjunct to the Chinhae Naval Station.

(10) Yosu. 34-44N, 127-45E. Yosu is important as an alternate port to Pusan. There is a north harbor which is used by smaller vessels. The north harbor is still under construction.

(11) Mokp'o. 34-47N, 126-23E. Mokp'o, which is situated at the southeast corner of Korea, has a deep and well-protected harbor. However, vessels over 6,000 tons cannot enter because of islands

and shoals. There is only one pier which is capable of berthing 2,000 ton vessels. Mokp'o is important as a fishing center and an export point for rice and cotton.

(12) Kunsan. 35-59N, 126-42E. Kunsan is located at the mouth of the Kum River and is important as a rice and wheat shipping port. Ocean-going ships anchor at the mouth of the river and discharge their cargo on small craft. There are shallow anchorages in the area fronting the city, three pontoon piers for ships of 3,000 tons, and numerous piers for small harbor craft.

(13) Inch'on. 37-28N, 126-37E. Inch'on is important as the port for Kyongsong. Although the harbor is well protected, a high rise and fall of tide prevents larger ships from coming close to shore. Breakwaters and causeways divide the harbor into an inner and outer harbor. A new tidal gate permits accommodation of five 4,500 ton vessels in a wet dock in the inner harbor.

(14) Chinnamp'o. 38-43N, 125-25E. Chinnamp'o is an important commercial and coaling port serving the P'yongyang area. It is the site of a naval fuel depot. The harbor, which is 20 miles up the Taedong River, provides 40 first-class anchorage berths. The principal terminal facilities are in the harbor basin west of Pibal-to and at the coal plants east of Kadok-to. Four 3,000 ton vessels can moor along the harbor basin wharves, and two 6,000 ton vessels can be accommodated at the coal plant. The coal plants piers are equipped with coal conveyors.

(b) JANIS 75 lists the following as secondary ports:

(1) Sosura -- 42-16, 130-36.

(2) Odaejin-Hang -- 41-23, 129-47.

(3) Yongom-ni -- 40-23, 128-55.

(4) Sinch'ang -- 40-08, 128-27.

(5) Sinp'o -- 40-01, 128-12.

(6) Kojo-p'o -- 38-58, 127-53.

(7) Changjon-Hang -- 38-44, 128-12.

(8) Taep'o-ri -- 38-10-20 N, 128-36-30.

(9) Chumunjin -- 37-53-42, 128-50.

(10) Mukhojin-ni -- 37-33, 129-07.

(11) P'ohang-dong -- 36-03-14, 129-22-43.

(12) Kuryongp'o-ri -- 35-59-40, 129-33-30.

(13) Kamp'o-ri -- 35-48, 129-31.

(14) Pango-ri -- 35-29, 129-26.

(15) Ulsan-man -- 35-27, 129-24.

(16) Changsung-p'o -- 34-52, 128-44 and Yangp'o -- 34-52-48, 128-44-36.

(17) Chisep'o -- 34-50, 128-43.

(18) T'ongyong -- 34-51, 128-26.

(19) Samch'onp'o -- 34-55, 128-04.

(20) Changhang-ni -- 36-0, 126-42.

(21) Yongdangp'o -- 38-00, 125-42.

(22) Kyomip'o -- 38-45, 125-38.

(23) Taedasa-do -- 39-48, 124-25.

(24) Yongamp'o -- 39-57, 124-22.

(25) Sinuiju-An-tung -- 40-06, 124-24 -- 40-09, -124-23.

(c) Importance of Korean Ports

Najin and Ch'ongjin are extremely important, because of their capacity for handling the traffic between Japan proper and Manchuria which is routed through northeast Korea. Unggi, Songjin, and Wonsan are also important for this transit traffic though they do not equal Najin and Ch'ongjin in port capacity. Pusan is extremely important because of its location at the southern terminus of the main north-south route from southern Korea into Manchuria. The ports of Masan, Yosu, and Kunsan supplement Pusan in handling traffic between Japan and Manchuria over the Pusan-Manchuria railway. Hungnam, Wonsan, Chinnamp'o, Kyomip'o, Inch'on, and Cha'ho have tremendous economic importance because of shipments of coal and ore and the servicing of important industrial areas.

(d) Shipping Routes

Shipping routes parallel the entire coastline and connect Korean ports with Japan, Manchuria and China. More important routes are listed below.

(1) Shimonoseki to Pusan. This is the most important shipping route; it is used by a Japanese Government Railways passenger and freight ferry service. Alternate terminals of this service are Yosu and Hakata.

(2) Northeast coast ports to Japan (Niigata, Fushiki, Kanazawa, and Tsuruga).

(3) Pusan to Mokp'o, Kunsan, Inch'on, Chinnamp'o, Taedasa-do, and Yongamp'o.

(4) Pusan to Wonsan, Hungnam, Najin, and Unggi.

(5) Korea ports to China. This trade is small and is carried on only by small coastal steamers and junks.

(6) Numerous minor coastal lines which call at many small ports and islands and serve as feeder lines to main ports.

(e) Vulnerability

Korean laborers in the ports and Korean personnel of the fishing fleets may provide opportunities for maritime sabotage of port facilities and shipping. Since the Korean ports are being used nearly to capacity, destruction of important harbor facilities would probably cut down the amount of cargo that these ports could handle. Detailed descriptions of docking facilities are given in Chapter VI of JANIS 75. The larger ports have mechanical loading equipment, destruction of which would slow down traffic by increasing the dependence upon stevedores for loading and unloading. Destruction of coal and ore loading conveyors (Ch'aho, Chinnamp'o) would probably slow down shipment of important minerals to Japan. Sabotage of dry docks, ship and boat yards, and other repair facilities, and destruction of ships by limpets and other especially developed methods of demolition would further diminish Japan's available shipping.

(3) Highways

(a) Importance

Highways in Korea are not as important as ports and railways. A considerable highway network has been developed, however, to provide arteries for the movement of military supplies and mechanized equipment, serve as feeders into ports and railroads, and facilitate exploitation of economic resources.

(b) The Pattern of Highway Development

Following Japanese annexation of Korea, highways in the south and southwest were the first to be developed in order to facilitate movement of rice and cotton to ports and Japanese markets. Recently the road system in North Korea has been improved in response to military needs and the growth of mining, hydro-electric power projects, and industry. Important highway routes parallel the principal railroads. One of the most important highways is that between Pusan and Sinuiju, along the railway route between the same cities. There is another important route between Omsong in North Korea and Mokp'o at the southwest corner of the country. An important road along the Korea-Manchuria frontier is used for border patrols. A road has been developed along the south coast for military purposes and to serve the southern ports. Secondary roads are numerous in both the western lowlands and the mountainous areas; mountain roads service mining communities and form cross-peninsular routes. In a number of cases, large cities are connected with their ports by important highways; e.g., the roads between Chinnamp'o and P'yongyang, Inch'on and Kyongsong, and Taedasa-do and Sinuiju. For detailed information about the importance, routes, and construction of Korean highways, see JANIS 75, Chapter VII; also Strategic Engineering Study 154, Highways of Korea, prepared by the Engineer Corps, January 1945.

(c) Types of Construction

There are only a few stretches of hard surface road, these being chiefly links between important cities and their ports. Other principal roads are all-weather, stone-based or stone-topped, varying considerably in width. In 1938, official mileages were:

| | |
|---|---|
| First class (24' or wider) | 1,880 miles |
| Second class (18' to 24') | 5,460 miles |
| Third class (12' to 18') | 7,240 miles |

In addition, there are unclassified roads less than 12 feet in width.

(d) Vulnerability - Bridges

Before annexation of Korea by the Japanese simple ferries were the common means of crossing broad streams and rivers. Since then there has been considerable bridge construction. A list of more important highway bridges is given in Table VII-5 in JANIS 75, Chapter VII. These probably constitute the main vulnerability of the Korean highway network.

c. Industrial Targets

(1) Electric power plants

Recent industrial development in Korea has been possible through large-scale development of electric power. It is estimated that the electric power generating capacity available to Korea in 1944 totaled about 1,800,000 Kilowatts. Of this 1,480,000 kilowatts were hydroelectric and the remainder thermal. There were 28 plants having capacities of 10,000 kilowatts or over. By far the largest plant is the Suiho hydroelectric development with a large dam on the Yalu River about 40 miles from Sinuiju (Shingishu). This development, which serves Manchuria as well as Korea, is believed to have a capacity of 450,000 kilowatts, 180,000 kilowatts of which are available for Korea. There are three groups of four hydroelectric plants each in the mountains of northern Korea and another group with two plants. A single dam serves each group. Capacities of the groups are estimated as follows:

| | |
|---|---|
| Changjin-gang (Choshin-ko) | 347,000 kws. |
| Pujon-gang (Fusen-ko) | 202,000 kws. |
| Hoch'on-gang (Kyosen-ko) | 355,000 kws. |
| Kanggye (Kokai) | 189,000 kws. |

In central Korea there are two hydroelectric plants with capacities of 108,000 kilowatts and 59,000 kilowatts about 60 miles northwest of Keijo (Seoul). There are steam plants at Keijo. A 100,000 kilowatt steam plant at Yongwol (Neietsu) is believed to serve a large part of the relatively unindustrialized interior of southern Korea. There is a 50,000 kilowatt steam plant at Samch'ok (Sanchoku) and a 13,000 kilowatt steam plant at Pusan (Fusan). Transmission facilities in northern Korea form an integrated grid system. A considerable part of this electric power development would have to be destroyed before war industries would be affected. Steam plants might be attacked by placing explosives in the fuel supply. Generally speaking, however, vulnerability of Korean electric power to sabotage is probably not very great. For detailed descriptions of Korean electric power plants see JANIS 75, Chapter IX, Section 96, particularly Table IX-31; also Strategic Engineering Study No. 157, Electric Power of Korea, February 1945, Corps of Engineers.

(2) Mining and primary processing of metals

(a) Iron ore

It is estimated that the total production of iron ore in 1944 was approximately 5,000,000 metric tons. According to an enemy source Korea was scheduled to supply one-fourth of all 1944 iron production available to the Japanese Empire. Of the 5,000,000 metric tons mined 4,200,000 metric tons are estimated to have come from the mines at Musan (Mozan). These Musan deposits average 32 per cent iron content, and two large concentration units turn this ore into concentrates having an iron content of 65 per cent. In addition 800,000 metric tons of better grade ore averaging 50 per cent iron content may be produced by the Rigen (Ch'anghung-ni, Hamgyong-Namdo) and Sainei (Huanghae-Do) mines and by various smaller mines chiefly in Hwanghae-Do and P'yongan-Namdo. In 1944 Korea probably exported to Japan approximately 2,700,000 metric tons of Musan ore, concentrated to roughly 1,400,000 metric tons averaging 65 per cent iron content. Destruction of iron concentration facilities at Musan would seriously affect the Japanese iron and steel industry. For further information about iron mining in Korea see JANIS 75, Chapter IX, Section 94.

(b) Tungsten

Korea is now Japan's major source of tungsten; production in 1943 has been estimated at approximately 2,500 metric tons of ore averaging 60 per cent tungsten content. Korea's main tungsten mine, the Hyakunen mine in Koksan-gun, Hwanghae-Do, produced 1,000 metric tons in 1936. There is an important tungsten mine about 18 miles east of Yongwol (Neietsu), Kangwon-Do, and another between the towns of Sakchu (Sakushu) and Changju (Shoshu), P'yongan-Pukto. Other tungsten mines are listed in JANIS 75, Chapter IX, Section 94. An ore sorting mill has been reported at Yangdok, P'yongan-Nando.

(c) Molybdenum

Korea is the chief producer of molybdenum in the Far East. The output in 1943 has been estimated at 100 metric tons. The three most important mines are at Kumgang San (Kongo San), west of Kosong (Kojo),

Kangwon-Do: southeast of Kumchon (Kinsen), Kyongsang-Pukto: and Changsu (Chosui), Cholla-Pukto. See JANIS 75, Chapter IX, Section 94.

(d) Magnesium

Korea and Manchuria probably have the world's largest reserves of magnesite ore. Mines are located along the border of Hamgyong-Pukto and Hamgyong-Nando provinces. A narrow gauge railway carries the ore from the mines to Yohaejin on the Hamkyong Line. Magnesium is also produced from salt water near Chinnamp'o. Current production of magnesite ore has been roughly estimated at 150,000 metric tons per annum, containing not over 70,000 tons of magnesium oxide. A substantial part of Korea's output of magnesite ore is used in the manufacture of furnace brick for the iron and steel industry. The balance is used in the manufacture of metallic magnesium. The magnesium reduction capacity of known plants in Korea is estimated at approximately 7,000 metric tons, about one-third of the total available to Japan. The annual magnesium reduction capacity of the Nippon Magnesium Kinzoku K.K. plant at Hungnam is 5,000 metric tons; that of the Choson Riken Kinzoku K.K. plant at Chinnamp'o is 1,000 metric tons; and that of the Nippon Magnesite Kaguku Kogyo K.K. plant at Songjin is 350 metric tons. The latter company specializes in the manufacture of refractory furnace brick, of which it produced 7,000 metric tons in 1939. There are reports of other magnesium reduction installations at Ch'ongjin, Hamgyong-Pukto; Tanch'on, Hamgyong-Namdo; Chinnamp'o; and at Uiju or Sinuiju, P'yongan-Pukto. For additional information see JANIS 75, Chapter IX, Section 94.

(e) Coal

(1) Total coal production in 1944 has been estimated at 8,000,000 tons, including both

bituminous and anthracite. Anthracite fields are concentrated in the central areas of Korea; the Heinan-Nambu field near P'yongyang is the chief producing area; its major mines contributed 80 per cent of Korea's total anthracite output in 1936. In pre-war years the anthracite for export was transported by rail chiefly to Chinnampo for shipment to Japan; anthracite may also be exported through Wonsan, or possibly Pusan and Yosu on the southern coast. The Neietsu field, at the southern border of Kangwon-Do, and the Sanchoku field in the same province are also probably producing anthracite on a large scale. The Agochi field in northeastern Korea is the largest producer of brown coal. This field and five others in Hamgyon-Pukto produced 70 per cent of Korea's total bituminous and lignite output in 1936. Other bituminous and lignite fields are in Hamgyong-Namdo, P'yongan-Pukto, and Pyongan-Namdo. Mine fields and production are shown in JANIS 75, Chapter IX, Table IX-15.

(2) It is estimated that 1,300,000 tons of Korean coal, chiefly anthracite, were shipped to Japan in 1944 and that 1,300,000 tons of coking and bituminous coal were imported from North China, Manchuria, and possibly Kyushu. Coal consumption within Korea is estimated at 8,000,000 tons. Railroads probably used about 1/6 of the total consumption, thermal electric plants 1/8, coke ovens 1/10, cement kilns and synthetic fuel plants together another 1/10. A substantial part of the remainder was consumed by such industries as iron and steel, aluminum and magnesium, chemicals and munitions.

(3) Korea produces no high-grade coking coal; coking coal is imported. The capacity of known by-product coke ovens in Korea is about 500,000 metric

tons a year of furnace-grade coke. There are two known coke-oven plants in Korea: the Nippon Seitetsu K.K. plant at Kyomip'o, Hwanghae-Do, with a capacity of 460,000 metric tons, and the Chosen Chisso Hiryo K.K. plant at Hungnam, with a 28,000 metric ton capacity.

(f) Petroleum

Korea has no natural petroleum and is therefore dependent upon imports and synthetic production. There is a large and very important petroleum refinery at Wonsan which constitutes about five per cent of the total capacity of the refineries in Japan, Korea, and Manchuria. There are smaller refineries at Pusan and Mun'gyong (Bunkei), Kyongsang-Pukto. There are at least two important synthetic petroleum plants with a combined capacity for producing 400,000 barrels of petroleum products. One of these is located at Yongan (Eian) Hamgyong-Namdo; a newer and more productive plant is at Aoji (Agochi), Hamgyong-Pukto. Because of Japan's tight petroleum situation, these refineries and synthetic oil plants constitute important targets. See JANIS 75, Chapter IX, Section 94.

(g) Alunite and Aluminous Shales, Alumina and Aluminum Production

There is no bauxite in Korea. There are deposits of alunite on the islands near Mokp'o, Cholla-Namdo; there are reports of deposits in Hamgyong-Pukto, Kyongsang-Namdo, and P'yongan-Pukto. There is an aluminous shale mine near Changsu, Cholla-Pukto, and there are others in Kyongsang-Namdo; shale is also found in the coal fields near P'yongyang. Current annual production of alunite and shale together in Korea is roughly estimated at 200,000 tons. Korea's 1944 production of alumina was estimated at 64,000 tons; plant capacity is about one-eighth that of Japan, Korea,

Manchuria, and Formosa. Korea's known aluminum reduction capacity, estimated at about 37,000 tons in 1944, is about one-sixth of the total available in Japan, Korea, Manchuria, and Formosa. The principal known plants producing alumina and aluminum are: The Chosen Chisso Hiryo K.K. plant at Hungnam (originally set up to use alunite), with an annual capacity of 24,000 metric tons of alumina and 12,000 metric tons of aluminum; the Nichiman Aruminium K.K. plant at Wonsan, with a 3,000 metric ton alumina capacity and a 1,500 metric ton aluminum capacity; the Chosen Riken Kinzoku K.K. plant at Chinnamp'o, capable of producing 20,000 metric tons of alumina and 5,000 of aluminum; and the Toyo Keikinzoku K.K. plants in the Sinuiju-Yangsi-Yongamp'o area, with alumina and aluminum capacities of 21,000 and 18,000 metric tons, respectively. There may be aluminum rolling facilities at the aluminum fabrication plant in Inch'on (Chosen Aruminium K.K.) or the aluminum reduction plants at Chinnamp'o and Sinuiju-Tasa Do. See JANIS 75, Chapter IX, Section 94.

(h) Copper, lead, and zinc

(1) Total production of smelter copper is believed to be between 10,000 and 20,000 metric tons a year. Some of this may be refined in Korea. Mine production of lead and zinc in Korea in 1943 has been estimated at 7,000 to 10,000 tons of recoverable lead content and 8,000 metric tons of recoverable zinc content. It is believed that most of the lead output is smeltered within Korea but that some or all of the zinc output goes to Japan for processing.

(2) Mines

Kapsan, Hamgyong-Namdo, copper mine.

Tanch'on-gun, Hamgyong-Nando, lead and zinc mine (Nippon Kogyo K.K.)

Jobizan mine in Songch'un-gun, Kangwon-Do, zinc mine.

Jitsugetsu mine at Inwol San, Kyongsang-Pukto, zinc.

Haman, Kyongsang-Namdo, copper mine

Tsushima Island, zinc mine.

East of Chinam, Cholla-Pukto, small lead mine.

Kosho copper mine (Nippon Kogyo K.K.) at Manshin, Huch'ang-gun, P'yongan-Pukto.

Suian copper mine (Nippon Kogyo K.K.) near Daisen Suan-gun, Hwanghae-Do.

Oshin Lead and zinc mine, Ongjin-gun, Hwanghae-Do.

Choen zinc mine, Changyon, Hwanghae-Do.

(3) Smelters

Nippon Kogye K.K. copper and lead smelter at Chinnamp'o (existence and expansion confirmed by aerial photographs)

Possible copper and lead smelting (Chosen Chisso Hiro K.K.) at Hungnam.

Copper and possibly lead smelting facilities at Mump'yong-ni (near Wonsan) owned by Sumitomo Kogyo K.K.

Possible copper smelter at Kyongju, Kyongsang-Pukto.

Reported copper refinery at Changhang, Ch'ungch'ang-Namdo.

Reported small copper smelter at Haeju, Hwanghae-Do.

Reported copper, lead, and zinc smelting at Yongamp'o, near the mouth of Yalu River.

(i) Fluorspar

More than half of the Japanese Empire's supply of fluorspar comes from Korean deposits, chiefly in Hwanghae-Do. See JANIS 75, Chapter IX, Section 94.

(j) Graphite

Japan depends chiefly on Korea for her supply of graphite. Deposits are scattered throughout Korea. Graphite producers are listed in Table IX-13 of JANIS 75, Chapter IX, Section 94.

(k) Mica

Korea is Japan's only current source of mica. The deposits are listed in JANIS 75, Chapter IX, Section 94.

(3) Iron and Steel Production

In addition to supplying one-fourth of Japan's total amount of iron ore, Korea has at least 7 percent of the Japanese controlled iron-producing capacity, 3 or 4 percent of the steel-manufacturing capacity, and a smaller proportion of the rolling mill capacity. Since Korea's production of iron ore is greater than her capacity to manufacture iron and steel, it is probable that Korean iron furnaces are used near capacity. Roughly half of Korea's 5,000,000 metric ton production of iron ore in 1944 was utilized in Korea for the manufacture of about 900,000 metric tons of iron. Blast furnace capacity in Korea represents approximately two-thirds of the total iron-making capacity. The remaining one-third is provided by installations producing various types of sponge iron. Korea's iron and steel production is highly concentrated in two industrial districts: Ch'ongjin (Seishin), Hamgyong-Pukto and Kyomip'o (Kenjiho), Hwanghae-Do. The large Nippon Seitetsu plants at those locations together are estimated to have about four-fifths of Korea's iron-making capacity. Other important plants are located at Songjin, Hamgyong-Pukto (Nippon Koshuha Jukogyo); Hungnam (Chosen Chisso Hiryo); Inch'on (Chosen Riken Kinzoku); Chinnamp'o, and P'yongyang. Locations, capacities, and descriptions of Korean iron and steel plants are shown in Table IX-20, of JANIS 75, Chapter IX, Section 95. For a functional analysis of the Japan Iron Company at Kyomip'o see Third Phase P. I. Report No. 4, 19 January 1945.

(4) Chemicals

(a) Importance and capacity

In 1939 chemical production accounted for one-third of the total value of products manufactured in Korea. The industry has continued to expand since that time; hydro-electric power development has helped to make this possible. The Korean chemical industry represents:

(1) One-fifth of the nitrogen fixation capacity of Japan, Korea, Manchuria, and Formosa.

(2) One-fourth of the glycerol refining capacity of Japan, Korea, Manchuria, and Formosa.

(3) Eight percent of the sulphuric acid capacity in Japan, Korea, Manchuria, and Formosa.

(4) Eight percent of chlorine and electrolitic caustic soda capacity of Japan, Korea, and Manchuria.

(5) Six percent of the ethyl alcohol of Japan, Korea, Formosa, and Manchuria.

(6) Eighteen percent of the methyl alcohol capacity of Japan, Korea, and Manchuria.

(7) Five percent of the butyl alcohol capacity of Japan, Korea, and Formosa.

(b) Chosen Chisso Hiryo K.K.

The most important chemical plant development in Korea and one of the most important in Japan's Inner Zone is at Hungnam (Konan) and its suburb, Pon'gung (Hongu or Motomiya), which is usually included in discussion of Hungnam. Aerial photographs show the Pon'gung plant to have been greatly expanded since about 1941. At its various locations Chosen Chisso Hiryo K.K. has the largest ammonia synthesis and sulfuric acid plants in the Japanese Empire as well as installations for the production of nitric acid, caustic soda, chlorine, calcium carbide, calcium cyanamide, calcium superphosphate, glycerol, hardened oil, and other chemicals. The development also includes non-ferrous metal smelting, alumina and aluminum installations. Power is supplied by the Changjin Gang (Chosin-ko) and Pujon Gang (Fusenko) Hydro plants and the Hungnam (Konan) steam plant, all of which have been developed and are controlled by Chosen Chisso Hiryo K.K.

(c) Other more important chemical plants are:

(1) Sanchoku Kaihatsu K.K. nitrogen fixation plant at Samch'ok, Kangwon-Do.

(2) Chosen Kagaku Kogyo K.K. nitrogen fixation plant at Sunch'on, P'yongan-Namdo.

(3) Hokusen Seishi Kagaku Kogyo K.K. ethyl alcohol plant at Kilchu, Hamgyong-Pukto.

(4) Shotoku Kogyo K.K. ethyl alcohol plant at Kilchu.

(5) The Oriental Development Company ethyl alcohol plant at Sinuiju.

(6) Nihon Musei Shusei K.K. ethyl alcohol plant at Sinuiju.

(7) Oriental development Company ethyl alcohol plant at Kusong, P'yongan-Pukto.

(8) Chosen Sekitan Kogyo K.K. methyl alcohol plant at Yongan, Hamgyong-Pukto.

(9) Toyo Koatsu Kogyo K.K. methyl alcohol plant at Kyongsong.

(10) Showa Hiryo K.K. methyl alcohol plant at Chongsong, P'yongan-Pukto.

(11) Chosen Yushi K.K. glycerol refining plant at Inch'on.

(12) Chosen Kyodo Yushi K.K. glycerol refining plant at Inch'on.

(13) Chosen Kayaku Seizo K.K. glycerol refining plant at Haeju, Hwanghai-Do.

(d) For further information on the chemical industry in Korea see JANIS 75, Chapter IX, Section 95, C.

(5) Ordnance

(a) The munitions industry in Korea is not believed to be large. The arsenal at P'yongyang is probably the most important ordnance plant in the country. It produces small arms and ammunition and serves as a central depot for loading shells. Other arsenals of lesser importance are located at Chinhae, Inch'on, Kyongsong, Pup'yong, and Chinnamp'o.

(b) It is likely that plants formerly manufacturing nitrogenous fertilizer and industrial explosives now manufacture military explosives. Since explosives plants can be constructed within a year, a number of new plants may have been built since the beginning of the war. Some of the more important explosives plants are:

(1) The Chosen Chisso Kayaku K.K. plant at Hungnam, producing ammonium nitrate, industrial explosives, black powder, detonators or blasting caps, fuses.

(2) The Nissan Powder Company at Hungnam.

(3) The Chosen Yushi K.K. plant at Inch'on producing industrial explosives, detonators or blasting caps.

(4) The Chosen Kayaku Seizo K.K. plant at Haeju, Hwanghae-Do, producing gunpowder, industrial explosives, detonators or blasting caps, fuses, etc.

(5) Other known explosives plants at Yongan (in Hamgyong-Pukto), Pusan, and Kyongsong, Sarison (Hwanghae-Do), and P'yongyang.

(c) Explosives plants are considered vulnerable to sabotage and they constitute important targets.

(6) Aircraft

Korean production of aircraft is believed to be small. It is almost certain, however, that Korea does engage in aircraft repair, overhauling, and modification. It is possible that as a result of recent bombings of aircraft plants in Japan proper, repair and modification facilities may have been turned into production centers. The Army Air Arsenal Branch Depot at P'yongyang is probably one of the largest plants on the mainland. There is reported to be a Mitsubishi aircraft plant in P'yongyang. Other plants have been reported at Ch'ongjin, Pusan, Inch'on, Kyongsong, Pup'yong, Yongdungp'o (in P'yongan-Namdo), and Sinuiju.

(7) Shipbuilding and repair

Although Korean shipbuilding and repair facilities represent only a small part of the total Japanese capacity, they have assumed some importance because of Japanese shipping losses. About a dozen yards are known in Korea, most of which are capable of producing or making repairs on small and medium vessels. The Chosen Jukogyo Kaisha shipyard at Pusan (Fusan) builds ships up to 5,000 GRT. The same company has a fairly large yard at Inch'on (Jinsen). Three smaller shipyards have been in production since the late 1930's at Haeju (Kaishu), Kunsan (Gunzan), and Pusan. It is also reported that four new yards were under construction or planned in 1940: two at Inch'on, one at Kunsan, and another at Pusan. One of Japan's five major naval bases is located at Chinhae (Chinkai). This yard can build small vessels, repair destroyers and torpedo boats, and make minor repairs on larger vessels. For further information on shipbuilding facilities in Korea see JANIS 75, Chapter IX, Section 95, particularly Table IX-27. Marine engines are manufactured at two of the yards in Pusan, and at one yard in Kunsan. There may be some construction of wooden vessels in Korean yards.

(8) Railroad Equipment

The principal government plants for production of railway rolling stock were located in Pusan (freight cars, passenger ferries and locomotives) and Kyongsong (freight and passenger cars and also locomotives). Other government plants at P'yongyang and Ch'ongjin produce cars but not locomotives. Privately owned shops are located in Eitoho (suburb of Kyongsong), Inch'on, Pup'yong, and Kyongsong. Production of standard gauge equipment in 1943 has been estimated at 25 locomotives, 90 passenger cars, and 2,000 freight cars. Because of Japan's increased dependence on railways, as a result of shipping losses, successful attacks on these plants by air or sabotage would have a serious effect on transportation from Japan through Korea to Manchuria and North China. For further information see JANIS 75, Chapter IX, Section 95.

(9) Machinery and Tools

Although Korea still depends upon imports from Japan for much of her machinery, there has been a substantial increase in machinery production in Korea since 1937. Mining equipment is believed to have been the chief type of machinery produced in Korea before 1941. Since then two important Japanese manufacturers of electrical equipment, Tokyo Shibaura Denki and Hitachi Seisakusho, have built branch factories in Inch'on. Koyo Seiko K.K., one of Japan's three largest producers of anti-friction bearings, has reportedly established a plant at Pup'yong. Main centers of known machinery plants appear to be: Pusan, Inch'on, P'yongyang, Pup'yong, and Kyongsong. There are also plants at Ch'onnae-ri, Munchon-gun; Haeju, Hwanghae-Do; Chinnamp'o; and Sinuiju. Individual plants and type of machinery and tools which they produce are listed in Table IX-25 of JANIS 75, Chapter IX.

(10) Motor Vehicles

Production of motor vehicles in Korea is on a very small scale. Manufacture of replacement parts is now probably the principal activity of the industry. Six plants believed to be most important are listed in Table IX-29 of JANIS 75, Chapter IX.

(11) Cement

The capacity of Korea's seven major cement plants in 1940 is estimated at 1,885,000 metric tons or roughly 9 percent of the capacity of Japan, Korea, Manchuria, and Occupied China. Some cement plants may have been converted for production of other war materials. See JANIS 75, Chapter IX, Section 94.

(12) Rubber

The rubber processing industry in Korea is believed to be small. There is a rubber tire manufacturing plant at Pusan, and there are several other plants which produce various rubber goods.

(13) Textiles

Although the textile industry in Korea primarily produces civilian consumer goods, it probably also provides cloth for military purposes. In 1938 large textile mills were located at Yongdungp'o (near Kyongsong), Pusan, and Inch'on. The main textile contribution of Korea, however, is the provision of raw cotton for textile mills in Japan and the production of high-grade pulp for rayon and staple fiber manufacture. See JANIS 75, Chapter IX.

d. Telecommunications Targets. Korean telecommunications facilities are essential to Japanes military activity, political control, and economic development in Korea; they also serve as connecting links between Japan and Manchuria. Kyongsong is the chief center of telecommunications in Korea. Other important centers are Pusan, Sinuiju, Wonsan, Mokp'o, and P'yongyang. Radio, radiotelegraph, radiotelephone, land telegraph, telephone, and submarine cables within Korea and between Korea and Japan and Manchuria are described in Chapter VII of JANIS 75.

(1) Radio (Broadcasting)

Radio broadcasting is one of the government's chief means of issuing official statements and propaganda. More important stations are in Kyongsong, Ch'ongjin, Pusan, Hamhung, I-ri, P'yongyang, and Taegu. The most powerful transmitter reported is a 50,000-watt unit at Kyongsong.

(2) Radiotelegraph

Radiotelegraph, radio beacons, and radio direction finders have been installed at many coastal points and on adjacent islands. (Table VII-10, JANIS 75, Chapter VII). There are important point-to-point and ship-to-shore radio telegraph stations in Kyongsong, Cheju, Chinnamp'o, Ch'ongjin, Mokp'o, Pusan, Sinuiju, and Ulsan. Airfields have been equipped with radiotelegraph; important among these fields are: Ch'ongjin, Hamhung, Kangnung, Kyongsong, P'yongyang, Sinuiju, Taegu, and Ulsan.

(3) Radiotelephone.

Radiotelephone circuits are used primarily for

official communication. Radiotelephone stations are at Ch'ongjin, P'ohang, Oryuk-to (in Pusan harbor), Sinuiju, and Kyongsong.

(4) Land telegraph

Telegraph routes usually run parallel to railways and main highways. All important towns have telegraph service, and there are lines to Manchuria and China. Main routes are as follows:

Pusan, Kyongsong, Sinuiju, Manchuria, and China;
Kyongsong, Wonsan;
Pusan, Wonsan, Ch'ongjin, and Unggi;
Kyongsong, I-ri, and Mokp'o; and
P'yongyang, Manp'ojin, and Manchuria

(5) Telephone

In 1939 there were only 53,306 telephone subscribers in Korea. However, the telephone system extends throughout Korea, and important cities have telephone circuits connecting with Manchuria, China and Japan. Telephone routes generally follow the pattern of the telegraph network. One of the most important telephone installations is the Korean section of the Tokyo-Mukden telephone cable; this is underground from Pusan to Sinuiju along the railway.

(6) Submarine Cables

At least 10 submarine cables connect Korea with Japan. Most of these land in the vicinity of Pusan. These cables include several through circuits for telegraph or telephone service between Japan, Korea, and Manchuria. At least 6 cables from the vicinity of Pusan land near Shimonoseki, Japan; five of these are telegraph circuits to Yoshimi, and the other is a telephone cable to Murotsu. There are also telegraph and telephone cables between Pusan and Yubuko (near Sago), Japan, via Tsushima and Iki-shima. Koje-do (kyosai-to) is linked to Tsushima by at least 2 telegraphic cables. Another telegraph cable connects Wonsan and Chikumi (Matsue) Japan, via Ullung-do (Utsuryo-to).

e. Destruction of Storage Facilities and Stocks

(1) Oil and Gasoline Storage

The most important commercial petroleum storage areas are at Wonsan and Mump'yong (about 6 miles northwest of Wonsan). The Wonsan storage tanks and warehouses are adjacent to the refinery. Other cities which have some commercial petroleum storage are Mokp'o, Yongan, Ch'ongjin, Chinnamp'o, Haenam, Musan, and the island of Wolmi-to near Chemulpo. Information on petroleum storage in port cities is given in JANIS 75, Chapter VI. For information on military and naval petroleum stores see Chapters XII and XIII of JANIS 75. Chapter VIII also gives information on petroleum storage in important cities and towns of Korea. Because of Japan's critical petroleum situation, oil and gasoline storage facilities constitute important sabotage targets.

(2) Military and Other Storage Facilities

Warehouses, supply dumps, and other facilities used for storing military supplies and strategic materials, provide sabotage targets. Sabotage of such facilities might be most effective immediately before or during military operations in the area, since under these circumstances the enemy would have difficulty in replacing the supplies destroyed. Generally speaking, however, storage facilities do not constitute as important targets as do facilities for production and transportation. Military supply depots are listed in Chapter XII of JANIS 75. Chapters VI on Ports, VIII on Cities and Towns, and XIII on Naval Facilities include information on other storage facilities.

f. Destruction of Aircraft and Airdrome Facilities

Destruction of aircraft on the ground, as well as workshops and other installations on enemy airfields in Korea would assist American Air Forces. Japanese air strength in Korea is small, however, and opportunities for sabotage will probably be very limited. For information on Japanese air strength and airfields in Korea, see Chapter XIV of JANIS 75.

SECRET

6. PERSONNEL TARGETS IN KOREA

a. Objectives

(1) Parts of the Special Program No. 11 in the Over-All and Special Programs for Strategic Services Activities Based in China (P.G. No. 103/2) which are pertinent to MO operations in Korea are as follows:

(a) Objective: Undermine the morale of the Japanese military and civilian personnel.

(1) Missions

(a) By subversive means attack the morale of the Japanese at home and in occupied territories, both military and civilian, including labor groups.

(b) By subversive means deprive the Japanese of support from native personnel.

(2) The following objectives are from Four Suggested Special Plans for Morale Operations Against the Japanese (P.G. No. 85):

(a) To break the hold of the governing clique on the armed forces and civilian population.

(b) To increase surrender and lower discipline and efficiency of the Japanese armed forces by morale operations directed at the specific components of these forces.

(c) To impede Japanese war economy particularly in the field of transportation and industrial, as well as agricultural, production, by campaigns directed at specific groups of war workers.

b. General Lines of Action

(1) Against Japanese in Korea

(a) The primary targets of morale operations in Korea will be Japanese troops and civilians. Estimates of the number of Japanese troops in Korea vary from 86,300 (JANIS 75) to 127,000 (OSS/SI, February 14, 1945). In addition there are more than 700,000 civilian Japanese.

SECRET

Despite the fact that the Japanese in Korea constitute but a small percentage of the total population, the key personnel in government, the armed forces, the police, industry, transportation, commerce, education, etc. are Japanese. It is within this group that MO will aim to break morale by inducing fear of bombing and Korean uprisings, discrediting leaders, aggravating jealousies and frictions, creating apprehension about home conditions in Japan.

(b) In carrying out morale operations against Japanese in Korea, advantage can be taken of the following vulnerabilities:

(1) Japanese military reverses, inadequacy of Japanese war production, inability of successive Japanese governments to handle the war situation, bombings of Japan and Korea.

(2) Knowledge that the Japanese are hated by the Koreans, refusal of Koreans to become "Japanized," possibility of Korean uprisings.

(3) Existence of frictions and jealousies within the army, navy, government, industry, etc.

(2) Koreans as Targets of Morale Operations

(a) Although key positions in all phases of political, military, and economic activity in Korea are held by Japanese, Japan is dependent upon the masses of Korean workers for production of food, labor in industry and transportation, and, to a limited extent, service in the Japanese armed forces (chiefly in labor battalions). Therefore, morale operations should aim to deprive Japan of the services of Korean workers. It would not be fair to treat Koreans as "quislings," since it should be remembered that the Japanese have ruled Korea for thirty-five years and the masses of Koreans have reluctantly come to consider Japanese rule, which they have never liked, as inevitable. The Korean people, with the exception of some of the wealthier families, are generally anti-Japanese. Hence the object of morale operations will not be so much to make Koreans anti-Japanese as it will be to aggravate an existing hatred of the Japanese and to take advantage of it. Morale operations should convince the Korean people that continued Japanese rule of their country is not inevitable and prepare them for resistance activities; in this connection the Cairo pledge to grant Korean independence should be emphasized. MO should promote simple sabotage, job-quitting, slow-downs; it should encourage non-cooperation with Japanese war programs and regulations, crop programs, program of Japanization, neighborhood associations, conscription, civilian defense, etc.

(b) In morale operations of the types suggested above, full advantage should be taken of the following grievances and "sore spots."

(1) Japanese arrogance, treatment of Koreans as inferiors, refusal of Japanese to mix with Koreans socially, distrust of Koreans in the armed forces.

(2) Discrimination favoring Japanese over Koreans in all phases of Korean life: in jobs, wages, business opportunities, government positions, educational opportunities, rationing, treatment in courts, types of service and opportunities for advancement in the armed services.

(3) Unpopularity of the war; the feeling among Koreans that it is Japan's war, not Korea's. Resentment that Korea's resources are being drained for war purposes; conscription of Koreans for labor and military service; difficult economic conditions caused by the war, including commodity shortages, high prices, rationing, higher taxes.

(4) Domination of Korea's economic life by the Japanese. Ownership of industry by large Japanese family concerns. Large-scale Japanese landholdings. Shipment of Korean rice and other commodities to

Japan with the result that Koreans have to eat cheaper grains and go without shoes. Forced sale of all agricultural produce to authorities at fixed prices. Low wages, long hours, and poor working conditions in Japanese-controlled industry and transportation.

(5) Resentment against official programs for "Japanizing" all aspects of Korean life. Suppression of Korean language, customs, symbols, newspapers.

(5) Close and terroristic supervision of local daily life by the Japanese through the police and population control systems, unwarranted arrest and brutal treatment by Japanese police, questioning on "thought life" at police stations, and imprisonment of foreign-trained Koreans.

(7) Religious grievances including enforced Shinto and emperor worship, neglect of Confucian and Buddhist temples, official regulations regarding the use of the Bible, arrest of Christian leaders, Japanese disregard for Korean customs regarding ancestor worship.

(8) Resentment against extensive use of Korean girls as "comfort troops" and the Japanese sponsored opium traffic.

c. Factors Relevant to the Carrying on of Morale Operations

(1) Need for Further Intelligence

Present intelligence on Korea is inadequate for the preparation of very effective materials for morale operations. Hence such operations will probably become most effective after OSS secret intelligence penetration of Korea has been accomplished. In the meantime full use should be made of information obtained by interrogation of Korean prisoners of war. Some prisoners, who were formerly members of Korean labor battalions serving with the Japanese Army, left Korea as late as 1944. Study might also be made of the possibility of using such personnel in the preparation of leaflets and other MO materials; OWI has recommended that Korean prisoners of war at Camp McCoy, Wisconsin, be used for propaganda work (presumably "white"), but their assistance might be just as valuable for "black" operations.

(2) MO Penetration of Korea

Morale operations in Korea will of course be most effective when specially trained MO personnel is able to operate within that country - see Section 3 of this study on "Personnel" for suggested sources of personnel and methods of sending agents into Korea. If it should not be possible to send agents into Korea, or until it does become possible to send them, MO operations directed at Korean residents of occupied North China (there are about 100,000 Koreans in occupied China) might indirectly reach Korea through Koreans travelling between the two countries (merchants, dope peddlers, etc.). Mailing of poison-pen letters to Korea from occupied Chinese cities might prove feasible.

(3) Languages

Obviously the Japanese language should be used in operations against Japanese residents of Korea. The Korean language should be used in leaflets, black radio programs, and other materials used in operations directed at Koreans. Korean is spoken throughout Korea, and it has its own phonetic script called onmun. Chinese characters are still commonly used for the writing of proper names, and they are sometimes used in conjunction with onmun in what is known as mixed script. Although the percentage of literacy in Korea is not high, news and rumors should spread rapidly by word of mouth, especially at the village markets.

(4) Possiblities for Black Radio Operations

Although short wave receiving sets are not allowed in Korea, there were 220,000 licensed long-wave sets in 1941.

Most of these were small two to five tube sets; Japanese sponsored programs are heard quite generally. Hence black radio broadcasts over a strong transmitter in China might reach a large audience. If there should be an American invasion of the China coast, it might become possible to locate a transmitter within fairly close range of Korea.

2급 비밀

P.G. 108

1945년 4월 25일 복사본 15호

초안

전략첩보국

기획단

중국에서의 OSS 활동을 위한

총체적 특수계획

실시 연구

조선

여기에 첨부된 것은 기획단에 참고용으로 제출한 중국 – 조선에서의 OSS 활동을 위한 총체적 특수계획에 대한 실시 연구입니다.

소령 조지 M. 존슨(George M. Johnson)

미 육군

담당관

2급 비밀

**중국에서의 OSS 활동을 위한**

**총체적 특수계획**

**실시 연구**

## 목차


쪽

1. 서문 ..............................................
2. 상황 ..............................................
3. 작전 대상자 ..............................................
4. 요구되는 첩보 ..............................................
5. 파괴 공작 표적 ..............................................
6. 조선의 목표 대상 ..............................................

1. 서문

a. 이 연구는 중국에서의 OSS 활동을 위한 총체적 특수계획(P. G. 103/2)과 조선에 관련된 기밀 첩보를 목적으로 일본 내부로 요원을 침투시키는 특수계획(P. G. 102/1)의 실시를 위한 정보와 제안을 제공한다.

b. 중국에서의 OSS 활동을 위한 총체적 특수계획은 조선에 관련된 다음과 같은 목적을 포함한다.

(1) 조선에서 비밀 첩보를 캐낸다.

(2) 게릴라전을 조직하고, 지원하고, 지시하며 적에 대항하여 파괴 공작을 지휘한다.

(3) 일본군과 일본 민간인의 사기를 약화시킨다.

c. 첩보 목적으로 일본 내부로 요원을 침투시키는 특별한 계획 – 워싱턴 비밀 첩보부의 협조를 위한 다음과 같은 계획을 갖는다:

(1) 전략적 비밀 첩보 수집을 위해 요원의 일본 내부 침투를 원활하게 할 수 있도록 OSS 재원을 사용하고 체제를 편성하는 일.

(중략)

2. 상황

(중략)

g. 사회적 고찰

(중략)

**(8) 일본 지배 하의 타락**

**일본의 마약 밀매는 조선에 수천 명의 중독자를 만들어냈다. 조선인들은 정부가 후원하는 위안소(brothels)와, 많은 조선인 여성이 만주와 중국의 위안소(brothels)로 보내지거나 "위안부(comfort troops)"로 이용된다는 사실에**

**분노하고 있다. 경찰은 이러한 조선인 여성 인신매매에 대해 묵인하고 있다.**

(중략)

6. 조선의 목표 대상

(중략)

b. 일반 행동 방식

(중략)

(2) 심리전 대상으로서의 조선인들

(b) 위에 제시된 종류의 심리전에서는 다음과 같은 불만과 "약점"을 적극적으로 활용할 것.

(1) 일본의 오만함, 조선인들을 열등하게 대우하는 것, 일본인들이 사회적으로 조선인들과 어울리는 것을 거부하는 것, 군대에서 조선인들을 불신하는 것.

(2) 조선 생활 전반에서 일본인을 조선인보다 우대하는 차별: 일자리, 임금, 사업 기회, 정부 직위, 교육 기회, 식량 배급, 법정에서의 대우, 군 복무 중 보직 종류와 승진 기회.

(3) 지지받지 못하는 전쟁; 조선인들이 일본의 전쟁이지 조선의 전쟁이 아니라고 느끼는 감정, 전쟁 목적으로 수탈당하는 조선의 자원에 대한 분노; 조선인들의 징용과 징병; 물자 부족, 높은 물가, 배급제도, 높은 세금을 포함한 전쟁으로 인한 경제적 어려움.

(4) 일본인이 지배하는 조선의 경제생활. 일본의 재벌이 소유하는 산업들. 일본인의 대규모 토지 소유. 조선의 쌀과 다른 물품들을 일본으로 보내 결과적으로 조선인들이 싸구려 작물을 먹고 신발 없이 생활해야 하는 것.

관료들에게 고정된 가격에 강제로 모든 농산물을 판매해야 하는 것. 일본인이 관리하는 산업과 운송업에서의 낮은 임금, 긴 노동 시간, 그리고 열악한 노동 환경.

(5) 조선 생활 전반에서의 "일본화" 프로그램에 대한 분노. 조선의 언어, 문화, 상징, 신문에 대한 통제.

(6) 일본인들의 경찰과 주민 감시체계를 통한 지역 내 일상생활에 대한 철저하고 폭력적으로 감독, 일본 경찰에 의한 부당한 체포와 악랄한 처우, 경찰서에서의 "사상(thought-life)" 심문, 그리고 외국 교육을 받은 조선인들의 수감.

(7) 강요된 신도(Shinto)와 일왕 숭배에 대한 종교적 불만, 불교 사찰과 유교에 대한 무시, 성경에 대한 공식적 규제, 기독교 지도자 체포, 조상 숭배에 관한 조선 문화의 무시.

**(8) 조선인 여성들을 "위안부(comfort troops)"로 광범위하게 이용하는 것과 일본의 아편 밀매 후원에 대한 분노**

(후략)

# 21

**OSS Notice leaflet**

**RG 226 Entry 148 Box 20**

이 문서는 전략첩보국(Office of Strategic Services, OSS) 중미협력기구(Sino-American Cooperative Organization)에서 중국 민간인과 괴뢰군을 대상으로 상하이와 난징에 살포한 전단지다. 영어 번역본이 먼저 제시되고 중국어 원문이 나온다. 이 전단은 일본군 포고로 위장하여 일본군이 점령지 민간인에게 원조를 약속한다는 내용을 퍼트리고 있다. 일본군을 당황하게 만들기 위한 목적이다. 전단의 3번 항목에는 당시 중국의 민간 조직이었던 보갑제의 수장인 보장과 갑장이 일본군를 위해 '위안부'를 모집해야 한다는 명령에 복종해야한다는 내용이 포함되어 있다. 이를 통해 일본군이 점령지 여성을 '위안부'로 동원했다는 소문이 있었으며 미국 첩보기관 역시 이를 인지하고 활용했음을 알 수 있다.

PROJECT NO. VF/C/6
DATE TO PRESS 19 March 1945

TARGET: CHINESE CIVILIANS AND PUPPET SOLDIERS

SUBJECT: NOTICE

PURPOSE: To embarrass the Japanese Military by making promises of material gifts to the Chinese in the name of the Japanese Army

MEDIUM: Notice, in the form of a leaflet

TRANSLATION TEXT DESCRIPTION: NOTICE 1. All civilians may receive farming implements without charge, or ask for a business loan from the "Civilians' Aid" in Japanese controlled areas. 2. The Japanese Army has received a request from the Nanking Gov't to guard this area from the coming fierce attack of the Chinese and American Armies. 3. The Pao-chia should always obey the Japanese order to furnish women for the comfort of the Japanese soldiers. 4. The Japanese Army must eradicate our common enemy. You people must not disclose information of Japanese defeats, but you should spread news of our victories instead. 5. In Japanese-occupied areas taxes are free; materials requisitoned are paid for at the market price. 6. Anybody who does not thoroughly understand, is requested to approach the "Civilians' Aid", where you may obtain advice and presents of 10 ft. cloth, 1 tou rice, 1 catty salt, 1 pkg. cigarettes, 1 small box Man Gin Oil, and $500. Failure to receive the foregoing may be *

INTELLIGENCE DATA: Japanese leaflet of same format

PURPORTED SOURCE: Japanese Military Authorities

TIMING: April, 1945

AUTHOR: Major Don B. Monroe, CMP and General Wu Li-chun

APPROVALS:

FORMAT: NOTICE; leaflet; black type with red border and red seal of Japanese Military Authorities

PRESS: Bureau of Information & Statistics-3 stereos & 1 matrix

DISTRIBUTION: In Fukien Province, Shanghai, and Nanking
3 stereos and one matrix to Advance Base 31; March 1945

SAMPLES TO: (4) Col. Mann DATE April, 1945
(5) Mr. Dulin DATE " 15 "
( ) DATE
( ) DATE
( ) DATE
( ) DATE

REMARKS:
*reported to Japanese Military Hq.(Chopped) The Great Japanese Military Headquarters.

 — OSS Notice leaflet

PROJECT NO. VF/C/6
DATE TO PRESS 19 March 1945

TARGET: CHINESE CIVILIANS AND PUPPET SOLDIERS

SUBJECT: NOTICE

PURPOSE: To embarrass the Japanese Military by making promises of material gifts to the Chinese in the name of the Japanese Army

MEDIUM: Notice, in the form of a leaflet

TRANSLATION TEXT DESCRIPTION: NOTICE 1. All civilians may receive farming implements without charge, or ask for a business loan from the "Civilians' Aid" in Japanese controlled areas. 2. The Japanese Army has received a request from the Nanking Gov't to guard this area from the coming fierce attack of the Chinese and American Armies. 3. The Pao-chia should always obey the Japanese order to furnish women for the comfort of the Japanese soldiers. 4. The Japanese Army must eradicate our common enemy. You people must not disclose information of Japanese defeats, but you should spread news of our victories instead. 5. In Japanese-occupied areas taxes are free; materials requisitoned are paid for at the market price. 6. Anybody who does not thoroughly understand, is requested to approach the "Civilians' Aid", where you may obtain advice and presents of 10 ft. cloth, 1 tou rice, 1 catty salt, 1 pkg. cigarettes, 1 small box Man Gin Oil, and $500. Failure to receive the foregoing may be *

INTELLIGENCE DATA: Japanese leaflet of same format

PURPORTED SOURCE: Japanese Military Authorities

TIMING: April, 1945

AUTHOR: Major Don B. Monroe, CMP and General Wu Li-chun

APPROVALS:

FORMAT: NOTICE; leaflet; black type with red border and red seal of Japanese Military Authorities

PRESS: Bureau of Information & Statistics-3 stereos & 1 matrix

DISTRIBUTION: In Fukien Province, Shanghai, and Nanking
3 stereos and one matrix to Advance Base 31; March 1945

| SAMPLES TO: | | |
|---|---|---|
| ( 4 ) | Col. Mann | DATE April, 1945 |
| ( 5 ) | Mr. Dulin | DATE " 15 " |
| ( ) | | DATE |
| ( ) | | DATE |
| ( ) | | DATE |
| ( ) | | DATE |

REMARKS: *reported to Japanese Military Hq. (Chopped) The Great Japanese Military Headquarters.

PROJECT NO. VF/C/6
DATE TO PRESS 19 March 1945

TARGET: CHINESE CIVILIANS AND PUPPET SOLDIERS

SUBJECT: NOTICE

PURPOSE: To embarrass the Japanese Military by making promises of material gifts to the Chinese in the name of the Japanese Army

MEDIUM: Notice, in the form of a leaflet

TRANSLATION TEXT DESCRIPTION: NOTICE 1. All civilians may receive farming implements without charge, or ask for a business loan from the "Civilians' Aid" in Japanese controlled areas. 2. The Japanese Army has received a request from the Nanking Gov't to guard this area from the coming fierce attack of the Chinese and American Armies. 3. The Pao-chia should always obey the Japanese order to furnish women for the comfort of the Japanese soldiers. 4. The Japanese Army must eradicate our common enemy. You people must not disclose information of Japanese defeats, but you should spread news of our victories instead. 5. In Japanese-occupied areas taxes are free; materials requisitoned are paid for at the market price. 6. Anybody who does not thoroughly understand, is requested to approach the "Civilians' Aid", where you may obtain advice and presents of 10 ft. cloth, 1 tou rice, 1 catty salt, 1 pkg. cigarettes, 1 small box Man Gin Oil, and $500. Failure to receive the foregoing may be *

INTELLIGENCE DATA: Japanese leaflet of same format

PURPORTED SOURCE: Japanese Military Authorities

TIMING: April, 1945

AUTHOR: APPROVALS: Major Don B. Monroe, CMP and General Wu Li-chun

FORMAT: NOTICE; leaflet; black type with red border and red seal of Japanese Military Authorities

PRESS: Bureau of Information & Statistics-3 stereos & 1 matrix

DISTRIBUTION: In Fukien Province, Shanghai, and Nanking
3 stereos and one matrix to Advance Base 31; March 1945

SAMPLES TO:

| | | |
|---|---|---|
| (4) | Col. Mann | DATE April, 1945 |
| (5) | Mr. Dulin | DATE " 15 " |
| ( ) | | DATE |
| ( ) | | DATE |
| ( ) | | DATE |
| ( ) | | DATE |

REMARKS:
*reported to Japanese Military Hq. (Chopped) The Great Japanese Military Headquarters.

457 — OSS Notice leaflet

PROJECT NO. V.F./C/6
DATE TO PRESS 19 March 45

TARGET: Chinese Civilians + Puppet Soldiers

SUBJECT:
PURPOSE:

MEDIUM: Leaflet - 6 7/8" X 9"
TRANSLATION
TEXT
DESCRIPTION

INTELLIGENCE DATA: Japanese leaflet of similar design

PURPORTED SOURCE: Japanese Military Authorities

TIMING: April 1945

AUTHOR: Maj Monroe + Gent Wu Li Chien
APPROVALS:

FORMAT: Leaflet - black type with red border + red seal of Japan Military Authorities
PRESS: Bureau of Information + Statistics 3 stereos + 1 matrix
DISTRIBUTION:

SAMPLES TO: (4) Col. Mann DATE
(5) Mr Durlin DATE Apr 15 45
( ) DATE
( ) DATE
( ) DATE
( ) DATE

REMARKS: Distribution in Fukien Province, Amoy, Shanghai, and Nanking.
3 stereos and 1 mat to Adv Base 31- March '45

NOTICE.

(1)All civilians may receive the farming instruments without charge or ask for loan to prosper business form the 'Comfort Class' in the Japanese stationing locality.

(2)The Japanese army has received the request from the Nanking Government to guard this area from the coming extensive counter-offensive of the Chungking and the American Army.

(3)The 'Po-chang and 'Chia-chang' (civilian organization) should always obey the Japanese order for collecting women put together to comfort the Japanese soldiers.

(4)Japanese army must eradicate our common enemy. You people must not disclose the Japanese defeated information, but you should try to propagate our victory news instead.

(5)In the Japanese occupied area, taxes are free, material requisitioned is paid on money according to the market price.

(6)Any body who does not quite understand the matter, is requested to approach to the 'Comfort Clas', where you can obtain advise and presents of cloth(10 ft.), rice (1 tou), salt(1 catty), cigarrettes (1) Man Gin Oil(1 small box) and CN$500. You may report to the Japanese ~~headquarters~~ Military Headquarters, if you receive those material short.

THE GREAT JAPANESE MILITARY HEADQUARTERS.

 — OSS Notice leaflet

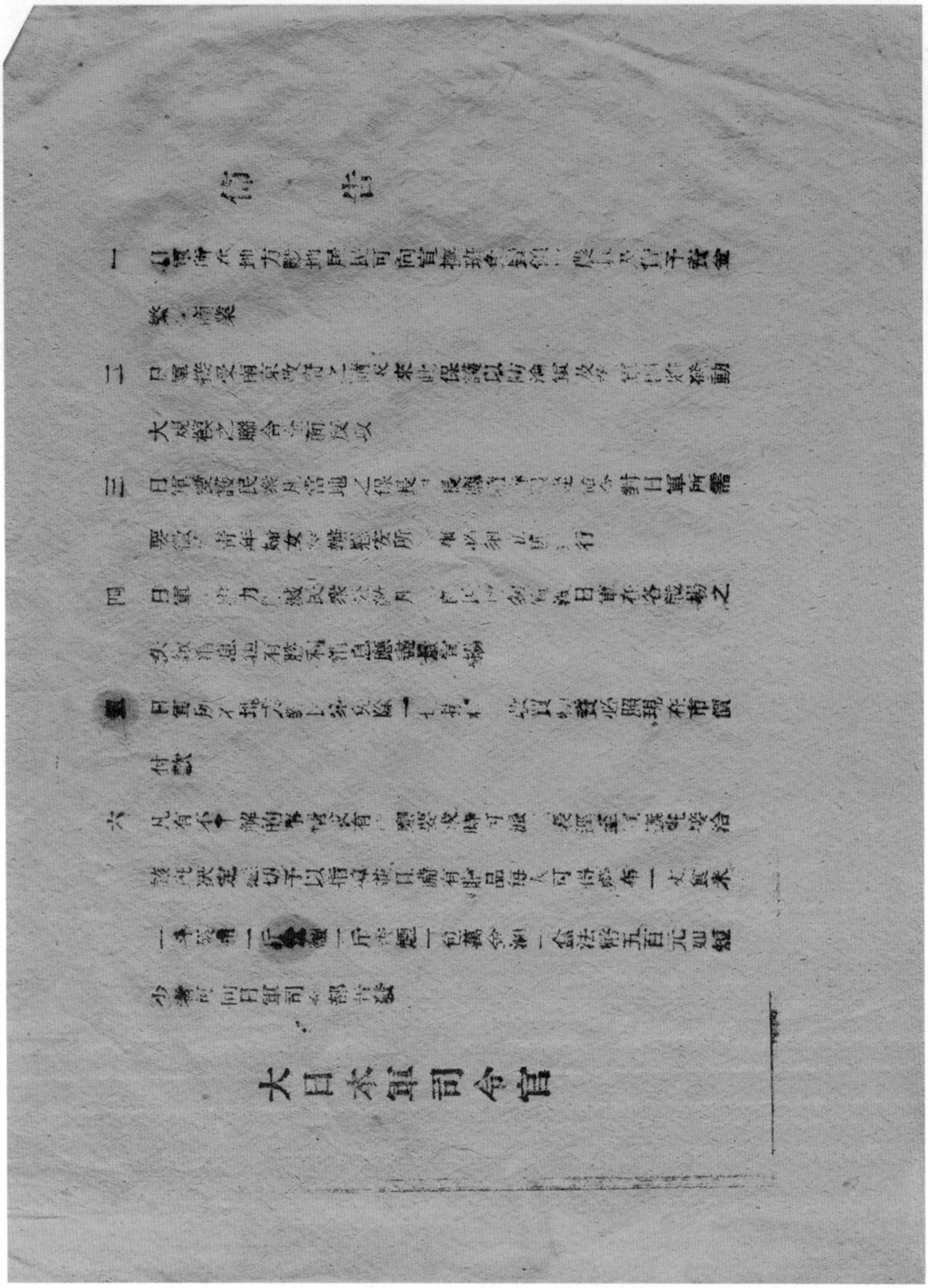

佈告

一 日軍佈在地方[illegible]地居民可向宣撫班[illegible]農民及借予資金
繁[illegible]商業

二 日軍接受南京政府之請求來此保護以防淪陷及[illegible]發動
大規模之聯合全面反攻

三 日軍愛護民衆凡當地之保長[illegible]對日軍所需
要[illegible]青年婦女[illegible]慰安所[illegible]行

四 日軍[illegible]力[illegible]滅民衆[illegible]日軍在各戰場之
失敗消息但有勝利消息應盡量宣揚

五 日軍所[illegible]一[illegible]照現在市價
付款

六 凡有不了解的事情或有[illegible]要求時可派[illegible]洽
該民決定[illegible]切予以指導並日備有贈品每人可得布一丈食米
一斗[illegible]一斤[illegible]一斤香烟一包萬金油一盒法幣五百元如短
少者可向日軍司令部告發

大日本軍司令官

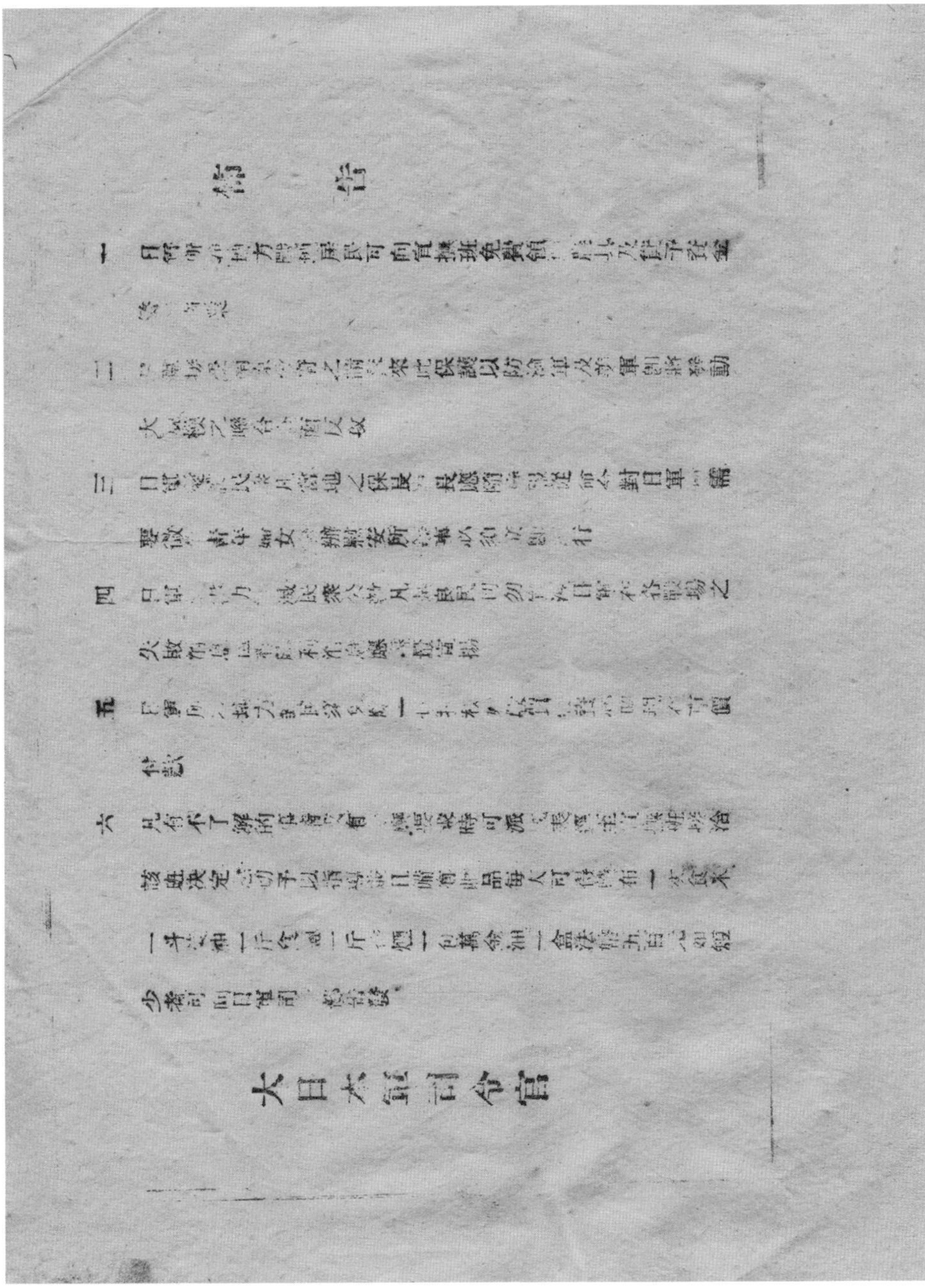

461 — OSS Notice leaflet

# 佈告

一 日軍所到地方，[illegible]居民[illegible]

[illegible]

二 日軍[illegible]

大觀樓之[illegible]

三 日軍[illegible]民[illegible]

[illegible]行

四 日軍[illegible]良民切勿[illegible]之

[illegible]

五 日軍所[illegible]

[illegible]

六 凡有[illegible]

[illegible]

一斗[illegible]一斤[illegible]

[illegible]日軍司[illegible]

大日本軍司令官

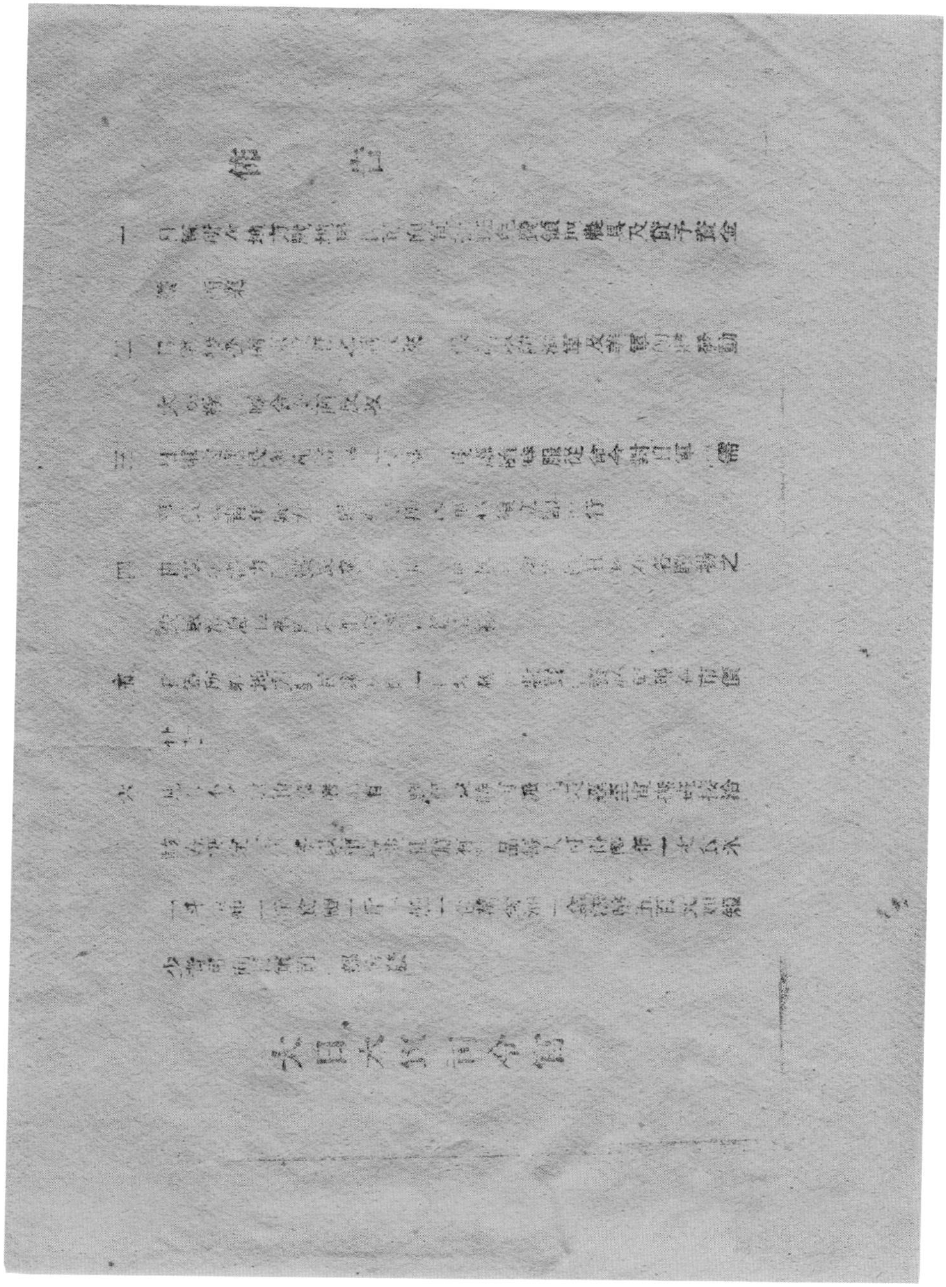

463 — OSS Notice leaflet

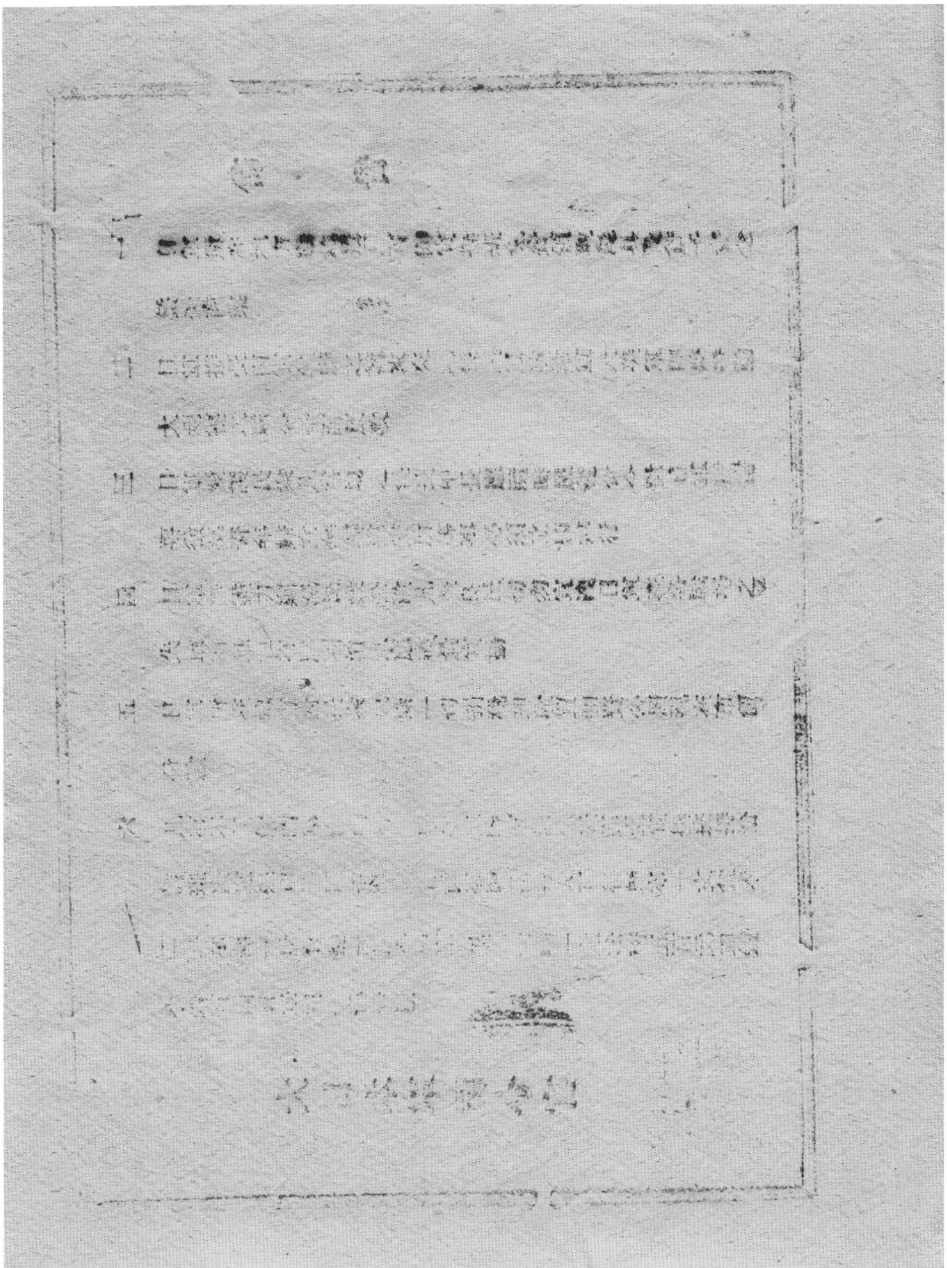

 — OSS Notice leaflet

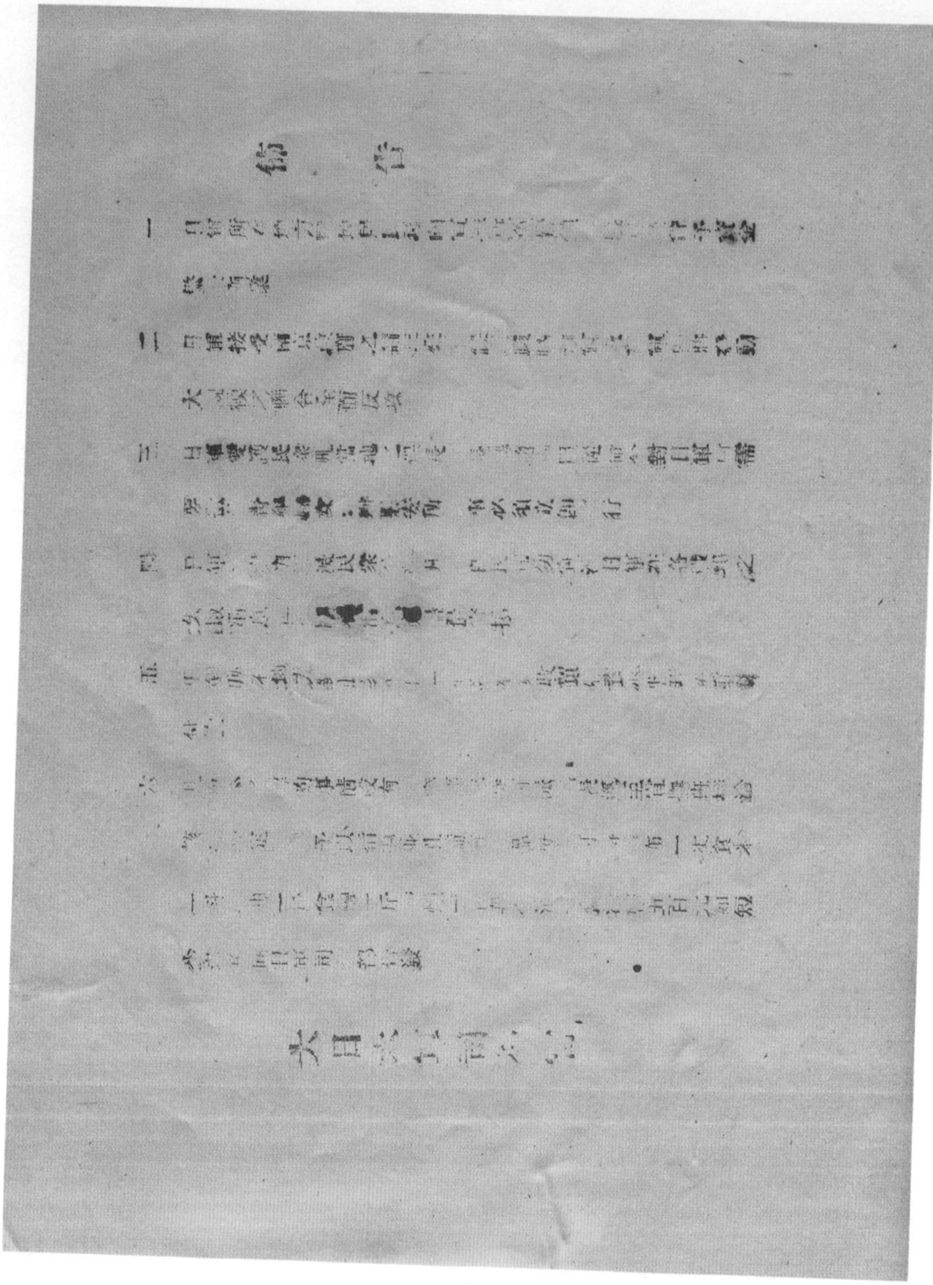
佈告

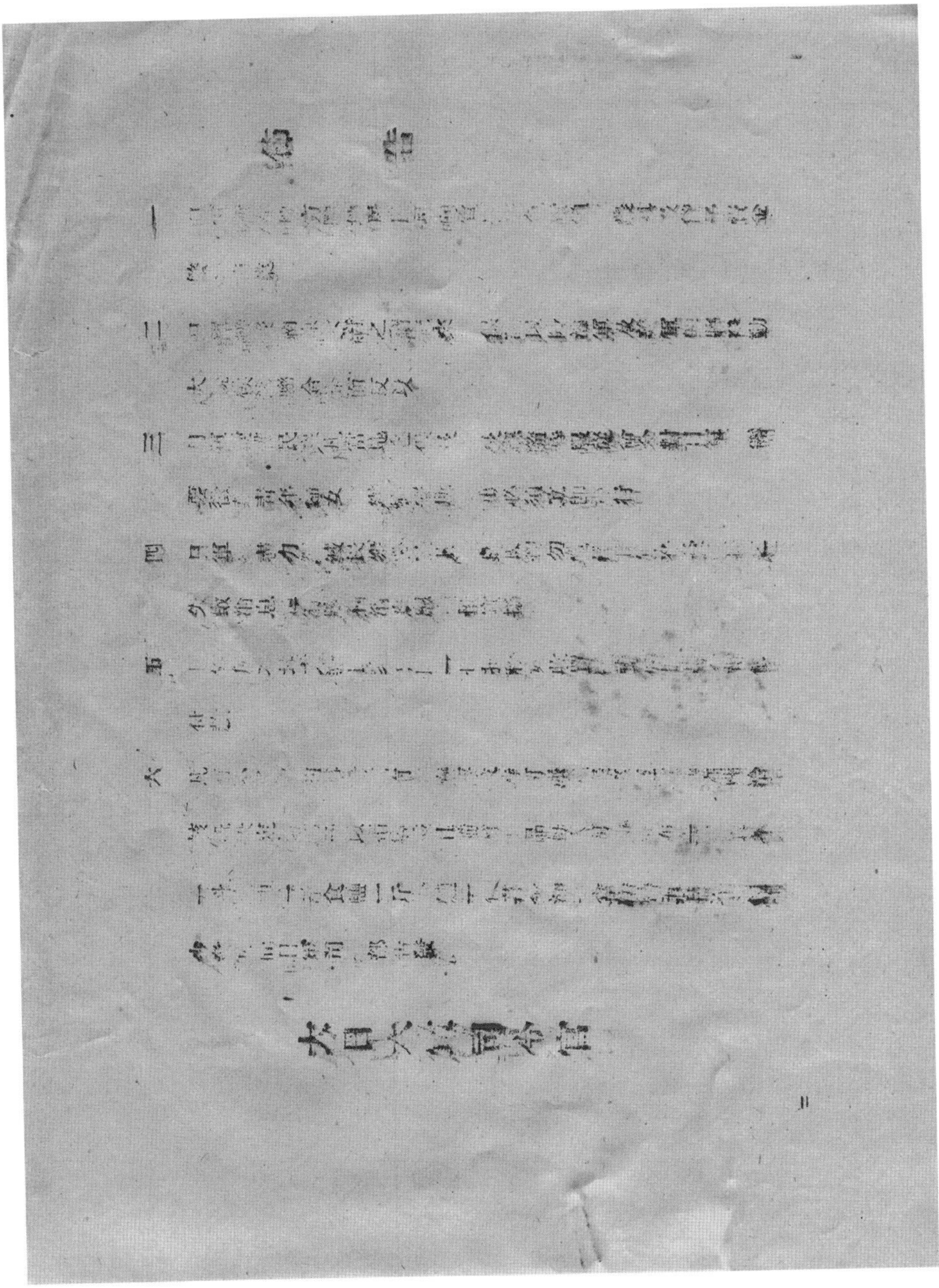
一 [illegible]

二 [illegible]

三 [illegible]

四 [illegible]

五 [illegible]

六 [illegible]

467 — OSS Notice leaflet

**대상:** 중국 민간인과 괴리군 병사들

**제목:** 포고

**목적:** 일본군의 이름으로 중국인들에게 물질적 선물을 약속하여 일본 군대를 당황하게 하기 위함.

**매체:** 포고, 전단지 형식으로

**번역:**

포고 1. 일본 통치 지역의 모든 민간인들은 무료로 농업 물품들을 받거나 사업비 대출을 "선무반(Civilian's Aid)"에게 신청할 수 있다. 2. 일본군은 다가오는 중국과 미국 군대의 거센 공격으로부터 해당 지역을 보호할 것을 난징(Nanking) 정부로부터 요청받았다. **3. 보장(保長)은 군인들을 '위안'하기 위한 여성들을 제공해야 한다는 명령에 항상 복종해야 한다.** 4. 일본군은 공공의 적을 말살해야한다. 너희들은 일본의 패배에 대한 정보를 알릴 수 없고, 대신에 우리의 승리 소식만을 퍼뜨려야 한다. 5. 일본군 점령지에서 세금은 무료다. 징발 당한 물품들은 시장 가격으로 값을 받는다. 6. 정확히 이해하지 못한 자들은 누구나 "선무반"에 가기를 바란다. 그곳에서 너희는 안내와 함께 옷 10피트(약 3미터), 쌀 1톤, 소금 1캐티(약 600그램), 담배 1갑, 작은 호랑이연고 1상자, 그리고 500달러의 선물을 받을 수 있다. 앞서 언급한 바를 받지 못한다면*

**본문 설명:**

**정보 자료:** 같은 형식의 일본 전단지

**주장된 출처:** 일본 군 당국

**시점:** 1945년 4월

**제작자:** 돈 B.먼로(Don B. Monroe) 소령, CMP와 우 리춘(Wu Li-chun) 장군

**허가:**

**형식:** 포고; 전단지; 붉은 테두리와 함께 일본 군 당국의 붉은 인장이 찍힌 검은 형태

**발행자:** 정보 & 통계 부처 – 3 스테레오판 & 1 모형

**배포:** 푸젠성(Fukien), 상하이, 난징

3 스테레오판과 1 모형을 31 전진기지로; 1945년 3월

표본 수신: (4) 대령 만(Mann) 날짜 1945년 4월
(5) 둘린(Dulin) 씨 날짜 〃 〃 15일

비고:

* 일본군사령부로 보고됨. (중략) 대일본군사령부.

(중략)

포고

(1) 모든 민간인들은 무료로 농업 도구들을 받거나 사업비 대출을 인근에 주둔하고 있는 일본군의 "선무반(Comfort class)"에게 신청할 수 있다.

(2) 일본군은 다가오는 충칭(Chungking)과 미군의 거센 공격으로부터 해당 지역을 보호할 것을 난징(Nanking) 정부로부터 요청받았다.

**(3) 보장(保長)과 갑장(甲長)(민간 조직)은 군인들을 '위안'하기 위한 여성들을 모집해야 한다는 명령에 항상 복종해야 한다.**

(4) 일본군은 공공의 적을 말살해야한다. 너희들은 일본의 패배에 대한 정보를 알릴 수 없고, 대신에 우리의 승리 소식만을 퍼뜨려야 한다.

(5) 일본군 점령지에서 세금은 무료다. 징발 당한 물품들은 시장 가격으로 값을 받는다.

(6) 잘 이해하지 못한 자들은 누구나 "선무반"에 가기를 바란다. 그곳에서 너희는 안내와 함께 옷 10피트(약 3미터), 쌀 1톤, 소금 1캐티(약 600그램), 담배 1갑, 작은 호

랑이연고 1상자, 그리고 500달러의 선물을 받을 수 있다. 앞서 언급한 바를 부족하게 받는다면 일본 군 사령부에 보고할 수 있다.

# 22

## MO Targets in Burma

## RG 226 Entry A1 139 Box 137

진주만 기습으로 연합군과의 전쟁을 시작한 일본은 버마를 비롯한 연합군의 동남아시아 식민지 지역을 차례로 침공했다. 1942년 5월 일본군이 버마 북부를 점령하면서 버마 전체는 일본의 점령지가 되었다. 이 문서는 전략첩보국(Office of Strategic Services, OSS)이 작성한 버마에서의 심리전 대상에 관한 보고서로 일본군과 버마 민간인으로 나누어 심리전의 구체적인 내용을 서술하고 있다. 그 중 버마 민간인들에게 일본군이 여성을 함부로 대하여 공장과 농장 노예, 심지어는 일본군의 '위안부'로 삼았음을 상기시키라는 항목이 포함되어 있다. 일본 통치의 폭력성, 특히 여성에 대한 폭력의 연장선에서 '위안부' 문제를 부각하려는 의도가 담겨있는 것으로 보인다.

SECRET

## APPENDIX F

## MO TARGETS IN BURMA

### 1. Japanese Troops

The main line of attack would be to emphasize that the Japanese troops are far from home and that it is not considered likely by the Japanese themselves that they will ever return to Japan. Their future will be at best a war of attrition against Allied forces resulting in their final extermination. We must drive this home; first that the Allied forces are determined to wage a war to an inevitably successful conclusion; secondly, that the Japanese are miserably rotting away in a land which has no meaning for them and in no way serves the cause of the Emperor. It should be emphasized that Japanese soldiers by the million have already wasted away and died for seven years in China. We must stress the fact that these Japanese originally went to China thinking they would be home within twelve months.

We must remind Japanese troops in Burma of specific known complaints. They do not get enough sugar, oil, fresh vegetables, or much of anything except sloppy rice. The rice should be always emphasized as being sloppy because it is mixed with some sort of root vegetable that contains little nourishment and, because of its fibrous composition, is known to result in colitis.

SECRET

We must further emphasize that their clothing is becoming daily more ragged, that it is the lack of vitamins that gives them beri-beri, that it is wet weather and exposure that gives them bronchitis, and that it is the Burma deadly mosquito that gives them malaria.

We must remind them of the unimportance of their efforts, of the lack of responsibility of their officers, of their physical weakness, and press home their fear of being suddenly killed by raiding parties and snipers.

We must emphasize to the fighting line soldier that the men at home are stealing their wives and sweethearts, while they are given access to a few prostitutes who infect them physically and morally.

The front line troops especially should constantly be reminded that soldiers at headquarters live better, obtain faster promotion, and are in a much better position to get back to Japan.

In the path of invading Allied forces, our propaganda would be directed towards creating the utmost terror and fright, especially by reminding the Japanese troops that in other parts in Burma the other Japanese troops are being evacuated; that the war is swinging in favor of the Allied forces and the Burmese are all potential enemies of the Japanese and they can trust absolutely no one.

Furthermore, when possible, we should emphasize the partiality of the Burmese to crime, violence and arson, and make sure that our propaganda campaign is coordinated with suitable SO operations.

2. Burmese Civilians

Since there is everywhere local resentment against the Japanese, on however small a scale, we are quite safe to remind the Burmese of this resentment. We know that there are Japanese restraints upon the local people in the way of policing, food controls, and freedom to work. In many localities the Japanese have requisitioned labor. Burmese sailors are being recruited and trained to man Jap ships -- only to die by submarine attack.

There are some Burmese who are worried about the fate of Burmese culture, about the teaching of Japanese in Burmese schools and about the Japanese influence on all political thinking in Burma.

More specific complaints are that the Burmese are permitted to use neither the mails nor the trains. There is inadequate light, neither electric because of the large destructions of power plants during the war, nor oil lamps because of the shortage of oil.

Stress that all of the public service utilities are being run by the Japanese with Japanese boss operators.

Remind the Burmese, among whom women hold a respected and important place, that the Japanese ill-treat their own women and relegate them to an insignificant position. Use documented incidents that have arisen between Japanese troops and Burmese women to show that the Japanese are gradually building up to a point where they will be able to reduce all Burmese women to industrial or farm slaves at best, or Japanese army prostitutes at worst. Guarantees to women under Burman-Buddhist law are disappearing.

SECRET

A campaign could be organized to encourage wholesale arson, which the Burmese is known to favor. This could be done by creating "incidents" between the Burmese and Japanese, so that the Japanese would make strict reprisals and with careful timing we could provoke the Burmese to retaliate with burning of Japanese quarters, and eventually of all buildings associated with collaborationists.

In reminding the Burmese of any present conditions that were unfortunate, we should never make comparisons with their position under the British, only refer to "earlier periods".

We can remind the Burmese that the Greater East Asia Co-Prosperity Sphere is absolutely meaningless as far as they are concerned, partly because they have nothing whatsoever in common with the Japanese or the Thais or the Filippinos partly because, for the Burmese,, there has been no propperity since the Japanese came in. To expand this point: Burmese economy revolves around the rice crop which was built up under British management to give Burma the largest export crop of rice in the world. The Burmese is not aware that the British were largely responsible for this, he is only aware that in former times the sale of excess rice enabled him to buy most of the other things he needed, such as sugar, salt, cooking fats, cloth, thread, kerosene, and a host of minor luxuries, particularly ornaments.

As things stand, the Japanese have found it imperative to purchase the excess rice in order to pacify the farmer, but the farmer finds himself possessing Japanese-issued money which will buy none of the things he wants because they are absolutely not available. Nor is Japan endeavoring to make consumer goods available; elsewhere she has been forced by local pressure to do this.

In suggesting to the Burmese that Allied forces will release him from the Japanese, it might be desirable to suggest the foremost position of the United States among such Allied forces, and never to let the Burmese think that it is the British coming back to take their country. This is, of course, something that would have to be worked out most tactfully with the British.

In the same way we should never let the Burmese think that Indian troops will have any part in a forthcoming invasion, nor that Indians will ever again play any important part in their country's affairs.

In connection with this, note that Indians offended the Burmese on many scores during British occupation. Firstly, they had been imported annually in huge numbers to plant and harvest the rice crop at wages far below the Burmese. They had also been used for other cheap-labor projects. Furthermore, organized Indian Communities had maneuvered themselves into virtual monopolies of money-lending, pawn-broking and similar exploiting professions. They had taken over many of the smaller shops, were worming their way into the larger establishments, and had successfully established themselves as public servants (railroads, telephone, telegraph, etc.) and policemen. The count against the Indians is very high.

Our only counter-propaganda in this direction is that Ba Maw agreed to allow Bose to operate his so-called India Independence Army out of Burma, and we could pretend that this was a wedge to allow far more Indians into Burma than under British occupation.

SECRET

As a matter of fact, it is likely (based upon reports) that the Japanese have already imported large numbers of Indians for road-building and other tasks on which the Burmese have refused to work. And what prospect would Burma have in dealing on a basis of justice and equality with an independent India? Why should Burma battle for India's independence?

Specifically with regard to Burmese farmers, we must assure them that not only will the Indians be prevented from foreclosing on their land but that there will be a future sharing of land owned by the Indian moneylenders, or any group which we consider particular Burmese may not like.

Final points about the Indian question: A campaign could be started, especially with the use of faked photographs, that Indian prisoners of war in Burma have been treated entirely too well, because, for example, these prisoners are to be the basis of Bose's army. Then we could start another campaign to show that the Japs have replaced Indian coolies with Burmese forced labor.

With regard to Ba Maw and his group: It should always be borne in mind that they represent a large and respected cross section of Burmese officialdom. Therefore, in addition to a program of threats, blackmail, and moral sabotage against certain elements, and a program of bribery against other elements, we should also have to instigate a propaganda campaign that would convince the "better" element that there would be no United Nations reprisals, so that at best they would help us, and at worst they would not hinder us.

Amongst all income groups of Burmese officials, rates of pay have been seriously cut. This would be one way of driving a conflict wedge between the mass and the present leaders of Burma.

Since fairly reliable reports show increasing rather than decreasing violence throughout Burma we should initiate a very extensive campaign to exploit it. The police are treated with open contempt by hoodlums. All urban communities of lower Burma, especially in Rangoon, are excellent targets, both to encourage lawlessness, and to emphasize to the inhabitants in those areas that it is growing worse. Maubin, Tharrawady, Bassein, Pyapon, Yamethin, Prome, Henzada, Myaungmya, Toungoo, Thato, Mandalay, Pakkoku and the Pegu Yomas are all known lawless areas.

A big campaign could be built up out of offenses of Japanese troops. We could emphasize that they still have extraterritorial rights; that they are always associating with the "Bad Hats" meaning the Burmese gangster-politician types, opium-smugglers, etc. Furthermore, for searching purposes, they have stripped civilians of both sexes; they have slapped people, shot oxen (burden and transport animals) and looted Burmese property. Another offense which bothers the modest Burmese is that Japanese troops bathe naked.

A campaign could be made out of the fact that British currency is still preferred to the Japanese yen and that shops will not sell goods for the latter. This could be tied up with the resented fact that the Japanese have obtained full control of currency in Burma, in spite of their promise of Burmese independence.

A specific target amongst the Burmese would be the Buddhist monks. They occupy a position of high importance in Burmese life, have great influence on the people, but because of their anti-British attitude could be won to our side only with very careful and clever tactics.

We could exploit reports that the Japanese have been using the monasteries for latrines, stables and slaughterhouses, That the Japanese have been making the monks do menial work. That they have kept their shoes on in the monasteries and have been using the altars as tables for eating, etc. Furthermore, by using the monasteries as storage place for munitions and as barracks they have made them targets of Allied Bombings.

We might drive wedges between Japanese and the monks by emphasizing that Ba Maw and his group, as well as such political parties as the Thakins, are obtaining entirely too much political power, of which the monks are undoubtedly jealous.

Another specific target would be the Burmese soldiers. During the war, they were organized as the Burmese Independence Army, and the Thakin or Leftist element was in control. They were considered by the Burmese people to be great heroes, and with this partly-nationalistic, partly-revolutionary interest localized pride might be aroused to resist the part Japs play in their affairs.

After the Japs had won control of Burma, they considered a nationalist- and Leftist-inspired army to be a potential menace to their control. They therefore got rid of the Thakin element and reorganized the Burmese troops as the Burma Defense Army. But this term "defense" implied to the Burmese that the British were coming back and the Japanese saw that they had given entirely the wrong impression. The Burmese were finally organized as the Burma National Army, but reports indicate they deplore the passing of their autonomy and complain against Japanese-language commands, over-strict discipline, over-long hours, and miserably low pay.

Wedges would of course be driven between the Burmese and all of the other native groups, such as the Karens who are potentially pro-Ally, capable of being very loyal, law-abiding and progressive. Most of them are farmers, but they make excellent soldiers or military police. They largely hate the Burmese whom they consider arrogant and lazy. (1½ million)

One million Shans also dislike the Burmese, mainly because they are jealous of the Burmese wanting to overload them. However, it must be remembered that they are more anti-Chinese than anti-Burmese and that they are also jealous of Thailand, because certain of their states have recently been ceded to that country. They are essentially traders.

There are some 350,000 Chins who are inclined to be barbarious, drunken, turbulent raiders, but who under the right influence can easily become careful, friendly farmers and United Nations allies.

200,000 Kachins offer us an excellent weapon against the Burmese, because they are potentially pro-Ally, and very courageous when enlisted as soldiers.

SECRET

There are enough Muslims in the Arakan district to warrant wedge-driving tactics between them and the Buddhists. Large numbers of Christians, especially among the Karens, would also provide religious conflict themes.

Political subversion would be aimed at any group not part of Ba Maw's Dobana Sinyetha. It should be aimed especially at the Thakin party which at the recent Tokyo conference was wholly unrepresented in spite of its foremost position as the aggressive liberal group.

APPENDIX J

OUTLINE OF INFORMATION DESIRED IN CONNECTION WITH MO OPERATIONS IN BURMA

In order to conduct effective MO operations in Burma, it is essential that reliable and detailed information be collected regarding the following:

I. MILITARY OPERATIONS

A. A description of the Japanese Army, Naval and Marine forces operating in and about Burma, including:

1. Names of commanding officers.
2. Strength of forces in area.
3. Locale of operations (with particular emphasis on garrisons, isolated outposts, and any recent major shifts in troop concentrations).
4. Order of battle, if known.
5. Quality and adequacy of equipment.

B. Description of specific campaigns - weapons, tactics and techniques employed:

C. Morale of troops (reports indicating demoralization among Japanese forces-accounts of desertions, any evidences of distrust and suspicion among personnel, etc., are of particular interest).

D. Morale of the Burma National Army forces.

E. Reports of offensive behavior on part of Japanese (mistreatment of Burmese women and children, mutilation of imprisoned Burmese, mistreatment of animals, immodest personal behavior, etc.).

II. HEALTH CONDITIONS

A. Among the Japanese:

1. Prevalence of disease and losses therefrom. Any epidemics, shortage of doctors, equipment, and supplies (especially quinine) are of particular interest.

2. Reports of dietary deficiency.

3. Adequacy of facilities for hospitalization.

B. Among the Burmese:

1. Epidemics originating in Japanese camps.

2. Lack of medicines and treatment due to Japanese monopoly of same.

3. Reports of dietary deficiency.

III. RELIGION

A. All reported Japanese offenses during worship in temples.

B. A somewhat detailed description of the more common religious ceremonies and festivals in Burma with emphasis on any symbols, myths, etc., which might be exploited.

C. Any habits of the villagers or monks which might be useful as a means of disseminating information (regular meetings with pongyis, etc.).

IV. POLITICAL CONDITIONS

A. Japanese Military Government

1. What control is actually exercised by military authorities in Burma.

2. What military orders or proclamations have been issued affecting the internal administration of the country.

3. What is the relation between the military government, Japanese civil occupation authorities and the puppet government.

B. Japanese Civil Occupation Authorities

1. What control is exercised by Japanese civilian authorities, both administrative and judicial. In this connection, to what extent does Japan reserve extra territorial rights.

2. What evidence is there of favorable treatment of Japanese tried in their own extra territorial courts, as well as examples of decisions of Burmese courts discriminating in favor of the Japanese.

C. Puppet Government

1. A description of the present form of the Burmese puppet government including any administrative, legislative, and judicial functions.

2. What civil rights have been extended to the Burmese, both in theory and in practice.

3. What distasteful restrictions have been imposed upon the Burmese, i.e., restrictions on consumer's goods

(needles, etc.), travel, luxury food (salt, etc.) rights of assembly, etc.

4. What executive proclamations, decrees and legislative acts have been promulgated affecting the internal administration of the country.
5. What instances have occurred indicating an anti-Japanese attitude among prominent Burmese.
6. What evidence do we have of sudden prosperity among Burmese collaborationists which would indicate acceptance of bribes from the Japanese.

D. Underground or "Free" Movements.

1. Strength of movement.
2. Headquarters

E. Specific Indications of present attitude among Burmese in General

1. Toward the British
2. Toward the Indians
3. Toward the U.S.
4. Toward the Japanese

V. EDUCATION

A. Any information on regimentation of education in Burma by the Japanese (Compulsory military training, study of Japanese language and Japanese culture, etc.)

VI. PERSONNEL OBJECTIVES

A. As complete a biographical statement as possible of Japanese military and civil occupation authorities, Burmese collaboration officials, and other prominent Burmese.

VII. ADDITIONAL INFORMATION

A. Recent data on the number of radio stations, receiving and transmitting sets, and the wave lengths used in Burma.

B. Recent data on newspapers and periodicals.

C. Any information on Burmese print and typewriters available. Sample of Burmese newspapers.

부록 F

## 버마의 심리전 대상들

### 1. 일본군 부대

공격의 주된 노선은 일본군이 고향에서 멀리 떨어져 있고, 일본군 스스로도 그들이 다시 일본으로 돌아갈 수 있을 것이라고 생각하지 않는다는 것을 강조하는 것이다. 그들에게 남은 최선의 미래는 연합군과의 소모전 끝에 결국 전멸하는 것이다.

(중략)

### 2. 버마인 민간인들

(중략)

**여성이 존중받고 중요한 지위에 있는 버마인들에게 일본군이 그들의 여성들을 함부로 대하고 중요하지 않은 위치로 격하시킨다는 것을 상기시켜라. 문서에 기록된 버마인 여성과 일본군 부대 사이에 있었던 사건들을 사용하여 일본군이 모든 버마인 여성을 기껏해야 공장이나 농장 노예 혹은 최악의 경우 일본군의 위안부(prostitutes)로 삼는 수준에 이르렀다는 것을 보여주어라. 버마 불교 율법 하의 여성에 대한 보장이 사라지고 있다.**

(하략)

# 23

**Where is Colonel Maruyama?**

**RG 226 Entry UD 144 Box 112**

이 문서는 전시정보국(Office of War Information, OWI) 심리전팀이 작성한 전단으로, 1944년 9월 버마 북부의 미치나가 연합군에 의해 점령된 뒤에 만들어진 것이다. 버마 미치나의 수비를 담당했던 일본군 보병114연대 연대장이었던 마루야마 후사야스 대좌는 일본군 내에서도 평판이 좋지 않았고, 미치나를 구원하기 위해 파견된 미즈카미 소장이 미치나 패배에 책임을 지고 자결하는 상황에서 도시를 버리고 도망가 부하들의 원성을 들었다. OWI는 이와 같은 상황을 이용하여 일본군 병사들에게 마루야마 대좌와 같은 지휘관들을 믿지 말라는 내용의 전단을 제작하여 배포하였다. 전단은 일본군 병사들의 마루야마 대좌에 관한 비난으로 가득 차 있다. 이 가운데에는 소중한 부하들은 버려두고 '위안부'를 데리고 강을 건너 도망갔다는 내용과 그마저도 연합군이 추격하자 '위안부'를 버리고 도망갔다는 내용이 있다. 이렇게 버려진 일본군 '위안부' 피해자 중 일부는 연합군의 포로가 되었다. 전단은 일본어로 작성된 원문과 영어 번역본으로 되어 있고, 마루야마 대좌에게 할복을 요구하는 단도 그림이 그려져 있다.

U.S. OFFICE OF WAR INFORMATION
Psychological Warfare Team
attached to
U.S. Army Forces C-B-I
APO 689

September 1944.

LEAFLET: Col. Maruyama (XJM-64)

LANGUAGE: Japanese ENGLISH TRANSLATION

---

TEXT WHERE IS COLONEL MARUYAMA?

In the Emperor Meiji's Rescript to Soldiers and Sailors, it is written that "duty is weightier than a mountain, while death is lighter than a feather." Your officers are in the habit of continually expounding this to their men.

Yet, despite this, look at the conduct of Colonel Fusayasu Maruyama who was supposed to command the brave soldiers of the 114th Regt. at Myitkyina.

In the last ten days of July - one week before Myitkyina fell - Colonel Maruyama, seeing that the battle was hopeless, ordered the sick and wounded still able to walk into the front lines. Those unable to walk he simply abandoned. And then, taking a number of able-bodied men to guard his own life, he fled across the Irrawaddy into the jungles south of Myitkyina.

Not only that. In place of his own precious men, Colonel Maruyama took along even "comfort girls", who however were abandoned later owing to the hot pursuit of Allied patrols. Passing near Sima, the party crossed the Burma-China border into Yunnan. Those who collapsed on the trail were left to die in the jungle.

Harrassed and dirt-bedraggled, Colonel Maruyama's party wandered through obscure, mountainous terrain for several weeks and at last headed back toward Bhamo.

If he does reach Bhamo, will he try to pose as a hero, or will he take the only honorable course left for an officer who has violated his duty?

Japanese soldiers, if you see Colonel Maruyama, ask him what apology he is going to make to the spirits of your comrades deserted at Myitkyina. Ask him about the sick and wounded left to die on Naungtalaw Island.

IS THERE ONLY ONE COMMANDER LIKE COLONEL MARUYAMA?

# 丸山大佐 何處よ

明治天皇の勅諭に『義は山嶽よりも重く死は鴻毛よりも輕し』とあり、指揮官は常にこの訓示を口癖の如く部下に説いて居る。

にも拘らず、ミチナで勇敢に戦った第百十四聯隊の兵士を指揮した筈の聯隊長、丸山房安大佐の行狀はどうだ。

彼は七月下旬—ミチナ陥落一週間前—防衛戦不利と見るや、歩ける病傷患者を前線に送り、歩けぬ者は之を見すてゝ、己の命ほしさに壮健な部下若干を伴ってイラワデー河を渡り、南方のジャングルに遁走した。

その上に、大切な部下の代りに慰安婦迄も伴つたが、聯合軍偵察隊の追撃が急となるや之等をも置きつ放しにして、中緬國境線に近きシマを迂回して雲南省まで逃れた。途中で歩行出來ぬ者はジャングルの中に取り殘され、死の道を辿った。

驥足を伸ばし得ず、一敗地に塗れた丸山大佐一行は、山間僻地に彷徨ふこと數週間、漸くにしてバーモへの道を發見したと。

さて、丸山大佐がバーモの守備隊に到着したら鼻高々と英雄面をするだらうか？それ共指揮官としての任務を怠り廉恥に堪え得ずして武士としての最後の手段を取るだらうか？

日本軍の勇士よ、諸君が丸山大佐を見たら、『ミチナに無緣の孤墳と化した戰友の英靈に對して何と申し譯をするか？』『ミチナの川向ふナンタローに取り殘された病傷患者をどうした？』と聞け！

**丸山大佐の如き指揮官は彼一人だらうか？**

XJM-64

전시정보국

심리전팀

미육군 중국-버마-인도 전구에 배속됨

APO 689

1944년 9월

전단지: 마루야마(Maruyama) 대좌 (XJM-64)

언어: 일본어

영어 번역

---

본문 마루야마 대좌는 어디에 있는가?

메이지 천황이 육군과 해군에 내린 칙유(勅諭)에는 "의는 산보다도 무겁고, 죽음은 깃털보다도 가볍다."라고 쓰여있다. 당신의 지휘관들은 항상 병사들에게 이 내용을 계속해서 자세히 설명한다.

하지만, 그러한 내용과는 반대로, 미치나(Myitkyina)에서 114연대의 용맹스러운 병사들을 통솔하기로 했던 후사야스 마루야마(Fusayasu Maruyama) 육군대좌의 행태를 보라.

7월 말의 마지막 10일(미치나 함락 일주일 전) 동안 전투에서 희망이 보이지 않을 때, 마루야마 대좌는 걸을 수는 있는 병자들과 부상병들을 전선에 배치시켰다. 그는 걸을 수 없는 사람들은 그냥 버려두었다. 그리고 그는 그의 목숨을 지켜줄 수 있는 몇 명의 병사들만을 데리고 이라와디(Irrawaddy) 강을 건너, 미치나 남쪽의 정글로 도망쳤다.

**그 뿐만이 아니다. 마루야마 대좌는 그의 소중한 병사들 대신에 "위안부(comfort girls)"를 데리고 갔으나, 연합군 정찰대의 맹렬한 추격이 있자 그들을 버렸다.** 그의 무리는 시마(Sima)의 근처를 지나, 윈난(Yunnan)으로 가기 위해 중국과 미얀마의 국경을 건넜다. 도중에 쓰러진 사람들은 정글 속에서 죽도록 버려졌다.

만약 그가 바모(Bhamo)에 도착했다면, 그는 영웅 행세를 하는 것과 스스로의 임무를 져버린 장교에게 남은 유일한 명예로운 길을 가는 것 중 무엇을 택했을까?

일본군 병사들이여, 만약 마루야마 대좌를 만난다면 그가 미치나에서 버리고 온 전우들의 영혼에 어떤 사과를 하려는지 물어보라. 그에게 나웅타라우(Naungtalaw)섬에 버려져 죽은 병자들과 부상병들에 대해 물어보라.

마루야마 대좌와 같은 지휘관이 오직 그 사람 뿐이겠는가?

# 2부

## RG 127, 313, 457, 496

# 24

## Item 1053: Record of Punishment

## RG 313 Entry P90-D Box 38

이 문서는 남태평양군(South Pacific Command, SOPAC)이 부건빌(Bougainville)섬 토로키나(Torokina)에서 노획한 일본군의 서류철에서 발견하여, 번역한 것이다. 이 문서는 1943년 11월초 발견되었고, 1944년 1월 7일 영어로 번역되었다. 치열한 접전 중에 토로키나 지역에서 미군이 노획한 이 문서는 일본군 내에서 발생한 범죄 및 처벌 관련 문건 4건을 다룬다. 각각 1053호, 1056호, 1058호, 1060호라는 번호가 붙어있다. 위안소와 관련된 내용이 등장하는 것은 1053호 문건이다.

사건의 피고인은 예비대 병장 A(26세)와 예비대 상등병 B(29세)로, 둘 모두 집단으로 가담하여 상관을 폭행한 혐의였다. 보고서에 기록된 바에 따르면 피고인 A와 B는 술집에서 사케를 마시고 취해 위안소에서 난동을 피웠다. 모 중위가 경고하자 화가 난 피고인 A는 소리를 지르고 모 중위의 뺨을 때렸다. 그러자 모 중위가 A를 가격했고, 피고인 B가 A를 도와 뒤쪽에서 모 중위의 옷깃을 잡고 그의 턱을 가격하면서 싸움이 벌어졌다. 먼저 폭력을 행사한 피고인 A에게는 구금 2년 6개월, A를 도운 B에게는 구금 1년 3개월의 처벌이 내려졌다.

A12-1/(25) SOUTH PACIFIC FORCE
OF THE UNITED STATES PACIFIC FLEET
HEADQUARTERS OF THE COMMANDER JWS/rjg

Serial 073

CONFIDENTIAL 7 January 1944

From: The Commander South Pacific.
To: Distribution List.

Subject: Captured Translated Japanese Documents - forwarding of.

Enclosure: (A) Subject Translations - Item Nos. 1053, 1056, 1058, 1060.

1. Enclosure (A) is forwarded herewith.

H.E. STASSEN
By direction.

DISTRIBUTION

COMINCH - 1
OPNAV (ONI) - 2
CINCPAC - 1
COMCENPAC - 1
COMDT MARCORPS - 1
JICPOA - 2
COMSOWESPAC - 5
CTF 39 - 2
COMGENSOPAC - 3
COMAIRSOPAC - 2
COMAIRSOL - 2
COMPHOTSOPAC - 6
COMLANCRAFLOTSOPAC - 1
MTBRON ESPIRITU - 2
MTBRON TULAGI - 2
COMMTBRONSOPAC - 6
COMGENBEVY - 5
COMGEN NEW GEORGIA - 4
COMGENPEON - 4
COMBATDIV SIX - 2
COMBATDIV EIGHT - 2
COMBATDIV NINE - 2
COMDESRON 12 - 2
COMDESRON 22 - 2
COMDESRON 23 - 2
COMDESRON 45 - 2
COMGEN 1ST MAC (ADMIN) - 15
CTF 55 - 2
COMNINTHPHIB - 2
COMTHIRDPHIB - 2
COMSEVENTHPHIB - 2

OIC, FLEET RADIO UNIT, MELBOURNE - 2
AC of S, G-2, GHQ, SOWESPAC - 6
ATIS SOWESPAC AREA - 1
COMINCH EASTERN FLEET, ADMIRALTY, DNI, MELBOURNE - 3
DNI, WELLINGTON, N. Z. - 1
DMI, GHQ, NEW DELHI, INDIA - 3

CONFIDENTIAL | COMBAT INTELLIGENCE CENTER SOUTH PACIFIC FORCE | ITEM #1053 (S-3705)

TRANSLATION OF CAPTURED JAPANESE DOCUMENT

Source: Taken at TOROKINA, BOUGAINVILLE, early Nov, 1943.

-oOo-

From 1943 -- Record of Punishment, 2nd Co.

(TN: 23rd Inf Regt - Co Comdr Tamotsu DOKYU)
(TN: Trans of extracts from above.)

-oOo-

July, 1942 - Record of Punishment (No 7) - Judicial Dept of "Ro Gp. (S HUDAN)"

Defendant: Sup Pvt (25 yrs)

Charge: Wounding a superior with a weapon.
Insulting a superior.

Punishment: Imprisonment 2 years 6 mo.

Outline of the crime.

The defendant, having drunk 5 go (TN: 1 2/3 pint) of CHINESE wine and half a bottle of beer, became intoxicated and went to the administrative section at about 2000 where he started arguing with leading Pvt X, who was carrying out an inspection of articles. Upon being reprimanded by Sgt X for this, he insultingly said, "You are a soldier who joined up the same year as I did, aren't you? Just because you're a Sgt don't be so stuck up."

For the above mentioned misdeanor he was reprimanded by the WO in charge of personnel.

At about 2100, in indignation, he unsheathed a bayonet of the 30th year type, went to the NCO's barracks where he stabbed Sgt X from the back in the lower part of the right shoulder inflicting a wound which took 2 weeks to heal.

Cause, Motive.

Indignation when called down and reprimanded for drunkenness and disturbance during an inspection.

Items for Reference.

1. Upon graduating from higher elementary school, worked as a

-1-

farmer; his household consists of his mother, his elder brother, his wife and their two children. They do farm labor and their living conditions are below standard.

2. His duties after entering the services were the ordinary ones.

Drinking capacity: About 4 gō (TN: 1 1/3 pint)

***

Defendant: Sup Pvt (25 yrs of age)

Charges: Violation of the Explosive Control Penal Regulations, destruction of army materials, and injuring a superior with arms.

Punishment: Imprisonment with hard labor (TN: 懲役) 4 years 6 months.

Outline of the crime.

The defendant, having drunk approximately 5 gō of CHINESE wine, went out without leave about 2200 to the restaurant, and while drinking was approached by Sgt Maj A & B, attached to Hq. Upon being warned by them about being out after curfew hours, he became indignant and brought from his quarters a CHINESE hand grenade of the type which is used for subjugation (TN: 討伐), and threw it at them.

Sgt Maj A received a wound in the lower left thigh which took three days to heal, and X received a wound on the right side of his abdomen which took 18 days to heal completely.

Cause, Motive.

Drunkenness and indignation at being called down for going out without authority and for a violation of curfew hours.

Reference Items.

1. Upon completion of higher elementary school, worked as a finisher. Both parents, one elder brother, and a younger brother and sister are living. His father, elder brother, younger brother and sister are Govt officials in SHANGHAI.

Living standard is average.

2. Character: weak willed, no self-control, no dignity in manner or speech; drinks, and inefficient at his duties.

3. Frequently admonished for improper conduct but no feeling of repentance; he was also once confined in the guard house for 2 days.

-2-

***

Defendant: Sgt Maj (29 yrs of age)

Charge: Rape in Combat Zone, unwarranted incarceration.

Punishment: Imprisonment with hard labor. 5 years.

Outline of the crime.

The defendant was the guard unit (TN: KEIBITAI) Comdr at SHIHLI SHAN, SHAHO Sec, KIUKIANG HSIEN KIANGSI SHENG, who, while he was executing the duties of defense, reconnaissance, pacifying, etc, in NANASUN HSIEN (TN: ?) held a CHINESE girl X (20 yrs of age), and 6 other women from Feb 8th to April 1st, 1942 on the suspicion that they were guilty of aiding guerillas and other offenses. After investigation it became clear that they were not guilty, but disregarding this fact he held them without reason in a pill box (TN: TOCHIKA) near the garrison, in his own quarters, or other places; during this time he raped all 7 of the women 7 times.

Cause, Motive.

The CHINESE women (or their husbands) were imprisoned under the suspicion of aiding the enemy. Then, under the pretense of making an investigation, he summoned the women to his quarters and gave way to his low passions.

Reference.

1. After graduation from higher elementary school, worked as a postman. Both parents and an elder brother are living. They have small business; their living standard is low.

2. Volunteered as a non commissioned officer; preformed his duty conscientiously.

***

Defendant: Conscript Reserve 1st Cl Pvt (24 yrs age)

Charge: Wounded himself in order to avoid combat duty; discharged firearms for no reason while on guard duty, and turned in a false report of military matters.

Punishment: Imprisonment for 1 yr, 2 mo.

Outline of the Crime.

The defendant hated combat duty, and while standing guard as the BUTAI sentinel, he pressed the muzzle of a type "38" Inf rifle against his left arm and fired one shot. The bullet passed through breaking a bone and inflicted a wound, which took about a month to heal, making it impossible for him to go to the front. He then rushed to Cpl X crying, "I've been shot by the enemy. There were three of them and they fled toward the JAPANESE District," thus making a false report.

Cause, Motive.

Because of the fact that he was once reprimanded over some little matter and thrashed by an old timer of a rank above him, he hated combat duty.

Items for Reference.

1. Upon graduation from higher elementary school, worked on a farm, but before enlisting had gone to TOKYO to earn money as a latheman and support his family.

2. He is amiable and faithful but lacking in vigour and weak physically.

Remarks.

There are other cases similar to this offense. This type of offense, as well as desertion, etc is mainly caused by a weak will and an antipathy towards army life but many of the men who commit such crimes do so because of unofficial punishments from ranking old timers or because of being ridiculed for poor records or for their slow wittedness. Therefore it is expected that the officers (TN: KAMBU) will give heed to the personal affairs of their subordinates and eliminate unofficial punishments, etc.

***

Aug 1942 Report of Punishment (No 8) Judicial Dept of "Ro" Group (S Hudan)

Defendant: Conscript reserve 1st Cl Pvt (26 yrs age)

Charge: Insulting a superior. Wounding a superior with arms.

Punishment: Imprisonment with hard labor - 2 yrs, 6 mos.

Outline of Crime.

The defendant having received permission to go out, went to a restaurant, got drunk, and started an argument with 1st Cl Pvt X who happened to be there. Then when Sgt X came over to settle the argument the defendant hurled insults at him, and wounded him in the right elbow with a 30th yr type bayonet.

Cause, Motive.

The defendant was arguing with 1st Cl Pvt X in the bar room over the cost of food and drinks and became indignant when the Sgt intervened.

Items for Reference.

1. After quitting higher elementary school in the seventh grade, he did unskilled labor here and there. Both parents and an elder brother are living. His father was a lighthouse keeper, but because of his old age is now retired. Living standard is low.

The defendant has a weak and debauched personality. He is a drinker though he can only stand about 5 Gō (TN: 1 2/3 pts) and his work is unsatisfactory.

2. For the offense of being drunk, breaking military discipline, and neglecting his duty, he was once sentenced to three days in the guard house.

***

| | |
|---|---|
| Defendants: | Reserve Sgt A (26 yrs old)<br>Reserve Cpl B (29 yrs old) |
| Offense: | A: Took part in group assault on a superior; attacked a superior.<br>B: Took part in group assault on a superior. |
| Punishment: | A: Imprisonment, 2 yrs, 6 mos.<br>B: Imprisonment, 1 yr, 3 mos. |

Outline of Crime.

Defendants A and B together with medical Cpl X drank 4 Gō (TN: 1 1/3 pt) of JAPANESE Sake at a cafe and became drunk. On top of that they became rowdy at a brothel, where upon Lt X of the X BUTAI (26 yrs old) came over and cautioned them. A cried, "What! don't you recognize Sgt XX of KOWKONG? You were the most good for nothing recruit of all my good for nothing recruits." And, having made this and other unsulting remarks, slapped the Lt's cheek. Then Lt X struck A. B, going to the aid of A, grabbed the Lt by the collar from behind, hit him on the chin and started struggling. A got up and grabbed the Lt's thigh from the back and tried to throw him down.

Cause, Motive.

A was drunk and disorderly; when he was cautioned, he became angry.

B came to his aid.

Items for Reference.

1. Upon graduating from higher commercial school, A worked for a certain firm in OSAKA. Living are his mother, elder brother, wife, and brother-in-law. His elder brother is a contractor. Living standard above average.

B attended a Class A commercial school (TN: 甲種商業 ) but quit during his third year after which he went to work for a certain firm in TOKYO. Living are both parents, 2 elder brothers, 1 elder sister, 2 younger sisters, a wife and 2 children. Living standard is average.

2. The characters of both A and B are amiable; they perform their various duties faithfully and their records are good; however, when A drinks he loses his reasoning faculty, while B has a tendency to be short tempered.

Remarks.

Offenses caused by drinking go on increasing, and especially the disciplinary offenses committed against officers. It is regrettable that such cases continue coming up, and it is recognized that more surveillance and guidance is needed in the case of drunkards. As a rule, drunkards do not take kindly to the efforts of others to calm them down and warn them against their outrageous conduct; they get resentful and cause disturbances, make threats, etc. In the case of an offense committed under the influence of liquor, one is liable to say "Blame it on the liquor," and mete out an overly lenient punishment. This is one reason, I believe, why incidents so frequently arise from drinking.

***

Defendant: Sup Pvt (24 yrs old)

Charge: Deserting his guard post for no reason, running from the enemy, willful destruction of military supplies, and violation of security regulations.

Punishment: Imprisonment with hard labor, 10 yrs.

Outline of Crime.

1. The defenant, acting as the leader of the guard sentries (TN: KEIBI EIHEI) went out on a patrol and of his own accord patrolled outside the village and out of his limits for about twenty minutes.

2. On October 14, 1941 about 0500 he deserted his post and was immediately surrounded and captured by the New Fourth Army (TN: 新四軍). At this time the defendant had arms, but without any resistance whatsoever he gave into the enemy. After his arms and ammunition were taken away he was placed under guard and moved here and there with the enemy, but at 1800 on April 26, 1942, taking advantage of a moment when the enemy had relaxed their vigilance he escaped and fled back to the JAP lines where he turned himself in to a friendly guard unit.

3. During his imprisonment as stated above he disclosed under enemy interrogation, information as to what BUTAI he belonged to, the

name and rank of its Comdr, its organization, armament, and so forth.

Cause, Motive.

Because of an old offense, the pressure of various duties, the reprimands of superiors on his insufficient understanding of the regulations governing guard duty, the defendant hated army life; he ran away with no destination in mind, but was seized by the enemy, in whose hands, due to his weak will, he committed the other offenses.

Reference Items.

1. Upon graduation from Primary School, farmed and worked here and there as a coal miner, day laborer, and such. His home was an intangled situation for the defendant was an adopted son; he was brought up in the country. His reputation there was not good.

2. After entering the army he repented and worked diligently but at times he was subject to despair.

3. For a previous offense, larceny, he served a sentence of 5 months at hard labor.

***

| | |
|---|---|
| Defendants: | Sup Pvt "A" (23yrs old)<br>1st Cl Pvt "B" (23 yrs old)<br>Conscript reserve (TN: HOJU HEIEKI) 1st Cl Pvt "C" (23 yrs old) |
| Charge: | Each being on duty as guard deserted their post for no reason.<br>Rape in combat zone. |
| Punishment: | "A" - Imprisonment with hard labor, 1 yr, 2 mos.<br>"B" - Imprisonment with hard labor, 1 yr, 4 mos.<br>"C" - Imprisonment with hard labor, 1 yr. |

Outline of the Offense.

While on guard duty "A" left his post and raped a Chinese woman (38 yrs old). He was absent from his post about 35 minutes.

"B" admitted the following under examination: he grabbed a Chinese girl (23 or 24 yrs old), raped her and gave her 40 cents in army currency.

"B" and "C" while on patrol duty as BUTAI guards (TN: EIHEI) conspired together and left their post. Both raped a Chinese girl (23 or 24 yrs old). "A" (TN: equals "B" ?) gave her 2C cents in army currency. Both "B" and "C" were absent from their post about forty minutes.

Cause, Motive.

They are always hearing licentious stories from the old timers, and not being thoroughly educated about crimes in the combat zone, they believed that they could rape Chinese girls without being discovered.

Reference Items.

1. Upon graduating from higher elementary school "A" worked as a farmer. His mother, 2 elder brothers, a younger brother, and a younger sister are living. They are farmers, a contented family, and their living standard average.

Upon graduating from higher elementary school, "B" worked as a farmer and later as a coal miner. His father, elder brother, younger brother, elder sister, and a younger sister are living. They are farmers and their living standard is average.

Upon graduating from elementary school, "C" was employed as a worker in a steel manufacturing firm. His father, younger brother, and a younger sister are living. They farm and their living standard is poor.

2. "A" is of firm character and carries out his duties diligently. Record is average.

"B" is of a gentler nature and although he conscientiously carries out his duties he lacks a firm manner.

"C" is of an amiable nature; however he is negligent in the performance of his duties and has a poor record.

-oOo-

CORRECTION: In Item #1028, page 9, TSUCHINOE 5304, FUKUDA TAI, change Yoshin TORI to Susumu TORIKAI.

(END)

미태평양함대 남태평양군 사령부

일련번호 073 1944년 1월 7일

3급 비밀

발신: 남태평양전구 및 남태평양군 사령관.

수신: 배포 목록.

대상: 일본군 노획 문서 번역 – 회송

첨부: (A) 대상 번역 – 항목 1053호, 1056호, 1058호, 1060호

1. 첨부된 (A)는 여기에 함께 회부함.

H.E. 스타센(H.E. STASSEN)

직무대리.

(중략)

3급 비밀 | 전투첩보센터 남태평양군 | 항목 1053번 (S-3705)

## 일본군 노획 번역 문서

출처: 1943년 11월 초, 토로키나(TOROKINA), 부건빌(BOUGAINVILLE)에서 노획.

1943년부터 — 처벌 기록, 2중대.

(번역: 23 보병연대 – 중대장 다모쓰 도큐(Tamotsu DOKYU))

(번역: 위에서 발췌한 부분 번역.)

(중략)

피고: 예비대 병장 A (26세)
예비대 상등병 B (29세)

범죄: A: 집단으로 가담하여 상관을 폭행. 상관을 공격함.
B: 집단으로 가담하여 상관을 폭행.

처벌: A: 2년 6개월 구금.
B: 1년 3개월 구금.

범죄 개요.

피고인 A와 B는 의무병 모 상등병과 술집에서 일본 사케 4고(번역: 1과 1/3 파인트)를 마시고 취했다. 그리고 나서 그들은 위안소(brothel)에서 소란을 피웠고, 그 때문에 모 부대의 모 중위(26세)가 다가와 주의를 주었다. A는 "뭐! 당신 코콩(KOWKONG)의 모 병장을 못 알아본다고? 당신은 내가 아는 쓸모없는 신입 장교들 중에도 가장 쓸모없는 신입 장교야."라고 소리쳤다. 이 말과 함께 다른 모욕적인 말을 한 뒤 중위의 빰을 갈겼다. 그러자 중위가 A를 때렸다. B는 A를 도우려 뒤에

**서 중위의 옷깃을 붙잡고 그의 턱을 가격하고 싸우기 시작했다. A는 일어나, 중위의 허벅지를 뒤에서 잡고 넘어뜨리려고 하였다.**

원인, 동기.

A는 주취난동하였다. 주의를 주자 그는 화를 냈다.

B는 그를 도왔다.

참고를 위한 항목들.

1. 고등 상업학교를 졸업하자마자 A는 오사카 소재 기업에서 근무했다. 그는 모친, 형, 부인, 처남이 있다. 그의 형은 하청업자이다. 생활수준은 평균 이상.

B는 A급 상업학교를 다녔다 (번역: 갑종상업(甲種商業)).
하지만 그는 3학년 때 자퇴하고 도쿄 소재 기업에서 근무했다. 그는 부모, 형 2명, 누나 1명, 여동생 2명, 부인, 자녀2명이 있다. 생활수준은 평균.

2. A와 B 모두 쾌활한 성격을 가지고 있다. 그들은 다양한 업무를 성실히 해내고, 기록에 문제가 없다. 그러나 술을 마시면 A는 이성적 사고를 하지 못하게 되고, B는 다혈질적이게 된다.

비고.

술을 마셔서 야기된 범죄, 그 중에서도 특히 장교들에 대한 하극상 범죄가 증가하고 있다. 이 같은 사건들이 지속적으로 발생하여 매우 유감이며, 상습 주취자들에 대한 감시와 인도가 더 필요할 것이라 생각된다. 대체로 상습 주취자들은 그들을 진정시키고 무례한 행동에 주의를 주려고하는 다른 사람들의 시도를 순순히 받아들이지 않아, 분개하여 도리어 소란을 피우고, 이들을 위협하는 등의 행동을 한다. 음주상태에서 벌어진 범죄의 경우, "술을 탓해라"라고 하여 지나치게 관대한 처벌을 내리는 경향이 있다. 나는 이것이 빈번한 주취 사건들의 한 가지 원인이라고 생각한다.

(하략)

# 25

## Prisoner of War Interrogation Report #182

**RG 313 Entry P 90-D Box 38**

이 문서는 미 해군의 첩보 조직 중 하나인 전투 첩보 센터(Combat Intelligence Center, CIC)에서 포로를 심문해 작성한 보고서다. 심문을 받은 포로는 자신이 군 위안소 서너 군데 중 한 곳을 정기적으로 방문하였고, 그 방문이 자신의 생활에 중요한 부분이라고 생각했다. 위안소 가격은 2.5엔에서 3엔으로 포로는 이 가격을 합리적이라고 여겼으며, 위안소 내 음주가 허용되었다고 진술했다. 포로는 처음에 자신이 방문한 위안소의 '위안부'들이 모두 일본인이라고 말했지만, 더욱 캐묻자 그는 '위안부' 중 몇몇은 조선인이었다고 인정했다. 그는 조선인과 일본인 여성 간에 차이는 없었고 모두 일본인으로 여겨졌다고 대답했다. 한편, 포로는 일본군이 현지 여성들을 성폭행했을지도 모른다는 생각에 역겨워했다.

A16-2/(25

SOUTH PACIFIC FORCE
OF THE UNITED STATES PACIFIC FLEET
HEADQUARTERS OF THE COMMANDER

JRS/roc

Serial 0221

January 25, 1944.

CONFIDENTIAL

From: The Commander South Pacific.
To: Distribution List.

Subject: PW Interrogation Reports, transmittal of.

Reference: (a) COMSOPAC Conf. ltr. A16-2/(25), serial 02246, dated 29 Nov. 1943.

Enclosure: (A) PW Interrogation Reports ##179, 180, 181, 182, 183, 184, 185, and 186.

1. Enclosure (A) includes reports of interrogation of the following 8 survivors of the Japanese destroyer YUGUMO sunk off VELLA LAVELLA during the night of 6 October 1943:

| NAME | RANK | DUTY |
|---|---|---|
| #179 - TAKATSUKA, Kaiji | NITO HEISO (P.O.2c) | Gunner #3 Turret |
| #180 - TAMURA, Toraichiro | ITTO KIKAN HEISO (MMlc) | Generator Room |
| #181 - OTAKE, Gentaro | ITTO KOSAKU HEISO (Artificer P.O.lc) | Machinist |
| #182 - MITSUNOBU, Kiyoshi | SUIHEICHO (Leading Seaman) | Torpedoman |
| #183 - SUZUKI, Shosei | SUIHEICHO (Leading Seaman) | Handling Room #3 Turret |
| #184 - NINOMIYA, Motohiko | JOTOSUIHEI (Superior Seaman) | Handling Room #3 Turret |
| #185 - FUJII, Yuji | ITTO SUIHEI (Seaman lc) | Sight Setter |
| #186 - FUJINUMA, Masao | ITTO SUIHEI (Seaman lc) | Messman and 25mm MG |

2. Reference (a) included reports of interrogation of 3 other survivors of this vessel. Further reports will follow.

H.C. CARROLL,
By direction.

A16-2/(25)

SOUTH PACIFIC FORCE
OF THE UNITED STATES PACIFIC FLEET
HEADQUARTERS OF THE COMMANDER

JRS/rcc

Serial 0221

January 25, 1944.

CONFIDENTIAL

Subject: PW Interrogation Reports, transmittal of.

---

DISTRIBUTION

COMINCH - 1
BUPERS - 1
OPNAV (ONI) - 2
DCNO (AIR) - 2
BUORD - 1
BUSHIPS - 1
CINCPAC - 1
COMSUBPAC - 1
COMCENPAC - 1
COMDT MARCORPS - 1
JICPOA - 2
COMBATPAC (ADMIN) - 1
COMAIRPAC - 1
COMSOWESPAC - 5
COMBATDIV SIX - 2
COMBATDIV EIGHT - 2
COMBATDIV NINE - 2
COMCARDIV FOUR - 2
COMDESRON 12 - 2
COMDESRON 22 - 2
COMDESRON 23 - 2
COMDESRON 45 - 2
COMGENSOPAC - 3
COMPHOTSOPAC - 6
COMGEN 14th CORPS - 1
COMLANCRAFLOTSOPAC - 1
MTBRON ESPIRITU - 2
MTBRON TULAGI - 2
COMMTBRONSOPAC - 6
COMGEN 1ST MAC (ADMIN) - 2
COMPHIBTRNGCOMDPAC - 1
COMSEVENTHPHIB - 1
OIC, FLEET RADIO UNIT, MELBOURNE - 2
AC of S, G-2, GHQ, SOWESPAC - 6
ATIS SOWESPAC AREA - 1
COMINCH EASTERN FLEET, ADMIRALTY, DNI, MELBOURNE - 3
DNI, WELLINGTON, N. Z. - 1
NZNB - 1
DMI, GHQ, NEW DELHI, INDIA - 6

CTF 31 - 1
CTF 32 - 1
CTF 33 - 2
CTF 35 - 1
CTF 38 - 3
CTF 39 - 2
CTF 55 - 1
CTF 72 - 1

COMBAT INTELLIGENCE CENTER
SOUTH PACIFIC FORCE

CONFIDENTIAL

PRISONER OF WAR INTERROGATION REPORT #182

| NAME | RANK | SERIAL NUMBER |
|---|---|---|
| MITSUNOBU, Kiyoshi | SUIHEICHO (Ldg. Seaman) | YOKO SHI SUI 32696 |
| **UNIT** | **DUTY PERFORMED** | **DATE AND PLACE OF CAPTURE** |
| DD YUGUMO | Torpedoman | 7 Oct., 1943; Off KOLOMBANGARA Is. |

-oOo-

## 1. PREAMBLE

PW was born 25 September 1920 in FUKUOKA KEN, YAME GUN, MIZUTA MURA. In 1930 the family moved to HOKKAIDO, NOTSUKE GUN, BEKKAI MURA, KAMISHUNBETSU SHI, GAICHI. His father engaged in raising livestock. His mother is dead and two younger brothers may now be in the service. His younger sister is at home. PW graduated from higher primary school and farmed until volunteering for the Navy.

PW was quite alert and although somewhat reluctant to discuss military questions his answers appeared honest. His knowledge seemed limited.

## 2. CHRONOLOGY

| | |
|---|---|
| June 1, 1940 | Volunteered at YOKOSUKA where basic training was received. |
| Dec. 15, 1940 | Completed basic; assigned to the Naval Barracks where he did odd jobs. |
| Oct.(early)1941 | Assigned to DD YUGUMO as "Spare" torpedoman. In South Pacific region and claims to have anchored at TRUK for a long period. In cold region - probably PARAMUSHIRO - engaged in unsuccessful anti-sub patrol. Returned to YOKOSUKA and underwent repairs - no significant changes in equipment. To TRUK where a few new men came aboard. Ashore on NATSUSHIMA. |
| Oct. 6, 1943 | Left RABAUL and sunk. |

PW had no idea of time or comparative chronology thereby explaining his lack of detail above. This may have been a true or assumed ignorance.

## 3. DETAILS OF CAPTURE

PW did not know the battle formation as it was dark when they met the other 5 or 6 ships. He believed DD YUGUMO was the last ship in the formation of DesDiv 10.

PW stayed at his battle station inside the torpedo tube canopy. The battle was violent and a shell or two hit the bridge destroying the ship's control. All directing officers and their aids were believed killed. The ship fell into confusion and was abandoned. Just before sinking the torpedoes were fired blindly.

Survivors were in the sea till rescued by a PT boat. Many in the water were not saved - the torpedo officer was among these.

## 4. UNIT OR FORCE

DD YUGUMO was a member of DesDiv 10 composed of DDs AKIGUMO and KAZAGUMO which carried the flag on 6 October. The flag had at times flown from the other ships. DesDiv 10 was part of the 3rd Fleet the organization of which was unknown.

The crew of DD YUGUMO included close to 300 men of whom 50 were in the 2nd Division. The 2nd Division was responsible for torpedoes and depth charges - 15 men being assigned to each torpedo mount. 20 men were assigned to depth charges.

PW was "spare" torpedoman and his battle station was simply to stand by. During drill his assignment was at the switch signalling the bridge when torpedoes were shot. This switch was located on the center line over the forward end of the torpedo tubes. PW also stood lookout watches on the bridge but his principal duty was swabbing decks.

About 3 or 4 new crew members boarded at TRUK but PW has no idea of the number boarding at YOKOSUKA.

## 5. IDENTIFICATIONS

At TRUK in the summer of 1943 PW saw a considerable fleet. He judged there were 30 or 40 DDs. BBs and CVs anchor at a different location and he did not see them.

MITSUNOBU, Kiyoshi - (PW)

At PARAMUSHIRO PW saw an undetermined number of submarines. Although SSs and DDs anchored in the same vicinity separation was too great to learn identification. He saw both RO and I class SSs.

At TRUK he saw a sub which was either RO or I-15.

## 6. PERSONALITIES

Lt.(jg) YAMAGISHI - CO 2nd Division DD YUGUMO
W.O. TAKAHASHI, Tamaki - 2nd in command, 2nd Division DD YUGUMO

## 7. SHIPS

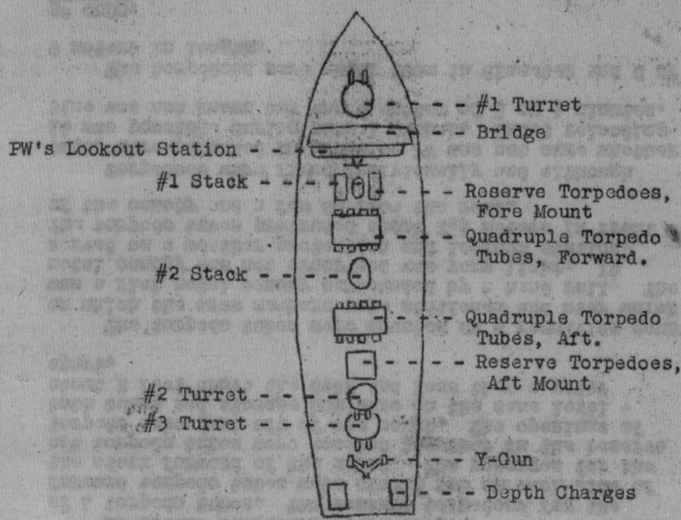


PW diagrammed the deck of the YUGUMO as above.

On the mast was located a single horn siren.

Y-GUN:
The Y-Gun was mounted on the center line a few feet from the stern. It could throw depth charges to

either side but PW did not know how far. Depth charges could also be dropped over the stern from 2 racks on either side of the fantail.

TORPEDOES:

DD YUGUMO carried 4 spare torpedoes for each mount of 4 torpedo tubes. The reserve torpedoes for the forward torpedo tubes were stored two on each side of the stack forward of the mount. The reserves for the aft torpedo tubes were located together in the reserve torpedo case just aft of the mount. The openings of both tubes and storage box were on the same level - about 2 feet above the deck and less than a meter apart.

The torpedo tubes were mounted on a revolving mount on which the crew members were stationed and over which was a flat metal canopy surrounded by a hand rail. The metal canopy was not armor and was very light. It served as a weather protection and lookout station. The torpedo tubes protruded about 2.5 meters in front of the canopy and a few cm from the rear.

Torpedoes were fired individually and although tubes were reloaded in practice PW was not sure whether it was possible during actual combat. Exact reloading time was not known but was a matter of 3 or 4 minutes.

The torpedoes were about 50cm in diameter and 8 or 9 meters in length.

5" GUNS:

PW frequently saw the 5" guns, using explosive shells, being used for AA purposes.

PARAVANES:

Not equipped.

COMMUNICATIONS:

Asked to describe the mast and its equipment PW said there was flag signal equipment and a horn shaped siren located between the tripod legs of the mast. No information about radar could be learned.

LOOKOUTS:

PW's binoculars were 7-power. Although PW used portable glasses some lookout posts were equipped with mounted glasses whose power was unknown.

EQUIPMENT SOURCE:

When suggested that they used GERMAN equipment PW was very emphatic in reporting that only Japanese equipment was used on DDs.

- 4 -

MITSUNOBU, Kiyoshi - (PW)

## 9. ENEMY METHODS

A fighting crew is always kept aboard even in home port. There was no relief crew.

When not on duty at torpedo mounts, 1 hour watch lookout duty was stood. Lookout watches were stood from the time they left YOKOSUKA and because watches were only an hour's duration no stimulants were served.

About 20 lookouts were on duty at one time. 5 or 6 of these were stationed on the platform just aft of the bridge with PW. Other stations were not known.

PW was not trained in identification and did not know identification principles. He was told to call his superiors if anything suspicious were seen.

Asked about methods of detecting enemy subs PW could only report that there were lookouts for that purpose. In regard to submerged subs PW had no idea - the occasion had never arisen and no one had ever told him.

PW expressed the opinion that the Japanese fleet would not come out to meet ours unless forced to. While the fleet would not retreat to their disadvantage they would not tackle our forces unless a serious threat was presented.

At the time of volunteering PW took an exam which involved questions of about primary school level.

PW had no lengthly leave and his only contact with home was by letter and once when his father and brothers came from HOKKAIDO to visit him during a short leave. They stayed at a YOKOSUKA hotel. Only the parents and relatives of men who live some distance from YOKOSUKA come there to visit.

## 13. MORALE AND PROPAGANDA

Service Experience:

Superiors:
Officers do not strike their men. PO seldom do, but a Superior Seaman will gladly punish a 2nd Class Seaman by physical means. PW says he was never that cruel.

TANJO:
PW made regular use of one of the 3 or 4 Army Brothels and felt it was an important part of his existance. Prices were reasonable - from 2.50 to

3.00 Yen. Drinking was permitted. PW said all were Japanese girls but when questioned further he admitted some were Korean. There was no difference between Korean and Japanese girls and all were considered Japanese. Daily physical - no disease.

PW was repulsed by the idea that Japanese soldiers might violate native girls of New Britain.

Inter-service Relations:

PW felt it was his duty to participate in their national effort so after some consideration he talked with his father and decided to join the Navy. He felt his choice was correct but had no feeling against the Army.

Attitude Towards Capture:

PW considered himself a loyal Nip subject and refused to give certain information. He believed his mind had gone bad since his capture and he can not remember dates. His ability at numbers has become very bad also. This he says is typical in tropical regions and is designated among their Navy men by the term NANYO BOKE ( [illegible] ).

PW feels frustrated at his lot but being of a happy nature he is not too down-cast. He will not discuss the future because he can do nothing about it and it would only make him blue.

Discussing another PW who had been restless he said that the fellow was naturally very quiet but he was tired of his existence and felt that if was a little obnoxious he might get a change of atmosphere. While PW did not feel that way he did not know when his attitude might change.

Allied PsW:

PW did not remember the date or exact positions but stated that the DD YUGUMO picked up an Allied PW in the SOLOMONS Area. He was a flier - but his plane was not seen nor did PW know the action that brought him down. He was found floating in a "Mae West", was taken to RABAUL and his future disposition was unknown. He was not wounded and was in good physical shape.

PW saw Allied PsW in RABAUL and thinks there were about 100. Not all were Caucasian but the percentage was unknown. He complained that their living conditions were much better than PW experienced here. PsW were assigned as guards over each other and had minimum control from Japanese. They worked occasionally as porters.

Allied PsW quarters were in RABAUL proper but PW could indicate it only by pointing at a general region around Chinatown. PW did not know their further disposition but thought they were sent to JAPAN.

## 16. CHEMICAL WARFARE

In PW's opinion the advent of the use of poisonous gas would signal the end of the war. Only a losing, desperate nation would think of using gas because of the fear of reprisal. While JAPAN has not used any to his knowledge he had heard that preparation for its use is complete and especially preparation for protection.

He does not know if tear gas has been used but he classed it in a different group from the lethal gases.

## 17. LOCALITIES

PW had heard, not seen, that at TRUK there was a floating dry dock large enough to accommodate a cruiser. Its exact location was unknown.

PW could not describe TRUK well. Hills are of jungle nature but trees are low. There is little wave action and tides are slow. Natives speak Japanese quite well.

At PARAMUSHIRO DDs and SSs use the same anchorage but PW could not pin point it on the map. They were some distance from shore and could see KAMCHATKA. (?)

## 19. ALLIED FORCES

In the course of bragging about Japanese prowess PW stated that mine-sweepers in the waters around JAPAN had sunk 2 or 3 Allied subs. PW failed to have specific information in this regard and admitted it was rumor and the number might be exaggerated.

Although PW saw the YUGUMO shoot at Allied planes on a number of occasions he never saw one brought down.

PW saw at least one captured Boeing being flown around TOKYO. He thought it was taken in CHINA.

MITSUNOBU, Kiyoshi - (PW)

## 20. SPECIAL INTELLIGENCE

PW stated that TRUK was a very strong base. He did not know details of the defenses so could not defend his point but added that if TRUK were taken JAPAN was lost. He explained that the loss of TRUK would have a bad effect on the people's morale and it was too close to home.

Horses and cattle were raised on PW's family farm. 1 Stud, 20 mares and 10 cows were kept. Horses bring the best price when 2 years old and 1000 Yen is considered very good with the average around 2 or 300 Yen.

PW went to 5 years of "Youth School" (SEINEN GAKKO). This school was mainly concerned with teaching patriotism and a certain amount of specific military information. Classes were for all levels of regular school students and the schedule of classes depended on local conditions. In HOKKAIDO classes were held in the winter so as not to interfere with farming. Classes were held at night or during the day depending also on the activities of the pupils of that class.

## 21. GENERAL

When asked to tell of the positions of men around the torpedo mounts PW refused on the ground that they were all dead, had become gods and thus it was sacreligious to speak of them. He asked that if he should give information about them we should please do him the favor of executing him.

PW was very talkative and expressed his opinion on many questions. He seemed to be of the well-indoctrinated type, sure of Japanese victory. His reasoning was inconsistent because he spoke of Japanese victory yet assumed that the Allies would probably continue to advance.

Expressing himself on the interrogations PW stated he was glad his interrogator was Caucasian. He had heard from other PsW that NISEI insulted JAPAN and he thought if he heard insults of JAPAN from NISEI he might want to start a fight. He expected insults of JAPAN from Caucasians and did not mind because that would be natural.

(END)

전투첩보센터

남태평양군

3급 비밀

포로 심문보고서 182호

| 이름 | 계급 | 일련번호 |
|---|---|---|
| 미츠노부, 키요시 (MITSUNOBU, Kiyoshi) | 스이헤이초 (해군 수병장) | 요코 시 스이(YOKO SHI SUI) 32696 |
| **부대** | **임명된 의무** | **포획된 날짜와 장소** |
| 구축함 유구모(YUGUMO) | 어뢰병 | 1943년 10월 7일. 콜롬방가라섬 (KOLOBANGARA Is) 근처 |

## 1. 서문

포로는 1920년 9월 25일 후쿠오카 현(FUKUOKA KEN), 야메 군(YAME GUN), 미쓰다 마을(MIZUTA MURA)에서 출생했다. 1930년 그의 가족은 홋카이도(HOKKAIDO), 노츠케 군(NOTSUKE GUN), 베카이 마을(BEKKAI MURA), 카미 베츠 시(KAMISHUNBETSU SHI), 가이치(GAICHI)로 이사했다. 그의 부친은 가축을 기르는 일을 하였다. 그의 모친은 사망하였고, 남동생 두 명은 현재 군 복무 중일 수도 있다. 그의 여동생은 집에 있다. 포로는 고등 소학교를 졸업하고 해군에 자원입대하기 전까지 농사를 지었다.

포로는 꽤 기민하다. 그는 군 관련 질문들에 대해서는 이야기하기 망설여했지만, 그의 응답은 정직한듯하다. 그의 지식은 제한적인 듯하다.

## 2. 시기순 기록

1940년 6월 1일 요코스카(YOKOSUKA)에 자원하여 기초 훈련을 받음.

1940년 12월 15일 기초훈련을 마치고, 해군 병영으로 배치 받아 잡무를 했음.

1941년 10월 (초) 구축함 유구모에 "예비" 어뢰병으로 배치됨.

오랜 기간 남태평양 지역에서, 그리고 주장하기로는 트럭섬 (TRUK)에서도 닻질을 했음.

추운 지역(파라무시로섬(PARAMUSHIRO)으로 추정됨)에서는 성공적이지 않은 대잠수함 순찰정과 마주함.

요코스카로 귀환하여 수리함 – 비품에 중요한 변화는 없었음.

트럭섬으로 향했고, 트럭섬에서 새로운 병사 몇 명이 승선했음.

나츠시마(NATSUSHIMA) 상륙.

1943년 10월 6일 라바울(RABAUL)을 떠나 침몰함.

위의 서술에서 세부사항들이 누락되어있는 이유는 포로가 시간이나 상대적인 연대기에 관한 감각이 없기 때문이거나, 모르는 척 꾸며내었기 때문일 수 있다.

(중략)

## 13. 사기와 선전

복무 경험:

상관:

장교들은 병사들을 때리지 않는다. 하사관들은 드물게 병사들을 때린다. 이들과 달리 해병 상관은 해군 병장들을 기꺼이 물리적인 수단을 동원하여 처벌한다. 포로는 자신은 그렇게 악랄한 적 없었다고 말한다.

**위안소(IANJO):**

**포로는 자신이 군 위안소(Army Brothels) 서너 군데 중 한 곳을 주기**

적으로 이용하였으며, 그것이 자신의 생활에 중요한 일부였다고 느꼈다. 가격은 합리적이었다(2.5엔에서 3엔). 음주는 허용되었다. 포로는 모두 일본인 여성들이었다고 말했지만 더 질문하자, 일부는 조선인이었음을 인정했다. 조선인과 일본인 여성의 차이는 없었으며 모두 일본인으로 여겨졌다. 일일 건강검진 – 질병 없음.

포로는 일본군 병사들이 뉴브리튼의 현지인 여성들을 성폭행할 수 있다는 생각에 역겨워했다.

(하략)

# 26

## Prisoner of War Interrogation Report #224

### RG 313 Entry P90-D Box 40

이 문서는 남태평양군(South Pacific Command, SOPAC)이 포로로 잡은 일본군을 심문하고 작성한 보고서이다. 4명의 일본군을 심문한 보고서로 1944년 3월 26일 작성되었다. 심문을 받은 일본군 병사마다 따로 심문보고서가 작성되었는데, 4명의 심문보고서에는 각각 223호, 224호, 225호, 226호라는 번호가 달려있다. 일본군 위안소 관련 언급이 등장하는 것은 오노 케이치(Ono, Keiichi)라는 병사를 심문한 결과인 224호 보고서이다. 1937년 1월 1일 일본군 해군에 입대한 오노 케이치는 배에서 닻을 다루는 일을 했으며, 남태평양의 사이판, 트럭, 라바울을 거쳐 뉴아일랜드섬까지 왔다. 그리고 1944년 2월 22일 남태평양 서쪽 끝의 뉴아일랜드섬 카비엥(Kavieng)에서 포로로 붙잡혔다. 심문보고서에는 심문을 통해 얻어낸 일본군의 상황과 전력, 교통과 통신 등에 관한 정보가 상세히 기록되어 있다.

보고서 마지막 쪽 사이판섬의 가라판(Garapan) 지역을 그린 지도에서 위안소에 관한 정보를 찾을 수 있다. 오노 케이치는 1941년 5월 중순 사이판섬에 도착해 1942년 6월 15일 이곳을 떠나 트럭섬으로 이동했다. 따라서 보고서에 첨부된 지도는 1941-1942년 무렵의 가라판 지역을 묘사한 것이라 볼 수 있다. 가라판 지역의 학교, 교회, 상점 등을 표기한 이 지도에는 위안소 위치도 함께 표기되어 있다.

위안소의 일본어 발음인 'IYANJO'로 표기된 14번 건물들이 가라판 지역에 존재했던 위안소다. 지도상에만 위안소 건물이 4개 존재하는데, 길을 사이에 두고 마주보고 있는 두 위안소 뒤로 또 다른 위안소가 위치해있고, 나머지 한 곳 역시 그리 멀지 않은 곳에 위치해있다. 이를 통해 일본군이 사이판을 점령했던 시기 군인들을 위한 위안소가 여러 곳 있었으며, 이들 위안소 간의 거리가 멀지 않았음을 알 수 있다. 또한 대략적으로나마 사이판섬 가라판 지역에 존재했던 위안소 위치 역시 추정해 볼 수 있다.

A16-2/(25)

Serial 0736

SOUTH PACIFIC FORCE
OF THE UNITED STATES PACIFIC FLEET
HEADQUARTERS OF THE COMMANDER

GWC/jgf

26 March 1944

CONFIDENTIAL

From: The Commander South Pacific.
To: Distribution List.

Subject: PW Interrogation Reports - transmittal of.

Enclosure: (A) PW Interrogation Reports ## 223, 224, 225, and 226.

1. Enclosure (A) includes reports of interrogation of the following four Japanese Prisoners of War:

| REPT. # | NAME AND RANK | UNIT AND DUTY | DATE AND PLACE OF CAPTURE |
|---|---|---|---|
| 223 | TOYA, Sakuji, NITOKIKANHEISO (Eng. PO 2/c) | ARS NAGAURA, Boiler Room | 22 February 1944 near KAVIENG. |
| 224 | ONO, Keiichi, ITTOHEISO (PO 2/c) | ARS NAGAURA, Anchor detail | 22 February 1944, near KAVIENG. |
| 225 | OGATA, Hayashi, ITTOKIKANHEISO (Eng. PO 1/c) | Tug NAGAURA, Dynamos | 22 February 1944, off NEW HANOVER. |
| 226 | YAMAMOTO, Kiyoshi, Civilian | KIYO MARU (Water Supply Boat), Boat hand | 22 February 1944, off KAVIENG. |

H.E. Stassen
H.E. STASSEN,
By direction.

A16-2/(25)

Serial 0736

SOUTH PACIFIC FORCE
OF THE UNITED STATES PACIFIC FLEET
HEADQUARTERS OF THE COMMANDER

26 March 1944

CONFIDENTIAL

Subject: PW Interrogation Reports - transmittal of.

---

DISTRIBUTION

COMINCH - 1
CINCPAC - 1
JICPOA - 2
OPNAV (ONI) - 12
BUPERS - 1
BUORD - 1
BUSHIPS - 1
COMDT MARCORPS - 1
DCNO (AIR) - 2
COMAIRPAC - 1
COMBATPAC (ADMIN) - 1
COMCENPAC - 1
COMSOWESPAC - 5
COMSUBPAC - 1
COMGENSOPAC - 3
COMLANCRAFLOTSOPAC - 1
COMPHOTSOPAC - 6
COMSEVENTHPHIB - 1
COMPHIBTRNGCOMDPAC - 1
COMGEN 14TH CORPS - 1
COMGEN 1ST MAC (ADMIN) - 2
COMMTBRONSOPAC - 6
MTBRON TULAGI - 2
CTF 31 - 1
CTF 32 - 1
CTF 33 - 2
CTF 35 - 1
CTF 38 - 3
CTF 39 - 2
CTF 55 - 1
CTF 72 - 1
COMBATDIV 6 - 2
COMBATDIV 8 - 2
COMBATDIV 9 - 2
COMCARDIV 4 - 2
COMDESRON 12 (INTEL. OFF.) - 2
COMDESRON 22 - 2
COMDESRON 23 - 2
COMDESRON 45 - 2
ATIS SOWESPAC AREA - 1
[illegible]of S, G-2, GHQ, S[illegible]PAC - 6

OIC, FLEET RADIO UNIT, MELBOURNE - 2
COMINCH EASTERN FLEET, ADMIRALTY, DNI, MELBOURNE - 3
NZNB - 1
DMI, GHQ, NEW DELHI, INDIA - 6
DNI, WELLINGTON, N.Z. - 1

A16-2/(25)

Serial 0736

SOUTH PACIFIC FORCE
OF THE UNITED STATES PACIFIC FLEET
HEADQUARTERS OF THE COMMANDER

GWC/jgf

26 March 1944

CONFIDENTIAL

From: The Commander South Pacific.
To: Distribution List.

Subject: PW Interrogation Reports - transmittal of.

Enclosure: (A) PW Interrogation Reports ## 223, 224, 225, and 226.

1. Enclosure (A) includes reports of interrogation of the following four Japanese Prisoners of War:

| REPT. # | NAME AND RANK | UNIT AND DUTY | DATE AND PLACE OF CAPTURE |
|---|---|---|---|
| 223 | TOYA, Sakuji, NITOKIKANHEISO (Eng. PO 2/c) | ARS NAGAURA, Boiler Room | 22 February 1944 near KAVIENG. |
| 224 | ONO, Keiichi, ITTOHEISO (PO 2/c) | ARS NAGAURA, Anchor detail | 22 February 1944, near KAVIENG. |
| 225 | OGATA, Hayashi, ITTOKIKANHEISO (Eng. PO 1/c) | Tug NAGAURA, Dynamos | 22 February 1944, off NEW HANOVER. |
| 226 | YAMAMOTO, Kiyoshi, Civilian | KIYO MARU (Water Supply Boat), Boat hand | 22 February 1944, off KAVIENG. |

H.E. Stassen
H.E. STASSEN,
By direction.

A16-2/(25)

Serial 0736

SOUTH PACIFIC FORCE
OF THE UNITED STATES PACIFIC FLEET
HEADQUARTERS OF THE COMMANDER

26 March 1944

CONFIDENTIAL

Subject: PW Interrogation Reports - transmittal of.

---

DISTRIBUTION

COMINCH - 1
CINCPAC - 1
JICPOA - 2
OPNAV (ONI) - 12
BUPERS - 1
BUORD - 1
BUSHIPS - 1
COMDT MARCORPS - 1
DCNO (AIR) - 2
COMAIRPAC - 1
COMBATPAC (ADMIN) - 1
COMCENPAC - 1
COMSOWESPAC - 5
COMSUBPAC - 1
COMGENSOPAC - 3
COMLANCRAFLOTSOPAC - 1
COMPHOTSOPAC - 6
COMSEVENTHPHIB - 1
COMPHIBTRNGCOMDPAC - 1
COMGEN 14TH CORPS - 1
COMGEN 1ST MAC (ADMIN) - 2
COMMTBRONSOPAC - 6
MTBRON TULAGI - 2
CTF 31 - 1
CTF 32 - 1
CTF 33 - 2
CTF 35 - 1
CTF 38 - 3
CTF 39 - 2
CTF 55 - 1
CTF 72 - 1
COMBATDIV 6 - 2
COMBATDIV 8 - 2
COMBATDIV 9 - 2
COMCARDIV 4 - 2
COMDESRON 12 (INTEL. OFF.) - 2
COMDESRON 22 - 2
COMDESRON 23 - 2
COMDESRON 45 - 2
ATIS SOWESPAC AREA - 1
AC of S, G-2, GHQ, SOWESPAC - 6

OIC, FLEET RADIO UNIT, MELBOURNE - 2
COMINCH EASTERN FLEET, ADMIRALTY, DNI, MELBOURNE - 3
NZNB - 1
DMI, GHQ, NEW DELHI, INDIA - 6
DNI, WELLINGTON, N.Z. - 1

COMBAT INTELLIGENCE CENTER
SOUTH PACIFIC FORCE

CONFIDENTIAL

PRISONER OF WAR I[illegible]ATION REPORT # 223

| NAME | RANK | SERIAL NUMBER |
|---|---|---|
| TOYA, Sakuji | NITOKIKANHEISO (Eng. PO 2/c) | YOKO CHO KI 15459 |

| UNIT | DUTY P[illegible]FORMED | DATE AND PLACE OF CAPTURE |
|---|---|---|
| ARS NAGAURA | Boiler Room | 22 February 1944, near KAVIENG. |

-oOo-

1. PREAMBLE

PW was fairly intelligent and cooperative. Information contained in this report is considered generally reliable.

Born 24 Aug 1913, PW was the father of 3 children. Registered address: TOKYO SHI, KOISHIKAWA, KASUKYO, #3 of 4. Elementary school graduate. Served a 3 year hitch in the navy during 1934-36 and PW found employment with the Kyodo Printing Co., at KOISHIKAWA, TOKYO until recall to service.

2. CHRONOLOGY

| | |
|---|---|
| Jan. 10, 1934 | Conscripted into navy at YOKOSUKA. |
| May 15, 1934 | Assigned to (BB) MUTSU in 16th BUNTAI (Boiler Room). |
| Nov. 1, 1934 | Assigned to AGS KOSHU. |
| Nov. 31, 1936 | Time expired. Reentered civilian life. |
| Sep. 25, 1941 | Recalled into service. |
| Oct. 10, 1941 | Assigned to fishing boat No. 5 - EIBISU MARU. Converted to picket boat. |
| Jan. 5, 1942 | Left YOKOSUKA for A/S patrol duty east of HOKKAIDO. |
| Feb. 29, 1942 | Arrived KUSHIRO, HOKKAIDO, patrol boat base. Left KUSHIRO for A/S duty. |
| May 10, 1942 | PW wounded in encounter with SS while on patrol duty. Entered YOKOSUKA Naval Hospital. |
| Jan. 5, 1943 | Left hospital. Entered replacement unit. |
| Apr. 5, 1943 | Boarded HOJO MARU for transportation to SOPAC. Accompanied by 2 DDs and another merchantman. |

- 1 -

| | |
|---|---|
| Apr. 18, 1943 | Arrived RABAUL. Assigned to Harbor Dept., motor boat section. |
| Feb. 20, 1944 | Assigned as replacement to tug NAGAURA, boiler room duty. |
| Feb. 21, 1944 | NAGAURA bombed. |
| Feb. 22, 1944 | Sunk by DD gunfire. PW captured. |

## 3. DETAILS OF CAPTURE

PW left RABAUL in Tug NAGAURA at 1100 hrs, 20 February and joined convoy of 2 freighters and an escort of 2 subchasers. Attacked by 16 bombers on 21 February, both freighters sunk while escort made off. NAGAURA slightly damaged on stern but returned and picked up some 50 survivors before proceeding. Following morning the NAGAURA was attacked by 5 DDs at about 0800 hrs and sunk. PW grabbed a rope thrown from one of the DDs and taken aboard.

## 4. ORGANIZATION

RABAUL Harbor Dept. PW believed it was an independent establishment attached to the 8th Base Forces from YOKOSUKA Harbor Office. It was organized in 6 sections, under the Harbor Master, as follows:

| | |
|---|---|
| Harbor operations | - 1 Lt., 1 Lt (jg), 2 WO, 50 EM. |
| Engineering | - 1 Lt., 1 WO, 26 EM. |
| Foundry & Carpentry | - 10 EM. |
| Transport (Autos) | - 10 EM. |
| Intendence | - 1 WO, 8 EM. |
| Medical | - 1 Lt., 2 EM. |

Personnel Replacements In April 1943 the Dept's staff numbered about 100. Death and sickness had reduced the complement to about half by February 1944. No replacements had been sent in but about 20 civilian employees were recently attached for the department's casual labor requirements.

Equipment Besides the Tug NAGAURA and about 10 Water Boats, the Dept's fleet consisted of 3 Motor Boats used for ferrying passengers to and from ships, 3 Large Landing Barges (2 of which were relegated for use in connection with a Floating Crane and 1 for Fire Fighting), and 1 Small Landing Barge for transport of workmen.

Code Mail addressed to PW at RABAUL was % YOKOSUKA PO, U (ウ) 105 U (ウ) 189. He thought 105 indicated "RABAUL" and 189 the "Harbor Dept."

5. IDENTIFICATION OF OTHER UNITS

| | |
|---|---|
| MUTSU (BB) | PW in crew May/Nov 1934. PW was insistent that he had heard of her sinking at the end of January 1943. |
| KOSHU (AGS) | 2100 ton Survey Ship. Heard no longer in operation. |
| No. 5 EBISU MARU | One of the picket boats operated out of KUSHIRO (HOKKAIDO) in A/S patrols early 1942. Main particulars: |

| | |
|---|---|
| Type: | 2 masts, single stack, Bonito fishing boat. |
| Dimensions: | Est 80' O.A. by 20' beam. |
| Tonnage: | 130. |
| Speed: | 6 knots. |
| Engines: | NIIGATA Diesels, 150 h.p. |
| Fuel: | 120 tons in 4 tanks. |
| Armament: | 1, 7.7MG forward. 3 rifles (S.A.). |
| Crew: | 21 inclu. 2 officers and W/T operator. |

| | |
|---|---|
| HOJO MARU | AP-AK, 6,000 T. 2, 8cm guns (one forward, one aft). Left YOKOSUKA April 5, 1943 with 500 naval replacements, arrived RABAUL April 18, 1943. |
| PC Nos. 18 and 38 | Accompanied NAGAURA out of RABAUL 20 February 1944. |
| KOWA MARU | 5/6,000 tons. AP-AK. Accompanied NAGAURA. Sunk 21 Feb 1944 by bombers. PW reiterated this estimate of ship's tonnage. |
| AKAGI MARU | One of the mother ships on A/S patrol NE from HOKKAIDO. (See Section 9). General particulars: |

Converted merchantman, estimated 5,000 tons, speed over 20.K, length 120 to 130m (400 to 430'). Armament, 1 gun fore and aft, larger than 8cm, 5 Twin MG (said to be 25mm) on bridge and boat deck, "Y" gun and depth charges on fantail. Twin torpedo tubes on fore and after decks. PW believed ASDIC installed but not RADAR.

| | |
|---|---|
| ATAGO (CA) | 10,000 tons. Saw at RABAUL October 43, stayed one day. |
| MAYA (CA) | 10,000 tons. At RABAUL. Arrived and left with ATAGO. |
| HIKAWA MARU | 5/6,000 tons. AH - Visited RABAUL twice a month. Last trip January 1944. Stayed 2 or 3 days. |
| URAL MARU | AH - at RABAUL November 1943. Stayed 2 or 3 days. |
| Unidentified Army AH | PW saw several at RABAUL in December 1943. |
| IWATE MARU | See #15. |

| | |
|---|---|
| KOAN MARU | See #15. |
| MANKO MARU | See #15. |
| SHINKO MARU | See #15. |
| ASAMA MARU | See #15. |
| KIYOKAWA MARU | See #15. |
| LYONS MARU | See #15. |
| TATSUTA MARU | See #15. |
| BUENOS AIRES MARU | At RABAUL Nov. 1943. |
| CHITOSE MARU | At RABAUL Aug 1943. |
| ITSUKUSHIMA MARU | At RABAUL June 1943. |
| NAGOYA MARU | At RABAUL December 1[illegible] |
| Landing Barge Pools | PW was unable to give any information regarding the operation of the army or navy pools and appeared to have no knowledge of AKATSUKI BUTAI (Army Shipping Engineers), etc. |

6. IDENTIFICATION OF PERSONALITIES

| | | |
|---|---|---|
| YAMAGATA, Keisuke | Capt. | Harbor Master at RABAUL. |
| NEMOTO, Senkichi | Ens. | CO of No. 5 EBISU MARU. |
| SAITO, Tadao | CPO | O-in-C of motorboat section, RABAUL. |
| NARUSHIMA | CPO | Engineer on NAGAURA. Killed by DD fire on 22 February 1944. |
| ITO, Shigeo | PO 2/c | O-in-C of PW's motorboat at RABAUL. |

8. ARMAMENT AND EQUIPMENT

(Refer to Section 4).

9. ENEMY METHODS

Mine Sweeping — On or about 14 February 1944, enemy planes were reported to have dropped mines by parachute in the inner harbor at RABAUL. PW heard that 2 mines had been dropped but could not confirm that either had been exploded by subsequent sweeps. In fact, he doubted if any sweeping operations had been conducted (magnetic or otherwise). Only minor shipping remained in harbor and when they left, proceeded close in shore following the west coast. PW thought the mine laying had been spotted by lookouts or watchers which would surely be posted on MATUPI I., GREET BAY, and possibly around KERAVIA BAY. He had noticed several isolated tents on hill tops in these areas.

Anti-Sub Patrols — As conducted during PW's tour of duty, Jan/May 1942:

Area: From KUSHIRO approximately 1,000 miles NE. 4 sectors separately covered.

Flotillas: Each patrol consisted of a mother ship and 5 picket boats. 10 other picket boats relieved in 5 boat flotillas every 10th day.

Method: On arrival at assigned sector, the mother ship patrolled back and forth in a general N-S direction. Each picket boat maintained position where next was just visible on horizon and patrolled out to sea in a general W-E direction for 24 hrs., returning to original position. Speed of 6 knots was maintained.

Communications: Picket boats contacted the mother ship and base at KUSHIRO by W/T whenever any sightings of SS, A/C or other craft were made. Flag signals between boats during day.

Duration: Each patrol was approximately 1 month. Average of 10 days required to reach patrol sectors, 10 days on patrol and 10 days to return to base. Mother ship remained in assigned area indefinitely as long as fuel condition permitted.

Lookout Watches: 3 lookouts from deck division in tricks of 2 hrs at a time.

Harbor duties — PW was attached to DAI 8 KOMUBU (8th Harbor Service), NAIKATEI (motorboat) Section. His duties were to keep the engines in shape, to run these boats to and from ships in the harbor, particularly hospital ships, to help anchor mooring buoys and to assist in raising small sunken craft.

Fireboats — There were no special fireboats at RABAUL. The NAGAURA assisted when in harbor and required. One large landing barge was always equipped with a SANRENSHA (a 3-wheeled fire engine used on land). On occasion other DAIHATSU would be similarly equipped.

Salvage and Repairs — The usual method was to pass wires under the hull and with buoyancy furnished by DAIHATSU (large landing barges), tow into shallower water, where patches were applied and the hulk partially pumped out. At the northern end of SIMPSON Harbor there was a 3-rail marine railway about 2 meters wide and about 20 meters long. Ships up to 150 tons could be handled. The flat trucks on which the hulk would be rested were hove out by a manually operated capstan on shore.

Shore Repair Facilities — PW knew of none capable of making large repairs to ships. Small parts were kept in a navy supply depot north of the harbor.

Jap Double-Ended Fuel Barge — (Reference is to CICSOPAC Information Bulletin "Japanese Barges" of January 1944, Pg. 32). PW had seen these at RABAUL. They were about 12 to 13 meters long (40' to 42'), beam 2½ to 3 meters (8' to 10') and had a freeboard of about ½ meter (20"). He had heard that they were used to carry food to SHORTLAND, under tow by submarine.

Replacements — Insofar as PW knew, there had been no replacements of personnel at RABAUL since November 1943. Many sick and wounded had been sent back to JAPAN since that date.

## 12. ENEMY SUPPLIES

Food — The army and navy had their "victory" gardens near their barracks where they raised pumpkins, tomatoes, potatoes, egg plant and cucumbers. There appeared to be ample food at RABAUL.

Fuel and Ammunition — PW heard that at RABAUL there was enough fuel and ammunition for another 5 years.

## 13. MORALE AND PROPAGANDA

Service Experience — PW regarded the B-17 as our most destructive and fearsome plane. Discipline in the navy was very strict but PW thought the life infinitely superior to army life even though POs and older seamen often beat the younger men severely with sticks about a meter long and 2 inches thick.

Others in Forces — Three of PW's cousins had been recalled in May 1943 to duty with the army after serving their original stretch. The oldest, 35, was now in BURMA, the 2 younger ones, 28 and 25, in N. CHINA (units unknown). PW estimated that of his former fellow workers and neighborhood friends, about 10% were in service.

Conditions in JAPAN — PW's parents owned their own home and were fairly well-to-do. He did not think their living conditions were bad. Of course almost everything was rationed but this was not an undue hardship. Meat could be bought once a week. Milk was sold almost exclusively to families having young children. Taxicabs were no longer in use in TOKYO. Charcoal burning buses were the regular means of travel. People did not travel for pleasure, the limitation being self-imposed. People in the rural areas undoubtedly were better off than city folks as they raised their own food. TOJO was a great man and without him JAPAN could not go on fighting. No financial or military cliques were profiting by the war. GEISHA was gradually abandoning their profession to engage in war work.

**Mail** PW had received no letters since 10 December 1943. Before that they came about twice a month. The last comfort bag received was on New Year's Day.

**Attitude toward Capture** PW was ashamed of having become a captive. He did not wish to communicate his condition to his family and had not yet begun to think about a post-war life.

**Attitude toward War** PW thought the war had been started through the machinations of ENGLAND. She had urged CHINA to resist and then induced U.S. to try to starve JAPAN industrially and economically by embargoing the goods JAPAN needed. JAPAN took by force these necessary goods of which she was being deprived. PW had no particular ideas about possibility of war with RUSSIA but had heard in October 1943 that the Japs had 500,000 troops in MANCHURIA for any eventuality.

**Attitude toward other Races** Japs hated the English and such Chinese as CHIANG KAI SHEK. Toward the rest of the Chinese and Allies, they had no particular ill-will, simply regarded them as opponents. Germans were loved in JAPAN and regarded as working for the same world order.

**Treatment of Natives** Natives at RABAUL were well treated, receiving food and money for their coolie services. However, the Japs did not trust them considering them changeable.

**Allied PsW** PW had not seen any at RABAUL.

**Allied Leaflets** In May 1943, PW was shown an Allied leaflet depicting TOJO being led by HITLER. The general tenor was that the Japs were pawns of the Germans. PW and his friend thought the whole thing ridiculous at the time because he had come from JAPAN full of fighting spirit. Everybody was instructed to burn such leaflets.

**Morale** When Allied air raids on RABAUL started to become severe around October 1943, Japs were at first somewhat perturbed but after about 2 months of it PW, who had previously always sought cover, would often watch the fights that ensued. Many civilian laborers were afraid and wished they were at home. PW felt after capture that RABAUL must fall sooner or later.

War News PW never heard radios at RABAUL. A news sheet was published once a day, being a digest undoubtedly of JAPAN-side broadcasts. It summarized events of the war mentioning defeats as well as victories and was generally considered true.

Military Police These were disliked because they were very strict but PW had no feelings one way or another toward them.

## 14. ENEMY INTENTIONS AND PLANS

After the bombing of TRUK, RABAUL planes were flow up there and the garrison promised replacements by March 1944. PW did not believe RABAUL would be evacuated although it had been rumored BOUGAINVILLE was not likely to be defended.

## 15. WASTAGE AND CASUALTIES

(BB) MUTSU See #5.

KOWA MARU See #5.

DAI 5 EBISU MARU On 10 May 1942 an SS was spotted on the surface, which opened fire on them, killed 6 men and holed the ship in several places. PW stated that another picket boat towed them into KUSHIRO, but that he thought she was damaged beyond repair.

One of these picket boats was said to have spotted the DOOLITTLE planes on 18 April 1942.

HACHIKAI MARU PW heard it hit a mine during July-Aug 1943 near SHORTLAND or KOLOMBANGARA and was sunk.

IWATE MARU 3,000 T. AP-AK - Sunk by bombers during first week in Nov 1943 at RABAUL.

KOAN MARU 3,500 T. AP-AK - Sunk by bombers during first week in Nov 1943 at RABAUL.

MANKO MARU 7,000 T. AP-AK - Sunk by bombers in mid-October 1943 at RABAUL.

SHINKO MARU 5,000 T. AP-AK - Sunk by bombers toward the end of Oct 1943 at RABAUL.

ASAMA MARU PW heard it was sunk at RABAUL. Did not know tonnage.

KIYOKAWA MARU — PW heard it was sunk at RABAUL in November 1943.

LYONS MARU — Bombed in January 1944 and beached NW of MATUPI near BRIDGES PT. Bombed in February beyond salvage.

TATSUTA MARU — PW heard it was sunk in January 1943.

Destruction from Bombing — PW believed that most of the damage was done to LAKUNAI Airfield, particularly the fuel dumps. Suprisingly few buildings in town were destroyed. Aside from personnel losses due to direct hits on ships, PW knew of only 12 persons of the KOMUBU (Harbor Service) injured since October , of whom one had died.

## 16. CHEMICAL WARFARE

In RABAUL everyone was given a gas mask. Lectures were given twice a month beginning December 1943 on the nature of gas and decontamination measures. PW had heard that the Allies used gas and it was for such an eventuality that they received instruction. PW had never seen any gas cylinders or shells at RABAUL but believed that the Japs were ready to reply with gas to any such attacks by us.

## 17. MILITARY AND NAVAL BASES

RABAUL — HQ of 8th Fleet identified as located in CASUARINA Ave. and KAMARERE Street area. The Harbor Dept Hq was in immediate vicinity of the NDL pier.

Buoys — Along E shore for mooring 500 ton ships.

Anchorage — Smaller craft beached, large ships anchored almost anywhere in SIMPSON Harbor. No pilot to enter or leave the harbor.

Seaplanes — 20 to 30 generally hauled up on shore near MALAGUNA under trees. Used for patrolling and were up early mornings and evenings, flying round and round.

KUSHIRO — Not used by navy as a rendezvous for large surface units. No army or navy barracks or garrisons. See Appendix "A" for PW's idea of water front identifications.

## 18. MEDICAL

Only 2 dentists at RABAUL. No material available for replacing lost teeth.

PW estimated those at RABAUL having malaria or dengue, on the basis of his own unit's incidence, at 5%. The hospital could house about 200 patients. There were about 20 doctors. Some 25 or 26 female nurses had been sent back to JAPAN in November or December 1943. PW estimated that the number of wounded who had been evacuated by hospital ships from October '43 through January 1944 at about 300. No AH had visited RABAUL in February 1944.

19. ENEMY INFORMATION CONCERNING ALLIES

From January 1944 on, PW actually watched 10 Allied bombings during which he saw 5 Allied planes fall into the waters of BLANCHE BAY. None of the crews were saved though PW's motorboat went out to look for survivors.

(END)

KISHIRO, HOKKAIDO

About 3,000 buildings in the area, largest one, 2 stories.

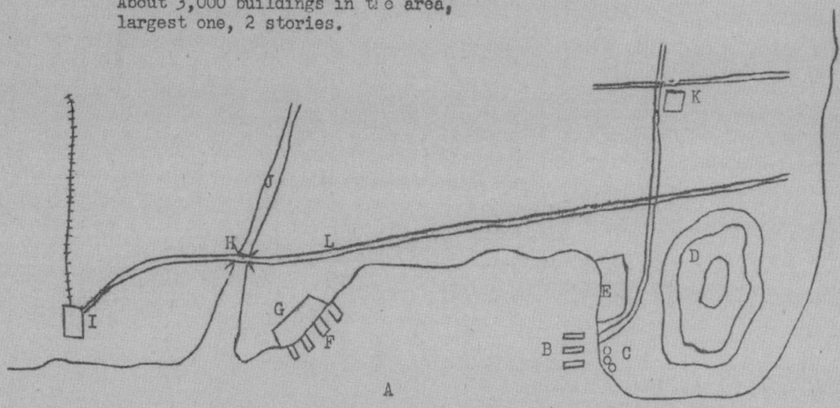


North - PW unable to identify.

A. Pacific Ocean.
B. Anchorage for Picket Boats.
C. Fresh water hydrants.
D. Coal pile.
E. Vegetable market.
F. Wooden piers for fishing boats.
G. Fish market.
H. Iron and concrete bridge.
I. Railway station.
J. River - width 20 meters.
K. Largest building in town, mfgr. of carbonated water.
L. Road - width, 10 M.

Appendix "A"

COMBAT INTELLIGENCE CENTER
SOUTH PACIFIC FORCE

CONFIDENTIAL

PRISONER OF WAR INTERROGATION REPORT #224

| NAME | RANK | SERIAL NUMBER |
|---|---|---|
| ONO, Keiichi | ITTOHEISO (PO 1/c) | YOKO-SHI-SUI 25995. |

| UNIT | DUTY PERFORMED | DATE AND PLACE OF CAPTURE |
|---|---|---|
| ARS NAGAURA | Anchor Detail | 22 February 1944, near KAVIENG. |

## 1. PREAMBLE

PW was intelligent, observant and cooperative. He answered all questions freely and apparently without any attempt at concealment. His statements were considered reliable.

Born 26 August 1920, PW had 8 years schooling. Resided at SENDAI, IWADEYAMA MACHI 69. Farmed and worked as clerk in brother-in-law's general store.

## 2. CHRONOLOGY

| | |
|---|---|
| June 1, 1937 | Enlisted in navy. Entered KAIHEIDAN at YOKOSUKA. |
| Oct. 20, 1937 | Completed basic training. Assigned to BB YAMASHIRO at YOKOSUKA. |
| May 1938 | By KINUGASA MARU to SHANGHAI. Joined SHANGHAI SNLF Airfield Garrison. |
| Dec.(end)1938 | By HAKONESAN MARU to YOKOSUKA. In replacement pool. |
| Dec.(end)1939 | Assigned to CV AKAGI - Anchor detail. |
| May 1940 | Sent to study seamanship at Navigation School, YOKOSUKA. |
| Oct. 15, 1940 | In replacement pool - unassigned. |
| Apr. 12, 1941 | Assigned to KOTOBUKI MARU at YOKOSUKA. |
| May(mid) 1941 | Arrived SAIPAN. KOTOBUKI MARU in A/S patrols. |
| June 15, 1942 | Left SAIPAN for TRUK in TATSUTA MARU. |
| June 20, 1942 | Assigned to NAGAURA at TRUK. |
| Aug. 28, 1942 | Left TRUK. |
| Sep. 1, 1942 | Arrived RABAUL. |
| Nov(late)1942 | Towed KIYOZUMI MARU into KAVIENG. Returned to RABAUL after 3 days. |
| Feb. 20, 1944 | NAGAURA left RABAUL with KOWA MARU and unidentified 1,000 ton merchantman and 2 subchasers. |

Feb, 21, 1944 Bombed by 15 Allied planes. KOWA MARU and other merchantman sunk. Took 80 survivors aboard.

Feb. 22, 1944 Attacked by 5 Allied DDs. NAGAURA sunk, PW captured.

## 3. DETAILS OF CAPTURE

At 0400 on 19 February 1944 the NAGAURA got orders to return to YOKOSUKA for general overhauling. At noon 20 February, accompanied by the KOWA MARU, an unidentified 1,000 Ton merchantman and 2 subchasers, left RABAUL in line of column formation, passed between NEW BRITAIN and DUKE OF YORK IS, and continued Northwest. At 0500 on 21 February, at a point where KAVIENG could be dimly seen to starboard, an Allied scouting seaplane approached from astern and although the leading PC fired about 4 or 5 rounds from its forward 8cm gun, it continued to trail them for an hour, the ships retaining their original formation. At 1400, having reached a point so far northwest of NEW HANOVER that that island could be but dimly seen aft, 13 North Americans, approached from astern and dropped bombs starting fires on both merchantmen. All four ships scattered and answered the attack with their guns. The fires on the merchantmen got out of control and their crews and passengers abandoned ship. The bombers machine-gunned the NAGAURA also, starting a fire on her deck between the bridge and stack, which was soon put out. No sooner had the 13 bombers left, after 20-30 minutes of bombing and strafing, than 2 Consolidateds came over and continued the bombing, to which the 2 PCs responded with gunfire. No hits were made on any of the Jap ships. The 2 Consolidateds continued to strafe the men in the water. This second wave of bombers was over about 20-30 minutes. PW then entered the pilot house in order to fix the steering wheel, it having suffered some damage. About that time, a squall arose and continued till about 1630-1700 when the NAGAURA began the rescue of about 80 men from the water.

On the following morning between 0800 and 0900 with land no longer in sight, 5 Allied DDs approached - three from about 2 points on the starboard bow, two from about 2 points on the starboard quarter. PW had been standing on the fantail when he dimly discerned the ships whose hostile or friendly nature he was not able immediately to discover. He had no sooner become aware of the fact that they were Allied DDs when the shells came flying. He ran to assist with the aft 13mm MG passing ammunition. After about 10 rounds from the DDs the NAGAURA was hit below deck in the fantail, the explosion of the shell ripping open the deck and throwing PW and an engineroom hand into the water. PW watched the DDs shoot about 90 rounds more, finally starting fires in the bow and stern and sinking her in 5 or 10 minutes. The whole action took about 20 minutes. PW having swallowed a great deal of water lost consciousness and was picked up in this state by the motorboat of one of the DDs.

## 4. ORGANIZATION

Tug NAGAURA Attached to the KOMUBU (Harbor Office) at RABAUL (Sep. '42 to Feb. '44). Prior to Sep. '44, based at TRUK for 14 months.

## 5. IDENTIFICATION OF OTHER UNITS

AFRICA MARU AP AK 6,000 Tons - seen at RABAUL, January 1943.

- 2 -

| | |
|---|---|
| AIKOKU MARU | AP - Brought troops to RABAUL in August 1943. |
| AKEBONO MARU | AO - 15,000 Tons - At RABAUL October-November 1943. |
| AKITSUSHIMA MARU | CVS - 7/8,000 Tons. At RABAUL September 1943. |
| ALASKA MARU | AP/AK - 6/7,000 T. At RABAUL January 1943. |
| AMERIKA MARU | Army AH - 6,000 T. At RABAUL October 1943. |
| AMERIKA MARU | AP 5,000 T. At RABAUL June 1943. |
| AOBA (CA) | 10,000 T. At RABAUL February 1943. |
| ARABIA MARU | Army AH - At RABAUL December 1943. |
| ASAMA MARU | AP - 16,000 T. Heard sunk last year. |
| ATAGO (CA) | At YOKOSUKA March-April 1941, no recent information. |
| AZUMASAN MARU | AP AK - At RABAUL January 1943. |
| BUENOS AIRES MARU | Navy AH - at RABAUL November 1943. |
| BUKO MARU | AK - 5/6,000 T. At RABAUL October 1943. |
| CHITOSE MARU | CVS - 10,000 T. At RABAUL June 1943. |
| CHIYODA MARU | CVS - 10,000 T. At RABAUL May 1943. |
| CHOKAI (CA) | 10,000 T. At RABAUL August 1943. |
| FLORIDA MARU | AK - 5/6,000 T. At RABAUL Sept.-Oct. 1943. |
| FRANCE MARU | AK - 6,000 T. At RABAUL May-June 1943. |
| FUJISAN MARU | AO - 10,000 T. At RABAUL February 1943. |
| FUMI MARU | 150 Ton whaleboat. Had Y-gun and depth charges. Carried 1-8cm gun foreward. Did A/S patroling at SAIPAN. |
| GOKOKU MARU | AP - 12,000 T. At RABAUL November 1943. |
| GOSHU MARU | AP/AK - At RABAUL August 1943. |
| HACHIKAI MARU | AR - 4,000 T. At RABAUL Sept.-Oct. 1943. Forward 12.7cm gun. Crane capable of lifting 10 tons. |
| HAYASAKI MARU | AK Provision ship with reefer space - 1,000 T. At RABAUL October 1943. |

| | |
|---|---|
| HIKAWA MARU | Navy AH - At RABAUL January 1944. |
| ITSUKUSHIMA MARU | Minelayer - 6/7,000 T. At YOKOSUKA May 1940. |
| IWATE MARU | Sunk in SIMPSON HARBOR while at anchor by carrier based bombers in early February 1944. |
| KASHIMA(CL) | At TRUK 17-20 June 1942. |
| KISO (CL) | Bombed at RABAUL Oct.-Nov. 1943. Fire extinguished by NAGAURA. Returned to JAPAN. Had mattress-shaped Radar on mast. |
| KIYOKAWA MARU | CVS - 8/9,000 T. At RABAUL May 1943. |
| KIYOZUMI MARU | AK - 8,000 T. Converted cruiser. Towed by NAGAURA to KAVIENG in late November 1943. PW heard it was sunk in December 1943 near TRUK. |
| KOWA MARU | AK - 3,000 T. Accompanied NAGAURA out of RABAUL 20 February 1944. Sunk 21 February. Had been at RABAUL since early February 1944. |
| KOKUYO MARU | AO - 10,000 T. At RABAUL January 1944. |
| KOTOBUKI MARU | (KANSHITEI) Picket boat. PW boarded her at YOKOSUKA on 12 April 1940. 150 tons, 20 meters long, speed 6-8 knots. Carried depth charges on deck. |
| KUNIKAWA MARU | AP - 7,000 T. Made repeated trips to RABAUL. Last seen Sept. 1943. |
| KURIHASHI MARU | ARS - Seen at YOKOSUKA in 1941. Same general features as NAGAURA. |
| KYOKUTO MARU | AO - 10,000 T. At RABAUL May 1943. |
| KYOKUYO MARU | AO - 18,000 T. At RABAUL June 1943. |
| LYONS MARU | AK - 7,000 T. Bombed in SIMPSON HARBOR in mid-January 1944. NAGAURA extinguished her fires. |
| MAMIYA MARU | Navy provision ship - 15,000 T. At YOKOSUKA May 1940. |
| MUTSU | BB - In October 1943, PW heard that it had been sunk due to an explosion. Time and place unrecalled. |
| NAGOYA MARU | AP AK - 6,000 T. At RABAUL October 1943. |
| NICHIEI MARU | AO - 10,000 T. Heard sunk by bombers outside SIMPSON HARBOR in November 1943. |

| | |
|---|---|
| NISSHIN MARU | AP - 17,000 T. Former whaler. At TRUK July 1942. |
| NOSHIRO MARU | AP - AK - 7,000 T. At RABAUL June 1943. |
| SADO MARU | AP - AK - 7/8,000 T. Saw at TRUK June 1942. Heard at BUIN in February 1943. |
| SAIPAN MARU | AP - AK - 5,000 T. Made regular trips between YOKOSUKA and SAIPAN. Saw at SAIPAN in April 1942. |
| SAN CLEMENTE MARU | AO - At RABAUL February 1943. |
| PC 48 PC 35 or 36. | Accompanied the NAGAURA out of RABAUL, 20 February 1944. Had been at RABAUL as long as PW could remember. Numbers were not painted on. |
| SHANGHAI RIKUSENTAI | PW volunteered for duty with this unit in May 1938 and was assigned to a detachment of 60 men for garrison duty at an airport near SHANGHAI under joint navy and army control. |
| SHOEI MARU | PG - 3,500 T. At SAIPAN June 1942. |
| SHOEI MARU | AR - 5,000 T. Sunk at RABAUL after occupation in March 1942. |
| TAISHO MARU | AK - 2/3,000 T. Had engine trouble outside RABAUL near DUKE OF YORK IS., in October 1943. Towed by NAGAURA into SIMPSON HARBOR. |
| TATSUTA MARU | AP - 16,000 T. Civilian crew. PW boarded her at SAIPAN, 15 June 1942. Heard sunk October 1942. |
| TERUTSUKI | (DD) PW heard it was sunk about Jan.-Feb. 1943. |
| TOA MARU | AO - 10,000 T. At RABAUL February 1943. |
| TONEI MARU | AP - 1,000 T. Made repeated trips to RABAUL. Last one July-August 1943. |
| URAL MARU | AH - At RABAUL Sept. 1943. |
| YAMATO | (BB) - Seen from a distance at TRUK in late August 1942. Heard had 9, 40cm guns, 2 catapults, with 5-6 seaplanes, and carried SHOHATSU (small landing barge). |
| YAMAKUNI MARU | AK - 7/8,000 T. At RABAUL in October 1943. |
| YUGUMO | Seen in RABAUL in August 1943. Radar - PW described a grey metalic revolving object on the side of the bridge at a distance of about 8 inches from it and extending slightly above the bridge deck. |
| Submarines | Both "I" and "RO" classes seen regularly in RABAUL but no numbers identified. "RO" subs also seen at TANAPAG (SAIPAN). |

## 6. IDENTIFICATION OF PERSONALITIES

| | | |
|---|---|---|
| HASEGAWA, Kasuke | Admiral | C-in-C 3rd Fleet in late 1938. |
| MIKAWA | Vice Adm. | C-in-C 8th Fleet in July-Aug. 1943. |
| INOUE | Vice Adm. | C-in-C 4th Fleet in June 1942. |
| IRIFUNE | Rear Adm. | CO of Navy Base Force. |
| SHISHIDO | Rear Adm. | CO (for Navy) of airport at SHANGHAI. |
| MOIZUMI, Shinichi | Rear Adm. | O-in-C of Navigation School at YOKOSUKA May 1940. |
| MIZUNO, Junichi | Capt. | O-in-C of KAIHEIDAN end of Dec. 1938. |
| SHIBATA, Tsutomu | Capt. | CO of AKAGI (1940). |
| ABE, Kasuke | Capt. | CO of YAMASHIRO while PW aboard her (1938). |
| HAYASHI | Comdr. | Highest ranking naval officer on SAIPAN (December 1941). |
| YANO, Gensaburo | Lt. Comdr. | CO of NAGAURA from Jan. to Dec. 1943. Relieved and returned to YOKOSUKA. |
| KONASU, Saburo | Lt. Comdr. | CO of NAGAURA. |
| SHIMA, Kotaro | Lt. Comdr. | O-in-C of Deck Division on AKAGI. |
| NISHIO, Tadashi | Lt. | Former CO of NAGAURA. |
| IMAMURA | Lt.(jg) | O-in-C of 4th BUNTAI on YAMASHIRO. |
| SUDA, Shosuke | Lt.(jg) | O-in-C of SHANGHAI RIKUSENTAI Airfield Garrison. |
| WADA, Kichisaburo | Warrant )-- | Both of Deck Division on the NAGAURA. |
| YAMADA, Minoru | Warrant ) | Assigned at TRUK 20 June 1942. |
| ISHI, Wataru | Warrant | Eng. Divisional Officer on NAGAURA. Joined at RABAUL, November 1943. |

## 7. PARTICULARS OF PW'S SHIP

Tug NAGAURA — Twin Screw

| | |
|---|---|
| Built: | 1939 at KOBE. |
| Tonnage: | Est. 800 tons displacement. |
| Dimensions: | Length - 50m (Approx. 165').<br>Beam - 8m ( " 27').<br>Draft - 3m ( " 10'). |
| Engines: | Steam reciprocating. |
| H.P: | 1,000. |
| Fuel: | Coal - 80 tons. |
| Speed: | Maximum 10 knots.<br>Economical 8 knots. |
| Heavy Lift Gear: | Forward derrick - 3 tons. Winches aft, 5-7 T. |
| Ships boats: | 1 motorboat, portside amidship. Capacity 25. Speed 6 k. Length 30'.<br>1 rowboat, starboard amidship. Approx. same dimensions. |
| Wires & Ropes: | Steel, all sizes. 5" for towing (6 strand, tarred rope core, Lang lay). |
| Armament: | 1 Twin 13mm MG mounted on bow.<br>1 Single 13mm MG mounted aft. |
| Crew: | 57 including 3 WOs and 25 POs. |
| Employment: | Towing primarily, occasionally for fire fighting. Crew had little or no experience in actual salvage |

operations (refloating, etc.).

## 9. ENEMY METHODS

**Salvage and Repair** From 200 to 300 civilian workers were available at RABAUL for use in making temporary repairs and raising partially sunken ships. Pumps were installed on DAIHATSU (large landing barges) and Seatrucks were brought alongside to furnish heavy lift gear. Up to Oct. 1943, the HACHIKAI MARU'S 10 ton crane was often used on heavier jobs. PW had never seen any professional divers.

Wooden barges were beached as a rule on the west side of SIMPSON Harbor, also along KERAVIA BAY, for shipwrights to repair.

**A/S Patrols - SAIPAN** When PW was in the crew of the KOTOBUKI MARU (up to June '42), areas patrolled were from a point on the NE coast about INAGSA Pt., down west coast and around east through SAIPAN Channel to about the southern end of MAGICIENNE Bay, from which point courses were reversed. No night patrols. Three craft employed, 2 day's duty, 3rd day off. An observation float plane also searched at same time.

After the occupation of GUAM, some of these PC went there, leaving KOTOBUKI MARU only at SAIPAN. PW could not inform regarding patrol of TINIAN Island.

**Firefighting** Pumps in the NAGAURA were normal for a ship of her size. Small fire engines mounted on tricycles were often ridden on to landing barges and moved out to burning ships to aid in fighting ship fires. They were not particularly efficient.

**Carrier Pigeons** These were raised at YOKOSUKA and used in land training maneuvers whenever W/T was impracticable.

**RABAUL Personnel** PW estimated armed forces in RABAUL Area to be 100,000, although it constantly fluctuated. Men were usually given a 1 year stretch at RABAUL and then replaced. Some were sent home earlier for further study at Navy or Army schools and some for recuperation from wou[nds] received.

**Pay**

| Seaman 2/c | Seaman 1/c | Seaman Sup. | Seaman Leading | |
|---|---|---|---|---|
| ¥10. | ¥14. | ¥16-18 | ¥20. | |
| PO 2/c 1st Yr. | PO 2/c 2nd Yr. | PO 1/c 1st Yr. | PO 1/c 2nd Yr. | |
| ¥23. | ¥25. | ¥27. | ¥29. | |
| CPO 1st Yr. | CPO 2nd Yr. | CPO 3rd Yr. | CPO 4th Yr. | WO * |
| ¥35. | ¥40. | ¥50. | ¥75. | ¥90 to 150. |

* Approx. 4 years for promotion to Ensign.

Allowances and Extras: ¥5. for being eldest son.
¥5. for being married.
¥5. for every child.

Special pay for duty in small craft, dependent on tonnage:

| up to 300 | 500 | 800 | 1000 | 1000 tons and up |
|---|---|---|---|---|
| ¥20. | ¥17. | ¥12. | ¥8. | none |

on account of work being more arduous and greater hazard.

Overseas duty: Double above base pay.

Special subsistence paid at naval stations where quarters not furnished.

**CHOBO SHIGAN** PW had a different version for this classification which was that conscripts after being called, might volunteer for the navy, whereupon they assumed the above title.

**CHO SHI** PW explained that graduates of SHIHAN GAKKO (Normal Schools) were conscripted into the army and navy in this special category, with limited periods of service and correspondingly quick promotion. In the navy, about 5 months to become a NITOHEISO (PO 2/c), or 3 months in the army to become a GOCHO (Corporal). Term of enlistment about 2 years, upon completion of which they returned to teaching in National Schools. They were subject to overseas duty.

## 10. COMMUNICATIONS AND TRANSPORTATION

**Japanese Barges** (References are to the CICSOPAC Information Bulletin of Jan. 1944 bearing the above title) PW commented as follows:

**Collapsible Boats** Used only by the Army. One type 6 meters by $1\frac{1}{2}$ meters, propelled by oars and capable of carrying 15 men. Another type 3 meters by 2 meters, carrying 7-8 men.

**Special Small Barge** Used by Army. Carried 1 men fully equipped. Speed 6-8 knots. One 7mm MG foreward.

**SHOHATSU** Carried 15 men fully equipped. Crew of 4. Speed 6-8 knots. Stern anchor about 50 kg.

**Hooded Medium Barge** Still in common use at RABAUL.

**Tiller-type Barge** Carried about 10 tons of cargo. Crew of two, plus necessary cargo handlers. Stern and bow decked over. Some used fuel oi"

**DAIHATSU** Shield protecting coxswain 6-8mm thick. Had 2 MG either 7.7mm or 13mm. Fixed mounts.

**DAIHATSU with Deckhouse** PW never saw any with 20mm MG, all had 13mm MG.

**Large SAMPAN-type Barge** PW saw these at YOKOSUKA. They were not much used however.

**Assault type Landing Craft** Passenger craft carrying 15 men fully equipped. Had 13mm MG. Speed 10-12 K. PW believed it was capable of making 20 K. but had never heard of any doing that.

**Double Ended Fuel Barge** Steel. Some with 1 and others with 2 tanks. Common 2-tanker was 15 meters long. When empty it had a freeboard of 2 meters, loaded 1 meter. Not self-powered. Used for water as well as fuel transport.

**DUTCH PT Boats** PW thought PT boats seen around RABAUL were not standard Jap Navy design, although some resembled the ones at YOKOSUKA but only had single MG (Jap PT boats generally had twin MG). They had torpedo-dropping gear (RAKUSHAKI) and carried depth charges.

**Common type RABAUL Motor Barge**

PW's description of the type commonly seen at RABAUL was as follows:

| | | |
|---|---|---|
| Capacity: | - | 100 men. |
| Dimensions | - | 20 meters x 5 meters. |
| Displacement | - | 30 tons. |
| Speed | - | 6 knots. PW thought it could not make 8 knots. |
| Cargo | - | Ammunition, food supplies, might carry 4-6cm field pieces. |
| Armament | - | 2, 13mm MG (one above pilot house. (one on bow. Sometimes carried 6cm fieldpiece mounted on bow or stern as part of armament, otherwise as cargo. |
| Fuel | - | Fuel oil. |
| Equipment | - | Wood booms for heavy lifts up to 2 tons. |

**Fishing Boats** Wooden. 10-15 meters long. Brought to SOPAC on transports. Many were based at SAIPAN, engaged in bonito fishing around GUAM and TINIAN.

## 11. DEFENSES

**MG** PW had never seen 37mm MG on DDs. Some DDs had 25mm MG foreward of bridge on a platform about 1m high; others had none foreward.

**SAIPAN** (See #17, Fortifications 603-200).

## 12. ENEMY SUPPLIES

**Wire and Rope** Plentiful stocks of both at RABAUL. All ships arriving from JAPAN carried more Manila Rope than ordinarily required.

**Food** Canned food was abundant in RABAUL but fresh vegetables were scarce. Each army unit raised its own vegetables near its barracks. Navy also had gardens and daily distribution of produce was made to ships in harbor.

- 10 -

SAIPAN (See #17, Supplies 602-1000, Water Supply 602-1100).

## 13. MORALE AND PROPAGANDA

**Service Experience** PW felt that the life in RABAUL, particularly during the last few months, had become trying. He missed the comparatively easy life of SHANGHAI. Consolidateds and Boeings were the most destructive Allied Planes but one got used to bombing raids.

Discipline on the NAGAURA did not differ from that on a large ship, being just as strict. However, because of the small number aboard, it was less formal. Superiors, in true Jap style, administered physical punishment where necessary, to stimulate the efforts of the laggards. Food, clothing and quarters were good, but fresh vegetables and meat were scarce at RABAUL.

**Inter-Service Relations** PW thought navy life was to be preferred to army life.

**Others in Forces** Many of PW's friends were in the army. In May 1940 a cousin of 26 years had been sent from SENDAI to the 2nd DIVISION, 4th Regiment of the Army in MANCHURIA. PW's last news from him was in April 1942, when he was still in MANCHURIA. A 28 year old brother, who had been attached to the 6th Air Group (Navy) in HONGKONG, had just been reported killed. Two friends were injured in RABAUL in November 1943.

**Conditions in JAPAN** PW believed that his family's condition was not as good as before the war, but certainly not bad since they were farmers and could produce what they needed. Thought rationing was a good thing because then the poor received the same treatment as the rich. There was no black market because the government was alert and punishments severe. All prices were fixed. There was a scarcity in cotton goods, artificial silk being substituted for most clothing. Shoes, coal and iron were also very limited. Building construction was restricted since JAPAN needed the lumber for other purposes such as the construction of wooden ships. Taxes were high. In spite of everything the Japanese were wholly behind the war. Restrictions on travel were self-imposed and not compulsory. Dances were taboo.

**Mail** PW received a comfort bag from OSAKA in Jan. 1944. He wrote home about twice a month and received mail about once or twice a month.

Attitude toward Capture

PW begged that the fact be kept from his family that he had become a PW. He did not wish to return to JAPAN because of the humiliation it would cause him and his family. He wanted to study English and begin life again outside JAPAN at any sort of occupation. He did not wish to be exchanged for Allied PsW.

Attitude toward War

PW had heard from many people and seen it written in magazines that the war was caused by the ambition of the Jews. Upon further discussion he acknowledged that this was probably propaganda and that Hitler, desirous of revenge for defeat in the 1st World War had started the whole business and then dragged JAPAN in. As a young volunteer he had not given the matter any thought being anxious to fight for his country regardless of the war's cause, but after years of service he had come to think of the futility of it all. He had never thought of the possibility of war with RUSSIA.

Attitude toward other Races

He had no feelings one way or another about foreigners. Countries were either friendly or enemy.

Treatment of Natives

Natives at RABAUL seemed as cooperative as those at SAIPAN. They did coolie work, cleaned latrines and other odd jobs, receiving food and money for their services. Japs were not allowed to marry natives.

Allied PsW

PW saw 200 or 300 Indians loading barges and trucks on the west side of SIMPSON Harbor. They did not wear a prescribed uniform nor did they appear to be working hard. They were quartered in wooden buildings northwest of the harbor beyond MALAGUNA Road. PW thought all white PsW had been sent to JAPAN upon capture. The NAGAURA had taken 2 PsW on 2 November but they were handed over to the navy and PW did not know what disposition was made. These were both Ensigns, about 20 yrs, tall, brown hair. One was broad and the other slender. There were reported to have been others captured at the same time.

Allied Leaflets

PW saw one in September 1943 at RABAUL. It was a diatribe against Hitler, its general message being that GERMANY had used JAPAN as a pawn in this war against the ALLIES. PW thought the document poor, it having failed to affect him in any way. Although they received no instructions to that effect, army personnel handed their leaflets to their COs. PW burnt his.

War News

At RABAUL a military newspaper, published by the War Department in JAPAN, was flown in about every 2 weeks. It was similar to any other newspaper being a condensation of war news for the two-week period, plus cartoons and stories. Believed it had wide distribution.

**Military Police** Had no feelings one way or another about them.

## 14. ENEMY INTENTIONS AND PLANS

PW thought that the Japs on BUKA and BOUGAINVILLE would stick it out to the end, as so far no personnel had been evacuated to RABAUL. On the other hand, no reenforcements were being sent. He thought GASMATA was well defended and that it would be extremely difficult to take RABAUL.

## 15. WASTAGE AND CASUALTIES

**Unidentified Shipping** PW knew of 3 or 4 medium transports and 1 oiler sunk in RABAUL since November, besides those specifically mentioned below. Also heard that Allied SS had sunk one near SAIPAN about September 1942 and had seen one submerged north of MANNE Island near KAVIENG in November 1943.

**Wooden Ships** PW had seen 5 or 6 sunk in the harbor at RABAUL during Dec/Jan. 1944 and heard of about 20 sunk outside the harbor. These were about 20 meters long and had a displacement of about 20 tons.

| | |
|---|---|
| MUTSU (BB) | Sunk. See Sec. 5. |
| TERUTSUKI (DD) | " " " " |
| ASAMU MARU (AP) | " " " " |
| IWATE MARU | " " " " |
| KIYOZUMI MARU (AK) | " " " " |
| KOWA MARU (AK) | " " " " |
| NICHIEI MARU (AO) | " " " " |
| SHOEI MARU (AR) | " " " " |
| TATSUTA MARU (AP) | " " " " |

**Casualties on NAGAURA** Air raids at RABAUL since August 1943 had been responsible for 2 deaths and 12 wounded on PW's ship, while 10 were hospitalized for tropical illness and later repatriated.

RABAUL Bldgs. A great many had been leveled by Allied bombings but since they were wooden they usually could be replaced in a few da[illegible].

16. CHEMICAL WARFARE

While in JAPAN, PW received training in the use of lachrymatory and sternutatory gas. These were contained in small cans about 4" by 3". He did not see any gas materials or preparations at RABAUL.

17. MILITARY AND NAVAL BASES

SAIPAN (Reference numbers as per ONI 29 - SAIPAN)

602-200 Population. No army personnel. Only about 300 navy men. Probably 3,000 civilian Japs around GARAPAN. Almost all natives talked Japanese.

602-300 Physical Geog. Took about 30 minutes to walk from S. point of GARAPAN to the docks at TANAPAG Harbor. GARAPAN about 1/2 RI long. MUTCH Pt. known also as PUNTAMUTCHO and as CHIKKO (harbor) section. Between MUTCHO Point and Flores Pt. there were cultivated fields.

602-400 Anchorages TANAPAG Harbor could accommodate medium sized ships but not cruisers and larger. Small ships could be berthed at the pier.

The KOKOBUKI MARU anchored in 10 meters (33') near the small pier. Discharge was usually into lighter. Ships sometimes anchored outside the reef opposite GARAPAN. There was no breakwater from MANIAGASSA IS. to the mainland and no installations on the reef. PW noticed one buoy moored by the northern boundry of the harbor entrance.

602-500 Climatology The rainy season was from July to August. Typhoons were common.

602-700 Naval Bases PW had never heard of a submarine base at MAGICIENNE Bay. About 2 SS a month entered TANAPAG for water. Their crews went ashore for 3-4 days rest.

602-900 Public Works GARAPAN had a lighting system. SAIPAN Hospital had an X-ray machine. An ice plant was located near the small pier at TANAPAG Harbor.

602-1000 Supplies PW had never been on the northern part of the island and did not know anything about underground storehouses. On several occasions he saw merchantmen bring in upwards of 500 drums of oil, lumber, rice and other food and equipment, which was discharged in TANAPAG.

602-1100 Water Supply Drinking water was collected from usual rains and squalls. It was boiled for drinking. Ice was made near TANAPAG Harbor. Well water used for general purposes, there being wells to every 4 or 5 houses.

602-1200 Shipping PW never saw any large naval units at SAIPAN. Merchantmen constantly called. Fishing craft (10-15 meters long), oil-burning, were constantly using the harbors.

602-1300 Railroads & Highways A one meter gage R.R. (IN: Probably only 36") ran along W. coast, partly around the south coast, and around the N. and NE coast. It had small old-fashioned flat cars for sugar-cane haulage and engines looked very antiquated. A dirt highway ran along the west coast. There were two main streets in GARAPAN, the shore road and main cross street being 10 meters wide and paved (PW stated asphalt but also mentioned it was white). The road paralleling the shore road was of dirt. (See diagram of GARAPAN as per Appendix B). PW did not see any horses or motorcycles. There were about 30 motorcars and everybody seemed to own a bicycle.

602-1600 Wharves TANAPAG Small concrete pier. 10-15 meters long, 2-3 meters wide. Large concrete pier 150 meters long, 5 meters wide. Only about 50 meters of the large pier actually extended into the water and saw service.

GARAPAN 2 concrete piers about 100 meters long. About 5 meters of this was actually used.

CHARAN KANOA 1 small pier.

602-1700 Harbor Craft No special harbor craft other than fishing trawlers.

602-1800 Communications PW knew of no cable to TINIAN. All business houses had telephones. Searchlights about the size of those used on warships were located near ATCHUGAN and FINASUSU (S). A lighthouse was located on a hill back of GARAPAN.

602-2000 Buildings (See Diagram of GARAPAN, Appendix B).

CHARAN KANAO Large smoke stack surrounded by 1 story sheds and some dwellings. A red brick warehouse near the pier belonging to the NANYO KOHATSU KAISHA.

602-2100 Sanitation A little dengue and malaria. Very little venereal disease.

603-200 Fortifications PW did not know of any. He had never heard gun firing but in December 1941, saw 2 or 3 8cm AA brought ashore.

603-300 Air Defenses A civilian airfield was located on FLORES PT. There were two hangars. Float planes every 2 or 3 days, about noon, made reconnaissance trips over the island. An airfield (not visited) was located near ASLITO (S).

604 Landings The southern shore had no reef and could be approached by DAIHATSU or smaller craft, although there were many submerged rocks. All ships went down the west coast. SAIPAN Channel was deep. The north, northwest and northeast had no reefs but cliffs ran down to the sea. On the west there was a break in the reef south of GARAPAN and one opposite CHARANKANOA large enough to admit DAIHATSU. Also opposite GARAPAN, one wide enough to admit a ship's motorboat. The water inside the reef from PUNTAMUTCHO south varied in depth from 2 to 5 meters. No ferry service from South SAIPAN to the North TINIAN shore.

TRUK Anchored in TRUK Harbor at DOUBLON I. Saw seaplanes there.

KAVIENG The NAGAURA entered KAVIENG Harbor from the southern end of NAGO IS. and anchored east of NUSALIK IS. or NAGO IS. This passage was also used by DD. CLs could not enter. Fishing craft could use the passage between NUSALIK IS. and NAGO IS. or could enter from the north, passing east of NUSI IS.

RABAUL Ships at RABAUL entered and left port without a pilot, and anchored indiscriminately in SIMPSON Harbor. PW knew of no underwater electric loop off the harbor or elsewhere. The NAGAURA usually anchored near the pier furthest south on the E. side of SIMPSON Harbor. No special fire fighting craft were available. Several hulks could be seen partly submerged in the NE end of the harbor. AA guns were mounted on practically all elevations such as the center of MATUPI ISLAND, near the hospital, etc. Many MG at scattered points. Searchlight near PW camp directly north of harbor. Motor road all the way around the harbor.

## 19. ENEMY INFORMATION CONCERNING ALLIES

PW had seen all types of Allied planes shot down at RABAUL and some of their crews taken prisoner. PW heard that on 2 November 1943, 70 North Americans had been shot down at RABAUL, 10 landing in the harbor, the rest crashing outside the harbor and in the mountains.

CONFIDENTIAL ONO, Keiichi

GARAPAN

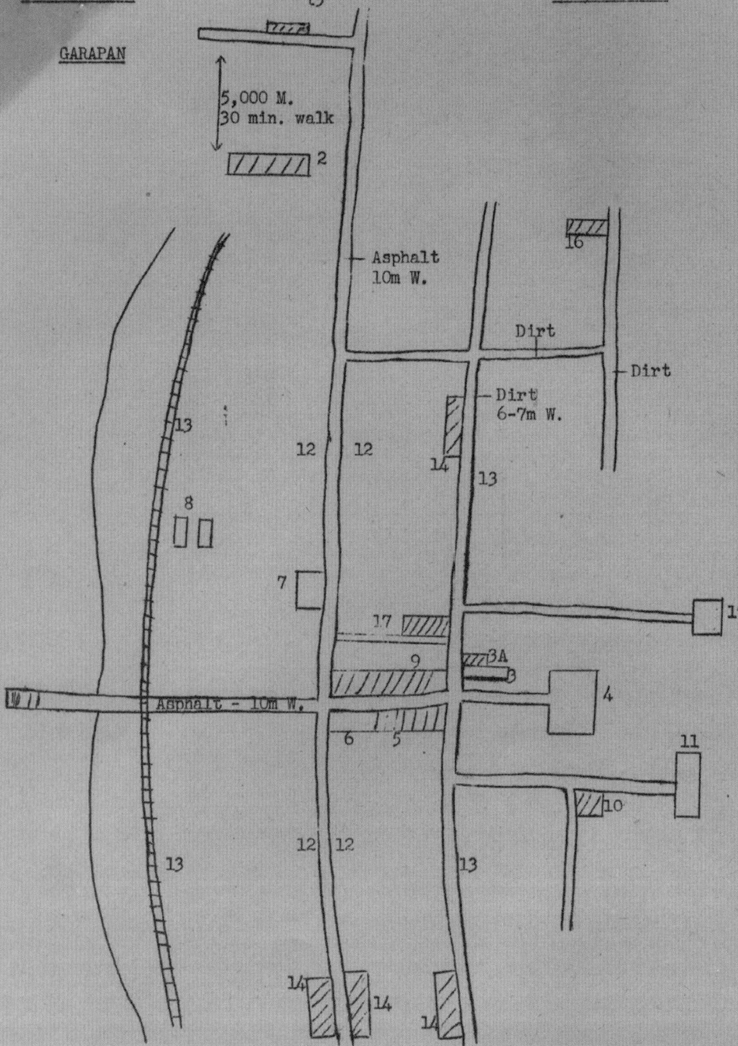


1. Native school. Jap teachers. Located on hill. About 100 children.
2. Jap school - for about 700 Jap children.
3. Catholic church - attended by natives and a few Japs. 50 year old Spanish missionary lived in house nearby (3A).
4. SHICHO (Administration Bldg.)
5. Telephone Exchange in same building with P.O.
6. P.O. - 2 story concrete building.
7. Stores of NANYOBOEKI. 8. Their warehouses.
9. KOKAIDO - town hall used for meetings, movies, public occasions. 2 story concrete building holding 600 persons.
10. SAIPAN BYOIN - hospital. 3 doctors, 10 nurses.
11. KATORI JINJA - Shrine.
12. Jap stores.
13. Residences of civilians. Also rented to navy for personnel.
14. IYANJO.
15. Ice plant.
16. Electric generators.
17. Nuns' residence.

COMBAT INTELLIGENCE CENTER
SOUTH PACIFIC FORCE

CONFIDENTIAL

PRISONER OF WAR INTERROGATION REPORT #225

| NAME | RANK | SERIAL NUMBER |
|---|---|---|
| OGATA, Hayashi | ITTOKIKANHEISO (Eng. PO 1c) | YOKO-SHI-KI 18913 |
| UNIT | DUTY PERFORMED | DATE AND PLACE OF CAPTURE |
| Tug NAGAURA | Dynamos | 22 Feb. 1944, off NEW HANOVER. |

-oOo-

1. PREAMBLE

PW was cooperative and fairly intelligent, but devoid of interest and unobservant. His knowledge appeared to be slight, or alternatively he was security conscious. His statements are recorded for what they may be worth.

PW was born on 28 April 1921 in MIYAGI KEN, MONOU GUN, MAEYACHI MURA and lived there until he entered the navy. His parents and five younger brothers and sisters were living in this village. PW was a farmer, unmarried and a graduate of higher primary school.

2. CHRONOLOGY

| | |
|---|---|
| June 1, 1938 | PW volunteered and enrolled in navy at YOKOSUKA. |
| Nov. 25, 1938 | Completed training and assigned to general duty ashore at YOKOSUKA. Continuation in this duty was due to ill health caused by beri-bori. |
| Oct. 24, 1941 | Certified as fit and assigned to crew of Tug NAGAURA. Left for TRUK. |
| Nov. 1941 (late) | NAGAURA arrived at TRUK after passing through CHICHI SHIMA chain and bunkering at SAIPAN. PW given charge of auxiliary diesel and dynamo. |
| July 1942 | NAGAURA detached from TRUK and assigned to RABAUL. |
| May 1943 | PW suffered serious attack of beri-beri and hospitalized for two months. Rejoined NAGAURA in July. |
| Feb. 1944 (early) | NAGAURA ordered to proceed to JAPAN for general overhaul. |
| Feb. 20, 1944 | Left RABAUL in company with 2 small freighters, which were both carrying passengers. A subchaser acted as escort. |

- 1 -

Feb. 21, 1944 At about 1300, U.S. bombers attacked convoy and sank both freighters. NAGAURA rescued about 100 survivors.

Feb. 22, 1944 At about 0930, NAGAURA was fired on by 5 U.S. DDs south of NEW HANOVER and sunk. PW captured.

## 3. DETAILS OF CAPTURE

At the time of the bombing attack on February 21, the NAGAURA was in line astern the freighters, while the escort was somewhere ahead. Ships scattered and both freighters were sunk, NAGAURA herself receiving a hit on the stern. When attack broken off, NAGAURA rescued about 100 survivors and proceeded on her way.

The bomb hit on NAGAURA's stern smashed the winch, capstan and three large crates. Several seamen were killed and others wounded.

On the 22nd, the attacking destroyers approached from both ahead and astern, opening fire at about 1200 yards. The most damaging hit scored on the NAGAURA was one which exploded in the boiler room. PW was on deck and blown overboard. About 30 minutes elapsed from the time of the first shot until PW was picked up by one of the small boats lowered by the destroyers. PW was wounded in the right forearm by shrapnel.

## 4. ORGANIZATION

NAGAURA Although classified by O.N.I. as a salvage vessel, PW referred to her as a tug (EISEN) and for the last 2½ years at least, was not equipped to do salvage work at all. At both TRUK and RABAUL her employment was confined to the towing of small vessels that had broken down, and to shifting them about in harbor. The NAGAURA's periods of inactivity were long and frequent, although PW maintained that she was the only tug in RABAUL. Her last job was in December, 1943, and the one immediately before it, early November. Since December, the NAGAURA left her anchorage north of HIRSTEIN hulk, only to try out her engines. The poor condition of these engines, which had needed a general overhaul for the past half year, limited her towing capacity to vessels of under 500 tons. In recent months, NAGAURA's crew spent most of their time in makeshift repairs. Adequate facilities for extensive repairs were lacking at RABAUL and probably not available to an auxiliary vessel at TRUK, so it finally became necessary to return the NAGAURA to JAPAN (probably YOKOSUKA).

The NAGAURA had never encountered the enemy before except when under bombing at RABAUL. PW thought the NAGAURA was attached to the Base Force (KONKYOCHITAI) at RABAUL.

## 5. IDENTIFICATION OF OTHER UNITS

PW denied all knowledge of ships names or anything specific regarding events at RABAUL. The following identification was the only thing developed and probably fictitious:

TAKA MARU 100-ton ship present in RABAUL Harbor in Feb., 1944.

## 6. IDENTIFICATION OF PERSONALITIES

| | | |
|---|---|---|
| KONASHI | Lt. | Skipper of NAGAURA. Relieved Lt. YANO in October, 1943. |
| TODA | W.O. | Senior Officer. |
| NAIITO | W.O. | OC Engineering. |

## 7. PARTICULARS OF SHIP

Tug NAGAURA — General particulars:

850 ton steel riveted steam tug.

Length: Estimated 60 meters (approx. 200'); beam - 12 meters (approx. 40').

Speed: 8 knots.

Engines: Steam reciprocating. Est. 1000 H.P.

Aux.Eng.: 7 H.P. diesel driven dynamo for electric lights.

Boilers: 2 hand stoked.

Steam pressure: 12-15 kg. per cu cm.

Bunkers: Coal - about 100 tons. Diesel oil - 1 ton.

Engines, auxiliaries and boiler rooms separate.

Armament: One 13mm MG mounted on bow, manned by a leading seaman.

Communications: No radio aboard. Equipped with signal flags and had qualified signalman aboard.

Other Equipment: Derrick on after part of ship used mainly to hoist supplies aboard. One small boat about 20' long hung on davits amidships. One small round life ring. No other life-saving equipment. Chemical fire extinguisher in engine room. Steam driven winch aft. with steel cable. Manila lines only used for towing.

Personnel: No salvage specialists, divers, etc. 50-60 enlisted men; 4 officers, 6 CPOs, about half of crew in engineering division.

## 9. ENEMY METHODS

Coal Bunkers at RABAUL — Whenever NAGAURA was in need of coal, she obtained a few tons at a time from the surplus of any other coal burning ships in the harbor. Since coal burning ships were few, NAGAURA tried to fill up whenever the opportunity presented itself. PW did not remember the NAGAURA's having ever received bunkers from a collier or shore piles in RABAUL.

Water was brought to the NAGAURA at her regular anchorage by a water boat of about 50 tons. This craft, PW believed, obtained its supply from a larger ship anchored off KERAVIA (name unknown).

-3-

The ships towed at RABAUL and TRUK by the NAGAURA were wooden craft of about 150 tons and diesel powered, probably old fishing boats. They carried foodstuffs and supplies to nearby garrisons. When disabled, they were first always towed to the same anchorage, which was between MATUPI Island and the mainland, directly west of the causeway. Later taken across the bay for repairs at a point about due west of the BEEHIVES.

## 13. MORALE AND PROPAGANDA

**Service Experience** PW had volunteered in order to forestall conscription and was very much dissatisfied with his life in the navy. His ambitions to be a marine were frustrated because of ill health and poor physique, and life aboard the NAGAURA bored him to distraction.

**Inter-Service Relations** PW had heard vague rumors of rivalries and ill-feeling among higher officers of Army and Navy but could not specify reasons. In the lower levels, soldiers and sailors were quite friendly and no ill-feeling existed to his knowledge.

**Others in Forces** PW had no relatives in the armed forces. Several men he knew in his home village were now in the navy and, presumably, still living.

**Conditions in JAPAN** PW knew nothing for certain on this subject, having been away since prior to war, but remarked that all Japanese subjects were making sacrifices.

**Mail** PW's last letter from home came in June, 1943, and contained personal matter only. Since his parents were barely literate, PW declared he did not expect many letters from them. Other crew members had received mail as late as December, 1943.

**Attitude to [illegible]** Although PW expressed the customary desire to die and thus escape the disgrace of his capture, he appeared to accept his present situation more easily than most captives. The reason for this uncommon attitude may have been due in part to his dissatisfaction with his life in the navy.

His shame was too great to allow a return to JAPAN but possibly MANCHURIA or some of JAPAN's island possessions would be open. PW knew of no law or other force which required his execution if he were to return, but life would not be worth living. PW cited the examples of RUSSO-JAP war PsW who led a very miserable life and constantly wished they were dead.

CONFIDENTIAL OGATA, Hayashi - (PW)

**Attitude toward war** PW was firmly convinced that it was necessary for JAPAN to go to war in order to progress. He believed that the imperialism of the Western Nations in the Far East was designed to strangle JAPAN and keep her backward. PW considered the war a result of western selfishness, since JAPAN was merely trying to make up for her lack of natural resources in going into CHINA, and the development of these invaded regions would have benefited CHINA as well. PW stressed the point that since there was an undeclared economic war going on against JAPAN, the Pearl Harbor attack could not be considered the first blow and the war, thereby, JAPAN's responsibility.

PW was not clear on the exact nature of the Washington treaty but believed it to have been a piece of monstrous trickery aimed against JAPAN by all the Western Powers.

PW was certain that JAPAN would win in the end, though it took a hundred years to do it.

**Attitude toward other races** PW had no particular animus against individual members of other races or races in general. He directed his resentment against the Western Nations as political entities whose foreign policies were entirely misguided and selfish.

**Treatment of Natives** PW had no particular opinions about natives.

**Allied PsW** PW knew of the presence of Allied prisoners of war in the RABAUL Area but had never seen any and knew nothing of their treatment.

**Allied Leaflets** PW had never seen any and was curious to know what they were about. He was of the opinion that they would always produce the opposite of their intended effect when used against Japs, and result in their fighting more desperately.

**Morale** In general, morale aboard the NAGAURA was quite low. There was constant grumbling among the crew over the infrequency of shore liberty, a prevailing disgust with the inactivity and decrepit state of their ship. PW admitted that he was not sorry to see the last of the NAGAURA.

**Radio Propaganda** NAGAURA had no radio and PW had not heard any other in over a year.

**War News** PW saw newspapers very infrequently in RABAUL, and knew of none printed there. What news he heard came from conversation with members of the crew who had heard it ashore, or from others he met at the hot springs. An occasional bulletin found its way aboard the NAGAURA, but these were in reference to naval regulations, etc.

-5-

Military Police PW had no opinions about the military police.

14. ENEMY INTENTIONS AND PLANS

RABAUL PW stated that there was no evidence at present or special preparation for an attempt to withdraw men and materiel from RABAUL. It was true that fewer ships lay at anchor in the harbor than formerly, and DDs, which were the only warhips to enter in recent months, departed immediately after fueling. PW had not been in the town lately and could not specify the extent of damage, but attested to the presence of large oil fires ashore whenever bombings took place.

17. MILITARY AND NAVAL BASES

RABAUL No information developed regarding defenses, etc., except that there were mined areas. PW would not point them out.

TRUK NAGAURA's anchorage was between DOUBLON I. and ETEN I. There were no facilities for extensive repairs, and PW insisted that there was no floating dock during Nov. 1941 to July 1942.

18. MEDICAL

PW was inoculated in his native village against Typhus, Typhoid, and Small Pox, and received boosters for these as well as a Tetanus inoculation in the Navy.

PW attributed his attack of beri-beri to personal susceptibility since the food seemed always sufficient and varied. Beri-beri was comparatively rare in the navy, there being only 5 cases when PW was in the hospital at RABAUL. Two cases of scurvy were present.

PW was given vitamin deficiency treatment and required to bathe at the RABAUL hot springs.

(END)

COMBAT INTELLIGENCE CENTER
SOUTH PACIFIC FORCE

CONFIDENTIAL

PRISONER OF WAR INTERROGATION REPORT NO. 226

| NAME | RANK | SERIAL NUMBER |
|---|---|---|
| YAMAMOTO, Kiyoshi | Civilian | ---- |
| UNIT | DUTY PERFORMED | DATE AND PLACE OF CAPTURE |
| KIYO MARU (Water supply boat) | Boat hand | 22 February 1944, off KAVIENG. |

-oOo-

1. PREAMBLE

Because of PW's illiteracy, his useful knowledge was limited but he cooperated to the best of his ability and information was considered as reliable as PW's powers of observation permitted.

PW was born 8 August 1915 at WAKAYAMA KEN, NISHIMURA GUN, SHIYAMI SAKI, UANO MURA. Mother dead, step-father fishing in home waters, 2 sisters married, 2 brothers at home. He had a few interrupted years of school but was unable to write. Worked with his father until fortune in the South Pacific took him into the pearl diving business.

2. CHRONOLOGY

| | |
|---|---|
| Mar. 30, 1938 | Went to PALAU aboard SAIPAN MARU. Worked as pearl diver for NIPPON SHINJU KAISHA (Japan Pearl Co.) in Australian waters. |
| Jan. 10, 1941 | Returned to JAPAN, fished in home waters. |
| July 7, 1942 | Left JAPAN for RABAUL in KIYO MARU. Stopped one night at TRUK |
| Aug. 25, 1942 | Arrived at RABAUL. KIYO MARU employed as water tender. |
| Sep. 22, 1943 | KIYO MARU burned and sunk by strafing in harbor. Transferred to sister ship, EIKI MARU, doing same work. |
| Feb. 19, 1944 | Received orders to return to JAPAN and left EIKI MARU. |
| Feb. 20, 1944 | Boarded KOWA MARU. |
| Feb. 21, 1944 | KOWA MARU sunk. |
| Feb. 22, 1944 | Picked up by U.S. DD off KAVIENG. |

3. DETAILS OF CAPTURE

PW boarded the KOWA MARU about 0800 on 20 February and left

- 1 -

port about 1100 in company with another small freighter and a naval escort vessel. Admitted there may have been other ships of which he was not aware. About 1200 on the 21st, the convoy was attacked by planes and KOWA MARU sunk. PW rescued by a small vessel.

On 22 February, the small vessel was attacked and sunk by U.S. DDs, and PW captured near noon.

## 4. ORGANIZATION

RABAUL Harbor Office PW was unable to give any information except in regard to his own duties. He was a member of a civilian crew in the KIYO MARU, one of the 10 small boats delivering fresh water to ships in harbor. The fleet of small boats were all ex-pearlers with tank capacities of only 5 tons, water supply being obtained from the tank ship, IWATE MARU. PW was paid ¥120. per month.

After sinking of KIYO MARU in a bombing-strafing attack in September 1943, PW was transferred to a sister-boat, EIKI MARU, until it met a similar fate (See Sec. 7 and 21).

## 5. IDENTIFICATION OF OTHER UNITS

| | |
|---|---|
| SAIPAN MARU | 4,000 tons (estimated), sunk near TRUK by SS, 27 Aug 1942. |
| OMI MARU | 4,000 tons ( " ), sunk between SAIPAN and PALAU, date unknown. |
| KASAGI MARU | 4,000 tons, sunk between JAPAN and PALAU by SS, date unknown. |
| PALAU MARU | 4,000 tons, (estimated) sunk near TRUK by SS, date unknown |
| IWATE MARU | 3,000 tons, fresh water tanker. Sunk in RABAUL, date unrecalled. |
| KOWA MARU | 4,000 tons (estimated) 1 stack, 7.7mm MG on bridge, heavy AA of unknown caliber on fantail. Sunk.(See Sec. 3). |

## 7. PARTICULARS OF PW'S SHIP

KIYO MARU 2 masted auxiliary pearling schooner, used as water boat in RABAUL.

| | |
|---|---|
| Crew: | 6 - Captain, boatswain, deck hand (PW), cook, oiler, engineer. |
| Length: | W. L. 35' (estimated). |
| Engines: | Semi-diesel. |
| Speed: | 6 knots. |
| Water Capacity: | About 5 tons in tank forward of engines. |
| Armament, armor: | None. |

## 11. DEFENSES

According to PW, there were no mine fields or harbor nets around RABAUL; and he had never seen them in PALAU.

## 12. ENEMY SUPPLIES

**Fishing** No fishing with nets was carried out around RABAUL, and PW did not think fish supplies in the surrounding seas were completely utilized.

**Fresh Water** See Sec. 17.

## 13. MORALE AND PROPAGANDA

**Service Experience** PW was classified as 2nd Conscript Reserve and had not been called up.

**Relatives Abroad** PW had an unnamed relative at MOKUYO Island, which he thought was off the E. coast of AUSTRALIA. (IN: MOKUYO I. is the Jap name for TOL I. in the TRUK group.)

**Mail** PW received 10 letters but only one comfort bag from home during his stay at RABAUL. In recent months, PW stated comfort bags had not been coming to RABAUL.

**Morale** PW was very dissatisfied with his lot and those he came in contact with at RABAUL were showing definite signs of strain from the continuous bombing raids.

Since it was 6 miles to the brothel, PW had not gone for sometime prior to his departure. He added that it was distracting to be caught there during an air-raid. Brothels were removed from the town about 2 months ago, and may have even been closed up entirely.

**Attitude toward Capture** PW felt no particular shame about being captured - just the inconvenience and worry as to his future. He had no desire to commit suicide, but added that if he were a military man, his responsibilities would be quite different.

He was afraid that if he were reported missing, the Japan Pearl Co. would discontinue his allotments to his step-father, leaving the old man destitute. For this reason he asked to write a letter to be sent through international channels. PW being illiterate, his dictated message was written for him, and was as follows:

"Dear Father,

Are you still receiving the family remittance from the Japan Pearl Co.? In case the company should discontinue the remittance, I wish you would go to the company and ask them to keep up the payments until I return to JAPAN through an exchange of prisoners.

At present I am in the best of spirits, so please set your mind at ease. All you of the family, please take care of yourselves. If we are blessed with good health, I believe we shall meet again some day.

Well, I will write again.

Goodbye,

Kiyoshi YAMAMOTO"

To: Mr. Kaneza URIDA

He requested to be repatriated in a PW exchange as soon as arrangements could be made.

Attitude toward Foreigners — In PW's opinion, foreigners could work better than Japanese. He stated that all foreign make tools used by him were better than those manufactured by the Japanese. He also spoke of the durability of Australian clothes he had bought off PORT DARWIN.

Allied PsW — He saw an Allied PW in RABAUL about mid-Feb. 1944. Said he was dressed in Japanese clothes, and being escorted by several soldiers. Disposition unknown.

## 14. ENEMY INTENTIONS AND PLANS

RABAUL Evacuation — PW was unable to account for the movement of personnel in the convoy which left 20 February. However, on boarding the KOWA MARU he found some 50 other civilian employees from unidentified departments, as well as a large number of air maintenance personnel

## 15. WASTAGE AND CASUALTIES

Water boats — By mid-February 1944, all but 2 or 3 of the original 10 boats that came to RABAUL had been sunk, and according to PW, those presently afloat were of little use as their 5 or 6 year old motors were worn out and replacements unobtainable.

## 17. MILITARY AND NAVAL BASES

**RABAUL** PW stated that RABAUL water was not used for any purpose - all fresh water beingbrought in from an unidentified location. Ashore, rain water was collected.

A hulk close to shore, and around which there had been considerable activity, was hit by a bomb about 2 weeks before PW's RABAUL departure, causing the activity to cease. PW could not confirm the actual use to which this hulk had been placed, whether it was ammunition storage or what. Neither could he pinpoint the hulk's location, as he was unable to read a map.

**PALAU** Pearl boats berthed at MALAKAL after entering between ARAKABESAN and NGARGOL, passing around the eastern end of NGARGOL, then around the north side and down the west side of MALAKAL I. PW indicated the reef was not continuous between NGARGOL and MALAKAL. His company had a storehouse on the west side of MALAKAL I.

KOROR and MALAKAL were connected by causeway which included a 60 yard bridge, gapping the space between the reefs. ARAKABESAN was also connected to KOROR by a causeway, but KOROR was not connected to BABELTHUAP. These causeways were completed when PW first went there in 1938.

He spent little time in PALAU and never went beyond the town of KOROR, was never on ARAKABESAN, and saw few military personnel while there up to 1941. He never noticed any communication facilities, but saw from a distance the seaplane base on the western end of ARAKABESAN. Did not believe there were ship repair facilities there.

## 18. MEDICAL

In RABAUL, the most prevalent and debilitating disease was intestinal flu (HARASAGE), which brought on chills and fever.

Nearly everyone suffered from malaria at one time or another, but few went to hospital. PW was treated aboard his boat.

Civilians were treated by navy doctors.

## 21. MISCELLANEOUS

**Pearling** PW worked as pearl shell diver. Eight or 10 small boats left PALAU each March and headed for PORT DARWIN, passing NEW GUINEA through the CERUM Sea. They dived for TROCAS shell in waters about three days journey east of PORT DARWIN, being careful to keep outside the 3 mile limit. At this location, they never saw passing merchant craft of any size.

During the 9 months on the reef, they never went ashore but lived afloat in their community of small craft. At night they assembled, lashed boats together and visited among themselves. They had no alcoholic beverages as the company would not furnish it and the expense was too much to bear personally. The company furnished only necessary supplies. Sea food was eaten and occasionally natives came alongside with supplies. Attempts to pearl on other reefs than at the above location proved worthless. No diving gear or equipment was furnished.

When the weather became bad in October, they returned to PALAU, boarded an AK with their accumulated catch of the season, and returned to JAPAN. No hydrographic or geographic reports were made.

There were 80 or more of these small boats originally owned by individual pearlers, none of which were in condition to pass naval specifications. Later however, the Japan Pearl Co. bought the boats, repaired and sold them to the navy at a reportedly tremendous profit. The civilian crews were forced to stay with their boats.

(END)

미태평양함대 남태평양군 사령부

일련번호 0736 1944년 3월 26일

3급 비밀

발신: 남태평양 지휘관.

수신: 문서 발송부

대상: 포로 심문 보고서 - 발송

첨부: (A) 포로 심문 보고서 223호, 224호, 225호, 226호.

1. 첨부된 (A)는 다음 일본인 포로 4명을 심문한 보고서를 포함한다.

| 보고서 번호 | 이름과 계급 | 부대와 임무 | 포획된 날짜와 장소 |
|---|---|---|---|
| 223 | 토야, 사쿠지(TOYA, Sakuji), 이등기관병조(NITOKIKANHEISO) (엔지니어. 병장) | 구난선 나가우라 (NAGAURA) 보일러실 | 1944년 2월 22일 카비엥(KAVIENG) 근처 |
| 224 | 오노, 케이이치(ONO, Keiichi), 일등병조(ITTOHEISO) (병장) | 구난선 나가우라 닻 관리 | 1944년 2월 22일 카비엥 근처 |
| 225 | 오가타, 하야시(OGATA, Hayashi), 일등기관병조(ITTOKIKANHEISO) (엔지니어. 하사) | 예인선 나가우라 (NAGAURA) 발전기실 | 1944년 2월 22일 뉴하노버(NEW HANOVER) 근처 |
| 226 | 야마모토, 키요시 (YAMAMOTO, Kiyoshi), 민간인 | 키오 마루 (KIYO MARU) (수급 선박), 선원 | 1944년 2월 22일 카비엥 근처 |

H.E. 스타센(H.E. STASSEN),

직무대리.

(중략)

전투첩보센터

남태평양군

3급 비밀

포로 심문 보고서 224호

| 이름 | 계급 | 일련번호 |
|---|---|---|
| 오노 케이이치 (ONO, Keiichi) | 일등병조(ITTOHEISO) (병장) | 요코-시-스이(YOKO-SHI-SUI) 25995. |
| **부대** | **임무** | **포획된 날짜와 장소** |
| 구난선 나가우라 | 닻 관리 | 1944년 2월 22일, 카비엥 근처. |

## 1. 서문

포로는 지능이 높고, 관찰력이 좋고, 협력적이다. 그는 모든 질문에 대해 막힘없고 분명하게 대답하였으며 숨기려는 어떠한 시도도 하지 않았다. 그의 진술은 신뢰할만하다고 평가된다.

포로는 1920년 8월 26일에 출생하여 학교를 8년 다녔다. 센다이(SENDAI) 이와데야마(IWADEYAMA)길 69번지에 살았다. 농사를 지었고, 처남의 잡화점에서 점원으로 일했다.

## 2. 시기순 기록

| | |
|---|---|
| 1937년 6월 1일 | 해군에 입대. 요코스카(YOKOSUKA)의 해병단(KAIHEIDAN)에 들어감. |
| 1937년 10월 20일 | 기초 훈련을 마침. 요코스카의 전함 야마시로(YAMASHIRO)에 배치됨. |
| 1938년 5월 | 키누가사 마루(KINUGASA MARU)를 타고 상하이로 이동. 상하이 SNLF 비행장 주둔군에 합류. |

| | |
|---|---|
| 1938년 12월 말일 | 하코네상 마루(HAKONESAN MARU)를 타고 요코스카로 이동, 대체 인력으로 대기. |
| 1939년 12월 말일 | 항공모함 아카기(AKAGI) (닻 관리)에 배치됨. |
| 1940년 5월 | 선박 조종 기술을 배우기 위해 요코스카의 항해 학교에 보내짐. |
| 1940년 10월 15일 | 대체 인력 대기 – 배치 받지 않음. |
| 1941년 4월 12일 | 요코스카의 코토부키 마루(KOTOBUKI MARU)에 배치됨. |
| 1941년 5월 (중순) | 사이판 도착. 대잠 정찰대 소속 코토부키 마루. |
| 1942년 6월 15일 | 타츠타 마루(TATSUTA MARU)를 타고 트럭섬(TRUK)에 가기 위해 사이판을 떠남. |
| 1942년 6월 20일 | 트럭섬에서 나가우라(NAGAURA)에 배치됨. |
| 1942년 8월 28일 | 트럭섬을 떠남. |
| 1942년 9월 1일 | 라바울(RABAUL) 도착. |
| 1942년 11월 (말) | 키요즈미 마루(KIYOZUMI MARU)를 끌고 카비엥으로 이동. 3일후 라바울로 귀환. |
| 1942년 2월 20일 | 나가우라는 코와마루(KOWA MARU), 1000톤짜리 정체불명의 상선, 구잠정 2대와 함께 라바울을 떠남. |
| 1944년 2월 21일 | 15대의 연합군 비행기에 의해 폭격 당함. 코와마루를 비롯한 다른 상선들은 침몰. 생존자 80명을 승선시킴. |
| 1944년 2월 22일 | 5대의 연합군 구축함에게 공격받음. 나가우라는 침몰, 포로는 포획됨. |

(중략)

19. 연합군과 관련된 적군의 정보.

포로는 라바울에서 격추된 모든 종류의 연합군 비행기와 포로로 잡힌 비행사들을 본 적 있다. 포로는 1943년 11월 2일 라바울에서 북아메리카인 70명이 총살당했으며, 그들 중 10명은 항구에 불시착하였고 나머지는 항구 이외의 지역과 산간 지역에 추락하였다고 들었다.

3급 비밀 오노, 케이이치

가라판

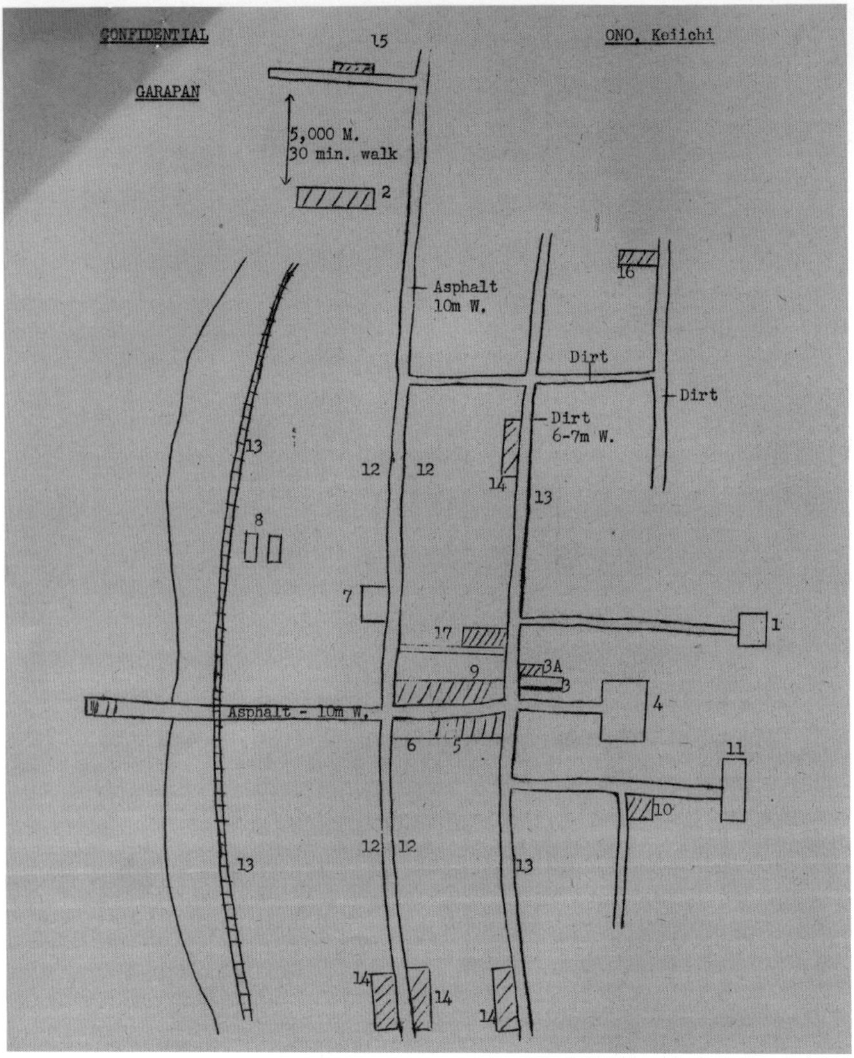

1. 현지인 학교. 일본인 교사들. 언덕 위에 위치. 100여명의 어린이.

2. 일본인 학교 – 700여명의 일본인 어린이.

3. 가톨릭 교회 – 현지인과 일본인 몇 명이 다님.

   50세의 스페인인 선교사가 근처 가옥에서 생활함 (3A).

4. 시청(SHICHO) (행정 건물)

5. 우체국과 동일 건물에 전화교환국.

6. 우체국 – 2층짜리 콘크리트 건물.

7. 남양 무역(NANYOBOEKI) 점포. 8. 점포 창고들

9. 공회당(KOKAIDO) – 회의, 영화관람, 공공업무에 사용되는 시청

   2층짜리 콘크리트 건물로 600명 수용.

10. 사이판 병원(SAIPAN BYOIN) – 병원. 의사 3명, 간호사 10명

11. 카토리 신사(KATORI JINJA) - 신사.

12. 일본인 상점들.

13. 민간인 거주지. 해군인력에게도 대여.

**14. 위안소(IYANJO).**

15. 제빙 공장.

16. 발전소.

17. 수녀 거주지.

부록 A.

(하략)

# 27

## The 2nd Co. 6th Ind. Engineers' Report

## RG 313 Entry P 90-D Box 39

이 문서는 미 해군의 첩보 조직 중 하나인 전투 첩보센터(Combat Intelligence Center, CIC)가 과달카날(Guadalcana)에서 노획한 문서들을 발췌하여 번역한 것이다. 이 문서들 중 공병보고서에는 필리핀 탈로모(Talomo) 지역에서 성병에 걸린 남성들은 위안소에 들어가는 것이 허용되지 않았다는 내용이 담겨 있다. 위생 및 전염병 예방의 차원에서 병사들의 위안소 출입이 규제되었던 것으로 보인다.

A8/(25)

SOUTH PACIFIC FORCE
OF THE UNITED STATES PACIFIC FLEET
HEADQUARTERS OF THE COMMANDER

HDH/rww

Serial 0516

CONFIDENTIAL

March 26, 1943.

From: The Commander South Pacific Area and South Pacific Force.
To: Distribution List.

Subject: Captured Japanese Documents, translation of.

Enclosure: (A) Subject Translation.

1. Enclosure (A) is forwarded herewith for information and use.

H. R. THURBER,
Acting Chief of Staff.

A8/(25)

SOUTH PACIFIC FORCE
OF THE UNITED STATES PACIFIC FLEET
HEADQUARTERS OF THE COMMANDER

HDH/rww

Serial 0516

CONFIDENTIAL

March 26, 1943.

Subject: Captured Japanese Documents, translation of.

- - - - - - - - - - - - - - - - - - - - - - - - - - - - - - - - - -

DISTRIBUTION:
COMINCH - 1
CINCPAC - 1
VICEOPNAV (ONI) - 2
COMDT MARCORPS - 1
COMSOWESPAC - 4
ICPOA - 2
COMAIRSOPAC - 4
BUORD - 1
BUAERO - 2
COMGEN 1st MAC - 35
COMMARAIRWINGSPAC - 1
COMGEN 1st MAW - 1
COMGEN 2nd MAW - 1
COMGENBEVY - 1
COMAIRSOL - 2
CTF 10 - 1
CTF 11 - 1
CTF 14 - 1
CTF 15 - 1
CTF 18 - 1
CTF 19 - 1
CTF 32 - 1
CTF 72 - 1
COMAIRPAC - 1
COMAMPHIBFORPAC - 1
COMAMPHIBFORSOWESPAC - 1
COMGENPEON - 1
COMGENSOPAC - 14
DMI, GHQ, New Delhi, India - 3
COMCARDIV 22 - 1
COMINCH Eastern Fleet, Admiralty,
DNI, Melbourne - 1
DNI, Wellington, N.Z. - 1
G-2, GHQ, SOWESPAC - 6
ATIS SOWESPAC AREA - 1

H. D. Moulton

H. D. MOULTON,
Flag Secretary.

C O N F I D E N T I A L

SOUTH PACIFIC FORCE
OF THE UNITED STATES PACIFIC FLEET
HEADQUARTERS OF THE COMMANDER

COMBAT INTELLIGENCE CENTER

TRANSLATION OF CAPTURED JAPANESE DOCUMENTS


| | Pages |
|---|---|
| Extracts from a Japanese Diary (Translated by XIV Corps) | 1-3 |
| Diary taken at KOKUMBONA, GUADALCANAL, Jan. 28-31, 1943 (Owner: Not known). | 4-5 |
| Diary taken at KOKUMBONA, GUADALCANAL, Jan. 28-31, 1943 (Owner: KAKUJI ODA, Unit 1302 of Minamoto Unit). | 5-6 |
| Tabular Plan for Unloading Cargo (NOSHIRO MARU). | 7 |
| Record of Combat Orders (NOTE: Extracts from Book of Orders taken at GUADALCANAL in January, 1943.) | 7-10 |
| Copy of 2nd Co., 6th Ind. Engineers' Report, taken in KOLI POINT Area, GUADALCANAL, December 21, 1942. | 10-11 |
| Kinds of General Oil and Grease (Mimeographed Sheets taken at GUADALCANAL, in Jan. or Feb.,1943) | 12-20 |
| Extracts from Diary taken at GUADALCANAL in Jan. or Feb., 1943. (Owner: TATSUHARU HANAUMI) | 21-24 |
| Excerpts from Captured Diary taken by DUCHEK'S Expedition, E. Florida Island, October, 1942. (Owner: SHIMAMOTO, TAMEICHI) | 25-27 |

CONFIDENTIAL COMBAT INTELLIGENCE CENTER

SOUTH PACIFIC FORCE

TRANSLATION OF CAPTURED DOCUMENT

Subject: Extracts from a Japanese Diary (Undated)
(Translated by XIV CORPS, G-2 Section)

The owner was an unidentified member of a 2nd Division Medical Detachment.

I attended and graduated from a Military Medical School prior to the assignment to my present position (Location of the school is not disclosed)

My Division prepared to move from Bandoeng, Java on Sept. 5, 1942. One battalion (the 2nd Artillery Battalion accompanied by Medical Officers) from the 2nd Artillery were included in this order to move.

My friend from the 9th Artillery visited me while still in Bandoeng, Java.

The Military Police has left Bandoeng and the discipline of the troops is lax.

Was transferred to the 9th Artillery on Sept. 14, 1942.

At 8:40 pm, Sept. 14, 1942, the 9th Artillery received orders to move out and left Bandoeng. Arrived at Tanjong Prick (T.N. Port Facilities of Batavia) at 5:30 am, Sept. 15, 1942.

The main force on board the Kyushu Maru (906), (launched 1941) (T.N. - Apparently 906 is the number of the ship, as it is larger than that in tonnage. It is now one of the five beached on Guadalcanal.) are the 29th Infantry, a Detachment of the Engineers, the 2nd Transport Unit, and Medical troops. The "Sakito Maru" is also a part of this convoy. It left Batavia the same day.

Sept. 18, 1942 - The ships arrived at Soerabaya.

Sept. 19th - Left Soerabaya

Sept. 20th - Passed the Palao Islands

Nov. 1st - Arrived at Rabaul, New Britain. While at Rabaul I learned that Colonel Furumiya was the Commander of the 29th Infantry.

Nov. 2nd - Departed for Shortland Island.

Nov. 3rd - Arrived at Shortland. On account of the risk of being sunk, we were transferred to destroyers. I am aboard the "Hayanagi".

CONFIDENTIAL COMBAT INTELLIGENCE CENTER

SOUTH PACIFIC FORCE

Subject: Extracts from a Japanese Diary (Undated)
(Translated by XIV CORPS, G-2 Section)

I learned that the Commanders of 2 B i (probably 2nd Bn., Inf.) 16 i (16th Inf.), and 29 i (29th Inf.) had died on October 26th.

I note that the 9th Artillery, 5th Artillery, 16th Infantry, 29th Infantry, 1st Field Hospital, 2nd Field Hospital and 38th Division Signal Unit are on Guadalcanal.

My stay on Guadalcanal is filled with many hardships. Among them are the lack of food and Medical Supplies. Many of my friends have died from Malaria and others have died of wounds.

I first noticed the scarcity of food, cigarettes, and Medical Supplies on November 11, 1942.

Many of the Imperial troops which were once much nearer the front lines than my unit have withdrawn.

We received the following Medical Supplies while in Batavia and they were distributed to the various companies.

1. One month's supply of Malaria prevention pills.
2. Five day's supply of pills for stomach troubles.
3. Five day's supply of Bismuth Subnitrate (for diarrhea).
4. Five day's supply of Aspirin.
5. " " " " "Moki" solution.
6. " " " " "Bitakan".
7. Mercurichrome
8. Portable medicine kits.

Battalion Hq. - 118 men and Officers
Company - 135 men and Officers (T.N.-Unit not mentioned)

Dec. 13, 1942 - Weather clear - Location - 4 kil. West of Tassafarong I heard cannon fire from warships. At first I thought that these shots were from our own ships and I rejoiced. But later I heard that the shots were those of the enemy and my spirits dropped greatly.

Dec. 14, 1942 - Weather clear - Location - Mamala. Firing from enemy warships and airplanes still continues. Due to the heavy firing and bombing by the enemy, our nerves are somewhat upset and our cooking for the day does not proceed well.

Dec. 15, 1942 - Weather clear - Location Mamala and 4 kil. S.W. of Kokumbona I heard that several of our own transports have arrived in the harbor. I heard later that the Hq. of the Unit has disembarked without mishap, However, three of the six transports which came into port have been sunk by bombs dropped by the B-17's that earlier flew overhead.

CONFIDENTIAL COMBAT INTELLIGENCE CENTER
SOUTH PACIFIC FORCE

Subject: Extracts from a Japanese Diary (Undated)
(Translated by XIV CORPS, G-2 Section)

Three of our soldiers were killed by the shelling of enemy warships. They fired into the "Mamala" company bivouac area.

Translator's Note: The above extracts were assembled from various portions of the diary. The only other readable parts were taken up with various songs.

The diary was found by a member of the 25th Division in an old Japanese Hospital area, near the Bonegi River, March 2, 1943.

CONFIDENTIAL COMBAT INTELLIGENCE CENTER
SOUTH PACIFIC FORCE

DIARY TAKEN AT KOKUMBONA, GUADALCANAL, Jan. 28-31, 1943
(Owner: Not known.)

December 13 - Since the landing (T.N. - at GUADALCANAL) was made by evading the notice of enemy aircraft during the dark night of Oct. 6, I have not touched my pen. These two months or more, my comrades and I have gone through unbelievable hardships. These hardships cannot possibly be expressed in writing. The battle has not been favorable to us. Numerous comrades have fallen from wounds and illness and I don't know how many men are, at present, moaning from illness. My intimate friend TOZAWA died gloriously and soldiers of my age are continuously being wounded, and I cannot but shed tears from depression and sympathy. I was also groaning with fever until 4 or 5 days ago, but finally recovered and am standing guard at present. The front line is quiet every day, but I suppose they are awaiting the day that must come soon. It is believed our airfield will be completed at midday today (T.N. - probably a mistake for this "month") and the planes will start to fly from around the 17th. The general attack is (set for) the middle of January. It is quite a long ways off, but we must be patient about this also. However, the fact that we cannot eat rice has dealt the greatest blow to us. As a substitute for rice, we are desperately gathering coconuts by entering the coconut plantation on the coast, threatened by enemy planes. Recently even the coconuts have been exhausted. What on earth are we to eat? We have eaten crabs, green watergrass, sprouts of trees, and there is nothing else. Am I to await starvation? How long is the unit commander, who is responsible for our lives, going to confront us with this hardship? There is positively nothing. The enemy planes are circling overhead as usual. I suppose that some day I will walk around waving my hands and gazing up at the sky in which are planes are flying about. That (hope) is right before my eyes. Be of good cheer! Endurance! If one is to lose courage at this point our hardships up to now will have been in vain. Now, let us carry on with high spirits. Stick it out!

December 23 - During the middle of this month, a good report came in saying that our planes would bear down on GUADALCANAL, but I have not seen them. Every day enemy planes alone dance in the sky, fly low, strafe, bomb, and numerous officers and men fall. Now the Guadalcanal fever is again prevalent and countless men are dying. The company commander has fallen, also a friend named WATABE NAOMITSU, and ten-odd men. What kind of a situation is this? There is no medicine, no way to cure them, and we are left simply to watch them die before our eyes. There are still 10-odd men groaning with illness. They all have difficulty in walking. The condition of every company is something to censure. Provisions have not come by either destroyer or submarine. At present the provisions are gone and there is nothing that can be done about it. However, we must endure, although conditions are bad and everything is gone. There is one more step left. Let us show our spirit and await a brighter prospect.

-4-

December 26 - The mournful year of 1942 is about to pass away. We are about to welcome the New Year of 1943, but what has happened to our situation? I presume that the people back in the homeland are decorating with pine and bamboo and making rice-cake, in welcoming the New Year and demonstrating the dignity of the victorious nation. No matter how much they are thinking of the hardships of the soldiers, and even though they call for self-restraint, the New Year is something special. So they dress up in fine clothes, get a haircut, see a movie, and eat and drink what they want; "New Years is the key to the year" - so the saying goes. As the proverb goes - "They will spend their time with great cheer". When we think about those things, it affects us to a point of shedding tears. I suppose nobody in the homeland knows about our real hardships. We are about to welcome the New Year with no provisions; sick men are moaning within the dismal tents; and men are dying on an average of one per day. We are in a completely miserable position. I intend to stick it out to the limit of my vigor and vitality. I do not intend to give in, no matter how depressing a situation I fall into. We will not lose! Why should we be subdued by those blue-eyed Americans? I intend to get onto the enemy airfield and let two or three of them have a taste of the sword treasured by the late Warrant Officer. Today, too, the enemy airplanes are flying around overhead. Our planes are not yet flying; what are they doing? It puts us in the very depths of depression. There was a report saying that the transport will come within two or three days; however, so long as our planes do not fly, I believe we will again go through what we did a while back. Oh, friendly planes! I beg that you come over soon. We would be as overjoyed as children and would jump up and down to observe our planes up and doing, with their silver wings side by side and their wings stretched out with the rising sun on them. Oh, friendly planes! Fly soon! And cheer us up!

DIARY TAKEN AT KOKUMBONA, GUADALCANAL, Jan. 28 to 31, 1943
(Owner: KAKUJI ODA, Unit 1302 of Minamoto Unit)

NOTE: Entries dated Oct. 17, 1941 to Jan. 18, 1943.

Landed on JAVA IS. (Banten Bay) at 1000, March 20. On account of the accumulation of baggage it took until 0400 on the 3rd. There were a great many enemy prisoners taken on warships during the landing. Also two Americans (19 and 23 years old) captured on land. We burnt our dead under the coconut trees in the hills from noon till night.

Started marching from the landing point at 2100 on the 3rd. The road being bad near the landing point, it took till about 0500 to cover 3½ miles. Arrived at SERANG at 2300 after marching all day the 4th. Left SERANG at 10 o'clock on the 6th. Arrived at BATAVIA at 1100 the 10th. Germans came to welcome us with a band. March 10 was Army Day. We made a triumphal entry into BATAVIA, the capital of JAVA.

We were charged with the defense of BATAVIA.

Our losses in the southern operations were, according to the

Equatorial Report, 600 killed and approximately 1100 wounded.

Left BATAVIA at 0930, March 25. Arrived at BANDOENG about 10 o'clock (came by auto).

Met HISATOMO HOMMA at the 1st Field Army Hospital in BANDOENG on April 20. Received a short period of training in auto driving for two weeks from April 22. Place - the airfield of the NOGUCHI Unit.

Starting at 1000 May 5 rode 78 miles by auto. Went up to GALON, JAVA.

Sept. 16. Was sorry to leave BANDOENG at 0900. Arrived in BATAVIA at 1700. On the 17th it took a day and a night to load baggage. Personnel boarded ship on the 18th. Left BATAVIA Harbor at 1400 Sept. 20. Left SURABAYA Sept. 22 (0800).

Oct. 6. Reached RABAUL at 0830. (The black-out discipline during the journey this time was very strict). Arrived in 17 days from BATAVIA. Arrived SHORTLAND IS. Oct. 9 at 0800. On the 11th helped unload horses and baggage of the ammunition train. All personnel landed at 0630 the 12th.

Boarded the cruiser SENDAI in the late afternoon of the 13th. Landed on GUADALCANAL Oct. 14 at 2100 in the face of the enemy.

Every night thereafter we carried out night marches.

According to what I hear from the soldiers in the front line, there was talk that navy planes would be in the air from about today on, but they did not fly. With enemy shells dropping all around us I feel more dead than alive. On the 12th at 1400, with rain day and night and with no place to stay, I think only of such things as my father and KIIKO at home (the 13th).

On the night of Jan. 14 Lance Corporal ENDŌ and I went to get provisions, but there was nothing. On the way back, in the coconut grove we met a staff officer. We heard that four airfields had been built, that radiograms had been sent to five or six divisions, and that from tomorrow onward planes would be in the air. The two of us returned fortified in heart.

The 16th Reg't., upon failing at the front line, withdrew and one company of a new unit was rushed in.

-6-

## TABULAR PLAN FOR UNLOADING CARGO (NOSHIRO MARU)

Rations, 120 tons

| | No. 1 | No. 2 | No. 3 | No. 5 | No. 6 |
|---|---|---|---|---|---|
| 1. | Panels | Truck, Lumber | Rations | Truck, Necessary articles | Dynamite, misc. goods |
| 2. | Panels | Truck | Rations | Truck, Medical supplies | Misc. goods |
| 3. | Panels | Automobiles | Rations | Truck | Cooking utensils |
| 4. | Tents | Water sprinkling cart | Rations | Truck | Fire-wood |
| 5. | Gasoline | Truck | Rations | Rations | " |
| 6. | Gasoline | " | " | " | Panels |
| 7. | " | " | " | " | " |
| 8. | | " | " | | |
| 9. | Various Kinds of heavy oil | Tractor | | Roller, iron pipe | |
| 10. | Rear car(*) | 2 Motorcycles with side-cars | | Roller, iron pipe | |
| 11. | " | 6-ton Roller | | | |
| 12. | | Straw bags | | | |
| 13. | | | | | |
| 14. | | | | | |
| 15. | | | | | |

(*) T.N. - A "rear car" is a 3-wheeled motorcycle with built-on box body.

## RECORD OF COMBAT ORDERS

(NOTE: Extracts from Book of Orders taken at GUADALCANAL in January, 1943.)

OKI Combat Order, A, No. 80
Order of the 17th Army
October 5, 1100

RABAUL

1. The following officers shall be attached to the 2nd Division:

| | |
|---|---|
| Major General | SUMIYOSHI, MASA |
| Colonel | SAKAI, SENHICHI |
| Lt. Colonel | TAKEI, HOJIRŌ |
| 1st Lieutenant | NAGASHIMA, RYUZŌ |
| 1st Lieutenant | YAMAGUCHI, YOSHIHARU |
| 2nd Lieutenant | AOYAGI, TOSHI (?) |

2. Based on the officers mentioned in paragraph one, the 2nd division commander will organize the 17th Army Artillery Hqs. with personnel and material from the subordinate units of the 2nd division.

Army Commander
HYAKUTAKE, SEIKICHI

RECORD OF COMBAT ORDERS
(Continued)

ADVICE

The forthcoming attack on GUADALCANAL, which is under the focus of the entire world, is the decisive campaign on which the fate of the Japanese Empire depends.

If the occupation of GUADALCANAL is not accomplished, I do not expect even a man to return alive.

All the component units of the 2nd Division and their detached Units will weigh the glory of the Imperial Army, without fearing the enemy numbers, and will valiantly advance, displaying perseverance and fortitude. With this in mind, resolve to smash the arrogant enemy into submission. I fervently desire all units to do their utmost.

October 1, 1942 Commander of the 2nd Division

MARUYAMA, MASAO

ISAMU COMBAT ORDER, A, No. 153
(T.N. - No date).

Distribution of Troops

NASU DETACHMENT

Commander: Commander of the 2nd Infantry Group, Major General NASU
4th Infantry Regiment
1 Battery of the 10th Independent Mt. Arty. Regt.
1 Company of the 3rd Trench Mortar Battalion

Unit specially selected to neutralize the airfield with mass of fire.

Commander: Commander of the 20th Battalion of Independent Mt. Arty,
Lt. Col. KAJI
1st Battalion of the 2nd Field Artillery Regt.
20th Battalion of the Independent Mt. Arty.
2nd Battery of the 21st Battalion of Heavy Artillery.
1 Machine Gun Company of the 29th Infantry Regt.

KAWAGUCHI DETACHMENT

Commander: Commander of 35th Infantry Brigade, Major General KAWAGUCHI
124th Infantry Regiment (less approx. 150 men).

-8-

Artillery Group

Commander: Commander of Artillery Group of the 17th Army, Major General SUMIYOSHI

2nd Field Artillery Regiment (less 6th Btry. of the 2nd and 9th Btry. of the 3rd Battalion).
10th Independent Mt. Arty. Regt. (less 1st Btry.)
4th Heavy Field Artillery Regiment (A)
1 Btry. of the 7th Heavy Field Artillery Regiment (B)

Engineers

Commander: Commander of the 2nd Engineer Regiment, Colonel TAKAHASHI
2nd Engineer Regiment
Engineer Company of KITAO Detachment
39th Road Construction Unit
29th Infantry Regiment - strength - 400 men

Transport

Commander: Commander of the 2nd Transport Regiment, Colonel SHINMURA
2nd Transport Regiment
KITAO Detachment (less Engineer Company).
Approximately 600 men from the 16th Inf. Regt.
" " " " " 29th " "
" 150 " " " KAWAGUCHI Detachment
" 1000 " " " Naval Engineers

Troops Under Direct Control of the Division

1. Component Units of 2nd Division:
16th Infantry Regiment (less approx. 600 men)
29th Infantry Regiment (less approx. 1000 men and 1 Machine Gun Company)
Motorcycle Unit
Communications Unit
Ordnance Service Unit
Medical Unit
1st, 2nd and 4th (less half) Field Hospitals
Water Supply and Purification Unit

2. Attached Units:
1st Company of the Independent Tank Unit
2nd Independent Anti-tank Battalion
6th Independent Anti-tank Bn.
9th Co. of the Independent Anti-tank Unit (T.N. - Recorder possibly meant 1 Co. of 9th Independent Anti-tank Bn.)

2. Attached Units (Continued):
A part (3rd Co.) of 1st Independent Mortar Regt.
3rd Bn. (less 1 Co.) of Trench Mortar Unit
38th Battalion of Field Anti-aircraft Arty.
45th Battalion of Field Anti-aircraft Arty.
1st Btry. of the 47th Bn. of Field Anti-aircraft Arty.
88th Telegraphic Communications Co.
33rd Permanent Radio Platoon
3rd and 6th Platoons of Independent Radio Unit
A part of 67th Line of Communications Hospital
76th Line of Communications Hospital
A part of 24th Water Supply and Purification Unit
11th Naval Construction Bn. ( Less approx.
13th Naval Construction Bn. ( 1000 construction troops.

COPY OF THE 2ND CO., 6TH IND. ENGINEERS' REPORT, TAKEN IN KOLI POINT AREA, GUADALCANAL, DECEMBER 21, 1942.

Report on Sanitation Work

July 31, 1942.

1. Outline of Unit's Movements.

T.N. - The main force of the unit (apparently in the Philippines) was to go to Garasumao (?) (ガラスマオ ), leaving the Suzuki detachment. In early July it began preparing for landing at Talomo, Daliao and Davao, and took part in maneuvers with the Higashi Det. As from July 20 the unit was detached from the Higashi Det. and placed under the command of the 35th Inf. Brigade (Kawaguchi Det.).

2. Factors Pertaining to the Increase of Fighting Strength.

Every day after reveille and retreat, calisthenics and running exercises will be held and the troops will be supplied with "WAKAMOTO" and "nutritious food" to compensate for the lack of vitamins. (T.N. - "Wakamoto" is a popular patent medicine.)

3. Prevention of Epidemics (including chills and venereal diseases) and the general situation of water supply in the prevention of epidemics.

The breeding of flies will be prevented by scattering lime in the latrines. To prevent malaria, one tablet of quinine sulphate will be taken by each man after every evening meal and each detachment will endeavor to cooperate in killing flies and mosquitoes. Men afflicted with venereal diseases will not be allowed to enter the recreation room in the Talomo area. Rain water will be used as a source of water supply but when there is a lack of drinking water, a filter will be used to filter the water from the TALOMO River, the quality of the water so obtained being quite good.

-10-

4. Matters Pertaining to Patients.

The principal cases this month are as follows:

| | |
|---|---|
| Dislocation of joints on the right foot | 1 |
| Dengue | 13 |
| Malaria | 4 |
| Wrenched tarsus of right foot | 1 |
| Acute colitis | 8 |
| Internal hemorrhoids | 1 |
| Injury to left side of chest | 1 |
| Common cold | 5 |
| Fracture of right foot | 1 |

Although the outbreak of dengue was serious, in most cases, the symptons were mild and treatment lasted for a week to ten days. Due to severe chillness during the night, the outbreak of acute colitis, common colds, etc. was serious.

5. Matters Concerning Medical Supplies.

On July 20 emergency medical supplies will be drawn from the DAVAO field warehouse depot and a sufficient amount of aspirin and pyramidan tablets will be drawn according to the number of malaria and dengue cases.

6. General Medical Situation.

1. Meteorological Conditions.
   a. The highest temperature recorded during the day is approximately 31.0 to 32.0 degrees, but about 0800 the temperature drops to 23.5 degrees. During night, the temperature is refreshingly cool and there is very little rainfall.
2. Soldiers' Clothing.
   A supply of tropical undershirts, drawers, and sun helmets is available.
3. Ration situation.
   Rice is mainly a local product, but the cooked rice is hard and dry, and consequently it's taste is poor. Side-dishes are vegetables and meat, which are generally plentiful. Thus, the soldiers' food is fairly good.
4. Billeting Situation.
   The tin roofed warehouse in which we are billeted is badly lighted and ventilated due to it's great length. Many of the men have contracted diarrhea because the nights are sultry and there is a sudden fall of temperature at daybreak. As the local area is a jungle, it is well suited as a breeding ground for mosquitoes.

7. Condition of Hygienic Education.

While we are busy with our duties, a lecture on hygiene relating to malaria, dengue and diarrhea will be given to patients before medical examination.

CONFIDENTIAL

COMBAT INTELLIGENCE CENTER
SOUTH PACIFIC FORCE

ANNEXED TABLE #1 KINDS OF GENERAL OIL AND GREASE
(MIMEOGRAPHED SHEETS TAKEN AT GUADALCANAL IN JANUARY OR FEBRUARY 1943)

| NAME OF ITEM | | CHARACTERISTICS | USE | | REMARKS |
|---|---|---|---|---|---|
| Compound for Removing Paint | | | For removing a layer of Anti-Rust Paint and Special Light Metal Paint. | | |
| Acetone | | Colorless and Translucent | For mixing solution in manufacturing fabric compounds and for removing paint. | | |
| Oil for Hydraulic Pressure System. | #1 Airplane Oil for Hydraulic Pressure System | Yellow color, semi-translucent | Used in Oil Pressure System. | #1 Oil used in Hydraulic system (cushioning) of main & tail undercarriage, oleo, wheel brake, flap, Main & tail undercarriage retracting apparatus, resistance board, automatic control apparatus | |
| | #2 Airplane Oil for Hydraulic Pressure System | Reddish brown color, Opague. | | #2 Oil used in Hydraulic system (cushioning) of main & tail undercarriage, oleo, wheel brake, flap, etc. | |

-12-

| NAME OF ITEM | CHARACTERISTICS | USE | REMARKS |
|---|---|---|---|
| Hermetic (?)<br>( ) | | Directly applied liquid compound for making the receiving part which comes in direct contact with oil airtight. | |
| Methanol (Methyl Alcohol) | | Used as anti-knock mixing fuel of solution and gasoline. | |
| Prestone (Ethylene Glycol) | | Used for raising the boiling point and lowering the freezing point of cooling water. | |
| Watch Oil #1 | Colorless, Translucent Liquid. | For Instruments — Normal Temperature | Substitute Products. — Sanko Co's. Anti-rust Lubricating Oil. Japan Petroleum Co's. #2 Watch Oil. Large Type Watch Oil |

-47-

| | NAME OF ITEM | CHARACTERISTICS | USE | | REMARKS |
|---|---|---|---|---|---|
| GREASE | #1 (Grade) Cup Grease | Light Yellow Color. | Lubricating Oil for fuselage (bearing, pulley, rocker crank, main & tail under-carriag retracting equipt., etc.), Engine (machine gun synchronizing gear), metal propellor, balanced bearing, armament (ammunition case, bombsight, revolving speed indicator for torpedo). | Substitutes including Market Products | Anti-freeze grease made by Fraston High Speed Grease Co. Cup grease made by Maruyoshi Mineral Oil Co. |
| | #2 Mobile Grease | Dark Greenish Brown Color. Paste form Semi-solid. | Lubricating Oil for engine (valve push rod) Propellor Boss, Armament (moving bomb rack), etc. | | Gargoyle Mobile Grease No. 2 & No. 3 made by Standard Vacuum Oil Co. |
| | #3 Valve Rod Grease | | Lubricating Oil for engine - inside of valve rod case | | Super Gear Lubricant(?) made by Tidewater Associated Oil Co. |
| | #4 Magneto Grease | Reddish Brown Color. Paste form. Semi-solid. | Lubricating Oil for magneto, charging (battery), dynamo, generator, etc. | | YS 600 Grease made by YAYOI Oil & Grease Co. |
| | #5 Motor Grease | Dark Greenish Brown Color. Paste form. Semi-solid. | Lubricating Oil for Fuselage - control mechanism outside part, parts that come in contact with water, engine-support armament, torpedo, etc. | | Motor Grease Grease Product. |

ANNEXED TABLE #2 Oil for Hydraulic Pressure System

| Parts Where Applied. / Type of Airplane | Main Oleo Undercarriage. | Rear Oleo | Wheel Brake | Flap | Front Undercarriage Retracting Gear | Rear Undercarriage Retracting Gear | Resistance Board | Automatic Control Mechanism | REMARKS |
|---|---|---|---|---|---|---|---|---|---|
| Type 90 #1 Training Plane | Mobile | | | | | | | | Explanatory Note on handling. |
| | #1 Airplane Oil used for Hyd.Pressure System | | | | | | | | A standard oil |
| Type 90 #2 Training Plane | Fujikura #43 Oil | Same as left. | Same as left | Same as left | | | | | Explanatory note on handling |
| | #2 Airplane Oil used for Hyd.Pressure System. | Same as left | Same as left | Same as left | | | | | A standard oil. |
| Type 96 Carrier-based Fighter Plane | Mobile B.B. | Same as left | | Mobile. | | | | | Explanatory Note on handling |
| | #1 Airplane Oil for Hyd. Pressure System. | Same as left | | #2 Airplane Oil for H.P. System | | | | | A standard oil. |

-17-

| Parts Where Applied. / Type of Airplane | Main Oleo Undercarriage. | Rear Oleo | Wheel Brake | Flap | Front Undercarriage Retracting Gear | Rear Undercarriage Retracting Gear | Resistance Board | Automatic Control Mechanism | REMARKS |
|---|---|---|---|---|---|---|---|---|---|
| Type Zero Carrier-based Fighter Plane. | OGURA #1 High Tension Oil | Same as left | Same as left | Same as left | Same as left | Same as left | | | Explanatory Note on handling |
| | #1 Airplane Oil for Hyd. Pressure System. | Same as left | Same as left | Same as left | Same as left | Same as left | | | A standard oil. |
| Type 96 Carrier-based Bomber Plane | Glycerine #99% Borax 1% | No special kind but with same content as left. | | | | | | | Explanatory Note on handling. |
| | #2 Airplane Oil used for Hyd. Pressure System | Same as left. | | | | | | | A standard oil. |
| Type 99 Carrier-based Bomber Plane. | #15 or over is FUJIKURA #43 oil. | #12 or over is FUJIKURA #1 Oil | OGURA #1 Oil | Same as left | | | OGURA #1 Oil | | Explanatory Note on handling. |
| | #1 Airplane Oil used for Hyd. Pressure System. | Same as left | Same as left | Same as left | | | #1 Airplane Oil for H. P. System | | A standard oil. |
| Type 96 Carrier-Based Attack Plane. | Pure Glycerine | Same as left | | | | | | | Exp Note on handling |
| | #2 Airplane Oil used for Hyd. Pressure System | Same as left | | | | | | | A standard oil. |

| Parts Where Applied / Type of Airplane | Main Oleo Undercarriage. | Rear Oleo | Wheel Brake | Flap | Front Undercarriage Retracting Gear | Rear Undercarriage Retracting Gear | Resistance Board | Automatic Control Mechanism | REMARKS |
|---|---|---|---|---|---|---|---|---|---|
| Type 97 #1 Carrier-based Attack Plane | FUJIKURA #43 oil | Same as left | OGURA #1 High TensionOil | Same as left | Same as left | | | | Explanatory Note on handling |
| | #2 Airplane Oil used for Hyd.Pressure System. | Same as left | #1 Airplane Oil used for H.P. System | Same as left | Same as left | | | | A standard oil. |
| Type 97 #3 Carrier-based Attack Plane | FUJIKURA #43 Oil | Same as left | OGURA #1 High TensionOil | Same as left | | | | | Explanatory Note on handling. |
| | #2 Airplane Oil used for Hyd.Pressure System. | Same as left | #1 Airplane Oil used for H. P. System | Same as left | | | | | A standard oil. |
| Type 96 Land Attack Plane | Mobile B.B. | Same as left | | | | | | | Explanatory Note on handling. |
| | #1 Airplane Oil used for Hyd.Pressure System. | Same as left | | | | | | | A standard oil. |

-18-

| Parts Where Applied / Type of Airplane | Main Oleo Undercarriage. | Rear Oleo | Wheel Brake | Flap | Front Undercarriage Retracting Gear | Rear Undercarriage Retracting Gear | Resistance Board. | Automatic Control Mechanism | REMARKS |
|---|---|---|---|---|---|---|---|---|---|
| Type 1 Land Attack Plane. | Automatic Control Apparatus Oil | Same as left | Same as left | | | | | | Explanatory Note on handling. |
| | #1 Airplane Oil used for Hyd.Pressure System. | Same as left | Same as left | | | | | | A standard oil. |

| Parts Where Applied / Type of Airplane | Moving Parts | Automatic Control Apparatus | Flap | Note |
|---|---|---|---|---|
| Type 99 Flying Boat | Automatic Control Apparatus Oil & Spindle Oil. | Same as left. | Same as left. | Explanatory Note on handling. |
| | #1 Airplane Oil Used for Hyd.Pressure system. | Same as left. | Same as left. | A standard oil. |
| Type 97 Flying Boat | Automatic Control Apparatus Oil & Spindle Oil. | Same as left. | Same as left. | Explanatory Note on handling. |
| | #1 Airplane Oil Used for Hyd. Pressure System. | Same as left. | Same as left. | A standard oil. |
| Type Zero #1 Reconnaissance Sea Plane. | Automatic Control Apparatus Oil & Spindle Oil. | Same as left. | Same as left. | Explanatory Note on handling. |
| | #1 Airplane Oil Used for Hyd. Pressure System. | Same as left. | Same as left. | A standard oil. |
| Type Zero #1 Observation Plane. Model 1 | Automatic Control Apparatus Oil & Spindle Oil. | Same as left. | Same as left. | Explanatory Note on handling. |
| | #1 Airplane Oil Used for Hyd. Pressure System. | Same as left. | Same as left. | A standard oil. |

ANNEXED TABLE #3 Kinds of Anti-Freeze Oil and Grease.

| KIND | | MARKET PRODUCT | CHARACTERISTICS | USE | REMARKS |
|---|---|---|---|---|---|
| Used on Shock Absorbing Apparatus & Oil Pressure Apparatus | #1 Anti-Freeze Oil | Nisseki's Spindle Oil Anti-Freeze Oil Grade 1, and Grade 1 Anti-Freeze Oil. GTC Spindle Oil 1040 A. | Mineral Oil that is stable and of well refined quality. | Weapons, Bombing Equipment, Torpedoing Equipment, Undercarriage Shock Absorber, Oil Pressure Apparatus. | Used as cushion and tubing made of leather or oil repellent rubber in shock absorbing apparatus. |
| | #2 Anti-Freeze Oil | Nisseki's Grade #2 Anti-Freeze Oil including special anti-freeze machine gun oil. | Same as above. | Machine Guns | |
| | #3 Anti-Freeze Oil | #1 Anti Freeze Oil 30% - Mobile Oil 70% (Navy-approved quantity). | Same as above. | Undercarriage shock absorbing equipment (Type 96 Land Attack Plane). | #1 Anti-Freeze Oil. Same. |
| | #4 Anti-Freeze Oil | Fujikura #43 Oil used in Hydraulic Pressure System. | An oil product that neutralizes by great deoxidation. It is added to rubber to increase elasticity. | Undercarriage shock absorbing equipment, oil pressure apparatus (in relation to fuselage). | Used as ordinary rubber cushion and tubing. |
| Used On Watches & Instruments. | #2 Watch Oil | #2 Watch Oil made by Nisseki. | Mineral oil of well refined quality and stable. | Sighting apparatus, Watches, Aerial navigation instruments, automatic control apparatus, wheel instruments(?), machinery parts, aerial cameras. | |

-20-

| KIND | | MARKET PRODUCT | CHARACTERISTICS | USE | REMARKS |
|---|---|---|---|---|---|
| Used in sliding parts & control apparatus. | #1 Anti-Freeze Grease | Suraston (?) ( ) made by Japan Spinning Co., Inc. | Uniform and without mixing compounds. | Used in places where normal temperature cup grease is used. | |
| | #2 Anti-Freeze Grease | Gargoyle Mobile Grease No. 2 made by Standard VacuumOil Co. | Same as above. | Used in places where normal temperature mobile gr. is used. | |
| Wax used on runners of sleighs | Paraffin 80%, Bees-wax 10% Mastic 5% Calnova Wax 5% (% by Weight) | | Friction coefficient is low on fine-textured, new or old snow. | Used on runners of sleighs. | |
| Used on leading edge of wing and propellor. | Anti-Fr. Liquid. Glycol 70% Tap Water 30% (% by volume) | | | Used to prevent ieing of leading edge of wing & propellor. | |
| | Compound used on wing fabric. | | Nitro-cellulose 5.0 (contains 20% of alcohol). Acetone 4.0 - Acetic acid & Butyl 5.0 - Cyclo-Hexanone 1.0 - includes Resin(A.W.2) 1.5 Tri-Phosphoric Acid (Fragile)(?) 1.5 Diluting Liquid for FabricPaint 2.0 | | |

CONFIDENTIAL

COMBAT INTELLIGENCE CENTER
SOUTH PACIFIC FORCE

## EXTRACTS FROM DIARY TAKEN AT GUADALCANAL IN JANUARY OR FEBRUARY, 1943. OWNER: TATSUHARU HANAUMI

### NOTEBOOK OF "MI" OPERATIONS

Hanaumi left Asahigawa with his platoon on May 14, 1942 and arrived at Ujina May 18. He sailed from Ujina May 18 aboard the Nankai Maru (8900 tons).

May 19 - At 0100 instruction in boarding ship given to all personnel as we had caused delay. Arrived Moji 0600. Sailed for Saipan at 1700.

May 25 - Arrived Saipan at 0930. At 1600 began maneuvers in vicinity of Saipan.
(T.N. - On May 26 and 27 the unit practiced landing operations at Saipan.)

May 28 - Left Saipan at 1700 to make our attack.

June 1 - Took notes on Map of Midway at 1530 for the coming attack.

June 4 - Our group of ships is steadily approaching MIDWAY. We have kept especially strict lookout for aircraft and ships for several days. The air raid warning sounded at 0120 and 9 U.S. planes at an altitude of approximately 8000 meters attacked our ships from the rear at 0140. Boeing and Douglas Flying Fortresses dropped several large bombs on both sides of the Argentina Maru which was the 5th ship of the first division (T.N. - of ships). The machine guns near the port side of our ship laid down a sweeping fire and our ship was not hit. Because they could no longer endure the anti-aircraft fire of our ships and of the warships coming from all directions, they dispersed and 6 planes fled toward the north. Our morale is very high. It seemed like a maneuver.

June 5 - I heard a report, "Observed the main force of enemy fleet north of Midway; we are attacking them". Soon after, the light cruiser JintsU and it's destroyer squadron hurriedly went ahead of us toward them. The air raid warning went at 2300 last night and 0500 this morning.

June 6 - Our ship group headed southwest in order to get out of bombing range.

June 7 - Around 1500 the ships were formed into 3 eschelons by order of the commander and we took a course at full speed toward Chichishima. At 1130 there was a report saying "At a point approximately 300 miles from our group, enemy seaplanes and others are patrolling, and enemy aircraft carrier(s) and submarines are patrolling within combat range of the 2nd Squadron of our 2nd Division.

June 9 - We were detached from the command of the 2nd Special Naval Landing Party commander and placed under the commander of the 2nd Fleet. The detachment is now heading directly toward Guam (Omiyajima) with orders to stand by there.

June 13 - Arrived Guam harbor at 1500. Plan to land tomorrow.

June 14 - Heard today that part of the Naval Special Landing Party, which sailed with us, has gone to the Aleutian Islands. Also heard that during the air attack four nights ago an aerial torpedo hit the starboard side of the bow of a tanker and 10 casualties were taken out. Those in charge of quartering say they do not have enough material here to accommodate all of us for the period of our stay.

June 16 - (T.N. - The unit unloaded all of its equipment - guns, etc.)

June 19 - Went to see the moving pictures at the Naval Guard Unit Hqs.

June 20 - The Nankai Maru has been ordered to return home. Accordingly we worked hard from early this morning unloading its cargo.

June 21 - In the afternoon there was instruction in leadership at the Chiba tai (Bn.).

July 7 - (T.N. - The writer notes the use of U.S. flags, probably on rafts, as offshore targets for organizational artillery.)

July 9 - We practiced attacking the mangrove zone in front of the naval guard unit headquarters. The platoon leader and his details, such as the mortar squad rushed through a thick forest zone approximately 1500 meters wide in 2½ hours.

-22-

July 22 - (T.N. - the author mentions Matsuyama (Pine Mountain), at the southern extremity of Guam, as the spot where the Kusunose landed in the original invasion of the island.)

July 26 - The mission and organization of the Ichiki Unit (T.N. - the author's unit) will be dissolved. This will be done when we reach a port in Japan. We have been ordered to return to Japan.

Aug. 6 - Loaded cargo from early morning. Made a final cleanup. Went aboard ship at 1500.

Aug. 7 - At noon we were heading for home. At 2000 the assistant commander of the guard told us that the group of ships had been ordered to put back to Guam. We have been ordered to Rabaul.

Aug. 8 - Arrived Guam 0600 and made preparations. Departed at 1700 for Truk or Palau.

Aug. 9 - Course of 180° was ordered at 2010. Ordered to proceed on a course of 95° (Truk) at 2020.

Aug. 10 - The Ichiki Detachment was ordered to reach Truk on the 12th, obtain provisions from the naval guard unit, and wait, fully prepared for some time.

Aug. 12 - We arrived off Truk at 1630. We feel that this island is a natural fortress due to its reefs.

Aug. 13 - The various unit commanders assembled before the Bn. Commander at 1000. A private order was given to them on the essentials of the coming operation. Regt. (?) Hdqs., the 1st, 3rd and 4th Cos., the M.G. Co., BiA (Bn. Arty.), TiA (anti-tank?), RiA (Regt. Inf. Guns), and P (Engrs.) will make a landing from destroyers. We landed on Truk at 1300. At 2000, Capt. Soeda (?) was called by the Bn. Commander and given the 1st echelon in the present operation.

Aug. 14 - At 0600 an order came from the detachment commander on the Boston Maru. At 0800, Ofuku (T.N. - the ship's captain) returned to his ship and gave instructions to his subordinates. At 1430, the platoon leader and 48 men boarded a large launch and left for the destroyer Hamakaze. Reached the Hamakaze (DD) at 1450. From 1700 to 1830, practiced launching boats. (T.N. - Writer notes that he participated in the NOMOHAN Incident.)

Aug. 15 - Sailed from TRUK with GUADALCANAL as our destination, at 0500. Proceeded at 17 knots. On the way; nothing untoward happens.

Aug. 16 - Proceeded at a speed of approximately 20 knots.

Aug. 17 - Crossed the equator at 1015. Finally entered into the sphere of the South Seas. At 1700 practiced going up on deck. 1830 - made arrangements for tomorrow's landing with the ship commander's subordinates. We will finally land tomorrow and fight. The soldiers' morale is increasingly high.

CONFIDENTIAL

COMBAT INTELLIGENCE CENTER
SOUTH PACIFIC FORCE

EXCERPTS FROM CAPTURED DIARY TAKEN BY DUCHEK'S EXPEDITION, E. FLORIDA ISLAND, OCTOBER, 1942.
(Owner: SHIMAMOTO, TAMEICHI)
(Date: February 3 - October 9, 1942.)

February 3, 1942 - Attached to KURE #3 Special Landing Force.

February 18 - Left KURE for TRUK (On AZUMASAN MARU).

February 23 - General Quarters was sounded at sea 10 miles off Truk Island, and all hands took battle stations. Time 11:20 A.M. The lookout had sighted 5 torpedoes fired by an enemy submarine coming toward our ship and immediately reported to the bridge. Because of the Captain's order: "Put the helm hard to starboard," the ship escaped the onrushing torpedoes. Was it a miracle or was it an act of the Gods?

March 23 - At 11:45 A.M. the ship weighed anchor and departed toward Rabaul, New Britain Is. Escorted by YAYOI and MUTSUKI of the 30th Destroyer Division.

April 6 - At 3:00 A.M. Landing Force Ordered to occupy wireless station on MAUKE Is., 15 miles S.E. of New Britain Is.

April 26 - In today's air raid, the bombs, to our surprise, hit a merchant ship, OO MARU. The blazing flames leaped into the skies, and even with the coming of darkness, it continued to burn. The battery fired on her so that she would not be a target of the enemy again. It is indeed regretable for friendly guns to fire upon a friendly ship.

April 29 - At 4:00 PM we went on board the flag ship of 19th Squadron, UKINOSHIMA. The place we are heading for is OO Island.

April 30 - Embarked at 7:30 A.M. UKINOSHIMA is now sailing towards Tulagi Is., the capital of the Solomon Islands, with two destroyers escorting the transport ship group in formation. Our planes are out on reconnaissance, the destroyers in battle formation, and the personnel on board OKINOSHIMA took No. 1 Security Disposition.

May 3 - We are going to carry out an opposed landing on Tulagi at 0100. It is before a fight and there is not a tremble in our hearts. I believe the most beautiful part of a Japanese is this present mental state, transcending life and death.

May 4 - Enemy Carrier-based planes attacked today.
Morning 40 planes.
2nd time 15 planes.
3rd time 30 planes.
They rained bombs near the ASUMASAN MARU which was unloading and near the OKINOSHIMA and the destroyer that were anchored off Tulagi.

May 5 - Ten or more ships of the transport ship group proceeding for the Moresby operations, gave up the operation and returned to Rabaul due to frequent harrasing by the enemy combined fleet. The excellent first class cruisers of 4th and 6th Division sought the enemy and fortunately sighted them. In the great decisive action, 2 battleships, the Saratoga and one other aircraft carrier and 6 cruisers were sunk. This took place in the Coral Sea Naval Battle.

May 29 - Because of the succession of defeats, public opinion in America and Britain is raising its voice in criticism about the superiority of the enemy Navy. To live down this bad reputation the movements of the striking force have become lively in an attempt to reoccupy the SOLOMON ISLANDS which we occupied. According to a "catch" (T.N. - "KETCHI", probably an intercept) by our 00 wireless, a landing will be carried out on TULAGI ISLAND tomorrow morning or the morning after. For the enemy, this is admirable spirit. The orders of the commanding officer show that defense against this is not being neglected. We took up our disposition determined not to allow even one soldier to land.

May 31 - According to a report from our lookout, a transport ship group of 4 vessels and 1 submarine were sighted 20,000 meters south of SAVO ISLAND. Our planes immediately went out to reconnoitre. It will probably be interesting tonight.

June 8 - According to yesterday's news, 1 aircraft carrier was attacked and sunk in the Indian Ocean, and 1 battleship, 1 cruiser, and 4 destroyers were attacked and sunk in the Pacific Ocean. The blood of our comrades of 1st, 3rd, and 4th company of our main body must be stirring as they are about to make an opposed landing at Port Moresby.

June 21 - A friendly ship was sighted off the southern extremity of Savo Island and it was expected to enter harbor within an hour: All of a sudden the stern of the ship started to sink. It must have been hit by a torpedo from an enemy submarine. It sank in about 2 minutes. 62 men were saved by the minesweeper that went out to the rescue.

August 10 - The enemy has landed at Tulagi, Gavutu, and Guadalcanal. Contact with our main body was cut. Our hearts are breaking with grief, wondering what has become of our comrades at Tulagi.

August 18 - At 0730, 150 of the enemy came to East Cape, Florida in three launches. We engaged them, but were so outnumbered that we burned the barracks much to our regret, and made a stand determined that the lookout post would fall fighting. After two hours the enemy retreated. Now on our food difficulties will begin.

(T.N. - Notations at end of diary)

KURE Naval Base 3rd Special Landing Force Commander.
Commander (CHUSA) YANO, Minoru
Adjutant - - - Lt. Nagata, Yukio
2nd Co. Commander -- Special duty Lt.(jg) YOSHIMOTO, KAKICHI
2nd Plat. Comdr. -- Chief Petty Officer - FUKUMOTO, KATSUZO.
4th Squad --- 3rd Class Petty Officer OISHI, MASAICHI or SHOICHI.

INSERTED PAGE
Present address --
HIROSHINA CITY, HIROYA, KITACHO 112 - OISHI, MASAICHI.

called up - 23 December, 1941.
Original Unit - Yano UNIT (Butai) YOSHIMOTO UNIT (TAI), FUKUMOTO Unit (TAI)
Present Unit - 84th Security Unit YOSHIMOTO UNIT (TAI) FUKUMOTO UNIT (TAI)

미태평양함대 남태평양군 사령부

일련번호 0516

3급 비밀 1943년 3월 26일

발신: 남태평양전구 및
남태평양군 사령관.

수신: 문서 발송부

대상: 일본군 노획 문서, 번역본

첨부: (A) 주제 번역

1. 첨부된 (A)는 정보와 활용을 위해 여기에 함께 회부함.

H.R.터버(H.R. THURBER)

참모대리.

(중략)

1942년 12월 21일 콜리포인트(KOLI POINT) 지역, 과달카날(GUADALCANAL)에서 노획한 독립공병 6연대 2중대 보고서의 복사본.

위생 관리 작업에 대한 보고

1942년 7월 31일.

1. 부대 움직임에 대한 개요

번역 - 주력 부대(확실히 필리핀에 있는 주력)는 스즈키(Suzuki) 파견대를 떠나 가라스마우(Garasumao) (?) (ガラスマオ)로 갈 예정이었다. 7월 초 그들은 탈로모(Talomo)와 따랴오(Daliao), 다바오(Davao)에 상륙을 준비하며 동부(Higashi) 파견대의 공작의 일부를 맡았다. 7월 20일부터 이 부대는 동부 파견대와 분리되어, 35보병여단(카와구치(Kawaguchi) 파견대) 지휘 하로 배치되었다.

2. 전력 증대와 관련된 요소들.

매일 기상과 귀대 이후, 맨몸운동과 달리기운동을 할 것이고 부대는 비타민 부족을 보완하기 위해 "와카모토(WAKAMOTO)"와 "영양식품"을 공급받을 것이다. (번역 - "와카모토"는 대중적 특허약이다.)

**3. 전염병 예방(오한과 성병을 포함)과 전염병을 예방하기 위한 일반적인 물 공급 상황.**

**파리 번식은 변소들에 라임을 뿌려놓으면 예방될 것이다. 말라리아를 예방하기 위해 각 병사들은 매일 저녁 식사 이후 황산 퀴니네 한 알을 복용하고, 각 파견대들은 파리와 모기를 박멸하는 데에 최선을 다해 협조할 것이다. 성병에 걸린 병사들은 탈로모 지역의 위안소(recreation room)에 입실하지 못할 것이다. 빗물을 통해 물을 공급받지만, 식수가 부족한 경우 필터를 사용하여 탈로모 강물을 정수할 것이다. 이 방식으로 확보한 수질은 제법 양호했다.**

(하략)

# 28

## Interrogations of Japanese Prisoners of War

## RG 313 Entry UD-UP 441 Box 2712

이 문서는 미 해군의 전투첩보센터(Combat Intelligence Center, CIC)에서 7명의 포로를 심문해 작성한 보고서다. 심문을 받았던 포로들 중 1943년 1월 28일 과달카날에서 포획된 의료 하사관 이야가와 싱고는 일본군 사단이 위안소가 있는 지역에 주둔하게 되면, '위안부'들은 의무병에게 검진을 받게 되었다고 진술한다. 위안소 운영에 있어 군의 체계적인 관리가 이루어졌음을 보여준다.

A8/(25)

SOUTH PACIFIC FORCE
OF THE UNITED STATES PACIFIC FLEET
HEADQUARTERS OF THE COMMANDER

HDH/jhs

Serial 0547

March 30, 1943.

CONFIDENTIAL

From: The Commander South Pacific Area and South Pacific Force.
To: Distribution List.

Subject: MIYAGAWA, Shingo; Gunso (Sgt.),
UCHIYAMA, Yoshisaku; Gocho (Cpl.),
YAMAZAKI, Kei; Jotohei (Sup. Pvt.),
TERASHITA, Jiro; Ittohei (Pvt. 1st Cl.),
ITO, Shigeru; Socho (Sgt. Major),
YOSHIMATSU, Goro; Gunso (Sgt.),
interrogation of.

Enclosure: (A) Subject Interrogations.

1. Enclosure (A) is forwarded herewith for information and use.

DISTRIBUTION:

H. R. THURBER,
Acting Chief of Staff.

COMINCH - 1
CINCPAC - 1
VICEOPNAV (ONI) - 2
COMDT MARCORPS - 1
COMSOWESPAC - 4
ICPOA - 2
COMAIRSOPAC - 2
COMGEN 1st MAC - 35
COMGEN BEVY - 5
COMAMPHIBFORPAC - 2
COMAMPHIBFORSOPAC - 2
COMAMPHIBFORSOWESPAC - 2
COMGEN FMON - 4
COMGENSOPAC - 14
DMI, GHQ, New Delhi, India - 3
Cominch Eastern Fleet, Admiralty, DNI, Melbourne - 1
DNI, Wellington, N.Z. - 1
G-2, GHQ, SOWESPAC - 6
ATIS SOWESPAC AREA - 1

H. D. Moulton
H. D. MOULTON,
Flag Secretary.

CONFIDENTIAL

SOUTH PACIFIC FORCE
OF THE UNITED STATES PACIFIC FLEET
HEADQUARTERS OF THE COMMANDER

COMBAT INTELLIGENCE CENTER

INTERROGATIONS OF JAPANESE PRISONERS OF WAR


| | Pages |
|---|---|
| MIYAGAWA, Shingo; Gunso (Sgt.). | 1 - 6 |
| UCHIYAMA, Yoshisaku; Gocho (Cpl.). | 7 - 11 |
| YAMAZAKI, Kei; Jotohei (Sup. Pvt.). | 12 - 15 |
| TERASHITA, Jiro; Ittohei (Pvt. 1st Cl.). | 16 - 19 |
| ITO, Shigeru; Socho (Sgt. Major). | 20 - 24 |
| YOSHIMATSU, Goro; Gunso (Sgt.). | 25 - 28 |

CONFIDENTIAL COMBAT INTELLIGENCE CENTER
SOUTH PACIFIC FORCE

| NAME | RANK | SERIAL NUMBER |
|---|---|---|
| MIYAGAWA, Shingo | Gunso (Sgt.) | |
| UNIT | DUTY PERFORMED | DATE & PLACE OF CAPTURE |
| 230th INF., 2ND BN., (Medical N.C.O.) | Medical N.C.O. | 1/28/43; GUADALCANAL |

## 1. PREAMBLE

The POW was very cooperative.

## 2. PERSONAL HISTORY

The POW was born in GIFU KEN, June 15, 1917. Primary school (8th grade) graduate. Worked as a pharmacist for 6 years.

## 3. CHRONOLOGY

10 JAN 1939 - Entered the Army and joined the GIFU INFANTRY REGIMENT (68th) (CHUBU #4 BUTAI), where he received 3 months infantry training.
MAR 1939 - Transferred from Infantry to Army Hospital where he received 11 months medical training.
FEB 1940 - Transferred to GIFU Army Hospital.
SEPT 1940 - The POW, with 9 other men, was sent to the vicinity of CANTON, CHINA, as a replacement for the 38th DIV., being attached to the First Field Hospital of the 38th Division. At this time, the POW was assigned to the Second Division (TAKIZAWA BUTAI) of the 230th Infantry Regiment (SHOJI BUTAI) to which he has been attached ever since.
NOV 1940 - The POW was promoted to Corporal.
DEC 1941 - The POW was promoted to Sergeant.
? - The POW moved south and took part in the Battle of HONGKONG.
FEB 1942 - Arrived in JAVA, landing at BANDING.
APR 1942 - Went to SUMATRA.
SEPT 1942 - Sailed for RABAUL.
1 OCT 1942 - Arrived at RABAUL.
OCT 1942 - Left from RABAUL for SHORTLAND ISLAND.
10 NOV 1942 - Arrived at GUADALCANAL from SHORTLAND ISLAND.

## 4. DETAILS OF CAPTURE

On January 5, 1943, the POW's Battalion was moved to the region of MT. AUSTEN to assist the OKA UNIT and in this area, the battalion being surrounded by U. S. troops and without food, they were ordered to try and break out. There were only 8 or 10 of the original 40 left by this time. A few managed to get by and after a week's wandering, got back to MARUYAMA. They were captured there when our forces attacked in that area.

## 5. UNIT HISTORY

His Own Unit: - When first called to service in January, 1939, the POW joined the GIFU Infantry Regiment (68th) (CHUBU #4 BUTAI), and received 3 months infantry training following which he was sent to the Army Hospital at NAGOYA where he received eleven months medical training. He was later transferred to the GIFU Army Hospital where he worked until September, 1940, when he, with 9 other men, was sent to the vicinity of CANTON, CHINA, as a replacement for the 38th Division, being attached to the First Field Hospital of the 38th Division. At this time, he was assigned to the Second Battalion (TAKIZAWA BUTAI) of the 230th Infantry Regiment (SHOJI BUTAI) to which he has been attached ever since.

After participating in the Battle of HONGKONG, the POW's regiment left for JAVA, stopping at CAMRANH BAY enroute. The POW and his regiment then proceeded to a point near MEDAN, SUMATRA. In September his regiment left for RABAUL, arriving there about October 1, 1942. After a short stay there, the POW's battalion went to SHORTLAND ISLAND and on to GUADALCANAL, landing at TASSAFARONGA during the night of November 10, 1942. After landing, they reported at MARUYAMA and at first, assisted the First and Third Battalions, near the coast; however, on January 5, 1943, they went to the vicinity of MT. AUSTEN and all the men in a fighting condition of the Second Battalion (only about 40 at the time), reinforced the INAGAKI UNIT (2nd Battalion, 228th Inf. Regiment). They remained in this region until later in January when they were surrounded by U. S. forces and were ordered to try and break out. There were only 8 or 10 men left by this time, only a few of which managed to get by. After a week's wandering, they managed to get back to MARUYAMA where they were captured when U. S. forces attacked in that area.

Division Headquarters was located at MARUYAMA road entrance. The 230th Infantry Regiment was commanded as follows:

C.O. - - Col. SHOJI
1st Bn.- Maj. SEKIYA
2nd Bn.- Maj. TAKIZAWA (killed in Dec. and replaced by 1st Lt. MATSUNAGA who previously commanded the machine gun company).
3rd Bn.- Maj. ONEDA

Other Units: - After the Battle of HONGKONG the 229th Infantry Regiment and the Division Headquarters went to SUMATRA and participated in the attack on PALEMBANG. This regiment and the Division Headquarters rejoined the 230th Infantry Regiment near MEDAN, SUMATRA.

The 228th Infantry Regiment landed intact on GUADALCANAL shortly before the arrival of the POW's regiment. The 229th Infantry Regiment, whereabouts unknown since last seen in SUMATRA with the exception of about 2 companies and Division Headquarters, also arrived on GUADALCANAL. The POW knew nothing of the AKATSUKI UNITS.

6. ARMAMENT AND EQUIPMENT

The POW stated no arms were carried by medical personnel except those taken from the wounded.

For equipment, see Paragraph #9, entitled "METHODS OF OPERATION".

7. SHIPPING AND NAVAL AFFAIRS

From CANTON, CHINA, the POW's regiment moved south and took part in the attack on HONGKONG following which the division was split up and the 230th Infantry Regiment went to JAVA, landing at BANDING, and stopping at CAMRANH BAY enroute. After the Battle of HONGKONG, the 229th Infantry Regiment and the Division Headquarters went to SUMATRA and participated in the attack on PALEMBANG. The journey to JAVA was made in a convoy of 6 ships. In September, 1942, the POW together with the 230th Regiment, Division Headquarters and 2 companies of the 229th Infantry left for RABAUL. After a short stay in RABAUL, the Second Battalion of the 230th Infantry went aboard transports and proceeded to SHORTLAND ISLAND where they remained for approximately 3 weeks. They then were transferred to 5 destroyers (about 40 men on each) and headed for GUADALCANAL, landing at TASSAFARONGA on November 10, 1942. The First and Third Battalions of the 230th arrived by transport on GUADALCANAL shortly before the POW's battalion, having come directly from RABAUL.

8. MILITARY AND NAVAL BASES

After landing in JAVA, the POW and his regiment proceeded via BATAVIA to an airfield called KARIJATEI near BANDING (?).

9. METHODS OF OPERATION

The POW was interrogated on the organization of the Japanese Field Hospital. There are normally 2 field hospitals per division, each operating separately under the supervision of a Medical Corps Major, assisted by 17 or 18 Medical Officers and 100 enlisted men. These field hospitals may be split up as required by the tactical situation and are normally capable of handling 400 patients per field hospital. When a field hospital is split up into two or more units or when required by the situation, additional assistance is obtained from infantry personnel. Thirty or forty transport troops are attached to each field hospital with truck or horse transportation as required. In CHINA, road conditions made the use of horses imperative. Beds are not carried by field hospitals and unless obtainable locally, straw bedding is used. Field hospitals are not marked with the Red Cross except for a small Red Cross Flag for the benefit of their own personnel. The belt knapsack carried by medical field personnel is marked with a Red Cross. No brassards are worn but a small Red Cross is sewn about the left pocket of the shirt.

The POW was questioned in reference to the treatment of

wounded personnel in the Battle of HONGKONG. Japanese casualties were few but the English wounded were numerous. These English wounded received the same treatment as their own men and captured English medical officers were permitted to work in Japanese hospitals to assist in treating the wounded. With regard to malaria, POW stated that considerable malaria was encountered in SOUTH CHINA but none was met with in the DUTCH EAST INDIES. Three types of anti-malarials are carried by Japanese units, namely: (1) atabrine; (2) quinine; (3) plasmoquin. The atabrine was of American manufacture but the plasmoquin was from Germany. As a preventive troops took atabrine and quinine alternately. The malarial prophylaxis given the Japanese troops was follows: Starting on Monday and continuing daily through Friday, 0.5 gram of quinine was given daily; on Saturday, 0.05 gram of atabrine was administered and no drug was given on Sunday. This course was resumed on Monday indefinitely while in malarial regions. Plasmoquin was used only for the treatment of malarial patients. Although this method of prophylaxis was, for the most part, effective, the disease was often manifest when the drug was discontinued, though even in a non-malarial region. He noted that on GUADALCANAL after contracting malaria, the men would come down with dysentery within 2 or 3 days. His battalion, however, had sufficient drugs and were located at a sufficient elevation so that they were not bothered much by malaria.

The Japanese infantry soldier does not carry sulfanilamide or other sulfa drugs but it is supplied to the wounded in the form of 0.3 gram pills which are given 3 or 4 at a time about every four hours. Other sulfa-derivatives, namely sulfapyridine and sulfathiazole, were used in the treatment of the pneumonias which are fairly prevalent in the Japanese Army according to this POW. Nausea is frequently experienced with sulfapyridine. Dysentery is treated primarily by the injection of anti-dysentery serum. No field hospitals of the 38th Division were present on GUADALCANAL but there were two on the island attached to other units. (T.N: 2nd Division had at least two).

Japanese military personnel on induction receive inoculations against plague, cholera, dysentery, typhus, typhoid and para-typhoid A and B, and are vaccinated for smallpox. Smallpox vaccinations are given annually and a mixed vaccine of typhus, typhoid and the para-typhoids is given every six months in two inoculations of 0.5 cc. and 1.0 cc. respectively one week apart.

No yellow fever immunizations is given and POW states that the treatment given suspected yellow fever cases consists of administering quinine and atabrine. Tetanus immunizations are not given but tetanus anti-serum is given wounded personnel.

POW was questioned concerning the prevalence of veneral disease in his unit. The prevalent venereal disease is gonorrhea, but at that, cases are few, the rate being about 0.5%. Routine inspections are made monthly. Troops are furnished condoms but no other prophylaxis. If a division is stationed in an area where houses of prostitution exist, such places are usually inspected by the medical personnel of the unit.

- 4 -

There are no female nurses in the division field hospitals and only one dentist per field hospital with another attached to Division Headquarters. The dental work is largely restorative, little attention being paid to the repair of carious teeth.

Gastro-intestinal ulcers are comparatively common in the Japanese Army, according to the POW, and the method of treatment consists of injection of Vitamin B1 and dextrose.

Medical personnel attached to infantry units is as follows:

| | | |
|---|---|---|
| (a) | Attached to Bn. Hdqtrs: | 2 Medical Officers (1st or 2nd Lts.), and 2 Medical N.C.O.'s (Sgts.) |
| (b) | Attached to Companies: | 4 enlisted Medical personnel per company. |

## 10. ENEMY SUPPLIES

The POW stated, while in SUMATRA, he heard the oil refineries at PALEMBANG were not completely destroyed and that gasoline from this point was used by the Army while there, but that the quality was very poor.

See Paragraph #9, entitled "METHODS OF OPERATION", regarding medical supplies of POW's unit.

## 11. MORALE AND PROPAGANDA

The POW said that, in his opinion, any attempts of the U.S.A. to influence Japanese troops by propaganda will have little effect as it is not the spirit of the Japanese soldier to surrender, notwithstanding the fact that he has received excellent treatment and care since becoming a prisoner. He states that he no longer wishes to die and that his ideas have changed; yet, he holds little hope for our being able to cause the Japanese troops to come on our side. The POW said that he had no desire to return to JAPAN after the war but has no particular place in mind, probably CHINA, as that would be as good as any.

## 12. ENEMY INTENTIONSAND PLANS

The POW had heard a rumor to the effect that the Fifth Division was supposed to come to GUADALCANAL as a reinforcement garrison; he knew of no other reinforcements.

## 13. ENEMY LOSSES

While enroute to GUADALCANAL from RABAUL, the First and Third Battalions of the 230th Infantry Regiment lost the equivalent of two companies due to a bombing attack, according to the POW.

The POW stated, in his opinion, that the Japanese defeat

at GUADALCANAL was principally due to loss of control of the air which made reinforcing or supplying their forces impossible.

The POW stated the Japanese casualties were few in the Battle of HONGKONG.

## 14. ENEMY INFORMATION CONCERNING ALLIES

No information.

## 15. MISCELLANEOUS

POW readily signed the Waiver of Rights.

CONFIDENTIAL COMBAT INTELLIGENCE CENTER
SOUTH PACIFIC FORCE

| NAME | RANK | SERIAL NUMBER |
|---|---|---|
| UCHIYAMA, Yoshisaku | Gocho (Corporal) | TAKE 1520 #2 |
| **UNIT** | **DUTY PERFORMED** | **DATE & PLACE OF CAPTURE** |
| 969th HEAVY FIELD ARTILLERY, 1st BATTALION, 1st BATTERY. | Artilleryman | 1/15/43; GUADALCANAL. |

## 1. PERSONAL HISTORY

POW was born in SEKITANI-MURA, IWAFUNE-GUN, NIIGATA KEN, March 10, 1918. Graduate of primary school (8th grade) and Young Men's School, 5 years. The POW then worked in a glass factory belonging to the NIPPON DENKI KABUSHIKI KAISHA, manufacturing electrical goods, until called into service. He is unmarried.

## 2. PREAMBLE

The POW's attitude was good and he was very cooperative.

## 3. CHRONOLOGY

| | |
|---|---|
| MAR 1939 - | Called to service, reported at OSAKA and was immediately sent to MANCHURIA, where he remained for 3 years. |
| ? | Though the fighting was over by the time they arrived, his regiment was sent to the Russian border at the time of the NOMANHAN incident. |
| DEC 1941 - | The POW was promoted to Corporal. |
| SEPT 1942 - | Left MANCHURIA for RABAUL. |
| OCT 1942 - | Left RABAUL for SHORTLAND ISLAND. |
| 11 OCT 1942 - | Arrived on GUADALCANAL. |

## 4. DETAILS OF CAPTURE

Upon arrival on GUADALCANAL, the POW's battery took up positions slightly down the coastline east of the start of the MARUYAMA ROAD in a dry creek. Eventually they were forced to withdraw westward along the coast and the POW, who was sick with malaria and weakened by the lack of food, became separated from his battery and was captured.

## 5. UNIT HISTORY

His Own Unit: - When subject POW first went to MUTANKIANG in MANCHURIA, his unit was known as the 4th Heavy Field Artillery; his serial number was TAKE 1520 #2; and the name of his commanding officer was Colonel SHIRAISHI; however, about two years later, Colonel SHIRAISHI was replaced by Colonel AKAMATSU, and at that time, the number of the organization was changed from 4 to 969, with a code name and number of TAKE 1520.

At the time of the NOMANHAN incident on the Russian border, this regiment was sent to the field of action, but the fighting was over by the time they arrived there. His regiment left MANCHURIA in September, 1942, the first battalion leaving FUSAN, KOREA, on September 19, aboard the MIIKE MARU for RABAUL, where they remained only long enough to unload one battalion and their equipment. (Soon after his capture, the POW stated they came to GUADALCANAL on the MIIKE MARU, arriving there late in September and landing in the vicinity of KOKUMBONA). During the course of a later interrogation, the POW stated they sailed from RABAUL to SHORTLAND ISLAND aboard the YASUKAWA MARU, and upon reaching SHORTLAND, transshipped to a Naval tender, and were escorted by destroyers to GUADALCANAL, landing at TASSAFARONGA during the night of October 11. The Second and Third Battalions arrived about October 15.

When the POW's regiment was stationed in MANCHURIA it was one of three artillery regiments making up the artillery group (HOHEIDAN) of the Third Army; the other regiments were HAYASHI UNIT (Mt. Arty.) and the OKADO UNIT. His unit, the AKAMATSU UNIT, upon arrival on GUADALCANAL, was attached to the 17th Army, Lt. General HYAKUTAKE, Commanding.

The 969th Unit (Heavy Field Artillery Regiment), whose home station was MISHIMA (near TOKYO) was comprised of 2 battalions with 3 companies and a battalion train per battalion. The POW stated that his organization is a heavy field artillery regiment and as such, was only attached to armies or acts as an independent unit doing coast guard duty.

The organization of a Heavy Field Artillery Regiment is, and the POW's regiment was commanded, as follows:

| | |
|---|---|
| 1. Regimental Hqs. | Col. AKAMATSU, Tomojiro, C.O. |
| A. 1st Bn. | Maj. ITO, Masagi |
| 1st Co. | 1st Lt. KASAHARA (formerly 1st Lt. FUSE) |
| 2nd Co. | Capt. MIABE |
| 3rd Co. | 1st Lt. TOMARU, Noboru |
| Bn. Art. Train | 1st Lt. MIAHARA |
| B. 2nd Bn. | Lt. Col. ISHIDO, Sanju |

1st, 2nd, 3rd and 4th Cos. and Bn. Art. Train.
(POW is not familiar with the organization of the 2nd Bn.)

According to the POW, the 2nd Battalion was dropped off at RABAUL because they thought that 12 guns plus the other artillery already at GUADALCANAL would be adequate. The POW added that the 2nd Battalion is acting as coast defense for RABAUL.

Other Units: - The POW identified the following organizations in the vicinity of MUTANKIANG (MANCHURIA):

C.O. KWANTUNG ARMY — Lt. Gen. YOSHIJIRO, Umezu
C.O. 9th DIVISION — Maj.Gen. KIICHIRO, Higuchi
C.O. ARTILLERY GROUP — Maj.Gen. KENGO, Usui
TANAKA UNIT (Supply)
9th DIVISION HEADQUARTERS
9th DIVISION FIELD HOSPITAL
9th DIVISION

The POW had never heard of a Corps (GUNDAN) in the Japanese Army. He knew of no heavy artillery unit on GUADALCANAL other than his own. When questioned regarding the relation of the 2nd and 9th Divisions, the POW stated that the normal tour of duty in MANCHURIA was 2 years, and that the 9th Division replaced the 2nd Division on expiration of this period. The POW had never heard of the AKATSUKI UNITS nor of the 5th Division.

## 6. ARMAMENT AND EQUIPMENT

The POW's regiment was equipped with the M.4 (1915) 15 cm. Howitzers at the time the POW joined it and these were horse drawn, but shortly after this, they were equipped with M.96 (1936) Howitzers which were tractor drawn. Each gun had a limber (carrying equipment but no shells) and one tractor pulled the gun and limber, the latter being coupled between the gun and tractor. Steel chest type caissons were used which were divided in half, 12 shells being accomodated in one-half and the necessary powder bags in the other. A separate tractor could haul up two of such caissons. The M.96 (1936) Howitzer, capable of firing 3 shots per minute, differs from the M.4 (1915) Howitzer, primarily in that it has a split trail and is equipped with hard rubber tires. On good roads, POW states, this equipment can be moved at a maximum speed of 10 kilometers per hour. The shield was extremely thin and was of little protection, as rifle fire could penetrate it. Each shell weighed about 8 KAN (66 lbs.). Each gun weighed about 5 tons. Traverse: 400 mils. Maximum Range: Armor Piercing Shell - 18,000 metres; Howitzer ammunition - 10,400 metres. Effective range is 10,000 metres for Armor Piercing Shell, and 7,800 metres for Howitzer ammunition. (The Armor Piercing Shell was described as being shorter and lighter, and had less explosive power than the howitzer ammunition. The point was heavily made and possessed a greater taper, and its trajectory was higher and range greater than the howitzer shell). Elevation: about 50°. Depression: very slight - only a few degrees. Normal charge: 3 bags smokeless powder, but as Henderson Field was 14,000 metres distant, they used a charge of 5 bags, which resulted in a broken trail, forcing the abandonment of the gun. Tractors were Diesel motored. The Heavy Field Artillery Regiment had no machine guns and was armed with rifle and bayonet.

When asked about chemical ammunition used in the 15 cm. Howitzer, POW stated that he was not very familiar with it. He thought that Lewisite shells were marked with a single blue band - 1/2 inch wide. He had not heard of shells loaded with phosgene or mustard gas. No gas shells were brought to GUADALCANAL, nor had POW ever fired any, although he had seen them in MANCHURIA.

According to the POW, they had plenty of ammunition but did not use it much as the U. S. planes were flying over their area all the time and they were afraid to disclose their positions. He understood that it would be used once Japanese planes reached GUADALCANAL for protection.

## 7. SHIPPING AND NAVAL AFFAIRS

The POW's Regiment left MANCHURIA in September, 1942, the first battalion leaving FUSAN, KOREA, on September 19, aboard the MIIKE MARU. The POW said this was a cargo and passenger vessel, about 12,000 tons, and that it was new and belonged, he thought, to the NIPPON YUSEN KAISHA, having a maximum speed of 23 knots, cruising speed, 18 knots, and it took them approximately eight days to reach RABAUL. The POW added that this ship was intended for Trans-Pacific trade or "round-the-world" service but was converted to a troop transport as soon as the war began, though it was still a beautiful ship to travel on. Shortly after being captured, the POW stated the MIIKE MARU carried them all the way from MANCHURIA to GUADALCANAL; however, in a later interrogation, he said they were only on this vessel until they reached RABAUL - transferring there to the YASUKAWA MARU (10,000 ton vessel) which carried them to SHORTLAND ISLAND. Upon arrival at SHORTLAND ISLAND, he said they transferred to a Naval tender (which was described as being larger than a destroyer and which he thought was called a KAIJOBO-KAN) and, escorted by destroyers, landed at TASSAFARONGA on GUADALCANAL on October 11.

## 8. MILITARY AND NAVAL BASES.

The POW received his training at MUTANKIANG in MANCHURIA. No other information obtained.

## 9. METHODS OF OPERATION

The POW stated his battery landed at night, utilizing three motor landing barges which they brought on the vessel. This landed was effected as follows: One tractor and 2 guns were unloaded on the first trip; the tractor landed under its own power, as the front of the barges let down. The other two barges then drew up on the beach, the tractor was attached to each gun and hauled it ashore. The entire landing was thus accomplished in three trips of these three landing barges. An observation plane spotted them in the morning but they were not bombed at this time.

## 10. ENEMY SUPPLIES

The Regimental ammunition train transported ammunition from the main storage place to the two battalions. The battalion ammunition trains transported the ammunition from the battalion headquarters to the various companies. Both regimental and battalion ammunition units were used for transporting ammunition from the coast to the ammunition dump. Most of the guns were set up not much over 150 meters from the coast. The prisoner belonged to the 3rd Company. They used trucks for hauling the ammunition

- 10 -

and originally had twenty.

11. MORALE AND PROPAGANDA

The POW had neither seen the leaflets nor heard the American broadcasts. When asked his opinion with regard to the effect of both he replied that as long as Japanese soldiers remained in a body no one would think of surrender because of the shame involved in the eyes of the group, but if they were broken up in small groups, he thought this propaganda would have considerable effect.

12. ENEMY INTENTIONS AND PLANS

Although the POW's unit had come from MANCHURIA as a reinforcement garrison, the POW knew of no infantry regiments which were supposed to augment the forces. He said they generally left by one boat at a time from the Continent and that the other half of his regiment left about a day or two after his own battalion had left.

The POW met acquaintances who had left RABAUL after the second battalion of this unit had reached there from whom he learned that they were destined for operations in NEW GUINEA for the campaign for PORT MORESBY.

13. ENEMY LOSSES

The POW heard that the Second Battalion of his unit suffered heavy losses at RABAUL from U. S. bombing attacks on that point.

14. ENEMY INFORMATION CONCERNING ALLIES

No information.

15. MISCELLANEOUS

The POW is exceedingly grateful for the kind treatment received since being captured.

He readily signed the Waiver of Rights.

CONFIDENTIAL

COMBAT INTELLIGENCE CENTER
SOUTH PACIFIC FORCE

| NAME | RANK | SERIAL NUMBER |
|---|---|---|
| YAMAZAKI, Kei | Jotohei (Sup. Pvt.) | Hoshi #56 |
| UNIT | DUTY PERFORMED | DATE & PLACE OF CAPTURE |
| 3755th IND. TRANS. BN. | Transportation and handling of food. | 1/28/43; GUADALCANAL |

1. PERSONAL HISTORY

POW was born February 11, 1917, at IDORI, SHIZUOKA KEN. He is a primary school (8th grade) graduate; unmarried; worked as a farmer on father's farm and also with his uncle who had a livery.

2. PREAMBLE

POW is very cooperative but is not well-informed in view of his limited background.

3. CHRONOLOGY

10 JAN 1939 - Drafted at NAGOYA, placed in infantry.
APR 1939 - Transferred to 3755th Ind. Trans. Bn.
DEC 1941 - Participated in attack on HONGKONG.
FEB 1942 - Stationed near KOWLOON after HONGKONG battle.
FEB 1942 - Enroute BATAVIA, JAVA, via CAMRANH BAY.
APR 1942 - POW's unit again became an independent battalion.
SEPT 1942 - RABAUL (POW only there 4 or 5 days).
SEPT 1942 - Arrived SHORTLAND ISLAND.
10 NOV 1942 - Arrived GUADALCANAL.

4. DETAILS OF CAPTURE

POW contracted malaria and dysentery shortly after landing on GUADALCANAL and although he was not admitted to a hospital, he was unable to perform further work with his unit. Being too sick to move, he was captured late in January, 1943.

5. UNIT HISTORY

His Own Unit: - When first drafted at NAGOYA, where his Serial Number was Hoshi #56 and where he spent one and a half years, the POW was assigned to CHUBU #4 BUTAI where his duties were to break in horses for the officers. He later became horse orderly for the C. General of the 3rd Division, Lt. General YASUOKA. In April, 1939, he was transferred to the 3755th Ind. Transport Battalion, consisting of 500 men, 20 officers, where his duties were to help load and unload trucks. Upon arrival on GUADALCANAL, their work consisted of hauling provisions from the coast to the main depot which was located near MARUYAMA DAI. The Battalion was divided into 3 Companies, commanded as follows:

Bn. C. O. - Lt. Col. TAKAHASHI
1st Co. - Capt. HASEGAWA (succeeded Maj. TAKAHASHI, who died from illness on GUADALCANAL).
2nd Co. - Capt. ARIOKA (killed on GUADALCANAL).
3rd Co. - Capt. MURAMATSU (killed on GUADALCANAL).

Each Company (about 150 men) consisted of 3 platoons, commanded by a First Lieutenant.

Other Units: - In 1940 the POW's unit was temporarily attached to the ANDO UNIT which, according to the POW, was then a part of the HYAKUTAKE DIVISION. On arrival in BATAVIA, his unit was attached to the 38th DIVISION for the purpose of supplying this Division with rations. The 230th Infantry Regiment (SHOJI UNIT) accompanied the POW and his Battalion to JAVA. In September, 1942, his unit was attached to the NASU SHITAI*. While in RABAUL, the remainder of the NASU SHITAI arrived, which was commanded by Maj.Gen. NASU, and which was composed of the 16th and 29th Infantry Regiments of the MARUYAMA DIVISION. The 16th Infantry went from RABAUL to SHORTLAND where one Company with one Company of the POW's Battalion transferred to 6 destroyers and headed for GUADALCANAL. The balance of the 16th Infantry and his Battalion, as well as the 29th Infantry, later arrived in GUADALCANAL. He disclaims any knowledge of the 5th Division, any MANCHURIAN organizations, or the AKATSUKI BUTAI. The POW had heard no rumors as to the whereabouts of any tank units. He stated there were apparently two transport units on GUADALCANAL other than his own, although he could furnish no information with reference to these transport units.

* A Shitai, according to the POW, is an Infantry Brigade, consisting of 2 Infantry Regiments only.

## 6. ARMAMENT AND EQUIPMENT

Up to the time his unit left JAVA, they had seventy trucks, composed largely of 2-3 ton Fords and Chevrolets - all were Japanese made by various manufacturers, both old and new types, and were not standardized equipment. Of the 70 trucks, 60 were heavy ones, 10 passenger trucks. They also had 10 bicycles and some horses. Neither trucks nor horses were brought with them to GUADALCANAL.

## 7. SHIPPING AND NAVAL AFFAIRS

There were 45 vessels (mostly transports but a few destroyers) in CAMRANH BAY (southern tip of INDO CHINA) when their vessel reached there and from where he left for BATAVIA and JAVA. The POW added that his vessel was one of six transports that had two destroyers for protection. He said similar convoys could be seen on the horizon but he could not tell their size. The POW's Battalion left JAVA for RABAUL in three transports, his own being the YAMAURA MARU (7,000 tons, formerly of the YAMASHITA KISENKAISHA and which was later sunk).

The destroyer that brought POW to GUADALCANAL had 2 stacks and 6 turrets (2 forward and 4 aft) with 2 guns in each turret, and each destroyer carried only 50 men.

## 8. MILITARY AND NAVAL BASES

The POW was drafted into the infantry at NAGOYA. When he left CHINA for JAVA, the POW stated there were about 45 vessels in CAMRANH BAY (southern tip of INDO CHINA) when their vessel arrived there.

## 9. METHODS OF OPERATION

No information obtained.

## 10. ENEMY SUPPLIES

The POW said that his outfit only transported food - no munitions or other articles of war, in either CHINA, JAVA or GUADALCANAL. The food generally consisted of sacks of rice and tubs of miso (red bean powder). After reaching GUADALCANAL they were forced to carry these items on their backs as they had left their trucks in JAVA. The initial dumps were about 500 meters from the beach from where the food was carried inland about 4 miles, and at these inland dumps the fighting units would send down their own troops to bring back rations for the fighting men. In view of ship sinkings, most of which were by air attacks, food on GUADALCANAL was insufficient. The POW disclaims any knowledge of reinforcements which were to have been sent his unit at GUADALCANAL.

## 11. MORALE AND PROPAGANDA

The POW stated he had never seen any of the surrender pamphlets nor had heard any of the U. S. propaganda broadcasts; however, he said that some of the propaganda leaflets had blown into his Company's hands but they were not taken very seriously.

## 12. ENEMY INTENTIONS AND PLANS

The 3755th Independent Transport Battalion had left organizational transportation in JAVA as the Unit originally planned on returning to JAVA upon completion of the GUADALCANAL campaign.

## 13. ENEMY LOSSES

The POW said he saw the KYUSHU MARU and the SAKITO MARU bombed in the same vicinity and that the SAKITO MARU was sunk in the vicinity of the KYUSHU MARU (at GUADALCANAL). Both of these ships were carrying food, supplies and a certain number of troops. The only supplies saved were those the individual soldiers grabbed up and carried off. The POW said he met some of the survivors but could furnish no definite information regarding their units as he was ill and not taking an active part in things; however, he added that it was his impression that he met some artillery men and he thought they were from CHINA.

14. ENEMY INFORMATION CONCERNING ALLIES

No information available.

15. MISCELLANEOUS

The last time the POW received any mail from the Empire was in the latter part of January, 1942, while they were still in CHINA. After leaving CHINA and going to JAVA, he never received any mail.

The POW readily signed the Waiver of Rights.

CONFIDENTIAL

COMBAT INTELLIGENCE CENTER
SOUTH PACIFIC FORCE

| NAME | RANK | SERIAL NUMBER |
|---|---|---|
| TERASHITA, Jiro | Ittohei (Pvt. 1st Cl.) | |
| UNIT | DUTY PERFORMED | DATE & PLACE OF CAPTURE |
| 5142 IND. COMM. CO. | Linesman | 1/26/43; GUADALCANAL |

## 1. PERSONAL HISTORY

The POW was born in FUJIE-MURA, NUMAGUMA-GUN, HIROSHIMA-KEN, September 10, 1909, and is a graduate of Primary school (6th grade) and one year of Higher Primary school. Worked on parent's farm and later ran a circular saw in a lumber mill in OSAKA. He is married and has four children.

## 2. PREAMBLE

The POW was cooperative but is of rather low mentality and has little knowledge of names of commanders of units to which he has been attached.

## 3. CHRONOLOGY

27 SEPT 1941 - Called into service at HIROSHIMA; joined the 5142 Independent Communications Company (5142 DOKURITSU YUSEN BUTAI) attached to the 81st Communications Unit (about the size of a regiment) of the 5th Division located at HIROSHIMA.
20 DEC 1941 - His unit was sent alone to SAIGON, French INDO CHINA.
7 JAN 1942 - Arrived at SAIGON, where his unit remained for several days, then proceeded to BANGKOK, SIAM.
APR 1942 - His entire unit went back to SAIGON from where it sailed for DAVAO, PHILIPPINES.
1 MAY 1942 - Arrived in DAVAO; rested for 3 months.
AUG 1942 - POW's Unit, with the AOBA Unit, sailed for PALAU.
15 AUG 1942 - Arrived in PALAU and remained there only two days; then, with the AOBA Unit, proceeded to RABAUL, arriving there the latter part of August, 1942.
1 SEPT 1942 - Arrived at SHORTLAND ISLAND from RABAUL.
6 SEPT 1942 - Landed on GUADALCANAL.

NOTE: In a previous interrogation, this POW stated his unit left French INDO CHINA in May or June, 1942, and went to RABAUL, staying there for about three months. While there they were attached to the 17th Army and after landing on GUADALCANAL, they were attached to the Second Division. According to a statement made upon capture, his unit was composed of about 140-150 men; left BURMA in June and proceeded to RABAUL, from where they left for GUADALCANAL, arriving there the first part of October, landing to the west of KAMIMBO and being attached to the 17th Army.

## 4. DETAILS OF CAPTURE

After their arrival on GUADALCANAL, the POW became ill and when the infantry started their withdrawal, he could not keep up with the rest of his unit, which was reduced to about 10 or 15 men by then, so he was left by them - covered over with branches. He was discovered and captured.

## 5. UNIT HISTORY

His Own Unit: - Immediately upon being called into service in September, 1941, the POW joined the 5142 Independent Communications Company (5142 DOKURITSU YUSEN BUTAI) attached to the 81st Communications Unit (about the size of a regiment) of the 5th Division located at HIROSHIMA. His unit was sent alone to SAIGON, French INDO CHINA, leaving JAPAN on December 20, 1941, arriving on January 7, 1942. His unit remained there several days and then proceeded to BANGKOK, SIAM, where they were employed on the outskirts of the city stringing wire. One platoon of 60 men was sent to BURMA (he thinks RANGOON) but they returned in April when the entire unit went back to SAIGON, from where it sailed for DAVAO, PHILIPPINES. Before sailing, his unit was reinforced with 30 radiomen. After arriving in DAVAO on May 1, his unit rested for 3 months and then, in a 3-ship convoy, with the AOBA Unit of the Second Division, sailed for PALAU, arriving there about the middle of August. After two days in PALAU, during which time they did not land, his unit, with theAOBA Unit, proceeded to RABAUL, arriving the last of August. After spending 3 days in RABAUL they left for SHORTLAND (still with the AOBA Unit), arriving there about September 1, where they transferred to destroyers and landed on GUADALCANAL between TASSAFARONGA and KAMIMBO BAY on the night of September 6 or 7, 1942. Only 50 men of his unit landed on GUADALCANAL, the others having been left at RABAUL. He said he never saw them again. On arriving at GUADALCANAL, his unit strung wire from their landing point to where the MARUYAMA Raod started and where theSecond Division Headquarters were located at that time (POW called this point KOKUMBONA). Later, the Second Division Headquarters was moved forward to the neighborhood of MT. AUSTEN and his unit laid wire from KOKUMBONA to this advanced position.

The 5142 Independent Communications Company was composed of a Commanding Officer, 1st Lt. KASHIWABARA, who later became a Captain, and one Company of 250 men, divided into 4 platoons of about 60 men per platoon. A fifth platoon of 10 men was included which was a telephone and telegraph repair and maintenance unit, the balance of the unit attending solely to laying wire. The POW knew nothing of telegraphy or telephones as his duties were confined to wire laying. He stated that only bare wire was used by his unit and that this was attached to trees and branches, using porcelain and glass insulators. He claimed he knew neither the code name nor code number of his unit.

(NOTE: See Note Under Paragraph #3 regarding conflicting data furnished by POW relating to the history of his unit).

Other Units: - When questioned concerning the 5th Division from HIROSHIMA, the POW stated that he believed they were in MALAYA at one time, but he did not know if they were still there. The POW further identified the 41st Infantry Regiment of the 5th Division as coming from FUKUYAMA and further stated that this Regiment is now called the 60th Unit (BUTAI). A third unit of the 5th Division, according to the POW, was from YAMADA but he could give no identification of this unit. The POW said the name "AKATSUKI" was slightly reminiscent of something but he could associate it with no particular unit. He disclaims any knowledge concerning reinforcements for the GUADALCANAL area.

The POW stated that when at RABAUL, he did not see any Allied POW's and that the number of troops there seemed to be between 500 and 1000 of unknown units. He said there were numberous planes there - largely seaplanes - but he was unable to estimate the number.

6. ARMAMENT AND EQUIPMENT

The POW's unit was armed with rifles and bayonets though they were never in action.

7. SHIPPING AND NAVAL AFFAIRS

The POW's unit went from SAIGON, French INDO CHINA and from there to BANGKOK, SIAM. One Unit was sent to BURMA but returned and, with the remainder of the unit, went back to SAIGON, from where the entire unit sailed for DAVAO, PHILIPPINES, arriving there on May 1. In a 3-ship convoy, his unit, with the AOBA Unit of the Second Division, sailed to PALAU, arriving there in the middle of August and where they remained for 2 days without landing and then proceeded to RABAUL, arriving there the last of August. After remaining at RABAUL for only 3 days, they left for SHORTLAND ISLAND, arriving there on September 1. They then transferred to destroyers and landed on GUADALCANAL on September 6 or 7, 1942.

(NOTE: See Note Under Paragraph #3 regarding conflicting data furnished by POW relating to the itinerary of his unit).

8. MILITARY AND NAVAL BASES

No information.

9. METHODS OF OPERATION

No information.

10. ENEMY SUPPLIES

No information.

11. MORALE AND PROPAGANDA

The POW being ill at the time and in the rear, did not

know of either the U. S. broadcasts or surrender pamphlets.

## 12. ENEMY INTENTIONS AND PLANS

No information.

## 13. ENEMY LOSSES

No information.

## 14. ENEMY INFORMATION CONCERNING ALLIES

No information.

## 15. MISCELLANEOUS

When asked if he planned to return to JAPAN after the war, the POW stated he had not thought about it - one way or the other. He said the care, medical treatment and the food he had received since being captured had been very good and that he had no particular problems other than a slight touch of dysentery which he thought would be cured by the food.

CONFIDENTIAL

COMBAT INTELLIGENCE CENTER
South Pacific Force

| NAME | RANK | SERIAL NUMBER |
|---|---|---|
| ITO, Shigeru | Socho (Sgt. Major) | |
| **UNIT** | **DUTY PERFORMED** | **DATE & PLACE OF CAPTURE** |
| 6th Co., 2nd BN., 228th Inf. Reg. 38th Division | Battalion Sgt. Major | 1/30/43; GUADALCANAL |

## 1. PERSONAL HISTORY

Born at NAGOYA, September 22, 1916. Attended 8 years of grade school and then two years of Young Men's Training School (military training school).

## 2. SUMMARY OF IMPORTANT INFORMATION

Units with the code name MANSHU with three digits following were regiments sent to MANCHURIA from JAPAN and not units of the KWANGTUNG Army or MANCHURIAN Army. The POW thought the three digits represented the number of the Regiment. This code name did not signify the duties of such a unit which could be either Garrison Troops or Frontier Guards.

POW states that at the time he was with the 6th Regiment of the 3rd Division in 1934 it was a triangular division and was comprised of the 6th, 18th and 68th Regiments, and as far as he knows, there has been no change in its organization.

Because their field hospitals were bombed by the Chinese, they do not mark their medical units except for a small red cross flag for the benefit of their own personnel. As far as this POW knows, no arms are carried by medical personnel although they may take them off of the wounded. The number of field hospitals per Division is variable in accordance with the tactical situation. Company aid men do not wear Red Cross arm bands but hospital personnel do.

## 3. PREAMBLE

The POW was very co-operative.

## 4. CHRONOLOGY

| | |
|---|---|
| DEC. 1934 | Volunteered for Army at NAGOYA, spent only ten days there, and was then sent to HSINKING, MANCHURIA, where he was in training for 2 years and 4 months. |
| MAR. 1937 | Returned to NAGOYA where he was discharged. |
| JULY 1937 | Called back to service and sent to SHANGHAI, CHINA. |
| ? | Wounded in Battle of WOOSOONG and returned to JAPAN. |
| ? | Recuperated and sent back to NAGOYA. |
| OCT. 1940 | Sent to CANTON, CHINA. |
| SEPT. 1941 | Promoted to Sgt. Major. |

- 20 -

Chronology (cont'd)

DEC. 8, 1941 Left CANTON, CHINA and took part in Battle of HONGKONG.
JAN. 9, 1942 Went to DAVAO, PHILIPPINES for a week's rest.
JAN. 16, 1942 Went to AMBON Island.
JAN. 31, 1942 Arrived in TIMOR from AMBON Island.
SEPT. 1942 Left TIMOR for SURABAYA.
OCT. 1942 About the middle of October, left SURABAYA and, after a night's stay in RABAUL, proceeded to SHORTLAND Island.
NOV. 5, 1942 Arrived on GUADALCANAL from SHORTLAND Island.

## 5. DETAILS OF CAPTURE

About January 5, 1943, a general order was issued that all Jap Units would assemble at TASSAFARONGA. The POW was left behind with some others and they withdrew about the 15th. He was disgusted that a retreat should have been ordered, and also that he had been left behind. He had been a soldier for 9 years, but the conditions of this campaign and the poor quality of the leadership were too much for him. The POW stated he planned to commit suicide because of the futility of resistance as they had never received reinforcements, but because of being wounded in both arms, he was unable to do this. He remained in the region of Mt. AUSTEN until the Battalion was decimated and surrounded, whereupon he and 10 other survivors, in an attempt to infiltrate through the U.S. lines, became separated and those that were not killed were captured. He separated himself from the others and decided to surrender, saying that he had rather be put to work than have to continue under the conditions he had just experienced.

## 6. UNIT HISTORY

(a) HIS OWN UNIT: - The POW was attached to the 6th Regiment of the 3rd Division (NAGOYA) from 1934 to 1937 when he was discharged from the service. Due to the CHINA incident, he was called back to active duty in July, 1937 and assigned to a newly formed unit - the 228th Infantry Regiment of the 38th Division, and went to CANTON, CHINA. At that time, Col. YAMAMOTO was Regimental Commander and Maj. HATTORI was Battalion Commanding Officer. Col. YAMAMOTO was later replaced by Col. DOI, who in turn was replaced by Col. SUEMURA. Maj. HATTORI was later replaced by Maj. INAGAKI. They remained in CHINA until December, 1941 when they went South and took part in the attack on HONGKONG. The POW stated the 38th Division was the only division taking part in the attack although they had reinforcements in the nature of artillery, etc. After the fall of HONGKONG, the 228th plus the ITO Battery of Field Artillery, left the Division and went to AMBON Island, stopping for a week's rest in the PHILIPPINES enroute. The remainder of the Division went to the Dutch East Indies. They captured AMBON and proceeded to TIMOR where considerable enemy resistance was encountered, consisting of Australian and native troops. This resistance, particularly guerilla warfare, continued up to the time he departed for SURABAYA in September, 1942. After two weeks there, they left for the SOLOMONS in a 3-ship convoy, each ship being about 6,000 tons (The POW's vessel being the HIROKAWA MARU). After a night's stay in RABAUL, the convoy proceeded to SHORTLAND Island where the

Unit History (cont'd)

Second and Third Battalions were transferred to 13 destroyers and landed at TASSAFARONGA (GUADALCANAL) on November 5, 1942; the Third Battalion followed within two or three days. The 229th and 230th Infantry Regiments also came down later. After landing, the Second Battalion proceeded in the direction of Mt. AUSTEN. The first and Third Battalions stayed in the vicinity of SAKAI DAI and MIHARASHI DAI respectively, but the Second Battalion, about 500 strong, went up and joined the OKA Unit (124th Inf.). They remained here until the unit was exterminated. The Regimental Headquarters, to which General ITO was attached most of the time, was located with the First Battalion. The POW did not know whether General ITO left for the coast or not; neither did he know that Col. OKA, with his staff officers, left for the beach about January 3rd.

The Battalion Commanders were as follows: -

1st Bn. - unknown;
2nd Bn. - Maj. INAGAKI (died and replaced by 1st. Lt. TSURUTA);
3rd Bn. - Maj. HAYAKAWA.

(b) OTHER UNITS: - A Regimental Gun Company, having four 75mm. Mountain Guns also landed and went into action on GUADALCANAL. No other artillery accompanied this unit when it landed. The C.O. of the 230th was Col. SHOJI. The POW thought this Regiment landed on GUADALCANAL intact but beyond this, he could furnish no information. The C.O. of the 229th Inf. was Col. TANAKA. He heard of one battalion of the 229th Inf. landing, the balance being badly disorganized and partly lost when attempting to land, leaving about one battalion which he heard went to guard the airfield (name unknown) in or near SHORTLAND. The POW does not think Col. TANAKA ever landed on GUADALCANAL. He definitely said the balance of this Regiment was located in the SOLOMONS and did not go elsewhere. According to the POW, the Third Division, following it's attack on WOOSOONG in 1937 and later capturing NANKING, to the best of his knowledge is still located in the neighborhood of HANKOW, being a part of the Army of Occupation and has never participated in the recent South Pacific campaign. The former HYAKUTAKE Division, stationed in CANTON prior to the outbreak of hostilities, is now stationed in MALAYA, as a part of the MUDAUCHI Unit.

Units with the code name MANSHU with three digits following were regiments sent to MANCHURIA from JAPAN and not units of the KWANGTUNG Army or MANCHURIAN Army. He thought the three digits represented the number of the Regiment. This code name did not signify the duties of such a unit which could be either Garrison Troops or Frontier Guards.

The POW states that at the time he was with the 6th Regiment of the 3rd Division in 1934, it was a triangular division and was comprised of the 6th, 18th, and 68th Regiments, and as far as he knows, there has been no change in its organization.

Other Units: (cont'd)

The POW said the last he had heard of the 4th Inf., which was in the early part of January, 1943, it was by the sea coast. He knew the 16th Inf., was on GUADALCANAL, but knew nothing about the 22nd Field Artillery.

The POW stated he had no knowledge of either the AKATSUKI Units or of the 5th Division.

## 7. ARMAMENT AND EQUIPMENT

The POW's battalion had 30 light machine guns for each of their four rifle companies, and 1 machine gun company equipped with eight 6.5mm. heavy machine guns, and 1 battalion gun company equipped with two 70mm. Howitzers but no anti-tank weapons.

## 8. SHIPPING AND NAVAL AFFAIRS

From CANTON, CHINA, the 228th Infantry Regiment of the 38th Division, in December, 1941, went South and took part in the attack on HONGKONG. From there, the POW's battalion and the ITO Battery, in a convoy of 3 ships, sailed to the PHILIPPINES and later proceeded to AMBON Island. From there, in a 3-ship convoy, they left for the SOLOMONS, each ship being about 6,000 tons (the POW's vessel being the HIROKAWA MARU). After a night's stay in RABAUL, the convoy proceeded to SHORTLAND Island where the Second and Third Battalions were transferred to 13 destroyers and headed for GUADALCANAL, landing at TASSAFARONGA on November 5, 1942. The POW estimated about 150 troops were on each destroyer.

## 9. MILITARY AND NAVAL BASES

Muling Training Camp is located East of MUTANKING on the former North Manchurian Railway.

## 10. METHODS OF OPERATION

No information.

## 11. MORALE AND PROPAGANDA

The POW was non-commital about the effect of our surrender propaganda leaflets.

## 12. ENEMY SUPPLIES

Each battalion of the 229th Infantry Regiment landed all their equipment on GUADALCANAL although no combat or ration train was landed, the duties of these units being handled by the battalions themselves.

Enemy Supplies (cont'd)

The POW stated that there was such a thing as "Gas Units" but that they were not attached to smaller units than divisions. He did not know the size of a unit, but said that their main duty was to instruct the troops in the dangers of an precautions to take against a gas attack. They had supplies of gas to use in case the enemy used gas, but he had never seen any with any of the combat units. He thought it was kept at the headquarters of the chemical units. When asked about the gas flask which contained Hydrocyanic acid he stated that he thought it might be solution to combat incendiary bombs. When asked if he knew what "SHIANKA SUISOSEN" (Japanese name for Hydrocyanic Acid) was, he said he did not know.

## 13. ENEMY INTENTIONS AND PLANS

The POW stated that he was not cognizant of any plan to reinforce the South Pacific with units from MANCHURIA.

## 14. ENEMY LOSSES

The HIROKAWA MARU, according to the PO , was sunk on November 11, 1942, while attempting to bring supplies to GUADAL-CANAL. Casualties on GUADALCANAL were estimated by the POW to be 70% due to sickness and lack of food, 30% due to battle casualties.

## 15. ENEMY INFORMATION CONCERNING THE ALLIES

No information.

## 16. MISCELLANEOUS

The POW stated that he thinks the reason that all Japanese soldiers fear that they will be killed when captured is because this unit served in CHINA and there the Chinese always tortured and killed their prisoners. He says the officers definitely do not tell the men that they will be killed on capture. When he was at RABAUL, there was a whaling ship there on which there were a large number of prisoners, which he thinks came from GUADALCANAL.

Because their field hospitals were bombed by the Chinese they do not mark their medical units except for a small red cross flag for the benefit of their own personnel. As far as this POW knows, no arms are carried by medical personnel although they may take them off of the wounded. The number of field hospitals per division is variable in accordance with the tactical situation. Company aid men do not wear Red Cross arm bands but hospital personnel do. As far as the POW knows, Japanese units have had no particular trouble with tropical diseases in the Dutch East Indies.

The POW readily signed the Waiver of Rights.

CONFIDENTIAL

COMBAT INTELLIGENCE CENTER
South Pacific Force

| NAME | RANK | SERIAL NUMBER |
|---|---|---|
| YOSHIMATSU, Goro | Gunso (Sergeant) | ? |
| **UNIT** | **DUTY PERFORMED** | **DATE & PLACE OF CAPTURE** |
| 10th Independent Mtn. Arty. Regiment (#8119) | Linesman | 1/16/43; GUADALCANAL |

## 1. PERSONAL HISTORY

Born in FUKUOKA, FUKUOKA KEN, February 15, 1914. Graduate of primary school (8 years) and after graduation, worked on his parents farm on the outskirts of FUKUOKA City. During the New Year's rush, he used to work as an "extra" in the Post Office. Up to the time he was called into the Army, he continued farming. He is married and has one child, living in FUKUOKA.

## 2. PREAMBLE

The Prisoner was very co-operative, talked freely and his information appeared reliable.

## 3. CHRONOLOGY

| | |
|---|---|
| OCT. 9, 1938 | Entered the Army and was attached to the THIRD INDEPENDENT MOUNTAIN ARTILLERY REGIMENT at KURUME. |
| APR. 1939 | Sent to CANTON, CHINA, where he joined the TENTH INDEPENDENT MOUNTAIN ARTILLERY REGIMENT. |
| AUG. 1, 1942 | The POW was promoted to Sergeant. |
| SEPT. 20, 1942 | The POW's regiment left CANTON for RABAUL. |
| OCT. 1942 | Arrived in RABAUL. |
| OCT. 1942 | Left RABAUL for GUADALCANAL, came by SHORTLAND Island and landed on GUADALCANAL on October 17, 1942. |

## 4. DETAILS OF CAPTURE

When his unit was forced to retire, the POW, who had been sick with malaria which he had first contracted in SOUTH CHINA and who was in such a weakened condition that he could only walk about 500 meters before he became delirious, collapsed and was later captured.

## 5. UNIT HISTORY

HIS OWN UNIT: - When first called to active duty in October, 1938, the POW reported at KURUME and entered the THIRD INDEPENDENT MOUNTAIN ARTILLERY REGIMENT and received 6 months training in mountain artillery. He remained here until April, 1939, when he, with 4 other men, was sent to CANTON, CHINA, where he joined the TENTH INDEPENDENT MOUNTAIN ARTILLERY REGIMENT. The POW thinks the code number of this regiment is 8119; he knows of no code name. This regiment participated in one major engagement with Chinese forces at YIN-TAK which lasted from the middle of December,

1939, to the middle of January, 1940. Aside from this engagement, there were several small skirmishes with the Chinese in the vicinity of CANTON.

On September 20, 1942, the POW's regiment left CANTON for RABAUL, arriving there early in October but did not land. After several days there, they proceeded to SHORTLAND ISLAND where Regimental Headquarters, First Battalion Headquarters and sufficient troops to man 6 guns headed for GUADALCANAL, landing safely at TASSAFARONGA on October 17, 1942. The POW never saw the balance of his regiment on GUADALCANAL.

Upon arrival on GUADALCANAL, they were attacked and only the Headquarters of the 2 batteries of the First Battalion managed to land, each battery saving only one gun but plenty of ammunition. This echelon proceeded by the MARUYAMA ROAD and took up positions to the rear of the OKA UNIT on MT. AUSTEN.

The POW's regiment was composed of two battalions of three batteries and each battery was made up of three sections. The regiment had one section of twenty men for wire laying but no technicians for repair and maintenance of communications instruments. The POW was Sergeant-in-Charge of the wire laying section and as such, said he knew very little of the guns in his unit or of organizational matters. The POW stated they received their orders from Maj. Gen. ITO of the ITO SHITAI; he did not know the size of the SHITAI (Detachment). He stated they generally used bare copper wire but sometimes used iron wire.

The POW stated the Commanding Officer of his regiment was Lt. Col. KITAYAMA; the Commanding Officer of the First Battalion was Maj. OGASAWARA; that section leaders were invariably Warrant Officers or non-commissioned officers; and that battery Commanding Officers were either Captains or 1st Lieutenants, with 2nd Lieutenants assisting in coordination and training of sections. The POW saw his Commanding Officer about January 7 but he did not know what became of him or where the rest of them went; however, he thought they made their way to the coast, taking nothing but rifles with them.

OTHER UNITS: - At the time the POW joined the Tenth Independent Mountain Artillery Regiment, it was attached to the 104th Division; however, as they were only temporarily attached to this Division, he could give no details but thought the Division came from around OSAKA. The Commanding Officer of the Fourth Regiment, Independent Mountain Artillery was Lt. Col. TAKAMURI. The POW said that the only Division at KURUME when he was there was the 12th Division.

He had never heard of the 5th, 18th, 37th or 56th Divisions; neither had he heard of the AKATSUKI UNITS.

## 6. ARMAMENT AND EQUIPMENT

Each section of each of the 3 batteries in the POW's

Regiment had one gun, all being M-41 (1908) 75 mm. mountain guns. The Regiment was armed with rifles, bayonets and pistols - the POW carrying a pistol. When asked what they did with the second gun, the POW said he did not know. (Only one gun was found in good condition - the other was partly dismantled and only the wheels and spare parts left).

7. SHIPPING AND NAVAL AFFAIRS

From CANTON, CHINA, the POW left in a convoy of 2 transports and 3 destroyers for RABAUL and from there proceeded to SHORTLAND ISLAND where Regimental Headquarters, First Battalion Headquarters, and sufficient troops to man 6 guns transferred to a destroyer and landed safely on GUADALCANAL during the night of October 17, 1942.

8. MILITARY AND NAVAL BASES

The POW received 6 months training in mountain artillery at KURUME.

9. METHODS OF OPERATION

The POW belonged to the communications unit attached to the Headquarters and their duties consisted of maintaining communications between the battalion and infantry units. Each battalion had its own communications unit and took care of the lines between the batteries and Headquarters. Normally, there was an ammunition train and transport troops assigned to each unit.

10. ENEMY SUPPLIES

The POW stated that they encountered a shortage of food the entire time they were on GUADALCANAL but had plenty of ammunition for their artillery.

11. MORALE AND PROPAGANDA

The POW stated that he had neither heard of our propaganda leaflets nor had been with troops that had, and therefore he did not know what effect they would have; however, he said he knew the Japanese mind and consequently, had his doubts.

Upon realizing the futility of their position when attacked by U. S. forces, those that were able to flee, did so, and the POW thinks they made their way to the beach, taking only their rifles with them. He did not know what became of his Commanding Officer.

12. ENEMY INTENTIONS AND PLANS

The POW said that he knew nothing of any units supposedly being drawn from the MANCHURIAN border.

13. ENEMY LOSSES

During a major engagement with the Chinese forces in YIN-TAK, the POW stated the 104th Division suffered considerable casualties.

Upon arrival on GUADALCANAL, they (his unit) were attacked and only the Headquarters of two batteries of the First Battalion managed to land, each battery only saving one gun but plenty of ammunition.

14. ENEMY INFORMATION CONCERNING ALLIES

No information.

15. MISCELLANEOUS

The POW said he had no desire to return to JAPAN.

He readily signed the Waiver of Rights.

- 28 -

미태평양함대 남태평양군 사령부

일련번호 0547

1943년 3월 30일

3급 비밀

발신: 남태평양전구 및 남태평양군 사령관.

수신: 문서 발송부 - 참조

대상: 미야가와, 싱고(MIYAGAWA, Shingo); 군조(Gunso) (중사),
우치야마, 요시사쿠(UCHIYAMA, Yoshisaku); 오장(Gocho) (하사)
야마자키, 케이(YAMAZAKI, Kei); 상등병(Jotohei) (상병)
테라시타, 지로(TERASHITA, Jiro); 일등병(Ittohei) (일병)
이토, 시게루(ITO, Shigeru); 조장(Socho) (상사)
요시마츠, 고로(YOSHIMATSU, Goro); 군조(Gunso) (중사)의 심문.

첨부: (A) 주제 심문.

1. 첨부된 (A)는 정보와 활용을 위해 여기에 함께 회부함.

H.R.터버(H.R. THURBER)
참모대리.

(중략)

전투첩보센터

남태평양군

3급 비밀

| 이름 | 계급 | 일련번호 |
|---|---|---|
| 미야가와, 싱고 (MIYAGAWA, Shingo) | 군조(Gunso) (중사) | |
| **부대** | **임무** | **포획된 날짜와 장소** |
| 230 보병부대., 2대대., (의무 하사관) | 의무 하사관 | 1943년 1월 28일; 과달카날(GUADALCANAL) |

## 1. 서문

포로는 굉장히 협조적이었다.

## 2. 이력

포로는 1917년 6월 15일 기후현(GIFU KEN)에서 출생하였다. 소학교(8학년) 졸업. 6년간 약사로 근무.

## 3. 시기순 기록

1939년 1월 10일 - 군 입대 후 기후 보병 연대(68)에 합류 (중부(CHUBU), 4호 부대(BUTAI)), 3개월 간 보병 훈련을 받음.

1939년 3월 - 보병부대에서 군병원으로 이동, 11개월 동안 의술 훈련을 받음.

1940년 2월 - 기후(GIFU) 군병원으로 이동.

1940년 9월 - 이 포로는 다른 9명과 함께 중국 광둥(CANTON) 근처, 38사단의 제1야전병원에 배속되어 38사단의 보충병으로

| | | |
|---|---|---|
| | | 보내졌다. 이 시기 포로는 230보병연대(쇼지 부대(SHOUJI BUTAI))의 2사단(타키자와 부대(TAKIZAWA BUTAI))에 배치되었고, 그 이후 내내 포로는 그곳에서 근무했다. |
| 1940년 11월 | - | 포로는 오장으로 승급하였다. |
| 1941년 12월 | - | 포로는 군조로 승급하였다. |
| ? | - | 포로는 남쪽으로 이동하여 홍콩 전투에 가담하였다. |
| 1942년 2월 | - | 반딩(BANDING) 상륙, 자바 도착. |
| 1942년 4월 | - | 수마트라(SUMATRA)로 감. |
| 1942년 9월 | - | 라바울(RABAUL)로 항해. |
| 1942년 10월 1일 | - | 라바울 도착. |
| 1942년 10월 | - | 라바울을 떠나 숏랜드섬(SHORTLAND ISLAND)으로 향함. |
| 1942년 11월 10일 | - | 숏랜드섬에서부터 과달카날에 도착. |

(중략)

## 9. 작전체계

포로는 일본군 야전병원의 조직에게 심문받았다. 일반적으로 사단 하나에는 야전병원 두 곳이 있고, 각각의 병원은 의무대 소령의 감독 하에 운영되는데, 군의관 17-18명과 사병 100명이 의무대 소령을 돕는다. 이 야전병원들은 전술상황에 따라 분리될 수 있고, 각 병원 당 일반적으로 환자 400여명을 수용할 수 있다. 둘 이상의 단위로 분리될 때 혹은 상황이 요구할 때, 야전병원은 보병부대 인력으로부터 추가지원을 받는다. 각 야전병원에는 필요에 따라 운송부대 30명 또는 40명이 트럭이나 말과 같은 운송수단과 함께 배속되어 있다. 중국의 도로 상태 때문에 말을 사용할 수밖에 없다. 야전병원은 병상을 운반하지 않으며, 병상이 현지에서 확보되지 않는 경우 볏짚 침대를 활용한다. 야전병원은 근무자들의 편의를 위한 작은 적십자 깃발 이외의 적십자 표시는 하지 않는다. 야전병원 근무자들이 들고 다니는 허리 가방에는 적십자 표시가 되어있다. 이들은 완장을 착용하지는 않지만, 이들의 셔츠 왼쪽 주머니 부근에는 작은 적십자 표시가 수놓아져 있다.

(중략)

포로는 자신의 부대 내 성병 유행에 관해 질문받았다. 유행하고 있는 성병은 임질이나, 발병률은 0.5%정도로 매우 낮다. 매달 주기적으로 검진이 행해진다. 부대는 콘돔을 비치하고 있지만 그 이외의 다른 예방책은 없다. 위안소(house of prostitution)가 있는 지역에 사단이 주둔하게 되면, 보통 부대의 의무병들이 해당 위안소들을 점검한다.

(하략)

# 29

## Truk Occupation Force War Diary, 1 January, 1946 to 31 January, 1946

**RG 127 Entry A1 46B Box 95**

1946년 1월 1일에서 1946년 1월 31일 사이 트럭섬 상황을 다루고 있는 트럭섬 및 캐롤라인 제도 중부 점령군의 작전보고서다. 일본군이 점령했던 당시 트럭섬으로 불린 이곳은 중부 태평양 지역의 섬 중 하나로 현재 명칭은 축 제도(Chuuk Islands)다. 미크로네시아 연방을 구성하는 4개 주 중 하나이며, 팔라우와 함께 캐롤라인 제도(Caroline Islands)를 형성하고 있기도 하다. 일본은 제1차 세계대전 이후 위임통치를 통해 캐롤라인 제도를 실질적으로 지배했다. 1940년대에는 군사시설들을 설치해 태평양 방위의 중심지로 삼았다. 이 때문에 일본군 해군과 군속 뿐 아니라 농장 경영과 군사기지 건설을 위해 강제 동원된 민간인의 숫자 역시 증가했다. 그 가운데 일본군 '위안부'도 있었다. 1944년 2월 미군의 대대적인 공습으로 일본의 함선과 항공대 등이 궤멸되었고, 미군이 이 지역의 제해권을 갖게 된다. 제2차 세계대전 종전 후 이 지역을 점령한 미군은 일본군의 전쟁범죄, 그리고 군인 및 민간인의 소개 업무를 담당할 부대를 구성해 트럭섬에 머물렀던 이들의 귀환을 실시했다.

이 보고서에 따르면 1946년 1월 트럭 두블론섬에서 총 14,298명의 귀환이 이루어졌다. 이 가운데 일본인이 10,795명으로 가장 많았고, 조선인이 3,483명으로 그 뒤를 이었다. 이 외에 오키나와인 11명, 대만인 9명 역시 1946년 1월 트럭섬에서 본국으로 귀환했다. 3,483명의 한국인 중에는 군인이 190명, 노동자가 3,049명, 민간인이 244명이었다. 보고서에는 일본군 '위안부'로 추측되는 26명의 조선인 여성과 아이 1명이 탑승했던 이키노(IKINO)호가 1946년 1월 17일 368명의 승객을 태우고 트럭 두블론섬을 출발했음을 보여주는 기록이 존재한다. 또한 보고서 말미에 1946년 1월의 귀환에 관계된 상황을 보여주는 사진이 첨부되어 있다. 그 가운데 1월 17일 이키노호를 타고 두블론섬을 떠난 조선인 여성들의 사진을 발견할 수 있으며, 일본군 '위안부'였던 이복순으로 추정되는 사진도 존재한다. 이복순의 생애에 관한 설명과 사진 속 여성이 이복순임을 확인해가는 과정은 다음의 책을 참고하라(서울대 인권센터 정진성 연구팀. 2018. "'트럭섬' 사진이 말을 걸다: 조선인 '위안부'들과 이복순". 『끌려가다, 버려지다, 우리 앞에 서다 2』. 서울: 푸른역사. pp.203-232).

HEADQUARTERS,
OCCUPATION FORCES,
TRUK AND CENTRAL CAROLINES.

G-2, G-3 Report for Occupation Forces TRUK and CENTRAL CAROLINES War Diary.

1. Period covered. - 1 January, 1946 to 31 January, 1946.

2. Designation and composition of the unit. -

(a) The office of G-2, G-3, Intelligence and Operations and Training sections of the executive staff, Headquarters, Occupation Forces, TRUK and CENTRAL CAROLINES consists of one Lieutenant Colonel, USMC, one Lieutenant Commander, USNR, attached on temporary duty in connection with investigation and report of war crimes committed by the Japanese at TRUK, two Lieutenants junior grade, USNR, language officers, attached on temporary duty in connection with evacuation of Japanese and Japanese controlled forces, one photographer, two clerical and three office personnel.

(b) The task unit designation assigned is 94.3.1 and the unit is now located at MOEN Island, TRUK.

(c) Commander Marianas Area is the next higher echelon of command.

3. Mission. - The mission assigned is the occupation and development of TRUK as a fleet anchorage with facilities ashore limited to recreational purposes and for the support of assigned aircraft and servicing of transient aircraft. The base is to be maintained in a reduced status.

4. Limits of area of responsibility. - The area of TRUK and CENTRAL CAROLINES includes all islands of the CAROLINES between the latitudes of 0° N and 12° N and the longitudes of 143° E and 155° E and also the islands of PONAPE and KUSAIE.

5. Operations. -

(a) Operation Order number 1-46, dated 5 January, 1946, issued by Headquarters, Occupation Forces, TRUK and CENTRAL CAROLINES directed that ten islands of the CAROLINES be visited by a military Government Detachment from the unit at TRUK for the purpose of repatriating natives from TRUK to their home islands, screening natives living on the islands, posting proclamations, providing emergency relief and exchanging U. S. currency for Japanese yen.

(b) Operations Order number 2-46, dated 29 January, 1946, issued by this Headquarters directed that a detachment from Military Government Unit TRUK visit the islands of PONAPE, KUSAIE, and KAPINGAMARANGI to conduct activities similar to those stated in (a) above.

6. Evacuation. -

(a) Evacuation of Japanese and Japanese controlled forces during the period was accomplished as illustrated by the following schedule:

| VESSEL | DATE | NO. EVACUATED |
|---|---|---|
| LST 1052 | 3 Jan | 799 |
| LST 873 | 5 Jan | 799 |
| LST 502 | 5 Jan | 799 |
| LST 1062 | 5 Jan | 800 |
| LST 810 | 5 Jan | 799 |
| LST 579 | 7 Jan | 799 |
| LST 591 | 7 Jan | 800 |
| LST 915 | 7 Jan | 799 |
| LST 870 | 7 Jan | 800 |
| LST 633 | 10 Jan | 800 |
| LST 1016 | 10 Jan | 800 |
| Escort FUKAE | 12 Jan | 300 |
| Escort IKINO | 17 Jan | 368 |
| YAHIKO MARU | 18 Jan | 3,236 |
| LST 696 | 18 Jan | 800 |
| LST 213 | 18 Jan | 800 |
| | Total | 14,298 |

(b) Following is a breakdown of evacuations during the period showing both nationality and category of evacuees:

| NATIONALITY | ARMY | NAVY | NAVY LABORER | CIVILIAN | TOTAL |
|---|---|---|---|---|---|
| JAPANESE | 5,618 | 2,640 | 2,226 | 311 | 10,795 |
| KOREAN | 190 | 0 | 3,049 | 244 | 3,483 |
| OKINAWAN | 1 | 0 | 0 | 10 | 11 |
| FORMOSAN | 0 | 9 | 0 | 0 | 9 |
| TOTAL | 5,809 | 2,649 | 5,275 | 565 | 14,298 |

(c) At the end of the period covered by this report there were 4,301 Japanese and Japanese controlled forces remaining at TRUK.

(d) 759 NAURUANS, 1 Swiss Missionary and 7 Chinese were evacuated to NAURU by the British ship TRIENZA, 27 January, 1946.

7. Search and inspection of islands. -

(a) Subsequent to the occupation of TRUK a systematic and organized search of all islands of the TRUK group was instituted to determine if allied personnel were present or if any information or evidence indicating that allied personnel had been present during the period of war could be uncovered. This search disclosed no information or evidence not previously known. This search was conducted by six groups of Marine Corps personnel from the 2d Battalion, 21st Marines and was completed 19 January.

(b) Inspection of all islands to determine the status of police and disposal of explosives and miscellaneous ordnance material was accomplished simultaneously with the island search. The Japanese are following up in the rectification of discrepancies noted.

(c) In accomplishing this search and inspection 42 small islands on the barrier reef, 28 small islands, 8 medium sized islands, 8 large islands all inside the barrier reef and 3 small islands outside the reef were visited. The operation embraced a total travel of 964 nautical miles.

- - - - - - - - - - - - - - - - - - - - - - - - - - - - - - - - - -

- - - - - - - - - - - - - - - - - - - - - - - - - - - - - - - - - -

8. Occupation and Administration. -

(a) In the TRUK group only the island of MOEN has been occupied by the Occupation Forces.

(b) Japanese and Japanese controlled forces are now concentrated on the islands of DUBLON and MOEN. Those located at MOEN (approximately 1,800) are engaged in work directly assisting the Occupation Forces in the construction of buildings, repair of roads and in labor associated with airfield construction.

(c) The Japanese maintain their Headquarters at DUBLON and maintain their unit organizations for the purpose of administration, control and demobilization. Well organized Japanese liaison sections have functioned efficiently in interpreting and executing directives issued by this Headquarters.

(d) Work accomplished by the Japanese in the occupation and development of TRUK has been efficient and representative of superior control exercised by the Japanese commanders.

9. Investigations. -

(a) Lieutenant Commander Maurice E. Currie, USNR continued throughout the month with investigations anent war crimes committed by the Japanese at TRUK.

(b) Twenty-six Japanese were interned during the month pending further investigation. A total of forty-two Japanese are now confined for alleged war crimes. Fourteen Japanese included in the above are held awaiting transfer to Australian authorities in connection with war crimes committed upon British subjects.

(c) The apprehension of sixteen Japanese evacuated from TRUK and subsequently found to be implicated in alleged war crimes has been requested. Nine of these are wanted by the United States and seven by Australia.

-4-

- - - - - - - - - - - - - - - - - - - - - - - - - - - - - - - - - - - - - - -

G-2, G-3 Report for Occupation Forces TRUK and CENTRAL CAROLINES War Diary. (Cont'd).

- - - - - - - - - - - - - - - - - - - - - - - - - - - - - - - - - - - - - - -

(d) No Japanese accused of committing war crimes has yet been tried at TRUK. Preliminary investigations will soon be completed.

(e) Seven Korean military are held at TRUK as witnesses in alleged war crime cases.

10. Training. - The requirements of regular duties have not permitted organized training by units at TRUK.

11. Other matters of a general nature. - Recorded rainfall during the month of January was 13.68 inches.

12. Photographs mounted on the following pages of this report were taken at TRUK during the month of January, 1946.

CYRIL E. EMRICH,
LtCol., USMC,
ACofS, G-2, G-3.

- - - - - - - - - - - - - - - - - - - - - - - - - - - - - - - - - - - - - - -

Korean woman and baby being evacuated from TRUK, 17Jan46.

Processing of Korean evacuees. 17Jan46.

Korean women boarding Japanese Daihatsu at the evacuation station DUBLON, TRUK, 17Jan46.

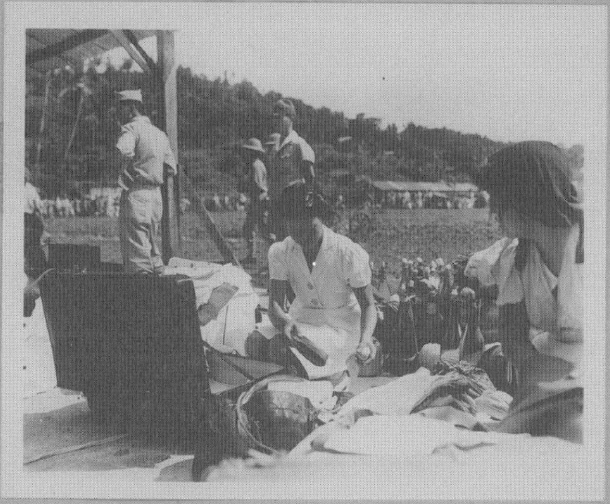

Processing of KOREAN women preparatory to evacuation. 26 KOREAN women and one Female child on TRUK were evacuated to KOREA, 17 Jan46.

The YANIKO MARU lifted 3234 Korean Military from TRUK, 18 Jan46.

Evacuee being assisted by another, 12 Jan46.

NAURUANS were moved from TOL island by this LCT to the evacuation ship off MOEN, 26 Jan46.

Okinawan women aboard Japanese boat at DUBLON. They were evacuated by LST 730 February 5, 1946.

Two Okinawan women assemble their personal effects to embark on the LST 730 for evacuation. 5Feb46.

WAR DIARY,
G-2,G-3.

점령군 사령부

트럭 및 중앙 캐롤라인 제도(TRUK AND CENTRAL CAROLINES).

트럭 및 중앙 캐롤라인 제도 점령군 전쟁 일지 G-2, G-3 보고서

1. 관련 기간. - 1946년 1월 1일부터 1946년 1월 31일

2. 부대의 명칭 및 구성. -

(a) 트럭 및 중앙 캐롤라인 제도의 점령군 사령부의 정보작전 및 간부훈련 부처의 G-2, G-3과는 미 해병대(USMC) 중령 한 명, 미 해병대 예비군(USNR) 소령 한 명, 일본인들이 트럭섬에서 저지른 전쟁 범죄를 조사하고 보고하기 위해 일시적인 임무를 받고 파견된 미 해병대 예비군(USNR) 중위 두 명, 일본인과 일본군이 통제했던 병력(Japanese controlled forces)을 소개(evacuation)하는 일시적 임무를 위해 파견된 어학 장교들, 사진사 한 명, 서기 두 명, 사무관 세 명으로 구성되어 있다.

(b) 배속된 기동분대는 94.3.1이며, 해당 부대는 현재 트럭의 모엔섬(MOEN Island)에 주둔 중이다.

(c) 상급 지휘 부대는 마리아나 제도(Marianas Area) 사령부다.

3. 임무. - 맡은 임무는 트럭을 점령하여 휴식 목적으로 제한된 함대 정박지를 개발하는 것이다. 이 시설은 배속된 항공기를 지원하며 임시 항공기를 정비하기 위함이다.

4. 책임 지역. - 트럭 및 중앙 캐롤라인 제도는 북위 0도부터 북위 12도, 동경 143도부터 동경 155도까지 사이에 있는 캐롤라인 제도의 모든 섬, 그리고 포나페(Ponape)섬과 쿠사이에(Kusaie)섬을 포함한다.

5. 작전. -

(a) 트럭 및 중앙 캐롤라인 제도의 점령군 사령부가 작성한 1946년 1월 5일 작전명령 1-46번은 트럭에 있던 군정 파견대가 캐롤라인 제도 내 열 개의 섬을 방문

해 현지인들을 트럭에서 본섬으로 송환하고, 섬에 살고 있는 현지인들을 조사하며, 포고를 부착하고, 긴급구조를 수행하며, 미국 통화를 일본 엔화로 환전할 것을 지시했다.

(b) 해당 참모부가 작성한 1946년 1월 29일 작전명령 2-46번은 트럭섬 군정부대 파견대가 포나페섬, 쿠사이에섬, 카핑가마랑기(Kapingamarangi)섬을 방문하여 상기 (a)에 서술된 것과 유사한 활동을 수행하도록 지시했다.

6. 소개. -

(a) 해당 기간 동안 일본인과 일본군이 통제했던 병력의 소개는 다음에 표시된 일정에 따라 이루어졌다.

| 선박 | 일자 | 소개 인원 |
|---|---|---|
| LST 1052 | 1월 3일 | 799 |
| LST 873 | 1월 5일 | 799 |
| LST 502 | 1월 5일 | 799 |
| LST 1062 | 1월 5일 | 800 |
| LST 810 | 1월 5일 | 799 |
| LST 579 | 1월 7일 | 799 |
| LST 591 | 1월 7일 | 800 |
| LST 915 | 1월 7일 | 799 |
| LST 870 | 1월 7일 | 800 |
| LST 633 | 1월 10일 | 800 |
| LST 1016 | 1월 10일 | 800 |
| 호위함 후카에(Escort FUKAE) | 1월 12일 | 300 |
| 호위함 이키노(Escort IKINO) | 1월 17일 | 368 |
| 야히코 마루(YAHIKO MARU) | 1월 18일 | 3,236 |
| LST 696 | 1월 18일 | 800 |
| LST 213 | 1월 18일 | 800 |
| | | 총원 14,298 |

(b) 다음은 해당 기간 동안 소개한 이들을 국적과 범주로 분류해서 나타낸 것이다:

| 국적 | 육군 | 해군 | 해군 노동자 | 민간인 | 합계 |
|---|---|---|---|---|---|
| 일본인 | 5,618 | 2,640 | 2,226 | 311 | 10,795 |
| 조선인 | 190 | 0 | 3,049 | 244 | 3,483 |
| 오키나와인 | 1 | 0 | 0 | 10 | 11 |
| 대만인 | 0 | 9 | 0 | 0 | 9 |
| 합계 | 5,809 | 2,649 | 5,275 | 565 | 14,298 |

(c) 본 보고서에 포함된 마지막 시기에 트럭에는 4,301명의 일본인들과 일본군이 통제했던 병력이 남아 있었다.

(d) 1946년 1월 27일 영국 선박 트리엔자(Trienza)에 의해 759명의 나우루인, 1명의 스위스 선교사, 7명의 중국인이 나우루(Nauru)로 소개되었다.

7. 섬들에 대한 수색과 조사. -

(a) 연합군 병사가 있거나 전쟁 동안 연합군 병력이 주둔했음을 보여주는 증거를 발견하기 위해 트럭섬 점령 이후 트럭에 속한 모든 섬들을 대상으로 체계적이고 조직적인 수색이 시작되었다. 이 수색으로 이전에 알려지지 않았던 정보나 증거를 얻지는 못했다. 이 수색은 21해병대 2대대에서 파견된 여섯 개의 해병대 조직에 의해 수행되었으며, 1월 19일에 완료되었다.

(b) 치안상태를 파악하고 폭발물과 기타 물품을 처리하기 위한 조사가 모든 섬에서 수색과 동시에 이루어졌다. 일본인들이 기록된 오류를 수정하는 후속 조치를 했다.

(c) 해당 수색과 조사를 위해 산호초(barrier reef) 근처의 42개 섬과, 산호초 내에 있는 28개의 작은 섬, 8개의 중간 섬, 8개의 큰 섬, 산호초 바깥에 있는 세 개의 작은 섬을 방문하였다. 작전은 총 964해리의 이동을 포괄하였다.

8. 점령과 관리. -

(a) 트럭 제도 중 점령군에게 점령당한 섬은 모엔섬뿐이었다.

(b) 현재 일본인과 일본인이 통제했던 병력들은 두블론섬과 모엔섬에 모여있다. 모엔섬에 있는 이들은(약 1,800명) 건물을 건설하고 도로를 정비하며, 비행장을 건설하는 것과 관련된 일들에 종사하며 점령군을 직접적으로 지원하고 있다.

(c) 일본인들은 두블론섬에 사령부를 유지하고, 관리, 통제, 동원해제 등의 목적으로 부대 조직 역시 유지하고 있다. 잘 조직된 일본군 연락담당 부대는 해당 사령부가 공표한 지시를 효과적으로 통역하고 실행하는 기능을 했다.

(d) 트럭의 점령 및 개발에 있어 일본군이 해낸 작업은 효율적이었고, 이는 일본군 사령관들의 훌륭한 지배를 보여준다.

9. 조사. -

(a) 미 해병대 예비군(USNR) 소령 모리스 E. 커리(Maurice E. Currie)는 일본군이 트럭에서 저지른 전쟁범죄와 관련된 수사를 한 달에 걸쳐 진행하였다.

(b) 26명의 일본인이 추가적인 조사가 이루어지기 전까지 한 달 간 억류되어 있었다. 현재는 총 42명의 일본인들이 전쟁범죄에 대한 혐의를 받으며 억류되어 있다. 이 중 14명은 영국 국민에 대한 전쟁범죄를 저지른 것과 관련되어 호주 당국으로의 이송을 기다리고 있다.

(c) 트럭에서 소개되고, 전쟁범죄에 연루된 것으로 밝혀진 일본인 16명의 체포가 요청되었다. 그들 중 아홉 명은 미국이, 일곱 명은 호주가 요청했다.

(d) 트럭에서 전쟁범죄를 저지른 혐의를 받고 있는 일본인 중 누구도 아직 재판을 받지 않았다. 예비 조사가 곧 완료될 것이다.

(e) 일곱 명의 조선인 군인은 전쟁범죄 사건의 목격자로서 트럭에 머무르고 있다.

10. 훈련. - 정규 임무 때문에 트럭에서는 조직적인 부대 훈련을 할 수 없다.

11. 자연 일반과 관련된 다른 문제들. - 1월 한 달 동안 기록된 강수는 13.68 인치임.

12. 본 보고서의 다음 페이지에 기록된 사진들은 1946년 1월 트럭에서 촬영되었음.

시릴 E. 엠리히(CYRIL E. EMRICH),

미 해병대(USMC), 중령,

일반참모, G-2, G-3.

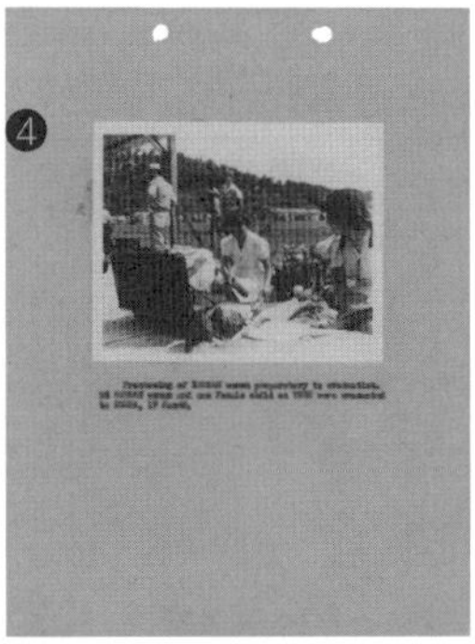

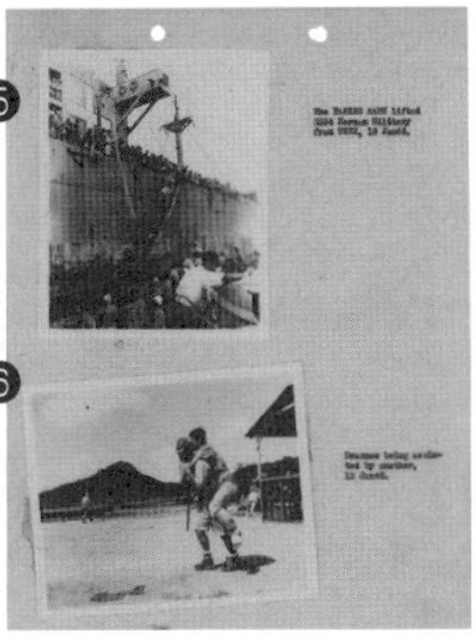

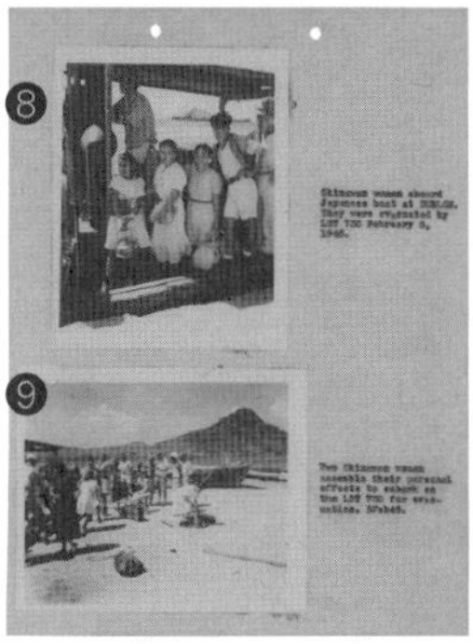

(사진 캡션 번역)

1. **트럭에서 소개된 조선인 여성과 아기. 1946년 1월 17일.**
2. **소개되는 조선인의 짐 검색. 1946년 1월 17일.**
3. **트럭 두블론섬의 소개지역에 있는 일본 배에 탑승하는 조선인 여성들. 1946년 1월 17일.**
4. **소개를 준비하고 있는 조선인 여성들에 대한 검색. 트럭에 있던 26명의 조선인 여성들과 여아 한 명이 조선으로 소개되었다. 1946년 1월 17일.**
5. 트럭에서 야히코 마루(YAHIKO MARU)에 탑승하는 3334명의 조선인 군인. 1946년 1월 18일.
6. 다른 이에게 도움을 받는 송환자. 1946년 1월 13일.
7. 나우루인들이 이 수송선으로 톨섬에서 모엔섬으로 소개되었다. 1946년 1월 26일
8. 두블론섬에서 일본 보트에 탑승한 오키나와 여성들. 그들은 1946년 2월 5일 LST 730으로 소개되었다.
9. 두 명의 오키나와 여성이 소개를 위해 LST 730에 탑승하려고 소지품을 정리하고 있다. 1946년 2월 5일.

# 30

## Roster of Japanese Personnel Evacuated From Truk, abroad Japanese IKINO

**RG 313 Entry A1 296 Box 33**

1946년 1월 17일 트럭 두블론섬에서 368명의 귀환자를 태우고 출발한 이키노(IKINO)호의 승선자 명부다. 제2차 세계대전 종전 후 이 지역을 점령한 미군은 일본군의 전쟁범죄, 그리고 군인 및 민간인의 소개(evacuation) 업무를 담당할 부대를 구성해 트럭섬에 머물렀던 이들의 귀환을 실시했다. 1946년 1월에만 트럭섬에서 14,298명의 귀환이 이루어졌고, 그 중 조선인은 3,483명이었다. 이키노호는 이들의 귀환을 담당한 선박 중 하나였다. 이키노호 승선자 명부는 모두 50쪽, 5종으로 구성되어 있는데, 이에 따르면 육군 86명, 해군 5명, 군속 7명, 오키나와인 10명, 조선인 249명 등 총 368명이 이키노호를 통해 고국으로 귀환했다. 이 명부는 그 가운데 여성 26명과 아이 1명으로 구성되어 있는 다섯 번째 명부다. 이 명부는 27명의 이름, 직업, 조직, 주소를 기록하고 있다. 이름은 대부분 창씨명이었고, 직업은 여성의 경우 모두 노동자(Labourer), 아이는 무직(Unemployed)으로 적혀있다. 승선명부 3번째 페이지 4번째 줄에서 일본군 '위안부'였던 이복순의 창씨명 히토가와 후쿠준(仁川福順)이 확인된다. 이키노호에 승선하는 이복순의 모습은 문서 29번에서 볼 수 있다. 승선명부에 있는 26명의 여성 중 상당수가 위안부였을 것으로 추정되나,

아직까지 이복순 외에 일본군 '위안부'로 밝혀진 이는 없다. 이복순의 생애에 관한 설명과 사진 속 여성이 이복순임을 확인해가는 과정은 다음의 책을 참고하라(서울대 인권센터 정진성 연구팀. 2018. "'트럭섬' 사진이 말을 걸다: 조선인 '위안부'들과 이복순". 『끌려가다, 버려지다, 우리 앞에 서다 2』. 서울: 푸른역사. pp.203-232).

ROSTER of JAPANESE, KOREAN, AND OKINAWAN PERSONNEL EVACUATED FROM TRUK. ABOAD JAPANESE IKINO.

| | |
|---|---|
| ARMY | 86 |
| NAVY | 5 |
| GUNZOKU | 7 |
| JAP CIVILIAN | 11 |
| OKINAWAN " | 10 |
| KOREAN " | 249 |
| TOTAL | 368 |

ROSTER OF JAPANESE PERSONNEL
EVACUATED FROM DUBLON
ABOARDED THE JAPANESE ESCORT IKINO

CIVILIAN PERSONNEL

| NAME | OCCUPATION | ORGANIZATION | PERMANENT RESIDENCE |
|---|---|---|---|
| ARAI. FUKUNIN | LABOURER | EAST BRANCHES OFFICE WOMAN | No. 555. FUHEIRI. KWAZANMEN. KŌKOGUN. ZENRANANDŌ. KOREA |
| ARAI. JUNKO | UNEMPLOYED | EAST BRANCHES OFFICE Child ~~WOMAN~~ | No. 555. FUHEIRI KWANZANMEN KŌKOGUN. ZENRANANDŌ. KOREA |
| ARAI. UTEN | LABOURER | EAST BRANCHES OFFICE WOMAN | No. 531. KYU-KORI. HIDŌMEN SHISENGUN. KEISHŌNANDŌ. KOREA |
| CHO-. KO-JO | LABOURER | EAST BRANCHES OFFICE WOMAN | No. 74. RICHURI. SEIRIMEN SHOSHU-GUN. KEISHŌHOKUDŌ. KOREA |
| GONDŌ. JUNKI | LABOURER | EAST BRANCHES OFFICE WOMAN | No. 447 NANZANCHO-. DAIKYU-FU KEISHŌHOKUDŌ. KOREA |

 — Roster of Japanese Personnel Evacuated From Truk, abroad Japanese IKINO

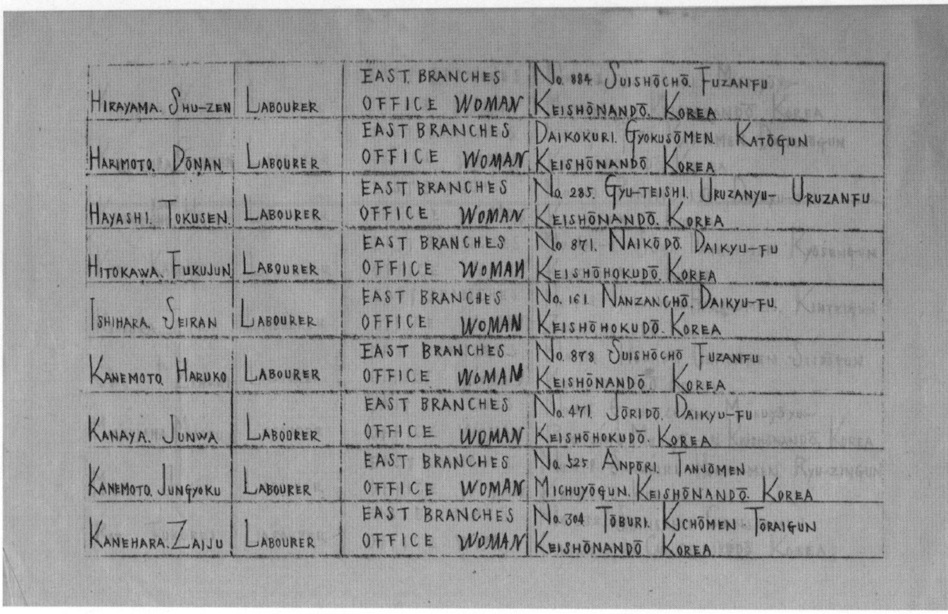

| | | | |
|---|---|---|---|
| HIRAYAMA. SHU-ZEN | LABOURER | EAST. BRANCHES OFFICE WOMAN | No. 884 SUISHŌCHŌ. FUZANFU KEISHŌNANDŌ. KOREA |
| HARIMOTO. DŌNAN | LABOURER | EAST BRANCHES OFFICE WOMAN | DAIKOKURI. GYOKUSŌMEN KATŌGUN KEISHŌNANDŌ KOREA |
| HAYASHI. TOKUSEN. | LABOURER | EAST BRANCHES OFFICE WOMAN | No. 285. GYU-TEISHI. URUZANYU- URUZANFU KEISHŌNANDŌ. KOREA |
| HITOKAWA. FUKUJUN | LABOURER | EAST BRANCHES OFFICE WOMAN | No 871. NAIKŌDŌ. DAIKYU-FU KEISHŌHOKUDŌ. KOREA |
| ISHIHARA. SEIRAN | LABOURER | EAST BRANCHES OFFICE WOMAN | No. 161. NANZANCHŌ. DAIKYU-FU. KEISHŌHOKUDŌ. KOREA |
| KANEMOTO. HARUKO | LABOURER | EAST BRANCHES OFFICE WOMAN | No. 878 SUISHŌCHŌ FUZANFU KEISHŌNANDŌ KOREA |
| KANAYA. JUNWA | LABOURER | EAST BRANCHES OFFICE WOMAN | No. 471. JŌRIDŌ. DAIKYU-FU KEISHŌHOKUDŌ. KOREA |
| KANEMOTO. JUNGYOKU | LABOURER | EAST BRANCHES OFFICE WOMAN | No. 525 ANPŌRI. TANJŌMEN MICHUYŌGUN. KEISHŌNANDŌ. KOREA |
| KANEHARA. ZAIJU | LABOURER | EAST BRANCHES OFFICE WOMAN | No. 304 TŌBURI. KICHŌMEN TŌRAIGUN KEISHŌNANDŌ KOREA |

| KANEYAMA. KWASEN | LABOURER | EAST BRANCHES OFFICE WOMAN | No. 343. SANMONRI. MICHUYŌYU- MICHUYŌGUN. KEISHONANDŌ. KOREA |
|---|---|---|---|
| KANEMURA. GECHUSEN. | LABOURER | EAST BRANCHES OFFICE WOMAN | No. 588. GOPŌ. KASHŌMEN. DACHUJŌGUN KEISHŌHOKUDŌ. KOREA |
| ~~KANAMICHU. HŌDO~~ (TSU) | LABOURER | EAST BRANCHES OFFICE WOMAN | ~~No 284. BONMOCHIDŌ. DAIKYU-FU~~ KEISHŌHOKUDŌ. KOREA |
| KIN. KACHUFUN | LABOURER | EAST BRANCHES OFFICE WOMAN | No. 693-8 SORI. DAIHEIMEN. KYŌSENGUN KEISHŌNANDŌ. KOREA |
| KIMURA. EIKI | LABOURER | EAST BRANCHES OFFICE WOMAN | No 428. HAKUKURI. HAKUKUMEN. KINTEIGUN ZENRAHOKUDŌ. KOREA |
| SAI. ZINREI | LABOURER | EAST BRANCHES OFFICE WOMAN | No. 138. HŌKADŌ. UNMONMEN. SEIDŌGUN. KEISHŌNANDŌ. KOREA |
| MICHUYAMA. MASAKO. | LABOURER | EAST BRANCHES OFFICE WOMAN | No. 476. GECHUICHISHI. MICHUYŌYU- ~~RYU-ZING~~ MICHUYŌGUN. KEISHŌNANDŌ. KOREA |
| MINAMI. JUKAI. | LABOURER | EAST BRANCHES OFFICE WOMAN | No. 478. SANKEIRI. HOKUKUMEN. RYU-ZINGUN KEIKIDŌ KOREA |
| RIF FUKUREI. | LABOURER | EAST BRANCHES OFFICE WOMAN | No. 532. SHINSEIRI. CHINSENMEN CHINSENGUN. CHU-SEIHOKUDŌ. KOREA |

| | | | |
|---|---|---|---|
| TEI. HICHUNAN. | LABOURER | EAST BRANCHES OFFICE WOMAN | No. 280. KANBORI. KANBOYU- KEISHU-GUN KEISHŌHOKUDŌ. KOREA |
| WOKANO. JOSHIKO. | LABOURER | EAST BRANCHES OFFICE WOMAN | No. 485. DAISENDŌ. KWATŌMEN. EISENGUN KEISHŪHOKUDŌ. KOREA |
| YAMAMOTO. ZISEKI. | LABOURER | EAST BRANCHES OFFICE WOMAN | No. 74. RICHURI. SEIRIMEN. SHŌSHU-GUN KEISHŌHOKUDŌ. KOREA |
| YAMAMOTO. NENIN. | LABOURER | EAST BRANCHES OFFICE WOMAN | No. 959. GORORI. CHO-SENMEN. ZENZANGUN. KEISHŌHOKUDŌ. KOREA |
| | | | |
| | | | |
| | | | |
| | | | |
| | | | |

| 트럭(TRUK)에서 소개된 | |
|---|---|
| 일본인, 조선인과 오키나와인 인원 명부 | |
| 일본 이키노(IKINO)호 승선 | |
| | |
| 육군 | 86 |
| 해군 | 5 |
| 군속(GUNZOKU) | 7 |
| 일본 민간인 | 11 |
| 오키나와인 민간인 | 10 |
| 조선인 민간인 | 249 |
| | |
| 합계 | 368 |

두블론섬에서 소개되어

일본 호위함 이키노(IKINO)호에 승선한

일본인 인원 명부

민간인 인원

| 이름 | 직업 | 조직 | 주소 |
|---|---|---|---|
| 아라이. 후쿠닌<br>(ARAI. FUKUNIN) | 노동자 | 동부 지부<br>사무소 여성 | No. 555. FUHEIRI. KWAZANMEN.<br>K K GUN. ZENRANAND . KOREA |
| 아라이. 준코<br>(ARAI. JUNKO) | 무직 | 동부 지부<br>사무소 여성 | No. 555. FUHEIRI. KWAZANMEN.<br>K K GUN. ZENRANAND . KOREA |
| 아라이. 우텐<br>(ARAI. UTEN) | 노동자 | 동부 지부<br>사무소 여성 | No. 531. KYU-KORI. HID MEN.<br>SHISENGUN KEISHONAND . KOREA |
| 조. 고조<br>(CHO-. KO-JO) | 노동자 | 동부 지부<br>사무소 여성 | No. 74. RICHURI. SEIRIME.N<br>SH SHU-GUN. KEISH HOKUD . KOREA |
| 곤도. 준키<br>(GONDO. JUNKI) | 노동자 | 동부 지부<br>사무소 여성 | No. 447. NANZANCHO-. DAIYU-FU.<br>KEISHOHOKUD . KOREA |

| | | | |
|---|---|---|---|
| 히라야마. 슈젠 (HIRAYAMA. SHU-ZEN) | 노동자 | 동부 지부 사무소 여성 | No. 884 SUISH CH . FUZANFU. KEISH NAND . KOREA |
| 하리모토. 도난 (HARIMOTO. DONAN.) | 노동자 | 동부 지부 사무소 여성 | DAIKOKURI. GYOKUSOMEN. KAT GUN KEISH NAND . KOREA |
| 하야시. 도쿠센 (HAYASHI. TOKUSEN.) | 노동자 | 동부 지부 사무소 여성 | No.284. GYU-TEISHI. URUZANYU-URUZANFU KEISH NAND . KOREA |
| 히토가와. 후쿠준 (HITOKAWA. FUKUJUN) | 노동자 | 동부 지부 사무소 여성 | 조선 경상북도 대구부 내당동 891번지 (No.871. NAIK D . DAIKYU-FU. KEISH HOKUD . KOREA) |
| 이시하라. 세이란 (ISHIHARA. SEIRAN) | 노동자 | 동부 지부 사무소 여성 | No.161. NANZANCH . DAIKYU-FU. KEISH HOKUD . KOREA |
| 가네모토. 하루코 (KANEMOTO. HARUKO) | 노동자 | 동부 지부 사무소 여성 | No.878. SUISH CH . FUZANFU. KEISH NAND . KOREA |
| 가나야. 준와 (KANAYA. JUNWA) | 노동자 | 동부 지부 사무소 여성 | No.471. J RID . DAIKYU-FU. KEISH HOKUD . KOREA |
| 가네모토. 준교쿠 (KANEMOTO. JUNGYOKU) | 노동자 | 동부 지부 사무소 여성 | No.525. ANP RI. TANJ MEN. MICHUY GUN. KEISH NAND . KOREA |
| 가네하라. 자이주 (KANEHARA. ZAIJU) | 노동자 | 동부 지부 사무소 여성 | No.304. T BURI. KICH MEN. T RAIGUN. KEISH NAND . KOREA |

(하략)

# 31

## Official War Diary of Task Unit 94.5.3, Headquarters, Island Command Peleliu

**RG 127 Entry A1 46B Box 96**

태평양 서쪽의 도서국가인 팔라우(Palau) 펠렐리우(Peleliu)섬을 점령한 미군이 1946년 2월 5일 작성한 작전일지다. 일본은 1914년 11월 팔라우가 속한 캐롤라인 제도를 비롯해 북마리아나 제도와 마셜 제도 등 태평양의 섬들을 점령했다. 그리고 군정을 실시하면서 자원을 확보해 일본군의 태평양 진출을 위한 교두보로 삼았다. 당시 일본은 자신이 식민지로 점령했던 이들 태평양의 섬들을 남쪽 바다의 섬들이라는 뜻을 지닌 '남양군도'(南洋群島)라고 불렀다. 1922년 남양청(南洋聽)본부가 설치된 팔라우(Palau) 제도는 일본의 '남양군도' 통치의 중심이었다. 이처럼 제1차 세계대전 이후 일본이 '남양군도'를 점령함에 따라 이에 속한 섬들로 조선인들이 이주하기 시작했고, 노동자 강제동원이 시작된 1939년 이후 그 수가 급격히 늘어났다. 1941년 12월 일본의 진주만 공격으로 태평양전쟁이 시작된 이후에는 남양청 대신 일본 해군이 이 지역에 대한 통제권을 장악했고, 태평양의 섬들이 격전지가 되면서 군인과 '위안부'가 동원되었다. 때문에 제2차 세계대전이 끝난 후 '남양군도'에는 노동자와 일본군 '위안부'로 강제 동원된 조선인들이 다수 남아있었다. 이 작전일지에서는 팔라우 제도에서 가장 큰 섬인 바벨투아프(Babelthuap)

섬에서 1946년 1월 소개된(evacuation) 사람들의 목록을 정리했는데, 이에 따르면 조선인들은 여러 차례에 걸쳐 선박을 이용해 부산으로 소개되었다. 보고서의 '5. 의료활동(Medical Activities)' 항목을 통해 소개된 이들 중 일부가 '위안부' 여성이었다는 사실이 드러난다. 이 항목에서는 '위안부' 들이 귀환한 이후 섬의 상황을 언급하는데 "대부분 위안부였던(practicing prostitution) 조선인 여성에 대한 소개는 미군 병력의 성병 가능성을 낮췄다."라고 언급하고 있다.

74926

A12-1/G-2:HGP-rlk

HEADQUARTERS, ISLAND COMMAND PELELIU
C/O FLEET POST OFFICE, SAN FRANCISCO, CALIFORNIA

5 February, 1946.

0653

C O N F I D E N T I A L

From: Commanding General.
To : The Chief of Naval Operations.
Commandant of the Marine Corps.
Commander in Chief, U. S. Pacific Fleet.
Commander Marianas.

Peleliu

Subject: War Diary, transmittal of.

Enclosure: (A) Official Confidential War Diary, Task Unit 94.5.3. Headquarters, Island Command Peleliu, Navy No. 3252, C/O FPO, San Francisco, California, covering period 1 - 31 January, 1946.

1. Enclosure (A) is transmitted herewith.

F. O. ROGERS

- - - - - - - - - - - - - - - - - - - - - - - - - - - - - - - - - - - -

AUTHENTICATED:

J. T. Cronin

J. T. CRONIN,
1stLt., USMCR,
Island Command
Adjutant.

C O N F I D E N T I A L

OFFICIAL WAR DIARY

TASK UNIT 94.5.3

HEADQUARTERS, ISLAND COMMAND PELELIU

C/O FLEET POST OFFICE, SAN FRANCISCO, CALIFORNIA

JANUARY, 1946

C O N F I D E N T I A L

NAVY NO. 3252
A16-1/EMP:rlk

HEADQUARTERS, ISLAND COMMAND, PELELIU
C/O FLEET POST OFFICE, SAN FRANCISCO, CALIFORNIA

5 February, 1946.

CONFIDENTIAL

From: The Commanding General, Island Command, Peleliu.
To : The Chief of Naval Operations.

Subject: War Diary.

1. Combat Operations: (a) Friendly: (1) Large portion of evacuation troops from 26th Marine Regiment (Reinforced) at Yap were returned to Peleliu. Two Marine officers and forty enlisted men now complement of evacuation troops remaining at Yap.

(2) Evacuation reports from the island of Babelthuap for month of January are as follows:

1. Two hundred twenty six (226) Japanese military personnel were evacuated to Japan aboard Japanese escort 57.
2. Five hundred forty-seven (547) Formosan personnel were evacuated to Kiirun aboard Japanese ship T-20.
3. Six hundred two (602) Korean civilians were evacuated to Fusan aboard USS LST 867.
4. Five hundred eighty-four (584) Korean civilians were evacuated to Fusan aboard USS LST 747.
5. Six hundred eleven (611) Korean civilians were evacuated to Fusan aboard USS LST 1045.
6. Six hundred two (602) Korean civilians were evacuated to Fusan aboard USS LST 984.
7. Six hundred sixteen (616) Korean civilians were evacuated to Fusan aboard USS LST 716.
8. Two hundred forty-seven (247) Japanese civilians were evacuated to Japan aboard Japanese escort 97.
9. Two hundred eighty (280) Japanese civilians were evacuated to Japan aboard Japanese escort 55.
10. Four hundred forty-eight (448) Korean civilians were evacuated to Fusan aboard USS LST 661.
11. Five hundred ninety-nine (599) Japanese civilians were evacuated to Japan aboard USS LST 801.
12. Three hundred fifty (350) Japanese civilians were evacuated to Japan aboard Japanese ship DD Hatsume.
13. Three hundred fifty (350) Japanese civilians were evacuated to Japan aboard Japanese ship DD Take.
14. Three hundred fifty (350) Japanese civilians were evacuated to Japan aboard Japanese ship DD Kaki.

CONFIDENTIAL

(3) Training conducted was educational and athletic.

2. Base Development: In compliance with provisions of General Order Number 1, whereby Japanese military authorities were instructed to aid and assist in the occupation of Japanese controlled areas by forces of the Allied Powers, it was determined to increase the number of Japanese military personnel engaged in the clean-up of war debris in the Northern Palau Islands.

The Japanese Chief of Staff was instructed to establish labor camps in Arakabesan, Koror, and Malakal, employing two thousand (2000) Japanese military personnel, a headquarters company of two hundred and fifty (250), and approximately eighteen hundred (1800) Koreans, Formosans and Okinawans. The two thousand (2000) Japanese military personnel included five hundred (500) naval personnel who were established in a camp in east Koror. The rest of the Japanese military personnel were located in a camp near the east seaplane hangar on Arakabesan. A camp of Koreans was established in west Koror. This camp was abandoned when the Koreans were repatriated early in January, 1946.

Forty (40) Japanese trucks, twenty (20) U. S. trucks and nine (9) bulldozers have been used in the work.

Large quantities of materials including strap steel, bolts, plumbing fixtures, timber and automotive parts have been salvaged from the debris. These have been stored in salvage yards, the principal ones are located on Malakal and at the headquarters of the former South Seas government of Koror.

Work was started with a large force of Japanese on 2 January, 1946, and was approximately ninety-five per cent (95%) complete on 31 January, 1946.

In the old Marine Aircraft Group Eleven area personnel have started to reconvert six quonset huts into a dispensary so that Base 20 Hospital can be inactivated.

3. Communications: (a) Radio Peleliu: The Joint Communications Center has handled a daily average group count of 3070 groups, with relayed traffic averaging about 563 groups. The average number of messages handled daily was 90.

Personnel attached to J.C.C. showed a net reduction of 16 during this month.

(b) Officer Messenger Mail Center: The Officer Messenger Mail Center handled an average of 36 pieces of officer messenger mail per week, a reduction of about 50% over last month.

-2-

CONFIDENTIAL

(c) Wire: The Island Switchboard showed a daily average of 1900 calls. On 31 January, Island Switchboard absorbed Naval Air Base Exchange.

4. Postal Service: The following quantities of mail were processed during the month by the Navy Post Office:

| Incoming | Outgoing |
|---|---|
| 931 sacks of parcel post | 717 sacks of parcel post |
| 10,033 pounds of air mail | 7,147 pounds of air mail |

In addition, 1,134 pieces of registered mail were received and 1,144 pieces of registered mail were delivered and dispatched.

5. Medical Activities: Evacuation of large numbers of civilian Japanese Nationals, including Okinawans, Koreans, Formosans, has occurred during the month. The evacuation of Korean women, a large number of whom were practicing prostitution, has lessened the probability of venereal disease developing among U. S. military personnel.

Japanese military personnel numbering 2200 are located in well policed and sanitary tent camps on Malakal, Arakabesan, and Koror. A Japanese Army field hospital is established on Koror and is very orderly and well laid out, though meagerly supplied. Needed medical supplies have been furnished this hospital. Few Japanese were on the sick-list at the time of its inspection (seven to be exact). No danger to military personnel exists by reason of the proximity of Japanese camps to our own (two companies of 1st Battalion, 26th Marines).

During inspection trips on Koror, Arakabesan, and Malakal, there was noted a vast improvement in general appearance, and in sanitation, due to the work of the Japanese labor parties.

U.S.N. Base Hospital No. 20 continues as a 100 bed institution with relatively few patients (average 35) and functions as a medical storehouse for all activities. The hospital will shortly be disestablished and replaced by a fifty (50) bed consolidated dispensary to be located at Naval Air Base, Peleliu.

The Malarial Control Unit continues to function and in addition to previously outlined spray programs, has been supplying D.D.T. to planes spraying Yap and Potangeras in Ulithi. Supplies of D.D.T. on hand will last until 15 February. Difficulty in obtaining new supply has been encountered.

The Military Government Hospital (G-6 component #49) now being built on Koror is not yet open but progress in construction has been good. All needed medical supplies and equipment for this hospital are in the process of being delivered to it by Base Hospital No. 20.

CONFIDENTIAL

There has been a notable reduction in personnel on Peleliu, chiefly due to the departure of MAG-11 and a large percentage of the 26th Marine Regiment. This leaves the following unit dispensaries functioning: (1) Naval Base, (2) Third Base Headquarters Battalion, (3) Naval Air Base, (newly formed from CASU 49) and (4) a small dispensary connected with First Battalion, 26th Marine Regiment.

A Preventive Medical section has been established in Island Command consisting of Staff Medical Officer and two officers from Base 20 Hospital. The program of preventive medicine has been presented to Navy and Marine Corps units in the Palau Islands. There are no Army units remaining except A.A.C.S. personnel.

The general sanitation and hygiene has been very good. Insect pests are well under control. Mosquitoes, on Peleliu particularly, are practically non-existent. The gnat population is reduced. Rats are not numerous. No outbreaks of disease have occurred.

6. Supply and Personnel: (a) Port activity at Peleliu during the month of January consisted of the handling of 6,876 measurement tons of cargo, a decrease of 7,210 M/T's as compared with the previous month. Of the total for January, 2,306 tons were unloaded for use at this base and 4,570 tons were loaded for shipment to other bases and to rear areas.

During January Air Traffic Office, Peleliu, handled 170,403 pounds of outgoing cargo including 659 passengers, 6,935 pounds of freight and 22,282 pounds of mail. Incoming were 85,449 pounds of cargo including 278 passengers, 11,734 pounds of freight and 7,472 pounds of mail.

(b) Base Personnel was reduced by 1,736 during the month of January with 215 arrivals and 1,951 departures. Ration strength was reduced by 2,316.

Base Personnel and Ration Strength
as of 31 January 1946

| | Officers | Enlisted Men | Civilians | Total |
|---|---|---|---|---|
| Army | 3 | 27 | - | 30 |
| Navy | 132 | 1,549 | - | 1,681 |
| Marines | 90 | 1,786 | - | 1,876 |
| Coast Guard | 4 | 53 | - | 57 |
| Allied | - | - | - | - |
| ARC | - | - | - | - |
| Others | - | - | - | - |
| Base Personnel | 229 | 3,415 | - | 3,644 |

-4-

CONFIDENTIAL

Base Personnel and Ration Strength
as of 31 January 1946 (cont'd)

| | Officers | Enlisted Men | Civilians | Total |
|---|---|---|---|---|
| Harbor Craft | 69 | 435 | - | 504 |
| Transients | 7 | 130 | - | 137 |
| POW | - | 22 | - | 22 |
| Natives | - | - | 79 | 79 |
| Others | - | - | - | - |
| Totals | 305 | 4,002 | 79 | 4,386 |

7. Religious Activities: (a) Chaplains: There are 6 chaplains (2 Catholic and 4 Protestant) on Peleliu, who serve not only the units to which they are attached, but also those smaller units which do not have chaplains. They also make scheduled visits to the hospital; conduct Sunday church broadcasts; offer the closing prayer over the radio each evening; and hold divine services aboard ships in the area.

(b) Divine Services: During the month of January 48 Sunday Services were held on the island with a total attendance of 2,548.

(c) Church Choirs: There is one organized church choir with a total personnel of 6.

-5-

CONFIDENTIAL

8. Chronology of Events:

1 January, 1946

Construction Battalion Detachment 1086 was inactivated and departed the island this date.

7 January, 1946

Major General James T. Moore visited the island on this date.

8 January, 1946

On this date Major General James T. Moore departed the island.

10 January, 1946

Brigadier General L. H. M. Sanderson, Commanding General of the 4th Marine Aircraft Wing, visited the island on this date.

11 January, 1946

Brigadier General L. H. M. Sanderson, Commanding General of the 4th Marine Aircraft Wing, departed the island this date.

18 January, 1946

A Naval Air Base commissioned on the island this date to succeed decommissioned Marine Air Base.

Captain I. B. Monohan arrived on the island this date to assume the duties of Commanding Officer, Naval Air Base; relief for present Chief of Staff; and prospective Island Commander.

24 January, 1946

Marine Aircraft Group 11 departed the island this date.

Marine Air Base Squadron 1 departed the island this date.

Air Warning Squadron 2 departed the island this date.

F. O. ROGERS

- - - - - - - - - - - - - - - - - - - - - - - - - - - - - - - - - -

A12-1/G-2: EMP-rlk

펠렐리우섬 사령부 본부

함대 사령부 우체국, 샌프란시스코, 캘리포니아

1946년 2월 5일

3급 비밀

발신: 총사령관

수신: 해군 작전 지휘관

해병대 사령관

태평양함대총사령관

마리아나제도 사령관

제목: 송달용 전투 일지

첨부: (A) 공식 비밀 전투 일지, 기동 부대 94.5.3

해군 펠렐리우섬 사령부 본부 3252호

함대 사령부 우체국, 샌프란시스코, 캘리포니아 해당 기간 1946년 1월 1일 – 31일

1. 첨부 (A)도 이 서류와 함께 송달되었다.

F.C 로저스(F.C. Rogers)

---

증명 확인

J.T. 오호닌(J.T. OHONIN.)

중위. 미해병대예비군.

섬 사령부.

부관

3급 비밀

공식 전투 일지

펠렐리우섬 사령부 본부

기동 부대 94.5.3.

함대 사령부 우체국, 샌프란시스코, 캘리포니아

3급 비밀

해군 3252호.
A12-1/G-2: EMP-rlk

펠렐리우섬 사령부 본부

함대 사령부 우체국, 샌프란시스코, 캘리포니아

1946년 2월 5일

3급 비밀

발신: 펠렐리우섬 사령부 총사령관

수신: 해군 작전 지휘관

제목: 전투 일지

1. 전투 작전: (a) 아군: (1) 얍(Yap)의 26해병연대 소속 소개 부대(증원됨)의 다수가 펠렐리우로 돌아갔다. 해병대 장교 두 명과 사병 사십 명이 얍에 머무르고 있는 소개 군대를 보충하고 있다.

(2) 1월 바벨투아프(Babeltuap)섬으로부터 귀환 보고는 다음과 같다:

1. 이백이십육(226) 명의 일본 군대 인력을 일본 호송선 57에 탑승시켜 일본으로 소개했다.
2. 오백사십칠(547) 명의 대만 인력을 일본 선박 T-20에 탑승시켜 키이룸(Kiirum)으로 소개했다.
3. 육백이(602) 명의 조선 민간인을 USS LST 867에 탑승시켜 부산(Fusan)으로 소개했다.
4. 오백팔십사(584) 명의 조선 민간인을 USS LST 747에 탑승시켜 부산으로 소개했다.
5. 육백십일(611) 명의 조선 민간인을 USS LST 1045에 탑승시켜 부산으로 소개했다.
6. 육백이(602) 명의 조선 민간인을 USS LST 984에 탑승시켜 부산으로 소개했다.

7. 육백십육(616) 명의 조선 민간인을 USS LST 716에 탑승시켜 부산으로 소개했다.
8. 이백사십칠(247) 명의 일본 민간인을 일본 호송선 97에 탑승시켜 일본으로 소개했다.
9. 이백팔십(280) 명의 일본 민간인을 일본 호송선 55에 탑승시켜 일본으로 소개했다.
10. 사백사십팔(448) 명의 조선 민간인을 USS LST 661에 탑승시켜 부산으로 소개했다.
11. 오백구십구(599) 명의 일본 민간인을 USS LST 801에 탑승시켜 일본으로 소개했다.
12. 삼백오십(350) 명의 일본 민간인을 일본 선박 구축함 하츠메(Hatsume)에 탑승시켜 일본으로 소개했다.
13. 삼백오십(350) 명의 일본 민간인을 일본 선박 구축함 타케(Take)에 탑승시켜 일본으로 소개했다.
14. 삼백오십(350) 명의 일본 민간인을 일본 선박 구축함 카키(Kaki)에 탑승시켜 일본으로 소개했다.

(3) 실시된 훈련은 교육적이고 활동적이었다.

2. 기지 개발: 일본군이 통제했던 지역을 연합군이 점령할 수 있도록 일본군 당국이 돕고 보조하라고 지시하는 일반명령 1호에 따라 팔라우섬 북부에서 전쟁의 잔해를 치우는데 일본 군인 인력을 늘리는 것이 결정되었다.

일본군 일반참모는 아라카베산(Arakabesan), 코로르(Koror), 마라칼(Malakal)에 이천 (2000)명의 일본 군인 인력, 이백오십 (250)명의 본부중대 인력, 천팔백 (1800)명의 조선인과 대만인, 오키나와인을 활용하는 노동 수용소를 건립하도록 지시받았다. 이천 (2000)명의 일본군 인력 중에는 동쪽 코로르 지역에 설립된 수용소에 배치된 오백 (500)명의 해군 인력이 포함되어있다. 나머지 일본군 인력은 아라카베산 동쪽 근처에 설립된 수상 비행기 격납고에 배치되었다. 조선인 수용소는 코로르 서부에 건립되었다. 이 수용소는 1946년 1월에 조선인들이 본국으로 소환되었을 때 폐쇄되었다.

사십 (40)대의 일본 트럭, 이십 (20)대의 미국 트럭, 그리고 아홉 (9)대의 불도저들이 이 작업에 이용되었다.

많은 양의 띠강, 볼트, 배관기구, 목재, 자동차 부품과 같은 자원들이 전쟁 잔해에서 발견되었다. 이것들은 모두 고철 처리장에 보관되었고, 주요 자원들은 코로르의 (구) 남양청과 마라칼에 보관되었다.

1946년 1월 2일에 수많은 일본군 인력이 이 작업을 시작했고, 대략 구십오 (95)%의 작업이 1946년 1월 31일에 완료되어 있었다.

(구) 11 해병비행전대 지역에서 인력들은 20 기지 병원이 문을 닫을 수 있도록 6개의 콘셀형 병사를 진료소로 바꾸기 시작했다.

3. <u>정보통신</u>: (a) 펠렐리우 라디오: 합동통신소에서 평균적으로 3070개의 그룹을 담당하였고, 평균적으로 563 그룹은 중계 호출되었다. 하루에 다뤄진 메시지들은 평균 90건 정도였다.

합동통신소에 소속된 인력의 수는 전체적으로 16명이 이달 감소했다.

(b) 장교 전담 전달자 우편 부서: 장교 전담 전달자 우편 부서는 주당 평균 36통의 장교에게 발송된 편지를 다뤘다. 이 수치는 지난 달 대비 50%나 줄어든 것이다.

3급 비밀

(C) 전선: 섬 전화 교환대는 하루 평균 1900 건의 전화를 담당하였다. 1월 31일 섬 전화 교환대는 해군 항공 기지 전화국을 흡수하였다.

4. 우편 업무: 이번 달 해군 우체국에 의해 아래에 명시된 양의 우편물들이 처리되었다:

| 수신 | 발신 |
|---|---|
| 931건 소포 | 717건 소포 |
| 10,033 파운드 항공 우편 | 7,147 파운드 항공 우편 |

추가적으로, 1,134 건의 등록된 우편이 수신되었고 1,144 건의 우편이 발송되었다.

**5. 의료 활동: 이번 달에 오키나와인, 조선인, 타이완인을 포함한 일본 국적 민간인들을 대규모로 소개했다. 대부분 위안부였던(practicing prostitution) 조선인 여성에 대한 소개는 미군 병력의 성병 가능성을 낮췄다.**

2200명에 달하는 일본군 병력은 마라칼, 아라카베산, 그리고 코로르에 설치된 보안이 좋고 위생적인 수용소에 배치되었다. 코로르에 설립된 일본군 야전 병원은 비록 보급은 빈약하지만 아주 질서정연했고 잘 설계되어 있었다. 필요한 의학 장비들은 이 병원에 공급되었다. 검진 결과 매우 적은 수의 일본인들이 아프다고 판명되었다 (아주 정확히는 7명이다). 일본 수용소가 우리 수용소와 근접한 이유로 병력에 생기는 위험은 없다 (26 해병연대 1대대의 2개 중대).

코로르, 아라카베산, 마라칼을 점검한 결과, 일본 노동자들의 노동 덕분에 전반적인 외관이나 위생 상태가 많이 나아졌다.

미 해군 기지 20번 병원에는 100명의 환자를 수용할 수 있는 침대가 있었고, 상대적으로 환자 수가 적은 상태(평균 35명)로 운영 중이고 모든 활동을 위한 의료용 창고로도 기능하고 있다. 펠렐리우 북쪽 해군 항공 기지에 오십 (50)개의 환자용 침대가 갖춰진 통합진료소가 설립되면 이 병원을 대체하게 되어 이 병원은 폐쇄될 것이다.

말라리아 통제 부대는 활동을 지속하고 있으며 예전에 서술된 스프레이 프로그램 이외에도 추가로 얍과 포탄게라(Potangera)를 우리티(Ulithi)에 D.D.T를 살포하는 항공기에 D.D.T.를 공급해왔다. 2월 15일까지의 D.D.T. 보유량이 남아 있다. 새로운 공급에 어려움을 겪고 있다.

코로르에 지어지고 있는 군정 병원(G-6 #49)은 아직 개소하지는 않았지만 공사 진행 상태는 매우 좋다. 이 병원에 필요한 모든 의료 부품과 장비들은 기지 20번 병원에서 공급하고 있다.

펠렐리우섬에는 26해병연대의 상당수와 MAG-11의 전출로 상당한 인원 감축이 있었다. 다음 부대 진료소들은 계속 운영 중이다: (1) 해군기지, (2) 대대 3기지, (3) 해군항공기지(CASU49로 새로 구성)와 (4) 26해병연대 1대대와 연결된 작은 진료소들.

20기지병원의 두 장교와 의료참모장교로 구성된 예방의학부가 섬 사령부에 설립되었다. 예방의학의 프로그램은 팔라우섬의 해군과 해병대 부대원들에게 제공되었다. 육군 병사들은 육군항로통신시스템(A.A.C.S.) 인원들만 남아있다.

일반적인 위생설비와 위생상태는 매우 좋다. 해충은 매우 잘 관리되고 있다. 특히 펠렐리우섬의 모기들은 사실상 없는 것으로 볼 수 있다. 각다귀의 개체수는 감소되었다. 쥐는 많지 않다. 발병은 일어나지 않았다.

6. 보급과 병력: (a) 1월 한 달 동안 펠렐리우섬의 항구 활동은 지난 달 대비 7,210 용적톤 감소한 6,876 톤의 화물 용적톤만큼 이루어졌다. 1월 총합, 해당 기지에서 사용되기 위해 2,306톤이 하역되었으며, 다른 기지나 후방지역으로 이송되기 위해 4,570톤이 선적되었다.

1월 동안 펠렐리우섬의 항공관제실에서는 659명의 승객과, 6,935파운드의 화물, 22,282 파운드의 편지를 포함하여 총 170,403파운드의 화물을 발송하였다. 들어온 화물은 278명의 승객과 11,734 파운드의 화물, 7,472 파운드의 편지를 포함하여 총 85,449 파운드이다.

(b) 기지 인력은 1월 동안 215명의 전입과 1,951명의 전출로 1,736명 감소하였다. 급식 인력은 2,316명 감소하였다.

1946년 1월 31일

기지 인력 및 급식병력

| | 장교 | 사병 | 민간인 | 합계 |
|---|---|---|---|---|
| 육군 | 3 | 27 | - | 30 |
| 해군 | 132 | 1,549 | - | 1,681 |
| 해병대 | 90 | 1,786 | - | 1,876 |
| 연안경비대 | 4 | 53 | - | 57 |
| 연합군 | - | - | - | - |
| 미국적십자 | - | - | - | - |
| 기타 | - | - | - | - |
| 기지 인력 | 229 | 3,415 | - | 3,644 |

3급 비밀

1946년 1월 31일

기지 인원 및 식수인원

| | 장교 | 사병 | 민간인 | 합계 |
|---|---|---|---|---|
| 항구 | 69 | 435 | - | 504 |
| 단기 체류자 | 7 | 130 | - | 137 |
| 전쟁포로 | - | 22 | - | 22 |
| 원주민 | - | - | 79 | 79 |
| 기타 | - | - | - | - |
| 총합 | 305 | 4,002 | 79 | 4,386 |

7. 종교활동: ⓐ 펠렐리우섬에는 6명의 사제(가톨릭 2명, 개신교 4명)가 있으며, 그들은 그들이 배속된 부대뿐만 아니라, 사제가 없는 더 작은 단위부대를 위해서도 봉사한다. 그들은 또한 병원에 주기적으로 방문하고 일요 교회 방송을 진행하고 매저녁마다 라디오를 통해 마감기도를 송출하고 해당 지역에 도착한 선박들에게 예배를 열어준다.

ⓑ 예배: 1월 한 달 동안 섬에서는 48번의 일요예배가 열렸고, 총 2,548명이 참석했다.

ⓒ 교회 성가대: 총 인원 수 6명의 교회 성가대가 조직되어 있다.

8. 시기순 사건기록:

1946년 1월 1일

이 날짜에 1086 건설대대 파견대는 활동을 정지하고 섬을 떠났다.

1946년 1월 7일

이 날짜에 제임스 T. 무어(James T. Moore) 소장이 섬을 방문했다.

1946년 1월 8일

이 날짜에 제임스 T. 무어(James T. Moore) 소장이 섬을 떠났다.

1946년 1월 10일

이 날짜에 L.H.M 샌더스(L. H. M. Sanderson) 준장, 해병 4비행단 총사령관이 섬을 방문했다.

1946년 1월 11일

이 날짜에 L.H.M 샌더스(L. H. M. Sanderson) 준장, 해병 4비행단 총사령관이 섬을 떠났다.

1946년 1월 18일

해체된 해병 비행 기지를 대체하여 이 날짜에 해병 비행 기지가 섬에 이전되었다.

이 날짜에 I. B. 모노한(Monohan) 대령이 해병 비행 기지의 사령관을 맡기 위해 섬에 도착했다; 현재 참모의 후임이며 장차 섬 사령관이 될 것이다.

1946년 1월 24일

이 날짜에 해병 11비행전대가 섬을 떠났다.

이 날짜에 해병 1항공기지대대가 섬을 떠났다.

이 날짜에 해병 2대공경보대대가 섬을 떠났다.

F.O 로저스(F.O ROGERS)

# 32

## USAFFE Interrogation Report No.110

### RG 496 Entry UD-UP-441 Box 2712

1941년 7월, 일본군의 침략을 예상했던 미국은 필리핀에 있던 미군을 재편성하여 미극동육군(United States Army Forces in the Far East, USAFFE)을 조직한다. 일본은 진주만 공습 직후 미국의 식민지였던 필리핀을 공격하였고, 미국은 이에 맞서 영국, 네덜란드, 호주, 뉴질랜드 등과 협정을 맺고 남서태평양사령부(South West Pacific Area command, SWPA)를 설치한다. USAFFE는 SWPA에 소속되었다. SWPA는 아시아·태평양 전쟁에서 일본군과 전쟁을 치르며 일본에 대한 각종 정보들을 수집하였다. 이들은 현지의 소문을 듣고, 일본군 포로들을 심문하고, 일본군이 남기고 간 문서들을 노획하여 번역하면서 나름의 지식 체계를 구축했다. 이 과정에서 다양한 첩보 조직들은 포로를 심문하여 얻은 정보를 바탕으로 수많은 보고서를 작성하였다.

이 보고서는 USAFFE가 필리핀 일로일로(iloilo city)의 필리핀인 헤이세(Krnest Harry Heise)를 심문한 내용을 담고 있다. 일로일로시에는 두 곳의 위안소가 있었다고 알려져 있다. 심문받은 포로는 일본의 통치 아래 '위안부' 이용과 성매매가 늘었으며 자신 가족의 집(HEISE Famliy House)과 알렌 호텔(Allen's Hotel)이 위안소로 사용되었다고 진술한다.

USAFFE 53/1

SECRET

INTERROGATION REPORT NO. 110.

I. PERSONAL DATA

| | | |
|---|---|---|
| NAME | : | ERNEST HARRY HEISE |
| AGE | : | 22 |
| SEX | : | Male |
| RACE | : | Mestizo |
| CITIZENSHIP | : | Philippines (United States) |
| BIRTHDATE AND PLACE | : | 24 Oct. 1921; Iloilo City, Iloilo Province, Panay, Philippine Islands. |
| EDUCATION | : | 1928-1935 Elementary School, Iloilo City, St. Augustin, and Baluarte<br>1936-1939 High School, St. Augustin College, Iloilo City<br>1939-1941 College, University of the Philippines, Manila; mechanical engineering. |
| STATUS | : | Evacuee |
| OCCUPATION | : | 1936-1940 Summer vacations only, Iloilo-Negros Air Express Co., mechanic |
| MARITAL STATUS | : | Single |
| PERSONAL DESCRIPTION | : | Height 6' 0½" Weight 143 lbs<br>Hair Black Eyes Brown<br>Comp. Light Brown Stature Slender |
| STATE OF HEALTH | : | Good |

Interrogated 18-19 July 1944 at 85th Station Hospital, APO 923. WAO/st

ESTIMATE OF INTELLIGENCE AND RELIABILITY:

HEISE is above average intelligence. He is keenly observant and has a good memory for dates and details. He is evidently sincere in the information that he has to give.

II. CHRONOLOGY

27 Dec. 1941 - Left school at University of the Philippines and joined Engineer Supply Service, Philippine Engineer Depot, Philippine Department, USAFFE, as a civilian employee.

31 Dec. 1941 - Transferred to Mariveles Air Field on Bataan to work on air field.

9 Apr. 1942 - Soldiers and civilian employees at Mariveles Air Field surrendered under Major Boettcher, acting CO; between three and four thousand Americans and Filipinos assembled; about 30 Japanese infantry soldiers took charge; marched about 1,500 Americans, including HEISE, toward Cabcaban; marched them until after mid-night without food or water; Japanese soldiers slapped and kicked stragglers; HEISE escaped by joining Filipino family beside road in darkness.

14 Apr. 1942 - Recaptured and placed in internment camp for Filipino civilians at Orani; joined Filipino family headed by Martina Roxas from Cebu City, who had been a laundry woman at Mariveles Air Field.

22 Apr. 1942 - With assistance of Martina Roxas secured civilian pass from camp; faked personal history statement and claimed to be her son.

23 Apr. 1942 - Arrived at Manila; stayed two weeks with sister Mrs. Rosa Heise Klingler, who, because she is married to Swiss national, Max Klingler, is not interned.

7 May 1942 - Went to stay with aunt named Isabel Concepcion Evangelista; got a job with her checking ration cards for rice.

1 July 1942 - Left for Baung, Batangas Province; on same night boarded sailboat bound for Visyas.

11 July 1942 - Landed at Cadiz, Occidental Negros; went by car to Silay and then to Bacolod City.

SECRET

USAFFE Inder Reg No-110 53/1

SECRET

14 July 1942 - Landed at Cadiz, Occidental Negros; went by car to Silay and then to Bacolod City.
16 Aug. 1942 - Went by bicycle to Igbaras and joined his family in hiding.
28 Aug. 1942 - Entire family captured by Japanese and taken to Igbaras for interrogation; Japanese left them in charge of puppet police and said they would return in two days and take them to Iloilo City; they never returned. Manuel Espeleta, the puppet chief of police, killed by Guerillas; HEISE family freed.
3 Sept 1942 - HEISE family moved to hills about 18 kilometers from Igbaras and went into hiding.
26 May 1943 - HEISE left his family and with Captain Maynard Hawley went to Sara to join Gerilla Forces.
3 Aug. 1943 - Joined Guerillas and commissioned 3rd Lt. on General Order No. 75 and appointed to Air Base Squadron at Sara on Special Order No. 116; at same time appointed Air Intelligence Officer.
15 Sept.1943 - Japanese started punitive drive in Northeast Panay in Sara area; Guerilla Forces on move constantly for about a month to escape Japanese.
7 Dec. 1943 - Established temporary headquarters in Mt. Baloy area.
19 Dec. 1943 - HEISE returned to Sara area to establish Air Intelligence net to check on enemy planes.
24 Mar. 1944 - Went by sailboat to Bantayan Island to determine advisability of establishing Air Intelligence there; as it was inadvisable, he returned to Sara.
13 Apr. 1944 - Arrived at Pandan and found group of American soldiers and civilians already assembled.
2 June 1944 - Group broken up because of Japanese punitive drive in area; HEISE assigned to K Company, which engaged Japanese at barrio Tumantang 10 June 1944.
17 June 1944 - Second engagement with Japanese forces; HEISE called out in morning to install signal panels on Lipata Point.
June 1944 - Evacuated.

III. TACTICAL DATA ON ENEMY MILITARY FORCES

Dispositions and Strength: (As of June 1944. Information from intelligence reports as HEISE remembers them.)

Panay Island:

Iloilo City — A garrison of about 1,500 soldiers including service troops, infantry, artillery, engineer battalion; augmented by 150 to 200 Philippine Constabulary; commanded by Col. Watenabe.

San Jose — About 150 soldiers and 20 PC's.

Capiz — A garrison of about 400 to 500 troops; number of PC's unknown; control of Capiz Province from this garrison.

Pototan — A Garrison of 200 to 300 soldiers under Captain Ono; number of PC's unknown; base for Central Panay; railroad from Iloilo City extends to Lucena, six miles from Pototan.

Sara — About 50 soldiers and 7 PC's.

Culasi, Iloilo — About 50 soldiers and 7 PC's.

Calinog — About 100 soldiers and 20 PC's.

Lambunao — About 50 soldiers and 6 PC's.

SECRET Page -2-

| | |
|---|---|
| Barotoc Nueva | About 40 soldiers and 5 PC's. |
| Janiuay | About 80 soldiers and 10 PC's. |
| Passi | About 40 soldiers and 5 PC's. |
| Tigbauan | About 25 soldiers; number of PC's unknown. |
| Guimbal | About 30 soldiers; number of PC's unknown. |
| Oton | About 50 soldiers and 10 PC's. |
| Miagao | About 30 soldiers and 10 PC's. |

There are not enough Japanese soldiers garrisoned on Panay Island to control the entire island and keep down Guerilla activity. Occasionally Guerilla operations arouse the Japanese to punitive drives. On these occasions they get reinforcements of inexperienced troops from Manila.

In addition to the regular soldiers the Japanese have the Coast Defense Corps, made up of volunteer Filipino soldiers compelled to work for the Japanese. The CDC's have an unfavorable reputation because they have engaged in some of the brutality against the civilian population. BC's (or PC's as they are called from Philippine Constabulary) are usually better disposed toward Filipino civilians.

Intelligence Methods: In Panay the Japanese are forced to depend largely on Filipino civilians for information. They have used various types and classes of people as spies. Filipino fishermen have been frequently employed because they could use their boats for gathering and communicating information. In some instances wealthy Filipino merchants have served as spies, carrying information to Manila on their sailboats. It is rumored that some spies are paid 150 pesos a month to work for the Japanese. They have also secured the services of women spies by treating them well and promising them money and gifts. On several occasions the Guerillas have captured children from 13 to 15 years old working as spies for the Japanese. HEISE stated that Governor Tomas Confesor has complete information on the spies captured and executed by the Guerilla army. Each person signs a confession before he is executed. Jesus Perlas, former chief of police in Iloilo City, was shot on order of Confesor for serving as a Japanese spy.

Enemy Materiel and Equipment:

Field Artillery: The Japanese are using 75 mm pieces in Panay. There are two in Lambuno. Total number on the island unknown. They have a few 37 mm mounted on trucks and small motor launches.

Tanks: The Japanese used two tanks against the Guerillas at Lambuno. About six on Panay. In addition, they have some armored cars from Ford trucks converted with boiler plate on the sides.

Small Arms: Japanese soldiers on Panay are well supplied with small arms and ammunition. They use .25 calibre rifles and machine guns principally. They also use knee mortars. The Guerillas have recaptured 3 carbines in Southern Antigue and a few Enfields, Tommy guns, and Springfields. The Japanese got these when the American forces surrendered.

Uniforms: Japanese soldiers on Panay are issued one uniform each and these are soiled and patched. They frequently wear civilian clothing. Some are reported to have worn women's clothing for disguise. Those captured by the Guerillas were poorly equipped. Each had rifle, bayonet, ammunition, and grenades, a small bag of rice and a can of salmon; but they had no mess gear and some had straw helmets. A few have steel helmets.

**Kempei:** The Kempei has an efficient spy system in Iloilo City and Pototan through the use of Filipinos. They also have a counter-intelligence system designed to capture Guerilla fighters. They send Filipino spies out to the hills to locate Guerilla Forces and outposts. Most of these Filipinos are paid for their services. Sometimes the Guerilla Forces kill a Filipino and another member of his family becomes a spy for the Japanese for revenge. Japanese soldiers fear the Kempei as they have much power.

Prisoner of War Camps: Camp O'Donnell and Copass, both in Tarlac Province, Luzon, are camps for military prisoners. Some of the American prisoners from these camps have been shifted to Nueva Ecija Province, Luzon. The old Bilibid Prison at Manila was used for interning those captured at Corregidor. It is rumored that some of them are still there. There is another concentration camp for American military prisoners, possibly officers, at Bacolod City, Negros Occidental. At Ft. San Pedro, Iloilo Province, Panay, there is a military prison, mostly for officers who surrendered in Panay.

HEISE visited his two sisters after they were interned in the concentration camp for civilians at Santo Tomas University in Manila. It is a large camp. He heard in January 1944 that some of these internees had been transferred to Los Banos, Laguna Province, Luzon. Iloilo Central School, Iloilo City, is still an internment camp for civilians.

IV. SUMMARY OF NAVAL INFORMATION

Ships: Transport ships of four to five thousand tons still ply between Iloilo City and Manila but with less frequency. In October 1943 HEISE counted 7 of these ships going to Iloilo. They were freighters with some space reserved for passengers. He saw one convoy of two transports escorted by a corvette move from Iloilo City toward Manila. Each transport towed three barges. They hugged the coast for protection against submarines. The Japanese use a great number of Diesel motor launches and barges. He saw American prisoners of war loading copper ore at Estancia to be taken to Iloilo City. They used their hands and large baskets. The harbor at Iloilo City will accommodate large ships, though those above ten thousand tons would have to anchor offshore for loading and unloading.

Harbor Defenses: There are no heavy artillery guns installed at Iloilo Harbor, though there are reports of a few 75's on the beach west of Iloilo City.

Light Houses: The lighthouse at the entrance to Iloilo Harbor is in use. Other lighthouses in the area are not in use. Some of them have been dismantled.

Harbor conditions: The Americans did a thorough job of destroying harbor facilities in Iloilo Harbor, with the possible exception of a dry dock on the opposite side of the river. The Japanese are reported to have it in operation. They are known to have used American prisoner labor in clearing the harbor.

V. BASIC AIR INFORMATION

Locations of Landing Fields:

Panay Island:

Iloilo City Field Former municipal airport; small field; a nine ton Sikorsky S-43 amphibian plane used field before surrender; in use at present by Japanese; protected by a few 3" guns; reports of target practice on field May 1944.

Mandurriao Field 3 miles northwest of Iloilo City; 5,000 ft. runways, graveled; large enough for medium bombers; used by Japanese for airline from Iloilo City to Manila; storage dump of 150 to 200 fifty-gallon drums of gasoline; protected by several 3" anti-aircraft guns; sentry boxes around edges of field.

Santa Barbara Field Near Iloilo City; largest field on Panay; built by USAFFE for Flying Fortresses; allowed to run down until almost useless; being rebuilt by Japanese at present with forced labor; Japanese have spread rumor that 300 planes will be based on field.

San Jose Air Field Japanese enlarging at present; have used it principally for mail plane; using forced labor in reconstruction; rumor that 50 planes will be based on field.

Dumarao Air Field Large, all-weather field on hard, rocky ground; not in use at present.

Enemy Air Activity: On 1 August 1943 HEISE was appointed Air Intelligence Officer in charge of Air Base Squadron, 6th MD, and charged with establishing a net of aircraft spotting OP's in northeastern Panay. The first OP was established 4 kms south of Sara, Iloilo Province. During August 144 planes were spotted. About seventy percent of these were fighters and bombers, the remainder transport planes.

During September a Japanese drive was in progress and the OP had to be moved frequently, but it was kept in the vicinity of Sara. 148 planes were observed, in a ratio similar to that of August.

In October the OP was established 8 kms northwest of Barotoc Viejo, Iloilo Province. The observers counted 121 planes.

The OP remained the same for November and the count was 151 planes.

December 7 the OP was moved to the Calinog sector, Central Panay. As this was farther to the west and off the main Iloilo City-Manila line, only 75 planes were spotted.

On 1 January 1944 a larger network of OP's was established in the following locations:

OP-1 At Barrio Bankal, about 12 kms north of Estancia, under T/Sgt. Julian Cabahug and Pvt. Filomeno Carro.
OP-2 4 kms west of Estacia under Cpl. Alberto Mano and Pvt. Florencio Doce.
OP-3 At barrio Odiongan, 10 kms south of Estancia, under Cpl. Guillermo Penafiel and Pvt. Antonio Penafiel.
OP-4 At a point 2 kms north of San Dionisio under HEISE, S/Sgt. Uldarico Gestoso, S/Sgt. Nicomedes Magpusao, Pfc. Candelario Castro, and Pvt. Pio Bugloss. 1 February 1944 this OP was moved to Igbon Island.
OP-5 At a barrio 7 kms southwest of Sara, under Sgt. Andres Gildore and Pvt. Numeriano Flores.
OP-6 At barrio Agbobolo under Sgt. Holly Hendrixson, S/Sgt, Domimador Decosto, and Pfc. Homicillada.
OP-7 At Agacarupe Mountain, 7 kms northeast of Dingle, under M/Sgt. Balbino Vicente, Pvt. Arcangel Fabella, and an unknown private.

All the men on these observation posts have had previous experience with aircraft. The majority of them were employees of the Iloilo-Negros Air Express Co. before the war.

The total plane count for all observation posts was as follows:

| | |
|---|---|
| January 1944 | 384 planes |
| February 1944 | 521 planes |
| March 1944 | 502 planes. |

VI. INFORMATION REGARDING GUERILLA FORCES

Organization: 6th Military District (As of 1 June 1944)

| | |
|---|---|
| DISTRICT COMMANDER<br>.<br>.<br>. | |
| EXECUTIVE OFFICER<br>.<br>.<br>. | G-1 |
| | G-2 |
| DISTRICT HDQ STAFF SECTIONS | G-3 |
| | G-4 |
| | District Signal Officer |
| | District Finance |
| | Medical Corps |
| | Judge Advocate Service |
| | Inspector General Department |
| | Air Base Squadron |
| | District Engineers |
| | Historical Unit |
| | Ordnance, CWS, Service |
| | 1st C T |
| | 2nd C T |
| COMBAT TEAMS | 3rd C T |
| | 63rd Infantry C T |
| | 64th Infantry C T |
| | 65th Infantry C T |
| | 66th Infantry C T |
| | MINDORO |
| ISLANDS | PALAWAN |
| | ROMBLON, TABLAS, SIBUYAN |

**S E C R E T**

**DISTRICT COMMANDER**
Col. Macario Peralta, Jr.

**EXECUTIVE OFFICER**
Lt. Col. Leopoldo Relunia

**G-1**
Lt. Col. Montinolo, CO
Capt. Jerome Juarez, Assistant CO
Lt.                    , Personnel Officer
Lt.                    , Records Officer
Lt.                    , Morale and Propaganda Officer

**G-2**
Major Salcedo, CO

**G-3**

**G-4**
Lt. Col. William Gemperle, CO
Major Muyco, Assistant CO
1st Lt. W. Schmid, Finance Officer

**DISTRICT SIGNAL OFFICER**
Lt. Col. William Gemperle, CO

**FINANCE DEPARTMENT**
Capt. Clarin Moreno
Lt. Bernabe

**AUDITOR**

**ISLAND COMMANDERS**

**MINDORO**
Lt. Col. Jurado, CO

**PALAWAN**
Major Muyco, CO

**ROMBLON, TABLAS, SIBUYAN**
Capt. Mario Guarina, CO

**DISTRICT STAFF SECTIONS**

**JUDGE ADVOCATE SERVICE**
Major Gantuangko
1st Lt. Ferreno
3rd Lt. E. Gildore

**AIR BASE SQUADRON (since abolished)**
Capt. Edward L. Grundt, CO

**HISTORICAL UNIT**

**DISTRICT ENGINEERS**
Lt. Navarro

**INSPECTOR GENERAL**
Major Almacen, CO

**MEDICAL CORPS**

**ORDNANCE SERVICE**
Capt. Magin Bautista, CO

**CHEMICAL WARFARE SERVICE**

**ALCOHOL DISTILLERY**

**FIRST COMBAT TEAM**
Lt. Col. Cirilo Garcia, CO
Capt. Ruiz, Executive Officer

**S-1**
1st Lt. Crespo

**S-2**

**S-3**

**S-4**
Capt. Layos
Lt. Alonsagay

**MEDICAL CORPS**
Capt. Deza
Lt. Tirol

**SIGNAL CORPS**
Capt. Velasco
Lt. Sison

**FINANCE OFFICER**
Lt. Mariano Barrateta

**PERSONNEL**
Capt. Yap
Lt. Manzanilla

B COMPANY
1st Lt. L. Hablero, CO

F COMPANY
Capt. Estioko, CO

I COMPANY
Capt. Villasur, CO
Lt. Maglaki
Lt. E. Ausan

K COMPANY
Capt. Silverio Cadiao, CO
Lt. Felipe Estores
Lt. Cesar Manzano
Lt. Casuncad
Lt. Masangkay
Lt. Vicente Balandra

COMPOSITE COMPANY
(MP and Engineer)
Capt. Mariano Nava, CO

1st CT COMPANY

SECOND COMBAT TEAM
Lt. Col. Pedro Serran, CO
Capt. Alejandro Hontiveros

S-1

S-2

S-3

S-4
Capt. Teofilo Bernal
Lt. Romero Torre
Lt. Lumagpao

THIRD COMBAT TEAM
Lt. Col. Julian Chavez
Major Osman
Lt. Torrecha

63rd INFANTRY COMBAT TEAM
Lt. Col. Dator, CO
Major Ofemaria

64th INFANTRY COMBAT TEAM
Major Hernando, CO
Major Fallaria

65th INFANTRY COMBAT TEAM
Lt. Col. Villasis, CO
Capt. Alpas
Capt. Golez

A COMPANY
Lt. Napoleon Tenafrancia, CO
Capt. Russel
Capt. Magbanua

C COMPANY
Lt. Flores

COMBAT COMPANY
Capt. Cordero, CO

66th INFANTRY COMBAT TEAM
Lt. Col. Grasparil, CO
Major Samuel Flagatta
Lt. William Ludwig

Each combat team has essentially the same structure. HEISE was unable to name other officers in the combat teams. The total number of soldiers in the 6th Military District is approximately 15,000, with about 7,000 armed.

Training: In April 1944 HEISE saw the 1st Combat Training School at Patria. There were about 30 officers in training in courses in marksmanship, drill, communications, and military intelligence. Training in this school poor.

Discipline: Discipline is poor in the Guerilla army. The officers are too familiar with the men. Officers frequently use enlisted men for personal servants performing tasks like washing for them and their wives. Many soldiers prefer menial work to patrol and combat duties.

## VII. GEOGRAPHICAL INFORMATION

HEISE was interrogated in detail by the Allied Geographic Section.

## VIII. POLITICAL AND SOCIAL INFORMATION

General Living Conditions: HEISE has recent and authoritative information on conditions in his home town, Iloilo City. There has been a general decline in living conditions since Japanese occupation. Many have flocked into the city from the provinces because they feel safer from both Guerilla activities and Japanese drives. The result has been overcrowding, disease, and starvation.

Relation Between Japanese and Local Population: The residents of Iloilo City are forced to get along with the Japanese in order to get work and food. Many are impressed laborers; others work for the Japanese because there is no other way to make a living. Japanese officers visit in the homes of the better families. They seem to like home life and children. A few of these officers have made "emergency marriages" with local Filipinas. Reports from towns where smaller garrisons are stationed indicate that many Japanese soldiers are marrying Filipina girls and that a number of Japanese-Mestizo babies have been born. The Filipino population in general is opposed to these babies. They say that when the Americans return everything Japanese, including Japanese babies, must be eliminated.

Prostitution: Prostitution has greatly increased under the Japanese. The HEISE family home is now a house of prostitution operated for Japanese soldiers. Allen's Hotel, Iloilo City, is at present full of geisha girls. Other prostitutes operate openly day and night on the streets of Iloilo City.

Civil Government of Occupied Territories: In the areas controlled by the Japanese in Panay the Japanese military is the supreme authority. Civil control is in the hands of puppet officials appointed and maintained by the Japanese. Bureau of Constabulary personnel assist the military in maintaining control over the puppet officials. There are reports of as many as five spies paid by the Japanese to keep watch over one puppet mayor. In areas occupied by the Guerillas authority is in the hands of officials appointed by the Guerillas. These are under the supervision of Tomas Confesor, Governor of Panay before the war, and now acting governor under the Guerillas.

Taxes: The Japanese have never exacted taxes as such. They have bought food and supplies with invasion money and thus drained the people. The puppet civil governments still exact the sales licenses and residential taxes in vogue before the war.

Courts: The justice of peace court is the only court functioning in Iloilo City. The Justice of the Peace before the war has continued ex officio during the occupation with the consent of the Japanese and the civilian population. Trials are chiefly for misdemeanors and punishment usually sentences to the city jail. Treatment in the jail is reported harsh. Prisoners are frequently starved. The Laurel government has no contact with Panay Island; therefore all law all maintenance of law and order rests on the local populations.

Education: The University of the Philippines is reportedly operating under the puppet government and offering a few courses. The Japanese maintain a few trade schools in Manila for returned Filipino soldiers. The public schools in Manila and other large cities are open for kindergarten and primary children. These teach Japanese propaganda and language. A few of the parochial schools have been reopened for primary work. In Manila the Japanese maintain schools for adults for constabulary and navigators. In Iloilo City they have Japanese language schools for adults. At the latter the attendance is fairly good as the people have nothing else to do. Their business has been closed and there is not much reason to work.

**Health:** Before the war the two hospitals in Iloilo City were St. Paul's (Catholic) and Mission Hospital (Protestant). The Japanese have taken over St. Paul's and a part of Mission. The hospitals are now treating civilians and Japanese soldiers. Normally the city has enough hospital facilities, but at present it could not take care of even a small epidemic. The Immanuel Hospital in Capiz was destroyed by the Japanese in activities against the Guerillas. In the provinces there are no hospital facilities.

**Medical Supplies:** At the opening of the war a Spaniard by the name of Manolo Galatas cornered the drug market in Iloilo City. Since then most of the drugstores have closed. Those remaining have limited supplies to sell and the prices are exhorbitant. As a result the civilians suffering from dysentery are unable to get medicine. Typhoid vaccine can still be obtained from private physicians but the price is prohibitive for most Filipinos. There are still enough doctors in Iloilo City to care for the people, but they are handicapped because they have no medicine.

**Sanitation:** Iloilo City has never had a sewer system. One was under construction when the war broke out, but work was stopped. Sanitary conditions within the city are bad enough to dangerous to the population. The Japanese have increased the problems of sanitation wherever they have gone. The cities of Panay have suffered from the war. More than half of Iloilo City was destroyed 16 April 1942. More than half of Capiz was destroyed at the same time. Sara was completely destroyed in April 1942.

**Religious Services:** Christian services are prohibited in the concentration camps. The churches in the cities are still holding services. All American, English, and Dutch missionaries have been interned. The Spanish missionaries have been allowed their freedom, except for a few whom the Japanese have suspected of pro-American activities.

## IX. ECONOMIC INFORMATION

### Agricultural Commodities:

**Rice:** The rice crop for 1943 was fair, but many fields were not in cultivation because the workers were hiding from the Japanese. The Guerilla army bought a good portion of the crop from the civilians. The Japanese Army got the remainder except what the civilians kept for their own use. They were not allowed to export any, but small quantities were smuggled out. The civilians living in areas not good for growing rice had difficulty getting sufficient quantities. Prospects for the 1944 crop are fairly good.

**Corn:** Since the outbreak of the war Filipinos in Panay have planted more corn as it is a good substitute for rice and the Japanese do not like corn well enough to make a drain on the supply.

**Sugar:** The sugar industry has almost ceased to exist in Panay since the war. The Filipinos plant a few fields, chiefly to get seedlings for few crops and to operate a few small native sugar mills. Sugar is a big item in the Filipino diet. Most of that consumed on Panay at present comes from Negros Island, brought in by Japanese merchants and distributed by Filipino merchants. The prices are extreme. In Sara in March 1944 1 ganta of sugar cost 10 pesos. Before the war the same amount cost 12 centavos. The Pilar Sugar Central, a large mill owned by Elisalde Brothers, was partly destroyed and is not in operation. Another large mill at Sara was completely destroyed. The mill at Barotac Nueva owned by the Lopez family was 90% destroyed. The Asturias Sugar Central, near Dumalaz and owned by Mr. Ford and Manuel Garcia was destroyed.

Hemp: There are a few hemp plantations on Panay Island but not enough to be of importance. Before the war a small amount was exported, but the prices dropped until no money could be made. The trade has all gone to the Japanese hemp growers in the Davao area.

Copra: Copra, an important export of Panay before the war, at present has no market, and none is exported. A little is processed for oil. The plantations are uncared for.

Coconut Oil: The Filipinos in Panay manufacture enough coconut oil for their own needs. They use it for their lamps and also as a cooking fat. HEISE has heard reports that the Japanese are using coconut oil to operate their Diesel engines.

Timber: The timber on Panay Island is not good for commercial purposes. North Negros has excellent timber. The mills owned by the Insular Lumber Co., an American firm, at Fabrica, North Negros, were partially destroyed at the opening of the war, but the Japanese have repaired some of the mills and are using them. It is one of the largest mills in the Orient. HEISE has heard reports that the Japanese are building wooden cargo ships at Fabrica. He is certain that they are building fishing launches there.

Tobacco: At present tobacco is grown only for local consumption. The Japanese have their own cigarette factories in Manila. They prefer Japanese cigarettes to the homegrown tobacco.

Minerals and Metals:

Copper: The copper mines at San Remigio, Antique, were turned over intact to the Japanese by Manola Galatas, who was in charge of them. The Japanese changed the name to the Ishihara Copper Mines, brought in Japanese overseers, hired Filipino laborers, and continued production. The ore is hauled in a fleet of 27 trucks to San Jose, where they possibly have a small smelter. Much of the raw ore, however, is shipped to barges to Manila and Japan. The Pilar Copper Mines are also in operation. The ore is hauled to Estancia, transferred to barges, and taken to Iloilo City. The average is two barges of ore every three days. The Filipino laborers working in these mines receive 1.50 peso in invasion currency for their work. They continue to work only because the Japanese sell them rice.

Labor: At present the only large employers of labor are the Japanese firms. Some Filipinos volunteer to work for the Japanese; others are compelled. The work being done on the airfields at present is by impressed laborers. The large farms have been broken up and the agricultural workers are at present farming on a share-crop system. They get half of what they raise. Filipinos work for each other on a barter system.

Transportation:

Inland Rail: The only railway on Panay Island extends from Iloilo City to barrio Lucena six miles south of Pototan. The section that formerly extended north from Lucena has been closed. The trains are inefficient and schedules erratic. The trains are chiefly for passengers; little freight is hauled.

Motor: Roads on Panay Island are in a bad state of repair as the Japanese have made little effort to keep them up. Many of the bridges have been destroyed in floods and have not been replaced. The Japanese have sufficient gasoline for operating their small number of trucks and cars. The civilians have no gasoline and are forced to use alcohol. Only two civilian cars are in operation in Iloilo City.

Air: The Japanese maintain air service carrying passengers and mail from Iloilo City to Manila. Usually one plane each day each way. Occasional breaks in schedule.

Utilities:

Electricity: The electric power system in Iloilo City was not destroyed before the occupation. The owner, Mariano Cacho, was instructed to destroy the plant but did not. The civilians in Iloilo City became so angry at him that he was forced to go to Manila to live. There is sufficient electricity for lighting the city, but rates are exorbitant. There is no blackout in Iloilo City at present. Practice blackouts are held twice each month.

Water: The reservior for Iloilo City is at Maasin. The system is in operation at present. Service was once upset by the Guerillas. For a time residents of the city had to purchase their water from carts.

Communications:

Mail: Mail service in Iloilo City is irregular. Mail service between Iloilo City and Manila is fairly good. There is no mail service in the provinces.

Telephone: The telephone system in Iloilo City was not destroyed before the war. A skeleton system is still in operation. Only a few can afford to pay the rates.

X. PROPAGANDA AND PSYCHOLOGICAL WARFARE INFORMATION

Allied:

Radio Propaganda: Filipinos on Panay Island listen chiefly to KGEI, San Francisco. The programs are popularly received. HEISE is of the opinion that too much emphasis is placed on programs in Filipino dialects. Most of the people who have radios speak English.

Non-Radio Propaganda: On 29 March 1944 HEISE received one "I Shall Return" chocolate bar and two Camel cigarettes, which were sent to him personally across Panay Island by Captain Grundt. He smoked one cigarette and gave the others to his men, who managed one puff each. These items could be of great morale value if they were used properly. As it is they are hoarded at headquarters and serve to create resentment among both soldiers and civilians who are not on the distribution list. There are rumors of cigarettes being sold by officers.

The copies of Free Philippines gave a lift to morale. Most of the people who saw them believed them. Life, Time, and Readers Digest would better serve propaganda purposes.

Enemy:

Radio Propaganda: Soon after the occupation of Panay the Japanese removed short wave attachments from all civilian radios. As a result the only station they could get was the Japanese controlled KCRM in Manila. Before the war Manila had four stations. The other three have been silenced. The programs on KCRM are poorly organized and presented. They are mostly devoted to lessons in the Japanese language, setting-up exercises, and local news. The only news they get from the outside world is relayed from Japan. The war news they get deals entirely with Japanese victories. The Japanese repeat the glories of their victories at Shanghai, Singapore, and Java. The programs are presented in Spanish, English, and Tagalog, with a high percentage of English. Occasionally there are programs in the Japanese language, and a few programs are devoted to Japanese music. Japanese propaganda is sometimes presented in speeches by Filipino puppets who have sold out to the Japanese. These programs have little effect on the Filipinos in Panay. They are fairly well informed on the war situation.

Non-Radio Propaganda:

Japanese leaflets: HEISE saw some of the leaflets dropped by the Japanese before the fall of Bataan. They urged the Americans to surrender, and attempted to create discord by saying that the Americans were cowards and that the Filipinos had run away to the hills. At this time they also distributed immoral leaflets with pictures of naked women. They also circulated faked letters from girls back home to the American troops.

In Panay the Japanese dropped leaflets telling of the defeat of the Americans in the Battle of Coral Sea and of the destruction of the American Navy.

The recent leaflets in Panay have not been dropped from planes but have been distributed by Japanese soldiers and puppet officials. Some of these are addressed to Filipino civilians, urging them to stop assisting the guerrillas and to turn in American and Filipino soldiers. They have also addressed leaflets to the Guerillas, telling them of the blackness of the situation and urging them to surrender. They promise amnesty and good jobs to all who will surrender. The civilians and Guerillas have seen too much of Japanese promises to be affected by these leaflets.

Speeches: When the Japanese occupy or visit a town they hold mass meetings on market days and talk to the civilians. Usually a Japanese officer will talk through an interpreter. These interpreters were for the most part residents of the Philippines before the war. The local puppet has the job of introducing the speaker. On rare occasions these speeches are in English. HEISE has never attended one of these meetings. Their effect on the civilian population is slight.

Newspapers: Before the war Roces Publications published three newspapers: The Tribune in English, Vanguardia in Spanish, and Taliba in Tagalog. HEISE does not know who owns these newspapers at present. The name Roces has disappeared from the masthead. Soon after the war these papers were staffed by Filipinos supervised by Japanese. They were devoted chiefly to local news and propaganda. News of the outside world was supplied by Domei.

In Panay before the war Eugenio and Fernando Lopez owned and published The Time. It has been discontinued and supplanted by a Japanese controlled newspaper called The Panay Times. It is a four page paper--three in English and one in Visayan dialect. Chiefly local news, with outside news furnished by Domei and DNB. Civilians do not believe Japanese news or propaganda.

Magazines: The Japanese publish the illustrated magazine Bagong Araw (New Era) in English and Tagalog in Manila. The staff is Filipino under Japanese control. The Sakura is an illustrated magazine printed in Japan and distributed in the Philippines. It is written in Japanese, English, French, and the Malayan language of Siam. The Japanese government of occupation circulates booklets of instructions and regulations quarterly. These books repeat the victories of Singapore and Bataan; carry lists of planes destroyed and ships sunk; but do not mention present situation in New Guinea or the entire Southwest Pacific.

XI. ATROCITIES:

Hearsay:

Americans: About 25 December 1943 in a punitive drive the Japanese beheaded a group of Americans interned in an evacuation camp in barrio Katipunan near Tapas in Central Panay. Among them were seventeen American missionaries from Philippine Central College of Ileilo City. HEISE thinks they were Baptist. He couls recall the following names:

Dr. Rose, President of Philippine Central College, and wife.

SECRET

Dr. Covell, College Teacher, and his wife
Dr. Meyers, formerly head of Immanuel Hospital (Protestant), Capiz City, and wife
Lt. Mark Clardy, USAFFE, wife and two children
Lt. Albert Washington King Jr., USAFFE

This story has been widely circulated in Panay because most of the persons involved were prominent in the island.

Filipinos: HEISE saw some Filipino soldiers in the Orani camp for civilians in April 1942. They were suffering from dysentery and quite weak. The Japanese dragged them outside the camp. Later he heard from inmates of the camp that some were shot and buried, while others were burried alive. At various times he saw bodies of persons who had died of starvation along the road. In Panay in 1943 after a punitive drive he saw bodies of beheaded women, old men, and children.

In September 1943 in a punitive action in the Sara area the Japanese caught Gloria Peres, the wife of Guerilla Lt. Ario. Because they knew her husband was a Guerilla, they raped her, and cut off her nose, ears, and breasts. Col. Watanabe was in charge of the Japanese forces at this time. HEISE heard this story from Guerillas in the vicinity of Sara.

On 22 September 1943 about 50 Japanese soldiers and several BC's came to San Rafael, Iloilo Province, during a punitive drive. The civilians hid away from the town. Three BC's, disguised as Guerillas, found a group hiding and asked where the barrio teniente could be found. They said they were from the Guerilla army and in search of supplies. The civilians believed them and followed them to where the Japanese were hiding. There were nine men and two women in the group. The Japanese beheaded all of them and left them beside the road, where HEISE saw their bodies 24 September 1943. He does not believe the women were raped. All these were poor farmers from the vicinity. Later their relatives buried the bodies in the cemetery.

The story of Jo Herman is widely circulated in Panay. He was a Spanish-Mestizo, originally from Manila but employed in a Masbate mine at the outbreak of the war. He was a captain in the Guerilla Forces, Executive Officer of the District Engineers, married, and the father of a year old daughter. He had an evacuation house near barrio Pacuan, Sara. On 21 September 1943 a group of Japanese soldiers surrounded his shack. He shot and killed his wife and child, and then started firing at the Japanese. He killed several Japanese and wounded some BC's. He finally killed himself to avoid capture. The Japanese burned his house and all the houses in barrio Dakal, barote Vieja, and Nueva Invencion.

XII. PERSONALITIES

Japanese Army Personnel:

ARAI — Capt., Inf., reported that he fought in Singapore; stationed at Iloilo City; popular with Filipino civilians; was not like other Japanese officers; about 5' 1" tall; large head in contrast to his small frame; white complexion.

WATANABE — Col., in command of the Mobile Unit and of punitive drives; small; long mustache.

TERESAKE — Commanding Officer in Cuartero and Dao (Capiz Province) area; Captain; terrorized area; reported killed by Guerillas in ambush.

ONO — Captain; head of Pototan Garrison; civilian Filipinos respecte him because he has treated them well; reported to have said that Japanese would be driven out soon; also that he would surrender to the Americans.

SECRET Page -14-

Civilians:

ALLEN William A evac E Heise 25Jul44 : 46yrs, 5'10", skinny, bald, blue eyes; American, married to Filipina with 2 children; before the war Master mechanic of Phil Railway Co, in Iloilo City; at present in northern Antique Prov, Panay Is awaiting evacuation by sub; this man is very sick with ulcers in the kidney and has been bed-ridden for the last two years; believed to be a native of Texas.

ALLEN Yeater evac E Heise 25Jul44 : 40yrs, 5'9", 150 lbs, blue eyes, bald with graying hair, slightly paunchy, American, native of Texas; before the war connected with Phil Railway Co Iloilo City; awaiting evacuation by sub in northern Antique Prov, Panay Is, brother of William A Allen.

ALONSAGAY evac E Heise 23Jul44 : 34yrs, 5'7", 150 lbs, medium build, black eyes and hair, hair thinning out; 1st Lt, QMS in Guerilla Forces, assigned to S-4 1st CT; reported to be involved in shady deals pertaining to graft; home address Pandan, Antique Prov, Panay Is.

AQUINO Benigno Ernest H. Heise 7/22/44 : 45 yrs; black hair and eyes; 5'10"; 165 lbs; stern face; former Speaker of the Phil Assembly; now president of the KALIBAPI movement, the only political party in the Phil; played an active part in framing constitution of puppet republic; attempt on his life reported in 1943; keeps guards around his residence in Quezon City; June 42 his children had Japanese flags embroidered on their shirts.

BOOTH Vernon evac E Heise 25Jul44 : 27 yrs, 5'8", 150 lbs, medium build, brown curly hair, brown eyes, American, native of Indianapolis, Ind; married with wife interned in Santo Tomas camp, Manila; formerly with US Air Corps, Pacific Commercial Co, Texas Oil Co; employed as civilian with USAFFE in Engineer Supply Service, Phil Engineer Depot, US Armt; went to Bataan 1Jan42; surrendered to Japanese 9Apr42 and present believed to be in military concen camp in Nueva Ecija Prov in Luzon Is; reported to be very sick with dysentery.

CARAM Fermin Sr. evac E Heise 23Jul44 : 55-58 yrs, 5'8", 180 lbs, apunchy, big head almost bald, Filipino citizen, Syrian descent, lined face; doctor and politician before war, formerly Assemblyman from Iloilo to Phil Assembly; at present puppet governor of Iloilo, has big influence with Japs; has urged civilians to cooperate wholeheartedly with Japs; urged Guerr to surrender; has said Amer would not return to Phil; has made trips to Manila to confer with puppets Jose P Laurel, Jorge B Vargas, and Benigno Aquino; rumored to have asked halp from Jap comdr of Cebu, when guerr had upper hand during latter part of 1942; about 10,000 Japs landed in Panay shortly afterwards and pushed guerr back into the mtn; attempts on his life made by guerr; his residence on beach, Iloilo City, raided by guerr in sailboat and sprayed with B A R fire and partly burnt, Caram wasn't present at the time in his res; not to be trusted.

CARAM Fermin Jr. Ernest H Heise 7/22/44 : 23 yrs; 5'9"; 190 lbs; fat; dark; oily skin; black hair and eyes; medical student in Univ of Santo Tomas, Manila at outbreak of war; member of Phil Constabulary in puppet govt; drinking and gambling habits. Iloilo City, Panay Is.

CONFESSOR, Tomas evac E Heise 22Jul44 : 54 yrs; 5'4"; 140 lbs; medium build; black hair and eyes; former gov of Iloilo, now gov of Panay and Romblon under guerr movement; very popular with civ; first to make radio contact with USA; organized Emergency Provincial Guards early after surr of USAFFE and wiped out banditry which was rampant at that time; large reward on his head by Jap; has refused to surr to same on many occasions. Native of Cabatuan, Iloilo Prov, Panay Is.

CRESPO Antonio evac E Heise 22Jul44 : 28 yrs; 5'8"; 140 lbs; slender; light complexion; curly black hair; probably has Spanish blood; made speeches for Japs in Orani Conc camp in Bataan in April 1942; urged civ to cooperate wholeheartedly with "conquerors" and help win war against imperialistic USA and Britain; name given may be false.

GALATAS Manuel evac E Heise 22Jul44 : 40 yrs; 5'10"; 155 lbs; medium build; pale; wears heavy glasses; blond; prominent jaw; married; Sapanish descent; before the war managed Amer Drug Store, Iloilo City, and owned controlling shares of San Remigio Copper Mines, which was turned over to Japs undamaged; during crisis just before USAFFE surr, he cornered market for drugs in Iloilo and sold at exorbitant prices; escaped to Manila with family when he learned he was on guerr blacklist; not to be trusted.

(GUSTILO Dr) evac E Heise 22Jul44 : Physician in Sara, Iloilo Prov selling emetine hydrochloride ampules at 30 pesos each. Also rep selling other medicines and drugs at exorbitant prices; drugs bought in Iloilo Ci from Japs and brought to outlying towns and sold to civ.

LASHER Rosario evac E Heise 24Jul44 : 40 yrs, 5'1", 105 lbs, black and gray hair, slender, several gold teeth, widower of Tracy Monte; at present wife of Capt Lasher, USAFFE; husband surr to Japs when Panay USAFFE surr; with daughter Patricia Monte in northern Antique Prov, Panay Is awaiting evacuation by sub; she is believed to be of Spanish-French descent, Amer citizen.

LUDWIG William evac E Heise 24Jul44 : 73yrs, 5'9"; 190 lbs, paunchy, white/ hair, blue eyes, ruddy, married to Filipina, has 8 children, Spanish-Amer War veteran; pensioneer; Amer citizen; German descent; formerly connected with North Amer Trading Co, Iloilo branch; high Mason in Iloilo Ci; now in northern Antique Prov, Panay Is; awaiting evacuation by sub.

MENG Paul evac E Heise 23Jul44 : 45yrs, 6'1"; 190 lbs, hair black and gray; heavy build; married, with wife probably in Santo Tomas civ conc camp in Manila; was in US Air Service in first World War, in Air Corps reserve, Chief Pilot of Iloilo Negros Air Express Co Inc for about 5 yrs; commissioned Capt in USAFFE in QMS; caught by Japs in Iloilo Ci during landing in Panay on 16Apr42; tortured and killed on afternoon of same day; was well liked by civ and residents of Iloilo Ci.

MORATA Vincente 35-38yrs, originally from Calinog, Iloilo Prov, Panay Is; criminal with prison record before war; joined guerr in early part of their org; surr voluntarily to Japs; joined Kempe Tai and foremost Filipino of same in Panay; acts as guide, interpreter, executioner for Japs during punitive drives; rep to have looted, raped; civ in Iloilo Ci and prov afraid of him; a lot of influence with Japs; guerr have attempted to kill him; now in Iloilo Ci, Panay Is.

PORRAS 48-50yrs, 5'5"; 135 lbs; black eyes and hair, pock-marked, dark; Doctor of Medicine; anti-Amer and anti-white; formerly head of Iloilo Miss Hosp in Jaro, Iloilo Ci; rep to be collaborating with Japs; home address Iloilo Ci, Panay Is. Educated in USA.

YBIERNAS Vicente 50yrs; 5'6"; 150 lbs; stocky, black eyes, wears glasses occasionally; hair black and graying; married; present Mayor of Iloilo Ci under Japs; has associated with whites a lot before the war; owner of Iloilo Hotel; not liked; not trusted; hasn't engaged in politics for long time till recently; Iloilo Ci, Panay Prov.

Guerrilla Personnel:

**ALI** 34 yrs; 5'8"; 160 lbs; dark; stocky; black eyes and hair; Moro from Zamboanga, Mindanao; swimmer and has participated in meets over the Orient; claims to be a Capt in Mindanao guerr forces; claims he was sent by Lt Col Fertig of Mindanao to contact Panay forces; surr voluntarily to Japs in Iloilo Ci, Sept 43; rumored because his wife worked for Japs in same ci and that she had an affair with another man; two weeks later Japs held punitive drive against guerr sector which Ali visited, using info that could have come from Ali.

**ALMACEN** 50 yrs, 5'6", 130 lbs, dark, slender, thinning black hair, black and bulging eyes, false teeth at present doesn't have any, married with 14 children; Major in guerr forces, head of Inspector Gen Dept; before war was practising atty in Iloilo Ci, Panay Is.

**AUSAN Eduardo** 21 yrs, 5'4", dark, 125 lbs, black eyes and hair, medical student in Univ of the Phil before war; 3rd Lt in guerr forces, asg'd to "T" Co, 1st CT; was in S-4, 1st CT, prior to present asgt; Pandan, Antique Prov, Panay Is.

**BALANDRA Vicente** 25 yrs, 5'5", 130 lbs, slender, dark, black hair and eyes; at outbreak of war was civ employee for Cavite Navy Yard; 3rd Lt Inf in guerr and leader of 4th Sec "K" Co, 1st CT; good reputation as fighter and well liked by civ.

**BARATETA Mariano** 26-27 yrs, 5'8", 160 lbs, slightly paunchy, black eyes and curly black hair, native of Bicol Prov, southern Luzon; graduate of Commerce Univ of Santo Tomas, Manila; 1st Lt, FS, in guerr forces; present asgt FO, 1st CT; suspected of financial irregularities; reserve officer in Phil Army.

**BAUTISTA Magin** 35 yrs, 5'7", pale, slender, married; before war was chemist for Asturias Sugar Central in Dumalag, Capiz; capt,CE, in guerr and asgd as CO of Ordnance Service, Chemical Warfare Service, and alcohol distillery attached to Dist Hq; not liked by civ in his area; home address Ibajay, Capiz Prov, Panay Is.

**BERNAL Teofilo** 34 yrs, 5'5", 130 lbs, black eyes and hair, high forehead and slightly bald, slender, dark, nervous, married, native of Bagio, Mt Prov, Luzon Is; before the war instructor in Commerce in San Agustin College, Iloilo Ci; graduate in Bus Adm in Univ of the Phil; now Capt, QMS, in guerr, assgd as S-4, 2nd CT; rumored to be grafting; not liked by other officers and men; address before war Iloilo Ci, Panay Is.

**BERNABE** 36 yrs, 130 lbs, 5'5", slender, eyes and hair black, white complexion, Chinese features; before war worked with Smith Bell & Co, Iloilo branch, as bookkeeper; now 1st Lt, FS, in guerr forces; asgd to Dist Finance Officer, 6th Mil Dist; originally from Luzon Is but res before war Iloilo Ci, Panay Is; good reputation.

**CADIAO Silverio** 26 yrs; 5'10"; black eyes and hair, curly; fair; 170 lbs; stocky; Capt, Inf, in guerr; CO of "K" Co, 1st Combat Team; 59 engagements with enemy; brave and cool; his men are well disciplined; civ have highest respect for him; studied in Univ of the Phil and Ateneo de Manila, taking up Law and Commerce. Culasi, Antique Prov, Panay Is. Mil code names, Silver and Kind. Japs after him.

**CASUNCAD** 24 yrs, 5'7", 130 lbs, slender, black eyes and hair, pale; 3rd Lt, sect leader of 2nd Sect "K" Co, 1st CT; inexperienced; with S-4, 1st CT, prior to present asgt; Buruanga, Antique Prov, Panay Is.

CASUNCAD 24 yrs, 5'7", 130 lbs, slender, black eyes and hair, pale; 3rd Lt, section leader of 2nd Sec "K" Co 1st CT; inexperienced; with S-4, 1st CT, prior to present asgt; buruanga, Antique Prov, Panay Is.

CHAVEZ Julian 40 yrs, 5'3", 125 lbs, slender, black eyes and hair, long mustache, looks like Jap, married; Lt Col in guerr, CO 3rd CT; pro-Amer, highly respected, Japs are after him; formerly school superintendent in Iloilo Prov; formerly Chief of Staff, 61st Div (guerr).

DEZA 45-46 yrs, 5'5", 135 lbs, medium build, black hair and eyes, doctor of medicine; studied medicine in China, believed to be in Hong Kong; has practised medicine in China; now Capt MC in guerr forces and head of station hosp, 1st CT.

ESTIOKO 28 yrs, 5'5", 130 lbs, slender, dark, Capt in guerr, CO of "F" Co 1st CT.

ESTORES Felipe 28 yrs, 5'6", 140 lbs, medium build, black hair and eyes, light complexion, married; graduate in stationary engineering, Phil School of Arts and Trades; 3rd Lt Inf in guerr and Ex-O of "K" Co, 1st CT; brave and good reputation as fighter; to be trusted. Home address Sibalom, Antique Prov, Panay Is.

FRANCIA 38 yrs, 5'8", 165 lbs, stocky, black hair and eyes, eyes prominent; native of Luzon Is; Lt Col and head of Sig Corps in guerr; responsible for organizing Sig Corps in guerr movement.

GARCIA Cirilo 29-30 yrs; 5'8"; 145 lbs; eyes and hair black; medium frame; Lt. Col in guerr and is CO of 1st CT; native of Luzon Is, probably of Tayabas Prov; married; altho is respected by soldiers and has good combat records, his reputation isn't above reproach; before the war rep to be Capt in Phil Army; killing of Pvts Mackey and Oakley occured in his area; responsibility of loss of 20 tons of arms and ammunition on 21Jun44 falls on his shoulders, on account of poor preparation to handle unloading of badly needed supplies.

GEMPERLE, William 46 yrs; 5'8", hair, wavy, brown, gray at temples; 160 lbs; stocky; eyes bluish gray; married, 4 children; native of Switzerland but citizen of Phil; LtCol in both USAFFE and guerr; present position head of QMS and FS; mil code name, Antonio Ganzon; before the war president of Surigao Consolidated Mines (Gold) and manager of Koppel & Co., Iloilo branch, reputation very high in Panay; to be trusted. Iloilo Ci, Panay Is.

GILDORE Eduardo 24 yrs, 5'5", 130 lbs, slender, dark, black hair and eyes; student of law, Univ of the Phil; formerly PO of Air Base Sqdn, 6th Mil Dist; now asgd to JAG; 3rd Lt Inf, ASN 60172; to be trusted; home address Sara, Iloilo Prov, Panay Is.

GRUNDT Edward L 42 yrs, 5'9", blue eyes, brown hair thinning on top of head, medium build, left elbow stiff from wound, two bullet wounds in small of back, widower; originally from Missouri; formerly with USAAF, Amer Far Eastern School of Aviation, Phil Aerial Taxi Co, Iloilo Negros Air Express Co Inc, civ employee in USAFFE and played big part in keeping in flying condition old airplanes flying medicines and supplies into Bataan from Panay; Capt AC in guerr and CO of Air Base Sqdn and Air Officer, 6th Mil Dist; during bombing of Iloilo Airfield in Dec 41 was seriously wounded while taxi-ing planes out of burning hanger, being hit by Jap strafers three times; in serious need of medical attention; at present bel to be in Northern Antique Prov, Panay Is.

HABLERO L 28 yrs, 5'6", 135 lbs, slender, dark, black hair and eyes, married; 1st Lt Inf in guerr; CO "B" Co, 1st CT; Iloilo Ci, Panay Is.

HERMAN Jo 34 yrs, 5'7", 150 lbs, slightly paunchy, married with one child; Amer-Spanish-Filipino descent, predominantly white, white complexion, bel to be Filipino citizen; formerly working for mines in Masbate; Capt CE in Dist Engr, 6th Mil Dist; when about to be captured by Japs on 21Sep43 he shot his wife and child and succeeded in killing one Jap before he shot himself.

HONTIVEROS Alejandro 25 yrs, 5'10", 140 lbs, slender, pale, black hair and eyes, prominent ears; Capt in guerr forces, Ex-O of 2nd CT; formerly in Dist Intell; graduate of Ateneo de Manila College; good reputation; Iloilo Prov, Panay Is.

JUAREZ, Jerome 30 yrs; 5'6"; 135 lbs; fair; slender; black eyes and hair, curly; married, 3 children; Capt, AGS, in guerr; present position, Asst Adj, 6th Mil Dist; formerly S/Sgt in AG USAFFE; Jaro, Iloilo Ci, Panay Is.

MANZANO Cesar 24 yrs, 5'6", 135 lbs, slender, black eyes and hair, Chinese features, married; at outbreak of war was studying Commerce at San Agustin College, Iloilo Ci; 3rd Lt Inf in guerr and leader of 1st Sec "K" Co, 1st CT; fair reputation.

MASANGKAY 25 yrs, 140 lbs, 5'6", black eyes and hair, medium build, 3rd Lt, sec leader of 3rd sec "K" Co, 1st CT; inexperienced; Antique Prov, Panay Is.

MEIDER Henry Wadsworth Longfellow 40 yrs, 5'9", 160 lbs, ruddy, medium build, married with wife in Iloilo Ci civ conc camp; formerly with US Army Air Corps, Amer Far Eastern School of Aviation, Phil Aerial Taxi Co, Bureau of Aeronautics Phil Govt; pilot for Iloilo Negros Air Express Co Inc, commissioned Capt in USAFFE and flew observation plane for Panay USAFFE, in charge of maintenance facilities in Santa Barbara Fld; first CO of Air Base Sqdn and Air Officer, 6th Mil Dist, in guerr; evacuated to Australia by sub and bel to be in Air Forces; has flown all over PI and knows the country well.

MONTINOLA Francisco 38 yrs; 5'7"; 150 lbs; stocky; black eyes and hair; married; Lt Col, AGS, in guerr; present position, Dist Adj, 6th Mil Dist; was in Phil Constabulary before war; has seen action against Moros in Mindanao, rank before war, Capt Phil Army.

MORENO Clarin 26-27 yrs, 5'8", 160 lbs, athletic, black wavy hair and black eyes, white complexion, has Spanish blood; graduated in Commerce Univ of Santo Tomas, Manila; claims to have been connected with Finance Dept, US Army, in Manila at outbreak of war; Capt, FS, in guerr and FO of 2nd CT; home address Concepcion, Iloilo Prov, Panay Is.

MUYCO 40 yrs, 5'8", 175 lbs; slightly paunchy, dark, black hair and eyes, talkative; Major in guerr, present asgt Asst G-4, 6th Mil Dist; reputation fair.

PERALTA Macario Jr 30 yrs; 5'9"; 145 lbs; black eyes; hair black and wavy; gray hair on temples; dark; slender, straight; black lips; married, one child; Col, Inf, Dist Commander, 6th Mil Dist; mil code name Capt Juan Cruz; Lt Col in USAFFE; org Panay guerr after surr of USAFFE; native of Ilocos Prov, northern Luzon; now in Panay.

RELUNIA Leopoldo 28 yrs; 5'6"; 140 lbs; black hair and eyes; slender; married; Lt Col in guerr; present position, Ex-O, 6th Mil Dist; played active part in org guerr; graduate of Univ of Phil in civil engrg; Tagalog; on Panay Is.

**RUIZ** 28 yrs, 5'8", 150 lbs, medium build, black hair, paunchy, married; rep to be native of Bohol Is, reserve officer in Phil Army before the war; Capt in guerr and at present Ex-O of 1st CT, prior to present asgt was in G-3, 6th Mil Dist; not popular with other officers and men in 1st CT area; rep hoarding supplies such as cigarettes, soap, clothing, etc, received by sub; rep yellow.

**SCHMID Willi** 28 yrs; 5'10", 180 lbs; blond; stocky; brown eyes; hair close-cropped; wears glasses for reading; citizen of Switzerland; 1st Lt in USAFFE; at present attached to QMS in guerr as FO; before the war was bookkeeper of Surigao Consolidated Mines; to be trusted; Iloilo Ci, Panay Is.

**SERRAN Pedro** 28 yrs, 5'11", 160 lbs, dark, black eyes prominent, black wavy hair, medium build slightly paunchy; reserve officer in Phil Army before war, formerly head of Dist Intell; Lt Col Inf in guerr, at present CO 2nd CT; not liked by civ and soldiers in his area, reputation shady, rep to have had trouble with women, now in Pan de Azucar Is, Concepsion, Iloilo Prov, Panay Is.

**TORRE Romeo** 27 yrs; 5'10"; 160 lbs; black hair and eyes; hair curly; medium build; married twice with both wives living and without divorce; 1st Lt, QMS in guerr; asgd to 2nd CT; rep smuggling rice, prohibited by civil and mil authorities; drinking and gambling habits; trouble maker with civ; not to be trusted; rep accused by Auditors, 2nd CT, for malversation of Army funds. Molo, Iloilo Ci, Panay Is.

2급 비밀

심문보고서 110호.

I. 인적 사항.

| | | |
|---|---|---|
| 이름 | : | 어니스트 해리 헤이세(ERNIST HARRY HEISE) |
| 나이 | : | 22 |
| 성별 | : | 남성 |
| 인종 | : | 메스티소 |
| 국적 | : | 필리핀(미국) |
| 태어난 날짜와 장소 | : | 1921년 10월 24일; 일로일로시(Iloilo City), 일로일로주(Iloilo Province), 파나이(Panay), 필리핀 군도. |
| 교육 | : | 1928-1935 초등학교, 일로일로시, 생 어거스틴(St.Agustin), 발루아테(Baluarte)<br>1936-1939 고등학교, 생 어거스틴 대학교, 일로일로 시<br>1936-1941 대학교, 필리핀 대학교, 마닐라. 기계공학. |
| 현재 지위 | : | 피난민 |
| 직업 | : | 1936-1940 여름 방학에만 일로일로-네그로(Iloilo-Negros) 항공 수송 회사, 기계공으로 일함 |
| 혼인 여부 | : | 미혼 |
| 개인 특징 | : | 키 6'0 1/2 몸무게 143 lbs<br>머리카락 검정 눈 갈색<br>피부 옅은 갈색 체형 호리호리함 |
| 건강 상태 | : | 좋음. |

1944년 7월 18-19일에 제 85 군병원, APO 923에서 심문. WAO/st

지적 수준과 신뢰도에 대한 평가

헤이세는 평균 이상의 지적 수준을 가지고 있다. 그는 예리한 관찰력을 갖췄고 날짜와 세부 사항에 관한 기억력이 좋다. 그가 제공하는 정보는 명백히 진정성이 있다.

II. 시기순 기록

1941년 12월 27일 - 필리핀 대학교를 떠나 민간 노동자로 엔지니어 공급 서비스, 필리핀 엔지니어 보급소(depot), 필리핀 부서, 미극동육군(USAFFE)에 합류.

1941년 12월 31일 - 비행장에서 일하기 위해 바탄(Batan)의 마리벨레스(Mariveles) 비행장으로 전근.

1942년 4월 9일 - 마리벨레스 비행장의 민간 노동자와 군인들이 보에터(Boetteher) 소령, 현 장교에게 항복; 300에서 400명의 미국인과 필리핀인이 집합; 30명 가량의 일본군 보병들이 지휘; 1500명 가량의 헤이세를 포함한 미국인들이 카베한(Cabesban)을 향해 행군; 음식이나 물 없이 자정이 넘도록 행군해야 했음; 일본군은 낙오자를 가격하고 발로 참; 헤이세는 어둠 속에서 길 옆의 필리핀 가족에게 숨어들어 탈출.

1942년 4월 14일 - 다시 포획되어 오라니(Orani)에 있는 필리핀인 민간인을 위한 포로수용소에 수감; 마리벨레스의 세탁소에서 일했던 여성인 세부 출신의 마르티나 로자스(Martina Roxas)가 가장인 필리핀 가족을 조우.

1942년 4월 22일 - 마르티나 로자스의 도움으로 민간인 통행권을 획득; 거짓된 개인사를 증언하고 그녀의 아들이라 주장.

1942년 4월 23일 - 마닐라 도착; 스위스 국적의 맥스 클링글러(Max Klingler)와 결혼한 덕분에 수용소에 갇히지 않았던 남매인 로자 헤이즈 클링글러(Mrs. Rosa Heise Klingler) 집에 2주간 머무름.

1942년 5월 7일 - 이사벨 컨셉시온 이반젤리스타(Isabel Concepcion Evangelista)라는 이름의 숙모와 함께 지냄; 그녀의 쌀 배급을 위한

| | | |
|---|---|---|
| | | 카드를 확인하는 일을 맡음. |
| 1942년 7월 1일 | - | 바탕가스주(Batangas)의 바웅(Baung)을 향해 떠남; 그날 밤 비아야스(Viayas)행 선박에 승선. |
| 1942년 7월 11일 | - | 옥시덴탈 네그로스(Occidental Negros), 카디스(Cadis)에 도착; 실라이(Silay)와 그 후 바코로드 시(Bacolod City)로 차를 타고 이동. |
| 1942년 7월 14일 | - | 옥시덴탈 네그로스, 카디스에 도착; 실라이와 그 후 바콜로드시로 차를 타고 이동. |
| 1942년 8월 16일 | - | 자전거를 타고 이그바라스(Igbaras)로 이동하여 피신해 있는 그의 가족과 합류. |
| 1942년 8월 28일 | - | 모든 가족이 일본군에게 포획되어 이그바라스로 심문받기 위해 이동; 일본군은 그들을 꼭두각시 경찰에게 맡기고 떠나며 이틀 안으로 돌아와서 일로일로시로 데려가겠다고 말함; 그들은 다시 돌아오지 않음. 꼭두각시 경찰 대장인 마누엘 에스펠레타(Manuel Espeleta)는 게릴라군에 의해 사망; 헤이세 가족은 해방됨. |
| 1942년 9월 3일 | - | 헤이세 가족은 이그바라스로부터 18km 정도 떨어진 언덕으로 이동하여 피신함. |
| 1943년 5월 26일 | - | 헤이세는 그의 가족을 떠나 메이나드 할리(Maynard Hawley) 대령과 함께 게릴라군에 합류하기 위해 사라(Sara)로 이동. |
| 1943년 8월 3일 | - | 게릴라군과 합류하여 일반반 75번 준위로 지명받아 사라의 특별반 116번 항공 중대로 임명받음; 동시에 항공 정보국 장교로 임명됨. |
| 1943년 9월 15일 | - | 일본군은 사라 지역의 북동 파나이에서 토벌을 진행했음; 게릴라군은 일본군을 피하기 위해 한달 가량 계속해서 이동했음. |
| 1943년 12월 7일 | - | 바로이(Baloy)산 지역에 임시 사령부를 설립. |

| | |
|---|---|
| 1943년 12월 19일 | 헤이세는 적군 항공기를 감시할 항공 정보국 연결망을 설립하기 위해 사라 지역으로 귀환함. |
| 1944년 3월 24일 | 항공 정보국을 설립하기에 적합한 지 확인하기 위해 바타얀 섬(Batayan Island)으로 범선을 타고 이동; 적합하지 않아 사라로 귀환. |
| 1944년 4월 13일 | 판단에 도착하여 미국인 병사들과 민간인들이 이미 집결되어 있는 단체 발견. |
| 1944년 6월 2일 | 지역의 일본군 토벌로 인해 단체 와해; 헤이세는 K중대에 지명받아 1944년 6월 10일에 투만탕(Tumantang) 구역에서 일본군과 접전. |
| 1944년 6월 17일 | 일본군과의 두 번째 접전; 헤이세는 리파타 포인트(Lipata Point)에 신호 판넬을 설치하라고 아침에 불려나감. |
| 1944년 6월 | 피난함. |

(중략)

## VIII. 정치 및 사회 정보

일반적 생활 조건: 헤이세는 그의 고향 일로일로시에 대해 최근의 권위 있는 정보를 가지고 있다. 일본군 점령 이후 생활 조건이 일반적으로 악화되었다. 많은 사람들이 게릴라군 활동과 일본군의 토벌로부터 안전하다고 느끼는 도시로 지방에서 도피해왔다. 결과는 인구 과잉, 질병, 그리고 굶주림이었다.

일본군과 현지 주민들 간 관계: 일로일로시의 주민들은 일자리와 식량을 확보하기 위해 일본군과 강제로 가까이 지내야 한다. 많은 사람들이 강제 노역자이다. 다른 사람들은 그 외 생계유지 수단이 없기 때문에 일본군을 위해 일한다. 일본군 장교들은 비교적 부유한 가족들의 집에 방문한다. 그들은 가정 생활과 아동을 좋아하는 것 같다. 이들 장교들 중 몇몇은 현지 필리핀 여성들과 "비상

(emergency) 결혼"을 했다. 적은 주둔군이 배치된 마을들로부터 온 보고에 따르면 많은 일본군 병사들이 필리핀 여성과 결혼하고 있고 상당한 수의 일본-메스티소 아기들이 태어났다. 필리핀 주민들은 전반적으로 이러한 아기들에 대해 부정적이다. 그들은 미국인들이 돌아오면 일본 아기들을 포함해 모든 일본의 것들은 말살되어야 한다고 말한다.

**위안부 및 위안소(Prostitution): 일본군 하에서 위안부 이용과 성매매(prostitution)가 크게 증가했다. 헤이세 가족의 집은 현재 일본군 병사들을 위해 운영하는 위안소(house of prostitution)이다. 일로일로시의 알렌 호텔(Allen's Hotel)은 현재 위안부(geisha girls)로 가득하다. 다른 이들(prostitutes)은 일로일로시의 거리에서 종일 공개적으로 영업한다.**

(하략)

# 33

## USAFFE Interrogation Report No.116

## RG 496 Entry UD-UP-441 Box 2712

이 보고서는 일본군에 포로로 잡혀 트럭 운전사로 징용되었다가 탈출하여 게릴라로 활동한 미군 병장 조셉(Irving Victor Joseph)을 미극동육군(United States Army Forces in the Far East, USAFFE)이 1944년 6월 심문한 내용을 담고 있다. 심문받은 포로에 따르면 1944년 1월 필리핀 세부에서 일본군 경비대(constabulary)가 7명의 여성을 강간하고 일본군에 넘겼으며, 일본군은 이들을 대상으로 성폭행 범죄를 저질렀다. 전시 성폭력이 '위안부' 동원으로 이어지는 정황을 볼 수 있다.

File ARA

USAF E

53/1

**SECRET**

**INTERROGATION REPORT NO. 116.**

I. **PERSONAL DATA**

| | | |
|---|---|---|
| NAME | : | IRVING VICTOR JOSEPH (SGT.) |
| AGE | : | 31 |
| SEX | : | Male |
| RACE | : | White |
| CITIZENSHIP | : | U. S. |
| BIRTHDATE AND PLACE | : | 15 October 1912; Los Angeles, California. |
| EDUCATION | : | 1918-1926 Grammar School, Los Angeles, California.<br>1926-1930 High School, San Francisco, California.<br>1934-1936 San Francisco, Law School, San Francisco, California.<br>University of California, Photography 3 months<br>Pilot's School - received pilot's license. |
| STATUS | : | American Soldier |
| OCCUPATION | : | U.S. Soldier; Rank: Sgt. ASN 19000084 |
| PERSONAL DESCRIPTION | : | Height 5' 5½" Weight 136 lbs.<br>Hair Black Eyes Brown<br>Comp. Dark Stature Slight |
| STATE OF HEALTH | : | Good |
| MEANS OF IDENT. | : | Special Order No. 2 - USAFIP<br>Dated - 2 December 1943<br>Re: Commission as 1st Lt. In USAFIP. |

Interrogated 17-19 July 1944 at 85th Station Hospital, APO 923. MT/st

ESTIMATE OF INTELLIGENCE AND RELIABILITY:

Sgt. JOSEPH studied law, photography and later secured a pilot's license. After the surrender of the American troops at Bataan, he was assigned as truck driver to a Japanese truck company and spent fifteen months with them as a Prisoner of War. He is alert, observant and possesses a retentive memory. Sgt. JOSEPH is above average in intelligence and reliability.

II. **CHRONOLOGY**

1 Oct. 1940 - Enlisted in U. S. Air Corps, California, U.S.A.
23 Nov. 1940 - Arrived at Manila, P.I. with 20th Pursuit Squadron and was assigned to Nichols Field.
7 July 1941 - Transferred to Clark Field
24 Dec. 1941 - Transferred to Bataan.
9 Apr. 1942 - Surrendered to Japanese at Mariveles Field, Luzon.
11 Apr. 1942 - With other Americans and soldiers was forced to march by Japanese to Mariveles Cut Off road on Bataan.
15 Apr. 1942 - Marched to Balanga, Bataan.
17 Apr. 1942 - Taken to Guagua, Luzon, as truck driver for Japanese.
9 May 1942 - Taken to Olongapo, Luzon, by Japanese.
14 May 1942 - Sailed from Olongapo with Japanese troops.
21 May 1942 - With Japanese occupation troops arrived at Bacolod, Negros; continued working as truck driver for Japanese.
4 July 1943 - Sgt. JOSEPH and six other American soldiers seized a truck, guns and ammunition and escaped to the mountains.
5 July 1943 - Arrived at Co. B - Sub-sector KF, guerrilla forces, Negros.
24 Nov. 1943 - Went to Cebu and contacted Lt. Col. James Cushing, guerrilla Commanding Officer of Cebu area, GHQ at Tepas.
2 Dec. 1943 - Commissioned 1st Lt. and Aide-de-Camp to Lt. Col. James M. Cushing, Commanding Officer of the Cebu Area Forces.
22 Mar. 1944 - Went to Imbaga, Bohol, on to GHQ, SWPA to deliver Intelligence reports and a German POW, Reiter.
25 Mar. 1944 - Arrived at Lapinin Island.

13 Apr. 1944 - Landed at Camiguin Island, and contacted Col. Fertig, District Commanding Officer of 10th M.D., Mindanao.
14 May 1944 - Arrived at Bohol and spent a week at Carmen, GHQ for Bohol Area; wired Col. Cushing and was instructed to return to Cebu.
24 May 1944 - Returned to Cebu.
27 May 1944 - Arrived at Badian Island.
28 May 1944 - Reached Negros, Tolong area.
June 1944 - Evacuated to Australia.

III. TACTICAL DATA ON ENEMY MILITARY FORCES

Disposirions and Strength of Organizations and Units:

In 1943 the Japanese had about 18,000 troops on Cebu but around May 1944 this amount was increased to 36,000 troops. Nearest concentration being in vicinity of Cebu City.

On 23 May 1944, Japanese had but 400 troops on the island of Bohol, near Cebu.

Names of Unit Commanders:

Lt. Gen. Konu, Commander-in-Chief of Japanese Imperial Forces at Mindanao and Dutch East Indies. He came to Cebu City, Cebu, for General Staff meetings. Cebu City has a large Japanese Headquarters.

Capt. Watanobe, Commanding Officer of Japanese Naval Garrison at Cebu City, Cebu.

Insignia:

As a prisoner of war, Sgt. JOSEPH spent fifteen months as a truck driver attached to a Japanese truck company which was stationed at Guagua, Luzon, and Bacolod, Negros. This company was formerly a cavalry unit and later transferred to the Infantry under the Command of Lt. Col. Ota. JOSEPH observed that all soldiers attached to Lt. Col. Ota's division were wearing the following insignia on the left side of their chest. The insignia was referred to as "Ota Butai" . (Ota's Unit).

All soldiers attached to the truck company were wearing the following additional insignia.

All soldiers attached to the Quartermaster Corps were wearing the following insignia.

Native troops:

In Cebu and Negros, Japanese civilians were used as reservists. The Bureau of Constabulary was cooperating with the Japanese troops by accompanying them on patrols and on raids against guerrilla forces.

Enemy Tactics and Methods:

Japanese troops in Cebu, when advancing towards the guerrilla forces, deploy several columns converging from various places to one or two points. This tactical method was generally performed during the night and they would attempt to approach in a surprise attack. These Japanese troops were usually led by members of the Bureau of Constabulary or spies who were familiar with the roads. Troops in the rear would leave white paper or rice on the ground as a guide should a hurried retreat be necessary.

Japanese employ Filipinos, old and young, as spies to secure information concerning Guerrilla Forces or anyone who is pro-American. After receiving the information the Japanese would required about two weeks before they were able to evaluate it and take action.

While searching for guerrilla troops at night, Japanese soldiers wear civilian clothes. They conceal their rifles and ammunition in burlap bags. In this manner they were able to approach market places and guerrilla hang-outs without being detected.

Japanese employ carrier pigeons to carry messages from one unit to naother. Piegons are equipped with aluminum tubes which are clamped tightly on their legs. Messages are written on a very thin sheet of paper. While in Cebu, two carrier pigeons were brought to Headquarters. Only one of the pigeons was carrying a message at the time. He recalled that the message read, "We are on a high ridge, firing in back of us and in front of us, cannot see the enemy, will advance in the morning."

In Negros, the Japanese have used German Police dogs to carry messages from one patrol to another. The messages were placed underneath their collars. These dogs were also used for the purpose of detecting enemy forces at night.

During the battle of Bataan, Japanese troops employed many German Police dogs to carry messages frkm behind the American lines to their front lines. The American 31st Infantry Regiment, unaware of these tactics, permitted a number of these dogs to sneak across their lines before discovering their purpose. As soon as their purpose was discovered, orders were issued by American Officers to shoot all dogs.

Japanese troops use firecrackers to simulate actual firing and in this manner attempt to seek out enemy positions. From an American soldier on Bataan JOSEPH heard that Japanese were using a foot pedaled device which simulated automatic firing. Japanese troops on patrols have used .25 Calibre explosive bullets for the purpose of confusing the enemy.

Biological Warfare:

In the Tolong area in Negros, the Japanese dismembered dead bodies and concealed them in various places throughout the barrios, apparently in an effort to start a plague. Some of these dismembered pieces were dropped into wells and as a result the water became contaminated. (See Wooster's report I.R. #131).

Enemy Materiel and Equipment:

Japanese troops when on patrols, have been observed using a body camouflage net which offers excellent concealment when lying in the bush.

Sgt. JOSEPH observed that the rank of a Japanese officer can be determined by the colors of the cord on his sword. Officers of the three highest ranks: General, Lt. General, and Major General, wear brown and gold colored cords on their swords. Officers of the next three ranks: Colonel, Lt. Colonel, and Major, wear brown and red colored cords on their swords. Officers of the last three ranks wear brown and blue colored cords on their swords.

Training:

Twice a week the Infantry units would hold bayonet drills. They would practice foot work and thrusts, using a long wooden gun in driving at a dummy. Some of the soldiers wore padding on their chests. The soldiers were taught to scream when bayoneting. No butt strokes were observed in their practice drills. They did, however, practice camouflaging, scouting, and patrolling. Their camouflaging was done very well. Gas drills were held in Cebu and Negros.

Captured Materiel and Interrogation of POW:

On 10 April 1942 about 200 Japanese soldiers with fixed bayonets marched to the bivouac area of the 20th Pursuit Squadron, near Mariveles Field, Bataan, and surrounded the American soldiers. After trading cigarettes with them, the Japanese marched them to Mariveles Field. That night while all the American soldiers were asleep, the Japanese searched their clothes and stole fountain pens, watches, jewelry, money and other articles.

The following day a Japanese officer drove up to Mariveles Field in a truck and ordered all American soldiers to surrender their money, jewelry, cigarettes, clothes, arms, ammunition, food and anything else of value. Each American was required to drop his possessions in large boxes which were held by Japanese soldiers. The Japanese seized practically everything except the clothes which the Americans wore. All the boxes were loaded on the truck. So much equipment was seized that it was necessary for the truck to make two trips.

IV. SUMMARY OF NAVAL INFORMATION.

Ship Movements and Ships in Port:

Cebu Harbor is a refueling and distribution center for all ships bound for the Dutch East Indies and New Guinea. Convoys are also assembled here. The Japanese repaired all wharves and it is estiamted that 500 ships can be accommodated here.

Slow convoys hug the coast in Bohol Strait. They move during the day and anchor at night. From a German POW, it was ascertained that Japanese float planes came from Borneo about every two hours to escort the convoys.

Samarinda, Borneo, is another refueling center and assembly point for convoys. Many Japanese warships were seen here.

Ship Building and Repair Facilities:

Opon on Mactan Island has a dry-dock for transports and small warships up to 5,000 tons.

V. BASIC AIR INFORMATION

Airfields and Installations:

Lahaug Field is equipped to handle bombers, fighters and all types of aircraft. It is probably the most important air-field in that entire area.

The Japanese built an emergency landing field on Mactan Island in case Lahaug Field is bombed.

Aircraft Observed:

At Lahaug Field near Cebu Harbor a new type of zero was observed which appeared to be maneuverable and fast.

In Cebu JOSEPH observed a Japanese 2-engined attack bomber built like our A 20 A.

Japanese are using many American designed DC Douglas transports around Cebu and Negros.

Air-Ground, Ground-Air Signals:

Japanese were observed using cloth panel boards when signaling from the ground to planes. Planes dropped messages in bamboo tubes with a streamer attached.

VIII. POLITICAL AND SOCIAL INFORMATION

Relation Between Japanese and Local Population:

When the Japanese first came to Negros, the natives hid in the mountains through fear. Ninety-nine percent of them were opposed to the Japanese. It took a long time to get these natives to come down from the mountains and work with the Japanese. Some of the natives had intentions of staying up in the mountains until the American Army would return to liberate them. The natives purposely worked unusually slow and it became necessary for the Japanese to hire twice as many natives.

Education:

When the Japanese occupied Negros in May 1942 all schools were closed. They examined all school books and pasted stickers on any reference to the Allied nations. In the latter part of 1942 a few public schools were opened. Not until 1944 were any high schools opened. It is estimated that less than one percent of the schools in Negros were allowed to open by the Japanese. These schools were used mainly for propaganda purposes. The Japanese printed a magazine in Japanese language called "Nippongo" and circulated it in schools and among the public. Actually "Nippongo" was to be sold for 50 centavos a copy but in view of the lack of subscriptions by the public, the Japanese decided to give them away free of charge.

At the beginning, the Japanese army supervised the school system and supplied their own teachers who taught in conjunction with the Filipino teachers. During 1943, however, Japanese civilians took over the administration of the schools and retained many of the Filipino teachers. Children were taught the Japanese language, as well as lessons on the glory of Japan, and the new order of Greater East Asia.

Treatment of Prisoners of War and Internees:

Type of Custody: At Mariveles Field the Americans were guarded at all times by Japanese soldiers with fixed bayonets who were bivouaced nearby. The Americans were required to sleep on the ground without blankets.

At Guagua, while working as truck drivers for Japanese, American soldiers received better food and were allowed to visit the town frequently.

Labor: The Japanese selected some American soldiers to drive and repair trucks, some to load and unload boats, and others to work in a sugar refinery at San Fernando. Japanese are under the impression that all Americans can drive and repair trucks, cars, radios, etc. At the beginning, the Japanese paid the Americans 80 centavos per day but later reduced it to 40 centavos. From January 1943, it was 10 centavos a day.

Food: Upon the surrender of Bataan, the Japanese confiscated all food from American soldiers. During the march that followed, from Bataan to Bolonga, approximately 50 miles, the American soldiers were fed once in 6 days. So many of the Americans were weak with hunger that Many fainted and others died during this march.

At Guagua, Sgt. JOSEPH was treated the same as a Japanese soldier and received the same rations. He was given sufficient quantities of rice and also food which the Japanese captured from the Americans. During his trips to the village, the natives usually supplied him with good food.

**Clothing:** All clothing belonging to the American soldiers except that which they were wearing was confiscated by the Japanese at the surrender of Bataan. The Japanese issued no other clothing. However, if any of the Americans were fortunate enough to find clothes, they were permitted to keep them.

**Medical:** While Sgt. JOSEPH was working for the Japanese at Guagua, he received a sufficient amount of quinine and atabrine. Furthermore, he received the regular medical treatments available to the Japanese soldiers.

**Maltreatment:** The Japanese are cruel and brutal in inflicting punishment on the American soldier, the civilian population, and even on their own soldiers. From time to time Sgt. JOSEPH was beaten by the Japanese for some minor irregularity. Quite often, the Japanese themselves committed the mistake but blamed the Americans for it. The Japanese used their hands, guns, bayonets, clubs, or anything else within reach on the Americans. If there was no weapon available then they used their feet in inflicting punishment.

Once, while an American soldier was backing a truck into the garage, a Japanese soldier picked an arguement with him. When the American answered, this Japanese beat him with the butt of his rifle and then threw a crank handle at him.

On another occasion while an American soldier was engaged in his duties, he was asked by a Japanese soldier to do something else. The American told him to wait, whereupon this Japanese seized a large belt and began to whip the American, leaving large welts on his back.

## IX. ECONOMIC INFORMATION

**General Economic Situation in Japan and Occupied Areas:**

Through a German Prisoner of War who was recently in Japan, Sgt. JOSEPH learned that almost everything is rationed in Japan. Inflation is sweeping the country and blackmarkets are rampant. There is no soap, sugar and other commodities. Shoes are made of fish-skin. The Japanese people are discriminating against all Europeans. It is the consensus of opinion in Japan that the Germans were losing the war.

**Inter Service Relations:**

Japanese units rarely cooperate with each other. Instances were observed where one truck company refused to lend parts to another truck company. They seemed to hate and mistrust each other. Garrison commanders find it difficult to get along with each other. Even the Japanese civilian administration was continually quarreling with Japanese Army Commanders. The Civilian Administration refused to permit army vehicles to park in certain areas.

**Propaganda and Pacification Missions:**

The Japanese employed still another means of propaganda which they call "The Peace and Relief Mission". This mission consisted of a 6 piece Filipino band, 2 Filipino nurses, 1 Filipino doctor, 1 Filipino interpreter, 1 Japanese interpreter and 5 armed Japanese soldiers. Two trucks were generally used to transport this mission to the barrios. In Negros W. O. Namba or Capt. Namba was in charge of this mission. Their method of operation would be to proceed to some barrio, and the armed soldiers with fixed bayonets would then round up all the civilians in the nearby barrios. After all civilians were gathered, Capt. Namba spoke to them in Japanese while the Filipino interpreter translated it into Visayan. The band played a few numbers after which the doctor and nurses would commence treating some of the children in the crowd. Then cigarettes and candy would be distributed with the mission praising the Japanese.

In large towns the "Peace and Relief Mission" would hold market days for the purpose of granting civilians an opportunity to purchase prime commodities at cheaper prices. Then the same procedure as outlined above would be followed. During this performance, the people would be persuaded to turn in their pre-war currency for Japanese invasion money.

Movies:

The Japanese utilized motion pictures, newspapers, magazines, posters, leaflets, etc. in disseminating propaganda to the natives.

In the theatres the natives would see pictures of the Japanese fleet destroying the American Navy at Pearl Harbor. They were also shown movies of 6 Japanese soldiers with bayonets charging 30 British machine gunners at Singapore and finally the British surrendering to these 6 Japanese. Another picture quite frequently shown was the one about Bataan, where Japanese soldiers were shooting and blasting the American tanks. Americans were compelled to pose driving tanks while the Japanese were photographing these scenes.

Morale of Enemy Forces:

Attitude toward War: About eighty percent of approximately 2,000 Japanese troops that Sgt. JOSEPH came in contact with appeared to be "disgusted" with the war. A large majority of them often told him that they would like to go home to their families. The Japanese soldiers were told that this war will last 100 years.

Change in Morale: In the Early part of 1942, the morale of the Japanese soldier was high. He talked about conquering the world. But lately he had given up all hope of that and repeats quite often that he wants to go home.

XI. ATROCITIES

Military Personnel:

Immediately after the surrender at Bataan, the American soldiers were compelled to march to San Fernando, a distance of about 100 miles. During the three days at Mariveles Field the Americans received neither food nor water. In their weakened condition they were forced to march in the blazing sun. During the next three days, they received food once and a little water occasionally. Although thousands of American Soldiers were in this march, the Japanese allowed but a few minutes for drinking purposes. As a result, a great majority of the soldiers did not get an opportunity to take a drink. If anyone stepped out of line to take a drink, after the Japanese gave the command to fall in, he was immediately bayoneted or shot to death. The food distribution consisted of a Japanese soldier throwing some rice into the palm of your hand and a Filipino soldier dishing out the salt. The Japanese selected open areas where the sun's rays were the strongest as resting places for their prisoners and carefully avoided shady places. Due to the weakened condition of the men, many fainted and died. Those that were unable to continue were buried alive. The Japanese displayed their bestiality on this march by indiscriminately running their trucks over the American soldiers. Often, the Japanese guards would delight in throwing some of the weakened and half starved prisoners in the paths of the trucks.

While they were marching through Limay, a Filipino soldier ran out of line and was immediately shot to death by a Japanese. The decapitated bodies of some American soldiers were seen lying along the road. Upon arrival at San Fernando, the survivors were packed into box cars and were taken to Camp O'Donnell. When they reached Camp O'Donnell many died from suffocation, hunger and disease. This is known as "The Death March".

Natives:

In Negros, when guerrilla forces fired upon Japanese troops, the latter would take revenge by machine gunning and killing all civilians in their path. They would also machine gun dogs, pigs and cattle that happened to be along the route of their retreat.

In the Tolong area, the Japanese cut the breasts off the women and stabbed bayonets into their vaginas. They burned the natives' homes and killed their children. The Japanese cut up pieces of dead bodies and hid them in various places throughout the barrios, apparently in an effort to start a plague. Some of these pieces were dropped into wells and the water became contaminated. As further revenge on the populace they seized young girls and raped them.

In Cebu, during January 1944, seven girls were captured by the Japanese constabulary who raped them and then turned them over to the Japanese troops. The latter then criminally assaulted them.

During February 1944, the Japanese entered Babag, burned approximately 1,000 homes and killed a large quantity of livestock.

XII. PERSONALITIES

Army Personnel:

Lt. Gen. Konu, Commander-in-Chief of Mindanao and Dutch East Indies. Came to Cebu City for General Staff meetings. Large headquarters at Cubu City.

Naval Personnel:

Capt. Watanabe, Commander of Japanese Naval Garrison at Cebu City.

Military Police (Kempei):

They wore white bands with red letters written in Japanese and MP written in English. Kempeis would accompany troops as observers only in large battles. They submit reports of the battle to headquarters and their reports are rated higher than the regimental or divisional reports. Theirs were the official reports. Kempeis have authority over Japanese officers. They can also wear civilian clothes whenever they deem it appropriate. Another important function of the Kempei is espionage. All Kempei officers and non-commissioned officers carry swords. They are permitted to wear their hair long instead of the regulation short hair cut.

Civil Officials:

Paulino Cullas, Commissioner of all Visayans, resides in Cebu City, was cooperating with Japanese officials at the beginning but is presently reported to be changing to the pro-American side.

Napolean Dejaures; assistant to Gulles, is also editor of the Cebu Tribune, is definitely anti-American and pro-Japanese.

Laput, Senior Inspector of Constabulary in Cebu, is definitely pro-Japanese. He is #1 on the black list of the Cebu guerrilla forces. His wife is also pro-Japanese.

Civilian Japanese:

Ishimata, employed by the Japanese Military Civilian Administration, resides in Bacolod, Negros.

XIII. GENERAL

Court Martials: On Cebu, legal violations committed by the military or civilian population are administered by the Judge Advocate of the Cebu Area Command. Immediately proceeding the court martial, a defense counsel is appointed from among the officers. A deposition and the court minutes are then taken by a court reporter. All dispositions and sentences are signed by Lt. Col. James M. Cushing, Cebu Area Command.

All minor violations of a civil nature are tried by regimental or battalion headquarters.

All major violations of a civil nature and military offenses are tried by GHQ Judge Advocate.

2급 비밀

## 심문보고서 116호

### I. 인적 사항

| | | |
|---|---|---|
| 이름 | : | 어빙 빅터 조셉(IRVING VICTOR JOSEPH (SCT.)) |
| 나이 | : | 31 |
| 성별 | : | 남성 |
| 인종 | : | 백인 |
| 국적 | : | 미국 |
| 태어난 날짜와 장소 | : | 1912년 10월 15일; 로스 엔젤레스, 캘리포니아, |
| 교육 | : | 1918-1926 중등학교, 로스 엔젤레스, 캘리포니아, |
| | | 1926-1930 고등학교, 샌프란시스코, 캘리포니아. |
| | | 1934-1936 샌프란시스코, 법학대학, 샌프란시스코, 캘리포니아 |
| | | 캘리포니아 주립대학교, 사진학 3개월 |
| | | 비행기 조종사 학교 – 비행기 조종사 면허 취득 |
| 현재 지위 | : | 미군 병사 |
| 직업 | : | 미군 병사; 계급:병장 ASN 19000084 |
| 개인 특징 | : | 키 5'5 1/2 몸무게 136 lbs |
| | | 머리카락 검정 눈 갈색 |
| | | 피부 어두움 체형 가냘픔 |
| 건강 상태 | : | 좋음. |
| 신원 확인 특징 | : | 특별반 2번 – USAFIP(주필리핀미군) |
| | | 날짜 1943년 12월 2일 |
| | | 관련사항: USAFIP의 중위로 임명됨. |

1944년 7월 17-19일에 제 85 군병원, APO 923에서 심문. T/st

지적 수준과 신뢰도에 대한 평가

조셉 병장은 법학과 사진학을 공부하고 이후 비행기 조종사 면허를 취득했다. 바탄(Bataan)에서 미군 부대가 항복한 이후 그는 일본 군 트럭 중대에 트럭 운전사로 임명되어 15개월 동안 전쟁 포로로서 그들과 함께했다. 그는 기민하고 관찰력이 좋으며 잘 잊지 않는 기억력을 가지고 있다. 조셉 병장은 지적 수준과 신뢰도에 있어 평균 이상이다.

II. 시기순 기록

| | | |
|---|---|---|
| 1940년 10월 1일 | - | 미국 캘리포니아의 미국 육군 항공대에 입대. |
| 1940년 11월 23일 | - | 20 비행중대와 필리핀 군도의 마닐라에 도착하여 니콜스(Nichols) 비행장에 배치됨. |
| 1941년 7월 7일 | - | 클라크(Clark) 비행장으로 전근. |
| 1941년 12월 24일 | - | 바탄(Bataan)으로 전근. |
| 1942년 4월 9일 | - | 루손(Luzon)의 마리벨레스(Mariveles) 비행장에서 일본군에 항복. |
| 1942년 4월 11일 | - | 일본군에게 다른 미국인과 병사들과 바탄에 있는 마리벨레스 절벽 도로를 행군하도록 강요되었음 |
| 1942년 4월 15일 | - | 바탄의 벵갈스(Belangs)로 행군. |
| 1942년 4월 17일 | - | 일본군을 위한 트럭 운전사로서 루손의 구아구아(Guagua)로 이동함. |
| 1942년 5월 9일 | - | 일본군에 의해 루손의 오롱고포(Olongopo)로 이동함. |
| 1942년 5월 14일 | - | 일본군 부대와 함께 오롱고포를 떠나 항해. |
| 1942년 5월 21일 | - | 일본군 점령 부대와 함께 네그로스(Negros)의 바콜로드(Bacolod)에 도착; 계속해서 일본군을 위한 트럭 운전사로 근무. |
| 1943년 7월 4일 | | 조셉병장과 6명의 다른 미국 병사들은 트럭 한 대, 총, 탄약을 탈취해 산간으로 탈출. |
| 1943년 7월 5일 | - | 네그로스의 게릴라군 B-보조부대 EF 중대에 도착. |
| 1943년 11월 24일 | - | 세부로 이동하여 세부 지역 게릴라군 지휘 장교 제임스 쿠싱(James Cushing) 중령에게 접촉. 총사령부는 테파스 |

(Tepas)에 위치.

1943년 12월 2일 - 중위로 임명됨과 동시에 세부 지역 군대의 지휘 장교인 제임스 쿠싱 중령의 부관으로 임명됨.

1944년 3월 22일 - 보홀섬(Bohol)의 이마바가(Imabaga)로 이동 후 정보국 보고서와 독일인 포로인 레이터(Reiter)를 전달하기 위해 SWPA(남서태평양사령부)의 본부로 이동.

1944년 3월 25일 - 라핀인섬(Lapinin Island) 도착

1944년 4월 13일 - 카미긴섬(Camiguin Island)에 도착하여 민다나오섬(Mindanao)의 10군사단 관구사령관 Fertig와 접촉.

1944년 5월 14일 - 보홀에 도착하여 총사령부가 있는 가멘(Garmen)에서 1주일 있었음; 쿠싱 대령에게 연락하여 세부로 돌아가기를 희망.

1944년 5월 24일 - 세부로 귀환.

1944년 5월 27일 - 바디안섬(Badian Island)에 도착.

1944년 5월 28일 - 네그로스(Negros)의 토롱(Tolong) 지역에 도착.

1944년 6월 - 호주로 피난.

(중략)

## XI. 잔혹 행위들

(중략)

현지인:

네그로스에서 게릴라군이 일본군 부대를 사격했을 때 일본군은 진로의 모든 민간인을 기관총 등으로 사살함으로써 보복하였다. 그들은 또한 퇴로에 있는 개, 돼지, 소도 기관총으로 사살하였다.

**토롱지역에서 일본군은 여성의 젖가슴을 도려내고 총검으로 여성들의 성기를 찔렀다. 일본군은 현지인의 집을 불태우고 그들의 아이들을 살해했다. 일본군은 명백히 전염병을 퍼뜨릴 목적으로 시체를 토막 내 도시 구역 곳곳에 숨겨뒀**

**다. 몇몇은 우물로 떨어졌고 물이 오염되었다. 일본군은 대중에 대한 추가적인 보복으로 어린 여성들을 붙잡아 강간하였다.**

**1944년 1월 세부에서는 7명의 여성들이 일본 경비대에게 붙잡혔다. 일본 경비대들은 여성들을 강간하고 일본군에 넘겼다. 일본군은 여성들을 대상으로 성폭행 범죄를 저질렀다.**

1944년 2월 일본군은 바바그(Babag)에 입성하여 천여 채의 집들을 불태웠고 많은 수의 가축을 도살했다.

(하략)

# 34

## USAFFE Interrogation Report No.128

## RG 496 En UD UP441 Box 2712

이 보고서는 미극동육군(United States Army Forces in the Far East, USAFFE)이 1944년 7월 필리핀에서 게릴라로 활동했던 미국인 탈봇(Mathan William Talbot)을 심문한 내용을 담고 있다. 그는 1944년 4월 마닐라에서 증가하는 위안소로 인해 성병이 심각한 문제가 되었다는 보고를 받았다고 진술한다. 일본인들은 일본과 필리핀의 여성들을 고용하여 많은 위안소들을 세웠는데 그 중 일부는 일본군 전용이었다.

53/1

**SECRET** USAFFE

## INTERROGATION REPORT NO. 128.

### I. PERSONAL DATA

| | | |
|---|---|---|
| NAME | : | NATHAN WILLIAM TALBOT |
| AGE | : | 24 |
| SEX | : | Male |
| RACE | : | White |
| CITIZENSHIP | : | United States |
| BIRTHDATE AND PLACE | : | 22 November 1919; Winchester, New Hampshire |
| EDUCATION | : | 1925-1933 Grammar School, Center School, Winchester, New Hampshire.<br>1933-1937 Thayer High School, Winchester, N. H.<br>1937-1938 Hemphill Diesel Engineering School, Boston, Mass. |
| STATUS | : | Evacuee; American soldier evacuated from Philippine Islands. |
| OCCUPATION | : | Soldier |
| PERSONAL DESCRIPTION | : | Height 5' 8" Weight 152 lbs<br>Hair Brown Eyes Hazel<br>Comp. Fair Stature Medium |
| STATE OF HEALTH | : | Fair |
| MEANS OF IDENT. | : | Identification Tags ASN 11009238 |

Interrogated 26 July 1944 at 85th Station Hospital, APO 923. WAG/st

**ESTIMATE OF INTELLIGENCE AND RELIABILITY:**

Above average in intelligence. A keen observer. Training with Guerillas has made him unusually able in giving intelligence information. As TALBOT and Hanson worked together over a year, see Hanson I.R. #109 for further information.

### II. CHRONOLOGY

14 Nov. 1940 - Enlisted in Army at Worcester, Massachusetts; assigned to 35th Air Base, Savannah, Georgia

7 Mar. 1941 - Assigned to Radio School, Scott Field, Illinois

27 Aug. 1941 - Graduated from radio school.

21 Nov. 1941 - Arrived at Ft. McKinley, Philippine Islands.

1 Dec. 1941 - On detached service with Air Warning Co., Far Eastern Air Forces Hq, Nielson Field.

25 Dec. 1941 - Arrived at Bataan and set up portable radio set at Cabcaban Air Field, under Captain Mason, Signal Corps.

27 Dec. 1941 - Moved radio equipment to Mariveles Mountain and set up network.

15 Jan. 1942 - Returned to 16th Squadron and placed in charge of control tower on Bataan Air Field.

15 Feb. 1942 - Promoted to private first class and third class specialist.

25 Feb. 1942 - Sent with portable radio to San Jose Air Field, Mindoro Island, because FEAF had not been getting proper reports from Lt. Warren G. Baggett, in charge of the field.

5 Mar. 1942 - Established contact with Bataan from San Jose; on same day learned that Japanese planes had reconnoitered the field, and that reports had not gone to FEAF; the 50 men under Lt. Baggett poorly equipped, fed, disciplined; TALBOT reported true situation to Col. George's Hq at Bataan.

8 Mar. 1942 - Heard rifle fire; Japanese reported heading for San Jose; TALBOT loaded portable radio equipment on sled pulled by carabao, took Sgt Kelger, Cpl. Megehee, and Pvt. Rutberg of the 48th Materiel Squadron moved two miles east of San Jose.

9 Mar. 1942 - Lt. Baggett completed destruction of supplies at San Jose Air Field and with remainder of his men joined TALBOT; sent radio message to Bataan; then received word that Japanese had not landed; resentment high against Lt. Baggett among his men; men suffering from lack of food; Baggett had over 1,000 pesos of ration money in his pocket at this time; entire group moved farther east from San Jose and set up camp and radio.

**SECRET**

Page -1-

S E C R E T

15 Mar. 1942 - About 1,000 Japanese landed on Mindoro Island and took over cities and air fields without opposition.
10 Apr. 1942 - TALBOT received radio message from Pvt McAtee, operator at Bataan, "This is my last contact with you. Bataan is surrendering. So long and good luck."
23 Apr. 1942 - Buried radio equipment and started for east coast of Mindoro; met Filipino, Captain Raval, who said he had been sent to evacuate group from Mindoro to Caticlan Landing Field on Panay.
5 May 1942 - Arrived at Caticlan; met Major Say, who took charge of group and said that planes would soon arrive to evacuate them to Del Monte Air Field, Mindanao.
12 May 1942 - As no planes came they left Panay in small boats flying an American flag.
15 May 1942 - Landed on Cuyo Island; made contact with Philippine Army on Bohol Island.
20 May 1942 - About 300 Japanese landed in Cuyo City; took Major Say, Lt. Baggett, and 28 men prisoner; TALBOT and about 20 others went to hills.
22 May 1942 - TALBOT, accompanied by Wilfon, Dean, and Luther from 48th Materiel Squadron went to Manamoc Island and went into hiding.
1 Dec. 1942 - Wilfon returned to Cuyo Island to attempt to establish contact with other Americans.
9 Feb. 1943 - Wilfon returned to Manamoc Island accompanied by Lasher and LeBlanc from the 48th Materiel Squadron and a Filipino Sgt. Ellison, who said that he was sent to recruit for the Guerillas on Panay Island.
12 Feb. 1943 - TALBOT and his group went to Panay, where they were welcomed by Col. Garcia; he gave them pesos and food; assigned TALBOT to work under Captain Hawley.
13 May 1943 - TALBOT applied for a commission as 2nd Lt. and was approved.
15 May 1943 - Went with Captain Guarina for Tablas Island to build and set up radio station for reporting on enemy ships and aircraft.
25 June 1943 - Joined by Kenneth Hanson, who was in charge of engineering in Romblon Province.
30 Aug. 1943 - First radio sending set completed and put in operation.
12 Oct. 1943 - TALBOT took a 50 watt transmitter he had built to Sibuyan Island to avoid the Japanese punitive drive then in progress.
4 Apr. 1944 - Returned to Panay by way of Tablas Island; assigned to work with Col. Garcia.
June 1944 - Evacuated.

III. TACTICAL DATA ON ENEMY FORCES

Japanese Intelligence: The Japanese are using merchants and surrendered Philippine Constabulary soldiers for spying. Wherever possible they are employing women. Some of the women who serve as Nippongo teachers in the provinces are suspected of spying. A few Filipina women who own sailboats are used as spies because they have means of gathering and transmitting information. A Mrs. Mendez took her sailboat to most of the harbors in Romblon Province trying to buy food supplies with Japanese currency. The Guerillas suspected her of spying but were unable to prove any charges. Kalibapi apparently serves as an intelligence collecting agency.

Prisoner of War Camps: Carlotta Diez of Romblon City reported that the civilian camp at Santo Tomas had been closed to all visitors since April 1944. Her sister is interned in the camp. She reported that the camp was closed because of increase in pregnancies among young girls in the camp and also an increase in abortions. She did not know if Japanese or Filipino men were involved. She reported that the Japanese have now segregated all pregnant women and are giving them special medical attention.

Radar Stations: TALBOT has positive information that there is a radar station in Manila and another in Iloilo City. Exact locations within the cities are unknown. Col. Francis knows locations of others in the Philippines. Bureau of Communications personnel reportedly operate the radar and radio locator stations.

S E C R E T

Page -2-

__Radio Stations:__ Japanese radio communication is excellent. Every Garrison has a station. There are many portable sets in use.

IV. SUMMARY OF NAVAL INFORMATION

TALBOT worked six months in 1943 on a ship watching station on Tablas Island. The Japanese prefer to use San Bernardino Pass, but when the weather is bad they use Romblon Pass. They seem to be short of shipping. A cruiser was the largest vessel he saw during his stay on Tablas. He also saw patrol boats and submarine chasers. The convoys were small. Ships were in bad condition and much in need of paint except for the superstructure, which was usually camouflaged. The rigging was frequently patched.

The Japanese are building boats and barges of green lumber at Pinamalayan on Mindoro Island, which they load with rice and take to Manila. They have also removed the superstructure from a number of large sailboats and converted them into barges. These are towed by tugs and used for transporting rice, troops, copper and iron ore.

Lighthouses in use in the Romblon-Panay area before the war are no longer in use. They have been ransacked and everything of value taken away. The Japanese sailors, apperently well acquainted with Philippines waterways, follow the channels at night with only natural landmarks.

The coasts near Japanese garrisons are guarded by Filipino members of the Coast Defense Command. No information on equipment or methods of patrol available.

V. BASIC AIR INFORMATION

Planes that have crashed in Panay during the past year had the instrument panels removed and no radio equipment. The pilots had to use wings for signaling.

VI. INFORMATION REGARDING GUERILLA FORCES

The Guerilla Forces in Romblon Province were entirely broken up by the Japanese in the punitive drive of November 1943. Efforts are now under way to re-establish a Guerilla Force in Romblon. The Guerillas on Panay Island claim about 7,000 officers and men. They probably have about 7,000 weapons --rifles, carbines, Tommy guns, BAR's, and pistols--but figures on number of soldiers probably exaggerated. The organization is still loose, and various Guerilla facti ns still war among themselves.

__Discipline:__ Discipline in the Guerilla army is difficult to achieve. It is an army of the people with no military tradition on which to build military discipline. Filipinos as a race have never been disciplined and the soldiers resent regimentation. Most of the Guerilla officers serve in their home areas and have under them relatives, business clients, and political constituents. As a result, it is difficult for them to maintain discipline. Officers and men alike strive for special privileges, resulting in a breakdown of discipline. The general order for the Guerillas has been "lie low", an order which they have followed too literally. During the Japanese drives, discipline disappears and the Guerilla soldiers take to the hills.

__Training:__ The army formerly held a troop training school for pre-inductees in the vicinity of Patria, Antique. These schools were devoted to drill and military tactics. The graduates of the school were taken into the army as rapidly as they could be assimilated. Most troops were required to pass a probationary period before enlistment was confirmed. Not more than five percent of any platoon could be probationary at a time. In recent months each Combat Team is responsible for training its own troops. The training is inefficient. Not more than ten percent of the officers have had any military training. A few of the men trained by USAFFE before the war man the BAR's and Tommy guns.

Supplies: The Guerilla army is short on all types of supplies. They have difficulty securing enough rice, which is the main item of food. Clothing supplies are limited, but there is little need for clothing except for vanity. Fuel oil is badly needed. At present all diesel equipment is being operated on coconut oil.

Communications: Under Col. Francia, formerly an Instructor at Philippine Military Academy, the Guerillas have worked out a fairly good system of communication. Radio is the chief means, though couriers are also used. They need signal equipment. All radio equipment available has been commandeered from the public.

Japanese Opposition: At present the Japanese hold the upper hand in Romblon Province and Panay Island. They are well acquainted with terrain and people. They have an excellent spy system for determining locations of Americans and Guerilla Forces. In recent months, however, the Japanese have started to show some respect for the Guerillas. For several months the Guerillas have killed from 200 to 400 Japanese each month on Panay. The Japanese have set a price on the heads of Guerilla leaders. The list for June 1944 contained the following names and prices:

| | |
|---|---|
| Col. Peralta | 1,500 Pesos |
| Col. Gasperal | 1,500 " |
| Lt. Col. Relunia | 1,000 " |
| Lt. Col. Chavetz | 1,000 " |
| Lt. Col. Garcia | 1,000 " |
| Capt. Garucho | 500 " |

The same lists offered soldiers surrendering from 5 to 25 pesos, according to how much intelligence information they had.

VII. GEOGRAPHICAL INFORMATION

TALBOT was interrogated by a representative of Allied Geographic Section, APO 500.

VIII. POLITICAL AND SOCIAL INFORMATION

Prostitution: Captain Guarina reported in April 1944 that because of increased prostitution in Manila venereal diseases have become a serious problem. The Japanese have set up many houses, employing both Japanese and Filipina girls. Some of these houses are solely for Japanese soldiers. Many prostitutes are operating on their own. Some of these are attractive and well dressed. Many girls have come to Manila from the provinces because they consider living safer there.

Hundreds of Filipina girls are giving birth to babies fathered by Japanese soldiers. Most of these babies are legitimized by conscientious young Filipino men.

Political organizations: Kalibapi is the only Japanese sponsored political organization functioning at present. It apparently is influential in Manila but the influence has not permeated the provinces. Some of the old pre-war political organizations are still functioning under cover.

Civil Service: Until the middle of 1943 a form of civil service was maintained in the larger cities of Romblon Province and Panay Island by the Laurel government. Since then this service has been largely disrupted by Guerilla and Japanese activities.

Filipino Attitude toward Japanese: In Pandan in December 1943 the Guerillas ambushed a group of Japanese and killed about 40. The Japanese buried their dead under a building in the town. After they were gone Filipino civilians unearthed the bodies, hacked them to pieces with bolos, and in other ways desecrated them. This was a result of intense hatred of the Japanese.

In April 1944 a Japanese aviator was forced down on the emergency landing strip at Caticlan, Panay. He left the plane to ask for directions. Before he could get back to his plane two Guerillas shot and wounded him. The civilians carried him to Libertad and Patria as an exhibit. Along the way civilians hacked off his toes and fingers for souvenirs. One Guerilla claimed 500 pesos and the aviator's cap as a reward. TALBOT saw him wearing the cap later.

IX. ECONOMIC INFORMATION

Agricultural Commodities:

Rice: Though there has been an increase of acreage in rice up to one hundred percent in some areas, the supply is still not enough to supply the Japanese, Guerilla Forces, and civilian population.

Corn: Since the Japanese occupation more acreage has been devoted to corn. Enough corn is produced to augment the rice shortage, but not enough to insure sufficient food supply for civilians.

Peanuts: Since the war more acreage has been devoted to peanuts, which the Filipinos use both as food and candy.

Labor: In 1942 the Japanese sent propaganda sheets to Cuyo Island requesting laborers and setting forth rates of wages. The rates were from 40 centavos to 1.50 pesos a person per day. Each sheet had a coupon in the corner good for one ganta of salt if the person accepted employment. At least fifty percent of the labor is impressed. Residents in the mining areas have no choice but to work for the Japanese.

Coal: The coal mine on Caluya Island is in operation; the coal is taken to Capiz, Panay, by sailboat. It is a small mine.

Medical Supplies: TALBOT gave information on health situation and medical supplies for Romblon Province for the past six months. This area is fairly close to Manila and medical supplies were available in reduced quantities as late as early 1943. Since then trade from Manila has ceased and it has become increasingly difficult to obtain medical supplies. The malaria rate has gone up rapidly during the past year. Filipinos have resorted to homemade remedies, which have allayed fever somewhat but which do not serve as a permanent cure. Cervero, a prominent merchant in Romblon Town, stated that gonnorhea has increased considerably since the surrender. He stated also that Japanese soldiers coming to Romblon always went to the drugstores in search of contraceptives and medicine for venereal disease.

National Rice and Corn Corporation: A neighborhood association in most of Luzon and in larger cities on other islands. It is always to be found where there are Japanese garrisons. NARIC was originally started for the conservation of rice, but now practically all commodities are controlled by it. NARIC offers special prices to its members. A box of matches, for instance, which sells for 2 pesos on the blackmarket can be bought through NARIC for2centavos. Families registered with NARIC are allowed 250 grams of rice per person per day. Any member of the family working for the government is entitled to an additional 350 grams per day. NARIC serves as a means for recruiting labor for the Japanese, who give transportation to and from work for those employed on government jobs. NARIC is not necessarily a political organization. Many respected Filipinos belong to it because of pressure.

Utilities: Electric power is available at present in Manila at comparatively low rates. The prices are somewhat higher than pre-war, but not prohibitive. Utilities are reportedly owned and operated by the Nippon-Taiwan Electric Company.

Gas service is still available in parts of Manila, according to rumors, but supply is going down and prices going up.

**Communications:** In Manila subscribers pay their telephone bills, then buy telephones and wire at exorbitant rates on the blackmarket and have their own telephones installed. Radio telephone service is maintained between Iloilo City and Manila and between almost all cities garrisoned by Japanese soldiers and Manila. TALBOT listened in on much of the traffic when he was an operator on Tablas Island.

X. PROPAGANDA AND PSYCHOLOGICAL WARFARE INFORMATION

See Report on Hanson, I.R. #109.

XI. ATROCITIES

On 17 November 1943 Japanese soldiers arrived in Romblon Town looking for Lt. Morales of the Guerilla Army. The went to his home and captured his wife and father and demanded information on his location. The father refused to give the information. They hung him up by his feet and poured water in his nose and mouth. Then they beat him. He still refused to talk. Then they poured boiling water in his nose and scrubbed the inside with a toothbrush. The old man said that his son was on Sibuyan Island. The Japanese started toward Sibuyan Island and captured Lt. Morales on his way to Romblon. They took him to Iloilo City, gave him a course in spiritual training, and released him two weeks later as a Japanese citizen. The father recovered from the torture. Lt. Morales has not been re-accepted by the Guerillas. TALBOT heard this story from reliable Filipinos names unknown in Romblon Town.

XII. PERSONALITIES

See Report on HANSON, I.R. #109.

2급 비밀

심문보고서 128호.

I. 인적 사항

| | | |
|---|---|---|
| 이름 | : | 네이선 윌리엄 탈봇(NATHAN WILLIAM TALBOT) |
| 나이 | : | 24 |
| 성별 | : | 남성 |
| 인종 | : | 백인 |
| 국적 | : | 미국 |
| 태어난 날짜와 장소 | : | 1919년 11월 22일; 윈체스터, 뉴햄프셔. |
| 교육 | : | 1925-1933 중등학교, 센터 학교, 윈체스터, 뉴햄프셔.<br>1933-1937 테여(Thayer) 고등학교, 윈체스터, 뉴햄프셔.<br>1937-1938 헴프힐 블레셀(Hemphill Blesel) 공학 학교, 보스턴, 매사추세츠. |
| 현재 지위 | : | 피난민; 필리핀 군도에서 피난한 미군 병사 |
| 직업 | : | 병사 |
| 개인 특징 | : | 키 5'0' 몸무게 152 lbs<br>머리카락 갈색 눈 적갈색<br>피부 보통 체형 보통 |
| 건강 상태 | : | 보통 |
| 신원 확인 특징 | : | 신원 확인 표 ASN11009238 |

1944년 7월 26일에 제 85 군병원, APO 923에서 심문. WAO/st

지적 수준과 신뢰도에 대한 평가

평균 이상의 지적 수준. 주의 깊은 관찰자. 게릴라군과의 훈련 덕분에 첩보를 제공하는데 비범한 능력을 갖췄다. 탈봇과 칸슨(Kanson)은 일 년이 넘도록 함께 일했다. 추가 정보는 칸슨 심문보고서 109호를 참조하라.

II. 시기순 기록

| | | |
|---|---|---|
| 1940년 11월 14일 | - | 매사추세츠의 로체스터에서 입대; 조지아, 사바나, 35 공군 기지에 발령. |
| 1941년 3월 7일 | - | 일리노이의 스코트필드 라디오 학교에 발령. |
| 1941년 8월 27일 | - | 라디오 학교 졸업. |
| 1941년 11월 21일 | - | 필리핀 군도의 맥킨리 요새(ft.McKinley)에 도착. |
| 1941년 12월 1일 | - | 니엘슨(Nielson) 비행장의 극동 공군 사령부, 공습 경보 중대에서 파견 근무. |
| 1941년 12월 25일 | - | 바탄(Bataan)에 도착하여 통신부대 메이슨(Mason) 대령 밑에서 카바밥(Cabaabab) 비행장에 이동식 라디오 설치. |
| 1942년 1월 27일 | - | 라디오 기구들을 마리벨레스(Mariveles) 산으로 옮겨 연결망 구축. |
| 1942년 1월 25일 | - | 16대대로 돌아와 바탄 비행장에 관제탑 관리로 임명. |
| 1942년 2월 15일 | - | 일등병이자 3급 전문가로 승급. |
| 1942년 2월 25일 | - | 민도로 섬(Mindoro Island)의 산호세 비행장을 관리하는 워렌 C. 바겟(Warren C. Baggett) 대령으로부터 FEAF가 제대로 된 보고서를 받지 못해 이동식 라디오와 함께 보내짐. |
| 1942년 3월 5일 | - | 산호세에서 바탄과의 연락수단 설립; 같은 날 일본군 비행기가 비행장을 정찰했고, FEAF에 보고되지 않았음을 확인; 바겟 대령 산하 50명의 병사들은 제대로 훈련이 안되어 있고, 굶주려 있으며 장비 부족; 탈봇은 바탄의 조지 대령 본부에 실제 상황을 보고. |
| 1942년 3월 8일 | - | 소총의 발사 소리를 들었음; 산호세로 향하는 일본군이 보고됨; 탈봇은 물소가 끄는 썰매에 이동식 라디오 기구들을 싣고, 45보급대대의 켈거(Kelger) 병장과 메거히(Megehee) 상등병, 루트버그(Rutberg) 이등병과 함께 산호세의 동쪽으로 2마일 떨어진 곳으로 이동. |
| 1942년 3월 9일 | - | 바겟 대령은 산호세 비행장의 군수품을 모두 파괴하고 나머지 병사들과 함께 탈봇과 합류; 바탄으로 라디 |

오 메시지를 보냄; 그리고 일본군이 침투하지 않았다는 말을 전해 들음; 바겟 대령에 대한 분노가 그의 병사들 사이에서 심각했음; 병사들은 식량이 부족해 굶주렸음; 바겟 대령은 당시 배급된 화폐 1000페소가 있었음; 부대의 모든 인원이 산호세 동쪽으로 더 내려가 기지와 라디오를 세웠음.

(중략)

**VIII. 정치 및 사회 정보**

**위안부 및 위안소(Prostitution): 1944년 4월 과리나(Guarina) 대위는 마닐라에서의 위안부 이용과 성매매(Prostitution) 증가로 인해 성병이 심각한 문제가 되었다고 보고했다. 일본인은 일본인 여성과 필리핀 여성을 고용하여 많은 위안소(houses)를 설치했다. 이 중 일부 위안소(houses)들은 일본군 병사 전용이었다. 다른 많은 여성들(prostitutes)은 독립적으로 일한다. 일부는 매력이 있고 잘 차려입었다. 많은 여성들이 생활하는데 더 안전할 것이라 생각하여 지방에서 마닐라로 왔다.**

필리핀 여성 수백 명이 일본군 병사들을 아버지로 둔 아기들을 낳고 있다. 아기 대부분은 양심적인 젊은 필리핀 남성에게 입양된다.

(하략)

# 35

## USAFFE Interrogation Report No.131

### RG 496 Entry UD UP-441 Box 2712

이 보고서는 미극동육군(United States Army Forces in the Far East, USAFFE)이 1944년 7월 필리핀 네그로스(Negros)에 있던 프리랜서 작가 미국인 우스터(John Benjamin Wooster)를 심문한 내용을 담고 있다. 그는 세계 곳곳을 여행하며 글을 쓰다가 필리핀 게릴라로 활동했다. 그가 제공한 정보들은 다른 피난민들에 의해 입증되었다. 그는 네그로스에서 일본군이 말라리아, 세균성 이질, 각기병, 열대성 궤양, 유행성 감기를 비롯한 각종 병에 걸렸으나 '위안부'들을 매우 주의 깊게 검진하기 때문에 성병은 거의 발견되지 않는다고 진술한다.

USAFFE 53/1

**SECRET**

**INTERROGATION REPORT NO. 131.**

I. **PERSONAL DATA**

| | | |
|---|---|---|
| NAME | : | JOHN BENJAMIN WOOSTER |
| AGE | : | 44 |
| SEX | : | Male |
| RACE | : | White |
| CITIZENSHIP | : | United States |
| BIRTHDATE AND PLACE | : | 25 Sept. 1900; San Francisco, California |
| EDUCATION | : | 1906-1913 Grammar School<br>1913-1917 High School, Military Academy<br>1933-1935 Sun Yet-Sen University, Canton, China |
| STATUS | : | Evacuee; American civilian |
| OCCUPATION | : | Free lance author |
| PERSONAL DESCRIPTION | : | Height 5' 7½" Weight 158 lbs<br>Hair Auburn Eyes Brown<br>Comp. Fair Stature Stocy |
| STATE OF HEALTH | : | Good |
| MEANS OF IDENT. | : | Passport Serial No. 2466<br>Place of Issue: Manila, P.I.<br>Date of Issue : 8 September 1938 |

Interrogated 27 July 1944 at 85th Station Hospital, APO 923. MT/st

**ESTIMATE OF INTELLIGENCE AND RELIABILITY:**

WOOSTER has traveled widely for the past 24 years and has made several world trips as a free lance author and writer. While a member of the guerrilla forces in the Philippines, he was appointed assistant district propaganda officer for the island of Negros. In this capacity he circulated throughout the island and acquired a great deal of information concerning the Japanese Forces and the civilian population. He is above average in intelligence and possesses a retentive memory. Some of the information given in this report by WOOSTER has been corroborated by other evacuees.

II. **CHRONOLOGY**

25 Oct. 1940 - Arrived in Manila, P.I. Remained in Manila and Baguio for about a year.
Oct. 1941 - Arrived in Cebu City, Cebu, P.I.
Mar. 1942 - Evacuated to Talamban, Cebu
10 Apr. 1942 - Japanese occupied Cebu
1 June 1942 - Evacuated to Negros in the mountains around the Mapa and San Carlos area.
13 Feb. 1943 - Joined guerrilla forces
6 Apr. 1943 - Appointed 1st Lt. in the guerrilla forces in Negros as Assistant District Propaganda Officer, G-2 Section. From the date of his appointment as Assistant District Propaganda Officer to the date of his evacuation, June 1944, WOOSTER toured practically the entire island of Negros.
June 1944 - Evacuated to Australia.

III. **TACTICAL DATA ON ENEMY MILITARY FORCES**

Dispositions and Strength of Organizations and Units: Dumaguete, the capitol of Negros Oriental and one of the most important cities in Negros, has a large Army garrison stationed there. In addition, near the Dumaguete air field, the Japanese are erecting large barracks, which when completed will house approximately 400 men each. Six of these barracks were being built during the months of May and June 1944.

**SECRET** Page -1-

S E C R E T

**Names of Area Commanders:** Col. Yamagouchi, Commanding Officer, Imperial Japanese Forces of Western Negros, headquarters at Bacolod, Negros, is highly educated, speaks English, French and German very well. He is considered to be fair, just, and dauntlessly brave. On many occasions he has personally led his men in raids on guerrilla forces.

Col. Nobutaro Kawada, Commanding Officer, Imperial Japanese Forces of East Negros, headquarters at Dumaguete, is extremely brutal. Col. Kawada does not accompany his men on raids or patrols.

Major Namba, also known as Tuba, maintains his headquarters at San Carlos, Negros, but operates in all parts of Negros. He appears to be the fairest of all Japanese Officers in Negros and the easiest one to get along with. Major Namba is inclined to be a bit gullible.

Intelligence Units and Methods: The Japanese employ Filipino men, women and children of all ages as spies to gather most of their information. These spies are generally given a few bottles of hair cream, bobby pins, cigarettes, matches, etc. with instructions to proceed to various markets and pose as small merchants. They are present in almost every market.

When the Japanese are sent out to intercept small patrols of the guerrilla forces or capture civilians in sparsely occupied areas, generally two or three Japanese soldiers, dressed in very rough looking clothing are detailed for such an assignment. They ride along on carabaos with several farming tools hanging on each side and a burlap package hanging off to one side, giving the appearance of the average farmer. The burlap bag containing a rifle and bayonet. This is considered their most treacherous trick of all because occasionally innocent farmers riding along in the same manner are mistaken as Japanese and shot by the guerrilla forces. At times, when the guerrillas drop their guard and permit these innocent looking men on carabaos to pass, they discover only too late that they were Japanese soldiers.

The Japanese use still another means of gaining intelligence concerning the enemy. They arrest a relative of member of the guerrilla forces and in this manner compel the surrender of the guerrilla after threatening the life of his kin. This method is used quite frequently by the Japanese.

**Native Troops-Auxiliary Troops:** In April 1944 in the Cadiz area in Negros, 500 Siamese and Malayan troops were observed dressed partly in Japanese uniforms. It was heard that they came from Singapore. It is believed authoritively that they were brought in as the equivalent to the Japanese Constabulary who are now operating as ordinary Japanese soldiers.

From Filipino informants, WOOSTER learned that hundreds of Manchukuoans, wearing Japanese uniforms are with Col. Kawada's troops in the Dumaguete area. They go on patrols and raids with the regular Japanese troops.

Many Koreans are known to be attached to Col. Yamagouchi's units in northern Negros. These Koreans were observed during the early part of 1944.

From the native population, the Japanese formed two separate units, one is called the Japanese Constabulary and the other is called Hihos. The Japanese Constabulary consists of some members of the regular Philippine Constabulary, who elected to stay with the Japanese, as well as Filipino civilians and USAFFE soldiers who surrendered to the Japanese. The Hihos, which was formed recently by the Japanese consists of volunteer collaborationists from the civilian population. Both of these units accompany the regular Japanese on patrols and raids. In most instances they lead the patrols. (See reports of Mrs. Rosario PARHAM, I.R. No. 124, and George OSSORIO, I.R. No. 119, for further details regarding the Japanese Constabulary and the Hihos).

S E C R E T

Page -2-

S E C R E T

Indications of Enemy Intentions and Movement: Col. Yamaguchi, Japanese Commanding Officer of Negros Occidental, made a speech in April 1944 which was distributed by hand bills and printed in the newspapers. He said, "Should American Forces come to this island (Negros) or any other Philippine island, the Japanese will battle to the last man. We will not evacuate any island."

Chemical Warfare: The Japanese have stored 1,000 tanks of lethal gas in the Bacolod High School building, Bacolod, Negros. Somewhere on the grounds of the Silliman University in Dumaguete the Japanese have stored 2,000 tanks of lethal gas. In the school house directly behind the cemetery at San Carlos, there are stored some 200 tanks of lethal gas. All of these supplies were landed by steamer from Japan. Large reserves of gas masks have also been landed at Negros but their present location is as yet unknown. The above information was supplied by WOOSTER's intelligence sources who assisted in unloading the equipment.

Supply Arrangements and Installations: The Japanese have stored some hundreds of drums of aviation gasoline in the Bacolod High School, Bacolod, Negros. Near the Bacolod airfield, they have buried many hundreds of drums of the same gasoline. Between 60 and 80 trucks have been observed transporting these drums from the Bacolod harbor to their destination. The Japanese have landed large amounts of gasoline and fuel oil at Dumaguete. There they were camouflaged to blend with the surrounding terrain. Their approximate location is Mangrove swamps just north of the airdrome. This information was supplied to WOOSTER by his Filipino Agents who aided in unloading the ships.

Enemy Tactics and Methods: In the Dumaguete and in the San Carlos areas, Japanese troops have been observed training with gas masks every day. However in Bacolod, they have been holding gas mask drills twice a week, Camouflaging is being practiced by the troops stationed at the Dumaguete airfield.

In Cebu City, Cebu, the Japanese maintain a large Constabulary Headquarters where thousands of Japanese troops are trained. From there they are sent to Negros for completion of their training. Some of these troops have been sent on patrols and raids and have engaged the guerrilla forces in actual combat. After these troops return to Cebu, they are loaded onto ships which take them in a southerly direction.

Biological Warfare: In Negros, the Japanese killed many civilians and then dismembered their bodies. Carabaos, dogs and livestock were similarly killed and dismembered. Dismembered parts of bodies were later found in the water supply, under brush, in trees, behind rocks and in numerous other places. The obnoxious odor and germs emanating from these areas caused several illnesses. Only the speed in which these dismembered bodies were collected by the guerrillas and civilians prevented a serious plague or disease.

Enemy Materiel and Equipment: During April or May 1944, the Japanese landed Anti-Aircraft guns and some cannons at Dumaguete, Negros. At Murcia, the Japanese are known to have a large field piece believed to be a five inch gun.

Small Arms: On the island of Negros, the Japanese are using Japanese 27 rifles, light and heavy machine guns, trench mortars and heavy mountain guns, which require four men to carry. They have also been observed using American equipment captured at Bataan and Corregidor, such as Enfields, Springfields, light and heavy machine guns and some American mortars.

Uniforms: In general the Japanese uniforms are very poor. They are made from a cheap grade of cotton and many soldiers are seen with their uniforms full of patches. Japanese are known to take shoes from dead civilians. In all raids the Japanese rifle homes of all wearing apparel

S E C R E T Page -3-

and then set the house on fire. Many Japanese soldiers wear civilian clothing and some wear clothing made out of gunny sacks.

Captured American Materiel: It is estimated that a larger amount of carbines than captured from guerrilla forces in Negros are being used by the Japanese. Some American hand grenades have been captured from the Japanese in Negros and upon examination it was discovered that they are not the ones in use by the guerrilla forces. After Japanese attacks, many cartridge cases of American 30 and 50 calibre machine gun ammunition have been found.

## IV. SUMMARY OF NAVAL INFORMATION

Harbor Defenses: The Japanese have strengthened Benago wharf in Bacolod and also the pier at Dumaguete. They are now protected by ack ack guns, search-lights, pillboxes and mines.

Ship Building and Repair Facilities: Under Col. Kawada, Japanese Engineers are doing extensive pier work and are preparing to build a drydock in Dumaguete, Negros.

Ships Sunk or Damaged: Around December 1943, a little north of Dumaguete a large Japanese transport was torpedoed and about 100 survivors began to swim to shore. They were boloed by civilians and fishermen before any prisoners could be taken by guerrilla forces.

In May 1944, somewhere just north of Tolong Bay, a medium sized Japanese transport was seen to explode. There were no survivors but the bodies of some dead Japanese soldiers were later washed ashore.

## V. BASIC AIR INFORMATION

Locations of Air Installations: The Japanese maintain airfields in Bacolod, Dumaguete, San Carlos, Fabrica, all in Negros. The largest field being the one at Bacolod. The Japanese are enlarging and improving the San Carlos airfield. This airfield however, can only be used for light planes.

The Japanese are building many airfields throughout the island of Negros, some of them are dummy airfields. (Maps of exact locations sent to GHQ)

Air-Ground and Ground-Air Signals: In the Bigmayan area, Japanese are using "walkie-talkie" radios when communicating from ground forces to pilots.

Another method in communicating to pilots, that they were observed using, consisted of placing a long strip of white cloth on the ground indicating the location of the Japanese forces. An arrow at the end of the cloth would point towards the region they wanted bombed or scouted. Planes communicate to ground forces directly by radio or by blue signal lights on the wings of planes.

Enemy Intentions of Deception: At the time WOOSTER left Negros in June 1944, there were five or six Japanese planes in Bacolod with American insignia painted on the underside of the wings and the Japanese insignia painted on topside of the wings. Information from Luzon indicated that many other such planes were on Nichols Field. Probable intention to hold planes in reserve until first American planes are seen there and then the Japanese will indulge in mass slaughter of the civilians and endeavor by propaganda to blame the Americans.

## VI. INFORMATION REGARDING GUERRILLA FORCES

Requirements and Recommendations: It is recommended that before the actual invasion of the island of Negros, contact be established with Col. Abcede, Commanding Officer of guerrilla forces in Negros, and definite location selected in north, central and south Negros. Upon these locations large numbers of arms and ammunition be dropped for the purpose of arming loyal civilians. There is no question but what the Japanese defend the island almost to the last man. The Japanese would probably fall back from the coast lands to the high mountains and take refuge in the jungles in which case it would take months to seek them out and eliminate them. There are, however, sufficient loyal civilians to augment so strongly the guerrilla forces that the Japanese could be penned in the lowlands and captured or eliminated by the guerrilla forces.

## VIII. POLITICAL AND SOCIAL INFORMATION

General Living Conditions: For the majority of Filipino people the situation is very unsatisfactory. The average laborer is paid 1½ pesos for a ten hour day and six to seven day week. He is given in addition one small can of rice. Most of these men have families. At least one ganta (6 salmon cans) of rice is required each day by the average man. Rice currently sells at six pesos per ganta. Dried fish which is imperative to Filipino diet costs in the neighborhood of 20¢ each. Hence workers cannot support their families on what they are paid by the Japanese. If they do not work for the Japanese they are severely punished, often killed. Japanese re-enforce this labor with conscript labor. The mayor of a barrio is approached and ordered to produce 1,000 or 2,000 laborers. Civilians seeking to escape to the free zones are shot on sight by the Japanese. The result is that undernourishment has made great inroads in the civilian strength and health.

Hospitals: In Dumaguete there are two large hospitals, Silliman Hospital and Dumaguete General Hospital. Japanese troops who are wounded in SWPA as well as those wounded in the Philippine Islands are brought there for medical treatment. These hospitals are actually used as emergency hospitals, where the patients are patched up and then sent to Japan. It was observed that these hospitals are always crowded to capacity. The main overflow being sent to San Carlos.

The same situation as above exists in Bacolod where there are four hospitals. They were all observed to be crowded continuously.

Siquijor Island, a small island southeast of Negros, is being used by the Japanese as a rest area for troops who are recuperating from injuries or sickness. At times as high as 10,000 Japanese troops were known to be on that island.

Medical Treatment and Supplies: On the whole, the civilian population gets little or no medical attention. The exceptions being the members of the families of Japanese collaborationists. Occasionally, propagandists will distribute some minor medicines to children. No serious interest is shown in civilian welfare, and Sanitation is enforced only where it could affect Japanese garrisons. Medical supplies appear to be low as quinine at times sells at ten pesos per tablet.

Hospital Ships: Japanese hospital ships have come into Dumaguete and Bacolod and transported the seriously wounded troops to Japan.

Type of Diseases: In Negros, Japanese troops have been known to contract malaria, dysentry, beri beri, tropical ulcers and influenza. Very little venereal disease was observed among Japanese troops as they inspect prostitutes very carefully.

Recommendations Concerning Distribution of Medical Supplies: Seemingly, there has been a great abuse of medical supplies, perhaps even theft. Supplies sent to Negros seemingly appear for sale in Japanese occupied areas. Medical Officers to whom consignments were sent claim they have no medical supplies to treat current sickness. It is recommended that when the next consignment of medical supplies is sent to Negros one or two Americans by sent with instructions to see that a just distribution of these vital supplies is made.

General: American Red Cross medical supplies have been observed in use by Japanese doctors in Negros.

IX. ECONOMIC INFORMATION

General Economic Situation in Japan and Occupied Areas: The Japanese have poured large amounts of money into the Philippines and loaned money to Filipino collaborator farmers to produce cotton. This venture did not prove to be successful. The fact that Japanese supplies are short have been shown in many ways. Many of the Japanese troops are living off the occupied land. In their appeasement policy Japan promised food sufficiency to all who entered their occupied areas, but has been unable to keep that promise and has even requisitioned a percentage of what little food the civilians have.

A definite shortage of motor oil is also clearly indicated. Ninety five per cent of Filipino sugar is converted into industrial alcohol in spite of the fact that bags of sugar are selling in Manila at $150 per sack. Japan further shows a tremendous steel and iron shortage as all metals obtainable in the Philippines are instantly exported to Japan. Scrap iron is purchased by Japanese dealers at prices as high as 20¢ a pound.

X. PROPAGANDA AND PSCHYOLOGICAL WARFARE INFORMATION

Allied:

Radio Propaganda:

List of Stations Most Frequently Heard:

1. KGEI - San Francisco, most popular
2. VCL-2 - Australia, just becoming known
3. BBC - London

Suggestions for Improvements: WOOSTER has given full information concerning all propaganda activities to OWI representatives at APO 500. He has also written a long report enumerating suggestions and improvements for propaganda purposes.

Non-Radio Propaganda:

Distribution of Items as Gifts for Propaganda Purposes and Effect: WOOSTER was able to obtain the January 1944 issues of "Free Philippines" and used it to tremendous advantage. He saw several "I Shall Return" MacArthur chocolate bars but they were consumed by officers while the civilians were merely shown the empty wrappers. WOOSTER stated that he did not see any gum, maps, cigarettes or other items that were sent to the Philippines.

Enemy:

Radio Propaganda: All radios in Negros and perhaps throughout the Philippines have been set by the Japanese by arranging the wave bands to receive only Radio Tokio and Radio Manila. The Japanese have two stations in Manila, KZRH and KZRM. In many towns the Japanese have installed amplifying systems to pick up Radio Tokio and blare out the news. These speaker systems were also utilized for propaganda speeches.

Non-Radio Propaganda: In Negros, the Japanese used speakers, movies, magazines, newspapers, leaflets, posters and little handbills to disseminate their propaganda. Generally all would emphasize about the greatness of Japan, Japanese victories and the glorious future awaiting the Philippines.

Propaganda and Pacification Missions: In Negros, the Japanese dispatched speakers on trucks equipped with loud speakers to disseminate propaganda. This was called the "Peace and Relief Mission." (See JOSEPH, I.R. No. 116 for details regarding this mission). This mission is becoming extinct because the actions of the Japanese soldiers counteract all the good that has been done by this mission.

**Newspapers:** Domei News flash appears daily in Negros and is distributed free by the Japanese. The Negros Daily, a six page newspaper, half English and half Vissyan is sold for five centavos. They elaborate the war news; describe Japanese victories on all fronts; and German gains and occupations. They also emphasize editorials pointing out domestic strife in America, and American shortages in supplies and equipment.

**Schools:** All schools were closed immediately after the attack on Pearl Harbor. Around September 1942, several months after the Japanese occupation of Negros, schools were reopened. Former school teachers were sought and pressed into service. Drastic punishment or death awaited those refusing to cooperate. Educational teachings were general but Nippongo was mandatory as an educational subject. Teachers after class hours were compelled to attend Nippongo classes sponsored by Japanese. Japanese soldiers and civilians were used to teach Nippongo in the schools. Contests and prizes were arranged for children most proficient in the subject. The schools were also used as centers of propaganda. School books in use before the war, were vigorously censored. Pages containing pictures of American culture, American agriculture or anything favorable to the Allies were deleted from the books. Children were trained as propagandists. A serious attempt was made to gain adult sympathy from child propagandists. Outstandingly bright children were trained and sent into free areas as spies.

**Morale of Enemy Forces:**

**Attitude Toward Capture:** The Japanese prisoner of war feels he is disgraced and asks for execution upon capture. A Japanese POW told WOOSTER that upon leaving his native land he and all the other soldiers left hoping to be killed as they believe such a death is a certain passport to heaven. No Japanese prisoner has ever given the guerrilla forces any last message to be conveyed to his family in Japan.

**Attitude Toward War:** Average Japanese soldier believes that the war is not of Japan's making. Soldiers have been told that America and England because of their fear of Japan attempted to aid China in order to conquer the Japanese.

**Changes in Morale:** The morale of the Japanese soldiers was formerly very high. Admitted Japanese losses in SWPA began to affect that morale. Battered ships and trains of Japanese wounded brought to Dumaguete and Bacolod in Negros, further lowered their morale. Propaganda released by guerrilla forces contributed to the lowering of morale. Japanese officers and spokesmen denied the truth of any stories that were circulated by the guerrilla propaganda. Later, the Japanese newspapers would confirm these stories. Consequently trust in their own propaganda speeches was materially weakened. During the coal crisis in America, American admission of trouble raised enemy morale tremendously as internal collapse of America was momentarily expected. The subsequent settlement again lowered their morale. The arrival of American carbines in Negros in many cases shattered their belief in Japan's invulnerable power.

**Rumors Effecting Morale:** The Japanese soldier seems to be deadly afraid of mines, booby traps and carbines. Fever and typhoid have also been known to lower their morale.

## XI. ATROCITIES

**Hearsay:**

In May 1944, a Japanese patrol consisting of four truckloads of troops proceeded from Ayungon, Negros, towards the hills for the purpose of gathering corn. Twenty seven civilian men, women and children were working in the fields. Because of the height of the corn they were unable to see the Japanese approaching. All were captured, bound and thrown into the trucks. They were carted to the Japanese barracks at Ayungon where they were maltreated, starved and tortured for five days. They were interrogated concerning the guerrilla forces of which they had no knowledge. In the morning of the sixth day these civilians were told that a meal awaited them. They were brought into a room where the roasted bodies of four children were on the table. Japanese soldiers consumed two of the bodies while the others were compelled to watch. At bayonet point the civilians were forced to eat the other two bodies, particularly the sexual organs. Later that same morning, the captives were bound with baling wire and taken to a point some three miles from the garrison and there bayoneted. The Japanese apparently believed all were dead and hearing of the approach of one of the guerrilla patrols, hurriedly returned to their barracks. (The following day the Ayungon barracks were evacuated by the Japanese.) Two of the captives survived and staggered to a nearby sitio. They were conducted at once to a guerrilla command post where they told their story. One died shortly afterwards, his body being covered with bayonet wounds. The other in the presence of Military and Civil Officials gave and signed a full affidavit. His body contained seventeen wounds. It is believed that he subsequently died. An investigating patrol of guerrillas discovered the roasted heads of two of the children. They then buried the remaining bodies. Affidavits are in possession of Lt. Col. Abcede, G-2 Section, headquarters, of the guerrilla forces on Negros giving the name of the Japanese Commanding Officer of this patrol and the names of the Filipino participants.

The Japanese took guerrilla and civilian prisoners in San Carlos to the wharf of the San Carlos sugar central, tied them to posts and there skinned them alive. Many instances of this form of torture were perpetrated there by the Japanese. Affidavits may be obtained from Mr. Mariano, former school principal of San Carlos who was captured by the Japanese and forced to witness such executions. Mariano later escaped and made his way to the guerrilla forces. He is at present a civil employee, Free Government, Sampang Area, Negros. Further affidavit may be obtained from Corp. Frank Boylan, American Army soldier who escaped from the Japanese and is now in the United States. He was evacuated to Australia some time ago. Many further affidavits are in the files of the guerrilla forces relating where skinned bodies were recovered and decently buried.

In the Cadiz area in Negros around January 1943, a member of the guerrilla forces was captured by the Japanese and questioned about the guerrillas. He refused to divulge any information. He was tied to a chair and his trousers cut away exposing his sexual organs. The chair was cut so the organs hung free. A lighted candle was placed under his organs by a Japanese soldier. He died under this torture without revealing any information.

In the latter part of 1943, in the Cadiz area the Japanese made a raid on a sugar central. The guerrilla forces received information of the coming raid in time to warn the civilians who made their escape. In the rush that ensued six minor children were left behind and were captured by the Japanese. The Japanese cut off the forepart of the children's feet and left them lying there bleeding. All of the children died. Major Solimon, Commanding Officer of guerrilla forces in Cadiz area and former Chief of Police of Bacolod personally saw the dead bodies and buried the children.

Between May 29, 1944 and June 5, 1944, the Japanese staged a large raid in the Tolong area. After the Japanese retreated the body of a 3½ year old girl was found with a bayonet driven through her uterus. Two bodies of men were found lashed to the charred rafters of a burnt house. They had been lashed by having wire driven between their armbones, radial and ulnar, and then twisted about the rafter. They were alive when the house was fired by the Japanese. Further information and evidence in the hands of the guerrilla forces in Negros.

## XII. PERSONALITIES

Civil Officials: Alfredo Montilebano; address - North Negros; age-46 (approx); race - Filipino-Spanish; occupation - Politician, present Governor of Negros Island; height - 5'9"; weight - 160 lbs; hair - black; eyes - dark; complexion - tan, smooth; stature - holds self erect; a man of power, self-willed, self-centered, and bull headed. To employ Mr. Montilebano in any capacity might be a poorly advised step. Mr. Montilebano is a politician and has only his own personal interests at heart. His record since he has served as Governor has been one of frequent quarrels with the Military Forces. He takes advantage of every opportunity to further his own political future. He allows personal likes and dislikes to influence his policy. He uses his position as a weapon in many ways, threatens to go to the occupied areas and live with the enemy when crossed in any way by the Free Forces, uses his personal power to see his family hold 'cush' positions in both civil and military administrations. He owns great tracts of land and has wealth - his only present interest is in power.

Don Pedro Elizalde address - North Negros Sector (contact through Governor Montilebano); age - about 44-46 years; sex - male; race - Filipino-Spanish; occupation - Bureau of Finance, P. I., at present Acting Treasurer Negros Island; married; several children; height - 5'5"; weight - 125 lbs; hair - black-white; eyes - dark, very full of fire; complexion - full; stature - for his size seems frial; length of time known - for over three years. A man of great value to our Government, he has full knowledge of all financial matters upon the Island, knows who has been guilty of abuses etc. The Don is a man of firey temper and has dauntless courage, he has had charge of all printings of Government money. He has had several actual quarrels with the political powers over mis-use of funds. He is pro-American, not interested in a political future but rather waits for the end of the current war to go into private business. He is a trained expert accountant, a linguist of no mean ability and a man of personal honor and integrity.

Mr. Pio V. Garces address - San Carlos Area, Sampong Municipality, Negros Island; age - about 36 years; sex - male; race - Filipino; occupation-planter in normal times, present Food Administration; married, 2 daughters; height - about 6 foot; weight - 130 lbs (estimate); hair - sparce, dark brown; eyes - dark; complexion - sallow; stature - lean; length of time known - over two years. An excellent man, Garces can be relied upon to carry out orders and to work with civilians. Mr. Pio Garces, long before the war served as a Capitan of the Volunteer Guard. He had a following of some 200 men. His loyalty is unquestioned as he has acted as a secret District Intelligence for the Propaganda Officer as well as for the District Intelligence Officer. He has the ability of making friend, is an effective speaker and is not under the influence of any political leader. He commands English, Spanish, Cebuano, Illongo and Tagalog. Is an excellent man to carry out orders and to reach the San Carlos Area public. Should be guided in any task for he is not too quick to make a step without guidance.

Civilian: Mr. Carlos Sanchez address - San Carlos (Enemy occupied zone) Negros Island, P.I.; age -38-40; sex - male; race - Filipino; weight - 165 lbs; hair - dark; eyes - dark; complexion - florid; stature - rather plump; occupation - part owner and manager of bus line; length of time known - two and one half years. An excellent man, brave, clever and well educated. (This information very secret) Mr. Sanchez is not only living in the occupied city of San Carlos, he is frequently seen with Japanese Officers upon the streets. Many of the USFIP think that this man is a fifth columnist. In fact, he was a personal District Intelligence of WOOSTER while the latter served as DPCIO in Negros. Through his contacts with the enemy he gained knowledge which he relayed to WOOSTER. This knowledge enabled WOOSTER to forstal enemy raids in free areas, gave WOOSTER information of cargoes, garrison strength etc. in his area. Mr. Sanchez is a man exerting great influence, he will have knowledge for the U.S. Forces of locations of land mines, dumps, etc. and etc. He may be contacted through Mr. Pio V. Garces.

Sam Crane address - at present in either Negros or Cebu; age -55; sex - male; race - American; occupation - Former lumberman, present unknown; height - 5' 8"; weight - 145 lbs; hair - sparce, white; eyes - blueish (washed out); complexion - rather sallow; stature - leaning; single, has Free Law woman, 3 minor children; length of time known - about two years. A man that might be of use in handling laborers, he has a fair command of Visayian and knows more than a little of road building and bridge construction. Mr. Sam Crane is not a man to be put in charge of any important work, working under someone his services might be of value. He is lazy to the extreme and is not a man to be put in charge of any important work, working under someone his services might be of value. He is lazy to the extreme and is careless about book-keeping as well as personally careless. Mr. Crane does know how to handle labor and can serve in giving information of passes, geologic details, river rises etc. of any part of Northern or central Negros. He is a pleasant person but can not be relied upon. His woman should be kept away from any camp or group of workers as she is morally unwholesome and is both a gossip and trouble maker.

Guerrilla force Personnel: Captain Eugenio Antonio; address - at present Central Negros Section, former City Hall of San Carlos. (He was the former mayor of that city); age - about 45; sex - male; race - Filipino; occupation - in service; married, one son; height - about 5' 7"; weight - 135 lbs; hair - dark, long; eyes - dark, alert; complexion - sallowish; stature - erect; length of time known - two years and over. While Capt. Antonio is a politician he is a man to be trusted as well (A rather rare combination on the Island). He is a fluent speaker, has a very great following, has excellent educational background. Captain Eugenio Antonio faces court martial trial at the end of this war. A Political Military battle ended with the death of a member of the G-2. (USFIP). WOOSTER feels that this should not blind our eyes to the real value of the man. He was the instrument used by two powers, his men loyally protecting him were guilty of the shooting but this was against the orders of the Captain. (A full version of the incident will be found in WOOSTER's book 'Before the Sun Set', now in hands of G-2, SWPA).

To his knowledge Captain Antonio has never surrendered to the enemy, he and his men have been in many daring raids upon enemy garrisons in and around San Carlos. He formed his followers into an army long before the start of the present organized USFIP. He is now serving as a captain in that organization. To have this man working with us will also give us more than one hundred men, loyal followers of the Captain.

## XIII. GENERAL

WOOSTER would like to continue his work as a propaganda officer here in Australia and then accompany the U.S. Armed Forces to Negros. If this is not possible he prefers to return to the United States with his adopted son and there work for the government in the propaganda literary field.

2급 비밀

## 심문보고서 131호.

I. 인적 사항

| | | |
|---|---|---|
| 이름 | : | 존 벤자민 우스터(JOHN BENJAMIN WOOSTER) |
| 나이 | : | 44세 |
| 성별 | : | 남성 |
| 인종 | : | 백인 |
| 국적 | : | 미국 |
| 태어난 날짜와 장소 | : | 1900년 9월 25일; 샌프란시스코, 캘리포니아. |
| 교육 | : | 1906-1913 중등학교 |
| | | 1913-1917 고등학교, 군사 학교 |
| | | 1933-1935 중산(Sun Yet-San) 대학교, 광둥성, 중국. |
| 현재 지위 | : | 피난민; 미국인 민간인 |
| 직업 | : | 프리랜서 작가 |
| 개인 특징 | : | 키 5'7 1/2' 몸무게 158 lbs |
| 건 | | 머리카락 적갈색 눈 갈색 |
| | | 피부 보통 체형 다부짐 |
| 강 상태 | : | 좋음. |
| 신원 확인 특징 | : | 여권 일련번호 2466번 |
| | | 발행 장소: 필리핀군도 마닐라 |
| | | 발행 날짜: 1938년 9월 8일 |

1944년 7월 27일에 제 85 군병원 APO 923에서 심문. MT/st

지적 수준과 신뢰도에 대한 평가:

우스터는 지난 24년 동안 곳곳을 여행하였고 프리랜서 작가로서 몇 번의 세계 일주를 했다. 그는 필리핀 게릴라군의 일원으로, 네그로스섬(Island of Negros) 구역 선전관리 장교 보조로 임명되었다. 이 역량 덕분에 그는 섬을 순회하며 일본군과 민간인들에 대한 많은 정보를 입수할 수 있었다. 그는 평균 이상의 지적 수준과 잘 잊지 않는 기억력을 가지고 있다. 이 보고서에서 우스터가 제공하는 정보 중 일부는 다른 피난민들에 의해 입증되었다.

II. 시기순 기록

| | | |
|---|---|---|
| 1940년 10월 25일 | - | 필리핀 군도의 마닐라에 도착. 일 년 동안 마닐라와 바기오(Baguio)에 머물렀음. |
| 1941년 10월 | - | 필리핀 군도의 세부, 세부 시티에 도착. |
| 1942년 3월 | - | 세부의 툴람벤(Tulamben)으로 피난. |
| 1942년 4월 10일 | - | 일본군이 세부 점령. |
| 1942년 6월 1일 | - | 네그로스의 마파(Mapa)와 산 카를로스(San Carlos) 지역 근처에 있는 산간 지역으로 피난. |
| 1943년 2월 13일 | - | 게릴라군에 합류. |
| 1943년 4월 6일 | - | 네그로스의 게릴라군에서 G-2 구역 선전관리 장교 보조로서 중위로 임명받음. 그가 구역 선전관리 장교 보조로 임명된 날부터 그가 피난한 1944년 6월까지 우스터는 실질적으로 네그로스섬 전체를 여행함. |
| 1944년 6월 | - | 호주로 피난. |

(중략)

**VIII. 정치 및 사회 정보**

(중략)

의학적 치료와 보급품: 전체적으로 민간인 의사들의 관심을 적게 받거나 아예 받지 못한다. 예외는 일본군 협력자의 가족들이다. 종종 선전원들이 아동에게 적은 양의 약을 나눠준다. 민간인들의 복지에 관해서는 진지한 관심을 보이지 않고, 일본 주둔군에게 영향이 있을 수 있는 곳에서만 위생이 강요된다. 때로는 퀴닌(quinine)이 한 알에 10 페소에 판매될 정도로 의학 보급품이 적다.

병원 선박: 일본 군 병원 선박이 두마게테(Dumaguete)와 바콜로드(Bacolod)로 와서 심각하게 다친 부대를 일본으로 옮겼다.

**질병 종류: 네그로스(Negros)에서 일본 군부대는 말라리아, 이질, 각기병, 열대성 궤양, 유행성 감기에 걸린 것으로 알려졌다. 일본 군부대 내에서 성병은 거의 발견되지 않는데, 이는 일본군이 위안부(prostitutes)를 매우 주의 깊게 검진하기 때문이다.**

(하략)

# 36

## USAFFE Interrogation Report No.158

### RG 496 Entry UD UP-441 Box 2712

이 보고서는 미극동육군(United States Army Forces in the Far East, USAFFE)이 미국인 의사 씨어도어 조지 브라운(Theodore George Braun)을 심문한 내용을 담고 있다. 브라운은 1943년 1월 1일 일본군 포로로 붙잡힌 이후, 일행들을 굶주리지 않게 하기 위해 일본군과 함께 파푸아뉴기니 근처의 남태평양섬들을 전전하며 일본군에게 의료 지원을 제공했다. 1944년 4월 25일 미군에 의해 구출되었고, 같은 해 8월 10-13일과 15일에 걸쳐 심문을 받았다. 브라운은 심문과정에서 일본군의 전략과 전술, 물자와 시설 등 다양한 정보를 진술했으며 그 가운데 위안소와 '위안부' 관련 사항도 있었다.

이 보고서의 일반정보 항목에는 일본인 '위안부'(Geisha Girls)와 '일본인 위안소(Brothels)' 소항목이 포함되어있다. 이에 따르면 한 일본인 장교는 태평양 남쪽, 오세아니아 북서부에 위치한 뉴기니섬 북쪽의 웨와크(Wewak)에 위안소가 있다고 말했다. 그 일본인 장교는 마찬가지로 뉴기니섬에 위치한 알렉시스하펜(Alexishafen)에 위안소를 만들 계획이라고도 말했다. 또한 브라운은 뉴기니섬 웨와크(Wewak) 근처의 마남(Maman)에 있을 때 일본군이 뉴브리튼섬에서 가장 큰 도시인 라바울(Rabaul)에 위안소를 운영하고 있다고 듣기도 했다.

53/1

CONFIDENTIAL

COPY # 5

OFFICE OF THE A. C. of S., G-2
HEADQUARTERS, U.S.A.F.F.E.
A.P.O. 501

4 September 1944

INTERROGATION REPORT #158.

1. This report covers interrogation of DR. THEODORE GEORGE BRAUN, Missionary evacuated from Hollandia by U. S. Forces on 25 April 1944.

2. Information contained in this report is based solely on interrogation of Evacuee and should be evaluated accordingly.

JOHN N. IRWIN, II,
Lt. Col., G. S. C.,
Acting A.C. of S., G-2.

Place of Interrogation: 85th Station Hospital, APO 923.
Date of Interrogation : 10-13, 15 August 1944.

| DISTRIBUTION | NO. OF COPIES |
|---|---|
| A C of S, G-2, WD | 3 |
| A C of S, G-1, GHQ | 1 |
| A C of S, G-2, GHQ | 2 |
| DMI Adv LHQ | 2 |
| D of Int, Allied Air Force | 1 |
| A C of S, USASOS | 1 |
| NEFIS | 1 |
| ATIS | 1 |
| FELO | 1 |
| AGS | 1 |
| Dir Gen CSS, Canberra | 1 |
| Deputy Director CSS, Q'land | 1 |
| CIC | 6 |
| A C of S, G-2, Hq 6th Army | 2 |
| A C of S, G-2, Hq I Corps | 2 |
| MIS-X | 1 |
| File | 1 |

CONFIDENTIAL

-CONFIDENTIAL-

INTERROGATION REPORT NO. 158

I. PERSONAL DATA

| | | |
|---|---|---|
| NAME | : | THEODORE GEORGE BRAUN |
| AGE | : | 41 |
| SEX | : | Male |
| RACE | : | White |
| CITIZENSHIP | : | U.S. |
| BIRTHDATE AND PLACE | : | 29 March 1903; Weyerts, Nebraska |
| EDUCATION | : | 1910-1918 Grammar School, Krem, N.Dak<br>1918-1922 Eureka Lutheran Academy, Eureka, S.Dak.<br>1922-1924 Wartburg College, Clinton, Iowa, Pre-Medical<br>1924-1925 Univ. of Iowa, Iowa City, Iowa, Pre-Medical<br>1925-1927 Univ. of S.Dak., Vermillion, S.Dak., Medical<br>1927-1929 Univ. of Chicago, Chicago, Ill., Medical<br>1929-1930 Univ. of Tuebingen, Wurtenburg, Germany, Tropical Surgery<br>1937-1937 Columbia Univ., N.Y.C., Post Graduate, Medicine and Surgery |
| STATUS | : | Evacuee: Missionary released by U.S. Military Forces at Hollandia, Dutch New Guinea |
| OCCUPATION | : | Physician |
| PERSONAL DESCRIPTION | : | Height 5'9" Weight 160 lbs.<br>Hair Brown Eyes Brown<br>Comp. Ruddy Stature Medium |
| STATE OF HEALTH | : | Good |
| MEANS OF IDENT. | : | Passport #43745, issued 15 June 1937, Washington, D.C. |

Interrogated 10-13, 15 August 1944 at 85th Station Hospital, APO 923.
REG/efs

ESTIMATE OF INTELLIGENCE AND RELIABILITY:

Dr. BRAUN's discretion, integrity and loyalty appear to be above reproach. The account of his experiences as an internee of the Japanese has been corraborated, to a great extent, by Mild, Haferman and Mager. Superior intelligence. Although Dr. BRAUN rendered medical assistance to the Japanese occasionally, he did it to keep his group from perishing from hunger.

II. CHRONOLOGY

| | |
|---|---|
| 1930 | Arrived at Finschhafen, New Guinea. Employed as Physician by American Lutheran Church |
| 1933 | Transferred to Madang. Continued with medical duties. |
| 1936-1937 | Furlough to the United States |
| 1937-1943 | Continued medical work at Madang area. |
| 1 Jan 1943 | Captured by Japanese Military Forces at Amele Station. |
| 20 Feb 1943 | Moved to Ragetta Island (also known as Gragat Is) |
| 7-10 Aug 1943 | Went to Siar Island |
| 24 Oct 1943 | To Bunabun |
| 25 Oct 1943 | Sent to Manam Island |
| 3 Feb 1944 | Taken to Hansa Bay |
| 6 Feb 1944 | Wewak |
| 8 Feb 1944 | To Hollandia |
| 25 April 1944 | Rescued by American Military Forces |

-1-

-CONFIDENTIAL-

## III. TACTICAL DATA ON ENEMY MILITARY FORCES

Insignia:

Dr. BRAUN noted the following insignias worn by the Japanese:

Double Keel Motor Boat repair crew: Small green felt pine tree on khaki background.

Garrison Troops: Black or blue triangle. Officers sometimes wore the triangle on a white arm band.

Military Police (Kempei): White arm band with red Japanese characters.

Clerks and Secretaries: White band on back of cap.

Infantry: Black stitched characters on khaki-colored felt background.

Engineers: Red felt on aluminum-colored felt background. Sometimes the insignia is made of metal and tacked on the soldiers uniform.

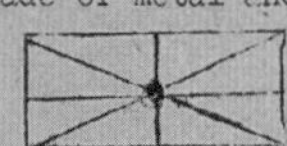

Anti-Aircraft: Red felt on khaki-colored felt background.

Intelligence: Circular cloth patch containing a figure (sketch below). Circle was said to be missing in some cases. Design was outlined in black, the background being khaki. Informant observed this insignia on personnel from the rank of private first class to Lieut. Colonel. This distinctive badge was worn above their insignia of rank on the left breast.

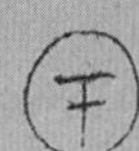

Also, the Intelligence branch had a small brass button, about one-half or three-quarters of an inch in diameter, which is usually worn on the under side of the coat lapel. Civilian-dressed personnel and those who wish to conceal their identity wear these buttons. According to evacuee, a picture of this button can be found in the back side of the Japanese Infantry Manual, which is a red-colored book, approximately 4" x 6" and 2" thick.

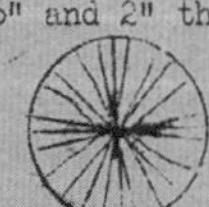

Lines indicate impressions and depressions on surface of button

The following are the insignias for two unknown branches of the service:

Red or green felt on khaki-colored felt.

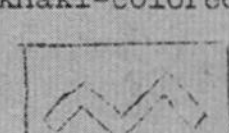

A brown button sewed on a khaki-colored cloth background.

Intelligence Units and Methods:

According to Dr. BRAUN, he met two Japanese officers and several enlisted men in the Intelligence Interrogation Section. Lt. Col. Yamada was an Intelligence Officer assigned to an Engineer unit. He was in charge of securing information and documents in the Madang Area from January to April 1943, at which time Lt. Col. Misawa was placed in charge of the Intelligence work. Misawa seemed to devote most of his time to interrogation, securing data for maps, locating documents and papers on history and culture of New Guinea. Dr. Braun was very deeply impressed with the attitude taken by various groups in regard to Intelligence information which they secured. There appeared to be a jealousy in regard to forwarding information to the higher headquarters. Units would conceal military information from each other which they had learned from other sources.

Enemy Materiel and Equipment:

For the most part, the Japanese were very careful in keeping the Evacuees some distance away from their installations, equipment and materiel. However, Dr. BRAUN walked up to a deserted machine gun post on Ragetta Island and counted thirty cartridges in the clip. It was assumed from bits of conversation overheard from the Japanese soldiers that they had sufficient supplies of arms and ammunition. That was true at Amele, Ragetta, Sier, and Manam. It was not determined whether there were sufficient supplies at Hollandia inasmuch as there was contact with only a small group of service troops.

Captured Documents and Interrogation of POW:

The Japanese Intelligence seized a few maps from the Catholic and Lutheran groups covering the region along the coast from the Sepik down to the Finschhafen area. However, the maps were old and the scales for the maps belonging to the Catholic group did not match with the scale belonging to the Lutheran group. The Japanese were suspicious of the map discrepancies. The Japanese Intelligence ransacked the libraries belonging to the Catholic and Lutheran missions in both Alexishafen and Madang areas, looking for material on New Guinea history, resources, topography, and native culture. Evacuee was forced, at the point of a bayonet, to sketch a few roads and trails in the Amele region.

In July, 1943, the Japanese were seen with copies of maps of the New Guinea region with up-to-date information regarding roads, terrain, and native villages. The Japanese probably secured the maps from a salvaged American plane. The copies were printed in English. Dr. BRAUN asked the Japanese Intelligence why they didn't photograph their own maps. The Japanese replied that they were not a rich country like America.

Dr. BRAUN stated that he and his staff at Amele were questioned and required to fill out personal history statements by the Japanese the same day the Japanese entered his mission, 1 January 1943. The Japanese were suspicious of the Americans, Australians, and Germans alike, suspecting that they were spies left behind. When Nurse Klotzbuecher (Australian), a member of the Amele hospital staff, was asked about her nationality, the Japanese interrogation staff became excited when she told them that she was an Australian naturalized citizen of German parentage. They could not understand why she would give up her German citizenship. That same night, a Japanese soldier came into the women's room, flashed a light in Nurse Klotzbuecher's face and called out in broken English, "Jew, Jew". It is not known what was the purpose of the soldier's visit.

The evacuees were required to fill out personal history statements each time they were moved to a new location.

Location of POW Camps:

At Siar Island, during the month of August 1943, a Japanese Sgt. Major, name unknown, informed evacuee that 250 missionaries, Catholics and Protestants, were interned at Kokopo, New Britain, The missionaries had been gathered from the Solomons, New Ireland, New Britain, and Buna, New Guinea, according to the Japanese Sgt. Major. He also said that several half-caste girls were housed at Kokopo too. Twelve half-caste girls at Kokopo were killed by a bomb which struck a shelter that they were hiding in. At Hollandia Dr. BRAUN heard that sixty internees at Kokopo had been killed. Their nationalities were not determined.

Dr. BRAUN had no further tactical information to furnish than that already covered in Milc, Haferman, and Mager's reports.

VIII. POLITICAL AND SOCIAL INFORMATION

General Living Conditions:

General living conditions under the Japanese domination were deplorable. If it wasn't for the fact that the Japanese had a few kind sentries who secured a little food on the sly, a few clothes and jewelry bartered by the evacuee, and a few medical services rendered in exchange for food, the evacuees would have starved to death. A certain Japanese Major told Dr. BRAUN that it was quite enough if he furnished a guard detail to watch them; that he didn't have to furnish the food for them. The living conditions have been covered in the interrogation reports mentioned above.

Security Regulations and Censorship:

The Japanese were very strict about keeping the evacuees away from their vital military installations and materiel. They also were extremely cautious in talking about matters of a military nature in front of the evacuees.

Dr. BRAUN revealed that the Japanese troops had no marks on their uniforms to indicate the number of their units. Furthermore, from conversation with several Japanese soldiers, it is believed that many of their officers had aliases. It seems that in many cases the soldiers know only the officers' aliases.

Relation Between Japanese and Local Population:

This has been amply covered by a report, under separate cover, which deals with Japanese-New Guinea native relations.

Education:

From Japanese soldiers who had taken pidgin-English instruction at Amron Dr. BRAUN was able to learn that the first pidgin-English school was held at Rabaul in 1942. However, in the Wewak, Madang and Finschhafen landings, there were no pidgin-English interpreters included. Kato, a Japanese interpreter, opened the pidgin-English school at Amron in April 1943.

Native schools were continued by Japanese interpreters, but the schools were conducted in a very half-hearted manner.

Health and Sanitation:

This section has been covered in the report on Japanese-New Guinea Native relations.

Medical Treatment and Supplies:

This section has been generally covered in the report on " Japanese Medical Treatment." However, it is noted that the Japanese medical department of the Army officially gave Dr. BRAUN two bottles of quinine, a few packages of bandages, and a package of gauze during the fifteen months he was interned by them. Moreover, several of the Japanese officers and enlisted men used to come to Dr. BRAUN for a medical check-up rather than go to their own medical officers for sick call. Furthermore, he filled teeth for over 200 Japanese soldiers.

The Japanese medical officers were complacent and indifferent toward Dr. BRAUN's assistance to the missionaries who were injured during the strafing incident just off Wewak, 6 February 1944. Dr. BRAUN was given two packages of bandages and 1 package of gauze to give the wounded patients at Wewak. A few Japanese medical assistants helped bandage the minor cases first, and worked on the more serious cases later. The Japanese medical assistants left for lunch at noon and returned at approximately 4 p.m. In the meantime, the evacuees had received nothing to eat. Dr. BRAUN was not certain whether the Japanese fed the half-castes or not.

The Japanese would not let Mrs. Braun assist in dressing the wounds of the injured at Wewak. The reason -- unknown.

The Japanese troops were supplied with sufficient quinine and atebrine tablets; they were schooled in first aid hints; and they had some black pills which were very effective for dysentery.

Treatment of Prisoners of War and Internees:

Dr. and Mrs. BRAUN were not maltreated physically by the Japanese. However, they were kept almost continuously in a starved condition. Furthermore, they were threatened occasionally that if anyone of them should ever escape, the remainder of them would be killed. On one occasion, when a Japanese soldier threatened to strike Dr. BRAUN, he made the soldier feel very ashamed by telling him that all other Japanese soldiers that he had met were gentlemen.

## IX. ECONOMIC INFORMATION

Agricultural Commodities:

The two large Japanese Farming Companies in control of all Japanese food production in New Guinea are the Mitsui and Mitsubishi outfits. They are in charge of the Japanese gardens, such as the locations of the gardens, care and harvest of the crops, and the distribution of the garden products. The natives formed the chief source of supply of labor for the gardens. They were given little or no pay for their services. However, they were given loincloths, knives and other articles which had been looted from the Mission's storehouses. But when these articles ran out, the natives had to continue working without pay.

The Japanese grew Chinese cabbage, taros, yams, and beans. Furthermore, the Japanese said that they tried to grow cotton in New Guinea but with little success.

At Siar, New Guinea, Japanese agricultural specialists, with college backgrounds, made frequent visits to the Japanese gardens in that area. These agricultural specialists were given the same respect as officers of the Japanese Army.

Communications:

Wireless: Dr. BRAUN stated that the Japanese had a motor-driven machine attached to the wireless which they used when they first arrived in Amele, January, 1943. Also, they strung out their antenna on the ground near the set. Furthermore, the Japanese confiscated all radio sets belonging to the missions in the Madang and Alexishafen areas. Mr. Radke, a member of Dr. BRAUN's group, was forced to repair the receiving sets as long as he could improvise the parts.

Mail: A Japanese soldier informed evacuee that they could not correspond with their friends and relatives at home for three months before they embarked for overseas. And, once they have arrived overseas, they are allowed one post card home every two months. However, the Japanese soldier is allowed to send letters to fellow soldiers in the same or other theaters of war.

Food:

Officially, the Japanese Army assumed a very lax and nonchalant attitude toward the evacuees in regard to their welfare. They were more interested in seeing that they were properly guarded. However, Dr. BRAUN maintained a few fish traps and was able by that method to keep up their meat diet to barely above a malnutrition level. Mrs. Braun sewed and patched clothes for the Japanese soldiers. Some of them, in turn, gave them a few vegetables and fish on the sly. On another occasion, Dr. BRAUN sold a watch to Yamaguchi, an office soldier, for 75 lbs. of rice. Dr. BRAUN and his group had dysentery at first, which was due to eating mostly coconuts. On still other occasions, Japanese soldiers gave the BRAUNs yams and tapioca for dressing their wounds.

Clothing:

The common Japanese soldier had a very limited supply of personal clothing; the officers had more. Mrs. BRAUN spent much of her time patching and mending clothes for both the officers and men.

X. PROPAGANDA AND PSYCHOLOGICAL WARFARE INFORMATION

Allied:

Non-Radio Propaganda: The only instance in which Dr. BRAUN is acquainted is the time when Allied planes dropped leaflets to the natives in the Madang area, requesting them to flee to the hills from the Japanese. Otherwise, they would be punished later if they remained. The natives were confused as to the line of action to take. They knew that they would starve if they fled to the hills, yet they feared reprisals if they stayed at their villages. They remained, for the most part.

Enemy:

Morale of Enemy Forces:

Attitude Toward Capture: Dr. BRAUN said that one Japanese soldier talked to him in private and informed that he would be willing to surrender to the Americans but not to the Chinese. He was a veteran of the Chinese war. Japanese soldiers have stated that if they surrendered they would not be able to return to their homeland. On the other hand, if they were knocked unconscious and captured later, then they would be allowed to return to Korea or Manchuria, but not to Japan. The average Japanese soldier is convinced that the Americans torture their prisoners. They have heard that the Americans ran over Japanese prisoners with their tanks at Buna Buna. Moreover, the Japanese think it is very cowardly for the Americans and Germans to raise their hands and surrender. One Japanese officer told Dr. BRAUN that he was going to study American psychology after the war and try to figure how the American minds work.

Attitude Toward War: The ordinary English-speaking Japanese soldier regards the Emperor as the direct descendant of God and the whole world must come under the control of the Emperor sooner or later. They believe that all industry and resources are held in trust of their Emperor. They realize that United States, Great Britain, and others will not acquiesce to the Japanese plan and, therefore, they must be gained by war.

At Amele, the Japanese soldiers who arrived first were veterans of Malaya and Singapore. New Guinea was the first place where they had encountered real opposition from white men. The soldiers said that they were bound for Port Moresby, that their Emperor instructed them to go to Port Moresby, and also that the war would be over in six months. These first troops were not indoctrinated in the idea of conquering the United States. They were quite satisfied in capturing the Pacific Islands, including Australia, Hawaiian Islands, and Aleutians. However, a few Japanese soldiers said that it would be nice to go to Hollywood to see the beautiful girls.

A Japanese officer informed Dr. BRAUN that at Salamaua and Lae for the first time in Japanese military history a Japanese General retreated. He added, however, that the retreat was strategy only, and not defeat.

Effect of War News: Japanese returning from the defeat south of the Markham Valley seemed to have little effect on the morale of troops in the Madang area.

Effect of Air Raids: At Manam, Dr. BRAUN heard a Japanese officer admit that not only had Japan lost air supremacy, but also naval supremacy.

Protracted bombing raids had a definite effect on the Japanese soldier's morale. They were terror-stricken each time the Allied planes came over. Invariably, the Japanese would all try to get in the same fox hole with the evacuees. It was Dr. BRAUN's impression that the Japanese had a feeling of security in being near the evacuees during a bombing raid. There was a Japanese soldier at Hollandia who had run away from Wewak because of the terrific bombing raids there. He said that he didn't care what punishment he received because he expected to die anyway.

Changes in Morale: At Siar a Sgt. Major of the Kempei stated that all soldiers were ordered to send a lock of hair and some fingernails to their homes to be burned in the shrine in case they did not return. This was in July, 1943. About the same time, Japanese soldiers were saying that it would take 99 years to defeat the white man, and that the war would not be won by them, nor their children, but by their grandchildren. They seemed to take for granted that they would die in New Guinea.

## XI. ATROCITIES:

Hearsay:

Reference is made to the G-2 report made at APO 442 on 5 June, 1944, regarding the Allied flyers reported killed by Allied bombs in late September, 1943. Hearsay from the natives reported that the Sgt. from Friederickburg, Texas, had attended the Lutheran College at Seguin, Texas. It is believed that several of the Siar natives saw the airmen who were caged at Amron. A native from Gragat, named Siming, worked for several years in BRAUN's hospital and is known to be loyal and intelligent. He would be able to assist in locating some Siar native who may know of the executions at Amron.

Reference is also made to the G-2 report made at APO 442 on 5 June 1944 regarding the alleged murders of Rev. M. Dott and W. Wenz. The following is a list of names of natives who may be able to establish definitely whether these two men were killed by the Japanese:

The husband of Dula -- Je-Elso village. (He was in the group with Dott).

Alimel -- of Omeru (He was forced to go to Lae)

Fulalek -- of Oiha

Fafaik -- of Aijob

Siming -- of Gragat

Josef -- of Gragat

Saik -- of Ageru

UD -- of Amele or Je-Elso

XII. PERSONALITIES:

Army Personnel:

Lt. Col. Miasawa -- Intelligence Officer, 45 years, 5'5", 150 lbs., greying hair, no glasses, bow-legged, walks on outside of feet, a mild-mannered man. First Contact - April or May, 1943 at Gragat.

Lt. Col. Yamada -- Intelligence Officer, attached to an Engineer outift, 40-50 years, 5'4", 120 lbs., round face, short mustache, long neck (outstanding juglar veins), no scars or marks, military bearing, wears many cords and tassals on uniform, speaks and understands German and English fairly well.

1st Lt. Muira -- Commanding Officer of an Infantry outfit, 30 years, 5'4", 130-135 lbs., rounded features, bow legged, no distinguishing scars or marks, poor military bearing, lazy, kind man.

Fukuma -- Commanding Officer on Ragetta Island, 1st Lt. insignia with a Captain's rating, 30-35 years, 5'8", 150 lbs., walks with a slouch, can understand a little English, helped secure food for evacuees, kind man.

Japanese Officer (Name unknown) -- 1st Lt., dispatcher for wooden barge section at Madang, 35 years, 5'5", 145 lbs., narrow face, prominent nose, no mustache, no distinguishing scars or marks, neam attitude.

Torino -- Warrant Officer, 28 years, 5'2", 100 lbs., myopic, in the Army for 9 years, had been Cpl. in the Kempei, detached from Kempei, assigned to the Intelligence as interpreter for Col. Miasawa, speaks both English and pidgin-English.

Sgt. Fujimoto -- Interpreter for Yamada, 30-35 years, 5'7", 150 lbs., round face, shifty eyes, arrogant expression on his face, no distinguishing scars or marks, very good knowledge of English, speaks English fairly well, called "swine" by Superior Private Haraguchi, heavy drinker, has visited the United States, described as mean.

Cpl. Yamaguchi -- 25 years, 5'3", 118 lbs., no distinguishing scars or marks, spoke a bit of English, spoke Russian, attended a Methodist mission school in Japan, son of three-star General Yamaguchi; an office soldier.

Sgt. Kasai -- In charge of native relations in Madang area, 30 years, 5'3", 120 lbs., no distinguishing scars or marks, oval type of face, stoopshouldered.

Superior Private Haraguchi -- Interpreter, 27 years, 5'9", 155 lbs., inclined to be knock-kneed, secured food for the evacuees at Ragetta, criticized Japan's policy, liked the Americans and felt sorry for the Koreans; heard from a Kempei that Haraguchi was sent to Palau in Aug or Sept, 1943 to take care of prisoners. Haraguchi was a former government employee in Manchuria.

Kato -- Three-star private, instructor in pidgin-English school at Amron, 29 years, 5'2", 11_ lbs., native of Japan, university education, speaks English and pidgin-English well, very cagey, cunning and mean, and disliked by natives at Ragetta.

## XIII. GENERAL

### Kempei:

The Kempei receives the same pay as flyers and submarine personnel. The Kempei organization is separate from the Army. They can appeal to the Kempei headquarters at Tokyo. Whenever the Kempei is short of personnel they recruit combat soldiers. The regular Kempei soldier, however, receives his police training in Tokyo. They are in charge of all executions, native affairs, and check on soldiers' morale. The average Japanese soldier has a great fear of the Kempei.

### Office Soldiers:

The distinctive mark for these soldiers is the white band on the back of their hats. These soldiers, enlisted men from the ranks of Superior Private to Sgt. Major, are young and brilliant fellows who work for staff officers.

### Japanese Nurses:

Dr. BRAUN stated that he heard several Japanese make the remark that they had nurses at both Wewak and Hollandia. However, Dr. BRAUN did not see any Japanese Nurses.

### Japanese Geisha Girls:

A Japanese officer said that there was a Geisha House at Wewak. Also, that the Japanese were planning to build one at Alexishafen. While at Manam, Dr. BRAUN heard that the Japanese maintained a Geisha House near Rabaul.

### Japanese Brothels:

At Manam, Dr. BRAUN heard a Japanese officer remark that they maintained a brothel at Rabaul.

### Miscellaneous:

Dr. BRAUN was told by a Japanese officer that they still held it against the Germans for the statement made by the Kaiser regarding the "Yellow Peril." Furthermore, the Japanese know of Haushofer and his Geopolitics. They have expressed a dislike for him too.

According to Dr. BRAUN, it was the will of the Japanese officers that the German missionaries get better treatment than the others. But actually, the Japanese common soldier treated all alike, generally speaking.

-CONFIDENTIAL-

Some Observations & Conclusions Regarding
Medical & Dental Care of the Japanese
Troops in New Guinea 1943-1944

By Dr. Theodore Braun, Evacuee from
Hollandia

My first contact with Japanese Army medicine was with the first group we met, "Totori" who were labeled as "famous and ruthless", veterans of the Central China and Malayan Campaigns. Their clothing needed repairs. The medical officer was gruff and barbaric with his men. For minor surgical work on enlisted men he made no attempts at sterility or asepsis. For officers he boiled and sterilized harder and more than seemed necessary to me.

I was ordered to help with the dispensary treatment of the soldiers and it only took a few days and Nishijima San, the medical officer (1st Lieut), had only very few patients at sick call in the morning. The soldiers came around later and asked me to treat them because, as they explained in their middle school English "You have much kindness." A captain of an Infantry unit came around, and not through "channels" asked me if I would perform a hemorrhoidectomy on him. When I told him that they certainly had surgeons and hospitals he told me through his interpreter "no Japanese Army surgeon was going to perform an operation of election on him. An operation in Kobe or Tokyo, yes. But in the Army, never."

The Japanese at first did not value the hospital as a unit, or care for the medical supplies as such. Uncut bolts of gauze were made into mosquito nets for the officers (they had green ones, but felt white ones were more becoming to their rank). Japanese medical officers dished out surgical equipment to soldiers who were not medics, for the asking. The Japanese M.D.'s stole all my books dealing with tropical medicine in spite of sneers that we Americans were behind the time medically.

Though they told us Amele would remain a Japanese Army base, the latrine the officers used was soon filthy and the whole grounds became polluted with Japanese feces. I put in more effort at sanitary policing than the Japanese officer in charge.

In treatment, the higher rank preceded the lower. They had many dental cavities and ordered me to start fixing soldiers' teeth. If a private sat in the chair and a non-commissioned soldier would come in the enlisted man would get up even if I was just ready to put in the filling. In like manner a Sgt. Major would jump out of the chair for a Lieutenant.

The first cases of scabies contracted in New Guinea were not recognized by the Japanese. I counted one medical officer and 14 non-coms among the medics who seemingly knew of Noguchi as the "greatest bacteriologist who ever lived."

Naturally, from those experiences I had with them during the first weeks I formed certain deductions. I did not change them during the entire sixteen months I spent with them though I tried to remain objective.

I did not get to know any Japanese doctors intimately. They tried to show their disdain for the white man and they succeeded. From the fighter pilot who, it was claimed, had four Fortresses to his credit, who was the idol of all Japanese soldiers, and who also tried to see if I would jump when he fired a pistol behind my back (I didn't), down to the M.C. of a commissary battalion who said "Tcha" in amazement when he saw me powder sulfa tablets and strew it in an open wound.

Although I felt certain that the white wound salve some Japanese commands use is a sulfa salve, I inquired and found that the Japanese enlisted men did not know of it.

Medical intelligence was not spread from division to division though they were staged in adjacent areas. Intelligence as to the prevalence of leprosy in a certain area was not passed on to the next group. I saw one Japanese medical officer miss an outspoken case of neural leprosy.

The attitude of a Japanese medical officer to his patients was that of the superior officer to low ranking beings in general. With the exception of one anti-aircraft medical officer whose interest extended even to the local natives I saw no sign of attachment of medical officers to their enlisted men, although it is by no means uncommon to see it in other junior officers.

Their attitude toward injured personnel who might become cripples is this. A cripple will become a burden to the emperor, so it is better if he die. I heard this from medical officers and from enlisted men repeatedly. One time I reported a Japanese three star private with mitral regurgitation. I suspect tuberculosis patients were hurriedly evacuated though. I was told that he would die anyway and might just as well die in the army. He was not relieved. Also, one non-com, Kaboyasi (?) whose father had been a liberal cabinet member and who I was told would be an officer if his father had a "clean record", received braces for some orthopedic ailment. He, however, was not sent home. Toward wounded men they acted callous.

I met some M.D.'s who were interested in medical research. Some wrote to me to get information on "scrub-typhus" or "Akakamushi" fever. One rather despondent professor of Otloryngology of the Imperial University of Tokyo who was attached to a line regiment told me he could do nothing in his specialty as he did not even have a laryngal mirror. He had very little equipment to treat his men, had come upon a set of tuning forks (probably mine) and to pass his time was checking up on the pitch of relative deafness inherent to malaria in soldiers who had failed to take malaria suppressives, and that due to quinine and massive atebrine therapy. His results were:

X -- deafness due to malaria

Y - deafness due to atebrine therapy and quinine

I was told they had some research groups in the East Indies. However, the research minded Japanese was a rare bird.

Many up to the rank of 1st Lieutenant had not finished their medical course and the Japanese Universities were giving out diplomas to men after a certain length of service and for a thesis on some medical subject. The Japanese tried not to give me any information on new remedies. One had tried to tell me something once and was stopped by an Intelligence Officer. They felt, however, that in a quinine Urethane Cum Caffeine compound in ampules called "Bagnon", they had achieved wonders in malaria therapy. The soldiers were not very fond of it though.

The Japanese showed by their attitude that I was to feel inferior because of my race. Toward us as a group they were uninterested. It was only when I told them I had no more remedies to treat their dispensary cases that I got a few medical supplies.

The Japanese soldier, however, was not so convinced that the "white doctor" was inferior. At Hollandia they passed a Japanese medical station to get me to treat an anti-aircraft soldier. They felt that their nurses were far superior to ours, and for some reason much more patriotic. I never saw any. Neither did I ever see a hospital in operation. Some of the smaller ones had three or four medical men. They used existing mission houses, native huts, etc. at times as their hospitals.

Diseases which affected the Japanese troops in great numbers were:

Dengue--for which they had the same treatment as we have.

Dysentery--for which they took no prophylactic measures. They had some "creosote pills" which were quite efficient in cases of mucous diarrhea. The soldiers were isolated in huts uncared for, and I heard they had many deaths due to it (Hansa Bay and Madang areas).

Skin infections--mainly scabies, tinea circinata and infected ulcers. At first they had no large supplies of anti-scabetic remedies. Later they had it in profusion.

Malaria--there was relatively little except among landing barge soldiers who found putting up mosquito bars too inconvenient and who told me they didn't like anti-malarial drugs.

Taking of anti-malarial remedies was left to the soldiers. They took 0.2 grams quinine daily and on every tenth day three doses of atebrine. (4 or 6 tablets during the day). They were supposed to take plasmoquinine every two months but I could find none who admitted of having taken it. Their dental care was poor. Very many bad carious cavities which were temporarily filled with "carbol-eugenol" and gutta percha in Palau on their way to New Guinea. In answer to the question "have you no dentists" the usual answer was "Arimasen" or "there are none." However, I heard of four separate ones among representatives of what I guessed were 50,000 Japanese troops. The average Japanese M.D. feels it much below his dignity to even extract a loose stump. Many gold crowns are pre-war and were put over sound teeth for the beauty of it.

Contrary to what might be thought their dietary precautions were good. Their meat allowance was to be half a pound a day per man. And in Hollandia they got it. There was variety of meats or fish, dehydrated vegetables, salted fruits, candy, and biscuits. Any soldier who did not get green vegetables was to take 15 yeast tablets daily. The enlisted man did not like the taste and usually threw them away, though they were issued. All troops were asked to grow silver beets as vegetables if they remained long at any place and there were gardeners who inspected the gardens.

The medical equipment was good. The drugs and supplies of gauze was of high grade. Often time the quantities the troops had at their disposal were small. They had great faith in acriflavin impregnated gauze. There was also a pink gauze which I could not identify.

During the early part of the war some medical officers were gleeful that the Americans had no quinine and apparently no atebrine. "Now we", they would tell me, "could fight a tropical war even without Java in our possession since we have much atebrine."

They had great faith in intravenous calcium therapy. Feeling, as I understood them, that it would increase their manly potence. Where they were to use it I don't know, as they were terrified lest their venereal disease would be discovered. As the death penalty was threatened for rape in New Guinea. Even Kempeis told me never to report a soldier with V.D. and they are no soft boys by any means if it comes to punishing soldiers.

The most astounding thing to me was their failure to provide anti-septics for their latrines either cresol or chlorinated lime. The slit latrines were always fouled, and every place surrounding their camps showed feces in the most unexpected places. I saw several half-hearted attempts to dig latrines but the urgency for that did not seem as great as for deep shelters against our strafing raids. Though they had dysentery deaths right along, they were just too lazy.

The troops wasted bandages. (They were saving in the use of adhesive tape though for some reason unknown to me). And their issues of salves, drugs, etc. were soon filthy. They had had rather extensive drill in first aid for fractures, wounds and hemorrhage but apparently none in asepsis. However, any epidemic of colds was productive of bringing out many Japanese soldiers with gauze masks, often put on in a most ineffective manner.

Undoubtedly their larger base hospitals were run along different lines. However, I never saw them.

There are men in the Japanese Army, Shinto-Jingoists, who feel Western medicine is not proper for the Japanese. The Japanese medical profession would have to be taught a sharp lesson some day for ignoring the virtues of Japanese earths, herbs and waters. Much of this type of drug, put up in good packings and bottles, was distributed among troops to cure them of pulmonary or any other ailments with Japanese drugs for Japanese patent remedies. One adherent of this line of thought had quite an extensive practice of his own. I met non-coms and junior officers who looked upon him as medical authority for internal diseases. I was told an influential man who was touring China at the time was a chief manufacturer of this type of drug. And there was hope that they would soon become army issue. To me Japanese medical officers sneered at the remedies but one recognized one, "radiola" for lung and liver disease by the shake of the bottle.

In summary, I feel they had more equipment and knowledge at their disposal than they made use of. They are lethargic; when not in actual combat they are lazy if no one on top cracks the whip. It was not only the case that they all figured on dying in New Guinea. They were the same way when they thought they would have victory in a few months time.

Some Observations & Conclusions Regarding
The New Guinea Natives under Japanese
Military Domination in 1943-44

By Dr. Theodore Braun, Evacuee
from Hollandia

Before the Japanese came to the Madang area the Japanese were expected in spite of a speech by the current Madang District Officer to the assembled Luluais and Tultuls, telling them that the flag flying on the mast would never be taken down. The thing was in the air. When the Japanese had landed in more distant parts of New Guinea, native laborers from Rabaul and the goldfields area came through to Madang, telling of how the Japanese stole pigs and chickens, and how many of them had worked without pay.

Those adhering to mission societies of course, knew that the Japanese were heathen and those of our mission had been told of Sun and Emperor worship, and attention was drawn to the parallel of that and the Emperor worship insisted upon by the Roman Emperors of apostolic times. Professed heathen cautiously expressed the view that the ancestors might be coming. Among these men were some leaders appointed by the authorities to offset too great " mission influence". In general, the attitude was one of expectant waiting and the feeling that hard times were ahead. Some dissatisfaction had been created by some, by no means all, members of the NGVR, later ANGAU, because of forcing natives to carry and work without pay and preventing urgent field work, and because the natives had to provide food for the native women in the camp held by whites and native constabulary who did not raise a finger to work. They expected nothing better from the Japanese, but they were disgusted by the prospects of war in New Guinea.

## I. THE JAPANESE APPROACH

In Madang and the Gum River the Japanese landed with dramatic suddenness. And before 15 hours were up, the natives came to Amele (12 miles) and told us that they had landed. Some had been grabbed to carry cargo from the beach. One man who had stumbled on to a group of invaders had been tied to a tree for the night. The first chickens and pigs seen were immediately slaughtered, and that without as much as a thank you. There were none who could speak pidgin English and communication was difficult, we were told. Their popularity was like that of a man who would steal half the pigs of an Iowa farmer. This was before the first day was up.

The natives were in part left alone. In part rounded up by Japanese soldiers who motioned gestures and were able to say: "Hu, Hu." Villages where the Japanese had not been to yet, started eating their own pigs and killing chickens. (For some reason unknown to me, the Japanese does not like to eat roosters and the natives had even heard that from Rabaul escapees.).

Before many days other reports came in that missionaries were tied up and marched around for the delight of Japanese troops. In our hospital we started moving drugs and equipment out for the use of the native population. We told them that it was our duty to stay even in the face of danger as there had been no order for us to leave. (We had also expected our native evangelists to remain at their posts among wild tribes at the danger of their own lives and they had usually done so.) We hoped to help save the white man's face. Upon leaving Madang the District Officer had told the natives that he would be back within two months time, a remark we were reminded of months later by the natives. When a native managed to steal a few words with us, the natives expressed worry. Except for plundering of their property and forced labor without pay, they were not mistreated. In isolated instances some officers checked their soldiers from entering houses. This was the general situation in the Madang area.

In the Finschhafen area the natives I talked to during my stay there, reported a similar reception with less forced labor than in Madang.

In Hollandia most local natives had left. They were forbidden to communicate or hold traffic with us. In addition, we understood no Malayan pidgin. However, while discussing the empty native huts, Nishira, our interpreter, told us that the bulk of the natives had fled to the hills and behind the swamp areas soon after the first Japanese patrols landed. That they had contacted those of several villages where they had congregated relatively recently. He gave the names of six groups, the names of which I cannot remember any more. (For my benefit he also told me there were military guards on the roads). The population apparently was less (except in the Lake Centani direction) than in the Madang region. There was forced labor from ' . Vanimo and other places along the Aitape coast line to fill their need for manual labor.

II. NATIVE GOVERNMENT

MADANG--At first no effort was made to do much of anything. The natives were summoned together and told they must supply food; that this was war and they had no time to pay. Any Japanese officer or even soldier would grab a native and say: "Boy, Boy" and gesture as to what he wanted. Even after several months there were no piggin speaking Japanese in the Madang area as far as the natives I could contact knew.

Several months later I was told by Japanese intelligence officers that they had decided to leave the old Luluais and Tultuls in charge, that they were in part fine men, some others were passable and that they contemplated no marked changes. However, they tried to contact Christian leaders also and tried to placate them by telling them that we might be released at some future date. Most of them told us they doubted that. Though I heard they had got the Umum natives to build a house for them on the promise it was for my wife and me.

Some natives who understood the jargon they spoke more readily, were appointed as interpreters. So that up to September 1943 there were no new leaders in the Madang area.

The two older of my native medical assistants had been giving anti-yaws treatment and were doing minor surgery in hiding. As things got "hot" they reported to some Japanese authorities and after inspection by Japanese medics they were allowed to continue their work and at first were allowed to go into the hinterland of Nobonob, the islands before Madang, the Keku territory.

At first control of native affairs was given to interpreters of detachments stationed in the particular areas. After some time "office soldiers" from the Intelligence took charge. From about June 1943 on the Madang area natives were all put under Kempei jurisdiction only. The Japanese did not meddle in native squabbles in regard to marriage and other difficulties but let them settle their own internal affairs.

FINSCHHAFEN--Did not ask. Presumably similar to Madang.

MANAM--Similar to Madang. However, the Kempeis came much sooner. The Luluais were held responsible. Tultuls were aided by other men who were slapped and kicked about, or tied up for a few days. Then, sometimes, they were disposed and others got the interpreter's armband, or whatever it was that they represented. The Japanese called all village officials Captains and tried to make the natives believe that we had committed wrong by not addressing them as mister.

HOLLANDIA--Do not know. The Malayans seemed to be used as liaison men to some degree. It was noticeable though that the Constabulary had retained the right to wear a bush knife and a shotgun (may have been for hunting game). The Madang Constabulary was not trusted to that degree.

## III. RECRUITING OF NATIVE LABOR

The Japanese at first simply rounded up men where they found them and under threats with a bayonet forced them to shoulder packs. They threatened them that older men would be responsible. They went to the clumsy expedient of putting cloth bands around the victims arms, which the young men tore off and threw away. Later the Japanese marked the natives with indelible dyes such as violet. And if the Japanese said that 20 boys must be forthcoming, there was no choice.

In some places officers of some detachments would take the village roll book away. The next group that came had no censor's list. Those natives who lived along the roadway who were used most, were forced to work continually at first. Later on friends from adjoining areas tried to help out to prevent those so exposed from starvation due to lack of field work. There was no recruiting. The Japanese employed a native police boy from O-U village. He told us that he didn't want to work for them but that he had to. We told him that we could not help him out either and that we felt sure the Australians would understand his dilemma. That was before the natives had any indication which way the war would turn out. Talking with another native from Siar who was forced to be a messenger boy at Amron for the Kempeis told me that Mr. Oakley had promised to be back in two months. And now they were dropping leaflets which stated that those who worked for the Japanese would be punished. But the natives had to work for the Australians when they often times did not like it. And the same reasons which forced them then were forcing them now and the native thought the Australian officials should know enough about New Guinea to realize it. The natives wanted to get away from the islands but got no permission. Natives made disrespectful grimmaces at the Japanese when they were not looking to show us their contempt. Also at Amele, Gragat, Siar, Manam and Hansa Bay. And even an armed native constable in Hollandia did that while the Japanese was not looking.

The administrative set-up in the Madang area was that some Japanese would sit in a native village, learn pidgin or improve that which he had learned in the pidgin school, and through conversation find out everything he possibly could of the natives thoughts, likes and dislikes. They feigned consternation if some officer or non-com stole something or chopped down a fruit tree or robbed the tobacco crop and say the big Captain would punish the evil-doer. They were not ashamed to beg or steal. The n tives knew they were liars.

These men received their orders from higher up. Further details I was not able to elicit as both we and the natives were threatened dire punishment if caught in conversation. We were forbidden to speak native vernacular languages. A Japanese was to overhear every conversation. But at times we managed. The Japanese used the threat of killing us if we did not obey their will. These threats were made on Ragetta, Siar and also Manam Island.

## IV. NATIVE LABOR CONDITIONS

In the Madang area during the period of our confinement there, all the labor was forced. The Japanese came to different villages and would demand so and so many hands, or else. The elder people and those concerned could but try to put up a just selection. Even in instances where natives were cook boys, they were forced into it. One native of Gragat was elected for the job just because a Japanese interpreter stumbled onto the discovery that he held that post for Mr. Radke (one of the men of our mission). After several months time the natives were paid in invasion money at the end of the week or two weekly periods. They, however, could buy nothing for it after the loin cloths at the former mission stations had been dished out. At that, we had told the natives that anything which they could filch off from our stations, such as kerosene, watches, nails, clothing, knives, etc., were theirs. We had come to serve them and not the Japanese. At one time a native offered me a handful of invasion money, asking me if we could do something with it. We accepted and tried but had the same luck as the natives. The next time I told a native who offered me of the money to use it as toilet paper instead of wakao leaves. In Manam Island also we (protestants) were offered a handful of invasion money. The native offering it told us they could only buy soap for it. No food, no cloth material and no matches. Although through Japanese soldiers (privates) they became acquainted with them and were able to barter for tin food, cigarettes and at times the Japanese soldiers would accept invasion money, but preferred Australian coins.

I, personally, heard no one native who had volunteered his employment in the Madang or Manam area, and I have asked specifically about that.

The natives were forced to run errands, sail canoes, unload craft, especially to cut kunai grass from runways or landing strips, dig air raid shelters for the Japanese, and cut roads. At one time they cut the grass in Madang town and built huts for the Japanese on the statement that they had done that for the Australians too and plant gardens.

Labor had been rounded up from places as far as Meginan. One thousand boys from Karkar Island had been driven together to work at Amron and vicinity. They were always in danger of our bombing raids.

Food was brought by the natives who worked without payment from Karkar to Madang. (They were allowed to barter some native leaf tobacco with their mainland friends). Usually the village supplying the labor had to supply the food for the absentee workers and in addition supplement the food of Japanese posts stationed at or near the villages. While at Manam some boys were told to go and provision themselves for a three week's stay at the airstrip at Hansa. Due to lack of barges the Japanese kept them four weeks, but gave them no food. Some of the native boys told us they begged Japanese soldiers who were throwing away half kerosene tins full of rice into the sea for the rice. But they were chased off and told cocoanuts were food for "New Guinea boy."

The Japanese soldier is lazy and the natives made full use of that. And they sat down too. As they were getting nothing of value in return they loafed on jobs where there was no great danger of death from our planes. Occasionally, the Japanese handed out cigarettes to the natives. Most of them were of Malayan variety; however, occasionally, there was an American brand of cigarettes included. It is presumed that they were plundered from the Philippine Islands. In carrying cargo, however, the natives were annoyed by the frequent rest periods of the military guards as the New Guinea-ite likes to carry long stretches at a relatively fast rate, in order to get the thing over with.

Clothing was given rarely and sporadically for services in labor or for invasion currency. More astute Japanese who were desirous of winning native confidence were responsible for that. However, there were no stores. Appointees as constabulary were dressed in khaki with red trimmings. And their salute was returned by a salute or bow. Shelters the natives had to build themselves throughout. There were no attempts at sanitation enforced.

Medical treatment was not furnished. I know of one case where a medical officer of an anti-aircraft battery on Mililat cared for the natives medically. They allowed my former medical assistants to carry on work but I was told the Japanese were continually commandeering their meager supplies of mercurochrome, etc., and that they estimated by Christmas 1943 they would have to discontinue work.

Natives wounded in air raids in Japanese infested villages received first aid. There was no hospitalization. Vanimo natives working for the Japanese were left to die or get well in isolation huts built by their fellow laborers without any medical attention whatever.

Naturally, the Japanese could not trust labor kept that way. They took a lot of verbal insults from the natives. If the natives got too deep into their hides they were thrown around with judo grips and holds, tied up and beaten. Kempeis dealt out slaps in the face frequently. The Japanese would usually take statements from the natives like "Du long long man tru." (you are truly crazy) with a silly smile.

There was no uniform time schedule, there were no uniform laws, only the uniform manner of exploitation and the ill-hidden surprise at the fact that they were not treated as liberators. That was the attitude of the average Japanese enlisted man.

V. NATIVE ATTITUDE

My impression is that the bulk of the native population had planned to be indifferent. After all, the adults had been German, then Australian subjects in their own life time without having been asked pro or con. They knew the white man and were rather timorous of trading him for an unknown master of the yellow race. Many Chinamen had been liked, but had not received much respect from the former whites.

Among the heathen, those who for various reasons refused the Christian message some had for years, as far back as 1930 at least, been waiting for a return of the ancestors who would see to the just distribution of the gifts the white man was arrogating for himself. As stated before, some of those men who while they had the highest confidence of the authorities had kept their views to themselves and their friends fairly well. Naturally they were anxious to see if their concept of a millenium would not be brought about (Millenianism or Chiliasm was in the dogma of only one small group of missionaries operating in New Guinea and was contra to the teaching of most. So it was not a perverted concept carried over from the missionaries).

The first hostile reaction toward the Japanese I observed was at our confinement. The second was when Mr. Dott and Wenz disappeared. Most of the natives broke away and said: If they kill our missionaries we won't work for them. All were disgusted at the thievery, lack of organization, and stupidity in bushcraft, etc. of the typical Japanese. Also, about their filthiness (though they themselves are not too virtuous in that line).

As we found out, even the heathen felt sorry for us who were interned. When one of our planes crashed a Major, Captain (?), and a Sgt. Maj. were picked up by Pai Island natives; they told the flyers there was no possibility of escape but they urged them to eat all the native food they could get down. The natives told them that they would be very hungry soon. A few minutes later Kempeis came to the island to pick them up.

Since the Japanese talked so much about America and even Australians and the Germans in our camp were labeled as such, natives talking to us expected confidently that the "America man" would liberate them.

The native did not dare to show open hostility. However, the people of the Keku-Bogadjim territory fled into the uninhabited bush country east of the Mindjim river. They were the only ones in the Madang area able to do so for geographical reasons. The Gragat and [illegible] begged to be allowed to go to the mainland but were refused gruffly. The Kempeis told me that *similar cases happened in Finschhafen*. We were responsible. However, one Intelligence Lt. Col. admitted that the Dott, Wenz affair may have had something to do with it. Since the Amele natives were causing trouble in regard to Welch, my wife and me, a native Saik, from Ageru was allowed to view us. When he saw our haggard faces he cried and was rushed off by guards and that was the last of that.

In Manam the natives were unable to get away. However, near Bogia I was told some villages had cleared out. There were only a half dozen or so Japanese at our camp and three or four Manam men who came to the bush to talk to us told us in case of a sudden American landing they would take care of the few Japanese before an American ever got a chance to do so.

In Hollandia I just heard from the interpreter that the natives had fled early in the war.

The native weighed his experiences with white and yellow and found the Japanese wanting, only that their women were unmolested up to the time we left Madang and Manam was in the Japanese favor.

I heard of no cases of natives spying for the Japanese. I did hear though that police boys who had gone home (nostalgic) from the Wahgi-Mt. Hagen area had spilled valuable information. One Rabaul Police Boy was captured by the Japanese and confined with the Siar people. He told us he was not particularly ill treated. The Kempeis one time complained that the natives did not work for them as freely as for the white man. I could not say there were none who spied for them. But I am certain that there were indeed very, very few from the Madang area up to the time we left. Not knowing the Manams w. we were not certain but I doubt if they had any spies from there. Father Lutmer, who unfortunately was killed on the transport ship, said there were some. On what basis I do not know. He had some freedom of traveling in the territory.

## VI. JAPANESE PROPAGANDA AND EDUCATION

The general line was that they were brothers, much closer to them than the white. That did not make much impression, and they accused one of our men that the natives nearly worshipped him. They tackled the religious issues cautiously and where they felt the Christian sentiment was strong allowed baptisms. They forbade village schools in native language though, and made half-hearted attempts at Japanese schools. Japanese interpreters were usually the school instructors. However, the Japanese had inspectors who checked on the progress of the new schools. Only children attended the schools. In places like Kauris, the Siars told us, where the village as such had rejected Christianity, Sun worship was instituted. We told the Siars that that probably hung together with their ancestor returning hopes.

The Japanese wormed out stories of bad deeds in behavior of former white residents and dwelt upon them. And some tried to ingratiate themselves with talking companionship, less forced labor, with certain leading natives. That is all I heard about either in Madang or Manam.

In the Finschhafen area I believe it was the same.

In Hollandia it appeared to me (no proof, however) that they courted the favor of the Malayans rather than that of the native population.

In regard to our own pamphlet propaganda the natives regretted the lack of understanding to their plight. (I heard this from the Madang natives).

VII. NATIVE MORALE

They felt depressed and feared actual battle in their area. Many at least did not think the Japanese would hold the territory. It was dangerous for us to be too inquisitive as inadvertantly our conversation might leak out.

The Japanese wherever we were did nothing for native recreation. Of course they were ordered to dance at the whim of every Japanese officer. I was told that was first done for them in the Cape Croiselles region by some natives who sought to curry Japanese favor and appeasement. The Japanese liked it and sometimes gave rice in return. There were no movies or other type of entertainment. They promised brothels the time they once got well established in New Guinea.

VIII. NATIVE PERSONALITIES

One native was ever mentioned to me as seeking out the Japanese and offering to work for them. That was TAGALOF, better known as Magis of Mirjuk. Formerly a chief native confident of the District Officer, Mr. Oakly. For years this native had been promising better times, when the ancestors or at least their "cargo" came. He had quite a following in the Kauris village where sun worship was started.

No natives volunteered as guides to Amele, or Amele to Keku, Amele to Belin. The Japanese seized some boy and told him; "go, go, Keku go" and threatened with bayonet.

GULUMAN of Gragat (Luluai) worked with the Japanese but by the expression on his face, he was not very happy. He would not risk speaking to us. I presume he was under pressure.

KASAU (Luluai) of Bilibil worked for the Japanese and led them to the Pai Coast. He also was a "cargo from ancesters" man and always curried favor of those in power. However, I think he always showed a sense for the welfare of his village and was in all probability under some pressure. He did not seem happy the time I saw him.

A former police boy from O-U (forgot his name) who was told he would be brought home from dangerous Rabaul bombing to safe Madang for doing constabulary work. He was able to speak to Welsch and me and apologized to us for working for the Japanese.

ALOIS of Siar was forced to do liaison work (native to Japanese officials) and act as errand boy.

I have forgotten the names of others at Manam in similar situations as those in Madang.

As definitely hostile to the Japanese, I heard no names. Some of the Tultuls and Luluais of the Keku area were denounced as such. They ran away when called to second meeting. One, an elderly Luluai who was also Christian elder, and Guenas Luluai in the same area were mentioned by name.

Finschhafen and Pai Coast natives were roundly denounced by the Japanese.

Of the Hollandia area I know nothing except that the Japanese did not trust them.

The Japanese also reported attacks on their patrols, probably banana stealing ones, in the Adelbert mountain foothills.

IX. GENERAL

Mr. S. Haraguchi told me once in a despondent mood: "We (Japanese) are making the same mistakes in New Guinea as in Formosa, Korea, and Manchukuo. The natives hate us. The work of months to gain their confidence can be undone in a few days by the wrong men."

3급 비밀

복사본 5호

일반참모 사무소, G-2

본부, 미극동육군

A.P.O. 501

1944년 9월 4일

심문보고서 158호.

1. 이 보고서는 1944년 4월 25일 미군 부대에 의해 홀랜디아(Hollandia)에서 피난한 선교사이자 의사인 씨어도어 조지 브라운(THEODORE GEORGE BRAUN)를 심문한 내용을 담고 있다.

2. 이 보고서의 정보는 온전히 심문에 기반하여 작성되었으며 이를 고려하여 평가해야 한다.

존 N.어윈 2세(JOHN N. IRWIN, II),
중령 일반참모(Lt. Col., G.S.C.),
일반참모 대리(Acting A.C. of S.), G-2.

심문 장소: 제 85 군병원, APO 923
심문 날짜: 1944년 8월 10-13, 15일

3급 비밀

## 심문보고서 158호.

I. 인적 사항

| | | |
|---|---|---|
| 이름 | : | 씨어도어 조지 브라운(THEODORE GEORGE BRAUN) |
| 나이 | : | 41세 |
| 성별 | : | 남성 |
| 인종 | : | 백인 |
| 국적 | : | 미국 |
| 태어난 날짜와 장소 | : | 1903년 3월 29일; 웨이어츠(Weyerts), 네브라스카 |
| 교육 | : | 1910-1918 중등학교, 크렘(Krem), 북다코타 |
| | | 1918-1922 유레카 루테란 아카데미(Eureka Lutheran Academy), 유레카, 남다코타. |
| | | 1922-1924 워트버그(Wartburg) 대학교, 클린턴, 아이오와 예비 의대 |
| | | 1924-1925 아이오와 대학교, 아이오와 시, 아이오와 예비 의대 |
| | | 1925-1927 남다코타 대학교, 버밀리언(Vermillion), 남다코타, 의대 |
| | | 1927-1929 시카고 대학교, 시카고, 일리노이, 의대 |
| | | 1929-1930 튀빙엔(Tuebingen) 대학교, 우텐버그(Wurtenburg), 독일, 열대병 수술 |
| | | 1937-1937 콜롬비아 대학교, 뉴욕시, 대학원 수료, 약학과 수술 |
| 현재 지위 | : | |
| 직업 | : | 네덜란드 뉴기니, 홀랜디아에서 미군에 의해 해방된 선교사 |
| 개인 특징 | : | 의사 |
| | | 키 5'9" 몸무게 160 lbs |
| | | 머리카락 갈색 눈 갈색 |

| | | |
|---|---|---|
| 건강 상태 | : | 피부 붉은 혈색 체형 보통 |
| 신원 확인 특징 | : | 좋음.<br>여권 번호 43745번, 워싱턴 D.C.에서 1937년 6월 15일 발행. |

1944년 8월 10-13, 15일에 제 85 군병원, APO 923에서 심문. REG/efs

지적 수준과 신뢰도에 대한 평가:

브라운 의사의 신중함과 진실성, 충직함은 나무랄 데 없다. 그의 일본군 포로 경험들은 굉장히 많은 부분 마일드(Mild), 하퍼맨(Haferman), 마거(Mager)에 의해 입증되었다. 지적 수준은 우수하다. 비록 브라운 의사가 종종 일본군에게 의학적 도움을 제공하였지만 그것은 그의 팀이 굶주려 죽지 않기 위해서였다.

II. 시기순 기록

| | |
|---|---|
| 1930년 | 뉴기니의 핀샤펜(Finschhafen)에 도착. 미국 루터 교회에 의사로 고용. |
| 1933년 | 마당(Madang)으로 전근. 의사 근무 지속. |
| 1936-1937년 | 미국으로 휴가. |
| 1937-1943년 | 마당에서 의사 근무 지속. |
| 1943년 1월 1일 | 아메레역(Amele Station)에서 일본군에게 포획. |
| 1943년 2월 20일 | 라게타섬(Ragetta Island)로 이동 (그라갓섬(Gragat Island)으로도 알려져있음) |
| 1943년 8월 7-10일 | 시아섬(Siar Island)으로 이동 |
| 1943년 10월 24일 | 부나분(Bunabun) 행. |
| 1943년 10월 25일 | 마남섬(Manam Island)로 보내짐. |
| 1943년 2월 3일 | 한사(Hansa)로 이동 |
| 1943년 2월 6일 | 웨와크(Wewak) |
| 1943년 2월 8일 | 홀란디아로 이동 |
| 1943년 4월 25일 | 미군 부대에게 구출됨. |

(중략)

XIII. 일반

(중략)

일본인 간호사:

브라운 의사는 몇몇의 일본인들에게 웨와크와 홀랜디아에 모두 간호사를 배치하고 있다는 말을 들었다고 진술한다. 그러나 브라운 의사는 한 명의 일본인 간호사도 본 적이 없다.

일본인 위안부(Geisha Girls):

**한 일본인 장교가 웨와크에 위안소(Geisha House)가 있으며 알렉시아펜(Alexishafen)에도 하나를 지을 계획이라고 말했다. 마남(Manam)에 있는 동안 브라운 의사는 일본군이 라바울에서 위안소(Geisha House)를 운영하고 있다고 들었다.**

일본군 위안소(Brothels):

**마남에 있는 동안 브라운 의사는 일본군 장교에게 그들이 라바울에 위안소(brothel)를 운영하고 있다는 말을 들었다.**

# 37

**S-11414**

**RG 457 Entry A1 9032 Box 900**

연합군은 전쟁 초기부터 일본의 암호화된 무선 통신을 감청하여 첩보에 활용했다. 무선 통신에는 매우 중요한 군사적 정보로부터 사소한 내용까지 여러 가지 내용이 담겨 있었고, 연합군은 이 정보들을 선별하고 번역해 최고 비밀로 분류하였다. 이 문서는 그 같은 암호문 중 하나로, 1945년 당시 몽강연합자치정부의 수도였던 칼간(현재 장자커우) 주둔 일본군이 경성으로 보낸 것이다. 몽강연합자치정부는 내몽고를 지배할 목적으로 일제가 1939년 수립한 것으로, 실질적으로는 관동군의 명령을 받는 일본의 괴뢰국이었다. 몽강연합자치정부는 자체적인 군대를 보유하고 있었으나, 일본군 26사단 외 소규모 부대들이 주둔하고 있었다. 1945년 6월 4일 작성된 이 암호문에 따르면 칼간 주둔 일본군은 '위안부' 동원을 위한 자금(7만 6천엔)을 5월 1일 몽강은행에서 경성은행에 보냈으나, 이를 돌려달라고 요청했다. 이 같은 요청에 대한 조선총독부의 답변은 이어지는 38번과 39번 문서를 통해 확인할 수 있다.

WAR DEPARTMENT

TOP SECRET ULTRA

TOP SECRET ULTRA

S-Series
SJM

15 JUNE 1945

S-11414
KALGAN - KEIJO JAH WS 13674 4 JUNE 1945
13846
013 Priority

The Army has made an urgent request for the money for the importation of prostitutes, a sum which was sent to you as follows on 1 May. Please use your special good offices to pay the entire amount.

Remitter, OKAMOTO SHIGEJI.
Recipient, same.
Amount, (?76,000?) Yen.
Bank on which drawn, Bank of MENGCHIANG[a], --1G-- bureau.
Addressee, --1G-- (?KEIJŌ NATIONAL BANK?)[b] branch.
(CT)

a. MŌKYŌ GINKŌ.
b. KEIJŌ (?NAIKOKU?) GINKŌ.

S-11415
SHANGHAI - TOKYO JAH WS 13935 6 JUNE 1945
13853
H-975 Priority

In our wire (?6?)97,[a] in reply to your wire 565[b] which requested that Technical Expert WATANABE (KOZO) of the business office here (?be restored?) to the Railway General Affairs Bureau we stated that we had no objections but if it were possible to send a successor, we would like you to consider a specialist in the field of commercial transport. Please send later developments by wire in reply.
(CT)

a. Not available, 797 possible; but unreadable.
b. Not available.
c. TETSUDŌ SŌKYOKU.

TOP SECRET ULTRA

TOP SECRET ULTRA

WAR DEPARTMENT

전쟁부(WAR DEPARTMENT)

최상급 비밀

S-시리즈
SJM

1945년 6월 15일

S-11414

칼간(KALGAN, 현재 장자커우) - 경성(KEIJO) JAH WS 13674 1945년 6월 4일

013 우선 취급 13846

**군은 위안부(prostitutes)의 동원(importation)을 위해 급하게 돈을 요구했고, 5월 1일 아래와 같은 금액을 보냈습니다. 특별사무소를 이용해 전액을 지불해주시기 바랍니다.**

송금인, 오카모토 시게지(Okamoto Shigeji).

수취인, 위와 같음.

액수, (?76,000?) 엔.

출금 은행, 몽강은행(Bank of MENGCHIANG[a])

--1G— 국.

주소, --1G-- (?경성 국립은행(KEIJŌ NATIONAL BANK?)[b] 지부

(CT)

a. 몽강은행. (MŌKYŌ GINKŌ)

b. 경성(?내국?)은행. (KEIJŌ (?NAITOKU?) GINKŌ).

(하략)

# 38

**S-12382**

**RG 457 Entry A1 9032 Box 900**

이 문서는 연합군이 일본의 무선 통신을 감청하여 번역한 암호문 중 하나다. 경성에서 칼간으로 보낸 이 암호는 1945년 6월 13일에 작성된 것으로, 앞서 문서 37번에서 칼간의 일본군이 경성에 보낸 메시지에 대한 답변이다. 여기에서 조선총독부 재무국장은 대장성(재무를 담당하는 일본의 정부부처)의 규제 때문에 '위안부' 동원을 위해 칼간에서 보냈던 자금을 돌려주기 어렵지만, 해결을 위해 노력하고 있다고 답하고 있다. '위안부' 모집과 동원에 필요한 자금의 유통에 조선총독부 재무국이 관여하고 있고, 또 이 자금을 운용하는 데에 있어서 일본 본토 내부의 규정들이 존재했음을 확인할 수 있다.

S-Series
SJM 29 June 1945

S-12382
KEIJO - KALGAN JAH WS 15211 13 June 1945
003 13846
Re your #13[a]. From the Director of the BUREAU OF FINANCIAL AFFAIRS[b]. Regarding the funds for the hiring of prostitutes. Regulations of the FINANCE MINISTRY[c] make it difficult for us to send the funds, but we are endeavoring to take care of the matter. a - SJM 11414. b - ZAIMUKYOKU. c - ŌKURASHŌ.

S-12383
MOSCOW - TOKYO JAH WS 15184 21 June 1945
1241 3299
(This reports the sentences of the Polish underground members who were tried for sabotage in the Russian court.)

S-12384
MOSCOW - TOKYO JAH WS 15036 19 June 1945
1230 3299
(This lists the charges brought by the Russians against the 15 Poles: spy activities, smuggling, propaganda, etc.)

S-12385
MOSCOW - TOKYO JAH WS 14752 14 June 1945
1193 3299
The newspapers of the 14th printed a TASS report on Russian and American areas of occupation.

전쟁부(WAR DEPARTMENT)

최상급 비밀

S-시리즈 1945년 6월 29일
SJM

S-12382

경성(KEIJO) – 칼간(KALGAN, 현재 장자커우) JAH WS 15211 1945년 6월 13일

003 13846

**#13[a]에 대한 내용입니다. 재무국장(Director of BUREAU OF FINANCIAL)[b]으로부터 온 내용입니다. 위안부(prostitutes)를 구하는데 드는 비용에 관한 것입니다. 대장성(FINANCE MINISTRY)[c]의 규제 때문에 자금을 보내기 어렵지만, 문제를 해결하기 위해 저희는 최선을 다하고 있습니다.** a – SJN 11414. b – 재무국(ZAIMUKYOKU). c – 대장성(ŌKURASHŌ).

(하략)

# 39

**S-14807**

**RG 457 Entry A1 9032 Box 901**

이 문서는 일본의 암호화된 무선 통신을 연합군이 감청, 번역한 것이다. 경성에서 칼간(현재 장자커우)로 보낸 이 암호는 1945년 8월 6일 작성된 것으로, 문서 37번과 38번에 이어지는 내용이다. 여기에서 조선총독부는 일본에서 자금을 받았고, 앞서 5월 1일에 송금된 금액의 열 배에 해당하는 자금을 현지 예금으로 풀어주겠다고 답하고 있다. 또한 '위안부'에 관한 보다 구체적인 설명 역시 이 암호에서 확인할 수 있는데, 이에 따르면 군인만이 배타적으로 '위안부'를 이용할 수 있었다. 37번에서 39번에 이르는 문서들을 통해 패전 직전까지 칼간 주둔 일본군이 '위안부' 동원을 계획했고, 이 과정에 일본군과 조선총독부가 깊게 관여되어 있었다는 사실을 알 수 있다.

# TOP SECRET ULTRA

S-Series
SJM

17 AUGUST 1945

S-14807
KEIJO - KALGAN JAH WS 19167 6 AUGUST 1945 x
065 13846
Re your 50.[a] Re funds for the importation of prostitutes for the exclusive use of the local army (private or licensed by the army, who are not used by the non-military personnel). KOREA has also received these funds in JAPAN, and, at the local army's urging, it is intended to release local deposits amounting to ten times the amount of the remittance. (CT)
a. Not available.

S-14808
KALGAN - TOKYO JAH WS 19256 15 AUGUST 1945
108 535
Consul HASHIMOTO has stated that he would like to postpone for a while his going to CHINA. (CT)

S-14809
TSINGTAO - TOKYO JAH WS WS 18609 4 AUGUST 1945
302 8866
Please send an advance on the fourth period group living expenses, 3,000,000 Yen. (CT)

S-14810
TOKYO - HANKOW JAH WS 19264 15 AUGUST 1945
133 535
Under date of the 11th, Student-secretary OGINO was made a vice consul (7th grade 7th class) and assigned to your office. (CT)

TOP SECRET ULTRA

전쟁부(WAR DEPARTMENT)

최상급 비밀

S-시리즈
SJM

1945년 8월 17일

S-14807

경성(KEIJO) – 칼간(KALGAN, 현재 장자커우) JAH WS 19167 1945년 8월 6일

x

065 13846

**50[a]에 대한 내용입니다. 현지 주둔 군인(local army)만 이용할 수 있는 위안부(prostitutes) (독립적이거나 허가된 위안부로 군인이 아닌 이는 이용하지 않음) 동원을 위한 자금에 관한 것입니다. 조선 역시 이 자금을 일본으로부터 받았고, 현지 군의 긴급한 요구에 의하여 송금액의 열 배를 현지 예금으로 풀어주기로 했습니다. (CT)**

a. 확인불가능.

(하략)

일본군 '위안부' 관계 연합군 자료 II

발행처
서울시 여성가족정책실
서울대학교 사회발전연구소 정진성 연구팀

발행일
2019년 12월 20일 초판 1쇄

디자인
아키타입

인쇄
서울문화인쇄

발간등록번호
51-6110000-002168-01

ISBN
979-11-6161-803-6

서울시 출판번호
여성 911-0024

정가
20,000원



값 20,000원

04330

9 791161 618036

ISBN 979-11-6161-803-6
ISBN 979-11-6161-801-2 (세트)